2025
★ ★ ★ ★

독학사

한번에 패스

최신 기출문제 해설 강의 무료

| 2024년
기출문제
수록 | 기출문제에서
뽑은
합격키워드 수록 |

1 단계

인터넷 강의 | 신지원에듀
www.sinjiwonedu.co.kr

이 책의 머리말

독학학위제는 「독학에 의한 학위취득에 관한 법률」에 의거하여 국가에서 실시하는 학위취득시험에 합격한 독학자에게 학사학위 취득의 기회를 줌으로써 평생교육의 이념을 구현하고 개인의 자아실현과 국가·사회의 발전에 이바지하는 것을 목적으로 한다. 현재 독학학위 취득시험은 「평생교육법」에 의해 '국가평생교육진흥원'에서 관장하며, 홈페이지를 통해 과목별 평가영역을 구체적으로 알려 주고 있다.

독학사 시험에서 다루는 1단계 교양과정 인정시험은 대학 교양과목의 내용을 다루고 있으며, 기초지식을 이해하고 실천능력을 배양하기 위한 기본적이고 핵심적인 내용이 주로 출제된다. 따라서 본서는 다양한 자료와 예시를 통해 구체적으로 학습하고, 이론과 문제를 통해 정리할 수 있도록 구성·편집되었다.

그동안의 독학사 기출문제를 분석해보면 문제은행식이라 할 수 있다. 따라서 수험생들은 기출문제를 중심으로 주어진 범위와 내용을 반복 학습해야 하며, 이것이 합격점 이상의 점수를 얻을 수 있는 최선의 방법이다.

모든 지식을 빠뜨리지 않고 실어 놓은 수험서가 꼭 좋은 수험서라고는 할 수 없다. 우리가 치러야 할 시험이 요구하는 준거를 무난히 통과하기 위해서 주어진 시간과 비용을 고려해 가장 효율적인 방법을 선택하는 것이 필요하다. 이런 점에서 본서는 기출문제를 중심으로 핵심 내용을 요약·정리하였고, 기출을 기반으로 예상문제를 개발해 최소한의 충분한 양을 수록하였다.

독학학위 취득을 위해 본서를 선택한 모든 수험생분들이 꼭 학위취득의 기회를 마련하였으면 한다.

대표편저자 씀

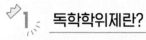

독학학위제는 대학교를 다니지 않아도 스스로 공부
하여 학위를 취득할 수 있으며 언제, 어디서나 학습이
가능한 평생학습시대의 자아실현을 위한 제도입니다.

시험안내 Information

1. 독학학위제란?

독학학위제는 「독학에 의한 학위취득에 관한 법률」에 의거하여 고등학교 졸업 이상의 학력을 가진 사람이라면 누구나 시험에 응시할 수 있으며 총 4개의 과정을 거쳐 학위취득 종합시험에 합격하면 국가에서 학사학위를 수여하는 제도이다. 현재 독학학위 취득시험은 「평생교육법」에 의해 '국가평생교육진흥원'에서 관장한다.

2. 시험의 합격결정

1~3과정 인정시험에서 매 과목 100점 만점에 전 과목 60점 이상 득점을 합격으로 한다.

3. 교양과정 인정시험

구 분	시 간	시험 과목
1교시	09:00~10:40(100분)	(필수) 국어, 국사
2교시	11:10~12:00(50분)	(필수) 〈외국어〉 영어, 독일어, 프랑스어, 중국어, 일본어 中 택 1
3교시	13:10~14:50(100분)	현대사회와 윤리, 문학개론, 철학의 이해, 문화사, 한문, 법학개론, 경제학개론, 경영학개론, 사회학개론, 심리학개론, 교육학개론, 자연과학의 이해, 일반수학, 기초통계학, 컴퓨터의 이해 中 택 2

4. 과정별 평가수준

과정별 시험	평가 수준	합격 기준	문항 수
1과정 (교양과정 인정시험)	대학의 교양과정을 이수한 사람이 일반적으로 갖추어야 할 학력수준을 평가한다.	5과목 합격 (필수 3, 선택 2)	총 40문항 (객관식 40문항)
2과정 (전공기초과정 인정시험)	각 전공영역의 학문연구를 위하여 각 학문계열에서 공통적으로 필요한 지식과 기술을 평가한다.	6과목 이상 합격	
3과정 (전공심화과정 인정시험)	각 전공영역에 관하여 보다 심화된 전문적 지식과 기술을 평가한다.	6과목 이상 합격	총 28문항 (객관식 24문항, 주관식 4문항)
4과정 (학위취득 종합시험)	시험의 최종 단계로 학위를 취득한 사람이 일반적으로 갖추어야 할 소양과 전문지식 및 기술을 종합적으로 평가한다.	6과목 합격 (교양 2, 전공 4)	

시험안내

시험과정별 응시자격

「독학에 의한 학위취득에 관한 법률」 일부 개정에 따라 2016년부터 고등학교 졸업 이상의 학력을 가진 사람이면 누구나 1~3과정(교양과정, 전공기초과정 및 전공심화과정) 시험에 자유롭게 응시 가능. 단, 학사학위 취득을 위한 마지막 과정인 학위취득 종합시험에 응시하기 위해서는 1~3과정 시험에 모두 합격(면제)하거나, 학위취득 종합시험 응시 자격을 충족해야 함.

1 교양과정·전공기초과정 및 전공심화과정 인정시험(1~3과정) 응시자격

① 고등학교 졸업자
② 「초·중등교육법 시행령」 제98조 제1항에 따라 상급학교의 입학에 있어 고등학교를 졸업한 사람과 같은 수준의 학력이 있다고 인정되는 사람
③ 「평생교육법」 제31조 제2항에 따라 지정된 학력이 인정되는 학교형태의 평생교육시설에서 고등학교 교과과정에 상응하는 교육과정을 마친 사람
④ 「보호소년 등의 처우에 관한 법률」 제29조에 따른 소년원학교에서 고등학교 교육과정을 마친 사람

2 학위취득 종합시험(4과정) 응시자격(단, 응시하고자 하는 전공과 동일전공 인정 학과에 한함)

① 교양과정 인정시험, 전공기초과정 인정시험 및 전공심화과정 인정시험에 합격(면제)한 사람
② 대학(「고등교육법」 제2조 제2호·제3호 및 제5호에 따른 학교와 다른 법령에 따라 설립된 대학을 포함) 및 이에 준하는 각종학교(학력인정학교로 지정된 학교만 해당)에서 3년 이상의 교육과정을 수료하였거나 105학점 이상을 취득한 사람
③ 수업 연한이 3년인 전문대학을 졸업한 사람 또는 이와 같은 수준의 자격이 있다고 인정되는 사람(전문대학 졸업예정자는 응시 불가)
④ 「학점인정 등에 관한 법률」 제7조에 따라 105학점(전공 28학점 이상 포함) 이상을 인정받은 사람
⑤ 외국에서 15년 이상의 학교교육 과정을 수료한 사람

 3. 유의사항

① 학사학위 소지자는 취득한 학사학위 전공과 동일한 전공 시험에 응시할 수 없음.

② 유아교육학, 정보통신학 전공 : 전공심화과정 인정시험 및 학위취득 종합시험만 개설. 고등학교 졸업자가 전공심화과정 인정시험에 응시는 가능하나, 학위취득 종합시험에 응시하기 위해서는 1~2과정 시험 면제요건을 충족하고 3과정 시험에 합격하거나 4과정 시험 응시자격을 충족해야 함.

③ 간호학 전공 : 학위취득 종합시험만 개설

간호학 전공은 4과정(학위취득 종합시험)의 시험만 개설. 학위취득 종합시험에 응시하기 위해서는 3년제 전문대학 간호학과를 졸업 또는 4년제 대학교 간호학과에서 3년 이상 교육과정을 수료하거나 105학점 이상을 취득해야 함.

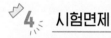 4. 시험면제

「독학에 의한 학위취득에 관한 법률 시행령」 제9조에 따라 국가기술자격 취득자, 국가시험 합격 및 자격·면허 취득자, 일정한 학력을 수료하였거나 학점을 인정받은 사람은 1~3과정별 인정 시험 또는 시험과목을 면제받을 수 있다.

> ### 과정면제
>
> • 국가기술자격 취득자 : 자격 취득분야와 동일한 분야의 시험 응시자는 해당 과정 면제
> • 교육부령으로 정하는 교육과정 수료자 또는 학점을 인정받은 자
> ① 교양과정 면제
>   ㉠ 대학 및 이에 준하는 각종학교에서 1년 이상 교육과정을 수료하였거나 35학점 이상을 취득한 사람
>   ㉡ 학점은행제로 35학점 이상을 인정받은 사람
>   ㉢ 외국에서 13년 이상의 학교교육과정을 수료한 사람
> ② 교양 및 전공기초과정 면제 [면제받고자 하는 전공과 동일전공인정 학과에 한함]
>   ㉠ 대학 및 이에 준하는 각종학교에서 2년 이상 교육과정을 수료하였거나 70학점 이상을 취득한 사람
>   ㉡ 학점은행제로 70학점 이상을 인정받은 사람
>   ㉢ 외국에서 14년 이상의 학교교육과정을 수료한 사람

- 교육부령으로 정하는 시험 합격자 및 자격·면허 취득자 : 국가(지방) 공무원 7급 이상의 공개경쟁채용시험 합격자는 해당 과정 면제, 교육부령으로 정하는 자격 면허 취득자는 해당 과정 면제

과목면제

- 국가기술자격 취득자 : 자격 취득 분야와 다른 분야의 시험 응시자는 해당 과목 면제
- 국가평생교육진흥원장이 지정한 강좌 또는 과정 이수자는 해당 과목 면제

독학사와 학점은행제의 연관관계

「학점인정 등에 관한 법률」 제7조 제2항 제5호에 따라 독학학위제 시험합격 및 면제교육과정을 이수한 사람은 아래와 같이 학점은행제 학점인정을 받을 수 있음.

독학사의 과정별 학점은행제 등록 시 인정학점

- [1과정] 과목당 4학점 (단계별 최대 5과목, 20학점까지 인정 가능)
- [2~4과정] 과목당 5학점 (단계별 최대 6과목, 30학점까지 인정 가능)

① 학점은행제 학습구분 결정기준
 ㉠ 교양과정 인정시험 : 교양학점으로 인정 가능. 단, 일부 과목의 경우 학점은행제 희망 전공의 표준교육과정에 기초하여 전공필수 혹은 전공선택으로 인정 가능
  예 학점은행제 경영학(학사) 전공의 학습자가 [경영학개론] 과목 합격 시 전공필수와 교양 중 학습자가 원하는 학습구분으로 인정
 ㉡ 전공기초, 전공심화, 학위취득 종합시험 : 희망 학위 및 전공의 표준교육과정을 기준으로 학습구분이 결정
② 학위취득 종합시험에 합격하여 독학학위제 학사학위를 취득한 경우에는 과정별 합격(면제)과목을 학점으로 인정하지 않음.
③ 시험면제교육과정 이수 학습과목에 한하여 1년/1학기 최대 이수학점, 1개 교육훈련기관 최대 인정학점 제한이 적용됨.
④ 학점인정을 받은 과목 간 중복과목이 있는 경우 학습자가 선택하는 1과목만 인정 가능(단, 독학학위제 시험 과목 간에는 중복 없이 인정 가능)

1

국가평생교육진흥원에서 고시한 과목별 평가영역에 준거하여 출제하되 특정한 영역이나 분야가 지나치게 중시되거나 경시되지 않도록 한다.

2

독학자들의 취업 비율이 높은 점을 감안하여, 과목의 특성상 가능한 경우에는 학문적이고 이론적인 문항뿐만 아니라 실무적인 문항도 출제한다.

3

단편적 지식의 암기로 풀 수 있는 문항의 출제는 지양하고, 이해력 · 적용력 · 분석력 등 폭넓고 고차원적인 능력을 측정하는 문항을 위주로 한다.

4

이설(異說)이 많은 내용의 출제는 지양하고 보편적이고 정설화된 내용에 근거하여 출제하며, 그럴 수 없는 경우에는 해당 학자의 성명이나 학파를 명시한다.

5

교양과정 인정시험은 대학 교양교재에서 공통적으로 다루고 있는 기본적이고 핵심적인 내용을 출제하되, 교양과정 범위를 넘는 전문적이거나 지엽적인 내용의 출제는 지양한다.

6

전공기초과정 인정시험은 각 전공영역의 학문을 연구하기 위하여 각 학문 계열에서 공통적으로 필요한 지식과 기술을 평가한다.

7

전공심화과정 인정시험은 각 전공영역에 관하여 보다 심화된 전문적인 지식과 기술을 평가한다.

8

학위취득 종합시험은 시험의 최종 과정으로서 학위를 취득한 자가 일반적으로 갖추어야 할 소양 및 전문지식과 기술을 종합적으로 평가한다.

9

교양과정 인정시험 및 전공기초과정 인정시험의 시험방법은 객관식(4지택1형)으로 한다.

10

전공심화과정 인정시험 및 학위취득 종합시험의 시험방법은 객관식(4지택1형)과 주관식(80자 내외의 서술형)으로 하되 과목의 특성에 따라 다소 융통성 있게 출제한다.

학위 취득 과정도

학사 학위 취득

- 총점(600점)의 60%(360점) 이상 득점
- 전 과목(6과목) 60점 이상 득점

4 과정 학위 취득 종합시험 응시

응시자격(동일전공에서)
- 4년제 대학 3학년 수료 또는 105학점 취득
- 3년제 전문대학 졸업
- 학점은행제 105학점(전공 28학점 포함) 인정

시험 과정 면제
1~3과정 면제자

1~3과정 전 과목(17개) 합격(면제)

3 과정 전공심화과정 인정시험 응시

응시자격
고등학교 졸업 이상 학력

시험 과정 면제
1~2과정 면제자

2 과정 전공기초과정 인정시험 응시

응시자격
고등학교 졸업 이상 학력

시험 과정 면제
1과정 면제자

1 과정 교양과정 인정시험 응시

응시자격
고등학교 졸업 이상 학력

기출문제에서 뽑은 합격키워드 ·· 13

국어 최신 기출문제
2024년 기출문제 ·· 25
정답 및 해설 ··· 36

PART 01

국어학

CHAPTER 01 국어에 대한 이해
01 언어로서의 국어 ··· 3
02 국어의 언어적 특징 ··· 6
03 음운론의 이해 ··· 9
04 형태론의 이해 ··· 14
기출유형 다잡기 ··· 17

CHAPTER 02 훈민정음과 한글에 대한 이해
01 훈민정음에 대한 이해 ··· 26
02 한글에 대한 이해 ·· 29
기출유형 다잡기 ··· 31

CHAPTER 03 표준어와 방언
01 표준어 ·· 37
02 방언 ·· 62

Contents 이 **책**의 **차례**

기출유형 다잡기 ·· 66

CHAPTER 04 언어예절
01 언어예절 ·· 75
02 경어법 ··· 78
기출유형 다잡기 ·· 81

CHAPTER 05 올바른 국어 사용
01 어휘(고유어, 한자어) ·· 87
02 관용표현 ·· 95
03 조사, 어미 ·· 97
04 수식어와 피수식어 ·· 100
05 문장성분 간의 호응 ·· 102
기출유형 다잡기 ·· 106

PART 02 고전문학

CHAPTER 01 총론
01 한국 문학의 범위와 영역 ··· 117
02 한국 문학의 전개 ·· 118
03 한국 문학의 특징 ·· 121
기출유형 다잡기 ·· 123

CHAPTER 02 고전시가
01 고대가요의 세계 ··· 127
02 향가의 성격과 주요 작품 세계 ······································ 130
03 고려속요의 성격과 주요 작품 세계 ·································· 136
04 경기체가의 성격과 주요 작품 세계 ·································· 148

이 **책**의 **차례**

05 악장의 성격과 주요 작품 세계 ································ 151
06 시조의 특징과 흐름 ································ 155
07 가사의 유형과 이해 ································ 174
기출유형 다잡기 ································ 196

CHAPTER 03 고전산문
01 국문소설의 형성과 전개 ································ 232
02 판소리계 소설의 현실인식 ································ 236
03 소설 외의 산문문학 – 고대수필 ································ 238
기출유형 다잡기 ································ 242

CHAPTER 04 한문학
01 서정한시의 주요 작품 세계 ································ 254
02 서사한시의 주요 작품 세계 ································ 266
03 한문소설의 주요 작품 세계 ································ 267
04 기타 산문문학 ································ 270
기출유형 다잡기 ································ 273

CHAPTER 05 구비문학
01 구비문학 ································ 288
02 설화(說話)의 특징과 갈래 ································ 288
03 민요의 특징과 갈래 ································ 290
04 무가의 특징과 주요 서사무가 ································ 298
05 판소리의 특징과 구성요소 ································ 303
06 민속극의 특징과 작품 세계 ································ 305
07 속담의 특징과 유형 ································ 314
08 수수께끼의 특징과 유형 ································ 316
기출유형 다잡기 ································ 318

이 **책**의 **차례**

PART 03 현대문학

CHAPTER 01 현대문학의 이해
01 현대문학의 범위 ·· 335
02 현대문학의 갈래와 개념 ······························· 337
03 한국 현대문학의 흐름 ·································· 339
기출유형 다잡기 ·· 346

CHAPTER 02 현대시
01 한국 현대시의 특징 ····································· 351
02 한국 현대시의 흐름 ····································· 353
03 한국 현대시의 주요 작품 이해 ······················· 363
기출유형 다잡기 ·· 387

CHAPTER 03 현대소설
01 한국 현대소설의 특징 ·································· 403
02 한국 현대소설의 흐름 ·································· 407
03 한국 현대소설의 주요 작품 이해 ···················· 416
기출유형 다잡기 ·· 435

CHAPTER 04 현대수필
01 한국 현대수필의 특징 ·································· 453
02 한국 현대수필의 흐름 ·································· 455
03 한국 현대수필의 주요 작품 이해 ···················· 458
기출유형 다잡기 ·· 464

CHAPTER 05 현대희곡
01 한국 현대희곡의 특징 ·································· 467
02 한국 현대희곡의 흐름 ·································· 470
03 한국 현대희곡의 주요 작품 이해 ···················· 474
기출유형 다잡기 ·· 478

🗖 국어

01 언어의 특성

사회성	언어는 사회적 약속으로 개인이 함부로 그 말을 바꿀 수 없다.
자의성	언어 기호의 형식과 내용 사이에는 필연적인 관계가 없으며 임의적으로 결합한다.
역사성	언어는 시대 흐름에 따라 변하거나 새로운 말이 생겨나거나 있었던 말이 없어지기도 한다.
분절성	언어는 연속적으로 이어진 세계를 불연속적인 것으로 끊어서 표현한다.
창조성	언어는 무한하게 창조적으로 표현할 수 있다.
추상성	언어는 추상화의 과정을 거쳐 형성된다.
규칙성	언어는 일정한 규칙에 따라 조직되고 운용된다.

02 언어의 형태적 분류

고립어	어형변화가 없고, 문법적 기능이 주로 어순에 의하여 표시되는 언어. 중국어
교착어	어근과 접사의 결합에 의하여 단어가 문장 속에서 가지는 여러 가지 관계를 나타내는 언어. 한국어 · 터키어
굴절어	단어의 활용 형태가 단어 자체의 변형으로 나타나는 언어. 인도-유럽어족

03 훈민정음의 제작목적, 창제원리 : 일반백성이 쉽게 문자를 배우고 쓸 수 있게 한다.

04 한글에 대한 이해 : 한글의 유래, 한글의 특징, 한글의 명칭 변화
훈민정음(세종) → 정음 → 언문 → 반절(최세진의 「훈몽자회」) → 국서(김만중의 「서포만필」) → 국문(갑오개혁 이후) → 한말 → 배달말글 → 한글(주시경)

05 표준어의 기능

통일의 기능	한 나라 국민으로 하여금 공통된 의사소통 수단을 갖게 해 주는 공통어의 구실
우월의 기능	표준어를 쓰는 사람이 쓰지 않는 사람보다 우월한 사람임을 드러내 주는 기능
준거의 기능	표준어는 일종의 언어규범이므로, 지각 있는 국민이면 반드시 따라야 하고 지켜야 할 규범

06 한글맞춤법 : 된소리, 구개음화, 두음법칙, 합성어, 파생어, 낱말의 표준발음

07 표준어 : 표준어는 교양 있는 사람들이 두루 쓰는 현대 서울말로 정함을 원칙으로 한다.

08 언어예절 : 언어예절의 중요성, 올바른 언어태도, 높임법과 낮춤법, 인사예절, 언어예절은 원만한 인간관계를 유지하는 효율적인 수단

09 경어법의 체계 : 주체 경어법, 상대 경어법, 객체 경어법, 압존법

10 음운론(자음의 체계, 모음의 체계), **형태론**(형태소, 단어의 형성방식, 품사), **문장론**(문장의 성분, 홑문장, 겹문장), **의미론**

11 • **문장성분** : 문장 안에서 일정한 문법적인 기능을 하는 구성단위
   • **주성분** : 주어, 서술어, 목적어, 보어
   • **부속성분** : 관형어, 부사어

12 구개음화 : 자음 'ㄷ, ㅌ'이 모음 'ㅣ'로 시작되는 형식 형태소와 만나 구개음 'ㅈ, ㅊ'으로 바뀌는 현상 **예** 맏이, 밭이, 같이, 묻히다

13 자음의 체계

울림 유무	소리내는 방법 \ 소리내는 자리	입술소리	혀끝소리	구개음	연구개음	목청소리
안울림 소리	파열음	ㅂ, ㅃ, ㅍ	ㄷ, ㄸ, ㅌ		ㄱ, ㄲ, ㅋ	
	파찰음			ㅈ, ㅉ, ㅊ		
	마찰음		ㅅ, ㅆ			ㅎ
울림 소리	비음	ㅁ	ㄴ		ㅇ	
	유음		ㄹ			

14 • **중의적 표현** : 한 단어나 문장이 두 가지 이상의 뜻으로 해석될 수 있는 표현을 말한다.
   • **관용 표현** : 둘 이상의 낱말이 합쳐져 원래의 뜻과는 전혀 다른 새로운 뜻으로 굳어져서 쓰이는 표현을 말한다. 보통 중의적 해석이 가능하다.

15 한국문학의 범위와 영역 : 우리나라 사람이 우리 글과 우리 말로 우리 민족의 정서나 생활을 형상화한 것을 한국문학이라 한다. 또한 구비문학 및 한문으로 쓴 것이라 하더라도 우리나라 사람이 우리 말로 우리의 정서를 나타낸 것은 모두 한국문학의 범위에 포함된다.

16 「구지가」 : 우리 시가사상 기록상의 최초의 작품으로 수로왕의 탄생에 관한 이야기와 관련있는 집단적 건국 서사시이다.

17 「**공무도하가**」 : 「공무도하가」의 주제는 임을 여읜 슬픔. 물에 빠져 죽은 남편을 애도하고 자신의 신세를 한탄하는 단순하고 소박한 서민의 노래로 보고 있다. 「공후인」이란 별칭을 가진 노래이다.

18 「**황조가**」 : 유리왕이 계비 치희를 잃은 실연의 아픔을 암수 함께 노니는 꾀꼬리와 대조하여 외로움·그리움·슬픔을 표현하였다. 이 시는 임을 잃은 외로움, 임을 잃은 슬픔 등을 주제로 하고 있다.

19 「**정읍사**」 : 현전하는 유일한 백제가요이며, 국문 표기로 된 가장 오래된 노래이다. 행상 나간 남편의 안전 기원을 주제로 하고, 시조형식의 원형을 가진 노래이다.

20 **향가의 형식** : 월명사의 「제망매가」와 「도솔가」, 충담사의 「찬기파랑가」가 뛰어난 수사기법과 숭고한 시 정신을 내포하고 있다. 향가는 불교적인 것이 주류를 이루어 현세보다 내세, 인간세계보다 종교세계에 치우쳤다. 「삼국유사」에 14수, 「균여전」에 11수가 전한다.

4구체 향가	「서동요」, 「풍요」, 「헌화가」, 「도솔가」
8구체 향가	「모죽지랑가」, 「처용가」, 「원가」(원래는 10구체 형식이었다고 하지만 현재는 낙구가 없는 8구체로 전함)
10구체 향가	「제망매가」, 「혜성가」, 「찬기파랑가」, 「안민가」, 「원왕생가」, 「천수대비가」, 「우적가」

21 「**제망매가**」 : 「제망매가」의 주된 정조는 '누이'의 죽음에 따른 비애와 이를 종교적으로 극복하려는 의지이다. 향가 중에서 표현기교와 서정성이 가장 뛰어난 작품으로 평가받는 것은 「찬기파랑가」이다.

22 「**처용가**」 : 현전하는 신라 최후의 향가로, 축사(逐邪)·벽사진경(辟邪進慶)의 민요적 무가로 의식 무용 또는 연희의 성격을 가지고 있다.

23 **고려시대에 발생한 문학양식과 특징** : 고려시대의 문학장르에는 고려가요, 경기체가, 시조, 한문학, 가전 등이 있다. 고려시대는 향가가 쇠퇴하고, 향가에 비해 장형인 고려가요가 출현하였다. 경기체가는 신흥사대부에 의해 형성되었으며, 시조는 성리학의 유입에 의해 발생하였다. 한문학은 과거제도의 시행에 의해 발전한 것이며, 패관문학은 가담항설을 모은 것이다. 가전은 고려 중기 무신정변 이후 등장한 사대부들의 합리적인 의식구조에서 탄생하였다.

24 **고려가요의 수록문헌**

악학궤범	「정과정(삼진작)」, 「동동」, 「처용」
악장가사	「청산별곡」, 「가시리」, 「서경별곡」, 「사모곡」, 「쌍화점」, 「이상곡」, 「처용가」, 「만전춘」
시용향악보	「청산별곡」, 「서경별곡」, 「사모곡(엇노리)」, 「정석가」, 「유구곡」, 「귀호곡(가시리)」, 「상저가」

25 **경기체가의 주요 작품** : 「한림별곡」(우리나라 최초의 경기체가), 「죽계별곡」, 「관동별곡」

26 **「용비어천가」** : 훈민정음 창제 후 이루어진 최초의 국문시가

27 **「월인천강지곡」** : 조선시대 세종이 수양대군이 지은 「석보상절」을 보고, 그 답으로 석가모니의 공덕을 찬양하여 지은 노래이다.

28 **시조의 작품** : 이조년, 길재, 성삼문의 「수양산 바라보며」, 황진이의 시조, 윤선도의 「오우가」·「어부사시사」, 우리나라 최초의 연시조인 맹사성의 「강호사시가」

29 **사설시조의 특징과 발생배경** : 조선 후기 실학사상의 영향을 받아 자유정신, 산문정신, 서민정신 등이 반영되었다. 서민들이 주축이 되어 창작을 하였으므로 생활주변의 일용잡사가 소재로 쓰여 희극미가 구현되어 있다.

30 **가사작품** : 「상춘곡」(정극인), 「면앙정가」(송순), 「성산별곡」·「관동별곡」·「사미인곡」·「속미인곡」(정철), 「태평사」·「선상탄」·「누항사」(박인로), 「농가월령가」(정학유), 「일동장유가」(김인겸), 「연행가」(홍순학), 「만분가」(조위), 「북관곡」(송주석), 「만언사」(안조환), 「북천가」(김진형), 「규원가」(허난설헌), 「용부가」(작자미상), 「우부가」(작자미상), 「봉선화가」(작자미상)

31 **동방의 이소** : 김만중이 『서포만필』에서 '동방의 이소(離騷)'라고 한 송강 정철의 대표적인 작품 3가지는 「관동별곡」, 「사미인곡」, 「속미인곡」이다.

32 **「용부가」** : 심술궂은 행실을 하는 어리석은 여인에 대한 경계와 비판의 내용을 담고 있는 조선 후기 대표적 서민가사이다.

33 **「농가월령가」** : 농가에서 1년 동안 해야 할 농사에 관한 실천사항과 철마다 다가오는 풍속과 지켜야 할 범절을 달에 따라 읊은 월령체(달거리) 가사이다.

34 **김시습의 『금오신화』** : 우리나라 최초의 한문소설집. 「만복사저포기」, 「이생규장전」, 「취유부벽정기」, 「남염부주지」, 「용궁부연록」

35 **허균의 「홍길동전」** : 우리나라 최초의 한글소설

36 **박지원의 「허생전」** : 몰락한 양반이 주인공으로, 중상주의적 사상과 함께 허위적 북벌론을 배격하면서 이상향을 추구하는 내용이다. 「호질」과 함께 『열하일기』에 수록되어 있다.

37 남녀 간의 애정을 다룬 애정소설 :「운영전」,「옥루몽」(작자 : 남익훈 또는 남영로),「춘향전」, 「숙향전」,「숙영낭자전」,「옥단춘전」 등이 있다.

38 「**구운몽**」: 국문학상 최초의 몽자류 소설, '현실세계 → 환몽세계 → 현실복귀'로 구성, 동양의 3대 사상인 유·불·도교사상을 교묘하게 조화시키고 있다는 데 가치가 있다.

39 판소리계 소설 : '근원설화 → 판소리(사설) → 판소리계 소설 → 신소설'의 과정을 밟아 창작된 소설이다.「춘향전」,「흥부전」,「심청전」,「토끼전」 등은 판소리의 사설을 바탕으로 새롭게 서 사화된 작품이다.

40 판소리 6마당 :「심청가」,「수궁가」,「춘향가」,「흥보가」,「적벽가」,「가루지기타령」

41 판소리의 구성요소 : 소리(唱), 아니리, 발림, 너름새, 추임새

42 민속극 : 민속극의 각 과장은 대체로 독립되어 있고, 극적 갈등은 주로 춤이나 동작을 통해 표출된다. 공연시간은 해가 지면 시작해서 밤중이나 새벽까지 계속되고, 민속극 중 인형극은 남사당이라는 유랑극단에 의해 공연되었다.

43 「**국순전**」: 고려 가전체 문학의 효시가 되는 임춘의 작품으로 술을 의인화한 내용이다. 「국순전」,「국선생전」 – 술,「청강사자현부전」 – 거북,「공방전」 – 엽전,「정시자전」 – 지팡이

44 「**송인**」: 고려 중기 정지상의 「송인(送人)」은 칠언절구의 한시로, 이별을 주제로 한 한시의 걸 작이다. 운자는 多, 歌, 波이다.

45 「**동명왕편**」: 고려 후기 이규보가 지은 우리나라 최초의 건국서사시로, 민족의 우월성을 강조 하면서 나아가 고려가 고구려를 계승하고 있다는 고려인의 자부심을 전하여 민족의 자긍심을 높이려 하였다. 후대의 영웅소설 및 가문소설 구조에 영향을 끼쳤으며,「동국이상국집」에 수 록되어 있다.

46 「**단군신화**」: 우리나라의 건국 신화로 홍익인간의 건국 이념이 나타나 있다. 인본주의를 바탕 으로 한 한국 서사문학의 뿌리라 할 수 있는 작품이다.

47 「**금수회의록**」: 1908년 안국선이 지은 우화 소설로 까마귀, 여우, 개구리, 벌, 개, 게, 파리, 호랑이, 원앙 등을 등장시켜 그들의 발언을 통해 사회 전반의 부패 타락상을 비판하였다.

48 「**조신몽설화**」: 몽유록계 작품의 효시로서, 남가일몽(南柯一夢), 일장춘몽(一場春夢) 등의 고 사성어와 관련된다. 김만중의 「구운몽」, 이광수의 「꿈」, 황순원의 「잃어버린 사람들」 등에 영 향을 주었다.

49 **무가의 특징** : 주술성, 신성성, 전승이 제한적, 오락성, 문학성

50 **문학의 특성** : 감동성, 평이성, 쾌락성, 언어성, 개연성

51 **1920년대 문예지** : 『창조』(1919) → 『개벽』(1920) → 『폐허』(1920) → 『장미촌』(1921) → 『백조』(1922) → 『금성』(1923) → 『영대』(1924) → 『조선문단』(1924) → 『해외문학』(1927) → 『문예공론』(1929)

52 **만해 한용운** : 1926년 시집 『님의 침묵』을 내놓으면서 불교적 명상을 통한 자연에의 몰입과 관조의 세계에서 오는 신비적 경향, 연가풍의 서정성이 결합된 산문시적 경향의 시를 선보인다.

53 **김소월** : 주로 한국인의 전통적인 정서를 깔끔한 민요조로 즐겨 노래했으며 「진달래꽃」, 「산유화」, 「못잊어」, 「산」 등의 작품이 있다.

54 **이상화의 「빼앗긴 들에도 봄은 오는가」** : 국권 상실의 울분과 회복에의 염원을 노래한 시로 여성적 이미지의 시어는 원초적인 무한한 생명력을 의미한다.

55 **윤동주** : 윤동주(1917~1945)는 일제강점기에 어둡고 가난한 생활 속에서 인간의 삶과 고뇌를 사색하고, 일제의 강압에 고통받는 조국의 현실을 가슴 아프게 생각한, 짧게 살다간 젊은 시인이다. 주요작품으로 「서시」, 「또 다른 고향」, 「별 헤는 밤」, 「자화상」 등이 있다.

56 **이육사** : 고전적인 선비 의식과 한시의 영향으로 전통적 요소가 작품에 나타나며, 주요 작품으로는 「절정」, 「광야」, 「꽃」 등이 있다.

57 **백석** : 백석(白石)은 1936년 시집 『사슴』으로 문단에 데뷔하였으며, 평안도 방언을 즐겨 쓰면서도 모더니즘을 발전적으로 수용한 시들을 발표하였다. 서민들의 삶을 토속적인 언어로 현실감 있게 그려, 우리 민족 공동체의 정서를 드러내는 능력이 탁월하였다. 또, 여행 중에 접한 풍물이나 체험을 표현한 기행 시와 모더니즘 계열의 시를 창작하였다. 작품으로 「여승」, 「여우난골족」, 「남신의주 유동 박시봉 방」, 「모닥불」, 「수라」, 「나와 나타샤와 흰 당나귀」, 「흰 바람벽이 있어」 등이 있다.

58 **시문학파** : 1930년대, 시 자체의 순수성·서정성 강조, 언어의 참신함, 감정적 표현을 중시했다.

59 **김영랑** : 김영랑은 시문학파로 관념이나 목적의식을 배제한 유미적, 예술지상주의적 시를 주로 썼다. 「모란이 피기까지는」, 「돌담에 속삭이는 햇발」, 「내 마음을 아실 이」 등의 작품이 있다.

60 정지용의 「유리창」 : 죽은 아이(자식)를 '차고 슬픈 것', '물 먹은 별', '산새'라는 시어로 표현하고 있다.

61 채만식의 「태평천하」 : 민족의 현실이나 사회적 정의와는 아랑곳없이 가족의 이기적 번성만을 추구하던 윤직원(윤두섭) 일가의 몰락과 해체 과정을 보여줌으로써, 1930년대 후반 친일 지주 계층의 반사회적이고 반민족적인 욕망과 행위를 판소리 투의 풍자적인 어조로 비판한 소설이다. 다른 주요작품으로 「탁류」, 「레디메이드 인생」, 「치숙」 등이 있다.

62 김광균의 「와사등」 : 시각적 심상을 사용하여 사람의 의식이나 소리까지도 '모양'으로 바꾸어 놓는 회화적 특성을 드러낸다.

63 청록파(靑鹿派) : 1930년대 말에 『문장』지의 추천을 거쳐 등단한 조지훈, 박두진, 박목월이 대표 시인이다. 주로 자연을 제재로 하여 시작 활동을 하였다. 이들의 시는 율조와 서정, 전통적인 자연관 등으로 순수시의 대명사라 불린다.

64 소설의 '구성(plot)'의 3요소 : 인물, 사건, 배경
소설의 3요소 : 주제, 구성, 문체

65 구성의 5단계 : 발단, 전개, 위기, 절정, 결말

66 신소설 : 신소설은 친일 지식인이 작자층을 이루었기 때문에 친일성을 띠고 있었고, 중국을 비판하고 자유결혼관, 남녀평등, 교육열과 향학열 고취, 독립사상 고취, 여성의 사회참여의식 강조, 신문명의 도입 강조, 풍속개량 등이 주요 주제였다. 우리나라 최초의 신소설은 이인직의 「혈의 누」이며, 「귀의성」, 「은세계」, 「자유종」, 「추월색」, 「금수회의록」 등이 있다.

67 창가 : 개화가, 개화가사의 주조인 4·4조에서 벗어나 좀 더 다양한 7·5조, 8·5조 등을 바탕으로 서양악곡에 맞추어 불렸으며, 애국애족, 독립자존, 신교육, 신문명에 대한 동경, 현실 비판 등의 사상이 더욱 직접적으로 강조되었다.

68 이해조의 개작 신소설 : 「춘향전」 → 「옥중화」, 「심청전」 → 「강상련」, 「흥부전」 → 「연의 각」, 「토끼전」 → 「토의 간」

69 이광수의 「무정」 : 국문학 사상 최초의 근대 장편소설이라는 점에서 문학사적 의의가 크다. 근대적인 문체를 확립하고, 인물들의 심리묘사, 생생하고 개성적인 인물의 창조, 근대적 주제 의식의 반영으로 이전의 소설과는 다른 한걸음 나아간 모습을 보였다.

70 현진건 : 현진건의 「운수 좋은 날」은 하층민의 삶의 비극성을 반어적으로 표현한 작품이다. 대표작으로는 「B사감과 러브레터」, 「운수좋은 날」, 「술 권하는 사회」, 「무영탑」 등이 있다.

71 염상섭 : 염상섭은 일상적인 언어감각을 소설에 제대로 표현한 작가이다. 특히 그는 당시 서울 중인계급의 말을 풍부하고 능수능란하게 사용하여 식민지 시대의 전체적 상황과 개인의 관계를 훌륭하게 묘사하였다. 대표작으로는 「만세전」, 『삼대』, 「두 파산」, 「표본실의 청개구리」 등이 있다.

72 김동인 : 문체와 어법을 손질하여 과거형을 '하더라'에서 '했다'로 바꾸고 3인칭 대명사 '그'를 사용하였다. 대표작으로 「감자」, 「배따라기」, 「약한 자의 슬픔」 등이 있다.

73 김유정 : 김유정의 소설은 향토색이 짙은 농촌을 무대로 향토적 서정미가 담겨 있고, 사투리와 의성어・의태어와 같은 토속적 용어를 자주 사용하였다. 「봄봄」, 「동백꽃」, 「금따는 콩밭」, 「따라지」, 「만무방」 등의 작품이 있다.

74 이상의 「날개」 : 에로스적인 것과 타나토스적인 것이 무질서하게 혼용되어 나타나고 있으며, 여성 모티프와 섹스 모티프가 함께 등장하여 그의 실험성을 엿볼 수 있게 한다. 1인칭 주인공 관점이며, 의식의 흐름에 따른 주인공의 내적 고백이 나타난다.

75 박태원의 「소설가 구보씨의 일일」 : 모더니즘 소설로 심리를 잘 묘사하였다. 1930년대 무기력한 문학인의 눈에 비친 일상사를 전지적 작가 시점으로 표현하였다.

76 구인회 : 이효석, 이무영, 유치진, 이태준, 김기림, 정지용, 박태원, 이상 등이 결성한 문학 단체로, 『시와 소설』을 발행하였다.

77 농촌계몽소설 : 1930년대, 브나로드운동의 영향으로 농촌계몽소설이 등장하였는데, 이광수의 「흙」, 심훈의 「상록수」, 이무영의 「제1과 제1장」, 박영준의 「모범경작생」 등이 대표작이다.

78 수필문학의 특징 : 무형식의 문학, 제재가 다양, 개성의 문학(주관적, 독백적), 가벼운 유머・위트가 있는 비평 정신의 문학, 비전문 문학, 산문 문학, 언어의 함축적 의미를 중요시

79 유길준의 『서유견문』 : 우리나라 최초의 근대적 수필작품이며, 최초로 국한문 혼용체를 사용하였다. 서양 여러 나라의 산업, 정치, 풍속, 문화, 지리, 제도 등을 소개한 것으로 기본적으로 개화사상 고취에 힘쓴 글이다.

80 희곡의 특성 : 상연성, 행동성, 대화성, 현재성, 양면성, 제한성, 객관성

81 **극예술연구회** : 극예술연구회는 유치진과 해외문학파 문인들이 주동이 되어 결성한 신극단체로 사실주의 희곡이 뿌리를 내리는 데 공헌을 하였다. 공연 작품으로는 「토막」, 「소」가 있다.

82 **유치진의 「토막」** : 전형적인 사실주의 희곡인 「토막」은 1920년대의 농촌을 배경으로 최명서와 강경선이라는 빈농들의 집안을 중심으로 벌어지는 이야기이다. 일제의 악랄한 수탈 속에서 황폐해 가는 한국의 참담한 현실 또는 일제강점하의 민족의 비극적 현실 고발과 극복 의지를 드러내는 작품으로 한국 현대희곡의 대표작으로 평가된다.

83 **비극** : 비극은 "인물 자신의 성격 또는 환경과의 갈등으로 생기는 고뇌상태를 표현하여 사건 전체의 경과, 특히 결말에서 비장미를 나타내는 희곡"이다.

84 **조중환의 「병자 3인」** : 매일신보에 연재된 최초의 근대희곡으로 세 부부를 등장시켜 여권신장의 비판적 측면을 소극 형태로 표출하였다.

85 **김승옥** : 김승옥의 대표적인 작품으로는 1960년대 젊은이의 소외와 방황을 그린 「서울, 1964년 겨울」, 감각적인 문체로 삶의 개별화 현상과 도시적 삶의 위선성을 그린 「생명연습」, 「무진기행」이 있다.

86 **조세희의 「난쟁이가 쏘아 올린 작은 공」** : 1970년대 급격한 산업화의 물결 속에서 삶의 기반을 빼앗기고 몰락해 가는 도시 빈민들의 삶을 다루고 있다.

독학사

1단계 | 국어

Bachelor's Degree Examination for Self-Education

국어
2024년
최신 기출문제

독학사
1단계 | **국어**
Bachelor's Degree Examination for Self-Education

2024년도 독학에 의한 학위취득시험
교양과정 인정시험 문제지

국어

1교시　　수험 번호 (　　　　　　　　) 성명 (　　　　　　　　)

---

01 다음 설명에 해당하는 것은?

> • 주로 단어의 품사는 바꾸지 못하고 그 의미만을 한정하는 구실을 한다.
> • 사람을 가리키는 명사나 동식물 이름에 붙는 것들이 많다.
> • 명사나 용언에 모두 붙을 수 있다.
> • '맏딸'의 '맏–', '시꺼멓다'의 '시–' 등이 여기에 속한다.

① 보조사　　　　　　　　　② 접두사
③ 형용사　　　　　　　　　④ 대명사

02 다음 설명에 해당하는 음운 현상이 일어나는 것은?

> 이 현상은 어떤 음의 조음에 비강의 공명이 수반되는 것이다. 즉, 어떤 콧소리에 의하여 인접한 음이 콧소리로 바뀌는 경우이다.

① 이런 일에 <u>굳이</u> 너까지 나설 필요 없다.
② 누가 빼앗을까 허겁지겁 밥을 <u>먹는다</u>.
③ 따스한 <u>봄바람</u>에 기분이 좋아진다.
④ 몰래 <u>실눈</u>을 뜨고 지켜보았다.

03 훈민정음에 대한 설명으로 옳지 않은 것은?

① '백성을 가르치는 바른 소리'라는 뜻이다.
② 1443년에 완성되어 1446년에 반포되었다.
③ 그 이전에는 우리말의 조사나 어미 등을 표기할 수단이 없었다.
④ 당시에 28개의 자모(字母)로 만들었고 현재는 몇 자모가 소실된 채로 사용되고 있다.

04 한글 표기와 로마자 표기가 바르게 짝지어지지 않은 것은?

① 신라 – Silra ② 독도 – Dokdo
③ 울산 – Ulsan ④ 종로 – Jongno

05 표준어와 방언에 대한 설명으로 옳지 않은 것은?

① 표준어는 방언에 비하여 특별한 대접을 받는다.
② 표준어는 방언보다 언어학적으로 더 우위에 있는 언어이다.
③ 표준어는 교과서, 신문, 방송 등에 두루 쓰이는 공용어로서의 자격을 지닌다.
④ 표준어는 방언 간 차이에서 오는 의사소통의 불편을 덜기 위하여 정해진 것이다.

06 밑줄 친 부분 중 바르게 표기된 것은?

① 오늘은 할머니의 <u>제삿날</u>이다.
② 사람들이 <u>나룻터</u>에 모여 있다.
③ 엄마의 꾸중을 <u>예삿말</u>로 여긴다.
④ 그 일의 <u>댓가</u>로 높은 임금을 받았다.

07 밑줄 친 부분 중 맞춤법에 맞는 것은?

① 어제는 안개가 <u>자욱히</u> 낀 날이었다.
② 그 사람에게 <u>해꼬지</u>를 당할까 겁난다.
③ 친구가 <u>흐뜨러진</u> 머리칼을 가다듬었다.
④ 그는 상의 단추를 <u>끄르고</u> 가슴을 풀어 헤쳤다.

08 밑줄 친 부분 중 두음법칙이 적용되지 않은 것은?

① 그 사람은 무슨 일이든지 <u>열심</u>이다.
② 옆집 어르신의 <u>연세</u>는 아흔이 넘는다.
③ 선진국일수록 <u>노인</u>을 위한 복지가 많다.
④ 이렇게 입는 것이 요즘 <u>유행</u>하는 옷차림이다.

09 밑줄 친 부분과 의미가 가장 가까운 것은?

> • 그는 내 ㉠ 마음을 파악하려고 계속 말을 걸었다.
> • 아이가 공부에는 ㉡ 마음이 없고 노는 데만 정신이 팔렸다.

	㉠	㉡
①	의중(意中)	관심(關心)
②	심증(心證)	후의(厚意)
③	의중(意中)	후의(厚意)
④	심증(心證)	관심(關心)

10 다음 고사와 관련 있는 한자 성어는?

> 춘추 시대 진(晋)나라의 위과가 전쟁에 나가 진(秦)나라 장수인 두회와 싸워 위태로울 때였다. 두회가 탄 말이 갑자기 고꾸라지는 바람에 위과는 두회를 사로잡아 큰 공을 세웠다. 그런데 위과가 살펴보니, 두회가 고꾸라진 자리에 풀들이 묶여 있었다. 그날 밤 위과의 꿈에 한 노인이 나타났는데, 이는 위과의 서모(庶母)의 친정아버지가 망혼으로 찾아온 것이었다. 노인은 위과에게 자신의 딸을 순장하지 않고 살려서 개가를 도와준 것을 감사히 여겨 은혜를 갚기 위하여 풀을 묶어서 두회를 사로잡게 하였다고 밝혔다.

① 결자해지   ② 결초보은
③ 지록위마   ④ 견마지로

11 〈보기〉에서 밑줄 친 부분이 조사(助詞)인 예를 고른 것은?

> 보기
> ㄱ. 설탕 대신 꿀로 단맛을 낸다.
> ㄴ. 선생님! 오늘 일찍 하교하나요?
> ㄷ. 먹는 모습이 복스러워 웃음을 지었다.
> ㄹ. 고마운 마음에서 드리는 선물입니다.

① ㄱ, ㄷ   ② ㄱ, ㄹ
③ ㄴ, ㄷ   ④ ㄴ, ㄹ

12 밑줄 친 부분 중 띄어쓰기가 옳지 않은 것은?

① 누구나 <u>한번</u>은 겪는 일이다.
② 제가 일단 <u>한번</u> 해 보겠습니다.
③ 시간 날 때 낚시나 <u>한번</u> 갑시다.
④ 그 개는 <u>한번</u> 물면 절대 놓지 않는다.

13 의미가 중복된 표현이 없는 문장은?

① 우리 영화가 좋은 호평을 받고 있다.
② 공연을 보려고 구름처럼 운집했더군.
③ 4월 말까지 원고를 많이 투고해 주세요.
④ 차량은 이곳에서 모두 서행해야 합니다.

14 〈보기〉에서 고려 시대 작품을 고른 것은?

보기	
ㄱ. 「동명왕편」	ㄴ. 「한림별곡」
ㄷ. 「일동장유가」	ㄹ. 「고산구곡가」

① ㄱ, ㄴ   ② ㄱ, ㄹ
③ ㄴ, ㄷ   ④ ㄴ, ㄹ

15 조선 후기 문학에 대한 설명으로 옳은 것은?

① 팔관회와 연등회에서 연극이 공연되기 시작하였다.
② 사물을 의인화하는 가전체 문학이 처음으로 등장하였다.
③ 가문의 흥망성쇠를 다룬 장편의 국문 대하소설이 출현하였다.
④ 민간의 노래가 개작되어 궁중의 음악으로 편입되기 시작하였다.

16 다음 설명에 해당하는 작품은?

> •「찬기파랑가」를 지은 승려가 창작하였다.
> • 향가 중 유일하게 유교적 가르침을 담고 있다.
> • 국가의 구조가 가정의 구조와 다를 바 없음을 비유적으로 말하고 있다.

① 「원가」　　　　　　　　② 「안민가」
③ 「처용가」　　　　　　　④ 「제망매가」

17 다음 고려가요 「동동」에서 지시하는 대상이 나머지 셋과 다른 것은?

> 二月ㅅ 보로매 노피 현 燈ㅅ블 다호라
> 萬人 비취실 즈싀샷다
> 아으 動動다리
> 三月 나며 開혼 滿春 둘욋고지여
> ᄂ미 브롤 즈슬 디녀 나샷다
> 아으 動動다리
> 四月 아니 니저 오실셔 곳고리새여
> 므슴다 錄事니몬 녯 나룰 닛고신뎌
> 아으 動動다리

① 燈ㅅ블　　　　　　　　② 둘욋곳
③ 錄事님　　　　　　　　④ 곳고리새

18 다음 설명에 해당하는 작품은?

> • 충신연주지사로 평가된다.
> • 조선 전기 양반 사대부의 가사 작품이다.
> • 임을 그리워하는 여성 화자의 독백으로 이루어져 있다.
> • 사계절의 변화에 따라 내용이 달라지는 구조로 되어 있다.

① 만분가　　　　　　　　② 사미인곡
③ 화전가　　　　　　　　④ 서경별곡

19 조선 초기 악장에 대한 설명으로 옳지 않은 것은?

① 「납씨가」는 이성계의 무공과 덕망을 노래하였다.
② 「용비어천가」는 조선 건국의 정당성을 노래하였다.
③ 「신도가」는 새로운 수도로 정한 서울의 훌륭함을 노래하였다.
④ 「월인천강지곡」은 억불숭유 정책에 따라 유교의 장점을 노래하였다.

20 다음 설명에 해당하는 작품은?

- 『금오신화』에 수록되어 있다.
- 인간과 귀신의 사랑을 소재로 삼았다.
- 홍건적의 난이 배경으로 등장한다.
- 담장 안을 엿봄으로써 남녀 주인공의 인연이 시작된다.

① 남염부주지　　　　　　　② 원생몽유록
③ 이생규장전　　　　　　　④ 취유부벽정기

21 〈보기〉에서 인정세태를 풍자한 조선 후기 소설을 고른 것은?

보기
ㄱ. 「옹고집전」　　　　　　ㄴ. 「설공찬전」
ㄷ. 「국선생전」　　　　　　ㄹ. 「이춘풍전」

① ㄱ, ㄷ　　　　　　　　　② ㄱ, ㄹ
③ ㄴ, ㄷ　　　　　　　　　④ ㄴ, ㄹ

22 다음 설명에 해당하는 서적은?

- 신라 때의 설화를 모은 책이다.
- 내용 일부가 『해동고승전』, 『필원잡기』 등에 전한다.
- 최치원, 박인량, 김척명 등 편찬자에 대하여 논란이 있다.
- 수록된 작품으로 「심화요탑」, 「수삽석남」 등이 있다.

① 수이전　　　　　　　　　② 태평광기
③ 삼대목　　　　　　　　　④ 삼국유사

23 다음 설명에 해당하는 작가는?

> • 『성수시화』, 『학산초담』 등 한시 비평서를 저술하였다.
> • 성리학의 성정론에 대하여 정이 중요하다는 점을 강조하였다.
> • 소설적 성격이 나타나는 인물 전기를 여럿 창작하였다.
> • 「호민론」, 「유재론」 등을 지어 당대 정치를 비판하였다.

① 허균   ② 정약용
③ 권근   ④ 박지원

24 가전체 소설의 작품과 소재의 연결이 옳은 것은?

① 「국순전」 – 국화   ② 「공방전」 – 종이
③ 「정시자전」 – 돈   ④ 「청강사자현부전」 – 거북이

25 민요의 주요 기능에 해당하지 않는 것은?

① 노동적(勞動的) 기능   ② 의식적(儀式的) 기능
③ 계몽적(啓蒙的) 기능   ④ 유희적(遊戲的) 기능

26 민담의 성격으로 옳지 않은 것은?

① 주인공은 대개 일상적인 인간이다.
② 시간, 공간, 구체적 증거물이 제시된다.
③ 신성성이나 진실성이 문제되지 않는다.
④ 흥미를 위주로 하여 꾸며 낸 이야기이다.

27 다음 작품을 발표 시기에 따라 순서대로 나열한 것은?

> 보기
> ㄱ. 김춘수의 「꽃」   ㄴ. 유치환의 「깃발」
> ㄷ. 주요한의 「불놀이」   ㄹ. 김지하의 「타는 목마름으로」

① ㄱ → ㄴ → ㄹ → ㄷ   ② ㄱ → ㄹ → ㄷ → ㄴ
③ ㄷ → ㄴ → ㄱ → ㄹ   ④ ㄷ → ㄹ → ㄴ → ㄱ

28 판소리에 대한 설명으로 옳지 않은 것은?

① 남부 지역의 세습무에서 명창이 많이 배출되었다.
② '판'은 다수가 모여 어떤 일을 벌이는 곳을 뜻한다.
③ 신재효는 판소리 광대를 적극 후원하고 여성 명창도 육성하였다.
④ 식민지 시대에 기생들이 판소리를 배척함으로써 암흑기를 맞았다.

29 다음 설명에 해당하는 작가는?

- 조선총독부의 건축과 기사로 근무하다가 병으로 그만두었다.
- 신문에 연재한 작품이 너무 난해하다는 독자들의 항의를 받았다.
- 1934년에 구인회에 가입하였다.
- 자의식을 드러내는 초현실주의적 작품을 여럿 발표하였다.

① 백석   ② 이상
③ 임화   ④ 심훈

30 다음 문학관을 주장한 사람은?

- 한문으로 된 옛 문학을 우리 문학에서 배제하였다.
- 서양의 'literature'를 '문학'이라고 번역하기를 제안하였다.
- 지(知), 정(情), 의(義)의 조화와 진(眞), 선(善), 미(美)의 균형을 중시하였다.
- 도덕과 종교의 보조물이 아니라고 하여 문학의 독립성을 강조하였다.

① 최남선   ② 정지용
③ 이광수   ④ 김기림

31 〈보기〉에서 가장 이른 시기와 가장 늦은 시기의 문학사적 사건을 고른 것은?

> 보기
>
> ㄱ. 문학 동인지 『폐허』와 『백조』가 창간되었다.
> ㄴ. 애국과 계몽을 위한 「경부철도가」와 같은 노래가 등장하였다.
> ㄷ. 청록파의 『청록집』이 간행되었다.
> ㄹ. 문학의 현실 참여 문제를 둘러싸고 순수·참여 논쟁이 일어났다.

① ㄱ, ㄷ   ② ㄱ, ㄹ
③ ㄴ, ㄷ   ④ ㄴ, ㄹ

32 다음 시를 발표한 작가의 작품은?

> 산에는 꽃 피네.
> 꽃이 피네.
> 갈 봄 여름 없이
> 꽃이 피네.
>
> 산에
> 산에
> 피는 꽃은
> 저만치 혼자서 피어 있네.
>
> 산에서 우는 작은 새요.
> 꽃이 좋아
> 산에서
> 사노라네.
>
> 산에는 꽃 지네.
> 꽃이 지네.
> 갈 봄 여름 없이
> 꽃이 지네.

① 빼앗긴 들에도 봄은 오는가   ② 해에게서 소년에게
③ 엄마야 누나야   ④ 모란이 피기까지는

33 다음 작품에 대한 설명으로 옳지 않은 것은?

> 처.........ㄹ썩, 처.........ㄹ썩, 척, 쏴.........아
> 따린다, 부순다, 무너 바린다.
> 태산 같은 높은 뫼, 집채 같은 바윗돌이나.
> 요것이 무어야, 요게 무어야,
> 나의 큰 힘 아나냐, 모르나냐, 호통까지 하면서.
> 따린다, 부순다, 무너 바린다.
> 처.........ㄹ썩, 처.........ㄹ썩, 척, 튜르릉, 콱

① 문학사상 최초의 자유시로 평가받는다.
② 시 속의 '나'는 '해(海)'로서 강한 힘을 지닌 존재다.
③ '따린다, 부순다, 무너 바린다'의 객체는 '낡은 문물'로 볼 수 있다.
④ 젊은이가 강한 기상을 가지고 새로운 세상을 열어 갈 것을 바라고 있다.

34 다음 설명에 해당하는 인물은?

> • 『태서문예신보』에 상징주의 시를 소개하였다.
> • 번역 시집인 『오뇌의 무도』를 간행하였다.
> • 서구 상징주의 시를 모방한 『해파리의 노래』를 발표하였다.

① 박종화 ② 김억
③ 홍사용 ④ 변영로

35 〈보기〉에서 개화기 신소설에 해당하는 작품을 고른 것은?

> 보기
>
> ㄱ. 이인직의 「혈의 누」   ㄴ. 최인훈의 「광장」
> ㄷ. 이해조의 「자유종」   ㄹ. 장용학의 「요한 시집」

① ㄱ, ㄷ ② ㄱ, ㄹ
③ ㄴ, ㄷ ④ ㄴ, ㄹ

36 다음 설명에 해당하는 작품은?

> • 1937년부터 1938년까지 『조선일보』에 연재되었다.
> • 아버지의 뜻에 따라 시집을 간 주인공의 기구한 인생을 다루었다.
> • 금강 어귀 군산의 미두장을 배경으로 삼았다.
> • 이 작가의 다른 작품으로 「태평천하」, 「레디메이드 인생」 등이 있다.

① 무정 ② 토지
③ 삼대 ④ 탁류

37 다음 설명에 해당하는 작품은?

- 1976년 발표된 중편 소설이다.
- 철거민촌에 거주하는 한 가족의 이야기이다.
- 산업화 시대의 빈부, 노사, 계층 갈등이 나타난다.
- 과거의 기억과 현재 사실을 병치하는 기법이 나타난다.

① 사하촌
② 당신들의 천국
③ 아홉 켤레의 구두로 남은 사내
④ 난장이가 쏘아올린 작은 공

38 다음 설명에 해당하는 작가는?

- 1932년에 「토막」으로 데뷔하였다.
- 리얼리즘 희곡의 기초를 다진 것으로 평가된다.
- 일제 강점기 농촌과 빈민촌의 피폐한 현실을 폭로하였다.
- 대표작으로 「버드나무 선 동리의 풍경」, 「빈민가」, 「소」 등이 있다.

① 유치진
② 박태원
③ 이효석
④ 최서해

39 현대 수필 작가와 그 대표작의 연결이 옳지 않은 것은?

① 피천득 – 「인연」
② 윤오영 – 「달밤」
③ 김소운 – 「가난한 날의 행복」
④ 이양하 – 「방망이 깎던 노인」

40 1910년대의 희곡 작품에 해당하지 않는 것은?

① 이광수의 「규한」
② 윤백남의 「국경」
③ 이강백의 「파수꾼」
④ 조일재의 「병자삼인」

정답 및 해설

✏️ 2024년 기출문제

01	②	02	②	03	③	04	①	05	②
06	①	07	④	08	①	09	①	10	②
11	②	12	①	13	②	14	①	15	③
16	②	17	④	18	②	19	④	20	③
21	②	22	②	23	②	24	④	25	②
26	②	27	③	28	④	29	②	30	②
31	④	32	③	33	①	34	②	35	①
36	④	37	④	38	①	39	④	40	③

01 ▶ ②
단어의 형성과정에서 '접두사'의 기능을 이해한다.
② 접두사 : 주로 품사를 바꾸지 않고 뒤 어근에 특정한 뜻을 더하거나 한정하면서 새로운 말을 만들어낸다(한정적 접사에 의한 어휘적 파생법).

오답피하기
① 보조사 : 체언, 부사, 활용 어미 따위에 붙어서 어떤 특별한 의미를 더해 주는 조사. '은', '는', '도', '만', '까지', '마저', '조차', '부터' 따위가 있다.
③ 형용사 : 사물의 성질이나 상태를 나타내는 품사. 활용할 수 있어 동사와 함께 용언에 속한다.
④ 대명사 : 사람이나 사물의 이름을 대신 나타내는 말. 또는 그런 말들을 지칭하는 품사. 인칭 대명사와 지시 대명사로 나뉘는데, 인칭 대명사는 '저', '너', '우리', '너희', '자네', '누구' 따위이고, 지시 대명사는 '거기', '무엇', '그것', '이것', '저기' 따위이다.

02 ▶ ②
음운 현상 중 '비음화' 현상을 이해한다.
② 먹는다[멍는다] – 비음화 현상 : 비음 'ㄴ' 때문에 'ㄱ'이 비음 'ㅇ'으로 변하는 현상

오답피하기
① 굳이[구지] – 구개음화 현상 : 선행음 'ㄷ'이 후행음 'ㅣ' 모음의 영향을 받아 경구개음인 'ㅈ'으로 변하는 현상

③ 봄바람[봄빠람] – 사잇소리 현상 : 합성명사에서 선행음 울림소리 'ㅁ'의 영향을 받아 후행음 안울림소리 'ㅂ'이 된소리로 변하는 현상
④ 실눈[실룬] – 유음화 현상 : 선행음 유음 'ㄹ'의 영향을 받아 후행음 'ㄴ'이 유음 'ㄹ'로 변하는 현상

03 ▶ ③
'훈민정음'의 개념과 제자 원리를 이해한다.
③ 훈민정음 창제 이전에도 우리말의 조사나 어미 등을 표기하기 위해 한자의 음과 훈을 차용한 '이두'나 '향찰'의 수단이 존재했다. 다만 우리말을 정확하게 적을 수 없어 훈민정음이 창제된 것이다.

오답피하기
① 훈민정음(訓民正音) : 백성을 가르치는 바른 소리
② 훈민정음의 창제(완성)는 세종 25년(1443년) '예의' 규정의 완성을 의미하며, 반포는 세종 28년(1446년) 한문본인 『훈민정음 해례본』의 간행을 말한다.
③ 훈민정음 창제 당시 28자모는 자음 17자와 모음 11자를 말하며, 현재는 4개의 자모(ㆆ > ㅿ > ㆁ > ㆍ)가 소실되어 24자모가 사용되고 있다.

04 ▶ ①
'로마자 표기법'의 원칙과 예외 규정을 이해한다.
① 신라–Silra > Silla : 유음화 현상에 의해 [실라]로 발음되며, 'ㄹ–ㄹ'은 'lr'이 아니라 'll'로 적는다.

오답피하기
② 독도–Dokdo : [독또]로 발음되지만 된소리는 표기에 반영하지 않는다. 또한 자연지물명이므로 '붙임표(–)'를 사용해서도 안 된다.
③ 울산–Ulsan : [울싼]으로 발음되지만 된소리는 표기에 반영하지 않는다.
④ 종로–Jongno : 지명을 의미할 때는 비음화를 적용하여 [종노]로 발음되므로 'ㄹ'은 'r'이 아니라 'n'으로 적는다. 다만 도로명일 때는 붙임표를 사용하여 발음이 아니라 표기인 'Jong-ro'로 적어야 한다.

05 ▶ ②

'표준어와 방언'의 개념을 이해한다.

② 표준어가 방언보다 특별 대접을 받는다고 하여 다른 방언보다 언어학적으로 우위에 있다고는 할 수 없다. 방언도 나름대로 훌륭한 체계를 갖추고 있을 뿐 아니라 때로는 표준어의 부족함을 메울 수도 있다.

오답피하기

① 표준어는 여러 방언의 하나이되 공통어의 자격을 부여받기 때문에 방언에 비하여 특별한 대접을 받는다.

③ 표준어는 한 나라에서 공용어로 쓰는 규범으로서의 언어로 교과서, 신문, 방송 등에 두루 쓰이는 자격을 지닌다.

④ 표준어는 언어의 통일과 안정성을 확보하고자 정한 공적인 언어 규범이다. 다양한 방언과 언어의 혼재로 인한 의사소통의 장애를 최소화하고 교육 및 문화의 전달을 원활하게 하기 위해 제정하였다.

06 ▶ ①

'사이시옷' 표기의 원칙과 예외를 이해한다.

① **제삿날** : 한자어 제사(祭祀)와 순우리말 '날'이 합성어를 이룰 때 [제산날]처럼 뒷말의 첫소리 'ㄴ' 앞에서 'ㄴ' 소리가 덧나므로 사이시옷을 밝혀 적는다.

오답피하기

② 나룻터 → **나루터** : 뒷말의 첫소리가 거센소리이므로 사이시옷을 적지 않는다.

③ 예삿말 → **예사말** : 한자어 '예사(例事)'와 순우리말 '말'의 합성어라고 하더라도 [예사말]처럼 뒷말의 첫소리 'ㅁ' 앞에서 'ㄴ' 소리가 덧나지 않으므로 사이시옷을 적지 않는다.

④ 댓가 → **대가** : '대가(代價)'는 [대까]처럼 된소리가 나더라도 2음절의 한자어끼리의 합성어에서는 사이시옷을 밝혀 적지 않음이 원칙이다. 다만 2음절의 한자어 중 6가지[곳간(庫間), 셋방(貰房), 숫자(數字), 찻간(車間), 툇간(退間), 횟수(回數)]는 예외를 인정한다.

07 ▶ ④

'표준어 규정'을 이해한다.

④ **끄르다** : 잠긴 것이나 채워져 있는 것을 열다. '끌르다(×)'

오답피하기

① 자욱히 → **자욱이** : 연기나 안개 따위가 잔뜩 끼어 흐릿하게 = 자욱이

② 해꼬지 → **해코지** : 남을 해치고자 하는 짓

③ 흐뜨러진 → **흐트러진** : 여러 가닥으로 흩어져 이리저리 얽히다.

08 ▶ ①

'두음법칙'의 규정을 이해한다.

① 열심(熱 더울 열, 心 마음 심) : '열'은 본음이므로 두음법칙과는 관련이 없다.

오답피하기

② 연세(年 해 년, 歲 해 세) : 한자음 '녀, 뇨, 뉴, 니'가 단어 첫머리에 올 적에는, 두음법칙에 따라 '여, 요, 유, 이'로 적는다. (한글맞춤법 제10항)

③ 노인(老 늙을 로, 人 사람 인) : 한자음 '라, 래, 로, 뢰, 루, 르'가 단어의 첫머리에 올 적에는, 두음법칙에 따라 '나, 내, 노, 뇌, 누, 느'로 적는다. (한글맞춤법 제12항)

④ 유행(流 흐를 류, 行 다닐 행) : 한자음 '랴, 려, 례, 료, 류, 리'가 단어의 첫머리에 올 적에는, 두음법칙에 따라 '야, 여, 예, 요, 유, 이'로 적는다. (한글맞춤법 제11항)

09 ▶ ①

순우리말의 문맥적 의미에 대응되는 한자어를 이해한다.

㉠ **마음** : 사람이 어떤 일에 대하여 가지는 관심 ≒ 의중(意中) : 마음의 속

㉡ **마음** : 사람이 어떤 일에 대하여 가지는 관심 ≒ 관심(關心) : 어떤 것에 마음이 끌려 주의를 기울임. 또는 그런 마음이나 주의

오답피하기

• 심증(心證) : 『법률』 재판의 기초인 사실 관계의 여부에 대한 법관의 주관적 의식 상태나 확신의 정도

• 후의(厚意) : 남에게 두터이 인정을 베푸는 마음

10 ▶ ②

'은혜를 갚기 위하여 풀을 묶어서'와 어울리는 한자성어를 이해한다.

② 결초보은(結草報恩) : 죽은 뒤에라도 은혜를 잊

지 않고 갚음을 이르는 말. 중국 춘추 시대에 진나라의 위과(魏顆)가 아버지가 세상을 떠난 후에 서모를 개가시켜 순사(殉死)하지 않게 하였더니, 그 뒤 싸움터에서 그 서모 아버지의 혼이 적군의 앞길에 풀을 묶어 적을 넘어뜨려 위과가 공을 세울 수 있도록 하였다는 고사에서 유래한다.

오답피하기
① 결자해지(結者解之) : 맺은 사람이 풀어야 한다는 뜻으로, 자기가 저지른 일은 자기가 해결하여야 함을 이르는 말
③ 지록위마(指鹿爲馬) : 윗사람을 농락하여 권세를 마음대로 함을 이르는 말. 중국 진(秦)나라의 조고(趙高)가 자신의 권세를 시험하여 보고자 황제 호해(胡亥)에게 사슴을 가리키며 말이라고 한 데서 유래한다.
④ 견마지로(犬馬之勞) : 개나 말 정도의 하찮은 힘이라는 뜻으로, 윗사람에게 충성을 다하는 자신의 노력을 낮추어 이르는 말

11 ▶ ②
'조사'와 '접미사'를 구별하여 이해한다.
ㄱ. 꿀로 : 어떤 일의 수단·도구를 나타내는 격 조사
ㄹ. 마음에서 : 앞말이 어떤 행동의 이유임을 나타내는 격 조사

오답피하기
ㄴ. 선생님 : (직위나 신분을 나타내는 일부 명사 뒤에 붙어) '높임'의 뜻을 더하는 접미사
ㄷ. 복스러워 : '-스럽다'는 '그러한 성질이 있음'의 뜻을 더하고 형용사를 만드는 접미사

12 ▶ ①
'한∨번'과 '한번'의 띄어쓰기를 이해한다.
① 한번 → 한∨번 : '한 번'은 '두 번'으로 바꾸어도 뜻이 통하므로 '한 번'으로 띄어 쓴다.
  * 한번[명사] : 지난 어느 때나 기회

오답피하기
② 한번[부사] : 어떤 일을 시험 삼아 시도함을 나타내는 말
③ 한번[부사] : 기회 있는 어떤 때에
④ 한번[부사] : 일단 한 차례

13 ▶ ④
'잉여적 표현(의미 중복)'을 이해한다.
④ '서행(徐行)'은 '사람이나 차가 천천히 감'을 뜻하는 말이므로 '차량'과 의미가 중복된 표현은 아니다.

오답피하기
① '호평(好評)'은 '좋게 평함. 또는 그런 평판이나 평가'를 뜻하는 말이므로 '좋은'과 의미가 중복된 표현이다.
② '운집(雲集)'은 '구름처럼 모인다.'는 뜻이므로 '구름'과 의미가 중복된 표현이다.
③ '투고(投稿)'는 '의뢰를 받지 아니한 사람이 신문이나 잡지 따위에 실어 달라고 원고를 써서 보냄'을 뜻하는 말이므로 '원고'와 의미가 중복된 표현이다.

14 ▶ ①
작품의 창작 시대를 이해한다.
ㄱ. 「동명왕편」(고려) : 고려 명종 23년(1193)에 이규보가 지은 최초의 한문 영웅 서사시. 출전은 『동국이상국집』
ㄴ. 「한림별곡」(고려) : 고려 고종 때에 한림(翰林)의 학자들이 지은 최초의 경기체가. 출전은 『악장가사』

오답피하기
ㄷ. 「일동장유가」(조선 후기) : 김인겸이 지은 장편 기행 가사. 영조 39년(1763)에 조엄이 통신사로 일본에 갔을 때 서기로 따라가 보고 느낀 일본의 문물·제도·풍속 따위를 기록한 것이다.
ㄹ. 「고산구곡가」(조선 전기) : 조선 선조 11년(1578)에 율곡 이이가 지은 연시조. 작자가 황해도 고산에 은거하고 있을 때 고산의 구곡 풍경과 감회를 읊은 것으로, 서곡 1수와 본문 9수로 되어 있으며, 주희의 「무이구곡(武夷九曲)」을 본떠 지었다.

15 ▶ ③
조선 후기의 문학적 특징을 이해한다.
③ 최초의 국문소설인 허균의 『홍길동전』이 창작된 시기가 조선 후기임을 상기한다. 『완월회맹연』, 『소현성록』, 『명주보월빙』, 「유씨삼대록」, 「옥란기연」 등 가문의 흥망성쇠를 다룬 장편의 국문 대하소설이 출현한 시기는 조선 후기이다.

오답피하기
① 고려 시대 : '팔관회'는 통일 신라·고려 시대, '연

등회'는 고려 시대의 행사였다.
② **고려 시대** : '계세징인'을 목적으로 사물을 의인화한 '가전체 문학'이 등장한 것은 고려 시대이다.
④ **조선 전기** : 민간의 노래(고려 속요)가 개작되어 궁중의 음악으로 편입되기 시작하였고, 이 과정에서 그 이전의 「정읍사」와 「처용가」도 국문으로 기록되었다.

16 ▶ ②
'향가'의 작품과 작가를 이해한다. 「찬기파랑가」를 지은 승려는 '충담사'이다.
② **「안민가」(安民歌)** : 현전 향가 중 유교적 치국의 이념을 담은 유일한 노래. 신라 경덕왕 24년(765)에 충담사가 지은 10구체 향가. 나라를 잘 다스리고 백성을 평안하게 하는 바른길을 읊은 것으로, 『삼국유사』에 실려 있다.

오답피하기
① **「원가」(怨歌)** : 신라 효성왕 때 신충(信忠)이 지은 10구체 향가. 옛정을 저버린 임금을 원망하는 내용으로, 『삼국유사』에 실려 있다. 주술성을 지니고 있다.
③ **「처용가」(處容歌)** : 현전 신라 향가의 마지막 작품. 신라 헌강왕 때 처용이 지은 8구체 향가. 아내와 동침하던 역신을 물리친 노래로, 『삼국유사』에 실려 있다.
④ **「제망매가」(祭亡妹歌)** : 신라 경덕왕 때에 월명사가 지은 10구체의 향가. 죽은 누이를 위하여 재(齋)를 올릴 때에 이 노래를 부르자 갑자기 광풍이 일어서 지전(紙錢)이 서쪽을 향하여 날아가 버렸다고 한다. 『삼국유사』에 실려 있다.

17 ▶ ④
시어의 비유적 대상을 이해한다.
④ **곳고리새** : 시적 자아가 부러움을 느끼는 대조적인 존재로 임에게 잊힌 슬픔을 배가하고 있다.

오답피하기
나머지는 모두 그리워하는 '임'을 지시하고 있다.
① **燈ㅅ블** : 훌륭한 인격의 소유자. 임의 모습 비유
② **돌욋곳** : 임의 아름다운 자태를 찬양
③ **錄事님** : 고려시대 벼슬 이름. 시적 자아가 그리워하는 임

※ **고려속요, 「동동(動動)」**
1. 해제 : 현존하는 작품 중 가장 오래된 월령체(月令體) 노래로 전 13연으로 되어 있다. 계절의 변화에 따라 임을 떠나보낸 여인의 애절한 그리움을 효과적으로 표현하고 있다.
2. 성격 : 연가(戀歌)적, 민요적, 서정적
3. 특징
   ① 분절체 형식으로 서사인 1연과 본사인 12개 연으로 구성됨.
   ② 영탄법, 직유법, 은유법을 사용함.
   ③ 세시 풍속에 따라 사랑의 감정을 읊음.
4. 제재 : 달마다 행하는 세시 풍속
5. 주제 : 임에 대한 송도(頌禱)와 연모(戀慕)의 정
6. 의의 : 현전하는 최고(最古)의 월령체(달거리) 노래
7. 연대 : 고려 시대(12~14세기경)
8. 출전 : 『악학궤범』

18 ▶ ②
작품의 내용과 특징을 이해한다.
② **「사미인곡」** : 작가가 당파 싸움으로 관직에서 물러나 고향인 창평에 내려가 있을 때 임금을 향한 충성심을 임을 생각하는 여인의 마음과 견주어 지은 작품으로, 다양한 표현 기법과 절묘한 언어 구사가 돋보이는 가사이다.
   • 주제 : 충신연군지사
   • 작가와 장르 : 조선 전기 양반 사대부(송강 정철)의 가사
   • 어조 : 여성 화자의 독백체
   • 구성 : 사계절의 변화에 따라 임에 대한 정성을 표현하고 있다.

오답피하기
① **「만분가」** : 조위. 조선 연산군 때 지은 최초의 유배 가사. 무오사화로 전라남도 순천에 유배되었을 때의 생활을 읊은 작품이다.
③ **「화전가」** : 작가 미상. 조선 후기의 내방 가사로 봄날에 여성들이 시집살이의 굴레에서 벗어나 경치 좋은 곳을 찾아 화전놀이를 하며 즐기는 것을 노래한 작품이다.
④ **「서경별곡」** : 작가 미상. 서경에서 임과 이별하는 여인의 애틋한 심정을 노래한 고려속요로 원문은 『악장가사』에 실려 있다.

19 ▶ ④

'악장' 작품의 내용을 이해한다.

④ 「월인천강지곡」: 세종. 세종 31년(1449)에 석가모니의 공덕을 찬양하여 지은 신체의 악장 문학

오답피하기

① 「납씨가」: 정도전. 조선 태조 2년(1393)에 태조가 중국 원나라의 나하추를 무찌른 공을 송축한 한시체의 악장 문학

② 「용비어천가」: 조선 세종 27년(1445)에 정인지, 안지, 권제 등이 지어 세종 29년(1447)에 간행한 신체의 악장 문학. 훈민정음으로 쓴 최초의 작품으로 조선 개국의 정당성과 육조의 사적 찬양, 후왕에 대한 권계 등의 내용으로 이루어졌다.

③ 「신도가」: 정도전. 새로운 수도인 한양의 형세를 칭찬하고 국운이 길이 빛날 것임과 임금의 덕이 무한함을 찬양한 한시체의 악장 문학

20 ▶ ③

작품의 내용을 파악한다.

③ 「이생규장전」: 김시습이 지은 한문 단편 소설. 이생이 부모의 허락을 얻어 몰래 만나던 최랑(崔娘)과 혼인을 하지만 홍건적의 무리가 최랑을 죽이는 바람에 현세에서의 사랑을 다하지 못하여 최랑을 지극히 생각하다가 병이 들어 죽는다는 내용이다.

오답피하기

① 「남염부주지」: 김시습이 지은 한문 단편 소설. 불교를 믿지 않던 박생(朴生)이 꿈속에서 남쪽 염부주에 다녀온 후 크게 깨닫는다는 내용이다.

② 「원생몽유록」: 조선 선조 때 임제가 지은 한문 소설. 원자허(元子虛)라는 인물이 꿈속에서 단종과 사육신을 만나 비분한 마음으로 흥망의 도를 토론하였다는 내용으로 세조의 왕위 찬탈을 소재로 정치권력의 모순을 폭로한 작품이다.

④ 「취유부벽정기」: 조선 초기에 김시습이 지은 한문 단편 소설. 송경(松京)에 사는 홍생(洪生)이 취하여 수천 년 전 기자(箕子)의 후손으로 선녀가 된 기씨녀(箕氏女)를 만나 아름다운 사랑을 나누었다는 내용이다.

21 ▶ ②

작품의 내용과 창작 연대를 파악한다. '인정세태(人情

世態)'란 '세상 사람들의 인심과 세상의 물정'이란 뜻이다.

ㄱ. 「옹고집전」: 조선 후기의 판소리계 소설. 부자이면서 인색하고 불효자인 옹고집이 승려의 조화로 가짜 옹고집에게 쫓겨나 갖은 고생을 하면서, 잘못을 뉘우치고 착한 사람이 된다는 내용이다.

ㄹ. 「이춘풍전」: 조선 후기의 소설. 평양 기생 추월에게 빠져 가산을 탕진한 이춘풍이 평안 감사의 비장으로 변장한 그의 아내에게 골탕을 먹는 내용으로, 당시 양반들의 위선적인 생활과 정치의 부패상을 폭로, 풍자한 작품이다.

오답피하기

ㄴ. 「설공찬전」: 중종 6년(1511) 무렵 채수(蔡壽)가 지은 고전 소설이다. 본래 한문으로 쓰였고 한글로 번역되어 크게 유행했다. 현재 한문본은 전하지 않으며, 국문본은 설공찬의 영혼이 사촌 형제 설공침의 몸에 빙의하여, 여러 가지 사건을 일으키다가 저승에 관해 이야기하는 부분까지만 전하고 있다.

ㄷ. 「국선생전」: 고려 고종 때에 이규보가 지은 가전체 작품. 등장인물의 이름과 지명을 모두 술 또는 누룩에 관련된 한자를 써서 지었으며, 당시의 문란한 사회상을 풍자하였다.

22 ▶ ①

문집의 내용과 작가를 이해한다.

① 『수이전』: 최초의 순수 설화집
- 신라 때 구비 전승되던 설화를 채록한 책이다.
- 원본은 전해지지 않으나 『해동고승전』, 『삼국유사』, 『태평통재』, 『필원잡기』, 『대동운부군옥』 등에 작품 일부가 전해지고 있다.
- 편찬자에 대한 논란이 있지만 신라 말기 최치원(崔致遠)에 의해 편찬되고 고려 때 박인량(朴寅亮), 김척명(金陟明)에 의해 증보·개작된 것으로 본다.
- 「수삽석남(首揷石枏)」, 「죽통미녀(竹筒美女)」, 「노옹화구(老翁化狗)」, 「심화요탑(心火遶塔)」 등 12편이 수록되었다.

오답피하기

② 『태평광기』: 북송 초인 978년에 이방(李昉) 등이 칙령에 따라 한(漢)에서 북송 초기까지의 소설류를 광범위하게 수집한 책

③ 『삼대목』: 신라 선덕여왕 2년(888년) 각간 위홍과 대구화상이 왕명을 받아 편찬한 부전 향가집
④ 『삼국유사』: 고려 후기(1281~1283년 경) 승려 보각국사 일연이 고려 시대까지 전승되던 삼국 시대의 여러 역사와 설화를 담아 5권 2책으로 저술한 역사책

23 ▶ ①

문집이나 작품을 통해 작가(허균)를 파악한다.
- 『학산초담(鶴山樵談)』, 『성수시화(惺叟詩話)』는 한시에 대한 최초의 본격적 시평론으로 꼽힌다.
- 조선 성리학의 '성정론(性情論)'에서 대부분이 "性은 理"라 주장했으나 허균은 "氣論"의 입장에서 '정(情)'을 중시하였다.
- 최초의 국문소설인 「홍길동전」 이외에도 소설적 성격이 나타나는 「남궁선생전」, 「손곡산인전」, 「엄처사전」 등의 인물 전기를 창작하였다.
- 한문수필인 「호민론(豪民論)」, 「유재론(遺才論)」을 통해 당대 정치를 비판하고 정치개혁 사상을 밝혔다.

오답피하기
② 정약용 : 조선 후기 『경세유표』, 『흠흠신서』, 『목민심서』 등을 저술한 유학자이자 실학자
③ 권근 : 고려 말~조선 초의 문신. 이성계의 새 왕조 창업에 중심적인 역할을 했으며, 개국 후 각종 제도정비에 힘썼다. 하륜 등과 함께 『동국사략』을 편찬했다.
④ 박지원 : 조선 후기 소설, 철학, 천문학, 병학, 농학 등 광범위한 영역에서 활동한 북학의 대표적 학자. 자는 중미, 호는 연암이다. 기행수필인 『열하일기』에는 한문소설인 「호질」·「허생전」이 수록되어 있다.

24 ▶ ④

고려 가전체 소설의 제목과 의인화한 대상을 파악한다.
④ 「청강사자현부전(淸江使者玄夫傳)」: 이규보. 거북이를 의인화하여 안분지족과 처세의 중요성을 강조하였다.

오답피하기
① 「국순전(麴醇傳)」 : 임춘. 가전체의 효시로 술을 의인화하여 간사한 벼슬아치를 비판하였다.
② 「공방전(孔方傳)」 : 임춘. 돈(엽전)을 의인화하여

재물을 탐하는 태도를 경계하였다.
③ 「정시자전(丁侍者傳)」 : 석식영암. 지팡이를 의인화하여 사람이 도를 알고 행해야 함을 강조하였다.

25 ▶ ③

'민요'의 '기능요'와 '비기능요'에 대한 기능을 이해한다.
③ 계몽적(啓蒙的) 기능 : 주로 신문학 초기인 '개화가사'나 '창가' 그리고 '신체시'에 나타나는 기능이다.

오답피하기
① 노동적(勞動的) 기능 : 일을 하면서 부르는 노래 – 논매기 노래, 타작 노래, 해녀 노래 등
② 의식적(儀式的) 기능 : 세시나 장례 때 부르는 노래 – 지신밟기 노래, 상여 노래, 달구질 노래 등
④ 유희적(遊戲的) 기능 : 놀이에 박자를 맞추면서 부르는 노래 – 강강술래, 널뛰기 노래, 줄다리기 노래 등
※ 비기능요 : 단지 노래의 즐거움을 누리기 위해 부르는 노래 – 정선 아리랑, 밀양 아리랑, 시집살이 노래 등

26 ▶ ②

설화 중 '신화·전설·민담'의 특징을 이해한다.
② 시간, 공간, 구체적 증거물이 제시하는 것은 '전설'에 비해 '민담'은 뚜렷한 시간과 장소, 그리고 구체적인 증거물이 없다.

오답피하기
① 신적인 인물의 '신화'나 비범한 인물인 '전설'에 비해 '민담'의 주인공은 일상적인 평범한 인물이다.
③ 신성성을 중시하는 '신화'나 진실성을 강조하는 '전설'에 비해 민담은 '흥미롭다'고 믿으면 된다.
④ '민담'은 흥미를 위주로 하여 꾸며 낸 이야기이다.

27 ▶ ③

현대시의 발표 시기를 시대사와 관련지어 이해한다.
ㄷ. 주요한의 「불놀이」: 1919년 최초의 동인지 『창조』의 창간호에 발표. 현대 최초의 자유시
ㄴ. 유치환의 「깃발」: 1936년 『조선문단』의 종간호에 발표. 서정주와 더불어 '생명파' 작가로 분류
ㄱ. 김춘수의 「꽃」: 1955년 『현대문학』에 발표. 한국전쟁 이후 존재의 본질에 대한 고찰
ㄹ. 김지하의 「타는 목마름으로」: 1975년 발표. 김지

하의 시집 『타는 목마름으로』(1982)에 수록. 1960
~70년대 민주화 운동

28 ──────────────── ▶ ④

'판소리'의 개념과 전개 과정을 이해한다.

④ 판소리가 암흑기를 맞이한 것은 구한말로, 원각사
(圓覺社)가 생기고 판소리 명창들이 창극(唱劇)을
처음 꾸며 공연한 뒤 창극이 성행하였고, 판소리
명창들이 여기에 휩쓸리게 되면서 판소리가 쇠퇴
하는 원인이 되었다.

① 판소리는 전라도 지역의 서사무가에서 파생된 것
으로 '동편제'는 송흥록(宋興祿)을 중심으로 송광
록(宋光祿)·박만순(朴萬順)·송우룡(宋雨龍)·
송만갑(宋萬甲)·유성준(劉聖俊) 등, '서편제'에서
는 박유전(朴裕全)을 중심으로 이날치(李捺致)·
김채만(金采萬)·정창업(丁昌業)·김창환(金昌
煥)·김봉학(金奉鶴) 등의 명창을 배출하였다.

② '판'의 일반적 의미는 '상황·장면'과 '여러 사람이
모인 곳'이므로 '판소리'는 '다수의 청중들이 모인
놀이판에서 부르는 노래'라는 의미로 이해된다.

③ 신재효(申在孝)는 명창들에게 판소리 이론을 지
도하였고, 여섯 마당의 판소리 사설을 다듬어 판
소리의 극성기를 주도하였으며, 여성 명창인 진채
선, 허금파 등을 육성하였다.

29 ──────────────── ▶ ②

작가(이상)의 생애와 작품의 특징을 이해한다.

• 본명은 김해경(金海卿). 1929년 조선총독부에서 건
축 기사로 복무하다가 1931년 폐결핵 진단을 받았
으며, 병의 악화와 일본인 상사와의 마찰로 1933년
퇴사하였다.

• 1934년 이태준의 도움으로 『조선중앙일보』에 30편
예정으로 「오감도」를 연재하였으나, 시의 내용이
난해하다는 독자들의 항의 때문에 결국 15편에서
중지되었다.

• 1934년 박태원, 김유정 등과 함께 순수 예술 단체인
'구인회'에 가입하였다.

• 1930년대 모더니즘 계열의 작가로 식민지 지식인
의 자의식을 드러내는 「거울」, 「날개」, 「지주회시」
등 초현실주의 계열의 작품들을 여럿 발표하였다.

① **백석** : 본명 백기행(白夔行). 오산(五山)고등보통
학교 졸업. 일본 유학. 아오야마가쿠인대학 전문
부(영어사범과) 졸업. 1930년 조선일보 신춘문예
에 단편 소설 「그 모(母)와 아들」이 당선 등단.
1935년 시 「정주성」을 통해 본격적으로 시단에서
활동을 시작. 1936년 첫 시집 『사슴』을 간행. 「남
신의주 유동 박시봉방」, 「여우난 곬족」 등

③ **임화** : 본명 임인식(林仁植). 보성고등보통학교를
졸업. 카프(KAPF : 조선프롤레타리아 예술가동맹)
의 서기장 역임. 경향파 시인. 1929년에 시 「우리
오빠와 화로」, 「네거리의 순이」 등을 발표

④ **심훈** : 본명 심대섭(沈大燮). 경성고등보통학교 3
학년 재학 중이던 1919년 3·1 운동에 참여했다는
이유로 검거. 1935년 장편 소설 『상록수』가 동아
일보 창간 15주년 기념 공모전에 당선. 1949년 유
고시집 『그 날이 오면』 발간

30 ──────────────── ▶ ③

작가(이광수)의 문학론을 이해한다.

③ **「문학이란 하(何)오」** : 이광수. 1916년 『매일신보』

• 열한 번째 항목 : 조선 문학은 조선인이 조선문
으로 쓴 것이어야 한다.

• 첫째 항목 : 문학이라는 용어는 서양의 'Literature'
나 'Literatur'에서 나온 것임을 밝힌다.

• 셋째 항목 : 지·정·의 가운데 '정'을 종속적인
요소로 여기던 지난 시대의 문학관에 맞서 '정'
이라는 요소가 지닌 중요성을 강조함으로써 문
학의 독립성을 주장한다.

31 ──────────────── ▶ ④

문학사의 시대 배경을 이해한다.

ㄴ. **1900년대** : 「경부철도가」. 1908년 최남선. 창가

ㄱ. **1920년대** : 『폐허』(1920년), 『백조』(1922년)

ㄷ. **해방공간** : 『청록집』(1946년). 자연파의 공동 시집

ㄹ. **1960년대** : 이어령과 김수영의 순수·참여 논쟁

32 ──────────────── ▶ ③

인용시는 김소월의 「산유화」이다.

③ **엄마야 누나야** : 김소월. 『개벽』(1922년)

① 빼앗긴 들에도 봄은 오는가 : 이상화. 『개벽』(1926년)
② 해에게서 소년에게 : 최남선. 『소년』(1908년)
④ 모란이 피기까지는 : 김영랑. 『문학(文學)』(1934년)

33 ▶ ①

작품의 내용과 의의를 이해한다.

※ 최남선, 「해에게서 소년에게」

① 「해에게서 소년에게」는 문학사상 최초의 신체시이다. 최초의 자유시는 1919년 『창조』의 창간호에 발표된 주요한의 「불놀이」이다.

② '나'는 '바다'를 의인화한 것으로 '문명개화'를 이룰 수 있는 강한 힘을 지닌 존재이다.
③ '따린다, 부순다, 무너 바린다'는 개화 열망의 의지를 열거법으로 표현한 것으로 주체는 '나(바다)'이지만 객체는 '낡은 문물'이다.
④ 웅장하고 힘찬 남성적 어조를 사용하여 '소년의 시대적 각성과 의지'를 표현하고 있다.

34 ▶ ②

작가와 작품을 연결하여 이해한다.

• 『태서문예신보』(1918) : 순국문의 최초의 문예주간지, 김억이 주로 활동, 해외문학 특히 프랑스의 세기말적인 상징시를 소개
• 『오뇌의 무도』(1921) : 김억. 현대 최초의 번역 시집
• 『해파리의 노래』(1923) : 현대 최초의 개인 창작 시집

① 박종화 : ㉮ 시 : 「청자부」, 「흑방비곡」, 「사(死)의 예찬」 / ㉯ 소설 : 「금삼(錦衫)의 피」, 「다정불심」, 「대춘부(待春賦)」, 「세종 대왕」, 「아랑의 정조」, 「홍경래」, 「임진왜란」 등
③ 홍사용 : 「나는 왕이로소이다」
④ 변영로 : 「논개」

35 ▶ ①

신소설의 작가와 작품을 이해한다.

ㄱ. 「혈의 누」(1906) : 이인직. 신교육사상 고취, 자유결혼 주장, 최초의 신소설, 『만세보』에 연재
ㄷ. 「자유종」(1910) : 이해조. 정치적인 토론소설, 자주독립・여성해방・교육제(한자폐지 등)를 다룸

ㄴ. 「광장」(1960) : 최인훈
ㄹ. 「요한시집」(1955) : 장용학

36 ▶ ④

「태평천하」, 「레디메이드 인생」을 토대로 채만식의 작품을 이해한다.

④ 「탁류」 : 채만식
• 『조선일보』에 1937년 10월 12일부터 이듬해 5월 17일까지 연재
• 주인공(초봉)의 기구한 인생을 통해 일제 강점기의 혼탁한 세태 속에서 전통적인 인습과 새로운 풍속이 서로 부딪히는 과정을 그리고 있다.
• 일제 강점기 호남평야에서 생산된 미곡을 일본으로 반출하던 금강 어귀 군산의 미두장을 배경으로 하고 있다.
• 레디메이드 인생」(1934), 「탁류(濁流)」(1937), 「태평천하(太平天下)」(1938), 「치숙(痴叔)」(1938), 「미스터 방(方)」(1946) 등

① 「무정」 : 이광수. 1917년 『매일신보』에 총 126회 연재. 한국 최초의 근대 장편 소설
② 「토지」 : 박경리. 1969년부터 집필에 들어가 1994년에 전 5부 16권으로 완간한 대하소설
③ 「삼대」 : 염상섭. 1931년 『조선일보』에 총 215회 연재. 장편소설

37 ▶ ④

작품과 시대 배경, 기법을 연관 지어 이해한다.

④ 「난장이가 쏘아올린 작은 공」 : 조세희
• 1976년 『문학과 지성』 겨울호에 발표된 중편 소설이다.
• 철거 위기에 놓인 도시 빈민들이 살아가는 1970년대의 어느 도시 재개발 지역을 배경으로 도시 빈민의 비참한 삶과 좌절을 표현하고 있다.
• 난쟁이 가족은 억눌리고 짓밟힌 계층을 표상한다. 도시로부터 밀려오는 변화의 바람, 도덕적 규범의 불안정성, 사회적인 질서와 소외 등으로 인하여 삶의 기반을 잃게 된다.
• 액자 구성으로 과거와 현재의 시간이 넘나드는 구성과 우화적 기법을 사용했다.

① 「사하촌」: 김정한
- 1936년 『조선일보』 신춘문예 당선작. 단편 소설
- 가뭄이라는 자연적 재난과 맞서기에 앞서 가혹한 소작제도 및 일제의 통제에 시달리는 '사하촌' 소작 농민의 상황을 예리하게 묘사한 작품
② 「당신들의 천국」: 이청준
- 1976년 발표된 총 3부의 장편 소설
- 소록도의 역사를 소재로 실제 인물을 모델로 창작
- 서술의 시점이 부분마다 다름
③ 「아홉 켤레의 구두로 남은 사내」: 윤흥길
- 1977년 발표된 중편 소설
- '광주대단지사건'이라는 사건을 간접적으로 다루었다.
- 경기도 성남 배경
- 대학을 나온 사람이지만 계속해서 주변부로 소외되는 삶을 살아 온 한 남자의 행방불명과 자존심을 그리고 있다.

38 ──────────────── ▶ ①
현대 희곡 작품과 연관 지어 작가를 이해한다.
① 유치진
- 생명파 시인 유치환의 형
- '극예술연구회(1931)'에서 창작 희곡 「토막」을 통해 1932년 데뷔
- 「토막」은 현대 최초의 사실주의 창작 희곡으로 평가된다.
- 「버드나무 선 동리의 풍경」, 「빈민가」, 「소」 등 일제 강점기 암울했던 농촌 현실을 묘사한 작품들을 발표

② 박태원
- 이상, 정지용 등과 더불어 1930년대 모더니즘 문학을 대표하는 작가
- '구인회'의 동인
- 「천변풍경」, 「소설가 구보 씨의 일일」, 「골목 안」 등
③ 이효석
- 1920년대 '동반자 작가', 1930년대 '구인회'의 동인
- 「도시와 유령」, 「노령근해」, 「메밀꽃 필 무렵」, 「수탉」 등
④ 최서해
- 본명은 최학송(崔鶴松)

- 1920년대 신경향파의 대표 작가. 「카프」에는 가담하지 않음.
- 「탈출기」, 「홍염」, 「기아와 살육」 등

39 ──────────────── ▶ ④
현대 수필의 제목과 작가를 이해한다.
④ 「방망이 깎던 노인」: 윤오영
※ 이양하: 「나무」, 「신록예찬」, 「페이터의 산문」 등

① 피천득: 「인연」, 「은전 한 닢」, 「수필」 등
② 윤오영: 「달밤」, 「마고자」, 「양잠설」 등
③ 김소운: 「가난한 날의 행복」, 「목근통신」 등

40 ──────────────── ▶ ③
현대 희곡 작품의 창작 시대를 이해한다.
③ 「파수꾼」: 이강백
- 1970년대 군사 독재 정권을 풍자적으로 비판한 희곡
- 억압적인 정권 아래서도 진실을 추구하고 권력에 맞서 싸우는 것의 중요성을 강조

① 「규한」: 이광수
- 1917년 『학지광(學之光)』에 발표
- 당시 지식인, 특히 도쿄(東京) 유학생들의 고민을 대변해줌으로써 시대성 반영
- 구식결혼(조혼)의 질곡과 거기에서 벗어나기 위한 자유연애와의 상극에서 오는 고민
② 「국경」: 윤백남
- 1918년 『태서문예신보(泰西文藝新報)』에 발표
- 은행 지배인과 신식 부인과의 갈등을 다룬 단막 희극
- 여권신장으로 대변된 서양문화에 대한 저항과 신구사상의 충돌, 전통윤리와 근대도덕과의 상충·갈등이 희극적으로 묘사
④ 「병자삼인」: 조일재(조중환)
- 1912년 『매일신보』에 연재
- 현대 최초의 창작 희곡으로 평가. 상연되지는 못함.
- 여교사·여의사·여교장 등 사회적으로 유능한 세 아내와 이들과 대조되는 무능한 남편 셋이 주요 인물로 등장

PART

01

국어학

Chapter 01 국어에 대한 이해
Chapter 02 훈민정음과 한글에 대한 이해
Chapter 03 표준어와 방언
Chapter 04 언어예절
Chapter 05 올바른 국어 사용

독학사

1단계 | 국어

Bachelor's Degree Examination for Self-Education

CHAPTER 01 국어에 대한 이해

01 언어로서의 국어

1 언어의 특징

① 언어가 없으면 생존은 가능하겠지만, 사회생활은 불가능해진다.
② 언어는 우리의 생활과 관계가 깊으므로 언어 연구의 필요성은 크다.
③ 언어는 협동생활, 문화생활, 사회생활의 기본적 수단이요, 정신생활의 기본적인 역할을 한다.
④ 언어에 대한 이해는 다른 분야에 있어서도 공헌하는 바가 크다.
⑤ 언어에 대한 이해가 없이는 인간을 이해한다고 할 수 없다.
⑥ 언어는 사람과 동물을 구별하는 가장 중요한 척도 중에 하나이다.

2 언어와 문화의 표현

① 문화와 언어는 아주 긴밀한 관계에 있다.
② 언어와 문화 사이에는 불가분의 관계가 성립되지 않는다.
③ 문화의 발전도와 언어구조의 추상성, 복잡성의 정도와는 아무런 관계가 없다.
④ 종족과 언어 사이에 끊을 수 없는 본질적인 연관성은 없다.

3 언어의 체계

언어 기호는 각각 개별적으로 존재하는 것이 아니라 다른 언어 기호들과 함께 공존하면서 상호 관계를 가지고 그 가치를 발휘한다. 언어 기호는 말소리, 어휘, 그리고 문법 규칙 같은 하위의 체계들로 이루어져 있다.

1. 언어 체계의 성격
   ① **계층성** : 하위의 체계는 또 다른 하위의 체계로 이루어진다.
   ② **긴밀성** : 체계를 이루는 각 항목이나 범주는 서로 긴밀히 연관되어 있기 때문에 그중의 하나가 변화를 입게 되면 체계 전체가 변화한다.

2. 언어 체계와 선택
   ① **체계** : 체계란 서로 긴밀한 관련을 가지고 있는 선택 가능항의 집합이다.
   ② **선택** : 언어 사용자가 한 체계를 구성하는 항목들 중에서 필요한 것을 골라 쓰는 일
   ③ **폐쇄적 선택과 개방적 선택**
      ㉠ **폐쇄적 선택** : 선택 가능항의 수가 제한적인 경우 → 문법 범주
      ㉡ **개방적 선택** : 선택 가능항의 수가 거의 제한이 없는 경우 → 어휘 범주

◢ 4 언어와 사고

언어와 인간의 사고는 매우 밀접한 관계가 있다. 그러나 언어가 사고에 우선하는지, 사고가 언어에 우선하는지에 대해서는 관점의 차이가 존재한다.

(1) **언어우위론** : 사고보다 언어가 먼저라는 견해. 언어 없이는 사고가 불가능하다는 관점으로, 언어로 명명하여야만 대상으로 인식할 수 있다고 본다.

(2) **사고우위론** : 언어보다 사고가 먼저라는 견해. 언어 없이도 사고는 가능하다는 관점으로, 명명 과정 없이도 대상은 존재할 수 있다고 본다.

◢ 5 언어의 기능

1. 정보전달의 기능

상호 간의 의사소통을 중시하는 기능으로 언어의 개념적 의미가 중시된다. 언어의 원초적·도구적 기능으로 논리적이고 기능적인 것을 상징화하여 전달하는 기능이다(상징적 기능, 도구적 기능, 제보적 기능, 과학적 기능, 원초적 기능).

　◐ "날씨가 맑습니다.", "비가 많이 오네요.", 뉴스·소식 등

2. 표출적 기능

화자가 감정을 표출시키는 언어의 기능으로 언어의 개념적 의미보다 감정적 의미가 중심이 된다.

　◐ "아! 크다.", 욕설, 감탄, 탄식 등

3. 지령적 기능

청자의 행동이나 사건이 일어나게 하거나 금지하게 하는 언어의 기능이다. 그럼으로써 화자의 목적을 달성하려는 기능으로 개념적 의미보다 감정적, 함축적, 연상적인 의미가 중심이 된다. 사회통제 기능도 담당한다(법률, 규칙, 명령, 요청, 광고문 따위).

　◐ • "제발 일찍 자거라." – 명령
　　 • "우리 이야기 좀 해 보자." – 청유
　　 • "좀 더 일찍 올 수 없겠니?" – 완곡 어법
　　 • 일찍 자고 일찍 일어나는 것은 건강에 좋다. – 표어

4. 사교적 기능

청자와 화자 사이의 유대관계를 원활하게 하는 언어기능으로 이 경우는 언어의 의미보다 언어 행위 자체를 중시한다. 즉, 언어의 관습적인 의미 내용이 중시되지 않는다(친교적 기능 – 인사, 문병인사, 조문인사, 취임사, 고별사, 인사말 등).

　◐ • "날씨가 정말 좋습니다."
　　 • "굿모닝(Good morning)"

5. 미적 기능

언어를 통해 미적 가치를 추구하려는 기능으로 이 경우는 언어의 감정적 의미와 개념적 의미가 동시에 중시된다(예술작품, 시, 소설, 수필 따위).

- • "얄리얄리 얄라셩"
- • "일출봉에 해 뜨거든 날 불러주오.", "월출봉에 달 뜨거든 날 불러주오."

6 언어의 일반적 특성

1. 언어의 사회성(社會性)

(1) 언어는 언중의 약속이다.

(2) 언어는 그 사회를 반영하기도 한다.

(3) 언어는 사회적으로 변화·발전한다.

(4) 언어는 언중(言衆)들 간의 사회적 약속이므로 어떤 개인이 임의로 고칠 수 없다. 이를 일명 언어의 불역성(不易性)이라고 한다.

   예컨대, 우리가 타고 다니는 '자전거'를 어느 한 사람이 '자징거'라 한다고 해서 통용되는 것은 아니다.

2. 언어의 기호성(記號性)

(1) 언어는 기호(sign)를 사용한다.

(2) 언어는 의미를 내용으로 하고 일정한 형식, 즉 음성이나 문자로 나타낸다.

3. 언어의 체계성(體系性)

일정한 의미를 전달할 때 사용되는 언어 기호는 하나의 규칙적인 체계를 이루고 그 법칙에 의해서 배열되고 일정한 질서에 의해 실현된다(＝법칙성).

4. 언어의 자의성(恣意性)

언어의 형식인 음성과 내용인 의미 사이의 관계는 필연적이지 않고 자의적이고 임의적이다.

   집 – 家 – house, 사랑 – 愛 – love, 의성어, 의태어

5. 언어의 역사성

사회적 약속에 의해 만들어진 언어지만 시대가 흐르면서 그 흐름에 따라 형태와 의미가 생겨났다가 성장한 후 다시 사라진다. 이를 일명 언어의 가역성(可逆性)이라고 한다.

6. 언어의 창조성(創造性)

한정된 음운이나 어휘를 가지고 많은 단어, 그리고 문장을 만들어 낼 수 있다. 인간은 전에 들어 보지도 않은 무한수의 문장을 만들고 이해할 수 있으며, 무한히 긴 문장을 만들어 낼 수도 있다. 또, 언어를 통해서 실재하는 것만이 아니라 상상의 산물이나 관념적이고 추상적인 개념까지도 무한하게 창조적으로 표현할 수 있다. 이를 일명 언어의 개방성(開放性)이라고도 한다.

7. 언어의 추상성(抽象性)

개념(언어의 의미)은 언어에 의해 분절이 이루어져 형성된 한 덩어리의 생각으로서, 같은 부류의 사물들에게 공통적 속성을 뽑아내는 추상화(抽象化)의 과정을 거쳐서 형성된다(꽃, 무지개, 희망 등).

8. 언어의 분절성(分節性)

언어는 연속적으로 이루어져 있는 자연의 세계를 불연속적으로 끊어서, 즉 분절해서 표현한다. 이를 일명 '불연속성'이라고도 한다.

　➥ 예컨대, 단어와 단어 사이가 분절되는 것, 또 자음이나 모음이 나누어지는 것, 봄·여름·가을·겨울 등

02 국어의 언어적 특징

◢ 1 국어의 본질

1. 국어의 개념

(1) **일반성(一般性)** : 국어는 언어이다.

(2) **특수성(特殊性)** : 국어는 일종의 구체적 언어이다.

(3) **공용성(公用性)** : 국어는 국가를 배경으로 한다.

(4) **통일성(統一性)** : 국어는 표준어라야 한다.

2. 국어의 분류

(1) **계통상 분류** : 국어는 알타이 어족에 속하는데, 알타이 어족에는 만주어(퉁구스어), 몽골어, 터키어, 한국어, 일본어 등이 있다.

(2) **형태상 분류** : 국어는 첨가어(교착어·부착어)에 속하는데, 첨가어는 문법적 기능을 담당하는 형식 형태소(조사, 어미, 접사)와 의미를 담당하는 실질 형태소가 분명히 구별되는 언어이다.

분류	성격	보기
첨가어 (교착어, 부착어)	뜻을 나타내는 실질 형태소에 조사와 어미, 접사 같은 문법적 관계를 나타내는 형식 형태소가 붙음으로써 문법적 기능을 다 하는 언어(체언 + 조사, 어간 + 어미, 어근 + 접사)를 말한다. 예 나 + 가(주격), 나 + 의(소유격), 나 + 를(목적격)	한국어, 일본어, 만주어, 몽골어, 터키어
굴절어	낱말에 다른 말을 첨가하지 않고, 어형(語形)의 일부를 변화시키거나 또는 접사를 붙여, 단어가 문장 속에서 가지는 여러 가지 관계를 나타내는 언어를 말한다.	영어, 독어, 불어

	명사 · 대명사 등에는 성(性) · 수(數) · 격(格), 동사에는 인칭 (人稱) · 시제(時制) · 수(數) 등의 문법 범주가 있어 이에 따라 일정하게 변화한다. 인도 – 유럽어가 대표적이다. 예 I(주격) my(소유격) me(목적격)	
고립어	어미의 변화나 접사 등 문법적 관계를 나타내는 요소의 발달이 없고, 낱말의 실현 위치에 의하여 단어가 문장 속에서 가지는 여러 가지 관계가 결정되는 언어를 말한다. 예 高山(높은산) – 山高(산이 높다)	중국어, 태국어, 베트남어
포합어	동사를 중심으로 그 전후에 인칭을 나타내는 접사나 목적을 나타내는 말이 결합 또는 삽입되어서, 한 말로써 한 문장을 나타낼 수 있는 언어	아메리카 인디언의 말, 아이누말

(3) 문자 갈래상

① 표음 문자(소리글자)

㉠ 단음 문자 : 자음, 모음으로 음절을 나눔(한글, 영어 등) → 음운 문자, 음소 문자

㉡ 음절 문자 : 한 글자로 한 음만 표시(일본어)

② 표의 문자(뜻글자) : 한자

▲ 2 국어의 특질

1. 음운상의 특질

① **파열음 계열의 삼중체계** : 국어 자음 중 파열음 계열은 예사소리(평음), 된소리(경음), 거센소리(격음)의 세 갈래의 대립을 통해서 서로 다른 음소를 형성하는 삼중체계를 이룬다.

예 불[火] : 뿔[角] : 풀[草]

② **단모음의 수가 많다** : 'ㅣ, ㅔ, ㅐ, ㅟ, ㅚ, ㅡ, ㅓ, ㅏ, ㅜ, ㅗ'의 10개

③ **두음법칙(頭音法則)**

㉠ 단어의 첫소리에 둘 이상의 자음이 오지 않는다.

㉡ 유음 /ㄹ/이 오지 않는다.

예 路邊(로변) → 노변, 良心(량심) → 양심

㉢ 구개음화된 /ㄴ/ 즉 '냐, 녀, 뇨, 뉴, 니' 등의 소리가 오지 않는다.

예 女子(녀자) → 여자, 紐帶(뉴대) → 유대

④ **음절 끝소리 규칙** : 국어 자음 중 파열음이 음절 끝에 올 때에 터지지 않고, 닫힌 상태로 발음되는 현상이 있다.

예 부엌 → [부억], 옷 → [온], 잎 → [입]

⑤ **모음조화** : 한 단어에 들어 있는 모음 중 양성모음은 양성모음끼리, 음성모음은 음성모음끼리 결합하려는 현상이 있다.

예 졸졸 : 줄줄, 살금살금 : 슬금슬금, 잡아 : 먹어

⑥ 모음동화('ㅣ' 모음동화) : 'ㅣ' 모음 앞뒤의 모음이 '이' 모음을 닮아 'ㅣ' 모음과 비슷한 전설모음으로 변한다.

　　　예 살리어 → [살리여], 손잡이 → [손잽이] → [손재비], 먹이다 → [멕이다] → [메기다]

⑦ 자음동화 : 이웃하고 있는 자음들이 서로 닮는 현상이 있다.

　　㉠ 비음화(鼻音化) : 비음이 아닌 소리가 비음에 동화되어 같은 비음으로 변하는 현상

　　　　예 국물[궁물], 섭리[섭니] → [섬니], 듣는[든는], 백로[백노] → [뱅노]

　　㉡ 유음화(流音化) : 일정한 음운론적 환경에서 'ㄴ'이 유음 'ㄹ'의 영향 때문에 유음 'ㄹ'로 동화되는 음운현상

　　　　예 신라[실라], 칼날[칼랄]

⑧ 음상(音相)의 차이

　　㉠ 어감(語感)의 차이

　　　ⓐ 자음 : 예사소리(빙빙) < 된소리(삥삥) < 거센소리(핑핑) → 강한 느낌

　　　ⓑ 모음 : 음성 < 양성 → 작고, 밝고, 경쾌하고, 가볍고, 명랑한 느낌

　　　　예 벙글벙글 < 방글방글, 줄줄 < 졸졸, 슬슬 < 살살, 움찔 < 옴찔

　　㉡ 의미(意味)의 분화(分化)

　　　ⓐ 자음 : 덜다[減]와 털다[拂], 뛰다[躍]와 튀다[彈], 마당[庭]과 바탕[場]

　　　ⓑ 모음 : 맛[구미]과 멋[풍미], 살[연령]과 설[元旦], 낡다[朽]와 늙다[老]

2. 어휘상의 특질

① 한자어의 영향으로 동음이의어(同音異議語)가 많다. 다량의 한자어 유입과 구미어(歐美語)의 유입으로 차용어가 많다.

② 상하관계를 중시하는 문화가 언어에 영향을 미쳤기 때문에 경어법이 복잡하게 발달하였다. 2인칭 대명사인 경우(너/자네/그대/당신) 등 여러 가지 차등을 두고 사용된다. 특히 한자어는 경어법의 발달에 큰 영향을 끼친다(이/치아, 술/약주, 집/댁, 나이/연세). 고유어와 한자어는 유의어가 많은데 대체로 한자어는 고유어보다 품위 있고 경의를 표하는 데 사용하고 있다.

　　예 아비, 아버지, 아버님, 가친(家親), 엄친(嚴親), 노친(老親), 춘부장(春府丈) 등

③ 감각어의 발달(정서적이고 감각적인 편이다.) : 노랗다, 노르스름하다, 누렇다, 누르스름하다, 푸르다, 푸르스름하다, 퍼렇다 등으로 무한대로 표현한다.

④ 상징어의 발달

　　㉠ 의성어 + 접미사 → 기러기, 개구리, 꾀꼬리, 귀뚜라미, 매미, 뻐꾸기, 쓰르라미

　　㉡ 의태어 + 접미사 → 깜빡이, 누더기, 빤짝이, 삐쭉이, 살살이

3. 구문상의 특질

① 조사, 어미와 같은 문법적 관계를 나타내는 말이 발달되어 있어 교착어(膠着語)에 속한다.

　　　　예 철수<u>가</u>, 철수<u>를</u>, 철수<u>에게</u>, 철수<u>까지</u>, 철수<u>만</u> → 조사

　　　　먹었 <u>다</u>, 먹<u>으니</u>, 먹<u>어서</u>, 먹<u>자</u>, 먹<u>느냐</u> → 어미

② 서술어가 문장의 맨 끝에 온다. '주어＋목적어＋서술어'의 구조를 갖는다. 즉, 중요한 부분(화자의 결론)을 맨 끝에 진술한다.

　　　　예 나는 사과를 좋아한다. / I like an apple

③ 단어 형성법(파생법, 합성법)이 발달되어 있다.

　　　　예 맨손(파생어), 덮개(파생어), 밤낮(합성어), 책상(합성어), 시냇물(합성어)

④ 수식어는 피수식어의 앞에 놓인다.

⑤ 단어에 성(性)의 구별이 없다.

⑥ 형용사에 비교급과 최상급이 없고, 시제의 표시가 불분명하다.

⑦ 문장의 요소를 생략하는 일이 많다.

　　　　예 "언제 왔어?" "조금 전에"

03 음운론의 이해

1 음운과 음절

1. 음운(音韻)

(1) **음운의 개념** : 단어의 의미를 변별하는 최소의 단위

(2) **음운의 종류**

① 음소(音素, 분절 음운) : 자음과 모음

② 운소(韻素, 비분절 음운) : 소리의 길이, 높낮이, 세기 등

2. 음절(音節)

(1) **음절의 개념** : 한 번에 낼 수 있는 소리마디를 나타내는 문법 단위(발음의 최소 단위)

(2) **음절 형성의 제약**

① 모음은 음절 형성의 필수적 요소이다. → 모음이 없는 음절은 없다.

② 자음은 음절 형성의 수의적 요소이다. → 모음 + 자음, 모음 단독

③ 국어의 모든 자음은 음절의 첫소리로 설 수 있다.

④ 음절의 끝소리에는 'ㄱ, ㄴ, ㄷ, ㄹ, ㅁ, ㅂ, ㅇ'의 일곱 자음만 올 수 있다.

⑤ 모음과 모음 사이에 세 개 이상의 자음이 올 수 없다.

(3) **국어의 음절 구조**

① 모음 단독

② 모음 + 자음

③ 자음 + 모음

④ 자음 + 모음 + 자음

◢ 2 국어의 음운 체계

1. 자음(子音) : 19개

소리를 낼 때, 목 안 또는 입 안의 어떤 자리가 완전히 막히거나, 공기가 간신히 지나갈 만큼 좁혀지거나 하는 장애를 받고 나는 소리

(1) 성대의 울림 여부에 따라

① 울림소리(有聲音, 유성음, voiced) : 성대가 울리는 소리

　예 모든 모음 + ㅁ, ㄴ, ㅇ, ㄹ

② 안울림소리(無聲音, 무성음, unvoiced) : 성대가 울리지 않는 소리

　예 'ㅁ, ㄴ, ㅇ, ㄹ'을 제외한 모든 자음

(2) 조음 위치에 따라(= 소리 나는 자리)

① 입술소리(兩脣音, 양순음) : 두 입술이 맞닿아 나는 소리

② 혀끝소리(齒槽音, 치조음) : 혀끝과 윗잇몸이 맞닿아 나는 소리

③ 센입천장소리(硬口蓋音, 경구개음) : 혓바닥이 경구개, 즉 굳은 입천장에 가 닿아서 나는 소리

④ 여린입천장소리(軟口蓋音, 연구개음) : 혓바닥 뒷부분과 연구개 사이에서 나는 소리

⑤ 목청소리(聲門音, 후음) : 성문에서, 두 성대에 의해 만들어지는 소리

(3) 조음 방식에 따라(= 발음의 방식)

① 파열음(破裂音) : 허파에서 나오는 공기를 일단 막았다가, 그 막은 자리를 터뜨리면서 내는 소리. 일단 막은 것을 강조하여 정지음(停止音, stop), 폐쇄음(閉鎖音)이라고도 함

② 파찰음(破擦音) : 막았다가 서서히 터뜨리면서 마찰을 일으켜 내는 소리. 즉, 파열음과 마찰음의 두 가지 성질을 다 가지는 소리

◆ 참고

파열음과 파찰음은 '예사소리 – 된소리 – 거센소리'의 삼지적 상관속(三枝的 相關束)을 이룬다. 다만 혀끝소리의 마찰음은 거센소리의 대립이 없으므로 이중 대립만 있다.

③ 마찰음(摩擦音, fricative) : 입 안이나 목청 사이의 통로를 좁히고 공기를 그 좁은 틈 사이로 내보내어 마찰을 일으키면서 내는 소리

④ 비음(鼻音) : 연구개와 목젖을 내려 입 안의 통로를 막고 코로 공기를 내보내면서 내는 소리

⑤ 유음(流音) : 혀끝을 잇몸에 가볍게 대었다가 떼거나(탄설음), 혀 끝을 잇몸에 댄 채 공기를 그 양 옆으로 흘려보내면서 내는 소리(설측음)

(4) 어감에 따라(= 소리의 성질)

① 예사소리(平音) : ㄱ, ㄷ, ㅂ, ㅅ, ㅈ

② 된소리(硬音) : ㄲ, ㄸ, ㅃ, ㅆ, ㅉ

③ 거센소리(激音, 有氣音) : ㅋ, ㅌ, ㅍ, ㅊ

(5) 자음 체계 분류표

조음 방식		조음 위치	두 입술	윗 잇몸, 혀 끝	센입천장, 혓바닥	여린입천장, 혀 뒤	목청 사이
			입술소리	혀끝소리	센입천장 소리	여린입천장 소리	목청소리
안울림소리	파열음	예사소리	ㅂ	ㄷ		ㄱ	
		된소리	ㅃ	ㄸ		ㄲ	
		거센소리	ㅍ	ㅌ		ㅋ	
	파찰음	예사소리			ㅈ		
		된소리			ㅉ		
		거센소리			ㅊ		
	마찰음	예사소리		ㅅ			ㅎ
		된소리		ㅆ			
울림소리	비음		ㅁ	ㄴ		ㅇ	
	유음			ㄹ			

2. 모음(母音) : 21개

날숨으로 목청을 울려 내는 소리로 장애 없이 순하게 나오는 소리

(1) 단모음 : 10개

길게 내더라도 그 소리를 발음하는 도중에 입술이나 혀가 고정되어 움직이지 않는 모음

① 혀의 앞뒤 위치에 따라 : 전설 모음, 후설 모음

② 혀의 높낮이에 따라 : 고모음(폐모음), 중모음, 저모음(개모음)

③ 입술 모양에 따라

㉠ 원순 모음 : ㅚ, ㅜ, ㅗ, ㅟ

㉡ 평순 모음 : ㅏ, ㅓ, ㅡ, ㅣ, ㅐ, ㅔ

혀의 높이	혀의 앞뒤	전설 모음		후설 모음	
	입술의 모양	평순	원순	평순	원순
고모음		ㅣ	ㅟ	ㅡ	ㅜ
중모음		ㅔ	ㅚ	ㅓ	ㅗ
저모음		ㅐ		ㅏ	

(2) 이중 모음 : 11개

소리를 내는 도중에 입술 모양이나 혀의 위치가 처음과 나중에 달라지는 모음

3. 음운 변화의 유형

(1) 비음화

① 받침 'ㄱ(ㄲ, ㅋ, ㄳ, ㄺ), ㄷ(ㅅ, ㅆ, ㅈ, ㅊ, ㅌ, ㅎ), ㅂ(ㅍ, ㄼ, ㄿ, ㅄ)'은 'ㄴ, ㅁ' 앞에서 [ㅇ, ㄴ, ㅁ]으로 발음한다.

- **예** 먹는[멍는] 국물[궁물] 깎는[깡는] 키읔만[키응만] 몫몫이[몽목씨] 긁는[긍는] 흙만[흥만] 닫는[단는]

② 받침 'ㅁ, ㅇ' 뒤에 연결되는 'ㄹ'은 [ㄴ]으로 발음한다.

- **예** 담력[담ː녁] 침략[침냑] 강릉[강능] 항로[항ː노] 대통령[대ː통녕]

③ 받침 'ㄱ, ㅂ' 뒤에 연결되는 'ㄹ'도 [ㄴ]으로 발음한다.

- **예** 막론[막논 → 망논] 백리[백니 → 뱅니] 협력[협녁 → 혐녁] 십리[십니 → 심니]

(2) 유음화 : 'ㄴ'은 'ㄹ'의 앞이나 뒤에서 [ㄹ]로 발음한다.

① 난로[날ː로] 신라[실라] 천리[철리] 광한루[광ː할루] 대관령[대ː괄령] 권력[궐력]

② 칼날[칼랄] 물난리[물랄리] 설날[설랄] 줄넘기[줄럼끼] 할는지[할른지]

- 📠**붙임** 첫소리 'ㄴ'이 'ㅀ', 'ㄾ' 뒤에 연결되는 경우에도 이에 준한다.

  닳는[달른] 뚫는[뚤른] 핥네[할레]

🖋**Plus UP!**   다만, 다음과 같은 단어들은 'ㄹ'을 [ㄴ]으로 발음한다.

의견란[의ː견난]	임진란[임ː진난]	생산량[생산냥]
결단력[결딴녁]	공권력[공꿘녁]	동원령[동ː원녕]
상견례[상견네]	횡단로[횡단노]	이원론[이ː원논]
입원료[이붠뇨]	구근류[구근뉴]	

(3) 구개음화 : 받침 'ㄷ, ㅌ(ㄾ)'이 조사나 접미사의 모음 'ㅣ'와 결합되는 경우에는, [ㅈ, ㅊ]으로 바꾸어서 뒤 음절 첫소리로 옮겨 발음한다.

- **예** 곧이듣다[고지듣따] 굳이[구지] 미닫이[미다지] 땀받이[땀바지] 밭이[바치] 벼훑이[벼훌치]

- 📠**붙임** 'ㄷ' 뒤에 접미사 '히'가 결합되어 '티'를 이루는 것은 [치]로 발음한다.

  굳히다[구치다] 닫히다[다치다] 묻히다[무치다]

(4) **자음군단순화** : 어말이나 자음 앞에서 겹받침이 올 때 둘 중 하나가 대표음이 되고 나머지는 탈락하는 현상

① 겹받침 'ㄳ', 'ㄵ', 'ㄼ, ㄽ, ㄾ', 'ㅄ'은 어말 또는 자음 앞에서 각각 [ㄱ, ㄴ, ㄹ, ㅂ]으로 발음한다.

- **예** 넋[넉] 넋과[넉꽈] 앉다[안따] 여덟[여덜] 넓다[널따] 외곬[외골] 핥다[할따] 값[갑]

② 겹받침 'ㄺ, ㄻ, ㄿ'은 어말 또는 자음 앞에서 각각 [ㄱ, ㅁ, ㅂ]으로 발음한다.

예 닭[닥]   흙과[흑꽈]   맑다[막따]   늙지[늑찌]   삶[삼ː]   젊다[점ː따]   읊고[읍꼬]
읊다[읍따]

> ✎ 참고
>
> **다만1** : '밟-'은 자음 앞에서 [밥]으로 발음하고, '넓-'은 다음과 같은 경우에 [넙]으로 발음한다.
> ㉠ 밟다[밥ː따]   밟소[밥ː쏘]   밟지[밥ː찌]
> ㉡ 넓-죽하다[넙쭈카다]   넓-적하다[넙쩌카다]   넓-둥글다[넙뚱글다]
> **다만2** : 용언의 어간 말음 'ㄺ'은 'ㄱ' 앞에서 [ㄹ]로 발음한다.
> 맑게[말께]   묽고[물꼬]   얽거나[얼꺼나]

(5) 자음 축약 : [ㅎ + ㄱ, ㄷ, ㅂ, ㅈ] → ㅋ, ㅌ, ㅍ, ㅊ

예 좋고[조코], 좋다[조타], 잡히다[자피다], 낙하[나카], 끊기다[끈키다] 등

(6) 소리의 첨가

① 합성어 및 파생어에서, 앞 단어나 접두사의 끝이 자음이고 뒤 단어나 접미사의 첫 음절이 '이, 야, 여, 요, 유'인 경우에는, 'ㄴ'소리를 첨가하여 [니, 냐, 녀, 뇨, 뉴]로 발음한다.

예 솜-이불[솜니불]   홑-이불[혼니불]   막-일[망닐]   한-여름[한녀름]
남존-여비[남존녀비]   늑막-염[능망념]

② 'ㄹ' 받침 뒤에 첨가되는 'ㄴ' 소리는 [ㄹ]로 발음한다.

예 들-일[들ː릴]   솔-잎[솔립]   설-익다[설릭따]   물-약[물략]   불-여우[불려우]
서울-역[서울력]

③ 과도한 소리의 첨가 : 표준발음으로 인정하지 않는다.

㉠ **과도한 'ㄴ' 첨가** : 표준발음으로 인정하지 않는다.

예 6 · 25[유기오(○)/융니오(×)]   3 · 1절[사밀쩔(○)/삼닐쩔(×)]   강요[강요(○)/
강뇨(×)]   등용문[등용문(○)/등농문(×)]   금연[그면(○)/금년(×)]   담임[다밈
(○)/담님(×),다님(×)]   겸임[겨밈(○)/겸님(×)]   함유[하뮤(○)/함뉴(×)]
목요일[모교일(○)/몽뇨일(×)]   금요일[그묘일(○)/금뇨일(×)]   선열[서녈(○)/
선녈(×)]   분열[부녈(○)/분녈(×)] 등

㉡ **과도한 'ㄹ' 첨가** : 표준발음으로 인정하지 않는다.

예 송별연[송벼련(○)/송별련(×)]   활용[화룡(○)/활용(×)]   실용[시룡(○)/
실룡(×)]   활약[화략(○)/활략(×)]   절약[저략(○)/절략(×)]   밀약[미략(○)/
밀략(×)]   굴욕[구룍(○)/굴룍(×)]   일요일[이료일(○)/일료일(×)]   월요일
[워료일(○)/월료일(×)]   촬영[촤령(○)/촬령(×)] 등

㉢ **둘 다를 표준발음으로 인정하는 경우** : 다음과 같은 말들은 'ㄴ' 소리를 첨가하여 발음하되, 표기대로 발음할 수 있다.

예 이죽-이죽[이중니죽/이주기죽]   야금-야금[야금냐금/야그먀금]
욜랑-욜랑[욜랑뇰랑/욜랑욜랑]   검열[검ː녈/거ː멸]   금융[금늉/그뮹]

04 형태론의 이해

1 문법 단위

1. **형태소(形態素)** : 일정한 뜻을 가진 가장 작은 말의 단위

   (1) 자립성의 유무에 따라

   ① **자립 형태소** : 다른 형태소와 결합하지 않고 자립하여 쓰일 수 있는 형태소
      → 체언(명사, 대명사, 수사), 수식언(관형사, 부사), 독립언(감탄사)

   ② **의존 형태소** : 반드시 다른 말에 기대어 쓰이는 형태소
      → 조사, 용언의 어간, 어미, 접사

   (2) 의미의 실질성 여부에 따라

   ① **실질 형태소(= 어휘 형태소)** : 구체적인 대상이나 구체적인 상태를 나타내는 실질적 의미를 가지고 있는 형태소 → 자립 형태소 + 용언의 어간

   ② **형식 형태소(= 문법 형태소)** : 실질적인 의미가 없이 말과 말 사이의 문법적 관계를 표시해 주는 형태소 → (의존 형태소 – 용언의 어간) 조사, 어미, 접사

2. **단어(單語)** : 최소 자립어

   자립할 수 있는 말이나, 자립할 수 있는 형태소에 붙어서 쉽게 분리할 수 있는 말
   → 음운은 최소의 의미 변별 단위, 형태소는 최소의 의미 단위, 단어는 최소 자립 단위

3. **어절(語節)**

   ① 문장을 구성하고 있는 도막도막의 단위
   ② 띄어쓰기 단위와 대체로 일치

2 단어의 형성

1. **어근과 접사**

   (1) **어근(語根)** : 단어를 형성할 때 실질적인 의미를 나타내는 중심 부분

   (2) **접사(接辭)** : 어근에 붙어 그 뜻을 제한하는 주변 부분('어근'과 '접사'는 의미의 중심 여부에 따른 분류이고, '어간'과 '어미'는 활용 여부에 따른 분류이다.)

2. **단어의 분류**

   (1) **단일어** : 하나의 실질적 어근으로 된 단어

   ① 모든 자립 형태소 : 하늘, 땅, 사람, 나무, 돌, 시나브로, 몹시 등
   ② 단순한 '어간 + 어미'의 구조 : 가다, 간다, 갔다, 먹다, 먹는다, 먹었다 등

(2) 복합어

　① **파생어** : 접두사 + 실질적 어근, 실질적 어근 + 접미사

　② **합성어** : 실질적 어근 + 실질적 어근

3. 파생어

어근의 앞이나 뒤에 파생 접사(어근의 앞에 붙는 파생접사는 접두사, 어근의 뒤에 붙는 파생 접사는 접미사)가 붙어서 만들어진 단어

(1) 접두파생어

　① 주로 품사를 바꾸지 않고 뒤 어근에 특정한 뜻을 더하거나 한정하면서 새로운 말을 만들어 낸다(한정적 접사에 의한 어휘적 파생법).

　② 극히 부분적이긴 하지만 품사를 바꾸는 경우도 있다(지배적 접사에 의한 통사적 파생법).

　　㉠ 메마르다, 강마르다 → 동사인 '마르다'를 형용사로 바꾸어 주고 있다.

　　㉡ 숫되다, 엇되다 → 동사인 '되다'를 형용사로 바꾸어 주고 있다.

　　㉢ 제한적 분포 : 명사, 동사, 형용사의 앞에만 존재한다.

　　㉣ 접미사에 비해서 그 숫자가 상대적으로 적다.

　③ **관형사성 접두사** : 관형사처럼 체언 앞에 붙는 접두사

　④ **부사성 접두사** : 부사처럼 주로 용언 앞에 붙는 접두사

　⑤ **통용 접두사** : 명사나 용언에 다 붙을 수 있는 경우

> 덧신/덧신다, 뒤범벅/뒤섞다, 올벼/올되다, 헛수고/헛되다, 애호박/앳되다

(2) 접미파생어

　① 뜻을 더하는 의미적 기능뿐만 아니라 어근의 품사를 바꾸는 문법적 기능도 하면서 새로운 말을 만들어 낸다.

　② 접미사는 접두사에 비해 숫자에 있어서 뿐만 아니라, 그 분포에 있어서도 매우 다양하다.

　③ 접미사가 붙어서 파생어가 되는 품사 유형은 명사, 대명사, 수사, 동사, 형용사, 부사, 조사 등 매우 다양하다.

　④ **한정적 접미사** : 품사는 바꾸지 않고 뜻을 더해 주는 접미사(= 어휘적 파생법)

　⑤ **지배적 접미사** : 품사를 바꿔 주는 접미사(= 통사적 파생법)

　⑥ **통사적 접미사**(지배적 접사) : 통사적 접미사에는 품사를 변화시키는 기능뿐만 아니라, 사동 접미사 '-이-'나 피동 접미사 '-히-'같이 문장의 통사 구조에 변화를 줄 수 있는 것들도 포함된다.

4. 합성어

파생 접사 없이 실질적 어근과 실질적 어근이 직접 합쳐져서 만들어진 단어

(1) **통사적 합성어** : 통사적 합성어는 통사론적인 시각에서 볼 때 두 어근 또는 단어가 연결된 방식이 문장에서의 구나 어절의 구성 방식과 일치하는 것을 말한다(= 생산적 합성법).

(2) **비통사적 합성어** : 비통사적 합성어는 일반적인 우리말의 통사적 구성 방법과 어긋나는 방법으로 형성된 것을 말한다(= 비생산적 합성법).

① 용언과 체언이 연결될 때 소위 관형사형 전성어미가 생략되는 현상

> 늦잠, 늦더위, 꺾쇠, 감발, 덮밥, 접칼 등 (작은집, 큰집, 쥘손)

② 용언과 용언이 연결되는 데 있어서 연결어미가 생략되는 현상

> 여닫다, 우짖다, 검푸르다, 뛰놀다, 잡쥐다 (들고나다, 돌아가다)

③ 국어의 부사는 용언이나 관형사나 다른 부사를 수식하는 것인 원칙인데 부사가 체언 앞에 오는 현상

> 부슬비, 헐떡고개, 촐랑새

기출유형 다잡기

01 언어에 대한 설명으로 적절하지 않은 것은?

① 언어가 없으면 생존은 가능하지만, 사회생활은 불가능해진다.

② 문화의 발전 정도와 언어의 추상성, 복잡성의 정도와는 관계가 없다.

③ 특정 종족과 언어 사이에는 본질적인 연관성이 없다.

④ 언어와 문화 사이에는 불가분의 관계가 성립한다.

해설 ④ 언어가 다르면 그 문화도 반드시 다르다든가, 문화가 다르면 각각 다른 언어를 사용하는 것은 아니다.

오답 ② 문화의 발전 정도가 떨어진다 하더라도 그 언어가 원시적이거나 미개하지 않다.

③ 어느 특정 종족은 특정한 언어가 주어져서 그것 이외는 하지 못한다는 이론은 성립하지 않는다.

02 "언어는 인간의 (   )을/를 지배한다."에서 (   ) 안에 들어갈 말로 적당한 것은?

① 사고   ② 양식

③ 행동   ④ 경험

해설 ① 언어는 인간의 사고(思考)를 지배한다.

03 언어의 일반적 특징에 대한 설명으로 잘못된 것은?

① 기호성 : 언어는 어떤 의미를 어떤 형식으로 상징하여 나타내는 기호의 체계이다.

② 사회성 : 언어는 언중(言衆)의 고유한 약속의 체계이다.

③ 역사성 : 언어는 언중(言衆)의 약속에 따라 신생·성장·사멸한다.

④ 자의성 : 언어에 있어서 형식과 내용의 결합은 일정한 법칙에 따라 이루어진다.

해설 ④ **자의성** : 언어의 형식인 음성과 내용인 의미 사이에 필연적인 관계가 존재하는 것은 아니다.

정답   **01** ④   **02** ①   **03** ④

04 다음 (   ) 안에 들어갈 말은?

> 언어의 (   )은 언어가 말하는 사람과 관련되는 상황이다. 말하는 사람은 현실 세계에 대한 자신의 판단이라든가 다른 섬세한 감정까지도 언어로 표현하게 된다. 이는 말하는 사람의 심리 상태에 따라 다시 몇 가지로 나누어 볼 수 있다.

① 지령적 기능
② 표현적 기능
③ 표출적 기능
④ 사교적 기능

해설 그 밖의 언어의 기능으로는 정보전달의 기능, 미적 기능, 관어적 기능이 있다.

05 다음에서 설명하는 언어의 특성은?

> 한 언어에서 새로운 사물을 가리키는 새말이 쓰이기 시작하고 그것이 굳어지게 되면 개인이 함부로 그 말을 바꿀 수 없다.

① 사회성
② 자의성
③ 창조성
④ 필연성

해설 ① 언어의 사회성이란 언어는 언중들 간의 사회적 약속이므로 어떤 개인이 임의로 고칠 수 없다는 것과 관련 있다.

06 다음에서 설명하는 언어의 특성은?

> '배[腹] : 배[舟]'나 '쓰다[用] : 쓰다[載] : 쓰다[苦]' 등과 같이 동일한 소리에 다른 의미가 결합되어 있는 것도 언어의 형식과 내용 사이의 관계가 이러한 특성을 갖고 있기 때문에 있을 수 있는 현상이다. 한국어에서 '집'이라고 하는 것을 영어에서는 '하우스(house)'라 하고 중국어에서는 '지아[家]'라고 하는데, 이와 같이 동일한 사물이나 개념이 언어마다 다른 소리로 나타나는 것도 같은 특성을 보여 주는 예라고 할 수 있다.

① 사회성
② 분절성
③ 자의성
④ 역사성

해설 ③ **자의성(恣意性)** : 언어표현(말)의 소리와 의미가 언어에 따라 다르게 나타나는 특성을 말한다.
집 – 家 – house, 사랑 – 愛 – love

정답 **04** ② **05** ① **06** ③

07 다음에서 알 수 있는 언어 기호의 특성으로 적절한 것은?

> ㉠ 언어는 문장, 단어, 형태소, 음운으로 쪼개어 나눌 수 있다. 특히 한정된 음운을 결합하여서 수많은 형태소, 단어를 만들고 무한한 문장을 만들 수 있다.
> ㉡ 언어는 외부세계를 반영할 때 있는 그대로 반영하지 않고 연속적으로 이루어져 있는 세계를 불연속적인 것으로 끊어서 표현한다. 실제로 무지개 색깔 사이의 경계를 찾아볼 수 없는데도 우리는 무지개 색깔이 일곱 가지라고 말한다.

① 추상성   ② 자의성
③ 분절성   ④ 역사성

해설 언어에서 분절성은 연속적으로 이루어져 있는 세계를 불연속적으로 끊어서 표현하는 특성이다.
㉠ 기호의 분절성, ㉡ 개념의 분절성

08 다음 (   ) 안에 들어갈 알맞은 말은?

> 말소리와 그것이 나타내는 의미 사이의 관계는 _____이다.

① 필연적   ② 자의적
③ 창조적   ④ 역사적

해설 ② 말소리와 의미와는 필연적 관계가 없다는 것은 언어의 자의성에 해당된다.

오답 ① 필연성은 말소리와 의미 사이의 관계가 1:1로 규정되며, 일명 유연성이라고 한다.
③ 창조성은 하나의 언어를 배우면 무한대로 새로운 문장을 만들 수 있다는 것이다.
④ 역사성은 언어는 시대에 따라 고정된 것이 아니라 변화, 생성, 소멸의 과정을 겪는다는 것을 말한다.

09 국어의 언어적 특징으로 옳은 것은?

① 몽골어, 터키어 등과 함께 우랄어족에 속한다.
② 조사와 어미가 발달한 굴절어적인 특성을 보인다.
③ 받침 자리에서 자음을 2개까지 발음할 수 있다.
④ 수식어가 피수식어 앞에 온다.

해설 ④ 국어는 '관형어 + 체언', '부사어 + 용언'처럼 수식어가 피수식어 앞에 온다.

오답 ① 국어는 알타이어족에 속한다.
② 국어는 교착어(부착어, 첨가어)이다.
③ 받침 규정에 따라 'ㄱ, ㄴ, ㄷ, ㄹ, ㅁ, ㅂ, ㅇ' 중 하나로 발음한다.

정답 07 ③   08 ②   09 ④

10 한국어의 특징으로 옳은 것은?

① 같은 말이어도 놓이는 위치에 따라 품사가 다르게 결정된다.

② 기본적으로 문장은 '주어 – 서술어 – 목적어'의 순서로 배열된다.

③ 유성음과 무성음은 소리를 구분하는 데에 중요한 기준이 된다.

④ 말하는 사람의 판단에 따라 상대방을 달리 대우하는 다양한 언어적 수단이 발달하였다.

> **해설** ④ 말하는 이가 어떤 대상이나 상대에 대하여 그의 높고 낮은 정도에 따라 언어적으로 구별하여 표현하는 방식이나 체계를 높임 표현이라 한다. 주체 높임법은 문장의 주어를 높이는 것이고, 객체 높임법은 목적어나 부사어를 높인다. 상대 높임법은 대화의 상대 즉 청자를 높이거나 또는 낮춰 표현하는 것이다. 한국어는 이처럼 다양한 높임 표현이 다른 언어에 비해 발달했음을 알 수 있다.

> **오답** ① 품사는 문장을 이루는 여러 단어들을 그 성질이 같은 것끼리 묶은 것이다. 위치가 이동했다 하여 단어의 성질이 변하는 것은 아니기 때문에 품사가 바뀌지 않는다.
> ② 국어의 기본 어순은 '주어 – (보어) – (목적어) – 서술어'이다.
> ③ '유성음'은 발음할 때 목청의 떨림을 수반하는 소리이고, '무성음'은 그렇지 않은 소리이다. 영어와 달리 국어의 자음 체계에서 성대의 떨림을 기준으로 음운을 구분하기는 어렵다.

11 국어의 특징으로 옳은 것은?

① 서술어가 목적어 앞에 오는 언어이다.

② 문장의 어순이 바뀌면 단어의 문법적 기능이 바뀌는 언어이다.

③ '읽지'에서 볼 수 있듯이 모음과 모음 사이에서 자음을 3개까지 발음할 수 있다.

④ 어근 또는 어간에 접사가 결합하여 문장 안에서의 기능이나 자격을 나타내는 교착어이다.

> **해설** ④ 국어는 형태상 교착어(膠着語)에 속한다. 교착어는 실질적인 의미를 가진 단어 또는 어간에 문법적인 기능을 가진 요소인 조사, 어미, 접사 등이 결합함으로써 문장 속에서의 문법적인 역할이나 관계의 차이를 나타내는 언어이다. 한국어, 몽골어, 만주어, 터키어, 핀란드어, 일본어 등이 여기에 속한다.

> **오답** ① 국어의 문장 어순은 '주어 + 목적어 + 부사어 + 서술어'의 순서이다.
> ② 고립어(孤立語)에 대한 설명이다. 고립어는 어형 변화나 접사 따위가 없고, 그 실현 위치에 의하여 단어가 문장 속에서 가지는 여러 가지 관계가 결정되는 언어로, 중국어, 타이어, 베트남어 등이 이에 속한다.
> ③ '읽지'는 [익찌]로 발음되며, 모음과 모음 사이에 'ㄱ'과 'ㅉ' 2개의 자음이 온다.

정답 **10** ④ **11** ④

12 '국어'와 '한국어'에 대한 설명으로 옳지 않은 것은?

① 한국어는 한반도 전역에서만 사용되는 언어이다.

② 일제 강점기에 한국어는 '조선어', 일본어는 '국어'로 불렀다.

③ '국어 교육', '한국어 교육'처럼 '국어'와 '한국어'를 구분하여 쓰기도 한다.

④ 우리나라에서는 주로 한국어를 가리키기 위하여 '국어'라는 말을 쓰고 있다.

> 해설 한국어는 한국인이 주로 사용하는 언어로, 형태상으로는 교착어이고, 계통적으로는 알타이 어족에 속한다고 보는 것이 일반적이다. 대체로 한반도 전역 및 제주도를 위시한 한반도 주변의 섬에서 쓰지만, 그렇다고 한반도에서만 쓰는 것은 아니다. 예를 들어 만주의 조선족도 한국어를 사용하고 있다.

13 국어의 자음 체계에서 조음 위치가 같은 것끼리 묶은 것은?

① ㅅ, ㅈ, ㄷ

② ㅁ, ㄴ, ㅇ

③ ㄱ, ㅈ, ㅎ

④ ㄴ, ㅅ, ㄹ

> 해설 'ㄴ, ㅅ, ㄹ'은 모두 윗잇몸 소리에 해당한다.

> 오답 'ㅁ'은 입술소리에 해당하고, 'ㄷ'은 윗잇몸 소리, 'ㄱ, ㅇ'은 여린입천장소리, 'ㅈ'은 센입천장소리, 'ㅎ'은 목구멍 소리에 해당한다.

14 국어의 모음을 혀의 높이로 분류할 때, 중모음만 묶은 것은?

① ㅏ, ㅟ, ㅣ

② ㅐ, ㅔ, ㅗ

③ ㅗ, ㅜ, ㅡ

④ ㅓ, ㅔ, ㅗ

> 해설 중모음은 'ㅓ, ㅔ, ㅗ, ㅚ'이다.

> 오답 저모음은 'ㅏ, ㅐ'이고, 고모음은 'ㅜ, ㅟ, ㅡ, ㅣ'이다.

15 다음 내용의 밑줄 친 부분에 해당하는 단어는?

> 자음동화는 음절 끝 자음이 그 뒤에 오는 자음과 만날 때, 어느 한쪽이 다른 쪽을 닮아서 그와 비슷하거나 같은 소리로 바뀌기도 하고, <u>양쪽이 서로 닮아서 두 소리가 다 바뀌기도 하는 현상</u>이다.

① 칼날

② 신라

③ 국물

④ 섭리

정답 **12** ① **13** ④ **14** ④ **15** ④

④ '섭리'는 [섬니]로 발음되어 양쪽의 소리가 다 바뀌는 상호동화에 해당한다.

① '칼날'은 [칼랄]로 발음되어 뒤쪽의 소리만 바뀌는 순행동화에 해당한다.
② '신라', ③ '국물'은 각각 [실라], [궁물]로 발음되어 앞쪽의 소리만 바뀌는 역행동화에 해당한다.

16 다음 설명에 해당하는 음운 현상이 일어나는 것은?

이 현상은 어떤 음의 조음에 비강의 공명이 수반되는 것이다. 즉, 어떤 콧소리에 의하여 인접한 음이 콧소리로 바뀌는 경우이다.

① 이런 일에 <u>굳이</u> 너까지 나설 필요 없다.
② 누가 빼앗을까 허겁지겁 밥을 <u>먹는다</u>.
③ 따스한 <u>봄바람</u>에 기분이 좋아진다.
④ 몰래 <u>실눈</u>을 뜨고 지켜보았다.

음운 현상 중 '비음화' 현상을 이해한다.
② 먹는대[멍는다] – 비음화 현상 : 비음 'ㄴ' 때문에 'ㄱ'이 비음 'ㅇ'으로 변하는 현상

① 굳이[구지] – 구개음화 현상 : 선행음 'ㄷ'이 후행음 'ㅣ' 모음의 영향을 받아 경구개음인 'ㅈ'으로 변하는 현상
③ 봄바람[봄빠람] – 사잇소리 현상 : 합성명사에서 선행음 울림소리 'ㅁ'의 영향을 받아 후행음 안울림소리 'ㅂ'이 된소리로 변하는 현상
④ 실눈[실룬] – 유음화 현상 : 선행음 유음 'ㄹ'의 영향을 받아 후행음 'ㄴ'이 유음 'ㄹ'로 변하는 현상

17 다음 설명에 해당하는 음운 현상은?

명사나 용언 어간의 끝소리 /ㄷ/, /ㅌ/이 모음 /ㅣ/로 시작하는 조사나 접미사와 결합할 때 /ㅈ/, /ㅊ/로 바뀐다.

① 비음화   ② 구개음화
③ 유음화   ④ 두음법칙

② 구개음화는 끝소리가 'ㄷ', 'ㅌ'인 형태소가 모음 'ㅣ'나 반모음 'ㅣ'로 시작되는 형식 형태소와 만나면 그것이 구개음 'ㅈ', 'ㅊ'이 되거나 'ㄷ' 뒤에 형식 형태소 '히'가 올 때 'ㅎ'과 결합하여 이루어진 'ㅌ'이 'ㅊ'이 되는 현상이다. 지문에서 설명하고 있는 내용이 이와 같다.

① 'ㄱ, ㄷ, ㅂ'이 비음 'ㄴ, ㅁ' 앞에서 비음인 'ㅇ, ㄴ, ㅁ'으로 바뀌는 현상이다.
③ 비음 'ㄴ'이 유음 'ㄹ'의 앞 또는 뒤에서 유음인 'ㄹ'로 바뀌는 현상이다.
④ 한자음 중 'ㄴ'이나 'ㄹ'이 단어 첫머리에 올 때 'ㄴ'이나 'ㄹ'로 적는 것을 피하고 'ㄴ'은 'ㅇ'으로 'ㄹ'은 'ㅇ', 'ㄴ'으로 바꾸어 적는 것을 말한다.

정답 16 ②   17 ②

18 '덮는'을 발음할 때 나타나는 음운 현상은?

① 경음화   ② 비음화
③ 유음화   ④ 구개음화

> 해설 ② 덮는 : [덥는 – 끝소리규칙] → [덤는 – 비음화]
> 오답 ① 경음화 : 예사소리가 된소리로 발음되는 현상
> ③ 유음화 : 'ㄴ'이 유음 'ㄹ'의 영향을 받아 'ㄹ'로 발음되는 현상
> ④ 구개음화 : 'ㄷ, ㅌ'이 'ㅣ'모음의 영향을 받아 'ㅈ, ㅊ'으로 발음되는 현상

19 표준 발음에서 'ㄴ' 첨가가 일어나지 않는 것은?

① 솜이불   ② 색연필
③ 식용유   ④ 금요일

> 해설 ④ '금요일'의 표준 발음이 [금뇨일]이 아닌 [그묘일]이므로, '금요일'의 발음은 'ㄴ' 첨가 현상에 해당하지 않는다. '표준 발음법'의 제1의 근본 원칙은 표준어의 실제 발음을 따른다는 것이다. 실제 발음에서 소리의 첨가가 없을 경우에는 자연히 앞의 자음을 연음하여 발음한다.
> 오답 ① 솜이불 : [솜니불 – 'ㄴ' 첨가]
> ② 색연필 : [색년필 – 'ㄴ' 첨가] → [생년필 – '비음화]
> ③ 식용유 : [식용뉴 – 'ㄴ' 첨가] → [시굥뉴 – '연음 현상']

20 다음 단어의 표준 발음이 옳지 않은 것은?

① 직행열차[지캥열차]   ② 늑막염[능망념]
③ 송별연[송ː벼련]   ④ 담요[담ː뇨]

> 해설 ① 직행열차 : [직행녈차 – 'ㄴ' 첨가] → [지캥녈차 – 자음 축약]
> 오답 ② 늑막염 : [늑막념 – 'ㄴ' 첨가] → [능망념 – 비음화]
> ③ 송별연 : [송벼련 – 'ㄴ' 첨가가 되지 않는 예외], [송별련 ×]
> ④ 담요 : [담뇨 – 'ㄴ' 첨가]

21 다음 문장을 형태소로 분석했을 때 의존 형태소이면서 실질 형태소인 것은?

> 영희는 사과를 먹고 집에 갔다.

① –는, –를   ② 먹–, 집
③ –에, 가–   ④ 먹–, 가–

정답   18 ②   19 ④   20 ①   21 ④

해설 의존 형태소이면서도 실질 형태소는 용언의 어간을 의미한다.
④ 먹–(동사의 어간), 가–(동사의 어간)

오답 ① –는(보조사), –를(목적격 조사) : 의존 형태소이면서도 형식 형태소
② 먹–(용언의 어간), 집(명사) : 자립 형태소이면서도 실질 형태소
③ –에(부사격 조사) : 의존 형태소이면서도 형식 형태소
가–(용언의 어간)

22 다음 설명에 해당하는 것은?

- 주로 단어의 품사는 바꾸지 못하고 그 의미만을 한정하는 구실을 한다.
- 사람을 가리키는 명사나 동식물 이름에 붙는 것들이 많다.
- 명사나 용언에 모두 붙을 수 있다.
- '맏딸'의 '맏–', '시꺼멓다'의 '시–' 등이 여기에 속한다.

① 보조사   ② 접두사
③ 형용사   ④ 대명사

해설 단어의 형성과정에서 '접두사'의 기능을 이해한다.
② 접두사 : 주로 품사를 바꾸지 않고 뒤 어근에 특정한 뜻을 더하거나 한정하면서 새로운 말을
만들어 낸다(한정적 접사에 의한 어휘적 파생법).

오답 ① 보조사 : 체언, 부사, 활용 어미 따위에 붙어서 어떤 특별한 의미를 더해 주는 조사. '은', '는',
'도', '만', '까지', '마저', '조차', '부터' 따위가 있다.
③ 형용사 : 사물의 성질이나 상태를 나타내는 품사. 활용할 수 있어 동사와 함께 용언에 속한다.
④ 대명사 : 사람이나 사물의 이름을 대신 나타내는 말. 또는 그런 말들을 지칭하는 품사. 인칭
대명사와 지시 대명사로 나뉘는데, 인칭 대명사는 '저', '너', '우리', '너희', '자네', '누구' 따위이
고, 지시 대명사는 '거기', '무엇', '그것', '이것', '저기' 따위이다.

23 ㉠과 ㉡의 예로 알맞은 것은?

㉠ 하나의 실질 형태소에 접사가 붙거나 ㉡ 두 개 이상의 실질 형태소가 결합된 말이다.

	㉠	㉡
①	덧신	집안
②	집안	공부방
③	먹이	덧신
④	공부방	덧신

해설 ⓘ은 파생어를, ⓛ은 합성어를 의미한다.
① 덧(접두사) + 신(명사) : 파생어
집(명사) + 안(명사) : 합성어

오답 ② 집(명사) + 안(명사) : 합성어
공부(명사) + 방(명사) : 합성어
③ 먹(용언의 어근) + 이(명사화 접미사) : 파생어
덧(접두사) + 신(명사) : 파생어
④ 공부(명사) + 방(명사) : 합성어
덧(접두사) + 신(명사) : 파생어

24 단어의 짜임이 나머지 셋과 다른 것은?

① 집안
② 새파랗다
③ 짚신
④ 높푸르다

해설 ①, ③, ④는 합성어, ②는 파생어이다.
② 새(접두사) + 파랗다(형용사)
오답 ① 집(명사) + 안(명사)
③ 짚(명사) + 신(명사)
④ 높(용언의 어간) + 푸르(용언의 어간) + 다 : 합성어

25 형용사에서 동사로 파생된 것은?

① 막히다
② 반짝이다
③ 좁히다
④ 두근거리다

해설 ③ 좁(형용사의 어간) + 히(사동 접미사) + 다 → 좁히다[동사]
오답 ① 막(동사의 어간) + 히(사동 접미사) + 다 → 막히다[동사]
② 반짝(부사) + 이다(동사화 접미사) → 반짝이다[동사]
④ 두근(부사) + 거리다(동사화 접미사) → 두근거리다[동사]

정답 24 ② 25 ③

CHAPTER 02

훈민정음과 한글에 대한 이해

01 훈민정음에 대한 이해

1. 한글 창제의 목적

정인지(鄭麟趾)는 『훈민정음 해례본(訓民正音 解例本)』의 서문(序文)에서 한글을 만든 이유를 더 구체적으로 밝히고 있다.

① 지리적 조건이 다르면 이에 따라서 사람들의 발음도 달라진다. 그런데, 옛날 중국 사람이 만든 한자를 후세(後世) 사람들이 마음대로 바꿀 수 없다고 해서 중국 이외(中國 以外)의 나라에서 한자를 빌려 쓰고는 있으나 제대로 의사소통이 될 이치가 없다.

② 신라 때부터 관청과 민관에서 써 오고 있는 이두(吏讀)가 불편하고 실지 언어생활(言語生活)에서는 제 뜻을 제대로 전달할 수 없다. 그래서 세종께서 한글 28자를 만드셨는데, 다음과 같은 결과가 나타났다고 했다.

　㉠ 한글은 배우기 쉬워서 하루 아침이나 열흘이면 익힐 수 있다.

　㉡ 겨우 28자이지만 얼마라도 응용이 가능하다.

　㉢ 한글이 창제되어 어려운 한문책의 뜻도 쉽게 알 수 있게 되었다.

　㉣ 한자음(漢字音)도 분명해졌고, 음악(音樂)도 음계(音階)가 고르게 되었으며, 바람 부는 소리나 닭울음소리도 다 적을 수 있게 되었다.

2. 훈민정음과 한자의 관계

① 한문자는 한글로 된 한자음을 큰 글자로 앞에 적고, 한자는 그 오른쪽에 작은 글씨로 부기하는 방식으로 쓰여졌다(예 『월인천강지곡』).

② 한자어는 한자를 먼저 큰 글자로 쓰고, 한글로 된 한자음을 그 오른쪽에 작은 글씨로 부기하는 방식으로 쓰여졌다(예 『석보상절』, 『월인석보』).

3. 훈민정음(訓民正音)

(1) 명칭

① 문자 체계의 명칭 : 훈민정음(백성을 가르치는 바른 소리)

② 책이름 : 『訓民正音 解例本(한문본)』 – 훈민정음에 대한 해설서

(2) 연대

① 창제 : 세종 25년(1443년) 음력 12월 '예의' 완성

② 반포 : 세종 28년(1446년) 음력 9월 상한 『훈민정음 해례본』 간행

(3) 창제자 및 협찬자

① 창제자 : 세종

② 협찬자 : 정인지, 신숙주, 성삼문, 이개, 최항, 박팽년, 이선로, 강희안 등 집현전 학자들

(4) 창제의 배경

① 借字表記法(향찰, 이두, 구결)의 난해성

② 국어 음운구조의 복잡성 : 종성이 복잡해서 차자 표기법으로는 국어를 충실히 적을 수 없었다.

(5) 창제의 목적

① 자주, 애민, 실용정신

② 언어와 문자의 불일치 해소

③ 당시 한자음을 정리, 통일하기 위함

(6) 판본

① 해례본(解例本) : 「예의(例義)」, 「해례(解例)」, 「정인지의 서(序)」가 모두 한문으로 된 목판본이고 1940년 경북 안동에서 발견되어 간송 박물관에 소장되었다(국보 70호).

② 실록본(實錄本) : 세종 실록 28년 9월에 「예의」 부분만 한문으로 실려 있다.

③ 언해본(諺解本) : 해례본의 「예의」 부분만을 우리말로 옮겨 놓은 것이다.

(7) 해례본의 체제

① 예의(例義) : 본문

㉠ 세종의 어지(御旨) : 훈민정음 창제동기

㉡ 글자의 음가(音價) : 초성(23자)과 중성(11자)의 음가

㉢ 글자의 운용(運用) : 종성법, 연서법, 병서법, 부서법

㉣ 성음법(成音法)과 방점(傍點) : 음절 이루는 법과 음의 고저(高低)표시법

② 해례(解例) : 5해 1례

㉠ 제자해(制字解) : 글자를 만드는 원리와 기준 설명

㉡ 초성해(初聲解) : 동국정운 23초성 체계에 따른 자음 설명

㉢ 중성해(中聲解) : 중성의 규정과 이중모음 설명

㉣ 종성해(終聲解) : 종성의 본질과 '8종성 가족용' 설명

㉤ 합자해(合字解) : 초성, 중성, 종성이 합해져서 글자가 됨을 설명

㉥ 용자례(用字例) : 실제 낱말의 예를 들어 설명

③ 정인지의 서(序) : 훈민정음 창제의 취지, 경위, 의의, 가치 등을 설명

4. 훈민정음(訓民正音) 제자 원리

(1) 초성(初聲, 자음, 첫소리) : 17자 – 발음기관 모양의 상형(象形) + 가획(加劃)

명칭	기본자	가획자	이체자	제자원리
어금닛소리(牙音)	ㄱ	ㅋ	ㆁ	혀뿌리가 목구멍을 막는 모양(舌根閉喉之形)
혓소리(舌音)	ㄴ	ㄷ, ㅌ	ㄹ	혀끝이 윗잇몸에 붙는 모양(舌附上齶之形)
입술소리(脣音)	ㅁ	ㅂ, ㅍ		입술 모양(口形)
잇소리(齒音)	ㅅ	ㅈ, ㅊ	ㅿ	이의 모양(齒形)
목구멍소리(喉音)	ㅇ	ㆆ, ㅎ		목구멍 모양(喉形)

① 가획자(加劃字) : 기본자에 획을 더하여 만든 글자

② 이체자(異體字) : 가획의 뜻이 없고, 기본자의 모양을 달리하여 만든 글자

(2) 중성(中聲, 모음, 가온딧소리) : 11자 – '天·地·人' 삼재(三才) 상형

기본자	제자 원리	발음
·	形之圓 象乎天也 하늘의 둥근 모양(天)	舌縮而聲深 혀를 오그려 소리를 깊게 냄(후설)
―	形之平 象乎地也 땅의 평평한 모양(地)	舌小縮而聲不深不淺 혀를 조금 오그려 소리가 깊지도 얕지도 않음 (중설)
ㅣ	形之立 象乎人也 사람이 서 있는 모양(人)	舌不縮而聲淺 혀를 오그리지 않아 소리가 얕음(전설)

(3) 종성(終聲, 자음, 끝소리) : 종성부용초성(終聲復用初聲)

따로 만들지 않고 초성자를 다시 사용한다.

5. 차자(借字) 표기

한글 창제 이전에는 한자의 음과 훈을 빌어 우리말을 표기했다.

① **고유명사 표기** : 음독·훈독·혼합 표기에 의해 제한된 범위 내에서나마 한자로 국어를 표기하고자 했다. 주로 인명, 지명, 관직명 등에 나타난다.

　예 혁거세왕(赫居世王) : 불거뉘왕

🖊 참고

음독 : 居, 王 / 훈독 : 赫, 世

② **세기체 표기** : 임신서기석의 문체, 국어의 어순에 따라 한자를 배열하는 것으로, 이두와 비슷하나 조사, 어미 표기가 없다.

　예 壬申年六月十六日 二人幷誓記 天前誓 今自三年以後……

→ 임신년 6월 16일에 두 사람이 나란히 맹세하여 기록한다. 하늘 앞에 맹세한다. 지금부터 3년 이후에……

③ **향찰(鄕札)** : 신라 시대의 향가식 표기법. 한자의 음(문법적 요소)과 훈(실질적 의미를 가진 부분)을 빌려서 표기하는 것을 원칙으로 한다.

　　📝 夜入伊遊行如可(밤드리 노니다가)

> ✏️ **참고**
>
> 훈자 : 夜(밤), 入(들-), 遊(놀-), 行(니-), 如('-답다-에서 ㅂ탈락)
> 음차 : 伊可

④ **이두(吏讀)** : 한문을 우리말 어순으로 풀어 적기 위하여 주로 조사, 접미사, 부사, 명사 일부에 사용하던 한자 차용표기법. 신라 진평왕 때부터 조선말까지 사용되었다. 광의의 이두에는 향찰이 포함된다.

　　📝 心<u>王</u>婦人<u>亦</u> 七出<u>乙</u> 犯爲<u>去乃</u>
　　　　비록　　　이　　　을　　　거나
　　　(비록 부인이 칠거지악을 범하거나)

⑤ **구결(口訣)** : 한문 원문의 구절에 토(吐)를 삽입한 표기로, 지획을 줄인 약자를 많이 사용했다. 조선 시대 때 한문을 보급하면서 많이 쓰였으나, 한글 창제 후 점차 쇠퇴해 갔다.

　　📝 天地之間萬物之中厓(厂) 唯人是(人) 最貴爲尼(ㇻヒ)
　　　→ 하늘과 땅 사이 만물 가운데에 오로지 사람이 가장 귀하니

02 한글에 대한 이해

1. 한글의 우수성

한글은 우리 고유의 문자 체계로, 독창성과 과학성을 지닌 위대한 문화유산이다.

① 탄생 기록(훈민정음 어지)을 가진 유일한 문자로, 세종 25년(1443년) 음력 12월에 세종대왕이 직접 창제하였고, 세종 28년(1446년) 반포하였다.

② 문자 발달사에서 제일 높은 수준의 '음소(음운) 문자'이면서, 음절 단위로 글자를 만들어 쓰는 독창적인 방식을 취하고 있다.

③ 제자 원리가 매우 과학적이고 체계적이며 독창적이고, 철학이 심오하며 합리적이다. 먼저 상형의 원리로 기본자를 만들었는데, 자음의 기본자(ㄱ, ㄴ, ㅁ, ㅅ, ㅇ)는 발음 기관을 본떠 만들었고, 모음(·, ㅡ, ㅣ)은 천·지·인을 상형하여 만들었다. 그리고 이들 기본자에 가획의 원리를 적용하여 많은 글자를 만들어 냈다.

④ 한글의 모음은 영어와 달리 위치에 따라 소리값이 바뀌지 않으며, 묵음자가 없어 소리와 문자의 일치성이 뛰어나다.

⑤ 한글은 표음 문자이기 때문에 어떤 소리도 사실적으로 표기할 수 있다. 글자의 수가 적으면서도 표음성이 뛰어나, 컴퓨터나 휴대 전화에서의 정보 처리가 빠르므로 정보화 시대에 매우 적합하다.

⑥ 쓰기 쉽고 배우기 쉬워 문화 발전에 효용성이 크다.

2. 한글의 명칭의 변천

훈민정음(訓民正音)	세종의 어지 : 세종대왕이 붙인 정식 명칭 → 정음
언문(諺文)	최만리 상소문 : 훈민정음을 낮추어 부른 이름. '상놈의 글' (암클 : 여자들이 사용하는 글이란 뜻으로, 훈민정음을 낮추어 부른 이름)
반절(半切)	중종 22년(1527) 최세진의 『훈몽자회(訓蒙字會)』에서 처음 제시 → 최세진이 붙인 이름은 아니다.
국서(國書)	숙종(17세기 말) 김만중이 『서포만필』에서 붙인 이름
국문(國文)	영조(18세기) 때 홍계희가 『삼운성휘』에서 처음 붙인 이름이고, 갑오개혁 이후 국어 존중 의식에 의해 주로 사용되었다.
가갸글	한글 음절의 차례(가, 갸, 거, 겨, …)에서 비롯된 이름으로, 조선어 연구회에서는 '가갸날'을 제정하기도 했다.
한글	1913년 주시경. '한민족의 글, 위대한 글'이라는 뜻으로 붙인 이름

3. 한글 자모의 명칭

(1) 조선 중종 때 역관 최세진이 『훈몽자회』(1527)에서 처음으로 자모의 명칭을 제시하였으며, 1933년 '한글 맞춤법 통일안' 제정 때 현재의 명칭이 명명되었다.

> ㄱ(기역) ㄴ(니은) ㄷ(디귿) ㄹ(리을) ㅁ(미음) ㅂ(비읍) ㅅ(시옷) ㅇ(이응) ㅈ(지읒)
> ㅊ(치읓) ㅋ(키읔) ㅌ(티읕) ㅍ(피읖) ㅎ(히읗) ㅏ(아) ㅑ(야) ㅓ(어) ㅕ(여)
> ㅗ(오) ㅛ(요) ㅜ(우) ㅠ(유) ㅡ(으) ㅣ(이)

(2) 훈몽자회(訓蒙字會)

① 중종 22년(1527) 최세진이 천자문을 보완하여 편찬한 어린이용 한자 교습서

② 한글을 '반절(半切)'이라 칭했다(諺文字母俗所爲半切二十七字).
→ 속세에서 널리 쓰이고 있던 '반절'이라는 명칭이 훈몽자회에서 처음 나타난 기록이지 최세진이 명칭을 붙인 것은 아니다.

③ 자모의 명칭과 순서가 오늘날과 유사하다. 자음 16자(ㆆ 제외) + 모음 11자 → 27자모
→ 자모의 순서와 명칭을 오늘날과 유사하게 처음 제시한 것이고, 동일한 것은 1933년 조선어학회에서 제시한 것이다.

④ 8종성법을 규정했다. → 초성종성통용8자

⑤ 초성 체계와 명칭 : 16자('ㆆ' 제외)

	ㄱ	ㄴ	ㄷ	ㄹ	ㅁ	ㅂ	ㅅ	ㅇ
초성종성통용8자	基役 기역	尼隱 니은	池(末) 디귿	梨乙 리을	眉音 미음	非邑 비읍	時(衣) 시옷	異凝 이응
	ㅋ	ㅌ	ㅍ	ㅈ	ㅊ	ㅿ	ㆁ	ㅎ
초성독용8자	(箕) 키	治 티	皮 피	之 지	齒 치	而 ᅀᅵ	伊 이	屎 히

01 세종이 「훈민정음」을 창제한 의도로 가장 적절한 것은?

① 한자의 사용을 완전히 금지한다.
② 일반 백성이 쉽게 문자를 배우고 쓸 수 있게 한다.
③ 지식인 계층만 사용하는 문자를 만든다.
④ 공문서는 반드시 우리 문자로 쓰도록 한다.

> **해설** ② 세종대왕께서 「훈민정음」을 창제한 의도는 일반 백성들이 자기 뜻을 마음대로 나타낼 수 있는 문자를 쉽게 배우고 쓸 수 있게 하려는 것이라 할 수 있다.
>
> **오답** ① 한자의 사용을 완전히 금지하는 것이 아니라 우리말을 자유롭게 표현하기 위함이다.
> ③ 지식인 계층뿐만 아니라 온 백성들을 위해 문자를 창제했다.
> ④ 공문서를 작성하기 위한 도구와는 관련이 없다.

02 다음 중 「훈민정음」 창제의 특징이 아닌 것은?

① 세종의 자주·애민·실용정신이 나타나 있다.
② 자음은 발음기관 모양을 본떴다.
③ 모음은 천(天)·지(地)·인(人)의 삼재(三才)를 따랐다.
④ 현재 한문본만 전해지고 있다.

> **해설** ④ 「훈민정음」 해례본과 언해본이 있다.
> ◐ 「훈민정음」 창제의 목적과 제자원리
> ㉠ 「훈민정음」 창제의 목적
> • 자주(自主), 애민(愛民), 실용(實用)의 정신을 구현(具現)하기 위함
> • 우리나라 한자음의 정리와 표기상의 통일을 기하기 위함
> ㉡ 「훈민정음」 제자원리
> • 자음 : 발음기관의 모양을 본뜸 + 가획(加劃)의 원리(과학적)
> • 모음 : 천(天)·지(地)·인(人)의 삼재(三才)를 본뜸(철학적)

03 다음 「훈민정음」 서문에 나타난 세종의 사상이 아닌 것은?

나·랏:말ᄊᆞ·미 中듕國·귁·에 달·아, 文문字·ᄍᆞ·와·로 서르 ᄉᆞᄆᆞᆺ·디 아·니홀·ᄊᆡ, ·이런 젼·ᄎᆞ·로 어·린 百·ᄇᆡᆨ姓·셩이 니르·고·져 ·홇·배이·셔·도, ᄆᆞᄎᆞᆷ:내 제·ᄠᅳ·들 시·러 펴·디:몯ᄒᆞᆯ·노·미 하·니·라. ·내·이·ᄅᆞᆯ 爲·윙·ᄒᆞ·야 어엿·비 너·겨, ·새·로·스·믈여·듧字·ᄍᆞ·ᄅᆞᆯ ᄆᆡᇰᄀᆞ노·니, :사ᄅᆞᆷ:마·다 ᄒᆡᆯ·ᄢᅵ:수·ᄫᅵ 니·겨·날·로·ᄡᅮ·메 便뼌安한·킈 ᄒᆞ·고·져 ᄒᆞᇙ ᄯᆞᄅᆞ·미니·라.

① 민족정신　　　　　　　　　② 자주정신

③ 애민정신　　　　　　　　　④ 실용정신

> **해설** ① '민족정신'은 세종의 어지에 제시된 창제 정신과는 관련이 없다.
>
> **오답** ② 자주정신 : "나·랏： 말ᄊᆞ·미～스ᄝᆞᆺ·디 아·니홀·씨"
> ③ 애민정신 : "·이런 젼·ᄎᆞ·로· ·새·로 ·스·믈여·ᇎ字·ᄍᆞᆼ·롤 ᄆᆡᇰ·ᄀᆞ노·니,"
> ④ 실용정신 : "：사ᄅᆞᆷ：마·다 히·여： ～便뼌安ᅙᅡᆫ·킈 ᄒᆞ·고·져 ᄒᆞᇙ ᄯᆞ르·미니·라."

04 「훈민정음」 서문에 나타난 내용과 관계가 없는 것은?

① 창제된 문자의 수　　　　　② 당시 외래어 사용 실태 비판

③ 새로운 문자를 창제하는 목적　④ 문자 생활의 대중화, 실용화

> **해설** ② "나·랏： 말ᄊᆞ·미～스ᄝᆞᆺ·디 아·니홀·씨"는 한자로 우리말을 제대로 표현할 수 없기 때문에 창제한다는 것이지 '당시 외래어 사용 실태'를 비판하기 위함이 아니다.
>
> **오답** ① 창제된 문자의 수 : "·스·믈여·ᇎ字·ᄍᆞᆼ·"
> ③ 새로운 문자를 창제하는 목적 : "·이런 젼·ᄎᆞ·로～ᄆᆞᆫᇎ·노·미 하·니·라."
> ④ 문자 생활의 대중화, 실용화 : "：사ᄅᆞᆷ：마·다 히·여： ～便뼌安ᅙᅡᆫ·킈 ᄒᆞ·고·져 ᄒᆞᇙ ᄯᆞ르· 미니·라."

05 「훈민정음」 초성에서 상형의 원리를 가진 자음이 아닌 것은?

① ㄱ　　　　　　② ㄴ　　　　　　③ ㄷ　　　　　　④ ㅅ

> **해설** ③ ㄷ : 'ㄴ'의 1 가획자
>
> **오답** ① ㄱ(아음의 기본자) : 혀뿌리가 목구멍을 막는 모양
> ② ㄴ(설음의 기본자) : 혀끝이 입천장에 닿는 모양
> ④ ㅅ(치음의 기본자)

06 밑줄 친 ㉠에 해당하는 글자가 아닌 것은?

> 나랏말ᄊᆞ미 듕귁에 달아 문ᄍᆞᆼ와로 서르 스ᄆᆞᆺ디 아니홀씨……
> 내 이를 윙ᅙᆞ야 어엿비 너겨 새로 ㉠ 스물여ᇎ字를 ᄆᆡᇰᄀᆞ노니
>
> 　　　　　　　　　　　　　－ 『훈민정음 언해본(諺解本)』 서문 －

① ㅍ　　　　　② ᅀ　　　　　③ ㅸ　　　　　④ ·

> **해설** ③ ㅸ : 자모의 운용 중 '연서법'으로 만든 글자

오답 ① ㅍ : 'ㅁ'의 2 가획자
② ㅿ : 치음의 이체자
④ · : 하늘의 모양을 본뜬 모음의 기본자

07 다음 『훈민정음 해례본』 서문에서 (   ) 안에 들어갈 말로 알맞은 것은?

> 나라의 말이 중국과 달라 문자와 서로 통하지 아니하므로 이런 까닭으로 어리석은 백성이 이르고자 할 바가 있어도 마침내 제 뜻을 능히 펴지 못하는 사람이 많노라. 내가 이를 위하여 가엾게 여겨 새로 (   ) 글자를 만드노니 사람마다 하여금 쉽게 익혀 날마다 쓰는 것이 편안케 하고자 할 따름이니라.

① 스물여섯
② 스물일곱
③ 스물여덟
④ 스물아홉

해설 ③ 빈칸에 들어갈 말은 '스물여덟'이다. 이는 현대 국어의 '자모(字母)'를 말하는데, 자모는 음절을 자음과 모음으로 갈라서 적는 낱낱의 문자를 가리키며, 자음 자모와 모음 자모 등이 포함된다. 자음 'ㄱ, ㅋ, ㆁ', 'ㄴ, ㄷ, ㅌ', 'ㅁ, ㅂ, ㅍ', 'ㅅ, ㅈ, ㅊ', 'ㅇ, ㆆ, ㅎ', 'ㄹ', 'ㅿ'의 17개와 모음 '·, ㅡ, ㅣ, ㅗ, ㅏ, ㅜ, ㅓ, ㅛ, ㅑ, ㅠ, ㅕ'의 11개를 모두 합한 스물여덟 글자를 나타낸다.

08 훈민정음에 대한 설명으로 옳지 않은 것은?

① '백성을 가르치는 바른 소리'라는 뜻이다.
② 1443년에 완성되어 1446년에 반포되었다.
③ 그 이전에는 우리말의 조사나 어미 등을 표기할 수단이 없었다.
④ 당시에 28개의 자모(字母)로 만들었고 현재는 몇 자모가 소실된 채로 사용되고 있다.

해설 '훈민정음'의 개념과 제자 원리를 이해한다.
③ 훈민정음 창제 이전에도 우리말의 조사나 어미 등을 표기하기 위해 한자의 음과 훈을 차용한 '이두'나 '향찰'의 수단이 존재했다. 다만 우리말을 정확하게 적을 수 없어 훈민정음이 창제된 것이다.

오답 ① 훈민정음(訓民正音) : '백성을 가르치는 바른 소리'
② 훈민정음의 창제(완성)은 세종 25년(1443년) 「예의」 규정의 완성을 의미하며, 반포는 세종 28년(1446년) 한문본인 『훈민정음 해례본』의 간행을 말한다.
③ 훈민정음 창제 당시 28자모는 자음 17자와 모음 11자를 말하며, 현재는 4개의 자모(ㆆ > ㅿ > ㆁ > ·)가 소실되어 24자모가 사용되고 있다.

정답 07 ③   08 ③

09 다음 중 발음기관의 모양을 본떠 창제된 자음자는?

① ㄱ   ② ㄷ   ③ ㅂ   ④ ㅈ

> **해설** 훈민정음 초성의 기본 문자인 'ㄱ, ㄴ, ㅁ, ㅅ, ㅇ'의 다섯 문자는 각 문자가 발음될 때의 발음기관의 모양을 본떠 만들었다. ㄱ(아음 – 어금닛소리), ㄴ(설음 – 잇몸소리), ㅁ(순음 – 입술소리), ㅅ(치음 – 잇소리), ㅇ(후음 – 목구멍소리)이다.
>
> **오답** ② 'ㄷ'은 혓소리 'ㄴ'의 가획자이다.
> ③ 'ㅂ'은 입술소리 'ㅁ'의 가획자이다.
> ④ 'ㅈ'은 잇소리 'ㅅ'의 가획자이다.

10 『훈민정음(訓民正音) 해례본(解例本)』의 '제자해(制字解)'에서 설명한 '혀뿌리가 목구멍을 막는 모양'에 해당하는 초성은?

① 아음 /ㄱ/   ② 설음 /ㄴ/
③ 순음 /ㅁ/   ④ 치음 /ㅅ/

> **해설** 『훈민정음 해례본』에서는 다음과 같이 제자원리를 밝히고 있다.
> - 牙音ㄱ象舌根閉喉之形 : 아음 'ㄱ'은 혀뿌리가 목구멍을 막는 모양을 본떴다.
> - 舌音ㄴ象舌附上齶之形 : 설음 'ㄴ'은 혀가 윗잇몸에 닿는 모양을 본떴다.
> - 脣音ㅁ象口形 : 순음 'ㅁ'은 입 모양을 본떴다.
> - 齒音ㅅ象齒形 : 치음 'ㅅ'은 이의 모양을 본떴다.
> - 喉音ㅇ形喉形 : 후음 'ㅇ'은 목구멍 모양을 본떴다.

11 한글 초성자와 그 상형 원리가 바르게 연결된 것은?

① ㅅ – 이의 모양   ② ㅁ – 목구멍의 모양
③ ㄱ – 혀끝이 잇몸에 닿는 모양   ④ ㄴ – 혀뿌리가 목구멍을 막는 모양

> **해설** 초성자의 기본 5자(ㄱ, ㄴ, ㅁ, ㅅ, ㅇ)는 해당 자음을 발음할 때의 발음 기관의 모양을 본떠 만들어졌다. 'ㅅ'은 잇소리로 이의 모양을, 'ㅁ'은 입술소리로 입술의 모양을, 'ㄱ'은 어금닛소리로 혀뿌리가 목구멍을 막는 모양을, 'ㄴ'은 혓소리로 혀가 윗잇몸에 붙는 모양을 본떴다.

12 다음 모음 중 음가(音價)가 중세국어 시기와 다른 것은?

① ㅕ   ② ㅝ   ③ ㅘ   ④ ㅔ

> **해설** 'ㅔ'는 중세국어에서는 이중모음이었으나 현대국어에서는 단모음에 해당한다.
>
> **오답** 'ㅕ, ㅝ, ㅘ'는 중세국어, 현대국어 모두 이중모음에 해당한다.

정답	09 ①	10 ①	11 ①	12 ④

13 훈민정음에 대한 설명으로 옳지 않은 것은?

① 설음의 기본자는 'ㄴ'이다.
② 초성 17자에 'ㅸ'이 포함된다.
③ 중성의 기본자는 셋으로, 'ㆍ, ㅡ, ㅣ'이다.
④ 중성의 초출자는 넷으로, 'ㅗ, ㅏ, ㅜ, ㅓ'이다.

> 해설 'ㅸ'은 초성 17자에 포함되지 않는다.

> 오답 초성 17자는 'ㄱ, ㄴ, ㅁ, ㅅ, ㅇ'의 기본자에 'ㅋ, ㄷ, ㅌ, ㅂ, ㅍ, ㅈ, ㅊ, ㆆ, ㅎ'의 가획자, 'ㄹ, ㅿ, ㆁ'의 이체자로 구성된다.

14 다음 밑줄 친 부분의 표기 원리로 옳은 것은?

> 곶 픈 드래, 놉고, 쭈흔 받 온 이럼, 좃거니와

① 팔종성가족용   ② 연서
③ 종성부용초성   ④ 병서

> 해설 '팔종성가족용'은 종성에는 'ㄱ, ㄴ, ㄷ, ㄹ, ㅁ, ㅂ, ㅅ, ㅇ'의 8개의 자음만 표기하는 법칙이다. 위에서 종성에 'ㅅ, ㅂ, ㄷ'만 쓰인 것을 보면 'ㄱ, ㄴ, ㄷ, ㄹ, ㅁ, ㅂ, ㅅ, ㅇ' 이외의 자음은 종성에 쓰이지 않았다는 것을 알 수 있다.

> 오답 '종성부용초성'은 종성에는 초성의 모든 자음을 다 표기할 수 있다는 원칙이다. 따라서 '곶, 높, 좇'이라 표기되어 있어야 한다. '연서'는 자음을 세로로 붙여 쓰는 것으로 'ㅱ, ㅸ' 등이 해당되고, '병서'는 자음을 가로로 붙여 쓰는 것으로 'ㅆ, ㅺ' 등이 해당된다.

15 다음에서 설명하는 것은?

> 한문으로 된 경전 등을 해독할 때 의미나 문법적 관계를 표시하기 위해 한문 어구 사이에 차자 표기로 덧붙인 조사나 어미와 같은 것을 가리킨다.

① 구결   ② 석독
③ 이두   ④ 향찰

> 해설 구결, 이두, 향찰은 모두 한자를 빌려 우리말을 기록하던 차자표기법이다. 구결은 한문 어순대로 쓰되 구절 사이에 우리말 문법요소를 넣은 표기법이고, 이두는 우리말의 어순을 따르고 조사나 어미를 넣은 표기법이다. 향찰은 한자의 음과 뜻을 빌려 국어 문장 전체를 적는 표기법이다.

> 정답 13 ② 14 ① 15 ①

※ 다음 글을 읽고 물음에 답하시오. (16~17)

나·랏:말ᄊᆞ미中듕國·귁·에달·아
文문字·쭝·와·로서르ᄉᆞᄆᆞᆺ·디아·니ᄒᆞᆯ·ᄊᆡ
·이런젼·ᄎᆞ·로어·린百·ᄇᆡᆨ姓·셩·이
니르·고·져·홇·배이·셔·도
ᄆᆞ·ᄎᆞᆷ:내제·ᄠᅳ·들시·러펴·디:몯ᄒᆞᆯ·노·미하·니·라
·내·이·ᄅᆞᆯ爲·윙·ᄒᆞ·야:어엿·비너·겨
·새·로·스·믈여·듧字·쭝·ᄅᆞᆯ밍·ᄀᆞ노·니
:사ᄅᆞᆷ:마·다:ᄒᆡ여:수·ᄫᅵ니·겨
·날·로·ᄡᅮ·메便뼌安한·킈ᄒᆞ·고·져ᄒᆞᇙᄯᆞᄅᆞ·미니·라

16 밑줄 친 부분을 현대어로 풀이한 것 중 잘못된 것은?

① ᄉᆞᄆᆞᆺ·디 – 통하지
② 어·린百·ᄇᆡᆨ姓·셩·이 – 나이가 어린 백성이
③ 하·니·라 – 많으니라
④ :어엿·비 – 가엾게

해설 ② 어리다[愚] : 어리석다

오답 ① ᄉᆞᄆᆞᆺ·디[通] : 통하지
③ 하다[多] : 많다
④ 어엿브다[憫] : 가엾다. 불쌍하다

17 윗글에 대한 설명으로 옳지 않은 것은?

① 지금은 사라진 음운들이 사용되고 있다.
② 앞 글자 받침을 뒤로 넘겨 적는 연철 표기를 하였다.
③ '펴디' 등의 어휘에서 볼 때 구개음화가 본격적으로 시작되었다.
④ '스믈' 등의 어휘에서 볼 때 원순모음화는 아직 시작되지 않았다.

해설 구개음화란 'ㄷ, ㅌ'이 'ㅣ'로 시작하는 형식 형태소를 만나면 'ㅈ, ㅊ'으로 발음되는 현상을 말한다. 따라서 '펴디'라고 표기되어 있는 것으로 보아 아직 구개음화가 적용되지 않는 표기라는 것을 알 수 있다.

오답 ① 'ㆁ, ㆆ'의 음운을 보면 알 수 있다.
② '말ᄊᆞ미, ᄠᅳ들, 노·미' 등에서 확인할 수 있다.
④ 원순모음화란 'ㅡ'가 'ㅗ, ㅜ'로 바뀌는 것을 말하는데 '스믈'을 보면 아직 나타나지 않은 것을 확인할 수 있다.

정답 16 ② 17 ③

CHAPTER 03 표준어와 방언

01 표준어

1 표준어의 이해

1. 표준어

(1) 표준어 제정의 이유

① 통일된 의사소통의 매개체가 필요하기 때문에

② 국민의 일체감을 고취하고 사회의 통합을 추구하기 위해

(2) 개념 : 표준어는 교양 있는 사람들이 두루 쓰는 현대 서울말로 정함을 원칙으로 한다.

① 제정 : 1933년 10월 29일, '한글학회'의 전신인 '조선어학회'에서 제정·공포한 것을 근간으로 하여 현재에는 1988년 1월에 개정한 것을 1989년 3월 1일부터 사용하고 있다.

② 표준어의 조건

㉠ 시대적 조건 : 현대

㉡ 계층적 조건 : 교양 있는 사람들

㉢ 지역적 조건 : 서울말

(3) 표준어의 기능

① 통일(統一)의 기능 : 표준어는 원활한 의사소통을 통해 한 나라 국민을 하나로 뭉치게 해 주고 같은 국민으로서의 일체감을 가지도록 해 주는 기능을 한다.

② 준거(準據)의 기능 : 표준어는 공적인 언어생활의 기준이 되는 기능을 한다. 또 규범을 바르게 따르도록 하는 태도를 길러주는 기능도 가진다.

③ 우월(優越)의 기능 : 표준어는 그것을 쓰는 사람이 쓰지 않는 사람보다 우월한 사람임을 드러내주는 기능을 한다.

④ 독립(獨立)의 기능 : 표준어는 대외적으로 한 민족임을 확인하는 기능을 한다.

2. 한글 맞춤법 통일안

제1장 총 칙

제1항 : 한글 맞춤법은 표준어를 소리대로 적되, 어법에 맞도록 함을 원칙으로 한다.

제2항 : 문장의 각 단어는 띄어씀을 원칙으로 한다.

제3항 : 외래어는 외래어 표기법에 따라 적는다.

제3장 소리에 관한 것

제1절 된소리

제5항 : 한 단어 안에서 뚜렷한 까닭 없이 나는 된소리는 다음 음절의 첫소리를 된소리로 적는다.

  📝 소쩍새, 해쓱하다, 거꾸로, 부썩, 산뜻하다, 잔뜩, 훨씬, 움찔

> ※ 다만 'ㄱ, ㅂ' 받침 뒤에서 나는 된소리는, 같은 음절이나 비슷한 음절이 겹쳐 나는 경우가 아니면 된소리로 적지 아니한다.
>   📝 국수, 깍두기, 딱지, 색시, 싹둑, 법석, 갑자기, 몹시

제2절 구개음화

제6항 : 'ㄷ, ㅌ' 받침 뒤에 종속적 관계를 가진 '이'나 '히'가 올 적에는 그 'ㄷ, ㅌ'이 'ㅈ, ㅊ'으로 소리 나더라도 'ㄷ, ㅌ'으로 적는다.

  📝 맏이, 해돋이, 굳이, 걷히다, 닫히다, 묻히다

제3절 'ㄷ' 소리 받침

제7항 : 'ㄷ' 소리로 나는 받침 중에서 'ㄷ'으로 적을 근거가 없는 것은 'ㅅ'으로 적는다.

  📝 덧저고리, 돗자리, 엇셈, 웃어른, 핫옷, 무릇, 사뭇, 얼핏, 자칫하면, 뭇[衆], 첫, 옛

제4절 모음

제8항 : '계, 례, 몌, 폐, 혜'의 'ㅖ'는 'ㅔ'로 소리나는 경우가 있더라도 'ㅖ'로 적는다.

  📝 계수(桂樹), 사례(謝禮), 폐품, 혜택, 계집, 핑계, 계시다

> ※ 다만, 다음 말은 본음대로 적는다.
>   📝 게시판(揭示板), 휴게실(休憩室), 게송(偈頌)

제9항 : '의'나, 자음을 첫소리로 가지고 있는 음절의 'ㅢ'는 'ㅣ'로 소리가 나는 경우가 있더라도 'ㅢ'로 적는다.

  📝 하늬바람, 늴리리, 의의(意義), 본의(本義), 무늬[紋], 보늬, 늴큼, 띄어쓰기, 씌어, 틔어, 오늬, 희망, 희다, 유희(遊戲)

제5절 두음법칙

제10항 : 한자음 '녀, 뇨, 뉴, 니'가 단어 첫머리에 올 적에는 두음법칙에 따라 '여, 요, 유, 이'로 적는다.

  📝 여자, 요소(尿素), 유대(紐帶), 익명(匿名)

  📑 **붙임 1** 단어의 첫머리 이외의 경우에는 본음대로 적는다.
      📝 남녀(男女), 당뇨(糖尿), 결뉴(結紐), 은닉(隱匿)

  📑 **붙임 2** 접두사처럼 쓰이는 한자가 붙어서 된 말이나 둘 이상의 단어로 이루어진 고유명사를 붙여쓰는 경우에는 두음법칙에 따라 적는다.
      📝 신여성, 남존여비, 한국여자대학

제11항 : 모음이나 'ㄴ' 받침 뒤에 이어지는 '렬, 률'은 '열, 율'로 적는다.

  📝 나열, 규율, 비율, 선열, 백분율, 전율

제13항 : 비슷한 음절이 겹쳐 나는 것은 같은 글자로 적는다.

🄐 쓱싹쓱싹, 씁쓸하다, 유유상종

제4장 형태에 관한 것

제2절 어간과 어미

제15항

㉠ 두 개의 용언이 어울려 하나의 용언이 될 적에 본뜻이 유지되면 그 원형을 밝히어 적는다.

🄐 늘어나다, 넘어지다, 흩어지다

㉡ 본뜻에서 멀어진 것은 밝히어 적지 않는다.

🄐 드러나다, 쓰러지다, 사라지다, 토라지다

㉢ 종결형에 사용되는 어미 '오'는 '요'로 소리나는 경우가 있더라도 '오'로 적는다.

🄐 이것은 책이오. (○) 이것은 책이요. (×)

㉣ 연결형 '이요'는 '이요'로 적는다.

🄐 이것은 책이요, 저것은 공책이다.

제17항 : 어미 뒤에 붙은 조사 '요'는 '요'로 적는다.

🄐 참으리요, 읽어요, 좋지요

제18항 : 어미가 바뀔 경우 어간이나 어미가 원칙에서 벗어나면 벗어나는 대로 적는다.

🄐 날다-나니-나는, 그렇다-그러나-그러면, 푸다-펐-펐다

가까워, 괴로워, 아름다워, 외로워, 고마워 / 도와, 고와

제3절 접미사가 붙어서 된 말

제19항 : 어간에 '-이'나 '-음', '-ㅁ'이 붙어서 명사로 된 것과 '이'나 '히'가 붙어서 부사로 된 것은 그 어간의 원형을 밝히어 적는다.

🄐 얼음, 굳이, 더욱이, 일찍이, 쇠붙이, 익히, 앎, 만듦

㉠ 어간의 뜻과 멀어진 것은 원형을 밝히어 적지 않는다.

🄐 굽도리, 무녀리, 거름, 노름[도박]

㉡ -이, -음 이외의 모음으로 시작된 접미사가 붙어서 품사가 바뀐 것은 원형을 밝히어 적지 않는다.

🄐 귀머거리, 마개, 무덤, 비로소, 이파리

제20항

㉠ 명사 뒤에 '-이'가 붙어서 된 말은 그 명사의 원형을 밝히어 적는다.

🄐 곳곳이, 낱낱이, 샅샅이

㉡ '-이' 이외의 모음으로 시작된 접미사가 붙어서 된 말은 그 명사의 원형을 밝히어 적지 아니한다.

🄐 꼬락서니, 끄트머리, 모가치, 바가지, 바깥, 사타구니, 싸라기, 이파리, 지붕, 지푸라기, 짜개

제23항

㉠ '-하다, -거리다'가 붙은 어근에 '-이'가 붙어서 명사가 된 것은 그 원형을 밝히어 적는다.

🄐 꿀꿀이, 오뚝이, 배불뚝이, 쌕쌕이, 홀쭉이, 삐죽이

ⓛ '하다, 거리다'가 붙을 수 없는 경우는 그 원형을 밝히어 적지 않는다.
예 개구리, 뻐꾸기, 부스러기, 깍두기, 꽹과리, 날라리

제25항 : '-하다'가 붙은 어근에 '-히'나 '이'가 붙어서 부사가 되거나, 부사에 '-이'가 붙어서 뜻을 더하는 경우에는, 그 어근이나 부사의 원형을 밝히어 적는다.
ⓐ '-하다'가 붙는 어근에 '-히'나 '-이'가 붙는 경우
예 꾸준히, 깨끗이, 어렴풋이
ⓛ 부사에 '-이'가 붙어서 역시 부사가 되는 경우
예 곰곰이, 생긋이, 더욱이, 오뚝이, 일찍이, 해죽이

제4절 합성어 및 접두사가 붙는 말

제27항 : 이(齒, 虱)가 합성어나 이에 준하는 말에서 '니' 또는 '리'로 소리날 때는 '니'로 적는다.
예 간니, 덧니, 사랑니, 송곳니, 윗니, 머릿니

제28항 : 끝소리가 'ㄹ'인 말과 딴 말이 어울릴 적에 'ㄹ' 소리가 나지 아니하는 것은 아니 나는 대로 적는다.
예 부나비, 나날이, 따님, 마소, 마되, 무자위, 바느질, 싸전

제29항 : 끝소리가 'ㄹ'인 말과 딴 말이 어울릴 적에 'ㄹ' 소리가 'ㄷ' 소리로 나는 것은 'ㄷ'으로 적는다.
예 반짇고리, 섣달, 이튿날, 사흗날, 나흗날, 숟가락, 섣부르다

제30항 : 사이시옷
ⓐ 순우리말로 된 합성어나 순우리말과 한자어로 된 합성어에서 앞말이 모음으로 끝날 경우 받치어 적는다.
예 귓밥, 나뭇가지, 쇳조각, 전셋집, 잇몸, 아랫니, 냇물, 제삿날, 나뭇잎
ⓛ 뒷말이 된소리나 거센소리로 시작되는 경우는 사이시옷을 붙이지 않는다.
예 위층(윗층 ×), 나루터(나룻터 ×), 뒤뜰(뒷뜰 ×)
ⓒ 한자어에서는 사이시옷을 붙이지 않는다.
예 초점(촛점 ×), 대구(댓구 ×)

> ※ 다음과 같은 단어는 예외적으로 사이시옷을 표기한다.
> 예 곳간(庫間), 셋방(貰房), 숫자(數字), 찻간(車間), 툇간(退間), 횟수(回數)

제31항 : 두 말이 어울릴 적에 'ㅂ' 소리나 'ㅎ' 소리가 덧나는 것은 소리 나는 대로 적는다.
ⓐ 'ㅂ' 소리가 덧나는 것
예 댑싸리, 볍씨, 입때, 접때, 멥쌀, 좁쌀, 햅쌀
ⓛ 'ㅎ' 소리가 덧나는 것
예 머리카락, 암캐, 암컷, 수탉, 수퇘지, 안팎, 살코기

제5절 준말

제39항 : 어미 '-지' 뒤에 '않-'이 어울려 '-잖-'이 될 적과 '-하지' 뒤에 '않-'이 어울려 '-찮-'이 될 적에는 준대로 적는다.

본말	준말	본말	준말
그렇지 않은	그렇잖은	만만하지 않다	만만찮다
적지 않은	적잖은	변변하지 않다	변변찮다

제40항 : 어간의 끝음절 '하'의 '아'가 줄고 'ㅎ'이 다음 음절의 첫소리와 어울려 거센소리로 될 적에는 거센소리로 적는다.

본말	준말	본말	준말
간편하게	간편케	연구하도록	연구토록
다정하다	다정타	흔하다	흔타

㉠ 어간의 끝음절 '하'가 아주 줄 적에는 준 대로 적는다.

본말	준말	본말	준말
거북하지	거북지	생각하건대	생각건대
생각하다 못하여	생각다 못해	깨끗하지 않다	깨끗지 않다
넉넉하지 않다	넉넉지 않다	섭섭하지 않다	섭섭지 않다

㉡ 다음과 같은 부사는 소리대로 적는다.
　⑩ 결단코, 결코, 기필코, 무심코, 아무튼, 요컨대, 필연코, 하마터면, 하여튼, 한사코

제5장 띄어쓰기

제1절 조사

제41항 : 조사는 그 앞말에 붙여 쓴다.

꽃이	꽃마저	꽃밖에	꽃에서부터	꽃으로만	꽃이나마	
꽃이다	꽃입니다	꽃처럼	어디까지나	거기도	멀리는	웃고만

제2절 의존 명사, 단위를 나타내는 명사 및 열거하는 말 등

제42항 : 의존 명사는 띄어 쓴다.

아는 것이 힘이다.	나도 할 수 있다.	먹을 만큼 먹어라.
아는 이를 만났다.	네가 뜻한 바를 알겠다.	그가 떠난 지가 오래다.

제43항 : 단위를 나타내는 명사는 띄어 쓴다.

한 개　　차 한 대　　금 서 돈　　소 한 마리　　옷 한 벌　　열 살

조기 한 손　　연필 한 자루　　버선 한 죽　　집 한 채　　신 두 켤레　　북어 한 쾌

> ※ 다만, 순서를 나타내는 경우나 숫자와 어울리어 쓰이는 경우에는 붙여 쓸 수 있다.
> 　두시 삼십분 오초　제일과　삼학년　육층　1446년 10월 9일　2대대
> 　16동 502호　제1어학실습실　80원　10개　7미터

제44항 : 수를 적을 적에는 '만(萬)' 단위로 띄어 쓴다.
　십이억 삼천사백오십육만 칠천팔백구십팔　　12억 3456만 7898

제45항 : 두 말을 이어 주거나 열거할 적에 쓰이는 말들은 띄어 쓴다.

  국장 겸 과장   열 내지 스물   청군 대 백군   책상, 걸상 등이 있다.

  이사장 및 이사들   사과, 배, 귤 등등   사과, 배 등속   부산, 광주 등지

제46항 : 단음절로 된 단어가 연이어 나타날 적에는 붙여 쓸 수 있다.

  그때 그곳   좀더 큰것   이말 저말   한잎 두잎

제3절 보조용언

제47항 : 보조용언은 띄어 씀을 원칙으로 하되, 경우에 따라 붙여 씀도 허용한다.

  (ㄱ을 원칙으로 하고, ㄴ을 허용함)

ㄱ		ㄴ	
불이 꺼져 간다.	내 힘으로 막아 낸다.	불이 꺼져간다.	내 힘으로 막아낸다.
어머니를 도와 드린다.	그릇을 깨뜨려 버렸다.	어머니를 도와드린다.	그릇을 깨뜨려버렸다.
비가 올 듯하다.	그 일은 할 만하다.	비가 올듯하다.	그 일은 할만하다.
일이 될 법하다.	비가 올 성싶다.	일이 될법하다.	비가 올성싶다.
잘 아는 척한다.		잘 아는척한다.	

> ※ 다만, 앞말에 조사가 붙거나 앞말이 합성 동사인 경우, 그리고 중간에 조사가 들어갈 적에
> 는 그 뒤에 오는 보조용언은 띄어 쓴다.
>   잘도 놀아만 나는구나!   책을 읽어도 보고……
>   네가 덤벼들어 보아라.   강물에 떠내려가 버렸다.
>   그가 올 듯도 하다.   잘난 체를 한다.

제4절 고유명사 및 전문용어

제48항 : 성과 이름, 성과 호 등은 붙여 쓰고, 이에 덧붙는 호칭어, 관직명 등은 띄어 쓴다.

  김양수(金良洙)   서화담(徐花潭)   채영신 씨   최치원 선생   박동식 박사   충무공 이순신 장군

> ※ 다만, 성과 이름, 성과 호를 분명히 구분할 필요가 있을 경우에는 띄어 쓸 수 있다.
>   남궁억/남궁 억   독고준/독고 준   황보지봉(皇甫芝峰)/황보 지봉

제49항 : 성명 이외의 고유명사는 단어별로 띄어 씀을 원칙으로 하되, 단위별로 띄어 쓸 수 있다.

  (ㄱ을 원칙으로 하고, ㄴ을 허용함)

ㄱ	ㄴ
대한 중학교	대한중학교
한국 대학교 사범 대학	한국대학교 사범대학

제50항 : 전문용어는 단어별로 띄어 씀을 원칙으로 하되, 붙여 쓸 수 있다.

  (ㄱ을 원칙으로 하고, ㄴ을 허용함)

ㄱ	ㄴ
만성 골수성 백혈병	만성골수성백혈병
중거리 탄도 유도탄	중거리탄도유도탄

Plus UP! 띄어쓰기

(1) 대로, 만큼, 뿐 : 조사와 의존명사의 구별
　① 체언 + 대로, 만큼, 뿐 : **조사**이므로 붙여 쓴다.
　　예 처벌하려면 법대로 해라.
　　　집을 대궐만큼 크게 짓다.
　　　이제 믿을 것은 오직 실력뿐이다.
　② 관형어∨대로, 만큼, 뿐 : **의존명사**이므로 띄어 쓴다.
　　예 집에 도착하는 대로 편지를 쓰다.
　　　노력한 만큼 대가를 얻다.
　　　소문으로만 들었을 뿐이네.

(2) 같이, 더러, 마저, 보다 : 조사와 부사의 구별
　① 체언 + 같이, 더러, 마저, 보다 : **조사**이므로 붙여 쓴다.
　　예 얼음장같이 차가운 방바닥
　　　형이 동생더러 금덩이를 가지라고 말했습니다.
　　　너마저 나를 떠나는구나.
　　　그는 누구보다도 걸음이 빠르다.
　② 같이, 더러, 마저, 보다 : **부사**이므로 띄어 쓴다.
　　예 친구와 같이 사업을 하다.
　　　방과 후 학생들이 더러 남아 공부하고 있다.
　　　식은 차를 마저 마시다.
　　　보다 빠르게 뛰다.

(3) 만 : 조사와 의존명사의 구별
　① 체언 + 만 : **조사**이므로 붙여 쓴다.
　　예 집채만 한 파도가 몰려온다.
　　　아내는 웃기만 할 뿐 아무 말이 없다.
　② 관형어∨만 : **의존명사**이므로 띄어 쓴다.
　　예 그가 화를 낼 만도 하다.
　　　그냥 모르는 척 살 만도 한데 말이야.

(4) 밖에 : 조사와 '명사 + 조사'의 구별
　① 체언 + 밖에 : **조사**이므로 붙여 쓴다.
　　예 나를 알아주는 사람은 너밖에 없다.
　② '안팎'의 의미일 때는 '**명사 + 조사**'의 구조이므로 띄어 쓴다.
　　예 밖에 나가서 놀아라.

(5) 커녕
　① 조사이므로 붙여 쓴다.

예 밥커녕 죽도 못 먹는다.

상커녕 벌을 받았다.

② '-은커녕/-는커녕' : 보조사 '-은/-는'에 조사 '커녕'이 붙은 구조이므로 항상 붙여 쓴다.

예 천 원은커녕 백 원도 없다.

그 녀석 고마워하기는커녕 알은체도 않더라.

(6) '-ㄴ데'와 '-ㄴ∨데' : 어미와 의존명사의 구별

① '-ㄴ데' : **어미**이므로 붙여 쓴다.

㉠ 뒤 절에서 어떤 일을 설명하거나 묻거나 시키거나 제안하기 위하여 그 대상과 상관되는 상황을 미리 말할 때에 쓰는 연결어미

예 여기가 우리 고향인데 인심 좋고 경치 좋은 곳이지.

그 사람이 정직하기는 한데 이번 일에는 적합지 않다.

㉡ 어떤 일을 감탄하는 뜻을 넣어 서술함으로써 그에 대한 청자의 반응을 기다리는 태도를 나타내는 종결어미

예 나무가 정말 큰데. / 어머님이 정말 미인이신데.

② '-ㄴ∨데' : **의존명사**이므로 띄어 쓴다.

㉠ '곳'이나 '장소'의 뜻을 나타내는 말

예 예전에 가 본 데가 어디쯤인지 모르겠다.

㉡ '일'이나 '것'의 뜻을 나타내는 말

예 사람을 돕는 데에 애 어른이 어디 있겠습니까?

㉢ '경우'의 뜻을 나타내는 말

예 이 그릇은 귀한 거라 손님을 대접하는 데나 쓴다.

🖊 참고

㉠ '데' 뒤에 조사가 없는 경우 '-가'나 '-에'를 붙여 성립되면 의존명사이므로 띄어 쓴다.

예 의지할 데(가) 없는 사람

그 책을 다 읽는 데(에) 삼 일이 걸렸다.

머리 아픈 데(에) 먹는 약

㉡ '데'가 과거 어느 때에 직접 경험하여 알게 된 사실을 현재의 말하는 장면에 그대로 옮겨 와서 말함을 나타낼 때는 종결어미이므로 붙여 쓴다.

예 그이가 말을 아주 잘하데.

(7) '-ㄴ지'와 '-ㄴ∨지' : 어미와 의존명사의 구별

① '-ㄴ지' : **어미**이므로 붙여 쓴다.

㉠ 막연한 의문이 있는 채로 그것을 뒤 절의 사실이나 판단과 관련시키는 데 쓰는 연결어미

예 얼마나 부지런한지 세 사람 몫의 일을 해낸다.

㉡ 막연한 의문을 나타내는 종결어미

예 아버님, 어머님께서도 안녕하신지.

② '-ㄴ∨지' : **의존명사**이므로 띄어 쓴다.

* 어떤 일이 있었던 때로부터 지금까지의 동안을 나타내는 말

예 그를 만난 지도 꽤 오래되었다.

강아지가 집을 나간 지 사흘 만에 돌아왔다.

'-ㄹ지'는 어미이므로 붙여 쓴다.
㉠ 추측에 대한 막연한 의문이 있는 채로 그것을 뒤 절의 사실이나 판단과 관련시키는 데 쓰는 연결어미
　　예 무엇부터 해야 <u>할지</u> 덤벙거리다 시간만 보냈어.
㉡ 추측에 대한 막연한 의문을 나타내는 종결어미
　　예 이 그림이 심사 위원들의 마음에 <u>들지</u>?

(8) '-ㄴ바'와 '-ㄴ∨바' : 어미와 의존명사의 구별
　① '-ㄴ바' : **어미**이므로 붙여 쓴다.
　　㉠ 뒤 절에서 어떤 사실을 말하기 위하여 그 사실이 있게 된 것과 관련된 과거의 어떤 상황을 미리 제시하는 데 쓰는 연결어미
　　　예 서류를 검토<u>한바</u> 몇 가지 미비한 사항이 발견되었다.
　　㉡ 뒤 절에서 어떤 사실을 말하기 위하여 그 사실이 있게 된 것과 관련된 상황을 제시하는 데 쓰는 연결어미. '-ㄴ데', '-니' 따위에 가까운 뜻을 나타낸다.
　　　예 그는 나와 동창<u>인바</u> 그를 잘 알고 있다.
　　　　너의 죄가 <u>큰바</u> 응당 벌을 받아야 한다.
　② '-ㄴ∨바' : **의존명사**이므로 띄어 쓴다.
　　㉠ 앞에서 말한 내용 그 자체나 일 따위를 나타내는 말
　　　예 평소에 느낀 <u>바</u>를 말해라.
　　㉡ (어미 '-을' 뒤에 쓰여) 일의 방법이나 방도
　　　예 어찌할 <u>바</u>를 모르다.
　　㉢ (주로 '-은/는/을 바에(는)' 구성으로 쓰여) 앞말이 나타내는 일의 기회나 그리된 형편의 뜻을 나타내는 말
　　　예 이왕 산 중턱까지 온 <u>바</u>에 꼭대기까지 올라갑시다.
　　　　이렇게 억지 부릴 <u>바</u>에는 다 그만두자.

(9) 듯(이) : 어미와 의존명사의 구별
　① 어간 + 듯(이) : **어미**이므로 붙여 쓴다.
　　예 땀이 비 오<u>듯</u> 하다. / 그는 물 쓰<u>듯</u> 돈을 쓴다.
　② 관형어∨듯(이) : **의존명사**이므로 띄어 쓴다.
　　㉠ (어미 '-은', '-는', '-을' 뒤에 쓰여) '듯이'의 준말
　　　예 아기는 아버지를 빼다 박은 <u>듯</u> 닮았다.
　　　　꼬마는 잘 모르겠다는 <u>듯</u> 눈만 껌벅이고 있었다.
　　㉡ ('-은 듯 만 듯', '-는 듯 마는 듯', '-을 듯 말 듯' 구성으로 쓰여) 그런 것 같기도 하고 그러지 아니한 것 같기도 함을 나타내는 말
　　　예 잠을 잔 <u>듯</u> 만 <u>듯</u> 정신이 하나도 없다.
　　　　돌탑이 무너질 <u>듯</u> 말 <u>듯</u> 위태로워 보인다.

(10) '-ㄹ망정'과 '망정' : 어미와 의존명사의 구별
　① '-ㄹ망정' : **어미**이므로 붙여 쓴다.
　　* '비록 그러하지만 그러나' 혹은 '비록 그러하다 하여도 그러나'에 가까운 뜻을 나타내는 연결어미

      예 머리는 나쁠망정 손은 부지런하다.

         시골에서 살망정 세상 물정을 모르지는 않는다.

② '망정' : **의존명사**이므로 띄어 쓴다.

  * (주로 어미 '–기에', '–니', '–니까', '–어서' 뒤에 쓰여)('망정이지'의 꼴로 쓰여) 괜찮거나 잘된 일이라는 뜻을 나타내는 말

      예 그 집은 마침 네 눈에 띄었기에 망정이다. 네 눈에 안 뜨이는 그런 집이 이 세상에 얼마나 많은지 너 아니?

        우리가 한발 앞섰기에 망정이지, 읍내 지서에 연락이 되었다면 놈들이 지금쯤 여기로 몰려 오고 있겠지?

(11) '들' : 접미사와 의존명사의 구별

  ① '들' : '복수(複數)'의 뜻을 더하는 접미사

      예 사람들 / 그들 / 너희들

  ② '들' : 두 개 이상의 사물을 나열할 때, 그 열거한 사물 모두를 가리키거나, 그 밖에 같은 종류의 사물이 더 있음을 나타내는 의존명사 ≒ 등, 따위

      예 책상 위에 놓인 공책, 신문, 지갑 들을 가방에 넣다.

        과일에는 사과, 배, 감 들이 있다.

(12) '간(間)' : 접미사와 의존명사의 구별

  ① 간 : **접미사**이므로 붙여 쓴다.

    ㉠ '동안'의 뜻을 더하는 접미사

      예 이틀간 / 한 달간 / 삼십 일간

    ㉡ '장소'의 뜻을 더하는 접미사

      예 대장간 / 외양간 / 마구간

  ② 간 : 의존명사이므로 띄어 쓴다.

    ㉠ 한 대상에서 다른 대상까지의 사이

      예 서울과 부산 간 야간열차

    ㉡ '관계'의 뜻을 나타내는 말

      예 부모와 자식 간에도 예의를 지켜야 한다.

    ㉢ ('–고 –고 간에', '–거나 –거나 간에', '–든지 –든지 간에' 구성으로 쓰여) 앞에 나열된 말 가운데 어느 쪽인지를 가리지 않는다는 뜻을 나타내는 말

      예 공부를 하든지 운동을 하든지 간에 열심히만 해라.

✏️ 참고

㉠ 한 단어로 붙여 쓰는 경우

  ㉮ 부부간, 내외간, 고부간, 동기간, 모자간, 부녀간, 부자간, 인척간, 숙질간, 형제간, 자매간, 모녀간

  ㉯ 천지간, 피차간, 좌우간, 다소간, 조만간, 부지불식간, 그간, 저간

㉡ 한 단어로 착각해서는 안 되는 경우 : 띄어 쓴다.

  예 가족∨간, 혈육∨간, 사제∨간, 이웃∨간, 상호∨간

(13) 중(中) : 의존명사이므로 띄어 쓴다.
　① 여럿의 가운데
　　예 영웅 <u>중</u>의 영웅 / 너희 <u>중</u>에 누가 제일 키가 크냐?
　② 무엇을 하는 동안
　　예 근무 중 / 수업 중 / 회의 중
　③ 어떤 상태에 있는 동안
　　예 임신 중 / 대학 재학 <u>중</u>에 입대하다.
　④ (주로 '중으로' 꼴로 쓰여) 어떤 시간의 한계를 넘지 않는 동안
　　예 그는 오늘내일 <u>중</u>으로 출국할 예정이다.
　⑤ 안이나 속
　　예 진흙 <u>중</u>에서 나온 연꽃
　　　해수 <u>중</u>에 녹아 있는 산소
　　　공기 <u>중</u>에 떠다니는 바이러스

> ✎ 참고
> **한 단어로 굳어져 붙여 쓰는 경우**
> 예 은연중, 무의식중, 한밤중, 부지불식중, 그중, 수중, 산중, 부재중, 오밤중 등

(14) 두 말을 이어 주는 경우
　① 내지, 및 : **접속부사**이므로 앞뒤를 모두 띄어 쓴다.
　　예 열∨내지∨스물 / 이사장∨및∨이사들
　② 겸, 대 : **의존명사**이므로 앞뒤를 모두 띄어 쓴다.
　　예 국장∨<u>겸</u>∨과장 / 청군∨<u>대</u>∨백군

(15) '한∨체언 : 수관형사로 띄어 써야 한다.
　① (일부 단위를 나타내는 말 앞에 쓰여) 그 수량이 하나임을 나타내는 말
　　예 <u>한</u>∨사람, 책 <u>한</u>∨권, 말 <u>한</u>∨마리
　② '어떤'의 뜻을 나타내는 말
　　예 옛날 강원도의 <u>한</u>∨마을에 효자가 살고 있었다.
　③ '같은'의 뜻을 나타내는 말
　　예 전교생이 <u>한</u>∨교실에 모여 특강을 들었다.
　④ (수량을 나타내는 말 앞에 쓰여) '대략'의 뜻을 나타내는 말
　　예 <u>한</u> 30명의 학생들이 앉아 있다.

(16) '한번' : 한 단어이므로 붙여 쓴다.
　① [명사] : (주로 '한번은' 꼴로 쓰여) 지난 어느 때나 기회
　　예 <u>한번</u>은 그런 일도 있었지.
　　　<u>한번</u>은 네거리에서 큰 사고를 낼 뻔했다.
　② [부사]
　　㉠ (주로 '-어 보다' 구성과 함께 쓰여) 어떤 일을 시험 삼아 시도함을 나타내는 말
　　　예 제가 일단 <u>한번</u> 해 보겠습니다.

   ⓛ 기회 있는 어떤 때에
    예 시간 날 때 낚시나 <u>한번</u> 갑시다.
   ⓒ (명사 바로 뒤에 쓰여) 어떤 행동이나 상태를 강조하는 뜻을 나타내는 말
    예 춤 <u>한번</u> 잘 춘다. / 너, 말 <u>한번</u> 잘했다.
   ⓔ 일단 한 차례
    예 <u>한번</u> 물면 절대 놓지 않는다.

제6장 그 밖의 것

제51항 : 부사의 끝음절이 분명히 '이'로만 나는 것은 '이'로 적고, '히'로만 나거나 '이'나 '히'로 나는 것은 '히'로 적는다.

 ㉠ '이'로만 나는 것
  예 가붓이, 깨끗이, 나붓이, 느긋이, 따뜻이, 반듯이, 산뜻이, 의젓이, 가까이, 고이, 날카로이, 대수로이, 번거로이, 많이, 헛되이, 겹겹이, 번번이, 일일이, 틈틈이

 ㉡ '히'로만 나는 것
  예 극히, 급히, 딱히, 속히, 족히, 특히, 엄격히, 정확히

 ㉢ '이, 히'로 나는 것
  예 솔직히, 가만히, 간편히, 나른히, 무단히, 각별히, 소홀히, 쓸쓸히, 정결히, 과감히, 꼼꼼히, 열심히, 급급히, 섭섭히, 공평히, 당당히, 분명히, 상당히, 조용히, 고요히, 도저히

제52항 : 한자어는 본음으로도 나고 속음으로도 나는 것은 각각 그 소리에 따라 적는다.

〈본음으로 나는 것〉	〈속음으로 나는 것〉
승낙(承諾)	수락(受諾), 허락(許諾), 쾌락(快諾)
만난(萬難)	곤란(困難), 논란(論難)
안녕(安寧)	의령(宜寧), 회령(會寧)
분노(忿怒)	대로(大怒), 희로애락(喜怒哀樂)
토론(討論)	의논(議論)
오륙십(五六十)	오뉴월, 유월(六月)
목재(木材)	모과(木瓜)
십일(十日)	시방정토(十方淨土), 시왕(十王), 시월(十月)
팔일(八日)	초파일(初八日)

제54항 : -꾼, -깔, -때기, -빼기, -꿈치, -쩍다 등과 같은 접미사는 된소리로 적는다.

 예 일꾼, 지게꾼(지겟군 ×), 때깔(땟깔 ×), 빛깔, 귀때기, 판자때기, 뒤꿈치(뒷꿈치 ×), 코빼기(콧배기 ×), 겸연쩍다, 객쩍다(객적다 ×)

제55항 : 두 가지로 구별하여 적던 다음 말은 한 가지로 적는다.

 예 맞추다(마추다 ×) : 입을 맞추다, 양복을 맞추다.
  뻗치다(뻐치다 ×) : 다리를 뻗치다, 멀리 뻗친다.

제56항 : '-더라, -던'과 '든지'는 다음과 같이 적는다.

  ㉠ 지난 일을 나타내는 어미는 '-더라, -던'으로 적는다.

     예 지난 겨울은 몹시 춥더라. (춥드라 ×)

        깊던 물이 얕아졌다. (깊든 ×)

  ㉡ 물건이나 일의 내용을 가리지 않는다는 조사와 어미는 '-든지'로 적는다.

     예 배든지 사과든지 마음대로 먹어라. (배던지 사과던지 ×)

        가든지 오든지 마음대로 해라. (가던지 오던지 ×)

🖋 Plus UP!   구별할 주요 단어

---

1. 가름/갈음

(1) 가름/갈음

  ① 가름

    ㉠ 따로따로 나누는 일

    ㉡ 사물이나 상황을 구별하거나 분별하는 일

      예 둘로 <u>가름</u> / <u>판가름</u>

  ② 갈음

    ㉠ 새 것으로 교체함

    ㉡ ~으로 ~을 대신함

      예 새 책상으로 <u>갈음하였다</u>.

2. 거치다/걷히다

  ① 거치다 : 영월을 거쳐 왔다. (경유하다)

  ② 걷히다 : 외상값이 잘 걷힌다. → '걷다'의 피동사

3. 걷잡다/겉잡다

  ① 걷잡다 : 걷잡을 수 없는 상태

    ㉠ […을] (주로 '없다'와 함께 쓰여) 한 방향으로 치우쳐 흘러가는 형세 따위를 붙들어 잡다.

    ㉡ 마음을 진정하거나 억제하다.

  ② 겉잡다 : 겉잡아서 이틀 걸릴 일

    → […을] 겉으로 보고 대강 짐작하여 헤아리다.

4. 그러므로(그러니까)/그럼으로(써)

  ① 그러므로(그러니까) : 그는 부지런하다. 그러므로 잘 산다.

  ② 그럼으로(써) :

    ㉠ 그는 열심히 공부한다.

    ㉡ 그럼으로(써) (그렇게 하는 것으로) 은혜에 보답한다.

5. 느리다/늘이다/늘리다

  ① 느리다 : 진도가 너무 느리다.

② 늘이다 : 고무줄을 늘인다.
③ 늘리다 : 수출량을 더 늘린다.

6. 다리다/달이다

① 다리다 : 옷을 다린다.
② 달이다 : 약을 달인다.

7. 다치다/닫히다/닫치다

① 다치다 : 부주의로 손을 다쳤다.
② 닫히다 : 문이 저절로 닫혔다.
③ 닫치다 : 문을 힘껏 닫쳤다.

8. 마치다/맞히다/맞추다

① 마치다 : 벌써 일을 마쳤다.
② 맞히다 : 여러 문제를 더 맞혔다.
③ 맞추다 : 나는 가장 친한 친구와 답을 맞추어 보았다.

9. 바치다/받치다/받히다/밭치다

① 바치다 : 나라를 위해 목숨을 바쳤다.
② 받치다 : 우산을 받치고 간다. 책받침을 받친다.
③ 받히다 : 쇠뿔에 받혔다.
④ 밭치다 : 술을 체에 밭친다.

10. 반드시/반듯이

① 반드시 : 약속은 반드시 지켜라.
② 반듯이 : 고개를 반듯이 들어라.

11. 부딪치다/부딪히다

① 부딪치다 : 차와 차가 마주 부딪쳤다.
② 부딪히다 : 마차가 화물차에 부딪혔다.

12. 부치다/붙이다

① 부치다 : 힘이 부치는 일이다. / 편지를 부친다. / 논밭을 부친다. / 빈대떡을 부친다. / 식목일에 부치는 글 / 회의에 부치는 안건 / 인쇄에 부치는 원고 / 삼촌 집에 숙식을 부친다.
② 붙이다 : 우표를 붙인다. / 책상을 벽에 붙였다. / 흥정을 붙인다. / 불을 붙인다. / 감시원을 붙인다. / 조건을 붙인다. / 취미를 붙인다. / 별명을 붙인다.

13. 아름/알음/앎

① 아름 : 세 아름 되는 둘레
② 알음 : 전부터 알음이 있는 사이
③ 앎 : 앎이 힘이다.

14. 이따가/있다가

① 이따가 : 이따가 오너라.
② 있다가 : 돈은 있다가도 없다.

15. 저리다/절이다

① 저리다 : 다친 다리가 저린다.
② 절이다 : 김장 배추를 절인다.

16. 조리다/졸이다

① 조리다 : 생선을 조린다. 통조림, 병조림
② 졸이다 : 마음을 졸인다.

17. 주리다/줄이다

① 주리다 : 여러 날을 주렸다.
② 줄이다 : 비용을 줄인다.

18. 하노라고/하느라고

① 하노라고 : 하노라고 한 것이 이 모양이다.
② 하느라고 : 공부하느라고 밤을 새웠다.

19. -(으)로서(자격)/-(으)로써(수단)

① -(으)로서(자격) : 사람으로서 그럴 수는 없다.
② -(으)로써(수단) : 닭으로써 꿩을 대신했다.

20. 갑절/곱절

① 갑절 : 어떤 수량의 두 배
    예 그의 몸무게는 나보다 <u>갑절</u>이나 무겁다.
② 곱절
    ㉠ 일정한 수나 양이 그 수만큼 거듭됨을 이르는 말
      예 영농 방식을 이처럼 개선하면 소득이 몇 <u>곱절</u> 높아지게 됩니다.
    ㉡ 어떤 수량의 세 배 이상
      예 소득이 세 <u>곱절</u>로 늘다.

21. 결단/결딴

① 결단(決斷) : 결정적인 판단을 하거나 단정을 내림
  ⓔ 결단을 내리다. / 그 일은 대통령의 결단과 지시로 이루어졌다.
② 결딴
  ㉠ 어떤 일이나 물건 따위가 아주 망가져서 도무지 손을 쓸 수 없게 된 상태
    ⓔ 창문이 아주 결딴이 났구나.
  ㉡ 살림이 망하여 거덜 난 상태
    ⓔ 이젠 집안을 아주 결딴을 내려고 하는군.

22. 껍질/껍데기

(1) 껍질
① 물체의 겉을 싸고 있는 단단하지 않은 물질
  ⓔ 귤의 껍질을 까다. / 양파의 껍질을 벗기다.
② 화투에서, 끗수가 없는 패짝 ≒ 껍데기

(2) 껍데기
① 달걀이나 조개 따위의 겉을 싸고 있는 단단한 물질
  ⓔ 달걀 껍데기를 깨뜨리다. / 굴 껍데기 / 소라 껍데기
② 알맹이를 빼내고 겉에 남은 물건
  ⓔ 이불의 껍데기를 갈다. / 베개 껍데기를 벗겼다.

23. 두껍다/두텁다

(1) 두껍다
① 두께가 보통의 정도보다 크다.
  ⓔ 책상에는 먼지가 두껍게 앉았다.
② 높이나 규모가 보통의 정도보다 크다.
  ⓔ 그와 나 사이에 두꺼운 벽이 가로놓여 있다.

(2) 두텁다
① 정이나 사귐, 신뢰가 굳고 깊다.
  ⓔ 두 사람의 친분은 매우 두텁다.
② 집단의 규모가 미더울 만큼 탄탄하다.
  ⓔ 그 팀은 선수층이 두터워 유력한 우승 후보 중 하나이다.

24. 들르다/들리다

(1) 들르다 : 지나는 길에 잠깐 들어가 머무르다.
  ⓔ 친구 집에 들르다. / 퇴근하는 길에 포장마차에 들렀다가 친구를 만났다.

(2) 들리다
  ① 병에 걸리다.
    예 그는 심한 폐렴에 들렸다. / 감기가 들리다.
  ② 귀신이나 넋 따위가 덮치다.
    예 귀신에 들린 사람 / 그녀는 신이 들렸다.
  ③ '듣다'(소리를 귀로 느끼다)의 피동사
    예 어디서 음악 소리가 들린다.
  ④ '들다'(물건이 위로 치켜지다)의 피동사
    예 양손에 보따리가 들리다. / 무릎을 치니 다리가 번쩍 들린다.

25. 매무새/매무시

(1) 매무새 : 옷, 머리 따위를 수습하여 입거나 손질한 모양새
    예 매무새가 흐트러지다. / 몸 매무새가 단정하다. / 의복 매무새가 추레하다.

(2) 매무시 : 옷을 입을 때 매고 여미는 따위의 뒷단속 ≒ 옷매무시
    예 면접을 치르러 온 사람들은 회사 현관 앞에서 양복을 매무시하였다.

26. 반딧불/반딧불이

(1) 반딧불 : 반딧불이의 꽁무니에서 나오는 빛
    예 의식이 반딧불처럼 가물가물해졌다.

(2) 반딧불이 : 반딧불잇과의 딱정벌레를 통틀어 이르는 말
    예 반딧불이가 반짝반짝 빛을 내며 날아간다.

27. 밭뙈기/밭떼기

(1) 밭뙈기 : 얼마 안 되는 자그마한 밭
    예 손바닥만 한 밭뙈기에 농사를 지어 살아가는 형편이다.

(2) 밭떼기 : 밭에서 나는 작물을 밭에 나 있는 채로 몽땅 사는 일
    예 서울에서 내려온 상인들이 그의 배추를 밭떼기로 사 버렸다.

28. 새다/새우다

(1) 새다 : [자동사]. 날이나 밤이 밝아 오거나 다 지나다.
    예 10년 만에 만난 그들은 밤이 새도록 이야기를 나누었다.

(2) 새우다 : [타동사]. 밤을 내내 한숨도 자지 않고 지내다.
    예 그녀는 며칠 밤을 뜬눈으로 새우고 나서야 드디어 졸업 작품을 완성했다.

29. 승강이/실랑이

(1) 승강이 : 서로 자기주장을 고집하여 옥신각신하며 다툼
    예 시장은 물건 값을 흥정하며 승강이를 벌이는 상인과 손님들로 북적거렸다.

(2) 실랑이
  ① 서로 자기주장을 고집하여 옥신각신하는 일
    예 엄마와 가게 주인은 물건 값을 놓고 한동안 <u>실랑이</u>를 벌였다.
  ② 남을 못 견디게 굴어 시달리게 하는 짓
    예 그는 툭하면 나에게 <u>실랑이</u>를 한다.

30. 아는 체하다/알은체하다

(1) 아는 체하다 : 알지 못하면서 알고 있는 듯한 태도를 취한다.
  예 모르면서 <u>아는 체하다</u>가 망신만 당했다.

(2) 알은체하다 : 안면이 있는 체하다.
  예 친구가 <u>알은체하며</u> 말을 걸어 왔다.

31. 예/옛

(1) 예 : [명사] 아주 먼 과거
  예 이 고장에는 <u>예로부터</u> 전해 내려오는 전설이 많다.

(2) 옛 : [관형사] 지나간 때의
  예 오랜만에 만난 그녀는 <u>옛</u> 모습을 그대로 간직하고 있었다.

32. 왠지/웬

(1) 왠지 : [부사] 왜 그런지 모르게. 또는 뚜렷한 이유도 없이
  예 그 이야기를 듣자 <u>왠지</u> 불길한 예감이 들었다. (웬지✕)

(2) 웬 : [관형사]
  ① 어찌 된
    예 <u>웬</u> 영문인지 모르다. / <u>웬</u> 걱정이 그리 많아?
  ② 어떠한
    예 골목에서 <u>웬</u> 사내와 마주치다.

33. 지긋이/지그시

(1) 지긋이 : [부사]
  ① 나이가 비교적 많아 듬직하게
    예 그는 나이가 <u>지긋이</u> 들어 보인다.
  ② 참을성 있게 끈지게
    예 아이는 나이답지 않게 어른들 옆에 <u>지긋이</u> 앉아서 이야기가 끝나길 기다렸다.

(2) 지그시 : [부사]
  ① 슬며시 힘을 주는 모양
    예 <u>지그시</u> 밟다. / <u>지그시</u> 누르다. / 눈을 <u>지그시</u> 감다.

② 조용히 참고 견디는 모양
  예 아픔을 <u>지그시</u> 참다.

34. 째/채/체

(1) 째 : [접미사]
  ① '그대로', 또는 '전부'의 뜻을 더하는 접미사
    예 그릇째 / 뿌리째 / 껍질째 / 통째
  ② '차례'나 '등급'의 뜻을 더하는 접미사
    예 몇째 / 두 잔째 / 여덟 바퀴째
  ③ '동안'의 뜻을 더하는 접미사
    예 사흘째 / 며칠째 / 다섯 달째

(2) 채 : [의존명사] 이미 있는 상태 그대로 있다는 뜻을 나타내는 말
  예 옷을 입은 <u>채</u>로 물에 들어간다. / 노루를 산 <u>채</u>로 잡았다.

(3) 체 : [의존명사] = 척. 그럴듯하게 꾸미는 거짓 태도나 모양
  예 보고도 못 본 <u>체</u> 딴전을 부리다. / 모르는 <u>체</u>를 하며 고개를 돌리다.

35. 푼푼이/푼푼히

(1) 푼푼이 : 한 푼씩 한 푼씩
  예 <u>푼푼이</u> 번 돈

(2) 푼푼히 : 모자람이 없이 넉넉하게
  예 용돈을 <u>푼푼히</u> 주다.

36. 홀몸/홑몸

(1) 홀몸 : 배우자나 형제가 없는 사람 ≒ 단신, 척신
  예 사고로 아내를 잃고 <u>홀몸</u>이 되었다.

(2) 홑몸
  ① 딸린 사람이 없는 혼자의 몸
    예 그는 교통사고로 가족을 모두 잃고 <u>홑몸</u>이 되었다.
  ② 아이를 배지 아니한 몸
    예 <u>홑몸</u>도 아닌데 밭일까지 하다니!

37. 갱신/경신

(1) 갱신(更新)
  ① 법률관계의 존속 기간이 끝났을 때 그 기간을 연장하는 일
    예 계약 <u>갱신</u>, 비자 <u>갱신</u>, 어업권의 <u>갱신</u>
  ② 기존의 내용을 변동된 사실에 따라 변경·추가·삭제하는 일
    예 시스템의 <u>갱신</u>

(2) 경신(更新)
    ① 기록경기 따위에서, 종전의 기록을 깨뜨림
        예 마라톤 세계 기록 경신
    ② 어떤 분야의 종전 최고치나 최저치를 깨뜨림
        예 무더위로 최대 전력 수요 경신이 계속되고 있다.

38. 결재/결제

(1) 결재(決裁) : 결정할 권한이 있는 상관이 부하가 제출한 안건을 검토하여 허가하거나 승인함
    예 결재 서류 / 결재가 나다. / 결재를 받다.
(2) 결제(決濟) : 증권 또는 대금을 주고받아 매매 당사자 사이의 거래 관계를 끝맺는 일
    예 결제 자금 / 어음의 결제

39. 곤욕/곤혹

(1) 곤욕(困辱) : 심한 모욕. 또는 참기 힘든 일 ≒ 군욕
    예 곤욕을 치르다. / 곤욕을 겪다.
(2) 곤혹(困惑) : 곤란한 일을 당하여 어찌할 바를 모름
    예 예기치 못한 질문에 곤혹을 느끼다.

40. 막역하다/막연하다

(1) 막역(莫逆)하다 : 허물이 없이 아주 친하다.
    예 막역한 관계 / 이 친구와 나는 아주 막역한 사이이다.
(2) 막연(漠然)하다
    ① 갈피를 잡을 수 없게 아득하다.
        예 앞으로 살아갈 길이 막연하다.
    ② 뚜렷하지 못하고 어렴풋하다.
        막연한 기대 / 막연한 생각

41. 반증/방증

(1) 반증(反證) : 어떤 사실이나 주장이 옳지 아니함을 그에 반대되는 근거를 들어 증명함. 또는 그런 증거
    예 우리에겐 그 사실을 뒤집을 만한 반증이 없다.
(2) 방증(傍證) : 사실을 직접 증명할 수 있는 증거가 되지는 않지만, 주변의 상황을 밝힘으로써 간접적으로 증명에 도움을 줌. 또는 그 증거
    예 이 책은 그가 우리 역사 연구의 독보적인 존재라는 하나의 방증이 될 수 있을 것이다.

42. 운영/운용

(1) 운영(運營)
    ① 조직이나 기구, 사업체 따위를 운용하고 경영함

예 기업 운영 / 운영 개선
조직 운영에 대한 책임을 지다.
② 어떤 대상을 관리하고 운용하여 나감
예 대학의 학사 운영
(2) 운용(運用) : 무엇을 움직이게 하거나 부리어 씀
예 자본의 운용 / 법의 운용을 멋대로 하다.

43. 일절/일체

(1) 일절(一切) : 아주, 전혀, 절대로의 뜻으로, 흔히 행위를 그치게 하거나 어떤 일을 하지 않을 때에 쓰는 말
예 출입을 일절 금하다. / 일절 간섭하지 마시오. / 그는 고향을 떠난 후로 연락을 일절 끊었다.
(2) 일체(一切) : 모든 것
예 도난에 대한 일체의 책임을 지다. / 그는 재산 일체를 학교에 기부하였다. / 이 가게는 음료 종류의 일체를 갖추고 있다.

44. 임대/임차

(1) 임대(賃貸) : 돈을 받고 자기의 물건을 남에게 빌려줌
예 임대 아파트 / 임대 가격이 싸다. / 임대 조건이 좋다.
(2) 임차(賃借) : 돈을 내고 남의 물건을 빌려 씀
예 그는 건물을 임차하여 가게를 차렸다.

45. 자문/조언

(1) 자문(諮問) : 어떤 일을 좀 더 효율적이고 바르게 처리하려고 그 방면의 전문가나, 전문가들로 이루어진 기구에 의견을 물음
예 자문에 응하다. / 정부는 학계의 자문을 통해 환경 보호 구역을 정하였다.
(2) 조언(助言) : 말로 거들거나 깨우쳐 주어서 도움. 또는 그 말 ≒ 도움말
예 조언을 구하다. / 조언을 듣다. / 조언을 받다. / 조언을 하다.

46. 재고/제고

(1) 재고(再考) : 어떤 일이나 문제 따위에 대하여 다시 생각함
예 그 일의 결과는 너무나 뻔하므로 재고의 여지도 없다. / 이 결정은 재고를 요하는 사안이다.
(2) 제고(提高) : 쳐들어 높임
예 생산성의 제고 / 능률의 제고 / 이미지 제고

47. 재원/재자

(1) 재원(才媛) : 재주가 뛰어난 젊은 여자 ≒ 재녀(才女)
예 그녀는 교양과 학식을 겸비한 재원이다. / 그 처녀는 이 지방에서 이름난 재원이다.

(2) 재자(才子) : 재주가 뛰어난 젊은 남자 ≒ 재사(才士)
> 예 김 부장의 사위는 이 지방에서 이름난 재자이다.

48. 지양/지향

(1) 지양(止揚) : 더 높은 단계로 오르기 위하여 어떠한 것을 하지 아니함
> 예 갈등의 지양과 극복을 통해 보다 나은 사회를 건설하자.

(2) 지향(志向) : 어떤 목표로 뜻이 쏠리어 향함. 또는 그 방향이나 그쪽으로 쏠리는 의지
> 예 평화 통일 지향 / 출세 지향 / 서구 지향 / 선진국일수록 고복지를 지향하는 국가 정책을 펼친다.

49. 추돌/충돌

(1) 추돌(追突) : 자동차나 기차 따위가 뒤에서 들이받음
> 예 추돌 사고 / 버스 한 대와 승용차 두 대가 부딪치는 이중 추돌이 일어났다.

(2) 충돌(衝突) : 서로 맞부딪치거나 맞섬
> 예 자동차 충돌 / 의견 충돌 / 무력 충돌

50. 사단/사달

(1) 사단(事端) : 사건의 단서. 또는 일의 실마리
> 예 이 사건에 대한 사단을 잡기가 어렵다.

(2) 사달 : 사고나 탈
> 예 일이 꺼림칙하게 되어 가더니만 결국 사달이 났다.

3. 표준어 규정

제1장 총칙

제1항 : 표준어는 교양 있는 사람들이 두루 쓰는 현대 서울말로 정함을 원칙으로 한다.
제2항 : 외래어는 따로 사정한다.

제2장 발음 변화에 따른 표준어 규정

제3항 : 다음 단어들은 거센소리를 가진 형태를 표준어로 삼는다.
> 예 끄나풀, 나팔꽃, 녘, 부엌, 살쾡이

제5항 : 어원에서 멀어진 형태로 굳어져서 널리 쓰이는 것은 그것을 표준어로 삼는다.
> 예 강낭콩(강남콩 ×), 사글세(삭월세 ×), 고삿(고샅 ×)

제6항 : 다음 단어들은 의미를 구분함이 없이 한 가지 형태만을 표준어로 삼는다.
> 예 돌(돐 ×), 둘째(두째 ×), 셋째(세째 ×), 넷째(네째 ×), 빌리다(빌려주다, 빌려오다)
> 다만, '둘째'는 십 단위 이상의 서수사에 쓰일 때는 의미 구별하여 '두째'를 쓸 수 있다.
> 예 열두째(열두 번째), 열둘째(열두 개째)

제7항 : 수컷을 나타내는 접두사는 '수-'로 통일한다.

예 수꿩(수퀑 ×), 수컷, 수평아리, 수나사, 수놈(숫놈 ×), 수소(숫소 ×)

> ※ 다음 단어의 접두사는 '숫'으로 한다.
> 예 숫양, 숫염소, 숫쥐

제8항 : 양성모음이 음성모음으로 바뀌어 굳어진 다음 단어는 음성모음 형태를 표준어로 한다.

예 깡충깡충(깡총깡총 ×), 바람둥이, 쌍둥이(쌍동이 ×), 오뚝이

※ 부조, 사돈, 삼촌 등 어원 의식이 작용하는 경우는 제외

제9항

㉠ 다음 단어들은 'ㅣ' 모음 역행동화를 허용한다.

예 냄비, 풋내기, 서울내기

〈주의〉 아지랑이(아지랭이 ×)

㉡ 기술자에게는 '-장이', 그 외에는 '-쟁이'

예 땜장이, 대장장이, 미장이, 멋쟁이, 심술쟁이, 개구쟁이

제10항 : 다음 단어는 모음이 단순화된 형태를 표준어로 삼는다.

예 미루나무, 괴팍하다, 미륵, 으레, 케케묵다(켸켸묵다 ×)

제11항 : 다음 단어는 발음이 굳어진 형태를 표준어로 삼는다.

예 지루하다, 상추, 나무라다, 튀기, 허드레, 호루라기, 미숫가루, 주책, 바라다[所望]

제12항 : '웃, 윗'은 '윗'으로 통일한다.

예 윗도리, 윗니, 윗목, 윗몸, 윗자리

㉠ 거센소리나 된소리 앞에서는 '위'로 표기한다.

예 위층, 위쪽, 위턱, 위채

㉡ 아래 대립이 없는 경우에는 '웃'으로 적는다.

예 웃돈, 웃어른, 웃옷

제13항 : 한자 구(句)가 붙어서 이루어진 단어는 '귀'로 읽는 것을 인정하지 않고 '구'로 통일한다.

예 시구(詩句), 구절(句節), 대구(對句), 문구(文句), 절구(絶句)

〈예외 : 글귀, 귀글〉

제14항 : 준말이 널리 쓰이어 본말이 잘 쓰이지 않는 경우에는 준말만을 표준어로 삼는다.

예 무(무우 ×), 똬리(또아리 ×), 뱀(배암 ×), 설빔, 샘, 생쥐(새앙쥐 ×), 솔개, 온갖(온가지 ×)

제16항 : 준말과 본말이 다같이 널리 쓰이면 두 가지를 다 표준어로 인정한다.

예 노을/놀, 막대기/막대, 머무르다/머물다, 서두르다/서둘다, 찌꺼기/찌끼

제17항 : 비슷한 발음 몇 가지 형태가 쓰일 경우 널리 쓰이는 것을 표준어로 삼는다.

예 꼭두각시, -습니다, 천장, 서 말, 석 되, 너 말, 넉 되

4. 로마자 표기법

제1장 표기의 기본 원칙

제1항 국어의 로마자 표기는 국어의 표준 발음법에 따라 적는 것을 원칙으로 한다.

제2항 로마자 이외의 부호는 되도록 사용하지 않는다.

제2장 표기 일람

제1항 모음은 다음 각 호와 같이 적는다.

1. 단모음

ㅏ	ㅓ	ㅗ	ㅜ	ㅡ	ㅣ	ㅐ	ㅔ	ㅚ	ㅟ
a	eo	o	u	eu	i	ae	e	oe	wi

2. 이중모음

ㅑ	ㅕ	ㅛ	ㅠ	ㅒ	ㅖ	ㅘ	ㅙ	ㅝ	ㅞ	ㅢ
ya	yeo	yo	yu	yae	ye	wa	wae	wo	we	ui

📑 **붙임 1** 'ㅢ'는 'ㅣ'로 소리 나더라도 'ui'로 적는다.

> 예 광희문 Gwanghuimun

📑 **붙임 2** 장모음의 표기는 따로 하지 않는다.

제2항 자음은 다음 각호와 같이 적는다.

1. 파열음

ㄱ	ㄲ	ㅋ	ㄷ	ㄸ	ㅌ	ㅂ	ㅃ	ㅍ
g, k	kk	k	d, t	tt	t	b, p	pp	p

2. 파찰음

ㅈ	ㅉ	ㅊ
j	jj	ch

3. 마찰음

ㅅ	ㅆ	ㅎ
s	ss	h

4. 비음

ㄴ	ㅁ	ㅇ
n	m	ng

5. 유음

ㄹ
r, l

📑 **붙임 1** 'ㄱ, ㄷ, ㅂ'은 모음 앞에서는 'g, d, b'로, 자음 앞이나 어말에서는 'k, t, p'로 적는다([ ] 안의 발음에 따라 표기함).

> 예 구미 Gumi　　　　　　영동 Yeongdong　　　　백암 Baegam
> 　　옥천 Okcheon　　　　합덕 Hapdeok　　　　호법 Hobeop
> 　　월곶[월곧] Wolgot　　벚꽃[벋꼳] beotkkot　　한밭[한받] Hanbat

📑 **붙임 2** 'ㄹ'은 모음 앞에서는 'r'로, 자음 앞이나 어말에서는 'l'로 적는다. 단, 'ㄹㄹ'은 'll'로 적는다.

> 예 구리 Guri　　　　　　설악 Seorak　　　　　칠곡 Chilgok
> 　　임실 Imsil　　　　　울릉 Ulleung　　　　대관령[대괄령] Daegwallyeong

제3장 표기상의 유의점

제1항 음운 변화가 일어날 때에는 변화의 결과에 따라 다음 각호와 같이 적는다.

1. 자음 사이에서 동화 작용이 일어나는 경우

   예 백마[뱅마] Baengma　　　　　신문로[신문노] Sinmunno
   　종로[종노] Jongno　　　　　　왕십리[왕심니] Wangsimni
   　별내[별래] Byeollae　　　　　신라[실라] Silla

2. 'ㄴ, ㄹ'이 덧나는 경우(소리의 첨가)

   예 학여울[항녀울] Hangnyeoul　　알약[알략] allyak

3. 구개음화가 되는 경우

   예 해돋이[해도지] haedoji　　　　같이[가치] gachi
   　맞히다[마치다] machida

4. 'ㄱ, ㄷ, ㅂ, ㅈ'이 'ㅎ'과 합하여 거센소리로 소리 나는 경우

   예 좋고[조코] joko　　　　　　　놓다[노타] nota
   　잡혀[자펴] japyeo　　　　　　낳지[나치] nachi

   다만, 체언에서 'ㄱ, ㄷ, ㅂ' 뒤에 'ㅎ'이 따를 때에는 'ㅎ'을 밝혀 적는다.

   예 묵호 Mukho　　　　　　　　집현전 Jiphyeonjeon

   📖 **붙임** 된소리되기는 표기에 반영하지 않는다.

   　　예 압구정 Apgujeong　　　　낙동강 Nakdonggang
   　　　죽변 Jukbyeon　　　　　　낙성대 Nakseongdae
   　　　합정 Hapjeong　　　　　　팔당 Paldang
   　　　샛별 saetbyeol　　　　　　울산 Ulsan

제2항 발음상 혼동의 우려가 있을 때에는 음절 사이에 붙임표(-)를 쓸 수 있다.

   예 중앙 Jung-ang　　　　　　　반구대 Ban-gudae
   　세운 Se-un　　　　　　　　　해운대 Hae-undae

제3항 고유 명사는 첫 글자를 대문자로 적는다.

   예 부산 Busan　　　　　　　　　세종 Sejong

제4항 인명은 성과 이름의 순서로 띄어 쓴다. 이름은 붙여 쓰는 것을 원칙으로 하되 음절 사이에 붙임표(-)를 쓰는 것을 허용한다. [( ) 안의 표기를 허용함.]

   예 민용하 Min Yongha (Min Yong-ha)
   　송나리 Song Nari (Song Na-ri)

1. 이름에서 일어나는 음운 변화는 표기에 반영하지 않는다.

   예 한복남 Han Boknam (Han Bok-nam)
   　홍빛나 Hong Bitna (Hong Bit-na)

2. 성의 표기는 따로 정한다.

   제5항 '도, 시, 군, 구, 읍, 면, 리, 동'의 행정 구역 단위와 '가'는 각각 'do, si, gun, gu, eup, myeon, ri, dong, ga'로 적고, 그 앞에는 붙임표(-)를 넣는다. 붙임표(-) 앞뒤에서 일어나는 음운 변화는 표기에 반영하지 않는다.

충청북도 Chungcheongbuk-do	제주도 Jeju-do
의정부시 Uijeongbu-si	양주군 Yangju-gun
도봉구 Dobong-gu	신창읍 Sinchang-eup
삼죽면 Samjuk-myeon	인왕리 Inwang-ri
당산동 Dangsan-dong	봉천 1동 Bongcheon 1(il)-dong
종로 2가 Jongno 2(i)-ga	퇴계로 3가 Toegyero 3(sam)-ga

📙 붙임 '시, 군, 읍'의 행정 구역 단위는 생략할 수 있다.
    예 청주시 Cheongju   함평군 Hampyeong   순창읍 Sunchang

제6항 자연 지물명, 문화재명, 인공 축조물명은 붙임표(-) 없이 붙여 쓴다.

남산 Namsan	속리산 Songnisan
금강 Geumgang	독도 Dokdo
경복궁 Gyeongbokgung	무량수전 Muryangsujeon
연화교 Yeonhwagyo	극락전 Geungnakjeon
안압지 Anapji	남한산성 Namhansanseong
화랑대 Hwarangdae	불국사 Bulguksa
현충사 Hyeonchungsa	독립문 Dongnimmun
오죽헌 Ojukheon	촉석루 Chokseongnu
종묘 Jongmyo	다보탑 Dabotap

제7항 인명, 회사명, 단체명 등은 그동안 써 온 표기를 쓸 수 있다.

02 방언

1. 방언의 이해

(1) **개념** : 하나의 언어가 몇 개의 언어 집단으로 분화되었을 때 그 각각의 언어 체계를 통틀어 일컫는 말이다. 방언이 속한 언어의 근본 체계에서 크게 벗어나지 않으면서 음운, 문법, 어휘 사이의 차이를 드러내는데, 이는 언어를 사용하는 집단의 오랜 관습에 의해 형성된다. 방언은 계층적 방언과 지역적 방언으로 나뉘는데 일반적으로는 지역 방언을 지칭한다.

(2) **방언의 가치**
① 표준어 제정의 바탕이 된다.
② 국어 역사 연구에 도움을 준다.
③ 사용하는 사람들 간에 친근감을 준다.
④ 우리 민족의 정서와 사상이 깃들어 있어서 민족성과 전통 풍습을 이해하는 데 도움을 준다.
⑤ 언어 발전의 원동력이 된다.

(3) 방언의 종류

① **지역방언**(regional dialect) : 같은 언어라도 지역적으로 격리되어 오랜 시간이 흐르면 원래의 언어와 다른 모습으로 바뀌게 되는데, 지역에 따라 달라진 언어를 지역 방언이라고 한다. 국어의 방언을 일반적으로 '동북 방언, 서북 방언, 중부 방언, 동남 방언, 서남 방언, 제주 방언'의 여섯 개로 나눈다.

② **사회방언**(social dialect) : 사회적 계층, 세대, 성별, 학력, 직업 등의 사회적 요인에 의한 방언을 말한다. 은어나 속어가 대표적인 사회방언이고, 옛날 왕실에서 쓰던 말투도 사회방언이다.

(4) 지역 방언의 특징

① **동북 방언**(= 함경도 방언, 관북 방언)
  ㉠ 경상도 방언과 함께 성조가 존재한다.
  ㉡ 평안도 방언의 영향을 받았다.
    예 'ㅡ'를 'ㅜ'처럼, 'ㅓ'를 'ㅜ'로 발음한다.
  ㉢ 부정 부사를 자주 사용하며 그 위치가 다르다.
    예 밥 아니 먹슴메?
  ㉣ 독특한 친족 호칭어를 가지고 있다.
    예 '고모부, 외삼촌, 이모부'를 모두 '맏아바니'로 지칭

② **서북 방언**(= 평안도 방언, 관서 방언)
  ㉠ 북한의 표준어인 문화어의 영향을 받아 문화어에 동화되고 있다.
  ㉡ 구개음화가 일어나지 않는다.
    예 가디 마(가지 마), 말이디(말이지), 데건(저건)
  ㉢ 'ㅅ, ㅈ, ㅊ, ㅉ' 뒤에서 'ㅡ'가 'ㅣ'로 발음되는 전설모음화가 일어나지 않는다.
    예 승겁다(싱겁다), 슬건(실컷), 아츰(아침)
  ㉣ 'ㄴ' 두음법칙이 일어나지 않는다.
    예 너름(여름), 닐굽(일곱), 누행(유행), 누월(6월), 넝감(영감)
  ㉤ 자음군(ㄺ, ㄼ)을 가진 체언이나 용언 어간은 ㄱ이나 ㅂ이 탈락된다.
    예 흘(흙), 발찌만(밟지만), 일따(읽다)
  ㉥ /ㅓ/를 [ə]로, /ㅗ/를 [ɔ]로 발음한다.
    예 오마니(어머니)

③ **중부 방언**(= 경기방언)
  ㉠ 충청도, 강원도를 포함한다.
  ㉡ 서울 방언은 현 표준어의 근간이 되고 있다.
  ㉢ 표준어 제정 과정에서 서울 지역의 일부 어휘 및 음운 현상은 '비표준어'로 배제되었다.

④ **동남 방언**(= 경상도 방언, 영남 방언)
  ㉠ 성조로 단어의 뜻이 구분된다. - 장단의 대립은 보이지 않는다.

ⓛ 모음의 수가 전국적으로 가장 적다(6모음 체계).
ⓒ 자음 중 'ㅆ'을 된소리로 발음하지 못하고 'ㅅ'으로 발음한다.
　　예 '쌀, 싸우다'를 '살, 사우다'로 발음한다.
ⓔ 대체로 어간말에 'ㅊ'을 가진 명사가 존재하지 않는다.
ⓜ 명사의 어간말 자음 'ㅂ·ㄷ·ㄱ'과 어미의 첫음 'ㅎ'이 결합될 때 유기음화(有氣音化)
　　가 일어나지 않는다.
　　예 밥+하고 → [바바고], 꽃[花] + 하고 → [꼬다고], 떡[餠]+하고 → [떠가고]

⑤ **서남 방언**(= 전라도 방언, 호남 방언)
　　㉠ 중세국어에서 'ㅿ, ㅸ'으로 표기되던 것들이 이 지방에서는 각각 'ㅅ'과 'ㅂ'으로 남아
　　　있다.
　　　예 '무수/무시(무)', 가새(가위), 여시(여우), 가차븐(가까운)
　　ⓛ 'ㅅ' 불규칙 현상이 일어나지 않는 말이 많다.
　　　예 긋었다[그얻따 → 그섣따], 잇 + 어[이어 → 이서]
　　ⓒ 움라우트 현상('ㅣ'모음 역행동화)이 많이 일어난다.
　　　예 '퇴끼'(토끼), '괴기'(고기), '가랭이'(가랑이)
　　ⓔ 연음 시 'ㅎ'이 탈락하는 경우가 많다.
　　　예 육학년[유강년], 백화점[배과점], 곱하기[고바기]
　　ⓜ 'ㄱ, ㄲ, ㅋ'의 구개음화 현상이 뚜렷하다.
　　　예 지름(기름), 가찹다(가깝다), 짐치&짐채(김치)
　　ⓗ 어두의 평음을 경음으로 발음하는 경향이 뚜렷하다.
　　　예 깡냉이(옥수수), 뚜부(두부), 삐둘기(비둘기)

⑥ **제주 방언**(= 탐라 방언)
　　㉠ 고어 'ㆍ(아래 아)'가 존재한다.
　　ⓛ 의문을 나타내는 종결어미는 형태나 기능의 면에서 매우 독특한 모습을 보여 준다.
　　　설명/판정 의문문을 종결어미로 구별한다.
　　　예 의문사에 대한 설명을 요구하는 설명 의문문에는 '-ㄴ고'가 연결되고, 해당 질문에
　　　　대해 '예/아니오'의 판정을 요구하는 판정 의문문에는 '-ㄴ가'가 연결된다.
　　ⓒ 주어의 인칭에 따른 출현 제약을 가지는 종결어미가 존재한다.
　　　예 '니는 누게 아덜인디?(너는 누구의 아들이니?)'는 성립하지만, '철수는 누게 아덜
　　　　인디?'는 성립하지 않는다. 이는 '-ㄴ디'가 2인칭 주어하고만 어울리며, 3인칭 주
　　　　어와는 함께 출현할 수 없는 어미이기 때문이다.
　　ⓔ 다른 방언과 의미 영역이나 어원을 달리하는 단어 또는 몽골어 등의 외래어로 인해
　　　독특한 모습을 보이는 단어가 매우 많이 나타난다.

(5) 사회 방언의 유형

① 은어(隱語)

㉠ 은어란 어떤 폐쇄적 집단에 속한 사람들이 다른 집단으로부터 자신을 방어하려는 목적으로 발생한 어휘로, '비밀어'라고도 한다.

㉡ 은어는 학생, 군인, 범죄 집단 등 무엇인가를 숨길 목적으로 말을 해야 할 필요가 있는 집단이면 누구나 가질 수 있다.

㉢ 은어는 일반 사회에 알려지게 되면 즉시 변경되어 새로운 은어가 나타난다.

② 속어(俗語)

㉠ 속어는 비속하고 천박한 어감을 주는 말로, 비속어 또는 비어라고도 한다.

㉡ 공식적이거나 점잖은 자리에서는 속어를 사용하지 않는다.

㉢ 속어는 장난기 어린 표현, 신기한 표현, 반항적인 표현, 구체성을 강하게 드러내는 사실적인 표현을 하고 싶을 때 많이 사용된다.

③ **금기어** : 불쾌하고 두려운 것을 연상하게 하여 입 밖에 내기를 주저하는 말이다.

④ **완곡어** : 금기어 대신 불쾌감이 덜 하도록 만든 말로, 기본적으로 금기어와 같은 대상을 가리킨다. 상대방에게 불쾌감을 주지 않기 위해서는 상황과 장면을 고려하여 완곡어를 사용해야 한다.

01 표준어의 기능과 관련된 아래의 설명 중 바르지 않은 것은?

① 표준어는 국민을 하나로 묶어 주는 기능을 한다.
② 표준어를 구사한다는 것은 정상적인 교육을 받았다는 것을 뜻한다.
③ 표준어의 사용 여부는 준법정신이 어느 정도인가를 재는 척도가 될 수 있다.
④ 표준어는 방언보다 언어적으로 우월하기 때문에 특히, 공적인 자리에서 권장된다.

> 해설 ④ '우월(優越)의 기능'은 표준어를 쓰는 사람이 쓰지 않는 사람보다 우월한 사람임을 드러내주는 기능을 한다는 뜻이지 표준어가 방언보다 언어적으로 우월하다는 의미는 아니다.
>
> 오답 ① 통일의 기능
> ②, ③ : 준거의 기능

02 다음 내용과 관련되는 표준어의 기능은?

> 각 나라 사람들이 순수한 제 고장 사투리로 말한다면, 한 나라의 국민이라는 일체감을 훨씬 덜 느끼게 될 것이다.

① 우월의 기능   ② 표지의 기능
③ 준거의 기능   ④ 통일의 기능

> 해설 표준어는 원활한 의사소통을 통하여 한 나라 국민을 하나로 뭉치게 해 주는 한편, 같은 국민으로서의 일체감을 가지도록 해 주는 역할을 하는 통일의 기능이 있다.

03 표준어와 방언에 대한 설명으로 옳지 않은 것은?

① 표준어는 방언에 비하여 특별한 대접을 받는다.
② 표준어는 방언보다 언어학적으로 더 우위에 있는 언어이다.
③ 표준어는 교과서, 신문, 방송 등에 두루 쓰이는 공용어로서의 자격을 지닌다.
④ 표준어는 방언 간 차이에서 오는 의사소통의 불편을 덜기 위하여 정해진 것이다.

> 해설 '표준어와 방언'의 개념을 이해한다.
> ② 표준어가 특별 대접을 받는다고 하여 다른 방언보다 언어학적으로 우위에 있다고는 할 수 없다. 방언도 나름대로 훌륭한 체계를 갖추고 있을 뿐 아니라 때로는 표준어의 부족함을 메울 수도 있다.

정답 01 ④   02 ④   03 ②

오답 ① 표준어는 여러 방언의 하나이되 공통어의 자격을 부여받기 때문에 방언에 비하여 특별한 대접을 받는다.
③ 표준어는 한 나라에서 공용어로 쓰는 규범으로서의 언어로 교과서, 신문, 방송 등에 두루 쓰이는 자격을 지닌다.
④ 표준어는 언어의 통일과 안정성을 확보하고자 정한 공적인 언어 규범이다. 다양한 방언과 언어의 혼재로 인한 의사소통의 장애를 최소화하고 교육 및 문화의 전달을 원활하게 하기 위해 제정하였다.

04 ( ) 안에 들어갈 말로 알맞은 것은?

> 표준어는 (㉠) 있는 사람들이 두루 쓰는 (㉡) 서울말로 한다.

	㉠	㉡		㉠	㉡
①	지식	현대	②	지식	표준
③	교양	현대	④	교양	표준

해설 ③ 우리말 표준어는 계층적으로 교양 있는 사람들, 시대적으로는 현대, 지역적으로는 서울말로 정한다.

05 현행 '표준어 규정'에서 표준어를 정할 때의 기준은?

① 현재 중류 사회에서 쓰는 서울말
② 서울 지역에 사는 사람들이 널리 쓰는 말
③ 교양 있는 사람들이 두루 쓰는 현대 서울말
④ 서울 지역에서 오래전부터 계속 사용하고 있는 말

해설 현행 '표준어 규정'에서 표준어를 정할 때의 기준은 ③이다.
- **교양 있는 사람들** : 계층적 조건
- **현대** : 시대적 조건
- **서울말** : 지역적 조건

06 다음 밑줄 친 부분이 맞춤법에 맞는 것은?

① 바람은 서서이 불어오고, 물결은 고이 인다.
② 솔찍히 말해서 나는 그녀가 부러웠다.
③ 시장에는 물건을 고르는 장꾼들로 붐볐다.
④ 그는 언제나 아침 일찌기 출근한다.

정답 04 ③ 05 ③ 06 ③

③ 장꾼 : 장에서 물건을 사고파는 사람을 뜻하는 '-꾼'은 된소리 접미사로 통일한다.

① 서서이 → 서서히 : '-하다'가 붙는 말은 부사화 접미사 '-히'로 적는다.
② 솔찍히 → 솔직히 : 솔직(率直)하다. 거짓이나 숨김이 없이 바르고 곧다.
④ 일찌기 → 일찍이 : 부사 뒤에 접미사 '-이'가 붙는 경우는 어근의 원형을 밝혀 적는다.

07 다음 밑줄 친 부분이 한글 맞춤법에 맞게 표현된 것은?

① 산책은 많은 <u>잇점</u>이 있다.
② 농장에는 암소보다 <u>숫소</u>가 더 많다.
③ <u>담뱃값</u>이 곧 인상될 예정이다.
④ 토론 주제의 <u>촛점</u>을 흐려서는 안 된다.

③ 담뱃값 : '담배 + 값'의 합성명사에서 앞말이 모음이고 뒷말의 첫소리가 된소리로 발음되는 경우에는 사이시옷을 밝혀 적는다.

① 잇점 → 이점(利點) : 한자어끼리의 합성어에서는 사이시옷을 적지 않음이 원칙이다.
② 숫소 → 수소 : 수컷을 나타내는 접두사는 '수-'로 통일한다. 다만 '숫양, 숫염소, 숫쥐'는 접두사 '숫-'을 인정한다.
④ 촛점 → 초점(焦點) : 한자어끼리의 합성어에서는 사이시옷을 적지 않음이 원칙이다. 다만 2음절의 한자어에서 6가지[곳간(庫間), 셋방(貰房), 숫자(數字), 찻간(車間), 툇간(退間), 횟수(回數)]는 사이시옷을 예외로 인정한다.

08 다음 중 밑줄 친 부분이 바르게 쓰인 것은?

① 그녀는 그가 <u>으레</u> 함께 갈 것이라고 생각했다.
② 그는 치사하고 <u>째째한</u> 성격이었다.
③ 우리 친구들은 <u>떼려야</u> 뗄 수 없는 사이이다.
④ 약을 먹은 효과가 <u>금새</u> 나타났다.

③ '떼려야 뗄 수 없는'으로 표현하는 것이 적절하다. '뗄래야 뗄 수 없는'은 '떼 + -ㄹ래야'의 구조인데, 어미 '-ㄹ래야'는 '-려야'의 잘못된 표현이다.

① 으례 → 으레 : 단순화된 모음을 표준어로 삼는다.
② 째째한 → 쩨쩨한 : 사람이 잘고 인색하다.
④ 금새 → 금세 : 지금 바로. '금시에'가 줄어든 말
* 금새 : 물건의 값. 또는 물건값의 비싸고 싼 정도

09 밑줄 친 단어의 표기가 바른 것은?

① 건물은 불길에 <u>쌓여</u> 있었다.　② 이것은 눈에 잘 <u>띠게</u> 두어라.
③ 노력한 만큼 시험을 잘 <u>치렀다</u>.　④ 이런 일은 <u>익숙치</u> 않아서 힘들어요.

> **해설**　③ '치렀다'는 치르＋었＋다로 된 단어로 'ㅡ'가 탈락하여 '치렀다'로 표기된다. '치뤘다'는 비표준 어이다.

> **오답**　① '불길에 싸이다'는 '싸여'로 표기해야 한다.
> ② '눈에 띄다'로 표기하는 것이 올바르다.
> ④ '익숙하지 않다'의 준말은 '익숙지 않다'이다. '-하지'가 붙는 말 중 앞의 종성이 'ㄱ, ㅅ, ㅂ'인 경우에 '하'가 아주 생략된다.

10 밑줄 친 부분 중 맞춤법에 맞는 것은?

① 어제는 안개가 <u>자욱히</u> 낀 날이었다.
② 그 사람에게 <u>해꼬지</u>를 당할까 겁난다.
③ 친구가 <u>흐뜨러진</u> 머리칼을 가다듬었다.
④ 그는 상의 단추를 <u>끄르고</u> 가슴을 풀어 헤쳤다.

> **해설**　'표준어 규정'을 이해한다.
> ④ 끄르다 : 잠긴 것이나 채워져 있는 것을 열다. '끌르다(×)'

> **오답**　① **자욱히** → **자욱이** : 연기나 안개 따위가 잔뜩 끼어 흐릿하게 ＝ 자옥이
> ② **해꼬지** → **해코지** : 남을 해치고자 하는 짓
> ③ **흐뜨러진** → **흐트러진** : 여러 가닥으로 흩어져 이리저리 얽히다.

11 밑줄 친 부분 중 두음법칙이 적용되지 않은 것은?

① 그 사람은 무슨 일이든지 <u>열심</u>이다.
② 옆집 어르신의 <u>연세</u>는 아흔이 넘는다.
③ 선진국일수록 <u>노인</u>을 위한 복지가 많다.
④ 이렇게 입는 것이 요즘 <u>유행</u>하는 옷차림이다.

> **해설**　'두음법칙'의 규정을 이해한다.
> ① 열심(熱 더울 열, 心 마음 심) : '열'은 본음이므로 두음법칙과는 관련이 없다.

> **오답**　② 연세(年 해 년, 歲 해 세) : 한자음 '녀, 뇨, 뉴, 니'가 단어 첫머리에 올 적에는, 두음법칙에 따라 '여, 요, 유, 이'로 적는다. (한글맞춤법 제10항)
> ③ 노인(老 늙을 로, 人 사람 인) : 한자음 '라, 래, 로, 뢰, 루, 르'가 단어의 첫머리에 올 적에는, 두음법칙에 따라 '나, 내, 노, 뇌, 누, 느'로 적는다. (한글맞춤법 제12항)
> ④ 유행(流 흐를 류, 行 다닐 행) : 한자음 '랴, 려, 례, 료, 류, 리'가 단어의 첫머리에 올 적에는, 두음법칙에 따라 '야, 여, 예, 요, 유, 이'로 적는다. (한글맞춤법 제11항)

정답	09 ③	10 ④	11 ①

12 두 명사가 결합하여 한 단어가 될 때, 사이시옷이 들어가는 것은?

① 나라 + 말

② 인사 + 말

③ 혼자 + 말

④ 머리 + 말

> 해설 ③ 혼잣말 : '혼자 + 말'의 합성명사에서 앞말이 모음이고 뒷말의 첫소리 'ㅁ' 앞에서 [혼잔말]처럼 'ㄴ' 소리가 덧나는 경우는 사이시옷을 밝혀 적는다.

> 오답 ① 나라말[나라말], ② 인사말[인사말], ④ 머리말[머리말] : 합성명사에서 앞말이 모음이고 뒷말의 첫소리 'ㅁ' 앞에서 'ㄴ' 소리가 덧나지 않는 경우이므로 사이시옷을 밝혀 적지 않는다.

13 밑줄 친 부분 중 바르게 표기된 것은?

① 오늘은 할머니의 <u>제삿날</u>이다.

② 사람들이 <u>나룻터</u>에 모여 있다.

③ 엄마의 꾸중을 <u>예삿말</u>로 여긴다.

④ 그 일의 <u>댓가</u>로 높은 임금을 받았다.

> 해설 '사이시옷' 표기의 원칙과 예외를 이해한다.
> ① 제삿날 : 한자어 제사(祭祀)와 순우리말 '날'이 합성어를 이룰 때 [제산날]처럼 뒷말의 첫소리 'ㄴ' 앞에서 'ㄴ' 소리가 덧나므로 사이시옷을 밝혀 적는다.

> 오답 ② 나룻터 → 나루터 : 뒷말의 첫소리가 거센소리이므로 사이시옷을 적지 않는다.
> ③ 예삿말 → 예사말 : 한자어 '예사(例事)'와 순우리말 '말'의 합성어라고 하더라도 [예사말]처럼 뒷말의 첫소리 'ㅁ' 앞에서 'ㄴ' 소리가 덧나지 않으므로 사이시옷을 적지 않는다.
> ④ 댓가 → 대가 : '대가(代價)'는 [대까]처럼 된소리가 나더라도 2음절의 한자어끼리의 합성어에서는 사이시옷을 밝혀 적지 않음이 원칙이다. 다만 2음절의 한자어 중 6가지[곳간(庫間), 셋방(貰房), 숫자(數字), 찻간(車間), 툇간(退間), 횟수(回數)]는 예외를 인정한다.

14 밑줄 친 부분의 띄어쓰기가 옳은 것은?

① 그는 자취 생활 삼 년에 <u>빨래하는데</u> 선수가 되었다.

② 에이 참, 어디로 <u>나갈 데</u>도 없고 이게 무슨 꼴이야.

③ 먼 길 <u>가는 데</u> 아무리 바빠도 한술 뜨고 가거라.

④ 두꺼비 기름이올시다. <u>옻오른데도</u> 쓰고 옴 <u>오른데도</u> 쓰고

> 해설 '(으)ㄴ/는/(으)ㄹ/던 + 데'의 띄어쓰기는 '데' 대신에 다른 명사를 대입할 수 있고, 격조사를 붙일 수 있으면 '관형사형 어미'와 '의존명사'의 관계이므로 띄어 쓰고, 앞에 '았/었, 겠'을 넣을 수 있으면 하나의 종속적 연결어미이므로 붙여 쓴다.
> ② '데' 대신 '곳, 장소' 등의 명사를 대입할 수 있다.

> 오답 ① '데' 대신 '것, 일' 등의 명사를 대입할 수 있다. 빨래하는데 → 빨래하는 데
> ③ '가겠는데'처럼 '겠'을 넣을 수 있다. 가는 데 → 가는데
> ④ '데' 대신 '곳, 경우' 등의 명사를 대입할 수 있다. 오른데도 → 오른 데도

정답	12 ③	13 ①	14 ②

15 밑줄 친 곳의 띄어쓰기가 옳지 않은 것은?

① 그녀는 <u>답답하다는 듯이</u> 말하였다.
② 그의 행동을 보아 하니, 곧 <u>떠날 듯이</u> 보인다.
③ 사람마다 생김새가 <u>다르 듯이</u> 생각도 다르다.
④ 경기장에서는 관중의 함성이 하늘을 <u>찌를 듯이</u> 울렸다.

해설 '다르듯이'는 '다르(다)'라는 어간에 '–듯이'라는 어미가 결합된 말이므로 붙여 써야 한다.

오답 '듯이'가 의존명사로 쓰일 때에는 그 앞에 관형어가 와야 한다. 즉, 어간과 관형사형 연결어미가 올 때 그 뒤에 오는 '듯이'는 의존명사로 띄어 써야 한다. 하지만 '–듯이' 앞에 어간만 오는 경우에는 관형어가 될 수 없으므로 '–듯이'가 어미가 되어 붙여 써야 한다.

16 밑줄 친 부분 중 띄어쓰기가 옳지 않은 것은?

① 누구나 <u>한번</u>은 겪는 일이다.
② 제가 일단 <u>한번</u> 해 보겠습니다.
③ 시간 날 때 낚시나 <u>한번</u> 갑시다.
④ 그 개는 <u>한번</u> 물면 절대 놓지 않는다.

해설 '한∨번'과 '한번'의 띄어쓰기를 이해한다.
① 한번 → <u>한∨번</u> : '한 번'은 '두 번'으로 바꾸어도 뜻이 통하므로 '한 번'으로 띄어 쓴다.
 * 한번[명사] : 지난 어느 때나 기회

오답 ② 한번[부사] : 어떤 일을 시험 삼아 시도함을 나타내는 말
③ 한번[부사] : 기회 있는 어떤 때에
④ 한번[부사] : 일단 한 차례

17 밑줄 친 단어의 쓰임이 옳은 것은?

① 아저씨께서 어젯밤 갑자기 <u>뇌졸중</u>으로 쓰러지셨다.
② 어머니는 막내아들의 굳은살 <u>박힌</u> 손을 보며 눈물을 흘렸다.
③ 산악회 회원들은 산의 제일 높은 <u>봉오리</u>까지 등산하기로 하였다.
④ 팀장이 마감을 앞두고 일을 서두르더니 급기야 <u>사단</u>이 나고 말았다.

해설 ① 뇌졸중(腦卒中) : 뇌에 혈액 공급이 제대로 되지 않아 손발의 마비, 언어 장애, 호흡 곤란 따위를 일으키는 증상 = 뇌중풍. '뇌졸증(×)'

오답 ② 박힌 → 박인
 • 박히다 : 두들겨 치이거나 틀려서 꽂히다. '박다'의 피동사
 • 박이다 : 손바닥, 발바닥 따위에 굳은살이 생기다.

정답 **15** ③ **16** ① **17** ①

③ 봉오리 → 봉우리
• 봉오리 : 망울만 맺히고 아직 피지 아니한 꽃 = 꽃봉오리
• 봉우리 : 산에서 뾰족하게 높이 솟은 부분 = 산봉우리
④ 사단 → 사달
• 사단(事端) : 사건의 단서. 또는 일의 실마리
• 사달 : 사고나 탈

18 밑줄 친 단어 중 어문 규정에 어긋난 것은?

① 생선을 <u>조려</u> 밑반찬을 만들었다.
② 바람이 불어 문이 저절로 <u>닫쳤다</u>.
③ 임원진이 그 안건을 회의에 <u>부쳤다</u>.
④ 헌 옷을 깨끗이 <u>다리니</u> 새 옷 같다.

해설 ② '닫다'에 피동 접미사 '-히-'가 결합한 '닫혔다'가 옳은 표현이다.

오답 ① '조리다'는 양념 맛이 재료에 스며들도록 바짝 끓여서 양념이 배어들게 하다. '졸이다'는 찌개나 국의 국물을 줄게 하는 것으로 ①은 '조려'가 옳은 표현이다.
③ '부치다'는 어떤 문제를 다른 곳이나 다른 기회로 넘기어 맡긴다는 의미이다. '붙이다'는 맞닿아 떨어지지 않게 하다는 의미를 나타내므로 '부치다'가 옳은 표현이다.
④ '다리다'는 옷이나 천 따위의 주름이나 구김을 펴고 줄을 세우기 위하여 다리미나 인두로 문지르다. '달이다'는 액체 따위를 끓여서 진하게 만든다는 의미로 ④는 '다리다'가 옳은 표현이다.

19 밑줄 친 단어의 쓰임이 옳지 않은 것은?

① 생강차는 기침을 <u>삭이는</u> 데 좋다.
② 그는 다른 사람들에 비해 실력이 많이 <u>달린다</u>.
③ 칠판에 뭐라고 <u>씌어</u> 있는지 도무지 알아볼 수가 없다.
④ 그 일을 방치하다가는 <u>걷잡을</u> 수 없는 사태가 벌어질 수 있다.

해설 • 걷잡다 : 한 방향으로 치우쳐 흘러가는 형세 따위를 붙들어 잡다.
• 겉잡다 : 겉으로 보고 대강 짐작하여 헤아리다.

오답 ① 삭이다 : 기침이나 가래 따위를 잠잠하게 하거나 가라앉히다. '삭다'의 사동사
「1」 먹은 음식물을 소화하다. 「2」 긴장이나 화를 풀어 마음을 가라앉히다.
삭히다 : 김치나 젓갈 따위의 음식물을 발효시켜 맛이 들게 하다.
② 달리다 : 재물이나 기술, 힘 따위가 모자라다. 딸리다[×]
③ 씌어/쓰여 : 붓, 펜, 연필과 같이 선을 그을 수 있는 도구로 종이 따위에 획이 그어져 일정한 글자의 모양이 이루어지다. 씌여[×]

정답 18 ②   19 ④

20 밑줄 친 단어의 쓰임이 옳은 것은?

① 인플레이션 때문에 물가가 몇 갑절은 오른 것 같다.
② 이번에 추천된 총리 후보자는 지난 정권에서 교육부총리 등을 <u>역임</u>한 바 있다.
③ 할머니는 이른 새벽마다 <u>정안수</u>를 떠놓고 손주들의 안녕을 비셨다.
④ 일이 이상하게 진행되더니 결국에는 큰 <u>사단</u>이 나고 말았다.

> 해설 ② '역임(歷任)'은 '여러 직위를 두루 거쳐 지냄'을 뜻하는 말이므로 '교육부총리 등을'이라는 문맥에 어울린다.

> 오답 ① '갑절'은 '어떤 수나 양을 두 번 합한 만큼'을 뜻하는 말이므로, 앞의 '몇'이라는 문맥에 어울리지 않는다. 문맥에 어울리는 단어는 '곱절'이다.
> ③ 조왕에게 가족들의 평안을 빌면서 정성을 들이거나 약을 달이는 데 쓰기 위해 이른 새벽에 길은 우물물을 뜻하는 말은 '정화수(井華水)'가 표준어이다.
> ④ '사고나 탈'을 뜻하는 말은 '사달'이다.

21 다음 두 학생의 주장에 대한 평가로 적절한 것은?

> 학생 1 : '미국 버드나무'라는 뜻의 '미류(美柳)나무'는 '미루나무'가 표준어이다.
> 학생 2 : '열에 여덟이나 아홉 정도로 거의 예외가 없음'이란 뜻의 '십상(十常)'은 '쉽상'이 표준어이다.

① '학생 1'과 '학생 2' 모두 맞는 말이다.
② '학생 1'과 '학생 2' 모두 틀린 말이다.
③ '학생 1'은 맞는 말, '학생 2'는 틀린 말이다.
④ '학생 1'은 틀린 말, '학생 2'는 맞는 말이다.

> 해설 미류(美柳)나무 → 미루나무 : 단순화된 모음을 표준어로 삼는다.
> 십상(十常) : '십상팔구(十常八九)'의 준말. 열에 여덟이나 아홉 정도로 거의 예외가 없음

22 다음 중 로마자 표기법으로 옳은 것은?

① 낙동강 – Nakddonggang
② 대관령 – Daegwallyeong
③ 독립문 – Dongnipmun
④ 압구정 – Apkujeong

② 대관령[대괄령] - Daegwallyeong : 'ㄹ'은 모음 앞에서 'r'로 적으며 자음 앞이나 어말에서는 'l'로 적는다. 단, 'ㄹㄹ'은 'll'로 적는다.

① 낙동강[낙똥강] - Nakdonggang : 로마자 표기는 소리 나는 대로 적는 것이 원칙이나 된소리되기는 표기하지 않는다.
③ 독립문[동님문] - 발음에 따라 'Dongnimmun'과 같이 적는다.
④ 압구정[압꾸정] - 된소리되기는 표기에 반영하지 않아 'Apgujeong'으로 적는다.

23 한글 표기와 로마자 표기가 바르게 짝지어지지 않은 것은?

① 신라 - Silra
② 독도 - Dokdo
③ 울산 - Ulsan
④ 종로 - Jongno

'로마자 표기법'의 원칙과 예외 규정을 이해한다.
① 신라 - Silra > Silla : 유음화 현상에 의해 [실라]로 발음되며, 'ㄹ-ㄹ'은 'lr'이 아니라 'll'로 적는다.

② 독도 - Dokdo : [독또]로 발음되지만 된소리는 표기에 반영하지 않는다. 또한 자연지물명이므로 '붙임표(-)'를 사용해서도 안 된다.
③ 울산 - Ulsan : [울싼]으로 발음되지만 된소리는 표기에 반영하지 않는다.
④ 종로 - Jongno : 지명을 의미할 때는 비음화를 적용하여 [종노]로 발음되므로 'ㄹ'은 'r'이 아니라 'n'으로 적는다. 다만 도로명일 때는 붙임표를 사용하여 발음이 아니라 표기인 'Jong-ro'로 적어야 한다.

24 방언에 대한 설명으로 옳지 않은 것은?

① 제주 방언에는 다른 방언에서는 없어진 'ㅿ'이 남아 있다.
② 서울 방언을 기준으로 표준어를 정하였지만 서울 방언에도 비표준어가 있다.
③ 함경도 방언의 주요 특징 중 하나는 성조로 단어의 뜻이 구분된다는 점이다.
④ 경상도 방언의 주요 특징 중 하나는 단모음의 수가 다른 방언에 비하여 적다는 점이다.

① 제주 방언에는 다른 방언에서는 없어진 'ㅿ'이 아니라 'ㆍ'가 남아 있다. 'ㅿ'이나 'ㅸ'의 흔적이 남아 있는 것은 전라 방언이다.

② 표준어 규정 제24항에는 방언이던 단어가 널리 쓰이게 됨에 따라 표준어이던 단어가 안 쓰이게 된 것은 방언이던 단어를 표준어로 삼는다고 되어 있다. 이에 따라 서울말이었던 '빈자떡'이 방언인 '빈대떡'에 밀려 표준어에서 비표준어가 되었다.
③ 성조로 단어의 뜻이 구분되는 것은 함경도 방언과 경상도 방언의 특징이다.
④ 일반적으로 표준 발음에서 인정되는 단모음의 수는 10개인데 비하여 경상도 방언은 단모음의 수가 6개로 다른 방언에 비하여 현저하게 적다.

01 언어예절

1. **직장에서의 언어 예절**

   (1) **동료에 관하여 말할 때**

   ① 동료에 관해서 말할 때에는 누구에게 말하는가에 관계없이 '-시'를 넣지 않는다.

   예 (박 과장이 아랫사람에게 말할 때) "박영희 씨, 김 과장 어디 갔어요?"

   ② 자기보다 나이가 많은 동료를 다른 동료나 아랫사람에게 말할 때에는 서술어에 '-시'를 넣을 수 있다.

   예 (박 과장이 자신보다 나이가 많은 김 과장을 지칭할 때) "박영희 씨, 김 과장 어디 가셨어요?

   (2) **윗사람에 관해서 말할 때** : 압존법을 적용하지 않는다.

   예 (평사원이) "사장님, 이 과장님은 은행에 가셨습니다." (○)

   　 (평사원이) "사장님, 이 과장은 은행에 갔습니다." (×)

   (3) **아랫사람에 관해 말할 때** : 아랫사람에 관해 말할 때에는 누구에게 말하는가에 관계없이 '-시'를 넣지 않고 말하는 것이 원칙이다. 그러나 아랫사람을 그보다 더욱 아랫사람에게 말할 때에는 '-시'를 넣어 말할 수 있다.

   예 • (과장이) "김영희 씨, 김철수 씨 어디 갔어요?"

   　 • (부장이) "박영희 씨, 김 과장 어디 가셨어요?"

2. **생활 속의 언어 예절**

   (1) **1인칭 주체일 경우** : 원칙적으로는 높일 수 없다.

   예 선생님, 내가 가겠습니다. → 선생님, <u>제가</u> 가겠습니다.

   ① 절대적 대상(국가, 민족, 겨레, 동포 등) : 낮출 수 없다.

   예 할머니, <u>저희</u> 나라가 우승했대요. → 할머니, <u>우리나라</u>가 우승했대요.

   ② 가족 이외의 다른 사람에게 부모를 말할 때에는 언제나 높인다.

   예 제(우리) 아버지가 이렇게 <u>말씀하셨습니다</u>.

   ③ '우리'와 '저희' : 말 듣는 이가 같은 소속(공동체) 사람이라면 '우리'를, 같은 공동체 사람이 아니면서 높임의 대상이 될 때는 '저희'를 사용한다.

   ㉠ 같은 회사 직원에게

   예 이것은 <u>우리</u> 회사에서 새로 개발한 제품입니다.

   ㉡ 다른 회사 직원에게

   예 이것은 <u>저희</u> 회사에서 새로 개발한 제품입니다.

(2) **식사(食事)** : 높임의 의미가 없이 '먹는 일'을 뜻하는 일본어이므로 아랫사람이 윗사람을 직접 대하면서는 쓸 수 없는 말이다.

　① 진지 : '밥'의 높임말로 가정에서만 쓸 수 있다.

　　⑩ 아버지, <u>식사</u>하세요. → 아버지, <u>진지</u> 드세요.

　② 아침, 점심, 저녁 : 직장이나 일반 사회에서는 '진지' 대신 시간적 의미를 지닌 말을 대신 사용한다.

　　⑩ 교수님, <u>식사</u>하셨어요?(점심 때) → 교수님, <u>점심</u> 드셨어요?

(3) **수고** : 높임의 의미가 없는 말이니, 아랫사람이 윗사람에게는 쓸 수 없고, 동년배나 아랫사람에게만 가능하다.

　① 강의가 끝난 후 학생들이 교수에게

　　⑩ 교수님, <u>수고하셨습니다</u>. → 교수님, <u>고맙습니다</u>.

　② 평사원이 부장보다 먼저 퇴근할 때

　　⑩ 부장님, 수고하세요. → 부장님, 저 먼저 퇴근합니다. 부장님, 내일 뵙겠습니다.

　③ 부장이 평사원보다 먼저 퇴근하면서

　　⑩ 먼저 가네, <u>수고들</u> 하게.

(4) **야단** : '소리를 높여 화를 내는 일'로 윗사람이 아랫사람에게 '꾸중을 하다'의 뜻이다. 그러므로 '야단을 치다'는 표현은 있어도 '야단을 맞다'는 표준 어법이 아니다.

　⑩ 선생님께 <u>야단을 맞았다</u>. → 선생님께 <u>꾸중(꾸지람, 걱정)을</u> 들었다.

3. 소개 예절

(1) **자신을 남에게 소개할 때**

　① 일반적인 상황

　　⑩ • 처음 뵙겠습니다. (저는) ○○○입니다.

　　　• 안녕하십니까? ○○○입니다. (허용)

　② 아버지에 기대어 자신을 소개할 때

　　⑩ 저희 아버지는 (아버지의 함자는) ○자 ○자이십니다.

> ✎ **참고**
>
> 성에는 '자'를 붙이지 않는다.

(2) **중간에서 다른 사람을 소개할 때**

　① 친소 관계를 따져 자기와 가까운 사람을 먼저 소개한다.

　　⑩ 건우가 어머니보다 젊은 남자 담임선생님과 어머니를 소개하는 경우 어머니를 선생님께 먼저 소개한다.

　② 손아랫사람을 손윗사람에게 먼저 소개한다.

　　⑩ 건우가 친구들과 놀다가 할아버지를 만난 경우 친구들을 할아버지께 먼저 소개한다.

③ 남성을 여성에게 먼저 소개한다.

> 📵 건우가 새로 전학 온 여자 친구를 같은 반 남자 친구에게 소개하는 경우 남자 친구를
> 여자 친구에게 먼저 소개한다.

4. 전화 예절

(1) 전화를 받을 때의 말

① 일반적으로 받을 때

ⓐ 집에서 : 📵 여보세요. 구로동입니다. / 네, 구로동입니다.

ⓑ 직장에서 : 📵 네, ○○ 주식회사입니다.

② 전화를 바꾸어 줄 때 : 📵 (네), 잠시(잠깐, 조금) 기다려 주십시오. 바꾸어 드리겠습니다.

③ 상대방이 찾는 사람이 없을 때

> 📵 지금 안 계십니다. 들어오시면 뭐라고 전해 드릴까요?

④ 잘못 걸려온 전화일 때 : 📵 아닌데요(아닙니다), 전화 잘못 걸렸습니다.

(2) 대화를 마치고 전화를 끊을 때

"안녕히 계십시오.", "고맙습니다. 안녕히 계십시오.", "이만(그만) 끊겠습니다. 안녕히 계십시오." 등 인사를 하고 끊는 것을 생활화하도록 한다.

✎ 참고

"들어가세요."라는 인사는 명령형이고, 상스러운 느낌을 줄 수 있기 때문에 피하는 것이 좋다.

5. 새해 인사 예절

① 새해 인사로 가장 알맞은 것은 "새해 복 많이 받으십시오."이다. 상대에 따라 "새해 복 많이 받으세요.", "새해 복 많이 받게.", "새해 복 많이 받아라." 등으로 쓸 수 있다.

② 세배할 때는 절하는 것 자체가 인사이기 때문에 어른에게 "새해 복 많이 받으십시오."와 같은 말을 할 필요는 없다. 그냥 공손히 절만 하면 그것으로 인사를 다 한 것이며 어른의 덕담이 있기를 기다리면 된다.

③ 절하겠다는 뜻으로 어른에게 "절 받으세요.", "앉으세요."라고 말하는 사람들도 있는데 이는 예의가 아니다. 가만히 서 있다가 어른이 자리에 앉으시면 말없이 그냥 공손히 절을 하는 것이 옳다. 다만 나이 차가 많지 않아 상대방이 절 받기를 사양하면 "절 받으세요.", "앉으세요."라고 말할 수 있다.

6. 호칭어와 지칭어

① 부모를 가리키는 말은 '어머니, 아버지'이다. 한자어로 살아 계신 아버지는 '가친(家親), 엄친(嚴親)', 돌아가신 아버지를 '선친(先親), 선고(先考)'라 하고, 살아 계신 어머니는 '자친(慈親), 가자(家慈)', 돌아가신 어머니는 '선비(先妣), 선자(先慈)'라고 한다. 살아 계신 남의 아버지는 '춘부장(春府丈) 춘당(春堂, 椿堂)', 돌아가신 남의 아버지는 '선대인(先大人)', 살아 계신 남의 어머니는 '자당(慈堂), 대부인(大夫人)', 돌아가신 남의 어머니는 '선부인(先夫人)'이라고 한다.

② 자녀는 이름을 부른다. 결혼해서도 이름을 부를 수 있지만 '○○아비(아범), ○○어미(어멈)'
처럼 아이 이름을 넣어 부를 수 있다.

③ 시부모를 부르는 말은 '아버님, 어머님'이다. 최근 시부모를 친밀하게 여겨 '아버지, 어머니'
라고 부르는 경향이 있으나, 예를 갖추어야 할 경우 '아버님, 어머님'으로 불러야 한다.

④ 장인은 '장인어른, 아버님'이라고 부르고, 장모는 '장모님, 어머님'이라고 부른다.

⑤ 아내를 부르는 말은 '여보, 당신, ○○ 씨'이다.

⑥ 누나를 부르는 말은 '누나, 누님'이다. 누나의 남편은 '매부, 매형, 자형'이라 하고, 여동생의
남편은 '매제'라 한다. 아내의 언니를 '처형'이라 하고, 아내 언니의 남편은 '형님'이라고 부른
다. 아내의 여동생은 '처제'라 하고, 처제의 남편은 '동서'라고 한다.

⑦ 남편의 형은 '아주버님'으로 부르고, 그 아내는 '형님'으로 부른다. 남편의 아우는 미혼인 경
우 '도련님'으로 부르고, 기혼인 경우 '서방님'으로 부른다. 아우가 여럿일 때는 '○째 도련님,
○째 서방님'처럼 부를 수 있다. 그 아내는 '동서'라고 부른다.

⑧ 아버지의 형은 '큰아버지'라고 부르고, 아버지 형의 아내는 '큰어머니'라고 한다. 아버지의
남동생은 '삼촌' 혹은 '작은아버지'라 부른다.

⑨ 직함이 없는 동료끼리는 남녀 불문하고 '○○○ 씨'로 부르면 된다. 상황에 따라 이름만으로
'○○ 씨'라고 해도 좋다. 한편 '미스터 ○'이나 '미스 ○' 등은 사용하지 않는 것이 좋다.

02 경어법

1. 주체 높임법

(1) **개념** : 화자보다 서술어의 주체가 나이나 사회적 지위 등에서 상위자일 때, 서술어의 주체를
높이는 방법

(2) **실현**

① 주체 높임 선어말어미 '-(으)시' 사용

예 저기 아버지가 오신다.

② 높임 주격 조사 '-께서' 사용

예 저기 아버지께서 오신다.

③ 특수 어휘의 사용

㉠ 명사 : 댁, 진지, 말씀, 치아, 신관, 약주(藥酒), 옥고(玉稿), 귀교, 춘추(春秋), 계씨
(季氏), 백씨(伯氏), 영식(令息), 영윤(令胤), 영랑(令郎), 영교(令嬌), 영애(令愛), 영
부인(令夫人), 성함(姓銜), 함자(銜字), 존함(尊銜), 생신(生辰) 등

예 할아버지께서는 아직도 치아가 좋으십니다.

✎ 참고

'말씀'은 높임과 낮춤에 두루 사용하는 어휘다.

ⓛ 동사 : '계시다, 잡수시다, 주무시다, 편찮으시다, 돌아가시다' 등

　　例 할아버지, 많이 <u>편찮으세요</u>?

(3) 직접 높임과 간접 높임

① 직접 높임 : 문장의 주체(주어)가 되는 대상을 높임

　　例 • 아버지께서 방안에 <u>계시다</u>.

　　　• 어머니, 선생<u>님께서</u> <u>오십니다</u>.

② 간접 높임 : 높이고자 하는 대상의 신체 부분, 소유물, 관계 깊은 것을 높이는 방법으로 '-(으)시'를 사용

　　㉠ 신체 부분 : 例 아버지께서는 무릎이 아프십니다.

　　㉡ 소유물 : 例 선생님께서는 자동차가 없으시다.

　　㉢ 관계 깊은 것 : 例 곧 선생님의 말씀이 있으시겠습니다.

> 🖊 **참고**
>
> '계시다'는 주체 직접 높임에, '있으시다'는 간접 높임에 사용한다.
> 例 아버지 무슨 고민 계세요. (×) → 아버지 무슨 고민 있으세요. (○)

(4) 압존법(주체 높임의 제약) : 화자보다 주체가 높다 하더라도 주체가 청자보다 낮으면 주체 높임을 사용할 수 없다. 단, 혈연관계나 사제 간에만 가능하다.

① 혈연관계 : 例 할아버지, 어머니<u>께서</u> 조금 전에 <u>가셨습니다</u>.

　　→ 할아버지, 어머니<u>가</u> 조금 전에 <u>갔습니다</u>.

② 사제관계 : 例 선생님, 김소월 선배님이 오셨어요. → 선생님, 김소월 선배가 왔어요.

> 🖊 **참고**
>
> 직장에서는 압존법을 인정하지 않으므로 청자의 직급과 상관없이 화자보다 주체의 직급이 높을 때에는 주체 높임을 사용하여야 한다.
> 例 사장님, 이 과장 어디 갔습니까?(평사원이 말할 때)
> 　→ 사장님, 이 과장님 어디 가셨습니까?

(5) 단순한 사회적 규범 이외에 말하는 이의 주체에 대한 개인적 관계를 표시하는 기능을 띤다.

① 개별적인 혈연이나 친분 관계 : 例 충무공은 뛰어난 전략가이셨다.

② 객관적인 서술의 대상 : 例 충무공은 뛰어난 전략가이다.

(6) 주체의 생활과 관련이 많다고 생각되면 높이기도 한다.

① 일반적 사실 : 例 선생님, 댁이 버스 정류장에서 멀어서 불편하시지요?

② 관련이 많다고 생각될 때 : 例 선생님, 댁이 버스 정류장에서 머셔서 불편하시지요?

(7) 더 많은 관심과 친밀한 감정을 표현할 때 높이기도 한다.

① 일반적 : 例 아저씨, 하시는 일이 잘<u>되어야</u> 하겠습니다.

② 친밀감 : 例 아저씨, 하시는 일이 잘<u>되셔야</u> 하겠습니다.

2. 상대 높임법

(1) **개념** : 화자가 청자에 대하여 높이거나 낮추어 말하는 방법

(2) **실현** : 서술어의 종결어미를 통해 실현(6등분)

	격식체				비격식체	
	해라체	하게체	하오체	하십시오체	해	해요
평서형	-다 / -라	-네 / -ㄹ세	-오 / -소	-ㅂ니다 / -올시다	-아 / -어 / -야 / -지	-아요 / -어요 / -지요
의문형	-(느)냐? / -니?	-ㄴ / -는가? / -냐?	-오? / -소?	-ㅂ니까?	-아 / -어? / -ㄹ까?	-아 / -어요? / -ㄹ까요?
감탄형	-구나! / -어라!	-구먼! / -ㄹ세!	-구려!	-	-어! / -군! / -네	-군요!
명령형	아라 / 어라 / -려무나	-게	-오 / -소	-ㅂ시오 / -소서	-아 / -어 / -지	-아요 / -어요 / -세요
청유형	-자	-세	-ㅂ시다	-십시다 / -시지요	-아 / -어 / -지	-아요 / -어요

(3) **격식체** : 의례적 용법으로 심리적인 거리감(직접적, 권위적)을 나타낸다.
   ① 해라체(아주 낮춤) : 예 가는 대로 편지 보내라.
   ② 하게체(예사낮춤) : 예 내가 너무 흥분하였던 것 같네.
   ③ 하오체(예사높임) : 예 이 얘기를 어째서 계속하여야 하는지 모르겠구려.
   ④ 하십시오체(아주높임) : 예 손님, 도장 가지고 오셨습니까?

(4) **비격식체** : 정감적이고 격식을 덜 차리는 구어적 표현으로 일상생활에서 사용
   ① 해체(두루 낮춤 – 반말투) : 예 철수야, 빨리 가.
   ② 해요체(두루 높임) : 예 형님, 빨리 오세요.

3. 객체 높임법

(1) **개념** : 목적어나 부사어, 즉 서술어의 객체를 높이는 방법

(2) **실현**
   ① 부사격 조사 '-께' 사용
      예 • 나는 친구에게 과일을 주었다.
         • 나는 선생님께 과일을 드렸다.
   ② 특수 동사(여쭙다, 모시다, 뵙다, 드리다) 사용
      예 • 나는 동생을 데리고 병원으로 갔다.
         • 나는 아버지를 모시고 병원으로 갔다.

01 사람을 소개할 때 원칙의 적용순서로 알맞지 않은 것은?

① 사회적 지위가 높은 사람을 지위가 낮은 사람에게 먼저 소개한다.
② 남성을 여성에게 먼저 소개한다.
③ 아랫사람을 윗사람에게 먼저 소개한다.
④ 여러 사람을 소개할 때는 주최자가 왼쪽부터 한 사람씩 소개한다.

> 해설 ① 사회적 지위의 높고 낮음에 따라 소개할 때에는 지위가 낮은 사람을 높은 사람에게 먼저 소개해야 한다.

02 돌아가신 자신의 아버지를 높여 부를 때 알맞은 호칭은?

① 춘부장   ② 선대인
③ 백부   ④ 선부군

> 해설 ④ 선친(先親) : 남에게 돌아가신 자기 아버지를 이르는 말. 높임말은 선부군(先父君)
> 오답 ① 춘부장(椿府丈) : 남의 아버지를 높여 이르는 말 ≒ 영존, 춘당, 춘장
>   ② 선대인(先大人) : 돌아가신 남의 아버지를 높여 이르는 말 ≒ 선고장, 선장
>   ③ 백부(伯父) : 둘 이상의 아버지의 형 가운데 맏이가 되는 형을 이르는 말

03 호칭어와 지칭어에 대한 설명으로 적절하지 않은 것은?

① 살아계신 남의 어머니를 지칭할 때는 '자당'이라고 한다.
② 살아계신 자신의 아버지를 지칭할 때는 '가친, 엄친'이라고 한다.
③ 장인과 장모는 '아버님, 어머님'으로 불러도 된다.
④ 직함이 없는 동료끼리는 '미스터, 미스'를 붙여 불러도 된다.

> 해설 ④ 직함이 없는 동료끼리는 남녀 불문하고 '~씨'로 부르면 된다.
> 오답 ① 자당(慈堂) : 남의 어머니를 높여 이르는 말 ≒ 모당, 북당, 훤당
>   ② 가친(家親) : 남에게 자기 아버지를 높여 이르는 말 ≒ 가엄, 엄친
>   ③ 장인(丈人), 장모(丈母) : 아내의 아버지, 어머니이므로 '아버님, 어머님'이라 호칭해도 된다.

> 정답 **01** ① **02** ④ **03** ④

04 다음 중 가족 간의 호칭어나 지칭이 바르게 된 것은?

① (아내가 남편에게) "아빠, 밥 먹어요."
② (남편의 형에게) "큰아버지, 전화 받으세요."
③ (아내의 언니에게) "처형, 지금 오셨어요?"
④ (시누이에게) "고모, 복숭아 드실래요?"

> [해설] ③ 처형(妻兄) : 아내의 언니를 이르거나 부르는 말
>
> [오답] ① 아내가 남편에게 : 아빠 → 여보
> ② 남편의 형에게 : 큰아버지 → 아주버님
> ④ 시누이에게 : 고모 → 형님

05 다음 중 언어예절에 어긋나는 것은?

① 정년퇴임을 앞둔 부장에게 : 벌써 정년퇴임이시라니 아쉽습니다.
② 문상객이 상주에게 : 호상(好喪)입니다.
③ 병문안을 가서 환자에게 : 얼마나 고생이 되십니까?
④ 새해에 연장자가 젊은이에게 : 소원 성취하게!

> [해설] ② 호상입니다 → 삼가 고인의 명복을 빕니다. 위로의 말로 표현할 수가 없습니다.
> '호상(好喪)'은 '복을 누리고 오래 산 사람의 상사(喪事)'를 뜻하는 말로 슬픔에 빠져 있는 상주에게 절대 써서는 안 될 표현이다.

06 언어 예절상 어떠한 경우에도 아내에 대한 호칭으로 적절하지 않은 것은? (단, ○○은 이름임)

① 여보   ② ○○씨
③ 임자   ④ 자기야

> [해설] • 결혼한 기간이나 나이에 관계없이 일반적으로 남편을 부를 때는 '여보'를 쓴다. 그러나 '여봐요'는 오늘날 거의 쓰이지 않기 때문에 인정하지 않는다.
> • 신혼 초 '여보'라는 말이 어색할 경우 '○○씨'라고 부를 수 있다.
> • 결혼 전의 호칭을 그대로 결혼 후에도 사용하여 '형', '오빠', '아저씨'라고 하는 것은 어법에 맞지 않으므로 써서는 안 된다.
> • 연애 결혼을 한 부부들은 서로를 '자기'라고 부르기도 하는데 역시 바람직하지 않은 말이다.

[정답] 04 ③   05 ②   06 ④

07 호칭이 언어 예절에 맞게 제시된 것은?

① 장인을 '아버지'라고 부른다.
② 오빠의 아내를 '형님'이라고 부른다.
③ 아내의 여동생을 '처형'이라고 부른다.
④ 자녀 배우자의 어머니를 '사부인'이라고 부른다.

> 해설 ④ 사부인(査夫人) : '안사돈'의 높임말

> 오답 ① 장인은 '장인어른' 또는 '아버님'이라고 불러야 한다. '아버지'는 자기 아버지를 부르는 말이다.
> ② 오빠의 아내를 부를 때 쓰는 말은 '언니' 또는 '새언니'이다.
> ③ 아내의 여동생을 부를 때는 '처제'라고 한다.

08 특정한 상황에 사용하는 인사말에 대한 설명으로 옳은 것은?

① 돌아가신 분이 천수를 다한 경우에 상주에게 "호상입니다."라고 인사할 수 있다.
② 어떤 경우의 문상에서나 상주에게는 아무 말도 하지 않는 것이 가장 좋은 인사이다.
③ 연초에 어른께 세배할 때에 "새해 복 많이 받으십시오."와 같은 말을 꼭 덧붙여야 한다.
④ 연초에 어른께 세배하고자 할 때에 "절 받으세요."와 같은 말로 절 받기를 권하는 것이 좋다.

> 해설 ② 문상을 가서는 어느 경우에나 아무 말도 하지 않고 인사만 하는 것이 기본 예절이다.

> 오답 ① 문상을 가서 "호상(好喪)입니다."라고 말하는 것은 문상객끼리라면 몰라도 상주에게는 써서는 안 될 말이다. 아무리 돌아가신 분이 천수(天壽)를 다했더라도 잘 돌아가셨다고 하는 것은 상주에 대한 예의가 아니다.
> ③ 세배는 원칙적으로 절하는 자체가 인사이므로, "새해 복 많이 받으십시오."와 같은 말을 따로 할 필요가 없다.
> ④ 세배를 할 때 절하겠다는 의사 표시로 하는 "절 받으세요." 또는 "앉으세요." 등의 명령조의 말은 어른에 대한 예의가 아니다.

09 다음 (   ) 안에 들어갈 알맞은 말은?

> 할아버지께서 저를 오(   ).

① 래
② 시래요
③ 래요
④ 라세요

> 해설 ④ 오는 것은 '나'이므로 높여서는 안되기 때문에 '오라-'라고 해야 하며, 말하는 주체는 할아버지이므로 주체높임선어말어미 '-시-'를 사용해야 한다. 따라서 '오라세요'가 맞다.

> 정답 07 ④ 08 ② 09 ④

10 다음에 나타난 경어법은?

> 할아버지가 밥을 먹는다. → 할아버지께서 진지를 드신다.

① 주체 경어법   ② 객체 경어법
③ 청자 경어법   ④ 상대 경어법

해설 주체 경어법은 한 문장의 주어를 어떻게 언어적으로 예우하여 표현하느냐 하는 경어법이며, 이는 그 대상을 높여 대우하느냐, 안 하느냐로 구분되는 이분체계의 경어법이다. 주체를 높일 때 서술어에 선어말어미 '-시-'를 사용함과 아울러 주격조사 '이/가' 대신에 '께서'를 쓰면 존대가 극대화되는 효과를 나타낸다.

11 다음 문장 중 높임과 낮춤의 호응관계가 옳게 쓰인 것은?

① 댁에 정원사가 계시죠?
② 호철아, 선생님께서 오시랜다.
③ 내가 짐을 들어다 드리겠습니다.
④ 아버지, 둘째 형이 오늘 서울에 도착한대요.

해설 ④ 화자보다 주체(둘째 형)가 높다고 하더라도 청자(아버지)가 주체보다 높기 때문에 주체를 높일 수 없는 '압존법'에 해당한다.

오답 ① 계시죠? → 있으시죠? : 주체 간접높임
② 오시랜다 → 오라신다 : '오시랜다'는 호철이를 높이는 말이다. 오라고 한 주체인 선생님을 높여야 하므로 높임 선어말어미 '-시'를 '하다'에 넣어 '오라 하신다'의 형태로 바꾸어야 한다.
③ 내가 → 제가 : 윗사람에게 1인칭 주체를 높일 수는 없다.

12 밑줄 친 부분에 해당하는 것은?

> 한국어의 경어법은 용언의 활용에서 그 모습이 가장 체계적으로 드러난다. 주체 경어법은 문장의 서술어인 용언에 '- 시 -'를 넣음으로써 이루어진다. 다만 높임의 어휘가 따로 있는 경우에는 그것을 써야 한다.

① 우리 모두 함께 노력합시다.   ② 선생님께서 가방을 들고 가셨다.
③ 할아버지, 어느 쪽 이가 아프세요?   ④ 할머니께서 아까부터 낮잠을 주무신다.

해설 ④ '자다'의 높임 어휘인 '주무시다'는 주체 높임 특수어휘에 해당된다.
오답 ① 노력하- + -ㅂ- + -시- + -다
② 가- + -시- + -었- + -다
③ 아프- + -시- + -어요

정답   10 ①   11 ④   12 ④

13 밑줄 친 부분의 높임 양상이 나머지 셋과 다른 것은?

① 그분을 찾아뵙고 인사를 <u>드렸다</u>.
② 종업원이 귀빈을 호텔 2층 접견실로 <u>모셨다</u>.
③ 아버지는 김치를 안주로 하여 막걸리를 <u>드셨다</u>.
④ 그는 공손하게 선생님의 존함을 <u>여쭈었다</u>.

> **해설** 주어를 높이면 주체 높임법, 목적어나 부사어를 높이면 객체 높임법, 청자를 높이면 상대 높임법이다.
> ③ 주체인 '아버지'를 높이는 '주체 높임법'
>
> **오답** ① 객체인 '그분'을 높이는 '객체 높임법'
> ② 객체인 '귀빈'을 높이는 '객체 높임법'
> ④ 객체인 '선생님'을 높이는 '객체 높임법'

14 다음 밑줄 친 부분의 높임법에 해당하는 것은?

> 며느리가 시부모를 <u>모시고</u> 산다.

① 객체 높임법　　　　　　　② 상대 높임법
③ 화자 높임법　　　　　　　④ 주체 높임법

> **해설** 객체 높임은 목적어나 부사어를 높이는 높임법이다. 예문에서 '모시고'는 목적어인 '시부모'를 높이
> 므로 객체 높임에 해당한다.
>
> **오답** ② 상대 높임은 청자를 높이는 높임법이다.
> ④ 주체 높임은 주어를 높이는 높임법이다.

15 높임 표현에 대한 설명으로 가장 적절한 것은?

① "제 말씀 좀 들어 보세요."에서의 '말씀'은 '말'을 높여 이르는 단어이므로 '말'로 바꾸는 것이 바람직하다.
② "혜정아, 할아버지께서는 생전에 당신의 장서를 진짜 소중히 여기셨어."에서의 '당신'은 3인칭 '자기'를 아주 높여 이르는 말이다.
③ 남에게 말할 때는 자기와 관계된 부분을 낮추어 '저희 학과', '저희 학교', '저희 회사', '저희 나라' 등과 같이 표현해야 한다.
④ 요즈음 흔히 들을 수 있는 "그건 만 원이세요.", "품절이십니다."에서의 '−세요', '−십니다'는 객체를 높이는 새로운 표현 방식이다.

> **정답** 13 ③　14 ①　15 ②

해설 ② 본디 '당신'은 2인칭 대명사이지만, 3인칭 높임명사(할아버지)인 주어가 반복될 때 쓰는 '당신'은 3인칭 '자기'를 아주 높여 이르는 말이다. 이를 주어의 재귀화라 한다.

오답 ① "제 말씀"에서 '말씀'은 '말'을 높여 이르는 단어가 아니라 자기의 말을 낮추어 이르는 말이므로 '말'로 바꾸어 쓰면 어법에 어긋난다. '말씀'이 옳은 말이다.

③ '저희'는 '우리'의 낮춤말이므로 남에게 말할 때는 자기와 관계된 부분을 낮추어 '저희 학과', '저희 학교', '저희 회사' 등으로 쓰는 것은 어법에 맞지만 '나라'는 절대적 대상이어서 낮출 수 없으므로 '저희 나라'는 '우리나라'로 표현해야 한다.

④ 객체인 '만 원' 또는 '특정 상품'을 높이는 것은 객체를 높이는 새로운 표현 방식이 아니라 어법에 어긋나는 부적절한 표현이다. 높일 필요가 없는 대상을 과도하게 높이면 오히려 어색한 느낌을 주므로 "만 원입니다.", "품절입니다."로 표현해야 한다.

16 다음 중 비격식체 문장으로 옳은 것은?

① 사모님께서는 여전히 아름다우십니다.   ② 그동안 고생 많이 하셨겠어요.

③ 어서 빨리 집으로 돌아가시오.   ④ 나에게 수건 좀 가져다주게.

해설 * '비격식체'란 친근감이 드는 주관적인 표현으로 '두루낮춤'의 '해'체와 '두루높임'의 '해요'체가 있다.

② 하셨겠어요 : '-어요'[비격식체]. 평서문의 두루높임 '해요'체

오답 ① 아름다우십니다 : '-ㅂ니다'[격식체]. 평서문의 아주높임 '하십시오'체

③ 돌아가시오 : '-시오'[격식체]. 명령문의 예사높임 '하오'체

④ 가져다주게 : '-게'[격식체]. 명령문의 예사낮춤 '하게'체

17 높임법의 쓰임이 적절한 것은?

① 고객님이 주문하신 커피 나오셨습니다.

② 할아버지께서 네 방으로 오라고 하셨어.

③ 지금부터 사장님의 말씀이 계시겠습니다.

④ 어머니께서 제게 시간을 여쭈어 보셨어요.

해설 ② '오다'의 주체는 '너'이고, '하다'의 주체는 '할아버지'이므로 주체높임 선어말어미 '-시-'는 '하다'에 넣어야 한다. '오다'에 '-시-'를 넣으면 '너'를 높이는 경우가 되므로 틀린 표현이 된다.

오답 ① 주체 간접높임이라 하더라도 '상품'이나 '가격'을 높이는 것은 잘못이다.
   → 고객님이 주문하신 커피 나왔습니다.

② 주체 간접 높임의 오류이다. '계시다'는 직접 높임에, '있으시다'는 간접 높임에 사용한다.
   → 지금부터 사장님의 말씀이 있으시겠습니다.

④ '여쭙다'는 '묻다'의 높임말로 객체높임(부사어나 목적어의 대상)에 사용한다. 그런데 객체는 '제'이고 주체는 '어머니'이기 때문에 객체높임이 아닌 주체높임을 사용해야 한다.
   → 어머니께서 제게 시간을 물어 보셨어요.

정답   16 ②   17 ②

올바른 국어 사용

01 어휘(고유어, 한자어)

1. 어휘의 체계

(1) **고유어와 한자어** : 국어에서 고유어와 한자어를 합하면 전체 어휘의 84.4%를 차지한다.

① **고유어** : 예로부터 사용한 우리말로, 사전에 등재된 전체 어휘 가운데 25.9%를 차지한다. 고유어는 우리 민족 특유의 문화나 정서를 표현하며 정서적 감수성을 풍요롭게 한다.

② **한자어** : 중국의 한자를 기반으로 만들어진 단어들로 사전에 등재된 전체 어휘의 58.5%를 차지한다.

③ **고유어와 한자어의 대응 관계** : 한 개의 고유어와 둘 이상의 한자어들이 폭넓은 대응 관계를 형성하는 것이 일반적이다.

(2) **외래어** : 외래어는 크게 귀화어와 차용어로 나뉜다.

① **귀화어** : 차용된 뒤에 오랫동안 쓰임에 따라 고유어처럼 인식되는 외래어

  ㉠ 한자어에서 온 말 : 붓(筆), 먹(墨), 종이(紙), 배추(白菜), 고추(苦草), 짐승(衆生), 구역질(嘔逆-), 고약(怪惡), 마냥(每常), 김치(沈菜), 썰매(雪馬), 가방(來板), 빈대떡(餠者-) 등

  ㉡ 몽골어에서 온 말 : 가라말(黑馬), 구렁말(밤색 말), 보라매, 송골매(매의 일종), 수라(御飯, 임금이 먹는 밥) 등

  ㉢ 만주어·여진어에서 온 말 : 호미, 수수, 메주, 가위, 두만(豆萬, 투먼) 등

  ㉣ 범어에서 온 말 : 부처[佛陀], 열반(涅槃), 찰나(刹那), 미륵(彌勒), 중 등

  ㉤ 일본어에서 온 말 : 고구마(→ 고코이모), 구두, 냄비 등

  ㉥ 네덜란드에서 온 말 : 남포(lamp)

  ㉦ 프랑스에서 온 말 : 고무(gomme)

  ㉧ 포루투갈에서 온 말 : 담배(tobacco), 빵 등

② **차용어** : 아직 고유어처럼 인식되지 않고 외국어 의식이 조금 남아 있는 외래어

  예 타이어, 다다미, 오뎅, 밀크, 아편, 덴뿌라 등

(3) **단어들의 의미 관계**

① **동의관계(異音同意)** : 서로 소리는 다르나 의미가 같은 단어들이 이루는 관계

  예 책방 : 서점, 속옷 : 내의, 죽다 : 숨지다 : 사망하다

② **이의관계(同音異義)** : 서로 소리는 같으나 의미가 다른 단어들의 관계

  예 배[腹] : 배[船] : 배[梨]

③ 유의관계(類義語) : 소리는 다르나 의미는 비슷한 단어들의 관계
   예 꼬리 : 꽁지, 밥 : 맘마
④ 반의관계 : 서로 반대되는 의미를 가진 한 쌍의 단어들의 관계. 공통되는 의미 요소가 있으면서 오직 한 개의 요소만 상반되어야 한다.
   예 남자 : 여자, 오다 : 가다
⑤ 하의관계 : 서로 의미가 포함되거나 포함하는 관계
   예 꽃(상의어) → 무궁화, 국화, 장미(하의어)

2. 고유어(순우리말)

가멸다	재산이나 자원 따위가 넉넉하고 많다.
가뭇없다	보이던 것이 전혀 보이지 않아 찾을 곳이 감감하다. 눈에 띄지 않게 감쪽같다.
가탈	일이 순조롭게 나아가는 것을 방해하는 조건. 이리저리 트집을 잡아 까다롭게 구는 일
갈마들다	서로 번갈아들다.
갈무리	물건 따위를 잘 정리하거나 간수함. 일을 처리하여 마무리하다.
갈음하다	다른 것으로 바꾸어 대신하다.
감바리	잇속을 노리고 약삭빠르게 달라붙는 사람
감사납다	생김새나 성질이 억세고 사납다. 논밭 따위가 일하기 힘들게 험하고 거칠다.
강동거리다	조금 짧은 다리로 계속해서 가볍게 뛰다. 침착하지 못하고 채신없이 가볍게 행동하다.
갖바치	예전에, 가죽신을 만드는 일을 직업으로 하던 사람
고깝다	섭섭하고 야속하여 마음이 언짢다.
고갱이	풀이나 나무의 줄기 한가운데에 있는 연한 심. 사물의 중심이 되는 부분을 비유적으로 이르는 말
고샅	시골 마을의 좁은 골목길 또는 골목 사이. 좁은 골짜기의 사이
고즈넉하다	고요하고 아늑하다. 말없이 다소곳하거나 잠잠하다.
곰살궂다	태도나 성질이 부드럽고 친절하다. 꼼꼼하고 자세하다.
괴발개발	고양이의 발과 개의 발이라는 뜻으로, 글씨를 되는대로 아무렇게나 써 놓은 모양을 이르는 말
깜냥	스스로 일을 헤아림. 또는 헤아릴 수 있는 능력

너스레	수다스럽게 떠벌려 늘어놓는 말이나 짓
넉살	부끄러운 기색이 없이 비위 좋게 구는 짓이나 성미
느껍다	어떤 느낌이 마음에 북받쳐서 벅차다.
늦깎이	남보다 늦게 사리를 깨치는 일 또는 그런 사람

다붓하다	매우 가깝게 붙어 있다.
더기	고원의 평평한 땅
된서리	늦가을에 아주 되게 내리는 서리. 모진 재앙이나 타격을 비유적으로 이르는 말
두남두다	잘못을 두둔하다. 애착을 가지고 돌보다.
두벌잠	한 번 들었던 잠이 깨었다가 다시 드는 잠
둔덕	가운데가 솟아서 불룩하게 언덕이 진 곳
들머리	들어가는 맨 첫머리
따따부따	딱딱한 말씨로 따지고 다투는 소리 또는 그 모양

마뜩하다	제법 마음에 들 만하다.
마수걸이	맨 처음으로 물건을 파는 일 또는 거기서 얻은 소득
만무방	염치가 없이 막된 사람. 아무렇게나 생긴 사람
머츰하다	계속해서 내리던 눈이나 비 따위가 잠시 잦아들어 멎는 듯하다.
몰강스럽다	인정이 없이 억세며 성질이 악착같고 모질다.
무서리	늦가을에 처음 내리는 묽은 서리
미쁘다	믿음성이 있다.
미투리	삼이나 노 따위로 짚신처럼 삼은 신

버르집다	파서 헤치거나 크게 벌려 놓다. 숨겨진 일을 밖으로 들추어내다.
버성기다	벌어져서 틈이 있다. 두 사람의 사이가 탐탁하지 아니하다.
변죽을 울리다	바로 집어 말을 하지 않고 둘러서 말을 하다.
북새	많은 사람이 야단스럽게 부산을 떨며 법석이는 일

사북	가장 중요한 부분을 비유적으로 이르는 말
사분사분하다	성질이나 마음씨 따위가 부드럽고 너그럽다.
사위스럽다	마음에 불길한 느낌이 들고 꺼림칙하다.
삭정이	살아 있는 나무에 붙어 있는, 말라 죽은 가지
살갑다	집이나 세간 따위가 겉으로 보기보다는 속이 너르다. 마음씨가 부드럽고 상냥하다.
성기다	물건의 사이가 뜨다.
손방	아주 할 줄 모르는 솜씨
시나브로	모르는 사이에 조금씩 조금씩

안갚음	까마귀 새끼가 자라서 늙은 어미에게 먹이를 물어다 주는 일. 자식이 커서 부모를 봉양하는 일
애오라지	'겨우'를 강조하여 이르는 말
에두르다	에워서 둘러막다. 바로 말하지 않고 짐작하여 알아듣도록 둘러대다.
오달지다	마음에 흡족하게 흐뭇하다.
오지랖 넓다	쓸데없이 지나치게 아무 일에나 참견하는 면이 있다. 염치없이 행동하는 면이 있다.
용트림	거드름을 피우며 일부러 크게 힘을 들여 하는 트림
우세스럽다	남에게 비웃음을 받을만하다(= 남우세스럽다).
을씨년스럽다	보기에 날씨나 분위기 따위가 몹시 스산하고 쓸쓸한 데가 있다. 보기에 살림이 매우 가난한 데가 있다.
이슥하다	밤이 꽤 깊다. 지난 시간이 얼마간 오래다.
이지러지다	한쪽 귀퉁이가 떨어져 없어지다. 달 따위가 한쪽이 차지 않다.

짐짓	마음으로는 그렇지 않으나 일부러 그렇게
짜장	과연 정말로
짬짜미	남모르게 자기들끼리만 짜고 하는 약속이나 수작

책상물림	책상 앞에 앉아 글공부만 하여 세상일을 잘 모르는 사람을 낮잡아 이르는 말
책씻이	글방 따위에서 학생이 책 한 권을 다 읽어 떼거나 다 베껴 쓰고 난 뒤에 선생과 동료들에게 한턱내는 일
치레	잘 손질하여 모양을 냄. 무슨 일에 실속 이상으로 꾸미어 드러내다.

튼실하다	튼튼하고 실하다.
티격나다	서로 뜻이 맞지 아니하여 사이가 벌어지다.

푼더분하다	생김새가 두툼하고 탐스럽다. 여유가 있고 넉넉하다. 사람의 성품 따위가 옹졸하지 아니하고 활달하다.
푼푼하다	모자람이 없이 넉넉하다. 옹졸하지 아니하고 시원스러우며 너그럽다.

하릴없이	달리 어떻게 할 도리가 없이. 조금도 틀림이 없이
함초롬하다	젖거나 서려 있는 모습이 가지런하고 차분하다.
허방다리	짐승 따위를 잡기 위하여 땅바닥에 구덩이를 파고 그 위에 약한 너스레를 쳐서 위장한 구덩이
후미지다	물가나 산길이 휘어서 굽어 들어간 곳이 매우 깊다. 아주 구석지고 으슥하다.
희나리	채 마르지 아니한 장작

3. 한자어

(1) 동의어 관계

- 가능성(可能性) – 개연성(蓋然性)
- 가련(可憐) – 비련(悲戀)
- 간헐(間歇) – 산발(散發)
- 격언(格言) – 금언(金言)
- 견지(堅持) – 고수(固守)
- 곤궁(困窮) – 궁핍(窮乏)
- 구천(九泉) – 황천(黃泉)
- 극명(克明) – 천명(闡明)
- 수유(須臾) – 찰나(刹那) · 순간(瞬間)
- 시사(示唆) – 암시(暗示)
- 알력(軋轢) – 불화(不和)
- 연혁(沿革) – 변천(變遷)
- 옹졸(壅拙) – 치졸(稚拙)
- 의중(意中) – 심중(心中)
- 인멸(湮滅) – 오유(烏有)
- 정수(精髓) – 정화(精華) · 진수(眞髓)

• 금수(禽獸) - 조수(鳥獸)	• 질박(質朴) - 소박(素朴) · 순박(淳朴)
• 긍휼(矜恤) - 연민(憐憫)	• 천단(擅斷) - 독단(獨斷) · 전단(專斷)
• 기만(欺瞞) - 기망(欺罔)	• 청렴(清廉) - 염결(廉潔)
• 기원(起源) - 남상(濫觴)	• 축록(逐鹿) - 각축(角逐)
• 납득(納得) - 수긍(首肯)	• 치밀(緻密) - 엄밀(嚴密)
• 냉담(冷淡) - 박정(薄情)	• 태두(泰斗) - 대가(大家)
• 냉소(冷笑) - 조소(嘲笑)	• 홍진(紅塵) - 풍진(風塵) · 진세(塵世) ·
• 미증유(未曾有) - 파천황(破天荒)	사바(娑婆) · 인간(人間) · 하계(下界)
• 색독(色讀) - 통독(通讀)	• 환심(歡心) - 환정(歡情)

(2) 반의어 관계

• 거부(拒否) ↔ 용납(容納)	• 실제(實際) ↔ 가공(架空)
• 검소(儉素) ↔ 사치(奢侈)	• 압승(壓勝) ↔ 참패(慘敗)
• 공산주의(共産主義) ↔ 자본주의(資本主義)	• 영전(榮轉) ↔ 좌천(左遷)
• 구체적(具體的) ↔ 추상적(抽象的)	• 우연(偶然) ↔ 필연(必然)
• 긴축(緊縮) ↔ 완화(緩和)	• 이성(理性) ↔ 감정(感情)
• 낙천적(樂天的) ↔ 염세적(厭世的)	• 종단(縱斷) ↔ 횡단(橫斷)
• 내포(內包) ↔ 외연(外延)	• 중후(重厚) ↔ 경박(輕薄)
• 눌변(訥辯) ↔ 능변(能辯)	• 진부(陳腐) ↔ 참신(斬新)
• 당번(當番) ↔ 비번(非番)	• 타결(妥結) ↔ 결렬(決裂)
• 모욕(侮辱) ↔ 영예(榮譽)	• 퇴영적(退嬰的) ↔ 진취적(進取的)
• 반박(反駁) ↔ 공명(共鳴)	• 후대(厚待) ↔ 박대(薄待)
• 생략(省略) ↔ 부연(敷衍)	• 희박(稀薄) ↔ 농후(濃厚)

(3) 주요 고사성어

苛斂誅求(가렴주구)	가혹하게 세금을 거두거나 백성의 재물을 억지로 빼앗다.
刻舟求劍(각주구검)	칼을 강물에 떨어뜨리자 뱃전에 표시했다가 나중에 그 칼을 찾으려 한다는 뜻으로, 세상일에 어둡고 어리석다는 뜻
格物致知(격물치지)	사물의 이치를 연구하여 후천적 지식을 명확히 하다.
牽強附會(견강부회)	말을 억지로 끌어다가 이치에 맞추어 대다.
見蚊拔劍(견문발검)	모기 보고 칼 빼기라는 뜻으로 작은 일에 너무 거창하게 덤빈다는 말
見危致命(견위치명)	나라의 위태로움을 보고 목숨을 버리다.
結者解之(결자해지)	묶은 사람이 매듭을 푼다는 뜻으로 처음 일을 시작한 사람이 끝을 맺어야 함을 이르는 말
孤軍奮鬪(고군분투)	도움이 없는 외로운 군대가 힘에 벅찬 적군과 맞서 온힘을 다해 싸우다.
孤立無援(고립무원)	고립되어 도움을 받을 데가 없다.

姑息之計(고식지계)	근본적인 계책이 아닌 임시방편적인 계책 ≒ 彌縫策(미봉책), 凍足放尿(동족방뇨), 下石上臺(하석상대), 彌縫之策(미봉지책)
孤掌難鳴(고장난명)	혼자서는 일을 할 수 없거나, 상대 없이는 싸움이 일어나지 않음을 이르는 말
刮目相對(괄목상대)	다른 사람의 학식이나 업적이 크게 진보한 것을 이르는 말
矯角殺牛(교각살우)	뿔을 바로잡기 위하여 애쓰다 결국 소를 죽인다는 뜻으로, 작은 일에 몰두하다 큰일을 망친다는 의미(방법이 잘못되어 일을 그르침) ≒ 矯枉過直(교왕과직), 過猶不及(과유불급)
九折羊腸(구절양장)	아홉 번 꼬부라진 양의 창자라는 뜻으로 산 길 따위가 몹시 험하게 꼬불꼬불함을 일컫는 말
金科玉條(금과옥조)	금이나 옥처럼 귀중히 여겨 꼭 지켜야 할 법칙이나 규정
錦衣夜行(금의야행)	비단옷 입고 밤길 걷는다는 뜻으로 아무 보람이 없는 행동을 자랑스레 함을 이르는 말
囊中之錐(낭중지추)	주머니 속에 있는 송곳이란 뜻으로, 재능이 아주 빼어난 사람은 숨어 있어도 저절로 남의 눈에 드러난다는 말
論功行賞(논공행상)	공(功)이 있고 없음이나 크고 작음을 따져 거기에 알맞은 상을 주다.
累卵之危(누란지위)	포개어 놓은 알처럼 위태로운 상태라는 뜻으로, 몹시 아슬아슬한 위기 또는 몹시 위태로운 형세를 이르는 말
能小能大(능소능대)	작은 일에도 능하고 큰일에도 능하다는 말로, 모든 일에 두루 능함을 이르는 말
簞食瓢飮(단사표음)	대그릇 도시락밥과 표주박의 물이란 뜻으로, 소박한 생활의 비유
登高自卑(등고자비)	높은 곳에 오르려면 낮은 곳에서부터 올라야 한다는 말로 일을 하는 데에는 반드시 차례를 지켜야 한다는 뜻(천릿길도 한 걸음부터). 지위가 높을수록 스스로를 낮춘다는 뜻도 포함하고 있다.
晩時之歎(만시지탄)	시기에 늦어 기회를 놓쳤음을 안타까워하는 탄식
亡羊之歎(망양지탄)	달아난 양을 찾다가 길이 여러 갈래로 갈려 마침내 양을 잃었다는 고사에서 생긴 말로, 학문의 길이 다방면이어서 진리를 깨치기 어려움을 이르는 말
望雲之情(망운지정)	자식이 타향에서 부모를 그리워하는 정
麥秀之嘆(맥수지탄)	옛 궁궐터는 보리만이 무성하다는 말에서 조국이 멸망한 것을 한탄함을 이르는 말
目不識丁(목불식정)	낫 놓고 기역자도 모른다는 뜻으로 아주 까막눈임을 이르는 말
聞一知十(문일지십)	총명하고 영특함
四面楚歌(사면초가)	사방이 적으로 둘러싸여 아무에게도 도움을 받지 못하는 상태
事必歸正(사필귀정)	모든 잘잘못은 반드시 바른 길로 돌아온다.

桑田碧海(상전벽해)	푸른 바다가 변해서 뽕나무 밭이 되었다는 뜻으로 세상일의 변화가 심함을 뜻할 때 사용하는 말, 즉 오랜 세월을 뜻한다.
雪上加霜(설상가상)	눈 위에 서리가 덮인다는 뜻으로 난처한 일이나 불행한 일이 잇따라 일어남을 이르는 말
塞翁之馬(새옹지마)	변방에 사는 노인이 기르는 말에서 유래된 성어로 인생의 길흉화복을 예측할 수 없음을 일컫는 말 ≒ 轉禍爲福(전화위복)
小貪大失(소탐대실)	작은 것에 눈이 어두워 큰 것을 잃는다는 의미
首丘初心(수구초심)	여우가 죽을 때 머리를 자기가 살던 굴로 향한다는 뜻으로, 고향을 그리워하는 마음을 이르는 말
守株待兎(수주대토)	어리석고 미련하여 판단력이 없음을 비유하여 이르는 말 ≒ 刻舟求劍(각주구검)
尸位素餐(시위소찬)	직책을 다하지 못하면서 한갓 자리를 차지하고 녹(祿)만 받아먹는 것을 이르는 말
梁上君子(양상군자)	대들보 위에 있는 군자라는 뜻으로 도둑을 미화하여 점잖게 부르는 말
語不成說(어불성설)	말이 하나의 일관된 논의로 되지 못하고, 이치에 맞지 않음을 이르는 말
易地思之(역지사지)	입장을 바꾸어서 생각해 본다.
緣木求魚(연목구어)	나무 위에서 물고기를 구한다는 말로 도저히 불가능한 것을 굳이 하려 함을 뜻하는 말
烏飛梨落(오비이락)	까마귀 날자 배 떨어진다는 뜻으로, 아무 관계도 없이 한 일이 공교롭게 다른 일과 때가 일치해 혐의를 받게 됨을 이르는 말
溫故知新(온고지신)	옛 것을 익히고 그것을 미루어서 새것을 알다.
自家撞着(자가당착)	한 사람의 말이나 행동이 앞뒤가 서로 맞지 않고 모순이 되다.
自繩自縛(자승자박)	제 줄로 제 몸을 옭아 묶는다는 뜻으로, 자신이 한 말과 행동으로 말미암아 자신이 구속되어 괴로움을 당하게 됨을 이르는 말
自業自得(자업자득)	자기가 저지른 일의 결과를 스스로가 돌려받다.
切磋琢磨(절차탁마)	옥·돌 따위를 갈고 닦아 빛을 낸다는 뜻으로 학문이나 덕행 등을 배우고 닦음을 이르는 말
切齒腐心(절치부심)	이를 갈고 마음을 썩인다는 뜻으로, 대단히 분하게 여기고 마음을 썩임, 원수를 갚기 위해 또는 일의 성공을 위하여 노력함을 비유한 말 ≒ 臥薪嘗膽(와신상담)
朝變夕改(조변석개)	아침, 저녁으로 뜯어고친다는 의미로, 계획이나 결정 따위를 자주 바꾸는 것
朝三暮四(조삼모사)	간사한 꾀로 남을 속여 희롱함을 이르는 말
走馬看山(주마간산)	말을 타고 달리며 산천을 구경한다는 뜻으로 자세히 살피지 아니하고 대충대충 보고 지나감을 이르는 말

泉石膏肓(천석고황)	산수를 사랑함이 지극하여, 마치 불치의 병이 걸린 것같이 되었음을 이르는 말 ≒ 煙霞痼疾(연하고질)
天衣無縫(천의무봉)	(천사의 옷은 솔기가 없다는 뜻으로) 시가나 문장 따위가 꾸밈이 없이 퍽 자연스러움을 이르는 말. 사물이 완전무결함을 이르는 말
千載一遇(천재일우)	좀처럼 얻기 어려운 기회
風樹之嘆(풍수지탄)	나무는 조용히 있고 싶어도 바람이 멎지 않으니 뜻대로 되지 않는다는 말로 효도를 다하지 못한 채 부모를 잃은 자식의 슬픔을 이르는 말
表裏不同(표리부동)	겉으로 드러나는 언행과 속으로 가지는 생각이 다르다.
汗牛充棟(한우충동)	수레에 실어 운반하면 소가 땀을 흘리고, 쌓으면 들보에 닿을 정도로 책이 많이 있다는 뜻으로, 장서가 많음을 이르는 말
狐假虎威(호가호위)	여우가 호랑이의 위세를 빌려 호기를 부린다는 뜻으로, 남의 세력을 빌려 위세를 부린다는 의미
昏定晨省(혼정신성)	저녁에는 잠자리를 보아 드리고, 아침에는 문안을 드린다는 뜻으로, 자식이 아침저녁으로 부모의 안부를 물어서 살핌을 이르는 말
花容月態(화용월태)	꽃다운 얼굴과 달 같은 자태라는 뜻으로 미인의 모습을 형용하여 이르는 말

02 관용표현

◢ 1 관용표현의 의의

오랜 시간을 거쳐서 한 문장 안에서 두 개 이상의 단어가 결합하여 특수한 의미를 만드는 경우가 있는데 이러한 표현을 관용적 표현이라고 한다. 보통은 속담이 이에 속하나 한자성어, 격언, 은어, 방언도 이에 포함되기도 한다. 특히 우리나라의 경우에는 신체와 연관된 관용적 표현이 많다.

◢ 2 관용표현의 유형

1. '눈'을 사용한 관용적 표현
   ① 눈에 불이 나다 : 몹시 화가 나거나, 몹시 밉다.
   ② 눈에 설다 : 처음 보는 것 같이 익숙하지 않다.
   ③ 눈에 거슬리다 : 마음에 차지 않아 불쾌하다.
   ④ 눈 밖에 나다 : 신임을 얻지 못하고 미움받다.

2. '손'을 사용한 관용적 표현

   ① 손이 싸다 : 일처리가 몹시 빠르다. 손으로 다루는 품이 재빠르다.

   ② 손이 맵다 : 일하는 솜씨가 야무지다. 살짝 때려도 몹시 아프다.

   ③ 손이 크다 : 푸짐하고 푼푼하다. 씀씀이가 크다.

3. '입'을 사용한 관용적 표현

   ① 입 안의 혀 같다 : 무슨 일이든 순종하여 재빠르게 처리하다.

   ② 입에 거미줄 치다 : 먹을 것이 없어 거의 굶고 있다.

   ③ 입에 발린 소리 : 마음에 없으면서 형식적으로 하는 말

4. '코'를 사용한 관용적 표현

   ① 코가 납작해지다 : 무안을 당해 기가 꺾이다.

   ② 코가 빠지다 : 근심에 싸여 맥이 빠져 있다.

   ③ 코가 땅에 닿다 : 머리를 깊이 숙이다.

   ④ 코가 높다 : 남 앞에서 잘난 체하는 기세가 있다.

5. '발'을 사용한 관용적 표현

   ① 발을 끊다 : 서로 오가지 않거나 관계를 끊다.

   ② 발이 넓다 : 많은 사람들과 알고 지내다.

   ③ 발 벗고 나서다 : 어떤 일에 적극적으로 나서다.

   ④ 도둑이 제 발 저리다 : 양심의 가책 따위로 스스로 마음이 캥기다.

6. '귀'를 사용한 관용적 표현

   ① 귀가 솔깃하다 : 듣기에 그럴 듯하여 마음이 쏠리다.

   ② 귀가 열리다 : 세상 물정을 알게 되다.

   ③ 귀 밖으로 듣다 : 듣는 체할 뿐 건성으로 듣고 있다.

   ④ 귀에 못이 박히다 : 자주 들어서 듣기 싫을 정도가 되다.

7. 그 밖의 예

   ① 코 묻은 돈 : 코흘리개들이 가진 얼마 안 되는 돈을 이르는 말

   ② 눈 가리고 아웅한다 : 얕은 수단으로 남을 속이려고 한다.

   ③ 같은 값이면 다홍치마 : 값이 같거나 같은 노력을 한다면 품질이 더 좋은 것을 택한다.

   ④ 개구리 낯짝에 물 붓기 : 개구리에게 물을 퍼부어도 놀라지 않듯이 당황하지 않는 경우를 말한다.

   ⑤ 고양이가 쥐 생각한다 : 당치도 않게 남을 위해 생각해 주는 척한다.

   ⑥ 냉수 마시고 이 쑤신다 : 실속은 없으면서 겉으로는 있는 체한다.

   ⑦ 등잔 밑이 어둡다 : 잘 알고 있을 법한 가까운 일을 모르고 있다.

   ⑧ 호박씨 까다 : 무슨 일을 하고도 안 그런 척하고 내숭을 떤다.

03 조사, 어미

1 조사

(1) 격조사

한 문장에서 선행하는 체언으로 하여금 일정한 자격을 갖도록 해주는 조사이다. 체언의 문장성분을 표시한다.

① 주격 조사 : 이/가, 께서, 에서, 이서

② 서술격 조사 : -(이)다

　ⓐ 동사나 형용사는 단독으로 서술어가 되지만 '-(이)다'는 앞에 오는 체언에 의존한다는 점에서 조사의 성격을 지니며, 활용한다는 점에서 용언의 속성을 지닌다.

　ⓑ '아니다'는 형용사이다.

③ 목적격 조사 : 을/를

④ 보격 조사 : 이/가('되다, 아니다'의 지배를 받음)

⑤ 관형격 조사 : 의

　ⓐ 소유 – 피소유의 관계 예 시민의 권리

　ⓑ 주어 – 술어의 관계 예 나의 합격

　ⓒ 목적어 – 술어의 관계 예 평화의 파괴

　ⓓ 대등관계('-라는'의 뜻으로) 예 납세의 의무

　ⓔ 저작('-가 지은'의 뜻으로) 예 김소월의 작품

⑥ 부사격 조사 : 에, 에서, 에게, 한테서, (으)로, 하고, 와

　ⓐ 처소 : 에, 에서

　ⓑ 시간(때) : 에

　ⓒ 지향, 낙착 : 에(게), 한테, 으로

　ⓓ 출발점 : 에서, 에게서, 한테서, (로)부터

　ⓔ 지향점(방향) : (으)로, 에게로, 한테로, 에

　ⓕ 도구 : (으)로, (으)로써

　ⓖ 자격 : (으)로, (으)로서

　ⓗ 원인 : 에, (으)로

　ⓘ 비교 : 과/와, 처럼, 만큼, 보다, 하고

　ⓙ 동반 : 과/와, 하고

　ⓚ 인용 : (라)고

　　◆ '와/과'의 쓰임

　　두 개 이상의 문장으로 바꾸어 쓸 수 있으면(겹문장이면) 접속조사이며, 바꾸어 쓸 수 없으면(홑문장이면) 부사격 조사

　　　예 나는 국어와 수학을 잘한다. → 나는 국어를 잘한다. 나는 수학을 잘한다(접속조사).

　　　　나는 철수와 비슷하다. → 나는 비슷하다. 철수는 비슷하다(부사격 조사).

⑦ 호격 조사 : 아/야, (이)시여, (이)여

(2) 접속조사

① 단어나 조사를 같은 자격으로 이어주는 기능을 하는 조사이다.

② 와/과, 하고, (에)다, (이)며, (이)랑, (이)나

(3) 보조사

① 선행하는 체언에 어떤 특별한 뜻(일정한 의미)을 더해주는 조사이다.

② 말하는 이의 어떤 생각이 전제되어 있을 때 쓴다.

③ 말의 표현을 더 섬세히 하는 데 도움이 되는 조사이다.

　　㉠ '요' : 높임 **예** 단풍이 들었어요.

　　㉡ '마는' : 이어지는 말의 뜻을 뒤집음 **예** 노력을 했지마는 실패했다.

　　㉢ '그려, 그래' : 감탄 **예** 단풍이 들었구면그려.

　　㉣ 도, 까지, 마저, 조차, 서껀('~이랑 함께'라는 뜻의 보조사)

　　㉤ 은/는(대조, 강조, 화제), 만(한정), 뿐(단독), 이나(선택, 비교, 조건) 등

◢ 2 어미

1. 어미의 개념과 종류

(1) 어미의 개념

용언의 어간에 다양한 어미가 붙어서 문법적 기능을 바꾸는 것을 용언의 활용이라 하는데, 용언이 활용할 때 변하지 않는 부분이 어간이고 변하는 부분은 어미이다.

(2) 어미의 종류

① 선어말어미 : 어말어미의 앞에 들어가는 어미

　　예 -었, -겠, -시

② 어말어미

　　㉠ 종결어미 : 문장을 끝맺는 기능을 하는 어미

　　　　예 평서형 : -다, 의문형 : -냐, -니, 명령형 : -어라, 청유형 : -자, 감탄형 : -구나

　　㉡ 연결어미 : 단어나 문장을 연결해 주는 기능을 하는 어미

　　　　예 대등적 연결어미 : -고, -며

　　　　　종속적 연결어미 : -니, -어서, -게

　　　　　보조적 연결어미 : -아, -게, -지, -고

③ 전성어미 : 용언의 서술 기능을 또 다른 기능으로 바꾸어 주는 어미

　　예 명사형 전성어미 : -기, -ㅁ, -음

　　　관형사형 전성어미 : -는, -은, -던, -을

　　　부사형 전성어미 : -게, -도록, -(아)서

2. 용언의 활용
  (1) 규칙활용
    ① 용언이 활용할 때 어간이나 어미 모두 형태의 변화가 없는 활용
      예 먹다 : 먹어, 먹고, 먹으니, 먹게 / 접다 : 접고, 접으니, 접게
    ② 용언이 활용할 때 어간의 변화가 있어도 보편적인 음운 규칙으로 설명되는 활용
      → 어간이 '-ㄹ'이나 '-으'로 끝날 경우 특정한 어미가 오면 예외 없이 탈락하므로 불규칙활용이 아닌 규칙활용으로 본다.
      예 살다 : 사니, 삽니다, 산 / 졸다 : 조니, 좁니다, 존
         끄다 : 꺼, 껐고 / 뜨다 : 떠 / 쓰다 : 써, 썼고 / 담그다 : 담가
  (2) 불규칙활용 : 용언이 활용할 때 어간이나 어미의 모습이 달라지는 활용
    ① 어간이 바뀌는 불규칙활용 : 'ㅅ, ㄷ, ㅂ, 르, 우' 불규칙활용
    ② 어미가 바뀌는 불규칙활용 : '여, 러, 너라, 오' 불규칙활용
    ③ 어간과 어미가 함께 바뀌는 불규칙활용 : 'ㅎ' 불규칙활용

3. 동사와 형용사의 식별
  ① 현재 시제 선어말어미 : '-ㄴ / -는'
    ㉠ 동사 : 결합 가능
    ㉡ 형용사 : 결합 불가능
  ② 명령형 종결어미 : '-아라 / -어라'
    ㉠ 동사 : 결합 가능
    ㉡ 형용사 : 결합 불가능
  ③ 청유형 종결어미 : '-자'
    ㉠ 동사 : 결합 가능
    ㉡ 형용사 : 결합 불가능
  ④ 현재시제 관형사형 전성어미 : '-는'
    ㉠ 동사 : 결합 가능
    ㉡ 형용사 : 결합 불가능
  ⑤ '의도'를 뜻하는 '-려'나 '목적'을 뜻하는 어미 '-러'
    ㉠ 동사 : 결합 가능
    ㉡ 형용사 : 결합 불가능

04 수식어와 피수식어

◢ 1 수식어

다른 말을 수식하는 기능을 하는 말을 의미한다(뒤에 오는 말을 수식하거나 한정하기 위해 첨가하는 문장성분을 말할 때는 수식언이라고도 한다). 수식어는 피수식어의 의미에 대해 추가적인 정보를 제공해 줄 뿐이므로 문법적으로는 수의적(遂意的)인 요소인 경우가 대부분이다. 즉, '예쁜 꽃이 피었다'에서 수식어 '예쁜'을 생략해도 여전히 문법적으로 오류가 없는 문장이다.

1. 관형어

(1) 특징

① 체언만을 수식한다.

② 문장 안에서 자리바꿈이 불가능하다.

(2) 실현

① 관형사 : 주로 체언 앞에서 그 뜻을 수식한다. 관형사는 조사와 결합할 수 없으며 형태가 변하지 않는다.

    ㉠ 성상관형사 : 체언의 성질이나 상태를 꾸며 주는 관형사

       예 새, 헌, 첫, 온갖

    ㉡ 지시관형사 : 지시성을 지닌 관형사

       예 이, 그, 저, 이런, 저런, 전(前), 후(後)

    ㉢ 수관형사 : 뒤에 오는 명사의 수량을 표시하는 관형사

       예 세, 다섯, 일곱째, 제삼

> **✎ 참고**   **수사와 수관형사의 구별**
>
> • **수사** : 체언이므로 조사와 결합이 가능하다.
>   예 <u>여섯</u>이 함께 가면 좋겠다.
> • **수 관형사** : 체언 앞에 놓여 뒤의 체언을 꾸며주나 조사가 붙지 않는다.
>   예 엄마는 <u>둘째</u> 아이를 가졌다.
> • 관형사는 겹쳐 쓸 수 있으나 일정한 순서(지시관형사 → 수관형사 → 성상관형사)를 지켜야 한다.

② 체언 + 관형격 조사 : 예 소녀는 <u>시골의</u> 풍경을 좋아한다.

③ 체언 단독(관형격 조사 생략) : 예 소녀는 <u>시골</u> 풍경을 좋아한다.

④ 용언의 관형사형 : 예 저기 <u>가는</u> 사람이 누구니?

2. 부사어

(1) 특징

① 용언을 수식하는 것이 주 기능이나 부사, 관형사, 체언 등을 수식하기도 한다.

② 문장 안에서 자리바꿈이 가능하다.

(2) 실현

① 부사 : 용언이나 문장을 수식하는 것을 본래의 기능으로 하는 단어이다. 부사는 명사, 관형사, 부사를 꾸며주기도 한다. 부사는 관형사와 마찬가지로 어미가 붙어 활용하는 일이 없다. 부사는 보조사와는 결합하지만 격조사와는 결합하지 않는다.

예 빨리는(도, 만) 한다.(○) / 빨리가(를, 에) 한다.(×)

㉠ 문장에서의 역할에 따른 분류

ⓐ 성분부사 : 문장의 한 성분을 꾸며 주는 부사로 수식 받는 성분 앞에 오는 것이 가장 자연스럽다. 예 빨리, 많이, 매우

ⓑ 문장부사 : 문장 전체를 꾸며 주는 부사

• 양태부사 : 화자의 태도를 나타내는 부사 예 다행히, 설마, 확실히, 제발

ⓒ 접속부사 : 문장을 연결해 주는 부사로 대체로 위치 이동이 자유롭지 않다. 이에 비해 문장부사는 위치 이동이 비교적 자유롭다. 예 그리고, 즉, 따라서, 그런데

㉡ 문장에서의 의미에 따른 분류

ⓐ 성상부사 : 상태나 정도를 나타내 용언을 꾸며주는 부사 예 빨리, 많이, 매우

ⓑ 지시부사 : 장소, 시간, 특정 대상을 가리키는 부사 예 이리, 저리, 그리

ⓒ 부정부사 : 용언의 내용을 부정하는 방식으로 수식 예 못, 아니(안)

ⓓ 의태부사 : 사물의 모양을 흉내내는 부사 예 쌔근쌔근, 펄럭펄럭

ⓔ 의성부사 : 사물의 소리를 흉내내는 부사 예 꿀꿀, 출렁출렁, 야옹야옹

ⓕ 접속부사 : 문장이나 단어를 이어 주는 부사 예 그리고, 그래서, 그러므로

② 체언＋부사격 조사 : 예 우리들은 오후에 여행에서 돌아왔다.

③ 부사＋보조사 : 예 무척이나 맑아 보인다.

④ 용언의 부사형 : 예 별이 아름답게 빛난다.

◢ 2 피수식어

1. 피수식어의 개념

수식어에 의하여 의미상의 한정을 받는 말

예 예쁜 꽃, 소중한 친구

2. 피수식어는 부사어와 관형어를 통해 더 구체적으로 한정적인 의미를 지니게 된다.

05 문장성분 간의 호응

1. 문장성분

(1) 문장성분의 개념

문장 안에서 일정한 문법적인 기능을 하는 구성단위이다.

(2) 문장성분의 종류

① **주성분** : 문장의 골격을 이루는 데 필수적인 성분. 서술어의 자릿수에 따라 다른 주성분이 결정되며 부속성분뿐만 아니라 주성분도 생략이 가능하다.

> 📝 너는 점심에 뭐 먹었니?/(나는) (점심에) 짬뽕(을) (먹었어)

㉠ **주어** : 문장의 주체를 나타내는 성분. 원칙적으로 체언이나 체언 구실을 하는 말에 주격 조사가 붙어서 성립된다.

> 📝 <u>산이</u> 높다. <u>할아버지께서</u> 오셨다. <u>우리 학교에서</u> 우승을 하였다.

㉡ **서술어**

ⓐ 주어의 행위, 상태, 성질 등을 설명해 주는 성분. 동사나 형용사, '체언 + 서술격 조사'에 의해서 성립된다.

> 📝 새가 <u>난다</u>. 물이 <u>깊다</u>. 영수는 <u>대학생이다</u>.

ⓑ **서술어 자릿수** : 서술어가 반드시 갖추어야 하는 문장 성분의 수 → 주어, 목적어, 보어, 필수적 부사어 중에서 꼭 필요한 문장성분의 수

㉮ 1자리 서술어 : 주어가 필요 📝 노을이 진다. 잠이 온다.

㉯ 2자리 서술어

- 주어와 목적어가 필요 📝 나는 사과를 좋아해.
- 주어와 보어가 필요 📝 얼음이 물이 된다. 나는 범인이 아니다.
- 주어와 필수적 부사어가 필요 📝 나는 너와 다르다. 성탁이가 학교에 갔다.

㉰ 3자리 서술어 : 주어・목적어・필수적 부사어가 필요

> 📝 나는 철이에게 사랑을 주었다. 김사장은 양자를 후계자로 삼았다.

㉢ **목적어** : 타동사에 의해 표현되는 행위의 대상을 나타내는 성분. 체언이나 체언 구실을 하는 말에 목적격 조사가 붙어서 성립된다.

> 📝 영수가 <u>그림을</u> 그렸다. 나는 오늘 <u>그 사람을</u> 꼭 만나야겠다.
> 그는 <u>무지개가 도저히 잡히지 않을 것임을</u> 비로소 알았다.

㉣ **보어** : 자동사 '되다'나 형용사 '아니다'가 주어 외에 필수적으로 요구하는 성분. 체언이나 체언 구실을 하는 말에 보격 조사가 붙어서 형성된다.

> 📝 네가 벌써 <u>고등학생이</u> 되었구나. 저것은 <u>고양이가</u> 아니다.

② **부속성분** : 주로 문장의 주성분을 꾸며 주는 성분. 문장의 골격을 이루는 데 필수적으로 요구되지 않는다.

        ㉠ 관형어 : 체언의 의미를 자세히 수식하는 성분. 관형사나 '체언 + 관형격 조사'에 의해 성립된다. 절이 관형어가 될 때에는 서술어가 관형사형 어미를 취한다.

           예 가을에는 <u>새</u> 옷을 사 주마. 우리는 <u>윤동주의</u> 시를 배웠다.

             <u>영수가 쓴</u> 글이 으뜸으로 뽑혔다.

        ㉡ 부사어 : 주로 용언의 의미를 한정하는 성분. 부사나 '체언 + 부사격 조사'에 의해서 성립된다. 형용사 어간에 '-게'가 붙어서 성립되기도 한다.

           예 날씨가 <u>매우</u> 차다. 아이들이 <u>마당에서</u> 뛰논다.

             낙엽이 <u>소리 없이</u> 떨어진다. 자동차가 <u>빠르게</u> 달린다.

    ③ 관형사와 관형어, 부사와 부사어의 구분

        ㉠ 관형사, 부사 : 품사의 종류. 전제 조건으로 <u>기본형이 없고, 뒤에 조사가 붙지 않음</u>.

        ㉡ 관형어, 부사어 : 문장 성분의 종류. 수식의 대상만 살피면 된다.

           ⓐ 관형어 : 관형사, 체언 + 의, 용언의 관형형(어간 + 는, ㄴ, 을, ㄹ 등)

           ⓑ 부사어 : 부사, 체언 + 조사(에게, 에, 에서 등), 용언의 부사형(어간 + 게, 도록 등)

    ④ 독립성분(독립어) : 문장의 다른 성분과 직접적인 관계 없이 독립적으로 쓰이는 성분. 독립성분에는 독립어가 있으며 독립어는 감탄사, 체언 + 호격 조사, 체언 단독(호격 조사 생략), 제시어(체언 단독)에 의해 성립된다.

        예 <u>아</u>, 달이 밝다. <u>영수야</u>, 어디에 갔다 오니? <u>수지(야)</u>, 열심히 공부해.

          <u>청춘</u>, 이는 듣기만 하여도 가슴이 설레는 말이다.

2. 문장의 짜임새

문장의 짜임새는 마침표, 즉 온점[.], 느낌표[!], 물음표[?]에 의해서 종결되는 한 문장 속에 '주어-서술어'의 관계가 이루어지는 횟수와 양상에 따라 분류한다.

(1) **홑문장** : 한 문장 속에 주어와 서술어가 하나씩 있어서 주술 관계가 한 번만 이루어진 문장

    ① 기본 문장 : 주성분만으로 이루어진 홑문장

        ㉠ 주어 + 서술어 예 바람이 분다. 하늘이 푸르다. 그가 주인이다.

        ㉡ 주어 + 목적어 + 서술어 예 영수가 책을 읽는다.

        ㉢ 주어 + 보어 + 서술어 예 영수가 대학생이 되었다. 그는 주인이 아니다.

    ② 확장된 홑문장 : 기본 문장에 절(節)이 아닌 관형어나 부사어가 첨가되어 확장된 문장

        예 바람이 <u>몹시</u> 불었다. <u>그의</u> 몸이 야위었다.

          그 사람은 글씨를 <u>오른손으로</u> 쓰지 않는다.

(2) **겹문장** : 한 문장 속에 주술 관계가 두 번 이상 이루어진 문장

    ① 안은 문장 : 주술 구조를 갖춘 온전한 문장이 절의 형태로 다른 문장의 성분이 되어 있을 때, 그 전체 문장을 '안은 문장'이라 하고 문장성분이 되어 있는 절을 '안긴 문장'이라 한다.

        ㉠ 명사절로 안김 예 <u>그는 천재임이</u> 틀림없다. <u>네 일이 잘 되기를</u> 빈다.

        ㉡ 서술절로 안김 예 철수는 <u>키가 크다</u>.

ⓒ 관형절로 안김 예 나는 <u>그를 직접 만난</u> 기억이 없다.

<u>충무공이 만든</u> 거북선은 세계 최초의 철갑선이다.

ⓐ 부사절로 안김 예 그 사람이 <u>말도 없이</u> 가 버렸구나!

ⓜ 인용절로 안김 예 순이가 "<u>은하수를 봤으면 좋겠어.</u>"라고 말했다.

② 이어진 문장 : 절이 다른 문장의 성분이 되지 않고 연결어미에 의해서 이어진 문장

ⓖ 대등적으로 이어진 문장 : 대등적 연결어미에 의해 이어진다.

예 산은 높고, 물은 깊다. 그는 갔으나, 그의 넋은 남아 있다.

ⓛ 종속적으로 이어진 문장 : 종속적 연결어미에 의해 이어진다.

예 배가 오지 않아서, 모두들 걱정을 했다.

네가 일찍 일어나면, 해가 뜨는 것을 볼 수 있을텐데.

3. 성분 간의 호응

(1) 주어와 서술어 호응의 오류

① 내가 하고 싶은 말은 성실하기 <u>바란다</u>. → 바란다는 것이다.

💬 '~은 ~라는 것이다.'

② 그리고 이 학과를 선택하게 된 또 다른 이유는 내가 공부하고 싶었던 <u>의학 분야라는 것이다</u>. → 싶었던 것이 의학 분야였기 때문이다.

💬 '이유는 ~때문이다.'

③ 이곳에 주차하는 <u>사람은</u> 과태료를 <u>부과하니</u> 주의하기 바랍니다.

→ 사람에게는 ~ 부과하니

④ <u>학생이야</u> 그런 것을 <u>알아야 한다</u>. → 학생이야 그런 것을 몰라도 된다.

💬 '~이야'는 자음으로 끝나는 체언이나 부사어의 뒤에 붙어, 관심을 가질 만한 대상이 아님을 나타내는 보조사이다.

⑤ <u>이</u> 지역은 무단 입산자에 대하여는 자연 공원법 제60조에 의거 처벌을 <u>받게 됩니다</u>.

→ 이 지역은 ~ 처벌을 받는 곳입니다.

→ 이 지역에 무단 입산자는 ~ 처벌을 받게 됩니다.

(2) 목적어와 서술어 호응의 오류

① 나는 <u>영희가 좋다</u>. → 영희를 좋아한다.

💬 '좋다'는 형용사로 '(무엇이) 성질이나 내용이 보통 이상이거나 우수하다.'의 뜻. 그러므로 '좋다' 앞에는 '날씨가 좋다. 기분이 좋다.'처럼 주어가 와야 한다. 그러나 위 문장은 '어떤 대상을 좋아한다.'의 의미이므로 목적어가 와야 한다.

② 언니는 집에서 <u>원예를 가꾼다</u>. → 꽃을 가꾼다.

💬 '원예'는 '꽃이나 나무를 가꾸는 일'의 의미이므로 서술어 '가꾼다'와 목적어 '원예를'은 호응할 수 없다.

③ 아버지는 아들에게 <u>큰 기대를</u>, 아들은 그에 부응하기 위해 열심히 <u>공부하였다</u>.

→ 기대를 걸었고

    🔄 목적어 '기대를'과 서술어 '공부하다'가 호응할 수 없으므로 서술어 '걸었다'를 넣는다.

④ 이슬람, 유대교도들 또한 서유럽의 돼지고기를 먹는 식생활에 <u>거부감이 느낄 것이다</u>.
    → 거부감을 느끼다.

    🔄 '느끼다'는 타동사로 '~을 감각으로 알다.' '~을 느끼다.'

⑤ 이 배는 사람을 <u>싣고</u> 섬과 육지를 오간다. → 태우고

    🔄 목적어 '사람을'과 호응하는 서술어는 '태우다'이다.

(3) 구조어(부사어)와 서술어 호응의 오류

✏️ 참고   부사어와 서술어의 호응

• 결코 ~ 않다	• 과연 ~ 구나	• 그다지 ~ 하지 않다
• 도대체 ~ 이냐	• 드디어 ~ 하다	• 마치 ~ 같다
• 만약 ~ 라면(~ㄴ다면)	• 부디 ~ 하여라	• 비록 ~ 일지라도/~지 않지만
• 아마 ~ ㄹ것이다	• 여간 ~ 않다	• 일절~ 않다(못하다)
• 차라리 ~ ㄹ지언정	• 차마 ~ 않다	• 혹시 ~ 거든
• 하물며 ~랴(~ㄴ가)	• 아무리 ~ 해도	• 왜냐하면 ~ 때문(까닭)이다
• 모름지기 ~ 해야 한다	• 반드시 ~ 하다	• 절대로 ~ 하지 않다
• 심지어 ~ 하다	• 확실히 ~ 하다	• 뉘라서 ~ 하랴 / ~지 않겠는가

① <u>결코</u> 그는 <u>성실하다</u>. → 결코(부정) ~ 성실하지 않다.

② <u>과연</u> 그는 키가 <u>크지 않구나</u>! → 과연(긍정) ~ 키가 크구나!

③ <u>그다지</u> 인심이 <u>후하던</u> 그도 세태의 변화에 따라 달라졌다. → 그다지(부정) ~ 후하지 않던

④ 학생은 <u>모름지기</u> 열심히 <u>공부한다</u>. → 모름지기 ~ 공부하여야 한다.

⑤ 그는 내키지 않은 <u>반드시</u> <u>하지 않는다</u>. → 절대로(부정) 하지 않는다.

⑥ 그 여자는 <u>비록</u> 얼굴이 <u>예쁘지만</u>, 사람들의 호감을 산다. → 비록(부정) ~예쁘지 않지만

⑦ <u>아마</u> 그는 자신의 신념과 회의 사이에서 갈등을 <u>겪고 있다</u>.
    → 아마(추측) ~ 겪고 있을 것이다.

⑧ 나는 지금 <u>여간</u> <u>반갑다</u>. → 여간(부정) 반갑지 않다. / 매우 반갑다.

⑨ 이런 무료한 시간에 그런 회상의 유혹을 물리치기란 <u>좀처럼</u> <u>어려운 일이었다</u>.
    → 좀처럼(부정) 쉬운 일이 아니었다.

⑩ 반장도 못하는 일인데, <u>하물며</u> 너 같은 아이가 <u>못 하겠지</u>.
    → 하물며 ~ 하겠는가? / 하물며 ~ 할 수 있겠는가?

01 밑줄 친 부분과 의미가 가장 가까운 것은?

> • 그는 내 ㉠ 마음을 파악하려고 계속 말을 걸었다.
> • 아이가 공부에는 ㉡ 마음이 없고 노는 데만 정신이 팔렸다.

	㉠	㉡
①	의중(意中)	관심(關心)
②	심증(心證)	후의(厚意)
③	의중(意中)	후의(厚意)
④	심증(心證)	관심(關心)

해설 순우리말의 문맥적 의미에 대응되는 한자어를 이해한다.
　　㉠ 마음 : 사람이 어떤 일에 대하여 가지는 관심 ≒ 의중(意中) : 마음의 속
　　㉡ 마음 : 사람이 어떤 일에 대하여 가지는 관심 ≒ 관심(關心) : 어떤 것에 마음이 끌려 주의를 기
　　　울임. 또는 그런 마음이나 주의

오답 • **심증(心證)** : 『법률』 재판의 기초인 사실 관계의 여부에 대한 법관의 주관적 의식 상태나 확신의
　　　정도
　　• **후의(厚意)** : 남에게 두터이 인정을 베푸는 마음

02 다음 설명에 해당하지 않는 것은?

> 현대 한국어에서 한자어는 고유어보다 더 큰 비율을 차지한다. 한자어는 때때로 고유어
> 와 결합하여 새로운 단어를 만들기도 한다. 그중 하나는 한자어에 같은 의미의 고유어를
> 덧붙여서 뜻이 중복되도록 새 단어를 만드는 방식이다.

① 삼월달　　　　　　　　　　② 모래사장
③ 처갓집　　　　　　　　　　④ 아수라장

해설 ④ 아수라장(阿修羅場)은 불교 유래 용어로 전란이나 그 밖의 일로 인하여 혼란 상태에 빠진 곳
　　을 의미한다.

오답 ① 삼월달 : 月과 달
　　② 모래사장 : 모래와 沙
　　③ 처갓집 : 家와 집

정답 01 ① 02 ④

03 고유어와 그 의미가 잘못 연결된 것은?

① 희나리 – 채 마르지 아니한 장작
② 모꼬지 – 남을 해치고자 하는 짓
③ 시나브로 – 모르는 사이에 조금씩 조금씩
④ 의뭉스럽다 – 보기에 겉으로는 어리석어 보이나 속으로는 엉큼한 데가 있다.

해설 ② **모꼬지** : 놀이나 잔치 또는 그 밖의 일로 여러 사람이 모이는 일
* **해코지** : 남을 해치고자 하는 짓

오답 ① **희나리** : 채 마르지 아니한 장작 ≒ 생장작(生長斫)
③ **시나브로** : 모르는 사이에 조금씩 조금씩
④ **의뭉스럽다** : 보기에 겉으로는 어리석어 보이나 속으로는 엉큼한 데가 있다.

04 고유어의 뜻풀이가 옳지 않은 것은?

① 너울 – 바다의 크고 사나운 물결
② 하늬바람 – 동쪽에서 부는 바람
③ 여우비 – 볕이 나 있는 날 잠깐 오다가 그치는 비
④ 여울 – 강의 바닥이 얕거나 폭이 좁아 물살이 세게 흐르는 곳

해설 ② **하늬바람** : 서쪽에서 부는 바람 ≒ 갈바람, 추풍(秋風)
* **샛바람** : 뱃사람들의 은어로 '동풍'을 이르는 말 ≒ 명서풍, 춘풍(春風)

오답 ① **너울** : 바다의 크고 사나운 물결
③ **여우비** : 볕이 나 있는 날 잠깐 오다가 그치는 비
④ **여울** : 강이나 바다 따위의 바닥이 얕거나 폭이 좁아 물살이 세게 흐르는 곳 ≒ 천탄

05 신체를 가리키는 명칭을 사용한 관용구가 아닌 것은?

① 손을 떼다.
② 오금이 저리다.
③ 오지랖이 넓다.
④ 덜미를 잡히다.

해설 ③ **오지랖** – 옷의 부분(웃옷이나 윗도리에 입는 겉옷의 앞자락)

오답 ① **손** – 신체의 부분
② **오금** – 신체의 부분(무릎의 구부러지는 오목한 안쪽 부분)
④ **덜미** – 신체의 부분(목의 뒤쪽 부분과 그 아래 근처)

정답 03 ② 04 ② 05 ③

06 다음 관용구에서 (   ) 안에 공통으로 들어갈 수 있는 말은?

> • 손을 (   ).   • 붓을 (   ).   • 다리를 (   ).

① 꺾다   ② 들다
③ 놓다   ④ 치다

• **손을 놓다** : 하던 일을 그만두거나 잠시 멈추다.
　　 • **붓을 놓다** : ㉠ 글을 매듭짓고 그만 쓰다. ㉡ 문필 활동을 그만두다.
　　 • **다리를 놓다** : 일이 잘되게 하기 위하여 둘 또는 여럿을 연결하다.

07 (   ) 안에 들어갈 말로 적절한 것은?

> • 분위기에 (㉠   ) 옷차림
> • 빈칸에 (㉡   ) 말은 무엇인가?

	㉠	㉡		㉠	㉡
①	걸맞는	알맞는	②	걸맞은	알맞은
③	걸맞는	알맞은	④	걸맞은	알맞는

② 형용사에는 '현재 시제 관형사형 어미'나 '명령형 어미', '청유형 어미' 등을 쓸 수 없다. 따라서 '걸맞는'과 '알맞는'은 문법에 어긋난 말이다. '걸맞은'과 '알맞은'이 옳다.

08 다음 고사와 관련 있는 한자 성어는?

> 춘추 시대 진(晉)나라의 위과가 전쟁에 나가 진(秦)나라 장수인 두회와 싸워 위태로울 때였다. 두회가 탄 말이 갑자기 고꾸라지는 바람에 위과는 두회를 사로잡아 큰 공을 세웠다. 그런데 위과가 살펴보니, 두회가 고꾸라진 자리에 풀들이 묶여 있었다. 그날 밤 위과의 꿈에 한 노인이 나타났는데, 이는 위과의 서모(庶母)의 친정아버지가 망혼으로 찾아온 것이었다. 노인은 위과에게 자신의 딸을 순장하지 않고 살려서 개가를 도와준 것을 감사히 여겨 은혜를 갚기 위하여 풀을 묶어서 두회를 사로잡게 하였다고 밝혔다.

① 결자해지   ② 결초보은
③ 지록위마   ④ 견마지로

해설 '은혜를 갚기 위하여 풀을 묶어서'와 어울리는 한자성어를 이해한다.
② 결초보은(結草報恩) : 죽은 뒤에라도 은혜를 잊지 않고 갚음을 이르는 말. 중국 춘추 시대에 진나라의 위과(魏顆)가 아버지가 세상을 떠난 후에 서모를 개가시켜 순사(殉死)하지 않게 하였더니, 그 뒤 싸움터에서 그 서모 아버지의 혼이 적군의 앞길에 풀을 묶어 적을 넘어뜨려 위과가 공을 세울 수 있도록 하였다는 고사에서 유래한다.

오답 ① 결자해지(結者解之) : 맺은 사람이 풀어야 한다는 뜻으로, 자기가 저지른 일은 자기가 해결하여야 함을 이르는 말
③ 지록위마(指鹿爲馬) : 윗사람을 농락하여 권세를 마음대로 함을 이르는 말. 중국 진(秦)나라의 조고(趙高)가 자신의 권세를 시험하여 보고자 황제 호해(胡亥)에게 사슴을 가리키며 말이라고 한 데서 유래한다.
④ 견마지로(犬馬之勞) : 개나 말 정도의 하찮은 힘이라는 뜻으로, 윗사람에게 충성을 다하는 자신의 노력을 낮추어 이르는 말

09 밑줄 친 부분에 해당하는 한자가 나머지 셋과 다른 것은?

① 마이동풍
② 새옹지마
③ 호사다마
④ 죽마고우

해설 ③ 호사다마(好事多魔) : 좋은 일에는 탈이 많다. '魔(마귀 마)'
오답 ①, ②, ④ : '마'자는 모두 馬(말 마)이다.

10 의미가 중복된 표현이 없는 문장은?

① 우리 영화가 좋은 호평을 받고 있다.
② 공연을 보려고 구름처럼 운집했더군.
③ 4월 말까지 원고를 많이 투고해 주세요.
④ 차량은 이곳에서 모두 서행해야 합니다.

해설 '잉여적 표현(의미 중복)'을 이해한다.
④ '서행(徐行)'은 '사람이나 차가 천천히 감'을 뜻하는 말이므로 '차량'과 의미가 중복된 표현은 아니다.
오답 ① '호평(好評)'은 '좋게 평함. 또는 그런 평판이나 평가'를 뜻하는 말이므로 '좋은'과 의미가 중복된 표현이다.
② '운집(雲集)'은 '구름처럼 모인다.'는 뜻이므로 '구름'과 의미가 중복된 표현이다.
③ '투고(投稿)'는 '의뢰를 받지 아니한 사람이 신문이나 잡지 따위에 실어 달라고 원고를 써서 보냄'을 뜻하는 말이므로 '원고'와 의미가 중복된 표현이다.

11 한자성어와 의미가 유사한 속담의 연결이 바른 것은?

① 등화가친(燈火可親) - 등잔 밑이 어둡다.
② 주마간산(走馬看山) - 달리는 말에 채찍질
③ 오비이락(烏飛梨落) - 나는 새도 떨어뜨린다.
④ 동가홍상(同價紅裳) - 같은 값이면 다홍치마

> **해설** ④ **동가홍상** : '같은 값이면 다홍치마'라는 뜻으로, 같은 값이면 좋은 물건을 가짐을 이르는 말
>
> **오답** ① **등화가친** : '등불을 가까이 할 수 있다.'는 뜻으로, '학문을 탐구하기에 좋다'는 의미로 해석되는 말이다.
> ② **주마간산** : '달리는 말에서 산을 본다.'는 속담과 통하는 말로, 자세히 살피지 아니하고 대충대충 보고 지나감을 이르는 말이다. '달리는 말에 채찍질'이라는 속담과 관련되는 말은 '주마가편(走馬加鞭)'이다.
> ③ **오비이락** : '까마귀 날자 배 떨어진다.'라는 속담과 관련된 말로, 아무 관계도 없이 한 일이 공교롭게도 때가 같아 억울하게 의심을 받거나 난처한 위치에 서게 됨을 이르는 말이다.

12 사자성어의 뜻풀이가 옳지 않은 것은?

① 愚公移山 - 어떤 일이든 끊임없이 노력하면 반드시 이루어짐을 이르는 말
② 狐假虎威 - 남의 권세를 빌려 위세를 부림을 이르는 말
③ 昏定晨省 - 무슨 일을 하는 데에 가장 중요한 부분을 완성함을 비유적으로 이르는 말
④ 螳螂拒轍 - 제 역량을 생각하지 않고 강한 상대나 되지 않을 일에 덤벼드는 무모한 행동거지를 비유적으로 이르는 말

> **해설** ③ 昏定晨省(혼정신성)은 '밤에는 부모의 잠자리를 보아 드리고 이른 아침에는 부모의 밤새 안부를 묻는다'는 뜻으로, '부모를 잘 섬기고 효성을 다함'을 이르는 말이다.
>
> **오답** ① **우공이산** : 우공이 산을 옮긴다는 뜻으로, 어떤 일이든 끊임없이 노력하면 반드시 이루어짐을 이르는 말. 우공(愚公)이라는 노인이 집을 가로막은 산을 옮기려고 대대로 산의 흙을 파서 나르겠다고 하여 이에 감동한 하느님이 산을 옮겨 주었다는 데서 유래한다.
> ② **호가호위** : 남의 권세를 빌려 위세를 부림. 여우가 호랑이의 위세를 빌려 호기를 부린다는 데에서 유래한다. ≒ 원님 덕에 나팔 분다.
> ④ **당랑거철** : 제 역량을 생각하지 않고, 강한 상대나 되지 않을 일에 덤벼드는 무모한 행동거지를 비유적으로 이르는 말. 중국 제나라 장공(莊公)이 사냥을 나가는데 사마귀가 앞발을 들고 수레바퀴를 멈추려 했다는 데서 유래한다. ≒ 하룻강아지 범 무서울 줄 모른다.

13 다음은 어떤 고사성어에 대한 내용인가?

> 서로 적의를 품은 사람들이 한자리에 있게 된 경우나 서로 협력하여야 하는 상황을 비유적으로 이르는 말이다.

① 파부침주(破釜沈舟)   ② 일엽편주(一葉片舟)
③ 각주구검(刻舟求劍)   ④ 오월동주(吳越同舟)

해설 ④ 오월동주(吳越同舟) : 서로 원수 사이이던 오나라의 왕인 부차와 월나라의 왕 구천이 항상 싸우는 사이였는데, 오나라 사람과 월나라 사람이 같은 배를 타면서 서로 협력해야 하는 상황이 되었을 때를 이르는 고사성어이다.

오답 ① 파부침주(破釜沈舟) : '솥을 깨뜨리고 배를 가라앉히다.'란 뜻으로, 살아 돌아갈 기약을 하지 않고 죽을 각오로 싸우겠다는 굳은 결의를 비유하는 말이다.
② 일엽편주(一葉片舟) : 나뭇잎과 같은 자그마한 한 척의 배를 뜻하는 말이다.
③ 각주구검(刻舟求劍) : 배의 밖으로 칼을 떨어뜨린 사람이 나중에 그 칼을 찾기 위해 배가 움직이는 것도 생각하지 아니하고 칼을 떨어뜨린 뱃전에다 표시를 하였다는 뜻에서, 시세의 변천도 모르고 낡은 것만 고집하는 미련하고 어리석음을 비유적으로 이르는 말이다.

14 연결된 사자성어와 속담의 뜻이 서로 다른 것은?

① 등하불명(燈下不明) – 등잔 밑이 어둡다.
② 동가홍상(同價紅裳) – 같은 값이면 다홍치마
③ 아가사창(我歌査唱) – 내 할 말을 사돈이 한다.
④ 경전하사(鯨戰蝦死) – 싸움 잘하는 놈 매 맞아 죽는다.

해설 ④ 경전하사(鯨戰蝦死) : 고래 싸움에 새우 등 터진다는 뜻으로, 강한 자끼리 서로 싸우는 통에 아무 상관도 없는 약한 자가 해를 입음을 비유적으로 이르는 말을 뜻한다.

오답 ① 등하불명 : 등잔 밑이 어둡다는 뜻으로, 가까이에 있는 물건이나 사람을 잘 찾지 못함을 이르는 말
② 동가홍상 : 같은 값이면 다홍치마라는 뜻으로, 같은 값이면 좋은 물건을 가짐을 이르는 말
③ 아가사창 : 내가 부를 노래를 사돈이 부른다는 뜻으로, 자기가 할 말을 상대편에서 먼저 함을 이르는 말

정답 13 ④   14 ④

15 〈보기〉에서 밑줄 친 부분이 조사(助詞)인 예를 고른 것은?

> 보기
>
> ㄱ. 설탕 대신 꿀<u>로</u> 단맛을 낸다.
> ㄴ. 선생<u>님</u>! 오늘 일찍 하교하나요?
> ㄷ. 먹는 모습이 복<u>스러워</u> 웃음을 지었다.
> ㄹ. 고마운 마음<u>에서</u> 드리는 선물입니다.

① ㄱ, ㄷ   ② ㄱ, ㄹ
③ ㄴ, ㄷ   ④ ㄴ, ㄹ

> 해설 '조사'와 '접미사'를 구별하여 이해한다.
> ㄱ. **꿀로** : 어떤 일의 수단·도구를 나타내는 격 조사
> ㄹ. **마음에서** : 앞말이 어떤 행동의 이유임을 나타내는 격 조사
>
> 오답 ㄴ. **선생님** : (직위나 신분을 나타내는 일부 명사 뒤에 붙어) '높임'의 뜻을 더하는 접미사
> ㄷ. **복스러워** : '-스럽다'는 '그러한 성질이 있음'의 뜻을 더하고 형용사를 만드는 접미사

16 밑줄 친 단어의 품사가 나머지 셋과 다른 것은?

> 모든 권세를 <u>깨끗이</u> 버리고 <u>훨씬</u> <u>더</u> 넓은 <u>새</u> 세계를 설계하고 싶다.

① 깨끗이   ② 훨씬
③ 더   ④ 새

> 해설 ④ 체언 '세계'를 꾸미는 관형사이다.
> 오답 ① 용언 '버리고'를 꾸미는 부사이다.
> ② 부사 '더'를 꾸미는 부사이다.
> ③ 용언 '넓은'을 꾸미는 부사이다.

17 대등관계로 연결된 문장은?

① 비가 오더라도 소풍은 갈 것이다.   ② 철수가 오거든 문을 열어 주어라.
③ 철수는 갔는데 영희는 갈 수 없었다.   ④ 철수가 공부하도록 영희는 나가 놀았다.

> 해설 대등관계로 연결된 문장(대등적으로 이어진 문장)은 연결어미 '-고, 며, 나, 데, 지만' 등이 사용된다.
> 오답 ①, ②, ④는 종속관계로 연결된 문장(종속적으로 이어진 문장)에 해당한다.

정답   15 ②   16 ④   17 ③

18 다음 설명과 거리가 먼 것은?

> 두 개 이상의 단어로 이루어져 있으면서 그 단어들의 의미만으로는 전체의 의미를 알 수 없는, 특수한 의미를 나타내는 어구를 말한다.

① 사람이 그렇게 <u>귀가 얇아서</u> 무슨 일을 하겠는가?
② 상처의 딱지를 손톱으로 뜯적대어 결국엔 <u>피를 본다</u>.
③ 백화점 안을 둘러보다가 <u>눈길을 끄는</u> 가방을 발견하였다.
④ 그 사람은 그쪽 방면으로 <u>발이 넓어</u> 네가 도움을 받을 수 있을 거다.

해설 문장 전체를 보면 손톱으로 뜯다가 정말 피가 났다는 의미로 쓰였으므로 관용어에 해당하지 않는다. 관용어란 둘 이상의 낱말이 합쳐져 원래의 뜻과는 전혀 다른 새로운 의미로 굳어져서 쓰이는 표현을 말한다.

오답 ①은 속는 줄도 모르고 남의 말을 그대로 잘 믿는다는 의미이다.
③은 아름답거나 특이하거나 하여 보는 이의 시선이 쏠리게 하는 것을 말한다.
④는 사귀어 아는 사람이 많아 활동하는 범위가 넓다는 뜻이다.

19 관형사의 특징이 아닌 것은?

① 수식언에 해당한다.　　② 조사와 결합하지 못한다.
③ 체언의 뜻을 제한한다.　　④ 대명사 앞에는 올 수 없다.

해설 관형사는 체언(명사, 대명사, 수사) 앞에 놓여 체언의 뜻을 제한(수식)하는 역할을 하며 기능상 수식언에 속한다. 주로 명사를 꾸미지만, '그 무엇, 다른 하나, 그 둘' 등과 같이 대명사, 수사의 수식도 가능하다. 조사가 붙지 않고, 어미 활용을 할 수 없다.

20 밑줄 친 부분의 문장 성분이 나머지 셋과 다른 것은?

① 철수가 <u>반장이</u> 되었다.　　② <u>나에게</u> 좋은 계획이 있다.
③ 아이들이 <u>공터에서</u> 놀고 있다.　　④ 동생의 키가 형의 <u>키와</u> 같았다.

해설 ①의 '반장이'는 '반장'(체언) + '이'(보격조사)의 결합으로 서술어 '되었다' 앞에서 보어의 역할을 한다.
오답 ②, ③, ④의 밑줄 친 부분은 모두 부사어이다.

21 주어와 서술어의 호응이 어색한 것은?

① 복잡한 제도가 개편하고 꼭 필요한 제도만 남겼습니다.
② 인간은 자연을 지배하기도 하고 자연에 복종하기도 한다.
③ 지식의 추구는 인간이 지닌 기본 욕구를 실현하는 일이기도 하다.
④ 쓰레기 분리 수거에 적극 참여해야 밝은 미래로 가는 길이 열립니다.

해설 ① '개편하다'는 타동사이므로 주어와 호응할 수 없다. '제도를 개편하고'로 표현해야 한다.

22 수식 관계, 접속 관계 등이 가장 자연스러운 문장은?

① 풍토병에 걸리지 않으려면 물과 음식은 반드시 익혀 먹어야 한다.
② 돌화로와 돌절구는 대표적인 현무암으로 만들어진 살림 도구들이다.
③ 환자의 인간다운 권리나 의료 사고로부터 환자를 보호하는 문제가 거론되고 있다.
④ 같은 대상을 다르게 표기하거나 잘못 표기하여 외국인에게 불편을 주어서는 안 된다.

해설 ④ 대등 이어진 문장의 구조로 생략된 성분도 없고, 수식 관계도 올바르게 되어 있다.

오답 ① '물'은 '익힐' 대상이 아니므로, '~ 반드시 물을 끓여 마시고, 음식을 익혀 먹어야 한다.' 정도로 고쳐야 한다.
② '대표적인'이 꾸미는 말이 '현무암'인지 '살림 도구들'인지 모호하다.
③ '환자의 인간다운 권리로부터 환자를 보호한다'는 것이 말이 안 된다. '환자가 인간다운 권리를 누릴 수 있게 하고, 의료 사고로부터 그들을 보호하는 ~' 정도로 고쳐주어야 한다.

23 문장 성분의 호응이 자연스러운 것은?

① 이번에는 결단코 하던 일을 마무리하겠다.
② 그가 끽소리를 하는 바람에 범행이 모두 들통났다.
③ 나는 절연한 친구를 만나야 할 하등의 이유가 있었다.
④ 남편은 선물을 받고 매우 대수로운 일이라며 좋아하였다.

해설 ② **끽소리** : '아주 조금이라도 떠들거나 반항하려는 말이나 태도'를 뜻하는 말로, '못 하다', '말다', '없다' 따위와 같이 부정이나 금지하는 말과 함께 쓰인다. 따라서 '끽소리를 하는'은 어법에 어긋난 표현이다.
③ **하등(何等)** : '아무런', '아무' 또는 '얼마만큼'의 뜻을 나타내는 말로, 주로 '하등의' 꼴로, 뒤에 오는 '없다', '않다' 따위의 부정어와 호응하여 쓰이는 말이다. 따라서 '하등의 이유가 있었다'는 어법에 어긋난 표현이다.
④ **대수롭다** : '중요하게 여길 만하다'는 뜻으로, 주로 부정문이나 수사 의문문에 쓰이는 말이다. 따라서 '매우 대수로운 일이라며'는 어법에 어긋난 표현이다.

정답 **21** ① **22** ④ **23** ①

PART

02

고전문학

Chapter 01 총론
Chapter 02 고전시가
Chapter 03 고전산문
Chapter 04 한문학
Chapter 05 구비문학

독학사

1단계 | 국어

Bachelor's Degree Examination for Self-Education

CHAPTER 01 총론

01 한국문학의 범위와 영역

1. 한국문학의 성격과 범위

(1) 정의

한국어로 된 문학, 한국인이 자신의 사상과 감정 등 가치 있는 체험을 한국어로 형상화한 문학, 우리 민족이 선사시대 이래 오늘날까지 창조한 문학 전체를 말한다.

(2) 한국문학의 영역 분류

① 전승 방식에 따른 분류(구비문학과 기록문학)
② 기록 문자에 따른 분류(국문 문학과 한문 문학)

(3) 한국문학 영역의 시대별 존재 양상

① 구비문학이 있던 시대
② 한자 전래 이후(구비문학의 정착, 차자 문학 등장, 한문 문학 형성 시작)
③ 상층의 한문 문학과 하층의 구비문학이 병존한 시대(고려)
④ 한글 창제 이후는 한문 문학, 국문 문학, 구비문학이 병존한 시대(조선)
⑤ 한문 문학, 구비문학이 약화되면서 국문 문학이 크게 확대된 시대(개화기 이후)

2. 한국문학의 영역

(1) 구비문학

① **정의** : 사람들의 입을 통하여 전승되어 온 문학이다.
② **성격** : 말로 된 문학, 구연(口演)되는 문학, 공동작의 문학, 단순하고 보편적인 문학, 민중적이고 민족적인 문학
③ **종류** : 말(속담, 수수께끼 등), 이야기(신화, 전설, 민담 등), 노래(민요, 서사무가, 판소리 등), 놀이(무당굿, 꼭두각시놀음, 탈춤 등)
④ **의의** : 한국문학의 중요한 일원이며 국문 문학의 모태가 되었고 지금도 창작, 향유되고 있다.

(2) 한문 문학

① **정의** : BC 2세기 경 한자가 우리나라에 전해진 이래 조선 후기까지 한자로 창작한 우리나라 사람들의 손에 의해 창작된 문학이다.
② **성격** : 한자를 배울 수 있었던 귀족이나 지식층만이 창작, 향유했다.
③ **가치** : 우리 민족이 각 시대마다 처했던 현실을 충실히 반영한 작품이 많고, 한국문학의 폭을 넓히고 심미적 의식과 사상을 풍부하게 했다.

(3) 국문 문학

① **정의** : 국문으로 표현된 문학이다.

② **종류** : 순수 국문 문학(한글로 된 문학), 차자 문학(향찰로 표기된 향가가 이에 해당되는데 국문 문학에 속함)

③ **성격** : 한글 창제 이후 본격적으로 발달하였으며, 구비문학으로부터 창조적 원천을 얻어 왔고, 한문 문학의 영향도 받았다.

④ **가치** : 현대에 와서 문학이 소멸되고 구비문학의 의의도 감소되면서, 국문 문학이 한국 문학의 중심이 되어 국문 문학의 사명이 커졌다.

02 한국문학의 전개

1 고대문학

1. 시대 개관

한국문학이 발생한 시기부터 통일신라 시대를 포괄하는 문학 시대로, 국문학의 태동기이다. 부여의 영고(迎鼓), 동예의 무천(舞天), 고구려의 동맹(東盟) 등의 제천의식(祭天儀式)에서 행해진 집단 가무(集團歌舞 : Balld Dance)로부터 문학이 싹텄다. 무용·민요·음악·시가(詩歌) 부분이 분화되어 우리 문학이 발생했다.

2. 주요 전개 양상

(1) 국문학의 발생

제천의식에서 행해진 집단 가무(集團歌舞, ballad dance)에서 발생하였다.

> ✏ 참고   **제천의식**
> 음악, 무용, 시가 등이 종합된 형태. 부여의 '영고', 동예의 '무천' 고구려의 '동맹' 등

(2) 국문학의 분화

① 집단 가무 형태의 원시 종합예술에서 문학이 분화되고, 다시 이것이 신화·전설 등의 설화문학과 개인 서정 가요로 점차 분화되어 독자적인 길을 걷게 되었다.

② 설화와 고대가요는 구비 전승되다가 후대에 한역되면서 정착했다.

③ 집단적 서사문학에서 개인적 서정 문학으로 이행되었다.

(3) 사상적 기반

초기에는 무속 신앙과 토테미즘(동물 숭배사상)을 기반으로 하다가 통일신라 이후 불교와 유교가 사상적 기반을 이루었다.

(4) 운문문학

① 고대가요(古代歌謠) : 구비 전승되다가 한역되면서 정착

② 향가(鄕歌) : 향찰 문자로 기록된 정형시가의 발생

(5) 산문문학

설화(신화·전설·민담)가 구비되다가 후대 소설의 근원이 되었다.

(6) 한문학의 발달

일찍이 한자가 수입되어 한문 문학이 발달하였으며, 한자의 음과 훈을 빌려 우리말을 표기하는 차자 표기법이 개발되기도 하였다.

⊿ 2 고려 시대 문학

1. 시대 개관

고려 건국에서 조선 건국 이전까지 약 500여 년의 문학으로 통일신라 문학과 조선 시대 문학 사이에서 교량적 역할을 했던 과도기적 문학이다.

2. 주요 전개 양상

(1) 특징

① 과도기적 문학

② 국문학의 암흑기 : 한문학의 융성기 → 향가의 소멸

③ 무신난 이후 새로운 문학 담당층의 대두(신진 사대부)

④ 문학 향유 계층의 대립(고려속요 ↔ 경기체가)

(2) 운문문학

① 향가계여요 : 향가와 고려속요의 과도기

② 고려속요 : 고려 평민들의 서정 가요

③ 경기체가 : 양반 계층의 교술 양식

④ 시조 : 사대부들의 즉흥적 시심을 담기 위해 발생

(3) 산문문학

① 패관문학 : 구비 전승되던 설화의 채록

② 가전체 문학 : 계세징인(戒世懲人)을 목적으로 창작된 의인체 문학

(4) 한문학

과거제도의 실시와 불교의 융성으로 인한 한문학의 발달

◢ 3 조선 전기 문학

1. 시대 개관

① 조선 건국으로부터 임진왜란까지의 약 200여 년의 문학

② 성리학이 철학적인 사상의 배경을 이루었고, 문학의 성격은 관념적·교훈적이었다.

③ 문학의 향유 계층은 양반, 귀족 계층이 주류를 이루었다.

④ 15세기 말 당쟁의 격화와 노·장 사상의 유입으로 자연 친화적인 '강호가도(江湖歌道)'의 시풍이 성행되었다.

2. 주요 전개 양상

(1) 특징

① 훈민정음의 창제 : 본격적인 국문학의 출발 기점

② 전대의 구비문학의 정착 : 고려속요

③ 경서와 문학서의 언해 사업이 활발하게 추진

④ 새로운 문학 양식의 대두 : 악장, 가사, 고대소설

⑤ 운문문학의 성행 : 시조, 가사

⑥ 고대소설의 태동 : 한문 소설

(2) 운문문학

① 악장문학 : 건국 초기의 송축가

② 시조 : 사대부들의 필수적 교양물

③ 가사 : 경기체가의 붕괴로 나타난 교술 양식

(3) 산문문학

고대 한문 소설의 태동

(4) 한문학

도학파와 사장파가 대립 이후 순정 문학파로 발전

◢ 4 조선 후기 문학

1. 시대 개관

① 임진왜란(1592)에서 갑오개혁(1894)까지 약 300년 간의 문학이다.

② 실학의 도입으로 인한 현실적 사고가 대두되었다.

③ 지배층의 권위 실추로 양반의 전유물에서 평민이나 부녀자 계층까지 참여하면서 문학 향유 계층이 확대되었다.

④ 임진왜란과 병자호란의 거듭된 전란은 정치적 혼란, 경제적인 피폐와 아울러 평민들의 자아 각성을 불러일으켜서, 이로써 근대 의식이 성장하게 되었다.

2. 주요 전개 양상

(1) 특징

① **현실주의적인 경향의 대두** : 조선 전기의 비현실적이고 소극적인 안빈낙도, 음풍농월류의 경향에서 탈피, 현실적이고 구체적인 삶의 의미를 추구하는 문학 경향이 강하게 대두되었다.

② **산문화, 장편화의 경향** : 시조가 정형성을 벗어난 중·장형 시조인 엇시조와 사설시조로 변화했으며, 가사 역시 보다 산문적인 내용인 기행 가사나 유배 가사를 주류로 하였고 분량도 장편화되었다.

③ **평민 문학의 대두** : 작자층과 향유 계층이 평민 계급으로 대폭 확대되면서 평민 의식을 반영한 다양한 작품들이 등장하였다.

④ **국문소설의 발달** : 허균의 「홍길동전」을 비롯, 김만중의 「구운몽」, 「사씨남정기」 등 많은 국문소설이 쏟아져 나왔다.

⑤ 국문으로 된 일기, 서간, 기행 등의 다양한 수필류가 대거 생산되었고, 판소리가 등장하였으며, 구전 설화가 소설화되었다.

⑥ 평민의 종합예술이 정착되었다.

(2) 운문문학

① **시조** : 시조창과 사설시조의 융성

② **가사** : 서사가사, 장편가사, 잡가의 등장

(3) 산문문학

① 국문소설의 태동과 융성

② 아녀자 중심의 국문수필의 태동

(4) 평민의 종합예술

① 판소리의 정착과 융성

② 민속극의 정착과 발달

03 한국문학의 특징

1. 한(恨)의 정서

① **개념** : 주어진 운명에 대결하지 않고 순응함으로써 슬픔을 승화시키는 것

② **배경** : 민족의 역사적 환경, 즉 외세의 침입, 신분적 억압 체제, 전통적 도덕주의와 숙명론의 굴레로부터 비롯되었다.

③ **미적 범주** : 우아미 혹은 비장미

④ **작품** : 고려속요, 민요, 1920년대의 현대시 등

2. 해학과 풍자의 미학
   ① 개념
      ㉠ 해학 : 희극적 인물을 통해 고통과 갈등을 화해의 세계로 변화시키는 웃음의 정신(→ 평민
        들의 건강한 삶의 의식 반영)
      ㉡ 풍자 : 현실의 부조리와 모순을 빗대어 폭로함으로써 현실에 대한 부정과 비판 의식을
        간접적으로 표현하는 정신
   ② 배경 : 지배층의 가렴주구와 불합리한 도덕주의의 질곡으로 고통스런 삶을 영위하던 서민들
     의 삶의 애환을 표출하는 데서 비롯되었다.
   ③ 가치 : 체념에 빠질 수 있는 고통과 한을 받아들여 삭이거나, 내적으로 저항함으로써 역경을
     뛰어넘을 수 있었다.
   ④ 작품 : 민요, 사설시조, 판소리계 소설, 탈춤 등

3. 조화와 풍류의 정신
   ① 개념
      ㉠ 조화 : 여유와 품위를 주는 아름다움
      ㉡ 풍류 : 약간의 변형을 통해 전체적인 조화에 활력을 줌
   ② 배경 : 사대부 사회의 삶의 여유와 낙천적인 세계관에서 비롯되었다.
   ③ 가치 : 자연미의 발견과 인생론의 심화
   ④ 작품 : 강호한정(江湖閑情)의 시조 및 가사, 사설시조의 파격미, 청록파와 시문학파의 시

4. 선비 기질과 지조
   ① 개념 : 고상한 품위와 위엄으로 대의명분에 충실하려는 강한 의지와 절개
   ② 배경 : 유교적 전통 사회 속에서 형성된 선비 기질에서 비롯되었다.
   ② 가치 : 민족의 고난을 극복하는 주체성의 확보
   ④ 작품 : 조선 전기 시조(충의가, 절의가), 일제 하의 저항시 등

01 한국문학의 범위와 영역에 대한 설명으로 옳지 <u>않은</u> 것은?

① 한문으로 창작된 작품이 포함된다.
② 재외동포가 한국어로 창작한 작품도 포함된다.
③ 문자로 기록되지 않은 작품은 포함되지 않는다.
④ 한민족의 역사, 문화, 사상 등을 표현해야 한다.

> 해설 ③ 한국문학이란 '한국인이 한국인의 사상과 정서를 한국어로 표현한 문학'이다. 한국인이란 한국 국적을 가졌거나 한민족의 사상과 정신을 가진 사람을 뜻한다. 표기 수단으로 한국문학을 구분 하면 구비문학, 한문 문학, 국문 문학으로 나뉘는데, 문자로 기록되지 않은 구비문학 중에도 한국인에 의하여 한국의 역사, 문화, 사상이 반영된 작품이라면 한국문학의 범위에 포함된다.

02 한국문학에 대한 설명으로 옳지 <u>않은</u> 것은?

① 한국인이 한국어로 창작한 문학이다.
② 한국인의 사상과 감정을 표현 대상으로 한다.
③ 표현 매체에는 음성 언어와 문자 언어가 모두 포함된다.
④ 한국문학의 기록문학은 향찰 문학, 국문 문학의 두 가지 양상으로 구분된다.

> 해설 ④ 한국문학에는 경기체가와 같이 '이두'로 표기된 문학과 '한문'으로 표기된 문학 등이 포함된다.

03 한국문학의 범위와 영역에 대한 설명으로 옳지 <u>않은</u> 것은?

① 기록문학뿐만 아니라 구비문학도 포함된다.
② 우리나라 사람이 한문으로 쓴 시는 포함하지 않는다.
③ 한국인 작자가 한국어로 창작한 문학을 일컫는다.
④ 중앙아시아로 이주한 한국인이 한국어로 문학창작을 하고 있는 경우, 넓은 의미의 한국 문학 범위에 포함할 수 있다.

> 해설 ② 우리의 글자로 지은 것은 아니지만 우리나라 사람이 우리 말로 우리의 정서와 문화생활을 형 상화한 것은 한국문학의 범위에 포함시켜야 한다고 정의한다.

정답 01 ③ 02 ④ 03 ②

04 다음 중 삼국시대의 문학에 대한 설명으로 옳은 것은?

① 곰과 호랑이를 소재로 한 단군신화가 창작되었다.

② 건국 서사시만 창작됐을 뿐, 서사시나 민요는 창작되지 않았다.

③ 남편을 기다리는 아내의 마음을 노래한 「정읍사」가 지어졌다.

④ 정형시의 대표적 양식인 시조가 발생하였다.

> **해설** ③ 남편을 기다리는 아내의 마음을 노래한 「정읍사」는 현존하는 유일한 백제의 가요로, 조선 시대 「악학궤범」에 수록되어 있다.
>
> **오답** ① 곰과 호랑이를 소재로 한 단군신화는 고조선의 건국신화이다.
> ② 고려 시대 이규보의 「동명왕편」은 고구려의 건국신화로서 우리나라 최초의 건국 서사시라 할수 있다. 삼국시대에는 민요격의 향가도 창작되었다.
> ④ 정형시의 대표적 양식인 시조는 고려 시대에 발생하였다.

05 다음 중 작가와 작품이 바르게 짝지어진 것은?

① 월명사 : 「도솔가」, 「안민가」

② 정철 : 「사미인곡」, 「화전가」

③ 박지원 : 「예덕선생전」, 「조웅전」

④ 김만중 : 「구운몽」, 「사씨남정기」

> **해설** ④ 「구운몽」, 「사씨남정기」 : 김만중이 지은 국문소설

> **오답**

①	월명사	「도솔가」, 「제망매가」
	「안민가」	신라 경덕왕 24년(765)에 충담사가 지은 향가. 나라를 잘 다스리고 백성을 평안하게 하는 바른길을 읊고 있다.
②	정철	「사미인곡」, 「속미인곡」, 「성산별곡」, 「관동별곡」
	「화전가」	조선 시대의 규방 가사. 작가와 연대 미상. 봄날에 여성들이 시집살이의 굴레에서 벗어나 경치 좋은 곳을 찾아 화전놀이를 하며 즐기는 것을 노래한 작품으로, 모두 256구로 되어 있다.
③	박지원	「예덕선생전」, 「허생전」, 「호질」
	「조웅전」	조선 시대의 대표적 군담 소설. 작가와 연대 미상. 중국 송나라 문제 때를 배경으로, 간신 이두병(李斗柄)의 간계로 죽은 조 승상(丞相)의 아들 조웅이 태자와 더불어 후일을 기약하고 헤어져 방랑하다가 장 소저와 백년가약을 맺고, 위기에 처한 태자를 구출하고 수십만 대군으로 송나라를 구해 낸다는 내용이다.

06 다음 중 국문학 작품과 장르가 바르게 짝지어진 것은?

① 향가 – 「찬기파랑가」, 「동동」
② 고려속요 – 「가시리」, 「서동요」, 「속미인곡」
③ 경기체가 – 「한림별곡」, 「죽계별곡」
④ 악장 – 「용비어천가」, 「일동장유가」

해설 ③ 「한림별곡」: 고려 고종. 한림(翰林)의 학자들이 지은 경기체가
「죽계별곡」: 고려 충숙왕. 안축이 지은 경기체가

오답		
①	「찬기파랑가」	신라 경덕왕 때 충담사가 지은 10구체 향가
	「동동」	고려속요. 임을 그리는 여인의 심정을 달거리 형식으로 노래하였다.
②	「가시리」	고려속요. 이별의 정한(情恨)을 노래한 것으로, 전체 네 연으로 구성되어 있다.
	「서동요」	백제의 서동이 지은 4구체 향가. 신라의 선화 공주를 사모하여 경주의 아이들에게 부르게 하여 선화 공주를 아내로 얻었다는 내용이다.
	「속미인곡」	조선 선조 때에, 정철이 지은 가사. 작가가 참소를 받아 창평에 내려가 있으면서 지은 것으로, 임금을 천상에서 인연이 있었던 연인으로 설정하고 그 임을 잃고 사모하는 여인의 심정을 두 선녀의 대화 형식으로 표현하였다. 「사미인곡」의 속편
④	「용비어천가」	조선 세종 27년(1445)에 정인지, 안지, 권제 등이 지어 세종 29년(1447)에 간행한 악장의 하나. 훈민정음으로 쓴 최초의 작품이다.
	「일동장유가」	조선 영조 때에, 김인겸이 지은 장편 기행 가사. 영조 39년(1763)에 조엄이 통신사로 일본에 갔을 때 서기로 따라가 보고 느낀 일본의 문물·제도·풍속 따위를 기록한 것으로, 모두 8,000여 구로 되어 있다.

07 다음 중 한국문학의 특질로 틀린 것은?

① 한(恨)의 정서
② 해학과 풍자의 미학
③ 조화와 풍류의 정신
④ 비관적 세계관

해설 한국문학의 특질
㉠ 한(恨)의 정서
㉡ 해학과 풍자의 미학
㉢ 조화와 풍류의 정신
㉣ 선비의 기질과 지조

정답 06 ③　07 ④

08 조선 시대에 처음 창작된 장르는 무엇인가?

① 향가   ② 시조   ③ 한시   ④ 가사

> **해설** 가사는 조선 시대 정극인의 「상춘곡」이 최초의 작품으로 전한다.

09 〈보기〉에서 고려 시대 작품을 고른 것은?

> 보기
>
> ㄱ. 「동명왕편」   ㄴ. 「한림별곡」   ㄷ. 「일동장유가」   ㄹ. 「고산구곡가」

① ㄱ, ㄴ   ② ㄱ, ㄹ
③ ㄴ, ㄷ   ④ ㄴ, ㄹ

> **해설** 작품의 창작 시대를 이해한다.
> ㄱ. 「동명왕편」(고려) : 고려 명종 23년(1193)에 이규보가 지은 최초의 한문 영웅 서사시. 출전은 『동국이상국집』
> ㄴ. 「한림별곡」(고려) : 고려 고종 때에 한림(翰林)의 학자들이 지은 최초의 경기체가. 출전은 『악장가사』
>
> **오답** ㄷ. 「일동장유가」(조선 후기) : 김인겸이 지은 장편 기행 가사. 영조 39년(1763)에 조엄이 통신사로 일본에 갔을 때 서기로 따라가 보고 느낀 일본의 문물·제도·풍속 따위를 기록한 것이다.
> ㄹ. 「고산구곡가」(조선 전기) : 조선 선조 11년(1578)에 율곡 이이가 지은 연시조. 작자가 황해도 고산에 은거하고 있을 때 고산의 구곡 풍경과 감회를 읊은 것으로, 서곡 1수와 본문 9수로 되어 있으며, 주희의 「무이구곡(武夷九曲)」을 본떠 지었다.

10 조선 후기 문학에 대한 설명으로 옳은 것은?

① 팔관회와 연등회에서 연극이 공연되기 시작하였다.
② 사물을 의인화하는 가전체 문학이 처음으로 등장하였다.
③ 가문의 흥망성쇠를 다룬 장편의 국문 대하소설이 출현하였다.
④ 민간의 노래가 개작되어 궁중의 음악으로 편입되기 시작하였다.

> **해설** 조선 후기의 문학적 특징을 이해한다.
> ③ 최초의 국문소설인 허균의 『홍길동전』이 창작된 시기가 조선 후기임을 상기한다. 『완월회맹연』, 『소현성록』, 『명주보월빙』, 「유씨삼대록」, 「옥란기연」 등 가문의 흥망성쇠를 다룬 장편의 국문 대하소설이 출현한 시기는 조선 후기이다.
>
> **오답** ① 고려 시대 : '팔관회'는 통일신라·고려 시대, '연등회'는 고려 시대의 행사였다.
> ② 고려 시대 : '계세징인'을 목적으로 사물을 의인화한 '가전체 문학'이 등장한 것은 고려 시대이다.
> ④ 조선 전기 : 민간의 노래(고려 속요)가 개작되어 궁중의 음악으로 편입되기 시작하였고, 이 과정에서 그 이전의 「정읍사」와 「처용가」도 국문으로 기록되었다.

> **정답** 08 ④   09 ①   10 ③

고전시가

01 고대가요의 세계

1 현전 가요

(1) 개념

① 집단적이고 서사적인 문학에서 개인적이고 서정적인 시가(詩歌)로 분리되면서 생성·발전

② 향가 이전의 시가

(2) 특징

① 집단적 서사시에서 개인적 서정시로 발전하였다.

② 배경 설화 속에 삽입가요의 형태로 구비 전승되었다.

③ 구전되다가 한역(漢譯)되어 전한다.

> ✎ 참고
>
> 단, 「정읍사」만은 조선 시대에 국문 정착

④ 집단적 서사문학에서 개인적 서정문학으로의 이행되는 모습을 보여준다.

(3) 작품 개관

제목	작가	시기	내용	특징	출전
「공무도하가 (公無渡河歌)」	백수광부의 처	고조선	사별(死別)의 정한	최초의 서정시가, 곡조명 : 「공후인」	『해동역사 고금주』
「구지가 (龜旨歌)」	구간 (九干)	신라 유리왕	영신군가 (迎神君歌) 수로왕 강림 신화	최초의 구비 서사시, 주술가, 노동요	『삼국유사』
「황조가 (黃鳥歌)」	유리왕	고구려	이별의 정한	최초의 개인 서정시	『삼국사기』
「정읍사 (井邑詞)」	행상인의 아내	백제	남편의 안전 기원	국문으로 정착된 최고(最古)의 시가	『악학궤범』
「해가사 (海歌詞)」	강릉 주민	신라 성덕왕	수로 부인	「구지가」의 아류작	『삼국유사』

2 부전 가요(不轉歌謠) : 설화와 제목만 전하는 가요

작품	작자	연대	설화	출전
「도솔가 (兜率家)」	미상	신라 유리왕	민속 환강(民俗歡康)을 노래 *향가의 모태이며 최초의 정형시	『삼국사기』 『삼국유사』

「회소곡 (會蘇曲)」	미상	신라 유리왕	한가위날 길쌈 놀이에서 진 편이 이긴 편에게 음식을 대접하면서 부른 노래	『삼국사기』
「치술령곡 (鵄述嶺曲)」	미상	신라 눌지왕	박제상의 아내가 치술령에서 남편을 기다리다 죽은 사연을 애도하여 부른 노래. '망부석' 설화	『증보 문헌비고』
「대악 (碓樂)」	백결	신라 자비왕	섣달 그믐날 한탄하는 아내에게 떡방아 찧는 노래를 지어 위로함. 방앗노래 → 속요 「상저가」에 영향	『삼국사기』
「목주가 (木州歌)」	미상	신라	목주에 사는 어느 효녀가 지어 부른 노래 → 속요 「사모곡」에 영향	『삼국사기』
「선운산가 (禪雲山歌)」	미상	백제	부역에 나간 남편이 돌아오지 않으므로 그 아내가 선운산에서 부른 노래. '망부석' 설화	『고려사』 「악지」
「지리산가 (智異山歌)」	미상	백제	구례현의 한 여인이 임금의 입궁 명령에 남편이 있으므로 응할 수 없음을 노래함	『고려사』 「악지」

◢ 3 주요 작품의 감상

1. 공무도하가(公無渡河歌)

> 公無渡河(공무도하)　　님아, 그 물을 건너지 마오.
> 公竟渡河(공경도하)　　님은 기어이 물을 건너시고 말았네.
> 墮河而死(타하이사)　　물에 빠져 죽으니
> 當奈公何(당내공하)　　님을 장차 어이할거나.
>
> 　　　　　　　　　　　　　　－ 『해동역사』 권 22 악가악무조 －

▶▶ 핵심정리

① 작자 : 백수광부(白首狂夫)의 처(妻)
② 연대 : 고조선(古朝鮮)
③ 성격 : 개인적·서정적 가요
④ 종류 : 한역가(漢譯歌), 서정시, 개인적인 서정가요
⑤ 표현 : 직서법, 직정적(直情的)이고 절박한 표현
⑥ 구성 : 4언 4구체
⑦ 제재 : 물
⑧ 주제 : 임을 여읜 슬픔, 남편의 죽음을 애도(哀悼)
⑨ 의의
　　㉠ 「황조가」와 함께 우리나라 최고의 서정가요
　　㉡ 원시적 집단적 서사시에서 서정시로 옮아가는 과도기적 작품

2. 구지가(龜旨歌)

龜何龜何(구하구하)　　거북아 거북아
首其現也(수기현야)　　머리를 내어라
若不現也(약불현야)　　내놓지 않으면
燔灼而喫也(번작이끽야)　구워 구워서 먹으리

– 『삼국유사(三國遺事)』 권 2 –

▶▶ **핵심정리**

① 작자 : 구간(九干)
② 연대 : 신라 유리왕 19년, 가락국 건국 때
③ 성격 : 주술요(呪術謠), 노동요(勞動謠), 집단 무가
④ 종류 : 한역가, 서사적 서정시(배경은 서사시, 내용상으로는 서정시)
⑤ 표현 : 주술적(呪術的), 직설적(直說的) 표현, 명령 어법
⑥ 구성 : 4언 4구체, 무요(巫謠)
⑦ 주제 : 수로왕 강림 기원, 생명 탄생의 염원
⑧ 의의
　　㉠ 현재 전하는 가장 오래된 집단 무가(巫歌)
　　㉡ 주술성을 가진 현전 최고의 노동요(勞動謠)

3. 황조가(黃鳥歌)

翩翩黃鳥　펄펄 나는 꾀꼬리는
雌雄相依　암수 서로 정다운데
念我之獨　외로워라 이 내 몸은
誰其與歸　그 누구와 함께 돌아갈까.

– 『삼국사기(三國史記)』 권 13 –

▶▶ **핵심정리**

① 작자 : 고구려 유리왕
② 연대 : 고구려 유리왕 3년(B.C. 17년)
③ 성격 : 개인적 서정시, 삽입가요
④ 표현 : 자연물을 빌려 우의적으로 표현. 대조, 의태법
⑤ 구성 : 4언 4구(四言四句), 선경후정(先景後情)
⑥ 제재 : 꾀꼬리[黃鳥]
⑦ 주제 : 임을 여읜 슬픔(실연의 슬픔)
⑧ 의의
　　㉠ 집단적인 서사 문학에서 개인적인 서정문학으로 옮아가는 단계의 노래
　　㉡ 내용이 전해지는 유일한 고구려가요

4. 정읍사(井邑詞)

둘하 노피곰 도두샤	달님이시여 높이높이 돋으시어
어긔야 머리곰 비취오시라	멀리멀리 비춰 주소서.
어긔야 어강됴리 / 아으 다롱디리	어긔야 어강됴리 / 아으 다롱디리
져재 녀러신고요	시장에 가 계시는지요.
어긔야 즌 딕를 드딕욜셰라	위험한 곳을 디딜까 두렵습니다.
어긔야 어강됴리	어긔야 어강됴리
어느이다 노코시라	어느 곳에나 놓으십시오.
어긔야 내 가논 딕 졈그룰셰라	당신 가시는 곳에 저물까 두렵습니다.
어긔야 어강됴리 / 아으 다롱디리	어긔야 어강됴리 / 아으 다롱디리

▶▶ 핵심정리

① **작자** : 어느 행상의 처
② **연대** : 백제시대(고려 시대로 보는 설도 있음)
③ **성격** : 민요적. 망부석 설화
④ **종류** : 백제가요, 속요(俗謠)
⑤ **구성** : 3장(연) 6구(각 연에 후렴구가 있음)
⑥ **주제** : 행상 나간 남편의 무사귀환(안전)을 기원
⑦ **의의**
　㉠ 현전하는 유일한 백제의 노래이다.
　㉡ 한글로 기록되어 전하는 가장 오래된 노래이다.
　㉢ 시조의 원형으로 보기도 한다(여음구를 제외하면 4음보 3장의 형태임).
　㉣ 여음구와 후렴구로 보아 고려가요로 보기도 한다.
　㉤ 조선 성종 때 『악학궤범』에 수록되었으나, 중종 때 '남녀상열지사'라 하여 「동동」과
　　함께 삭제되었다. 그러나 민간에서는 「아롱곡」이라는 별칭으로 구비 전승되었다.
　㉥ 출전 : 『악학궤범(樂學軌範)』

---

02 향가의 성격과 주요 작품 세계

1. 개념

(1) **광의(廣義)** : 중국의 시가(詩歌)에 대한 우리나라의 노래
(2) **협의(狹義)** : 향찰(鄕札)로 표기된 신라시대의 노래

2. 시기

신라 초인 6세기 경부터 고려 초 10세기 경까지 활발하게 창작되었고, 고려 중엽을 마지막으로 소멸하였다.

3. 의의

① 현전 기록문학의 효시 : 기록문학으로 고대문학의 본격적인 출발점
② 현전 최초의 정형시(10구체)
③ 신라어 연구의 귀중한 자료로, 표기법(향찰)은 외래문화를 주체적으로 수용·발전시킨 좋은 예

4. 형식

(1) 4구체(4수) : 향가의 초기 형태. 민요·동요의 정착형 → 「서동요」, 「풍요」, 「헌화가」, 「도솔가」
(2) 8구체(2수) : 과도기적 형태. 4구체의 중첩형 → 「모죽지랑가」, 「처용가」
(3) 10구체(19수) : 신라 향가(14수) + 고려 향가(11수)
   ① 새로운 창작형·완성형 = 「사뇌가(詞腦歌)」, 「사내악」
   ② 3단 구성 : 기(4) – 서(4) – 결(2)

   📝 참고
   「찬기파랑가」는 '3 – 5 – 2'의 구성

   ③ 낙구 첫머리(9행) : '아으'. 감탄사 고정
   ④ 낙구(9, 10행) : 주제구
   ⑤ 3단 구성과 낙구 첫머리 감탄사는 고려 시대 시조에 영향

5. 특징

(1) 현전 향가(25수) : 『삼국유사』 14수, 『균여전』 11수

   📝 참고
   부전 향가집 : 진성여왕 2년(888) 『삼대목(三代目 : 각간 위홍, 대구화상)』

(2) 작자 : 승려, 화랑 등 주로 귀족 계층의 노래

   📝 참고
   ① 4구체에 다소 평민들의 민요적 성격이 있다고 하더라도 10구체가 주류를 이루므로 상·하층이 공유하던 국민문학이라는 설명은 잘못된 것이다.
   ② 주로 남성 위주의 노래이지만, 현전 유일의 여류작은 '희명'의 「천수대비가」이다.

(3) 내용 : 서정적 노래가 주류, 주술적·불교 발원 포함 → 서정 양식

6. 주요 작품

(1) 삼국유사(14수) : 신라 향가

형식	제목	작가	내용	특징
4구체	「서동요(薯童謠)」	백제 무왕	선화공주와의 결혼을 위해 부른 참요적 내용, 동요의 정착형	최초의 향가
	「풍요(豊謠)」	미상	불상을 지을 때 진흙을 운반하면서 부른 불교적 노동요	향가 중 유일한 노동요
	「헌화가(獻花歌)」	어느 노인	수로 부인에게 철쭉을 꺾어 바치면서 부른 연정가	진달래꽃과 관련된 민요
	「도솔가(兜率歌)」	월명사	해의 변괴를 없애기 위한 주술가	주술가
8구체	「모죽지랑가(慕竹旨郞歌)」	득오	죽지랑의 인품을 그리며 부른 추모가	만가(輓歌)
	「처용가(處容歌)」	처용	아내를 범하는 역신(疫神)을 쫓는 노래, 무가(巫歌), 주술가	신라 향가의 마지막 작품
10구체	「혜성가(彗星歌)」	융천사	혜성의 변괴와 왜구의 출몰을 막기 위해 부른 주술가	최초의 10구체
	「원가(怨歌)」	신충	왕의 식언(食言)을 원망하여 지은 노래로 주술성을 가짐	일명 백수가(柏樹歌)
	「원왕생가(願往生歌)」	광덕	극락왕생을 기원하는 불교적 내용	추모가
	「제망매가(祭亡妹假)」	월명사	요절(夭折)한 누이를 추모하는 노래	추모가
	「찬기파랑가(讚耆婆郞歌)」	충담사	기파랑의 인품을 사모해서 부른 노래	추모가
	「안민가(安民歌)」	충담사	나라를 다스리는 도리에 대한 유교적 치국(治國) 이념을 표현	유일하게 유교적 정치 이념 표출
	「천수대비가(千手大悲歌)」	희명	눈먼 자식의 눈을 뜨게 해 달라고 비는 기도가	유일한 여류작
	「우적가(遇賊歌)」	영재	영재가 도적들을 만났을 때, 그들을 깨우친 설법의 노래	불교적

(2) 균여전(보현십원가 11수) : 고려 향가 - 10구체, 찬불가

예경제불가, 칭찬여래가, 광수공양가, 참회업장가, 수희공덕가, 청전법륜가, 청불주세가, 상수불학가, 항순중생가, 보개회향가, 총결무진가

7. 주요 작품의 감상

(1) 서동요(薯童謠)

善化公主主隱	善化公主니믄	선화 공주님은
他密只嫁良置古	늠 그스지 얼어두고	남몰래 정을 통하고
薯童房乙	맛둥방을	서동방을
夜矣卯乙抱遺去如	바민 몰 안고 가다.	밤에 몰래 안고 가다.

▶▶ **핵심정리**

① 작자 : 서동(薯童)

② 연대 : 신라 진평왕 때(599년 이전), 백제 무왕의 젊은 시절

③ 성격 : 참요(讖謠 – 예언, 암시하는 노래)

④ 종류 : 4구체(전래되어 온 민요가 정착됨)

⑤ 주제 : 선화공주에 대한 연정(戀情), 결혼 계략

⑥ 의의

　　㉠ 현전 최초의 향가

　　㉡ 민요가 4구체 향가로 정착한 노래

　　㉢ 현전 향가 중 유일한 동요(童謠)

⑦ 배경설화 : 서동 설화

⑧ 출전 : 『삼국유사(三國遺事)』

(2) 처용가(處容歌)

東京明期月良	시볼 블긔 드래	서울 밝은 달 아래
夜入伊遊行如可	밤드리 노니다가	밤 늦도록 노닐다가
入良沙寢矣見昆	드러사 자리 보곤	들어 와 자리 보니
脚烏伊四是良羅	가르리 네히어라	가랑이가 넷이어라
二肹隱吾下於叱古	둘흔 내해엇고	둘은 내 것인데
二肹隱誰支下焉古	둘흔 뉘해언고	둘은 뉘 것인고
本矣吾下是如馬於隱	본딕 내해다마른	본디 내 것이었다마는
奪叱良乙何如爲理古	아사늘 엇디흐릿고	빼앗아 간 것을 어찌하리오

▶▶ **핵심정리**

① 작자 : 처용(處容)

② 연대 : 신라 헌강왕(875~885)

③ 성격 : 주술적 무가(巫歌), 축사(逐邪)의 노래

④ 종류 : 8구체 향가(4・4조의 민요조로 됨)

⑤ 표현 : 직서적(直敍的)인 표현, 관용적 태도

⑥ 주제 : 귀신을 쫓아냄[축사(逐邪)]
⑦ 의의
  ㉠ 벽사진경(辟邪進慶)의 소박한 민요에서 형성된 무가
  ㉡ 의식무(儀式舞), 또는 연희의 성격을 띠고 고려와 조선 시대까지 계속 전승
  ㉢ 향가이면서도 고려 속요에 포함(향가 해독의 근거가 된 작품)
  ㉣ 현전 신라 향가의 마지막 작품
⑧ 출전 : 『삼국유사(三國遺事)』권 2

(3) 제망매가(祭亡妹歌)

生死路는	생사(生死) 길은
예 이샤매 저히고	예 있으매 머뭇거리고
나는 가느다 말ㅅ도	나는 간다는 말도
몯 다 닏고 가느닛고.	못다 이르고 어찌 갑니까.
어느 ᄀᆞ슬 이른 ᄇᆞᄅᆞ매	어느 가을 이른 바람에
이에 저에 ᄠᅥ딜 닙다이	이에 저에 떨어질 잎처럼
ᄒᆞᄃᆞᆫ 가재 나고	한 가지에 나고
가논 곧 모ᄃᆞ온뎌	가는 곳 모르온저.
아으 彌陀刹애 맛보올 내	아아, 미타찰(彌陀刹)에서 만날 나
道 닷가 기드리고다.	도(道) 닦아 기다리겠노라.

▶▶ 핵심정리
① 작자 : 월명사(月明師)
② 구성 : 역순행식 구성(현재 – 과거 – 미래)
③ 성격 : 추도가(追悼歌), 서정시, 불교 아미타 사상
④ 표현 : 비유법, 상징법
⑤ 미의식 : 비장미, 숭고미
⑥ 제재 : 죽은 누이
⑦ 주제 : 죽은 누이의 명복을 빎. 인간고(人間苦)의 종교적 승화
⑧ 의의
  ㉠ 숭고한 불교심이 나타나 있는 죽은 누이의 명복을 빈 추모의 노래
  ㉡ 「찬기파랑가」와 함께 표현 기교와 서정성이 가장 뛰어난 향가의 백미
  ㉢ 뛰어난 비유를 통해 인간고(人間苦)의 종교적 승화를 노래
⑨ 출전 : 『삼국유사(三國遺事)』

(4) 찬기파랑가(讚耆婆郎歌)

열치매	열치매
나토얀 도리	나타난 달이
흰구룸 조초 뻐가는 안디하.	흰 구름 쫓아 떠가는 것 아닌가?
새파른 나리여히	새파란 냇물에
耆郎이 즈싀 이슈라.	기파랑의 모습이 있어라!
일로 나릿 저벽히	이로부터 냇가 조약돌에
郎이 디니다샤온	기파랑이 지니시던
므슴미 궁홀 좇누아져.	마음의 끝을 쫓고 싶어라.
아으 잣ㅅ가지 노파	아아, 잣가지 드높아
서리 몯누올 花判이여.	서리를 모르시올 화랑장이여!

>> **핵심정리**

① 작자 : 충담사

② 미의식 : 숭고미

③ 성격 : 추모가, 예찬가, 서정시

④ 표현 : 은유법, 상징법, 문답법

⑤ 구성

구분		소재(보조관념)	속성(원관념)
문사	작자가 달에게 물음 (1~3행)	달	우러러 보는 존재
답사	달이 작자에게 답함 (4~8행)	냇물	맑고 깨끗한 모습
		조약돌	원만하고 강직한 인품
결사	작자의 독백 (9~10행)	잣나무	고결한 절개

⑥ 제재 : 기파랑의 인격

⑦ 주제 :

　㉠ 기파랑의 고매한 인품을 추모

　㉡ 기파랑의 이상과 절조(節操)에 대한 찬미

⑧ 의의

　㉠ 「제망매가」와 더불어 표현 기교와 서정성이 돋보이는 작품이다.

　㉡ 주술성이나 종교적 색채가 없는 순수한 서정시이다.

(5) 안민가(安民歌)

君은 어비여	군(君)은 아버지요,
臣은 ᄃᆞᅀᆞ샬 어ᅀᅵ여	신(臣)은 사랑하실 어머니요,
民은 얼흔 아히고 ᄒᆞ샬디	민(民)은 어린아이로고! 하실지면,
民이 ᄃᆞᅀᆞᆯ 알고다.	민이 (위정자의) 사랑을 알리이다.
구믈ㅅ다히 살손 物生	꾸물거리며 살손(별다른 생각 없이 주어진
이흘 머기 다ᄉᆞ라.	날을 순응하며 살아가는)물생(物生)
이ᄯᅡ홀 ᄇᆞ리곡 어듸갈뎌 ᄒᆞᆯ디	이를 먹어 (잘) 다스려져
나라악 디니디 알고다.	'이 땅(신라)을 버리고 어디 가려!' 할지면
아으 君다이 臣다이 民다이 ᄒᆞᄂᆞᆯᄃᆞᆫ	(왕께서는) 나라 안이 유지될 줄 알리이다.
나라악 太平ᄒᆞ니잇다.	아으, 군답게, 신답게, 민답게 할지면
	나라 안이 태평하니이다.

>> **핵심정리**

① 작가 : 충담사

② 성격 : 유교적, 교훈적, 권계적(勸戒的)

③ 주제 : 나라를 다스리는 올바른 길. 국태민안(國泰民安)의 도

④ 의의

    ㉠ 불교나 주술적 내용이 유교적 정치이념을 지닌 현전 유일의 향가

    ㉡ 임금을 훈계하기 위한 현실적이고 정치적인 노래

---

03   고려속요의 성격과 주요 작품 세계

1. 개념

향가가 쇠퇴하고 그 명맥을 유지하던 향가계의 노래까지 자취를 감추면서 크게 유행한 갈래로, 고려 시대 평민들이 부르던 민요적 시가로 '고속가(古俗歌)', '여요(麗謠)', '장가(長歌)', '별곡(別曲)' 등으로 부르는 서정양식이다.

2. 수록 문헌

구비 전승되다가 훈민정음 창제 이후 『악학궤범(樂學軌範)』, 『악장가사(樂章歌詞)』, 『시용향악보(時用鄕樂譜)』에 전한다.

✎ **참고**

① 가장 많은 작품을 수록하고 있는 문헌은 『악장가사(樂章歌詞)』이다.

② 이제현의 문집 『익재난고』의 「소악부(小樂府)」에는 11수의 고려속요가 한역되어 전한다.

③ 조선조 문헌에 수록되는 과정에서 '남녀상열지사(男女相悅之詞)' 혹은 '음사(淫詞)'라 비판받았다.

④ '사리부재(詞俚不載 : 노래말이 저속한 것은 문헌에 싣지 못한다.)'라 하여 문헌에서 삭제하기도 하였다.
⑤ '사리부재(詞俚不載)'의 원칙을 가장 충실히 적용한 문헌은 『악학궤범(樂學軌範)』이다.
⑥ 수록 과정에서 고려 이전부터 내려 온 「정읍사」와 「처용가」도 같이 포함되었다.

3. 특징

(1) 형식

① 음보율 : 3음보
② 음수율 : 비정형시가이므로 고전된 것은 아니지만, 「청산별곡」, 「가시리」 등을 보면 3음보격에 의한 3 · 3 · 2조가 주조를 이룬다.
③ 대부분 분절체(= 분장체 = 분연시)로 되어 있다.

> ✎ **참고**
>
> 비연시 : 「사모곡」, 「상저가」, 「이상곡」, 「처용가」, 「유구곡」

④ 후렴구가 발달했다.

> ✎ **참고 고려속요의 후렴구**
>
> ① 「사모곡」 : 위 덩더둥셩
> ② 「서경별곡」 : 위 두어렁셩 두어렁셩 다링디리
> ③ 「청산별곡」 : 얄리얄리 얄라셩 얄라리 얄라
> ④ 「이상곡」 : 다롱디우셔 마득사리 마득너즈세 너우
> ⑤ 「가시리」 : 위 증즐가 太平聖代
> ⑥ 「정읍사(백제)」 : 어긔야 어강됴리 아으 다롱디리
> ⑦ 「쌍화점」 : 더렁둥셩 다리러디러 다리러디러 다로러 거디러 다로러
> ⑧ 「동동」 : 아으 動動다리

(2) 내용

① 평민계급의 민요적 시가로 리듬이 매끄럽고 표현이 소박하다.
② 현세적 · 향락적인 성격이 강하다.
③ 아름다운 우리말의 구사로 순수 · 진솔한 감정과 정서를 살렸다.
④ 주로 남녀 간의 사랑, 자연에 대한 예찬, 이별의 안타까움 등

> ✎ **참고 고려속요의 주제**
>
> ① 효심(孝心) : 「사모곡」, 「상저가」
> ② 남녀상열지사 : 「이상곡」, 「만전춘」, 「쌍화점」
> ③ 이별의 정한 : 「가시리」, 「서경별곡」
> ④ 현실도피 : 「청산별곡」
> ⑤ 송도(頌禱) : 「동동」, 「정석가」
> ⑥ 축사(逐邪) : 「처용가」

(3) 작가

대부분 연대나 작가가 미상이기 때문에 문자를 가지지 못했던 평민 계층으로 파악한다.

✎ 참고 **고려속요의 주제**

「정과정곡」은 작자와 연대가 분명하더라도 구비되다가 『악학궤범』 속에 국문으로 정착되었으므로 고려속요에 포함된다.

4. 주요 작품

작품	형식	작품 내용	출전
「청산별곡 (靑山別曲)」	전 8연 분절체	• 현실도피적인 생활상과 실연(失戀)의 애정이 담긴 노래 • 고려속요의 백미	『악장가사』 『시용향악보』
「동동 (動動)」	전 13연 월령체	월별로 그 달의 자연경물이나 행사에 따라 남녀 사이의 애정을 읊은 달거리 노래. 월령체 노래의 효시	『악학궤범』
「정석가 (鄭石歌)」	전 6연 분절체	• 임금(또는 임)의 만수무강을 축원한 노래 • 불가능한 상황을 설정하여 임과의 사랑을 노래	『악장가사』 『시용향악보』
「가시리」	전 4연 연장체	• 남녀 간의 애타는 이별의 노래로 일명 귀호곡(歸乎曲) • 부전가요 「예성강곡」과 연관됨	『악장가사』 『시용향악보』
「상저가 (相杵歌)」	4구체, 비연시	방아를 찧으면서 부른 소박한 노동요. 신라의 백결 선생의 '대악'과 연관됨. 내용상 '효'를 주제로 한다.	『시용향악보』
「처용가 (處容歌)」	비연시 (非聯詩)	향가인 처용가를 부연해서 부른 무가(巫歌) 축사(逐邪)의 노래. 희곡적으로 구성됨. 향가 해독의 근거 제시	『악학궤범』 『악장가사』
「서경별곡 (西京別曲)」	전 3연 분절체	• 서경을 무대로 한 남녀 간의 애끓는 이별가 • 임을 따르겠다는 적극적 의지와 임에 대한 질투의 감정이 드러나는 등 적극적인 정서가 돋보인다.	『악장가사』 『시용향악보』
「쌍화점 (雙花店)」	전 4연	• 남녀 간의 적나라한 애정을 표현한 유녀의 노래. '사룡(蛇龍)'과 연관됨 • '쌍화점'은 '만두가게'의 뜻. 남녀상열지사	『악장가사』 『시용향악보』
「사모곡 (思母曲)」	비연시 (非聯詩)	• 어머니의 사랑을 호미와 낫에 비유한 소박한 노래 • 별칭은 '엇노리'. 신라의 「목주가」와 연관됨	『악장가사』 『시용향악보』
「이상곡 (履霜曲)」	비연시 (非聯詩)	남녀상열지사로 지목된 것으로 성종 때 개작됨	『악장가사』
「만전춘 (滿殿春)」	전 5연	• 남녀 간의 애정을 대담 솔직하게 읊은 사랑의 노래 • 고려속요 중 시조의 형식을 지님(2연과 5연). 남녀상열지사	『악장가사』
「유구곡 (維鳩曲)」	비연시 (非聯詩)	• 비둘기를 좋아한다는 노래로 속칭 '비두로기'라 함 • 예종의 「벌곡조」와 관련됨	『시용향악보』

5. 주요 작품의 감상

(1) 정과정곡(鄭瓜亭曲)

내 님믈 그리ᄉᆞ와 우니다니 山(산) 졉동새 난 이슷ᄒᆞ요이다. 아니시며 거츠르신 ᄃᆞᆯ 아으 殘月曉星(잔월 효성)이 아ᄅᆞ시리이다. 넉시라도 님은 ᄒᆞᆫ디 녀져라 아으 벼기더시니 뉘러시니잇가. 過(과)도 허믈도 千萬(천만) 업소이다. ᄆᆞᆯ힛마리신뎌 ᄉᆞᆯ읏븐뎌 아으 니미 나ᄅᆞᆯ ᄒᆞ마 니ᄌᆞ시니잇가. 아소 님하, 도람 드르샤 괴오쇼셔.	내가 임(임금)을 그리워하여 울고 지내니 산에서 우는 소쩍새와 나는 비슷합니다. (저에 대한 혐의가 사실이)아니며 거짓인 줄을 희미한 달과 샛별(천지신명)이 알 것입니다. 넋이라도 임과 함께 살아가고 싶어라. (저를)헐뜯은 사람이 누구였습니까? 저는 결코 아무런 잘못도 없습니다. 그것은 뭇사람의 참언이었습니다. 슬프도다 임께서 저를 벌써 잊으셨습니까? 아소 임이시여, 마음을 돌이켜 들으시어 다시 사랑해 주소서.

>> **핵심정리**

① **작가** : 과정 정서(鄭敍)

② **연대** : 의종 20년(1166)

③ **형식** : 10구체의 변형

④ **표기** : 국문

⑤ **의의**

　㉠ 유배 문학의 효시 → 정철의 「사미인곡」, 「속미인곡」에 영향을 줌

　㉡ 현전 10구체 형식의 마지막 작품

　㉢ 고려 속요 중 작자와 연대가 밝혀지고, 주제가 충신연군이며, 후렴구가 없는 유일한 노래

⑥ **악곡명** : 삼진작(三眞勺)

⑦ **주제** : 결백의 토로와 충신연군(忠臣戀君)

⑧ **출전** : 『악학궤범(樂學軌範)』

(2) 청산별곡(靑山別曲)

>> **핵심정리**

① **작자** : 미상(未詳)

② **구성**

　㉠ 8연의 분절체(= 분장체), 3음보 3·3·2조

　㉡ '기 – 승 – 전 – 결'의 4단 구성, 혹은 '산 – 바다'의 대칭적 2단 구성

　㉢ 'a – a – b – a'의 통사적 율격 구조

③ 성격
　　㉠ 내우외환의 현실에서 생의 고뇌를 잊으려는 선인들의 낙천성(樂天性 – 醉樂思 想)이 드러남
　　㉡ 현실 도피적이며, 현실에 대한 부정적 내용이 나타남
　　㉢ 애상적(哀傷的)이며, 감상적(感傷的)이다. 체념적, 은둔사상(隱遁思想)
　　㉣ 상징적 수법, 순화된 정서 표현, 음악적 효과 뛰어남
④ 표현
　　㉠ ㄹ, ㅇ음이 밝고 명랑한 효과를 주고 있음, 음악적인 경쾌함을 줌
　　㉡ 동일 어휘의 반복을 통한 의미 강조
　　㉢ 소재의 상징성 중시
⑤ 제재 : 내우(內憂 – 척신의 전횡, 무신난) 외환(外患 – 몽고군의 침입)의 현실
⑥ 주제 : 삶의 고뇌와 비애(悲哀), 현실에의 체념, 생의 고독과 비애
⑦ 출전 : 『악장가사(樂章歌詞)』, 『시용향악보(時用鄉樂譜)』
　　▶ 1연 : 이상향인 청산으로의 귀의(歸依), 현실 도피

살어리 살어리랏다 청산(靑山)애 살어리랏다. 멀위랑 ᄃ래랑 먹고 청산(靑山)애 살어리랏다. 얄리얄리 얄라셩 얄라리 얄라	살으리 살으리라. 청산에 가서 살으리라. 머루랑 다래랑 먹고 청산에서 살으리라. 얄리얄리 얄라셩 얄라리 얄라

　　▶ 2연 : 감정 이입을 통한 고독과 비애, 비탄의 삶

우러라 우러라 새여 자고 니러 우러라 새여. 널라와 시름 한 나도 자고 니러 우니로라. 얄리얄리 얄라셩 얄라리 얄라	우는구나 우는구나 새여. 자고 일어나서 우는구나 새여. 너보다 근심이 많은 나도 자고 일어나서 울며 지내노라. 얄리얄리 얄라셩 얄라리 얄라

　　▶ 3연 : 속세에 대한 번민, 미련과 번민

가던 새 가던 새 본다 믈 아래 가던 새 본다. 잉 무든 장글란 가지고 믈 아래 가던 새 본다. 얄리얄리 얄라셩 얄라리 얄라	갈던 밭은 본다. 갈던 밭을 본다. 속세에 살면서 갈던 밭을 본다. (농사를 그만두어) 녹슨 연장을 가지고 속세에서 갈던 밭을 바라본다.

　　▶ 6연 : 새로운 안식처에 대한 동경

살어리 살어리랏다 바ᄅ래 살어리랏다. ᄂᄆ자기 구조개랑 먹고 바ᄅ래 살어리랏다. 얄리얄리 얄라셩 얄라리 얄라	살으리 살으리라. 바다에 가서 살으리라. 나문재랑 굴조개랑 먹고 바다에 가서 살으리라.

▸ 7연 : 생의 절박함, 희망을 가짐(현실에의 동경)

가다가 가다가 드로라 에졍지 가다가 드로라. 사스미 짒대예 올아서 히금(奚琴)을 혀거를 드로라.	얄리얄리 얄라셩 얄라리 얄라 가다가 가다가 듣노라. 외딴 부엌(들판을 멀리 돌아가다가) 듣노라. 사슴이 장대에 올라가서 해금을 켜는 소리를 듣노라.

▸ 8연 : 술로 고통을 잊으려는 낙천적 태도

가다니 빗브른 도긔 설진 강수를 비조라. 조롱곳 누로기 민와 잡스와니 내 엇디 ᄒᆞ리잇고. 얄리얄리 얄라셩 얄라리 얄라	가다보니 (배가) 불룩한 술독에 진한 술을 빚는구나. 조롱박꽃과 누룩의 냄새가 맵게 (나를) 붙잡으니 내가 (마시지 않고) 어찌하리오.

(3) 동동(動動)

▶▶ 핵심정리

① 갈래 : 고려속요, 4구 3음보. 전 13연의 달거리 노래
② 성격 : 이별의 노래, 민요풍, 頌禱歌(송도가)
③ 표현
   ㉠ 영탄법, 직유법, 은유법
   ㉡ 여음구. '動動'은 북 소리를, '다리'는 악기 소리를 흉내 낸 의성어
④ 구성 : 숲 13연의 분절체, 월령체 구성(序詞와 本詞인 1월에서 12월까지의 달거리로 구성)
⑤ 주제 : 임에 대한 頌禱(송도)와 哀戀(애련)
⑥ 의의 : 현전 월령체 노래의 효시, 슬픔과 원한을 讚美(찬미)로 승화시킴
⑦ 출전 : 『악학궤범』

▸ 1연 : 서사 - 임에 대한 송도(송축)

德으란 곰비예 받줍고, 福으란 림비예 받줍고, 德이여 福이라 호늘 나스라 오소이다. 아으 動動다리	덕은 뒤에 바치옵고, 복은 앞에 바치오니 덕과 복이라 하는 것을 드리러 오십시오. 아으 動動다리

→ 궁중에서 불리는 의식요의 절차를 갖추기 위해 후대에 덧붙여진 것으로 추측되는 부분

▶ 2연 : 정월령 – 고독과 그리움

正月ㅅ 나릿므른 아으 어져 녹져 ᄒ논ᄃᆡ 누릿 가온ᄃᆡ 나곤 몸하 ᄒ올로 녈셔. 아으 動動다리	정월의 냇물은 아! 얼었다가 녹으려 하 는데 세상에 태어난 이 몸은 홀로 살아가는구나. 아으 動動다리

→ 냇물이 얼었다가 녹으려한다는 것을 통해, 자신의 얼었던 마음을 녹여줄
사람 없이 홀로 지내는 화자의 고독한 신세를 한탄함(중의적이고 우의적인
표현).

▶ 3연 : 이월령 – 임(= 등불)에 대한 송축

二月ㅅ 보로매 아으 노피 현 燈ㅅ블 다 호라. 萬人 비취실 즈싀샷다. 아으 動動다리	2월 보름(연등일)에 아!, 높이 켠 등불 같구나. 온 백성(만인)을 비추실 모습이로구나. 아으 動動다리

→ 연등일 행사 때 높이 달아놓은 등불의 모습으로 임의 모습을 표현함. 등불[만
인을 비추실 임의 모습으로, "임이 지닌 내면적인 모습(인격, 성품)"을 강조한
표현]

▶ 4연 : 3월령 – 임(= 꽃)에 대한 송축

三月 나며 開혼 아으 滿春 들욋고지여. ᄂᆞ미 브롤 즈슬 디녀 나샷다. 아으 動動다리	3월 지나면서 핀 아아, 늦봄의 진달래꽃 이여 남이 부러워할 모습을 지니셨구나. 아으 動動다리

→ 늦봄에 핀 진달래꽃[임이 지닌 외면적인 모습(준수하고 아름다운 외양)을
찬양]

▶ 5연 : 4월령 – 오지 않는 임에 대한 원망

四月 아니 니저 아으 오실셔 곳고리새여. 므슴다 綠事니믄 녯 나를 닛고신뎌. 아으 動動다리	4월을 아니 잊고 아! 오셨구나, 꾀꼬리 새여! 어찌하여 녹사(錄事)님은 옛날의 나를 잊으셨는가? 아으 動動다리

→ 계절을 잊지 않고 찾아오는 꾀꼬리새, 그러나 임(녹사님)은 소식이 없고, 화
자는 상사(相思)에 여위어만 간다.

▸ 6연 : 5월령 – 임의 장수 기원

五月 五日애 아으, 수릿날 아춤 藥은 즈믄 힐 長存ᄒᆞ샬 藥이라 받줍노이다. 아으 動動다리	5월 5일(단오)에 아! 단오날 아침에 먹 는 약은 천 년을 오래 사실 약이므로 바치옵나이다. 아으 動動다리

→ 단오날의 풍습 중의 하나인 익모초는 장수하는 약으로, 곁에 없는 임이지만 그를 그리며 약을 바치며 임을 송축한다.

▸ 7연 : 6월령 – 임에게 버림받은 신세 한탄(= 빗)

六月ㅅ 보로매 아으 별해 ᄇᆞ룐 빗 다호라. 도라보실 니믈 적곰 좃니노이다. 아으 動動다리	6월 보름(유두)에 아! 벼랑에 버려진 빗 같구나. 돌아보실 임을 잠시나마 따르겠나이다. 아으 動動다리

→ 유두일 풍습 중에, 동쪽으로 흐르는 물에 머리를 감고 나서 머리를 빗은 빗을 벼랑 끝에 버리는 것이 있는데, 이때 버려진 빗에다 자신의 모습을 비유함으로써, 버림받은 자신의 신세를 나타내고 있다.

▸ 8연 : 7월령 – 임과 함께 살고자 하는 소망

七月ㅅ 보로매 아으 百種 排ᄒᆞ야 두고, 니믈 ᄒᆞᆫ ᄃᆡ 녀가져 願을 비ᅀᆞᆸ노이다. 아으 動動다리	7월 보름(백종)에 아! 온갖 종류의 음식 을 차려 두고 임과 함께 살아가고자 하는 소원을 비옵 나이다. 아으 動動다리

→ 백중날, 온갖 음식과 과일을 차려 놓고 올리는 기원 속에 임과 함께 살고 싶은 애절한 소망을 담아 노래하고 있다.

▸ 9연 : 8월령 – 한가위의 쓸쓸함과 그리움

八月ㅅ 보로ᄆᆞᆫ 아으 嘉俳 나리마ᄅᆞᆫ 니믈 뫼셔 녀곤 오ᄂᆞᆯ 낤 嘉俳샷다. 아으 動動다리	8월 보름(가배)은 아! 가배날이지마는 님을 모시고 지내야만 오늘이 뜻있는 한 가위이도다. 아으 動動다리

→ 즐거운 한가위 명절, 사랑하는 임이 있어야만 진정 즐거운 명절이 될 수 있으나, 임이 없기에 더더욱 쓸쓸하고 고독한 한가위를 보낼 수밖에 없음을 나타내고 있다.

▸ 10연 : 9월령 - 임이 없는 고독과 한

| 九月 九日애 아으 藥이라 먹논 黃花
고지 안해 드니 새셔 가만ㅎ애라.
아으 動動다리 | 9월 9일(중양절)에 아! 약으로 먹는 국화
꽃이 집안에 드니 초가집 안이 고요하구나.
아으 動動다리 |

→ 중양절, 황화전을 부쳐서 가을 산으로 나들이 가는 풍습이 있는 절기이다. 황
화전의 재료인 국화꽃이 집안에 가득 피니, 임이 안 계신 초가가 더욱 적막하
게만 느껴진다.

▸ 11연 : 10월령 - 임에게 버림받은 서글픔

| 十月애 아으 져미연 ㅂ릇 다호라.
것거 ㅂ리신 後에 디니실 흔 부니 업스
샷다.
아으 動動다리 | 10월에 아! 베어 버린 보리수나무 같구나.
꺾어 버리신 후에 지니실 한 분이 없으
시도다.
아으 動動다리 |

→ 보리수의 빨간 열매를 따먹은 후에 다시 쳐다보지 않고 버려진 보리수나무
가지처럼, 버림받은 서글픔을 나타내고 있다.

▸ 12연 : 11월령 - 임에 대한 그리움과 사랑의 슬픔

| 十一月ㅅ 봉당 자리예 아으 汗杉 두퍼
누워
슬흘스라온뎌 고우닐 스싀옴 녈셔.
아으 動動다리 | 11월 봉당 자리에, 아! 한삼을 덮고 누워
슬프구나, 고운님을 (두고) 스스로 살아
가는구나.
아으 動動다리 |

→ 추운 겨울밤, 봉당 자리에 홑적삼을 덮고 누워 임 없이 혼자 살아가는 기막힌
신세를 나타냄. 사랑의 고통을 봉당 자리와 홑적삼을 통해 강조하고 있다.

▸ 13연 : 12월령 - 임과 맺어질 수 없는 운명에 대한 한탄

| 十二月ㅅ 분디남ㄱ로 갓곤 아으 나슬 盤잇 져 다호라.
니믜 알픠 드러 얼이노니 소니 가재다 므ᄅᆞᇣ노이다.
아으 動動다리 |
| 12월 분지나무로 깎은 아! (임께) 차려드릴 소반 위의 젓가락 같구나.
임의 앞에 들어 놓았더니, 손님이 가져다가 입에 물었나이다.
아으 動動다리 |

→ 이루지 못할 사랑과 뜻하지 않은 사람에게 시집가게 된 비련의 주인공인 화자
의 신세를 비유적으로 노래하고 있다.

(4) 사모곡(思母曲)

▶▶ 핵심정리

① 형식 : 6구체, 비분절체, 비연시(단연시)

② 성격 : 예찬적, 유교적

③ 표현

ㄱ 비유법(직유법), 영탄법

ㄴ 비교법과 반복법을 통한 의미 강조

ㄷ 진솔하고 소박한 표현을 사용

ㄹ 농경 사회에 친숙한 농기를 빗대어 어머니의 절대적인 사랑을 노래

④ 어조 : 어머니를 그리는 애절한 목소리

⑤ 별칭 : 엇노리

⑥ 의의

ㄱ 농경 사회의 친숙한 농기구(호미, 낫)에 빗대어 어머니의 절대적인 사랑을 노래

ㄴ 신라의 부전가요인 「목주가(木州歌)」의 후신

⑦ 주제 : 어머니의 절대적인 사랑 예찬

⑧ 출전 : 『악장가사(樂章歌詞)』, 『시용향악보(時用鄕樂譜)』

호미도 늘히언마르는 낟フ티 들 리도 업스니이다. 아바님도 어이어신마르는 위 덩더둥셩 어마님フ티 괴시리 업세라. 아소 님하 어마님フ티 괴시리 업세라.	호미도 날이 있지마는 낫처럼 들을 까닭이 없습니다. 아버님도 어버이시지마는 위 덩더둥셩 어머님같이 나를 사랑하실 분이 없도다. 더 말씀하지 마시오(아서라) 사람들이여, 어머님같이 사랑하실 분이 없도다.

(5) 정석가(鄭石歌)

▶▶ 핵심정리

① 성격 : 축도가(祝禱歌), 송축

② 형식

ㄱ 6연의 분절체(1연은 3구로 구성되어 있고, 2~6연은 각 6구로 구성됨)

ㄴ 3・3・4조의 3음보

③ 표현

ㄱ 과장법, 역설법, 반어법, 열거법, 설의법

ㄴ 불가능한 것을 가능으로 설정해 놓고 영원한 사랑을 노래함

ㄷ 반복 구문을 통한 리듬감 형성

④ 주제 : 임에의 영원한 연모의 정
⑤ 출전 : 『악장가사』(『시용향악보』에는 제1연만 수록)

▸ 1연 : 태평성대를 희구함

딩아 돌하 당금(當今)에 계샹이다 딩아 돌하 당금(當今)에 계샹이다 션왕셩딕(先王聖代)예 노니ᅌᆞ와지이다.	징이여 돌(경쇠)이여 (임금님이) 지금에 (우리 앞에) 계시옵니다. 징이여 돌이여 지금에 계시옵니다. 태평성대에 노닐고 싶습니다.

▸ 2연 : 임과의 영원한 사랑

삭삭기 셰몰애 별혜 나는 삭삭기 셰몰애 별혜 나는 구은 밤 닷 되를 심고이다. 그 바미 우미 도다 삭나거시아 그 바미 우미 도다 삭나거시아 유덕(有德)ᄒᆞ신 님믈 여히ᅌᆞ와지이다	바삭바삭한 가는 모래 벼랑에 바삭바삭한 가는 모래 벼랑에 구운 밤 닷 되를 심습니다. 그 밤이 움이 돋아 싹이 나야만 그 밤이 움이 돋아 싹이 나야만 덕(德)이 있는 임과 이별하고 싶습니다.

▸ 3연 : 임과의 영원한 사랑

옥(玉)으로 련(蓮)ㅅ고즐 사교이다 옥(玉)으로 련(蓮)ㅅ고즐 사교이다 바회 우희 접듀(接柱)ᄒᆞ요이다. 그 고지 삼동(三同)이 퓌거시아 그 고지 삼동(三同)이 퓌거시아 유덕(有德)ᄒᆞ신 님믈 여히ᅌᆞ와지이다	옥으로 연꽃을 새깁니다. 옥으로 연꽃을 새깁니다. (그 꽃을) 바위 위에 접붙입니다. 그 꽃이 세 묶음이 피어야만 그 꽃이 세 묶음이 피어야만 유덕하신 임과 이별하고 싶습니다.

▸ 6연 : 영원한 신의(信義)

구스리 바회예 디신들 구스리 바회예 디신들 긴힛ᄃᆞ 그츠리잇가 즈믄 ᄒᆡ를 외오곰 녀신들 즈믄 ᄒᆡ를 외오곰 녀신들 신(信)잇ᄃᆞ 그츠리잇가. 구슬이 바위에 떨어진들	구슬이 바위에 떨어진들 (구슬을 꿰고 있는) 끈이야 끊어지겠습 니까? (당신과 내가)천 년을 외따로 살아간들 (당신과 내가)천 년을 외따로 살아간들 (임과의 사이의) 믿음이야 끊어지겠습 니까?

(6) 가시리

▶▶ **핵심정리**

① 성격 : 서정시, 이별가

② 형식

　　㉠ 3・3・2조의 3음보의 운율

　　㉡ 1연이 2구로 이루어진 전 4연의 분절체 형식

　　㉢ 기 – 승 – 전 – 결의 완결된 구조

③ 표현

　　㉠ 소박하고 간결한 시어 및 시형

　　㉡ 반복법 사용

④ 별칭 : 『시용향악보』에는 「귀호곡」이라는 제목으로 제1연만 수록됨

⑤ 주제 : 이별의 정한

⑥ 출전 : 『악장가사』, 『악학편고』, 『시용향악보』

　　▶ 기(起) : 애원

가시리 가시리잇고 나ᄂᆞᆫ ᄇᆞ리고 가시리잇고 나ᄂᆞᆫ 위 증즐가 大平盛代(대평셩ᄃᆡ)	가시겠습니까 가시겠습니까 (나를) 버리고 가시겠습니까. 위 증즐가 大平盛代(대평셩ᄃᆡ)

　　▶ 승(承) : 원망의 고조

날러는 엇디 살라 ᄒᆞ고 ᄇᆞ리고 가시리잇고 나ᄂᆞᆫ 위 증즐가 大平盛代(대평셩ᄃᆡ)	나더러는 어떻게 살라하고 버리고 가시렵니까. 위 증즐가 大平盛代(대평셩ᄃᆡ)

　　▶ 전(轉) : 어쩔 수 없이 보내는 마음(시적 반전)

잡ᄉᆞ와 두어리마ᄂᆞᄂᆞᆫ 선ᄒᆞ면 아니 올셰라 위 증즐가 大平盛代(대평셩ᄃᆡ)	붙잡아 두고 싶지만 서운하게 생각하시어 아니 오실까 두렵습니다. 위 증즐가 大平盛代(대평셩ᄃᆡ)

　　▶ 결(結) : 간절한 기원

셜온 님 보내ᅀᆞᆸ노니 나ᄂᆞᆫ 가시ᄂᆞᆫ 듯 도셔 오쇼셔 나ᄂᆞᆫ 위 증즐가 大平盛代(대평셩ᄃᆡ)	서럽지만 님을 보내오니 가시자마자 돌아오십시오. 위 증즐가 大平盛代(대평셩ᄃᆡ)

04 경기체가의 성격과 주요 작품 세계

1. 개념

고려 중엽 이후 무신(武臣)들이 집권하게 되자, 대부분의 문신들은 관계(官界)를 떠나 초야에서 은둔하였지만, 일부 문신들은 집권층들의 문하를 드나들며 신흥 사대부 계층을 형성하게 되었다. 경기체가는 이들 신흥 사대부들이 자신들의 득의에 찬 삶과 향락적인 여흥을 위하여 창출한 시가양식이며, 후렴구에 경기하여(景幾何如)라는 구절이 들어 있기 때문에 '경기체가' 혹은 '경기하여가'라 불린다.

2. 특징

(1) 작가

작자는 대부분 문인들로, 상류 계층이 향유한 귀족 문학이다.

(2) 장르

① 구체적 사물을 나열하면서 객관적인 설명을 가하는 교술장르이다.
② 기록문학이며, 정형시가이다.

(3) 내용

① 글, 경치, 기상 등을 제재로 삼았다.
② 신흥 사대부 계층을 형성한 문인들의 득의에 찬 삶과 향락적 여흥을 나타난다.
③ 사물이나 경치를 나열하며 신흥 사대부의 호탕한 기상과 자부심을 드러낸다.

(4) 형식 및 표기

① 4구로 된 전대절(前大節)과 2구로 된 후소절(後小節)로 되어 있다.
② 3·3·4조 또는 4·4·4조를 기본 음수율로 하며, 음보율은 3음보이다.
③ 한문구가 나열되어 있고, 부분적으로 이두를 사용하였다.
④ 분장체이며 각 절 끝에 '위 景 긔 엇더ᄒ니잇고' 또는 '경기하여'라는 후렴구가 있다.

(5) 전개

① 효시 : 한림별곡
② 마지막 작품 : 권호문, 「독락팔곡」

> **◆ 참고**
>
> 이설(異說)로 민규의 「충효가」가 있으나, 후세의 아류작으로 본다.

(6) 의의

① 조선 초 '악장' 문학의 형성에 영향을 주었다.
② 조선 시대 가사(歌詞) 문학의 기원이 되었다.

③ 형식은 속요를 모방하면서, 내용은 사대부의 삶을 소개한 특이한 형태의 문학으로, 조선 시대에 와서 가사(歌詞)로 통합되면서 발전적 해체를 하게 된다.

3. 주요 작품

작품	연대	작자	형식	내용
「한림별곡」	고려 고종 때	한림제유	8연 3·3·4조	시부, 서적, 명필, 명주, 화훼(花卉), 음악, 누각, 추천(鞦韆)을 노래했다. 경기체가의 효시로 당시 문인들의 풍류적인 생활을 읊었다.
「관동별곡」	고려 충숙왕	안축	8연 3·3·4조	작자가 강원도 순무사로 있다가 돌아오는 길에 관동 지방의 절경을 보고 읊은 것으로, 모두 8장으로 되어 있다. 『근재집』에 그 내용이 전한다.
「죽계별곡」	고려 충숙왕	안축	5연	고향인 풍기 순흥의 절경을 읊었다.

4. 경기체가와 고려속요 비교

구분	경기체가(景幾體歌)	고려속요(高麗俗謠)
작자	귀족층(양반문학)	평민층(평민문학)
장르	교술양식	서정양식
시형	정형시가	비정형시가
형식	3음보, 분절체, 후렴구 발달(고정적)	3음보, 분절체, 후렴구 발달(다양함)
음수율	3·3·4조가 기본	3·3·2조, 3·3·3조, 3·3·4조 등 다양
내용	향락적·퇴폐적·유흥적	현세적(평민의 진솔·소박한 생활 감정)
표기	기록문학 : 한자어 나열, 부분적으로 이두 사용	구비문학 : 구전되다가 훈민정음 창제 후에 문자로 정착됨
의의	조선 시대에 새로운 이념을 구현하는 노래(경기체가 악장)로 계승됨	조선 시대에 '남녀상열지사'라 하여 비판의 대상이 됨
영향	가사 문학의 모태가 됨	시조 발생에 영향을 줌
별칭	별곡체, 경기하여가	장가, 여요, 고속가, 별곡
공통점	3음보, 분절체(분장체), 후렴구 발달	

5. 주요 작품의 감상

(1) 한림별곡(翰林別曲)

>> 핵심정리
① 작자 : 한림제유(翰林諸儒)
② 연대 : 고려 고종 때
③ 성격 : 과시적, 풍류적, 향락적, 퇴폐적

④ **표현** : 열거법, 영탄법, 설의법, 반복법
⑤ **구성** : 전 8장의 분절체(각 장에서 1~4행은 전대절, 5~6행은 후소절이라 함)
⑥ **운율** : 3・3・4조, 3음보
⑦ **의의** : 경기체가의 효시
⑧ **주제** : 향락적 생활과 풍류. 신진사류들의 자긍심과 의욕적 기개 찬탄
⑨ **출전** : 『악장가사』

▸ **제1장** : 시부(詩賦) – 시인과 문장 예찬

元淳文(원슌문) 仁老詩(인노시) 公老四六(공노ᄉᆞ륙)
李正言(니정언) 陳翰林(딘한림) 雙韻走筆(솽운주필)
沖基對策(튱긔ᄃᆡᄎᆡᆨ) 光鈞經義(광균경의) 良鏡詩賦(량경시부)
위 試場(시댱)ㅅ 景(경) 긔 엇더ᄒᆞ니잇고.
葉(엽) 琴學士(금ᄒᆞᆨᄉᆞ)의 玉笋門生(옥슌문ᄉᆡᆼ) 琴學士(금ᄒᆞᆨᄉᆞ)의 玉笋門生(옥슌문ᄉᆡᆼ)
위 날조차 몃 부니잇고.

유원순의 문장, 이인로의 시, 이공로의 사륙변려문,
이규보와 진화의 쌍운을 맞추어 써 내려간 글,
유충기의 대책문, 민광균의 경서 해의(解義), 김양경의 시와 부(賦)
아, 과거 시험장의 광경, 그것이 어떠합니까? (참으로 굉장하다)
금의가 배출한 죽순처럼 많은 제자들. 금의가 배출한 죽순처럼 많은 제자들
아, 나까지 몇 분입니까?

▸ **제2장** : 서적(書籍) – 학문 수련과 독서에 대한 자긍심 찬양

唐漢書(당한서) 莊老子(쟝로ᄌᆞ) 韓柳文集(한류문집)
李杜集(니두집) 蘭臺集(난ᄃᆡ집) 白樂天集(ᄇᆡᆨ락텬집)
毛試尙書(모시상서) 周易春秋(쥬역춘추) 周戴禮記(쥬ᄃᆡ례긔)
위 註(주)조쳐 내 외ᄋᆞᇇ 景(경) 긔 엇더ᄒᆞ니잇고.
葉(엽) 大平廣記(대평광기) 四百餘卷(ᄉᆞᄇᆡᆨ여권) 大平廣記(대평광기) 四百餘卷(ᄉᆞᄇᆡᆨ여권)
위 歷覽(력남)ㅅ 景(경) 긔 엇더ᄒᆞ니잇고.

당서와 한서, 장자와 노자, 한유와 유종원의 문집
이백과 두보의 시집, 난대영사(令使)들의 시문집, 백낙천의 문집
시경과 서경, 주역과 춘추, 대대례와 소대례
아, 이러한 책들을 주석까지 포함하여 내쳐 외는 광경이 그 어떠합니까?
대평광기 사백여 권을 대평광기 사백여 권을
아, 열람하는 광경이 그 어떠합니까? (참으로 훌륭하다)

▶ 제8장 : 추천(鞦韆) – 그네 뛰는 흥겨운 정경과 풍류 생활 찬양

> 唐唐唐(당당당) 唐揪子(당츄즈) 조협(皁莢) 남긔
> 紅(홍)실로 紅(홍)글위 미요이다.
> 혀고시라 밀오시라 鄭少年(뎡소년)하.
> 위 내 가논 딕 눔 갈셰라.
> 葉(엽) 削玉纖纖(샥옥셤셤) 雙手(솽슈)ㅅ 길헤 削玉纖纖(샥옥셤셤) 雙手(솽슈)ㅅ길헤
> 위 携手同遊(휴슈동유)ㅅ 景(경) 긔 엇더ᄒ니잇고.
> ─────────────────────────────
> 당당당 당추자(호도나무) 쥐엄나무에
> 붉은 그네를 맵니다.
> 당기시라 미시라 정소년이여.
> 아, 내가 가는 곳에 남이 갈까 두렵다.
> 옥을 깎은 듯 고운 손길에, 옥을 깎은 듯 고운 손길에
> 아, 마주 손잡고 노니는 정경, 그것이 어떠합니까?(참으로 좋습니다)

05 악장의 성격과 주요 작품 세계

1. 개념

왕의 행차나 종묘제향(宗廟祭享) 등 국가적인 행사에 사용하던 음악의 가사로서, 조선 초기의 송축가(頌祝歌)를 이른다.

2. 특징

(1) 내용

① 조선 개국의 정당성 피력 : 민심 수습
② 조선 창업자들의 업적 칭송
③ 조선의 새로운 제도나 문물에 대한 찬양
④ 조선 왕조의 영원한 발전 축원
⑤ 후왕(後王)에 대한 권계(勸戒)

(2) 작가

조선조 개국 공신들이나 권신들

(3) 형식

① 기본형은 4구 2절씩, 변조형은 4구 내외 또는 2절 이상
② 하나의 형식을 지닌 일정한 정형시는 아니다.

(4) 성격

① 유교적 충의 사상을 바탕으로 함

② 정치적 목적성을 지닌 교술 양식

③ 왕권과 체제의 확립으로 일찍 소멸

(5) 소멸 이유(한계성)

① **향유 계층의 제한** : 백성들과 유리된 궁중 문학

→ **가장 근본적 이유** : 향유 계층의 제한으로 국민문학(민족문학)의 성격을 지니지 못했다.

② **작가층의 제한** : 일부 지배층에 한함

③ **주제의 제한** : 송축과 찬양으로 일관

④ **표현의 제한** : 과장과 아유(阿諛)가 심해 문학성이 결여

⑤ **형식의 제한** : 한시현토체가 주류를 이룸

3. 주요 작품

형식	작품	연대	작가	내용
신체	「용비어천가」	세종 27	정인지, 안지, 권제	훈민정음으로 쓴 최초의 작품으로, 조선을 세우기까지 6조의 사적(事跡)을 중국 고사와 대비하여 그 공덕을 기리어 지은 노래이다. 각 사적의 기술에 앞서 우리말 노래를 먼저 싣고 그에 대한 한역시를 뒤에 붙였다. 125장. 10권 5책
	「월인천강지곡」	세종 29	세종	「석보상절」의 석가 공덕을 보고 지은 석가모니의 찬송가
속요체	「신도가」	태조 3	정도전	새로운 도읍지 예찬과 태조의 만수무강 찬양
	「유림가」	세종	미상	조선의 창업 송축과 유교 정치를 찬양
	「감군은」	명종 1	상진	임금의 성덕과 성은 찬양
경기체가	「상대별곡」	정종 ~ 태종	권근	사헌부의 생활을 읊은 것으로, 조선의 제도 문물의 왕성함을 찬양
	「화산별곡」	세종 7	변계량	조선의 개국 창업을 찬양
	「오륜가」	세종	미상	오륜에 대해서 부른 송가
	「연형제곡」	세종	미상	형제의 우애를 기리고 조선의 문물 제도를 찬양
한시체	「문덕곡」	태조 2	정도전	태조의 문덕(文德)을 찬양
	「궁수분곡」	태조 2	정도전	태조가 지리산에서 왜구를 격퇴한 것을 찬양. 무공곡
	「납씨가」	태조 2	정도전	태조가 야인(나하추)을 격파한 무공을 찬양. 무공곡
	「정동방곡」	태조 2	정도전	태조의 위화도 회군을 찬양
	「근천정」	태조 2	하륜	시경의 아송체를 모방하여 지은 것으로 태조의 공덕을 찬양
	「봉황음」	세조	윤회	조선의 문물과 왕가의 태평 기원

4. 용비어천가(龍飛御天歌)

(1) 작품의 해제

① 연대

ㄱ 본문 완성 : 세종 27년(1445년)[국문가사]

ㄴ 간행 : 세종 29년(1447년)

② 형태 : 악장(樂章 – 국문학상), 서사시(敍事詩 – 시의 분류상), 송축가(頌祝歌 – 내용상)

③ 의의

ㄱ 훈민정음으로 기록된 최초의 문헌

ㄴ 정음으로 된 최초의 장편 서사시

ㄷ 세종 당시의 국어 연구에 귀중한 자료

ㄹ 월인천강지곡과 함께 악장 문학의 대표작

④ 체제 및 형식

ㄱ 10권 5책 125장

ㄴ 2절 4구체(단 1장 – 1절 3구체, 125장 – 3절 9구체로 파격)

ㄷ 전절(前節) : 중국 역대 제왕의 사적을 찬양함, 후절(後節) : 6조의 사적을 찬양함

ㄹ 본문 : 본가(本歌) – 국문(國文) + 한문(漢文), 한역시(漢譯詩), 한문 배경 설화

⑤ 구조

ㄱ 서사(序詞) : 1장, 2장 – 건국의 정당성을 밝힘

→ 조선 건국의 정당성과 영원성 송축 : 개국송(開國頌)

ㄴ 본사(本詞) : 3장~109장 – 대체로 중국 고사와 대구를 이룸

→ 육조의 사적 예찬 : 사적찬(事蹟讚)

ㄷ 결사(結詞) : 110장~125장 – 후왕에 대한 권계

→ 계왕훈(戒王訓)

> ✎ 참고
>
> 110장~124장 : 물망장(勿忘章), 무망장(毋忘章)

⑥ 궁중 음악에서 사용됨 – 몇 개의 장에 곡을 붙여 종묘 제악(祭樂)이나 궁중 연악(宴樂)의 아악(雅樂)으로 사용

ㄱ 여민락(與民樂) : 1장~4장, 125장 → 한역시

ㄴ 취풍형(醉豊亨) : 1장~8장, 125장 → 국문 가사

ㄷ 치화평(致和平) : 1장~16장, 125장 → 국문 가사

> 🚩 출제의 감!
>
> 「용비어천가」의 가사에 붙여 노래했던 궁중악의 명칭 3가지를 쓰시오.
>
> 🅐 여민락, 취풍형, 치화평

(2) 주요 작품의 감상

① 제1장 : 해동장(海東章)

> 海東(해동) 六龍(육룡)이 ᄂᆞᄅᆞ샤 일마다 天福(천복)이시니.
> 古聖(고성)이 同符(동부)ᄒᆞ시니.
>
> ───────────────
> 海東六龍飛(해동육룡비) 莫非天所扶(막비천소부) 古聖同符(고성동부)
> ┄┄┄┄┄┄┄┄┄┄┄┄┄┄
> 우리나라에 여섯 성인이 웅비(雄飛)하시어, (하시는) 일마다 모두 하늘이 내린 복이시니,
> (이것은) 중국 고대의 여러 성군(聖君)이 하신 일과 부절을 맞춘 것처럼 일치하십니다.

>> **핵심정리**

　　㉠ 형식 : 1절 3구(125장과 함께 형식상의 파격을 이룬 장)

　　㉡ 성격 : 송축가[개국송(開國頌)]

　　㉢ 주제 : 조선 건국의 천명성

　　㉣ 핵심어 : 천복(天福)

　　㉤ 명칭 : 해동장(海東章)

② 제2장 : 근심장(根深章)

> 불휘 기픈 남ᄀᆞᆫ ᄇᆞᄅᆞ매 아니 뮐씨, 곶 됴코 여름 하ᄂᆞ니.
> ᄉᆡ미 기픈 므른 ᄀᆞᄆᆞ래 아니 그츨씨, 내히 이러 바ᄅᆞ래 가ᄂᆞ니.
>
> ───────────────
> 根深之木(근심지목) 風亦不扤(풍역불올) 有灼其華(유작기화) 有蕡其實(유분기실)
> 源遠之水(근원지수) 旱亦不竭(한역불갈) 流斯爲川(유사위천) 于海必達(우해필달)
> ┄┄┄┄┄┄┄┄┄┄┄┄┄┄
> 뿌리가 깊은 나무는 바람에 움직이지 아니하므로, 꽃이 좋고 열매 많으니.
> 샘이 깊은 물은 가뭄에 그치지 아니하므로, 내가 이루어져 바다에 가느니.

>> **핵심정리**

　　㉠ 형식 : 2절 4구(정격장)의 대구 형식

　　㉡ 내용 : 송축가[개국송(開國頌)]

　　㉢ 핵심어 : 곳, 여름, ᄇᆞ릏

　　㉣ 특징

　　　　ⓐ 중국의 고사가 전혀 나타나지 않음

　　　　ⓑ 순수한 우리 고유어만 사용함

　　　　ⓒ 고도의 상징법 사용

　　　　ⓓ 전 125장 중 가장 문학성이 뛰어남

　　㉤ 주제 : 조선 왕조의 무궁한 발전의 기원

③ 제125장

> 千世(천 세) 우희 미리 定(정)ᄒ샨 漢水(한수) 北(북)에 累仁開國(누인 개국)ᄒ샤 卜年(복년)이 ᄀᆞ업스시니,
> 聖神(성신)이 니ᅀᅳ샤도 敬天勤民(경천 근민)ᄒ샤ᅀᅡ, 더욱 구드시리이다.
> 님금하, 아ᄅᆞ쇼셔. 落水(낙수)예 山行(산행) 가 이셔 하나빌 미드니잇가.

> 千世黙定 漢水陽 累仁開國 卜年無疆
> 子子孫孫 聖神雖繼 敬天勤民 酒益永世
> 嗚呼 嗣王監此 洛表游畋 皇祖其恃

> 천세(天世) 전에 미리 정하신 한강 북쪽에, 여러 대를 물린 어린 임금이 나라를 여(開)시어 왕조가 끝이 없으시니,
> 성신(聖神)이 이으시어도 하늘을 공경하고 백성을 부지런히 섬겨야 더욱 굳건할 것입니다.
> 임금이여, 아소서. 낙수(落水)에 사냥을 가 있으면서 조상만 믿으시겠습니까?

▶▶ **핵심정리**

ㄱ 형식 : 3절 9구(파격장)
ㄴ 내용 : 계왕훈(戒王訓)
ㄷ 핵심어 : 경천근민(敬天勤民)
ㄹ 특징
   ⓐ 수사법 : 거례법(擧例法)
   ⓑ 관련 한자 성어 : 타산지석(他山之石), 반면교사(反面敎師)
ㅁ 구성
   ⓐ 논리적 : 전제 – 주지 – 부연
   ⓑ 내용적 : 송축 – 권계 – 당부
   ⓒ 시간적 : 현재 – 미래 – 과거
ㅂ 주제 : 후대 왕에 대한 권계(勸戒)

---

06 시조의 특징과 흐름

1 시조의 특징

1. 개념

고려 중기에 발생하여 말엽에 완성된 우리 고유의 대표적인 정형시로, '경기체가'에는 담을 수 없는 신흥 사대부들의 즉흥적 시심을 담기 위한 서정양식이다.

2. 형성 과정

서정민요 → 향가 10구체 → 고려속요(만전춘) → 시조

3. 특징

(1) 명칭

① '단가(短歌), 시여(詩餘), 신조(新調), 영언(永言), 가요(歌謠), 가곡' 등으로 불렀다.

② 조선 영조 때의 가객 이세춘(李世春)의 곡조명인 '시절가조(時節歌調)'에서 '시조(時調)'라는 명칭이 유래되었다.

③ 신광수(申光洙)의 석북집(石北集)에서 근거 제시

(2) 형식

① 3·4조, 4·4조의 4음보

② 3장 6구 45자 내외의 정형시로 종장의 첫 음보 3음절 고정

(3) 의의

① 현대까지 계승되는 우리 고유의 정형시

② 우리 민족의 정서 표출에 가장 알맞은 시형

③ 양반과 평민이 공유했던 민족 문학(국민문학)

4. 분류

(1) 형태상

① **평시조** : 3장 6구 12음보 45자 내외의 기본 형태

② **엇시조** : 종장 첫 구 3자 이외에 3장 중 어느 한 장이 평시조의 자수보다 길어지는 시조

③ **사설시조** : 3장 중 2장 이상이 평시조보다 구절수를 더하여 길어지는 시조

→ 효시 : 정철의 「장진주사」

(2) 분장상

① **단시조** : 하나의 연으로 이루어진 시조

② **연시조** : 두 개 이상의 연으로 이루어진 시조

→ 효시 : 맹사성의 「강호사시가」

(3) 배행상

① **장별배행시조** : 1장을 1행으로 배열. 대부분 고시조

② **구별배행시조** : 1장을 여러 행으로 배열. 현대시조

→ 시도 : 최남선

2 시조의 흐름

1. 전기 시조의 개관

(1) 전개 양상

① 고려 말에 형식이 완성된 시조는 조선조에 들어와 사대부의 교양물로 널리 창작되었다.

② 시조는 간결·소박한 것을 즐기는 사대부의 서정성 표현에 알맞은 형태였기 때문에 국문 서정시의 주류로 부상한다.

③ 가사와 더불어 전기를 대표할 수 있었던 2대 운문문학이다.

④ 건국 초기에는 유교적 충의(忠義)를 주제로 출발하여 중기 이후 점차 자연미의 발견 및 애정과 도학의 세계로까지 확대되었다.

(2) 특징

① **평시조의 유행** : 3장 6구 4음보, 3·4(4·4)조의 간결한 평시조 형식이 널리 애용되었다.

② **연시조의 등장** : 평시조를 여러 수 묶은 연시조의 등장으로 다양하고 체계적인 생각을 표현하게 되었다. 연시조에는 보통 제목이 붙는다.

> ✎ 참고
> 최초 : 맹사성의 「강호사시가」

③ **교방 시조의 발전** : 기녀들의 고독과 한(恨)의 정서가 정교하고 아름답게 표현되었다.

④ **강호가도의 형성** : 시조가 그 영역을 확대하는 과정에서 강호가도가 뚜렷한 흐름을 형성하여 영남 가단과 호남 가단을 이루었다.

> ✎ 참고
> 강호가도(江湖歌道) : 조선 시대, 속세를 떠나 강호 자연 속에 묻혀 시가(詩歌)를 벗하고 살던 시인이나 가객들의 한 유파. 또는 이들의 경향 및 시풍(詩風)을 말하며, 자연에 도학적 의미를 부여하였다.

  ㉠ 영남 가단 : 심성 우위 → 이현보·주세붕·이황·권호문 등
  ㉡ 호남 가단 : 풍류 중심 → 송순·김인후·김성원·정철 등

(3) 시조와 가사의 비교

구분	시조	가사
공통점	㉠ 음보율 : 4음보 ㉡ 음수율 : 1구(3·4 또는 4·4조) ㉢ 가사 결사의 종구(終句)와 시조 종장의 자수가 거의 같다. ㉣ 전기는 작자층이나 주제 의식도 거의 같다.	
갈래	서정양식	교술양식
영향	고려속요	경기체가
구수·행수	제한(3장 6구)	무제한(연속체)
별칭	단가(短歌)	장가(長歌)

2. 조선 전기 작품

작품명	연대	작자(호)	내용	출전
오백 년 도읍지를…	태조	길재 (야은)	고려조에 대한 회고와 망국의 슬픔을 노래. 회고가(懷古歌)	『청구영언』
눈 마자 휘여진 대를…	태조	원천석 (운곡)	고려조에 대한 회고와 망국의 슬픔을 노래. 회고가(懷古歌).	『청구영언』
대쵸 볼 불근 골에…	세종	황희 (방촌)	추수가 끝난 늦가을 농촌의 풍치 있는 생활 한정가(閑靜歌).	『청구영언』
내히 죠타 ᄒ고 …	세종	변계량 (춘정)	의(義)에 따라 천성대로 살려는 의지 교훈가(敎訓歌)	『청구영언』
「강호사시가 (江湖四時歌)」	세종	맹사성 (고불)	강호에 묻혀 사는 생활과 사시풍습, 군은(君恩)을 노래함. 최초의 연시조(총 4수)	『해동가요』
삭풍은 나모 긋ᄐ…	세종	김종서 (절재)	무인다운 활달한 기개를 노래함. 호기가(豪氣歌).	『청구영언』
이 몸이 주거 가서…	세조	성삼문 (매죽헌)	단종에 대한 사육신의 절개와 충성을 노래 절의가(絕義歌).	『청구영언』
방 안에 혓는 촛불…	세조	이개 (백옥헌)	단종과의 이별을 슬퍼함. 군신유의(君臣有義) 충의가(忠義歌).	『청구영언』
간밤의 부던 ᄇ람에…	세조	유응부 (벽량)	중신(重臣)의 희생에 대한 개탄 개세가(慨世歌)	『청구영언』
「어부가(漁父歌)」 「농암가(聾巖歌)」	명종	이현보 (농암)	• 「어부가」 : 어부들의 한가하고 청빈한 생활을 노래함. 5수. 윤선도의 「어부사시사」에 영향을 줌 • 「농암가」 : 농암에서 굽어본 고향 산천을 노래함 → 「귀거래사」를 연상케 하는 작품	『농암집』
동지ᄉᄃᆯ 기나긴 밤을…	명종	황진이 (명월)	6수. 사랑의 안타까움과 그리움 연정가(戀情歌)	『청구영언』
올ᄒᆡ 닭은 다리…	중종	김구 (자암)	2수. 홍문관에 숙직할 때 중종에게 바친 즉흥 시조 송수가(頌壽歌)	『자암집』
「자상특사황국옥당가(自上特賜黃菊玉堂歌)」	명종	송순 (면앙정)	명종이 옥당에 보낸 국화를 받고 감격하여 지은 시조. 감군은가(感君恩歌)	『청구영언』 『해동가요』
「오륜가 (五倫歌)」	중종	주세붕 (신재)	6수. 오륜의 도덕적인 노래	『무릉잡고』

「도산십이곡 (陶山十二曲)」	명종	이황 (퇴계)	12수. 전 6곡(언지), 후 6곡(언학). 자연과 학문수 양에의 노래. 도학가(道學歌)	『청구영언』
「고산구곡가 (高山九曲歌)」	명종 ~ 선조	이이 (율곡)	총10수. 일명 '석담구곡가'. 은거지의 풍경을 노 래. 주자의 「무이구곡가」를 모방했음. 한정가(閑靜歌)	『청구영언』
「훈민가 (訓民歌)」	선조	정철 (송강)	백성을 교화하기 위한 유교적 내용, 16덕목을 노 래함. 교훈가(敎訓歌)	『송강가사』
「장진주사 (將進酒辭)」	선조	정철 (송강)	1수. 최초의 사설시조. 이백의 「장진주」에서 영향 을 받은 권주가(勸酒歌)	『송강가사』

3. 조선 후기 시조의 개관

(1) 전개 양상

① 시조 문학의 절정과 윤선도의 출현 : 시조의 대사 고산(孤山) 윤선도가 출현하여 자연미
를 순수서정으로 승화시키고 뛰어난 시어의 조작으로 시조의 결정을 이룬다. 「견회요」,
「우후요」, 「산중신곡」, 「어부사시사」 등이 대표작으로 윤선도 이후 양반 시조는 정리기
에 들어간다.

② 시조의 대중화 : 평민 작가의 참여와 평민 중심 가단 형성, 시조집의 편찬 등으로 시조가
국민문학으로 성장하여 시조의 대중화가 이루어진다.

㉠ 시조창 : 18세기에 새로 등장한 대중적 창법에 의해 시조의 창곡화(唱曲化)가 이루어
진다.

㉡ 전문 가객의 등장 : 시조를 창작하고 곡조를 얹어 불렀으며, 가단을 형성하였다.

㉢ 가단의 형성 : 시조창의 보급과 시조집 편찬

→ 경정산 가단(김천택·김수장), 노가재 가단(김수장 중심), 승평계(박효관·안민
영) 등

③ 이세춘(李世春)에 의해 '시조(時調)'라는 명칭이 처음 등장

(2) 특징

① 양반과 평민 계층이 공유함으로써 국민문학(민족문학)의 성격을 지니며 발달

② 사설시조의 등장과 융성

㉠ 개념 : 평시조의 형식에서 종장 첫 구를 제외한 한 장 이상이 무제한적으로 길어진
장형 시조(長型時調) - 농시조, 사설시조

㉡ 형성 : 평민 의식의 분출과 산문 정신의 발달로 발생

㉢ 제재 : 실학사상의 영향으로 현실에서 제재를 취했다.

㉣ 주제 : 양반사회의 비판, 승려에 대한 희롱, 가족제도에서의 갈등, 서민생활의 애환,
진솔한 애정표현 등

㉤ 미의식 : 골계미 중심. 해학과 건강한 비판 정신을 반영한 풍자성

㉥ 표현 : 가사투와 민요풍의 혼입, 반어와 풍자·익살, 재담의 삽입, 대화체 사용 등

(3) 전기와 후기의 비교

구분	조선 전기	조선 후기
향유 계층	양반의 전유물	양반과 평민의 공유 (국민문학 = 민족문학)
형태	평시조 중심	사설시조의 등장과 융성
유형	단가	시조창
주제	충의이념, 강호가도	현실적 삶의 정서 표현
미의식	숭고미, 우아미	비장미, 골계미

4. 주요 시조집

시조집	연대	편찬자	편수	내용
『청구영언 (靑丘永言)』	영조 4년	김천택	시조 998수 가사 17편	최초의 고시조집. 곡조별 분류 권말에 가사 17편을 수록
『해동가요 (海東歌謠)』	영조 39년	김수장	883수	작가별 분류
『고금가곡 (古今歌曲)』	(영조 40?)	송계연월옹	시조 294수 가사 11편	주제에 따라 인륜·권계·송축·정조·연 군 등 21항목으로 분류하여 편찬함
『가곡원류 (歌曲源流)』	고종 13년	박효관 안민영	시조 839수	곡조별 분류. 남창과 여창으로 나누었고, 뒤에 여창유취(女唱類聚)를 붙였음. 일명 『해동악장(海東樂章)』
『병와가곡집 (瓶窩歌曲集)』	정조	이형상	시조 1109수	일명 『악학습령』. 가장 많은 시조가 실림
『남훈태평가 (南薰太平歌)』	철종	미상	224수	잡가 3편, 가사 4편 포함. 순 한글로 표기. 음악적 의도로 종장 끝 구[제4구]를 생략함

🖊 참고

3대 고시조집 : 『청구영언』, 『해동가요』, 『가곡원류』

5. 조선 후기 주요 작품

작품명	연대	작자	내용	출전
「조홍시가 (早紅柿歌)」	선조	박인로	4수. 어버이를 추모하는 사친가(思親歌) 주제는 '풍수지탄(風樹之嘆)'	『노계집』
「국치비가 (國恥悲歌)」	인조	이정환	10수. 병자호란의 국치(國恥)를 비분강개하여 지은 노래. 일명 비가(悲歌)라고 함.	『송암유고』

「견회요 (遣懷謠)」	광해군	윤선도	5수. 이이첨(李爾瞻) 사건으로 경원(慶源) 유배 때의 작품	『고산유고』
「우후요 (雨後謠)」	광해군	윤선도	1수. 경원 유배 때의 작품	『고산유고』
「산중신곡 (山中新曲)」	인조	윤선도	18수[만흥 6, 조무요 1, 하우요 2, 일모요 1, 야심요 1, 기세탄 1, 오우가 6]. 영덕 배소(配所)에서 돌아와 금쇄동에서 지음	『고산유고』
「산중속신곡 (山中續新曲)」	인조	윤선도	2장[추야조 1, 춘효음 1]. ※ 이 밖에 작가는 금쇄동에서 고금영 1, 증반금 1, 초연곡 2, 파연곡 2장을 지음	『고산유고』
「어부사시사 (漁父四時詞)」	효종	윤선도	40수[춘·하·추·동사 각 10수]. 효종의 특수(特召)를 받아 경사(京師)에 올라 갔다가 여러 번 귀남(歸南)을 소청하여 돌아와 부용동(芙蓉洞)에서 지음	『고산유고』
「몽천요 (夢天謠)」	효종	윤선도	3수. 양주에 있는 고산에서 와병(臥病)하였을 때 지음	『고산유고』
「매화사 (梅花詞)」	고종	안민영	8수. 스승인 박효관(朴孝寬)이 가꾼 매화를 보고 읊은 시조. 일명 영매가(咏梅歌)	『가곡원류』

◢ 3 주요 작품의 감상

1. 고려 말~조선 초의 시조

(1) 春山(춘산)에 눈 녹인 바롬 : 우탁

> 春山(춘산)에 눈 녹인 바롬 건듯 불고 간 듸 업다.
> 져근 덧 비러다가 마리 우희 불니고져
> 귀 밋틔 히묵은 서리를 녹여 볼가 ᄒᆞ노라.

▶▶ 핵심정리

① 갈래 : 평시조, 단시조

② 성격 : 탄로가(嘆老歌), 의지적·긍정적

③ 표현 : 은유법, 도치법

④ 주제 : 늙음에 대한 탄식과 그 극복 의지

⑤ 의의 : 최초의 시조

⑥ 출전 : 『청구영언』, 『병와가곡집』

(2) 梨花(이화)에 月白(월백)ᄒᆞ고 : 이조년

> 梨花(이화)에 月白(월백)ᄒᆞ고 銀漢(은한)이 三更(삼경)인 제
> 一枝春心(일지춘심)을 子規(자규)ㅣ 알랴마
> 多情(다정)도 病(병)인 양ᄒᆞ여 잠 못 들어 하노라.

>> 핵심정리

① 갈래 : 평시조, 단시조

② 성격 : 다정가(多情歌)

③ 표현 : 상징법, 의인법, 복합감각적 심상

④ 핵심어 : 일지춘심

⑤ 주제 : 봄밤의 애상적인 정서

⑥ 출전 : 『청구영언』, 『병와가곡집』

(3) 白雪(백설)이 ᄌ자진 골에 : 이색

> 白雪(백설)이 ᄌ자진 골에 구루미 머흐레라.
> 반가온 梅花(매화)는 어니 곳에 픠였는고.
> 夕陽(석양)에 홀로 셔 이셔 갈 곳 몰라 ᄒ노라.

>> 핵심정리

① 갈래 : 평시조, 단시조

② 성격 : 우국가(憂國歌)

③ 표현 : 은유법, 풍유법

④ 제재 : 매화(우국지사 상징)

⑤ 주제 : 기울어가는 왕조에 대한 한탄과 슬픔, 우국충정(憂國衷情), 봄을 기다리는 마음

⑥ 출전 : 『청구영언』

(4) 눈마ᄌ 휘여진 디를 : 원천석

> 눈마ᄌ 휘여진 디를 뉘라셔 굽다턴고
> 구블 節(절)이면 눈 속의 프를쏘냐
> 아마도 歲寒孤節(세한 고절)은 너ᄲ인가 ᄒ노라.

>> 핵심정리

① 갈래 : 평시조, 단시조

② 성격 : 절의가(節義歌), 의지적

③ 표현 : 상징법, 설의법, 의인법

④ 핵심어 : 세한고절(歲寒孤節)

⑤ 제재 : 눈 속의 대나무

⑥ 주제 : 대나무 예찬, 고려 왕조에 대한 충절 다짐

⑦ 출전 : 『병와가곡집』

(5) 흥망(興亡)이 유수(有數)ᄒᆞ니 : 원천석

> 흥망(興亡)이 유수(有數)ᄒᆞ니 만월대(滿月臺)도 추초(秋草)ㅣ로다.
> 오백 년(五百年) 왕업(王業)이 목적(牧笛)에 부쳐시니,
> 석양(夕陽)에 지나는 객(客)이 눈물계워 ᄒᆞ노라.

≫ 핵심정리

① 갈래 : 평시조, 단시조
② 성격 : 회고가(懷古歌), 감상적
③ 표현 : 은유법, 영탄법, 중의법, 복합감각
④ 구성 : 선경후정(先景後情)
⑤ 제재 : 만월대
⑥ 주제 : 망한 왕조에 대한 회고, 고려의 멸망을 슬퍼함, 맥수지탄(麥秀之嘆)
⑦ 출전 : 『청구영언』

2. 조선 전기 시조

(1) 방(房) 안에 혓는 燭(촉)불 : 이개

> 방(房) 안에 혓는 燭(촉)불 눌과 離別(이별)ᄒᆞ엿관ᄃᆡ
> 것츠로 눈물 디고 속타는 쥴 모로는고
> 뎌 燭(촉)불 날과 갓트여 속타는 쥴 모르도다.

≫ 핵심정리

① 갈래 : 평시조, 단시조
② 성격 : 여성적, 감상적, 사육신(死六臣)의 절의가(節義歌)
③ 표현 : 의인법, 감정이입
④ 제재 : 촛불
⑤ 주제 : 단종(端宗)과의 이별의 슬픔, 연군지정

(2) 수양산(首陽山) ᄇᆞ라보며 : 성삼문

> 수양산(首陽山) ᄇᆞ라보며 이제(夷齊)를 한(恨)ᄒᆞ노라.
> 주려 주글진들 채미(採薇)도 ᄒᆞ는것가.
> 아모리 프ᄉᆡ엣거신들 긔 뉘 싸헤 낫ᄃᆞ니.

≫ 핵심정리

① 갈래 : 평시조, 단시조
② 성격 : 지사적, 풍자적, 절의가(節義歌), 충의가
③ 표현 : 풍유법, 중의법, 설의법

④ 제재 : 백이와 숙제의 고사

⑤ 주제 : 굳은 절의와 지조

(3) 三冬(삼동)에 뵈옷 닙고 : 조식

三冬(삼동)에 뵈옷 닙고 岩穴(암혈)에 눈비 마자
구름 씬 볏뉘도 쬔 적이 업건마는
西山(서산)에 히 지다 ᄒ니 눈물겨워 ᄒ노라.

> ▶▶ **핵심정리**
>
> ① 종류 : 평시조, 단시조
> ② 성격 : 유교적, 군신유의, 연군가(戀君歌)
> ③ 제재 : 중종의 승하
> ④ 주제 : 임금님 승하의 애도

(4) 오륜가(五倫歌) : 주세붕

지아비 밧갈러 나간 ᄃᆡ 밥고리 이고 가
반상(飯床)을 들오ᄃᆡ 눈섭의 마초이다
진실노 고마오시니 손이시나 ᄃᆞᄅᆞ실가. 〈제4수〉

> ▶▶ **핵심정리**
>
> ① 갈래 : 연시조(전 6수)
> ② 성격 : 교훈적, 직설적, 계도적
> ③ 특징 : 조선 시대의 이상적인 인간관을 드러내며 교훈적이고 도덕적인 설교가 많음
> ④ 제재 : 오륜(五倫)
> ⑤ 주제 : 삼강오륜(三綱五倫)의 교훈 강조
> ⑥ 출전 : 『무릉속집』

(5) 도산십이곡가(陶山十二曲歌) : 이황

> ▶▶ **핵심정리**
>
> ① 종류 : 평시조, 연시조(전 12수)
> ② 성격 : 교훈가, 교훈가
> ③ 제재
> 　　㉠ 전 6곡[언지(言志) – 사물에 접하는 감흥]
> 　　㉡ 후 6곡[언학(言學) – 학문하는 자세]
> ④ 주제
> 　　㉠ 전 6곡(자연에 동화된 생활)
> 　　㉡ 후 6곡(학문 수양 및 학문에 힘쓸 것을 다짐)

▸ [1] 言志 一曲 – 제재 : 천석고황

> 이런들 엇더ᄒ며 뎌런들 엇더ᄒ료
> 초야우생(草野愚生)이 이러타 엇더ᄒ료
> ᄒ믈며 천석고황(泉石膏肓)을 곳쳐 무슴ᄒ리

▸ [2] 言學 四曲 – 제재 : 학문 수행에 전념할 결의

> 당시(當時)에 녀ᄃᆫ 길흘 몃 ᄒ릴 ᄇᆞ려 두고
> 어듸 가 ᄃᆞ니다가 이제야 도라온고
> 이제야 도라오나니 년 ᄃᆡ ᄆᆞ음 마로리

▸ [3] 言學 五曲 : 만고상청

> 靑山(청산)ᄂᆞᆫ 엇뎨ᄒᆞ야 萬古(만고)애 프르르며,
> 流水(유수)ᄂᆞᆫ 엇뎨ᄒᆞ야 晝夜(주야)애 긋디 아니ᄂᆞᆫ고.
> 우리도 그치디 마라 萬古常靑(만고 상청)호리라.

(6) 冬至(동지)ㅅ돌 기나긴 밤을 : 황진이

> 冬至(동지)ㅅ돌 기나긴 밤을 한 허리를 버혀 내여
> 春風(춘풍) 니불 아래 서리서리 너헛다가
> 어론님 오신 날 밤이여든 구뷔구뷔 펴리라.

▸▸ **핵심정리**

① 종류 : 평시조, 단시조
② 성격 : 연정가(戀情歌), 애련(愛戀)의 노래, 감상적, 낭만적
③ 표현
   ㉠ 불가능한 상황 설정 = 추상적 시간의 구체적 사물화
   ㉡ 대구법, 의태어의 사용
④ 제재 : 연모(戀慕)의 정
⑤ 주제 : 임을 그리는 마음

(7) 마음이 어린 後(후)ㅣ니 : 서경덕

> 마음이 어린 後(후)ㅣ니 하난 일이 다 어리다.
> 萬重雲山(만중 운산)에 어내 님 오리마난,
> 지난 닙 부난 바람에 행여 귄가 하노라.

▸▸ **핵심정리**

① 종류 : 평시조, 단시조

② 성격 : 감상적, 낭만적, 환각적
③ 제재 : 기다림
④ 주제 : 임을 그리워하는 마음

(8) 묏버들 갈히 것거 : 홍랑

> 묏버들 갈히 것거 보내노라 님의손딕,
> 자시는 窓(창) 밧긔 심거 두고 보쇼셔.
> 밤비예 새 닙곳 나거든 날인가도 너기쇼셔.

▶▶ 핵심정리

① 종류 : 평시조, 단시조
② 성격 : 이별가(離別歌), 연정가, 감상적, 애상적, 여성 편향적
③ 제재 : 묏버들
④ 주제 : 임에게 보내는 사랑, 임을 잊지 못하는 마음

(9) 梨花雨(이화우) 훗쑤릴 제 : 계량

> 梨花雨(이화우) 훗쑤릴 제 울며 잡고 離別(이별)ᄒ 님
> 秋風落葉(추풍 낙엽)에 저도 날 싱각는가.
> 千里(천 리)에 외로운 꿈만 오락가락 ᄒ노매.

▶▶ 핵심정리

① 종류 : 평시조, 단시조
② 성격 : 연정가, 애상적
③ 표현 : 계절의 추이와 그에 따른 작중 화자의 마음을 시각적으로 형상화
④ 제재 : 이별과 그리움
⑤ 주제 : 임에 대한 그리움

(10) 십년(十年)을 경영(經營)ᄒ야 : 송순

> 십년(十年)을 경영(經營)ᄒ야 초려삼간(焦慮三間) 지어내니
> 나 ᄒ 간 들 ᄒ 간에 청풍(淸風) ᄒ 간 맛겨두고
> 강산(江山)은 드릴 딕 업스니 둘러 두고 보리라.

▶▶ 핵심정리

① 종류 : 평시조, 단시조
② 성격 : 전원적, 관조적, 풍류적, 한정가
③ 사상 : 자연 친화, 안분지족(安分知足)
④ 제재 : 전원생활
⑤ 주제 : 자연에 귀의한 즐거움, 安貧樂道(안빈낙도)

(11) 재너머 성권롱(成勸農) 집의 : 정철

> 재너머 성권롱(成勸農) 집의 술 닉닷 말 어제 듯고
> 누은쇼 발로 박차 언치 노하 지즐투고
> 아히야 네 권롱(勸農) 겨시냐 정좌수(鄭座首)왓다 ᄒ여라

▶▶ **핵심정리**

① 종류 : 평시조, 단시조
② 성격 : 전원 한정가
③ 표현 : 해학적 표현, 비약법(중장 – 종장), 시상의 과감한 생략
④ 제재 : 술
⑤ 주제 : 향촌 생활의 흥취, 전원 한정

(12) 강호사시가(江湖四時歌) : 맹사성

▶ [1] 春詞 : 흥겹고 풍류스런 강호 생활

> 江湖(강호)에 봄이 드니 미친 興(흥)이 절로 난다
> 濁醪溪邊(탁료계변)에 金鱗魚(김린어)ㅣ 안주로다
> 이 몸이 閑暇(한가)히옴도 亦君恩(역군은)이샷다.

▶ [2] 夏詞 : 한가한 초당 생활

> 江湖(강호)에 녀름이 드니 草堂(초당)에 일이 업다
> 有信(유신)한 江波(강파)는 보내나니 바람이로다
> 이 몸이 서늘히옴도 亦君恩(역군은)이샷다.

▶ [3] 秋詞 : 고기 잡으며 즐기는 생활

> 江湖(강호)에 ᄀ올이 드니 고기마다 술져 잇다
> 小艇(소정)에 그믈 시러 흘리 띄워 더뎌 두고
> 이 몸이 消日(소일)히옴도 亦君恩(역군은)이샷다.

▶ [4] 冬詞 : 안빈낙도하는 생활

> 江湖(강호)에 겨월이 드니 눈 기픠 자히 남다
> 삿갓 빗기 쓰고 누역으로 오슬 삼아
> 이 몸이 칩지 아니히옴도 亦君恩(역군은)이샷다.
>
> 강호에 겨울이 닥치니 쌓인 눈의 깊이가 한 자가 넘는구나.
> 삿갓을 비스듬히 쓰고 도롱이를 둘러 입어 겉옷 삼아도
> 이 몸이 이렇게 추위를 모르고 지내는 것도 역시 임금의 은혜이시도다.

≫ 핵심정리

① 종류 : 평시조, 연시조(전4수)

② 성격 : 강호 연군가, 전원적, 풍류적

③ 구성 : 계절에 따라 한 수씩 노래했다. 각 수는 '江湖(강호)'로 시작하여, '亦君恩(역군은)이샷다'로 끝난다. [상진의 「感君恩(감군은)」, 송순의 「면앙정가」에도 "亦君恩(역군은)이샷다"가 나온다.]

④ 내용 : 자연 속에서 안빈낙도하며 유유자적하는 선비의 생활을 읊었다.

⑤ 제재 : 사시(四時)의 강호 생활

⑥ 주제 : 강호 한정(江湖閒情), 안분지족하는 은사의 유유자적한 생활과 임금의 은혜에 감사함

⑦ 의의

　㉠ 국문학 사상 최초의 연시조(聯詩調)

　㉡ 이황의 『도산십이곡』과 이이의 『고산구곡가』에 영향을 줌

　㉢ 유가(儒家)의 강호가도(江湖歌道)의 효시

3. 조선 후기 시조

(1) 鐵嶺(철령) 노픈 峰(봉)에 : 이항복

> 鐵嶺(철령) 노픈 峰(봉)에 쉬여 넘는 저 구룸아.
> 孤臣冤淚(고신 원루)를 비 삼아 띄어다가
> 님 계신 九重深處(구중 심처)에 뿌려본들 엇더리.

≫ 핵심정리

① 갈래 : 평시조, 단시조

② 성격 : 감상적

③ 표현 : 감정 이입

④ 제재 : 고신원루

⑤ 주제 : 우국지정(憂國之情)

⑥ 관련사건 : 인목대비 폐비

(2) 가노라 三角山(삼각산)아 : 김상헌

> 가노라 三角山(삼각산)아, 다시보쟈 漢江水(한강수) ㅣ 야.
> 故國山川(고국산천)을 쩌나고쟈 ㅎ랴마는,
> 時節(시절)이 하 殊常(수상)ㅎ니 올동말동ㅎ여라.

≫ 핵심정리

① 갈래 : 평시조, 단시조

② 성격 : 우국가(憂國歌), 비분가(悲憤歌)

③ 표현 : 의인법, 대유법, 대구법

④ 제재 : 청에 볼모로 잡혀 감, 병자호란

⑤ 주제 : 우국지사의 비분강개와 우국충정(憂國衷情)

(3) 국화야 너는 어이 : 이정보

> 국화야 너는 어이 삼월춘풍(三月春風) 다 보닉고
> 낙목한천(落木寒天)에 네 홀노 피엿는다
> 아마도 오상고절(傲霜孤節)은 너쑨인가 ᄒ노라.

▶▶ 핵심정리

① 종류 : 평시조, 단시조

② 성격 : 절의가, 예찬적

③ 표현 : 의인법

④ 제재 : 국화

⑤ 주제 : 高節(고절), 선비의 고고한 절개, 국화에 대한 예찬

(4) 조홍시가(早紅柿歌) : 박인로

> 盤中(반중) 早紅(조홍)감이 고아도 보이ᄂ다.
> 柚子(유자) ㅣ 안이라도 품엄 즉도 ᄒ다마ᄂ
> 품어 가 반기리 업슬식 글노 설워ᄒ느이다.

▶▶ 핵심정리

① 종류 : 평시조, 연시조(전4수)

② 성격 : 사친가(思親歌), 교훈적, 유교적

③ 제재 : 조홍(早紅)감

④ 주제 : 효심(孝心), 풍수지탄(風樹之嘆)

(5) 어부사시사(漁父四時詞) : 윤선도

▶▶ 핵심정리

① 연대 : 효종 2년(1651) 고산의 나이 65세 때 해남의 부용동(芙蓉洞)에 은거하면서 지음

② 갈래 : 연시조, 춘·하·추·동 각 10수 (모두 40수)

③ 성격 : 강호한정가

④ 내용

　㉠ 춘사 : 이른 봄에 고기잡이를 떠나는 광경을 동양화처럼 그림

　㉡ 하사 : 소박한 어옹(漁翁)의 생활

　㉢ 추사 : 속세를 떠나 자연과 동화된 생활

② 동사 : 은유를 써서 정계(政界)에 대한 작자의 근심하는 마음
⑤ 제재 : 어부의 생활과 자연의 경치
⑥ 특징
　　㉠ 초장과 중장 사이, 중장과 종장 사이에 고려속요와 같은 여음
　　㉡ 대구법, 반복법, 의성법의 사용
　　㉢ 강호가도(江湖歌道) 시풍의 완성작
　　㉣ 순수 국어의 아름다움을 가장 잘 살려 예술적으로 승화
⑦ 주제 : 강호의 한정(閑情), 철따라 펼쳐지는 자연의 경치와 어부생활의 흥취
⑧ 출전 : 『고산유고(孤山遺稿)』

[1] 春詞 4 : 어촌의 아름다운 춘경(春景)

> 우는 거시 벅구기가 프른 거시 버들숩가
> 이어라 이어라
> 漁村(어촌) 두어 집이 닛 속의 나락들락.
> 至匊悤(지국총) 至匊悤(지국총) 於思臥(어사와)
> 말가훈 기픈 소희 온갇 고기 뛰노ᄂᆞ다.

[2] 夏詞 2 : 소박하고 유유자적한 생활

> 년닙히 밥 싸 두고 반찬으란 쟝만 마라
> 닫 드러라 닫 드러라
> 靑蒻笠(청약립)은 써 잇노라, 綠蓑依(녹사의) 가져오냐.
> 至匊悤(지국총) 至匊悤(지국총) 於思臥(어사와)
> 무심훈 白鷗(백구)ᄂᆞ 내 좃ᄂᆞᆫ가 제 좃ᄂᆞᆫ가.

[3] 秋詞 1 : 안빈낙도의 삶과 가을강의 흥취

> 物外(물외)예 조훈 일이 漁夫生涯(어부 생애) 아니러냐.
> 빅 떠라 빅 떠라
> 漁翁(어옹)을 욷디 마라, 그림마다 그럿더라.
> 至匊悤(지국총) 至匊悤(지국총) 於思臥(어사와)
> 四時興(사시흥)이 흔가지나 추강(秋江)이 은듬이라.

[4] 冬詞 4 : 어촌의 아름다운 설경(雪景) - 선경후정

> 간 밤의 눈 갠 後(후)의 景物(경물)이 달랃고야.
> 이어라 이어라
> 압희ᄂᆞ 萬頃琉璃(만경유리) 뒤희ᄂᆞ 千疊玉山(천첩옥산),
> 至匊悤(지국총) 至匊悤(지국총) 於思臥(어사와)
> 仙界(선계)ㄴ가 佛界(불계)ㄴ가 人間(인간)이 아니로다.

(6) 오우가(五友歌) : 윤선도

▶▶ 핵심정리

① 종류 : 연시조(6수)

② 성격 : 찬미적

③ 제재 : 水・石・松・竹・月

④ 주제 : 오우(五友) 예찬

⑤ 출전 : 『고산유고』 중 「산중신곡」(18수)

⌐ 출제의 감!

윤선도의 시조 「오우가(五友歌)」에서 다섯 벗을 순서대로 열거해 보시오.

답 水・石・松・竹・月

[1] 序詞

내 버디 몃치나 ᄒ니 水石(수석)과 松竹(송죽)이라.
東山(동산)의 ᄃ 오르니 긔 더욱 반갑고야.
두어라 이 다ᄉ 밧긔 또 더ᄒ야 머엇ᄒ리.

[2] 水 : 청정(淸淨)과 영원성

구룸 빗치 조타 ᄒ나 검기를 ᄌ로 ᄒ다.
ᄇ람 소ᄅ 묽다 ᄒ나 그칠 적이 하노매라.
조코도 그츨 뉘 업기ᄂ 믈뿐인가 ᄒ노라.

[3] 石 : 불변성

고즌 므스 일로 퓌며셔 쉬이 디고
풀은 어이ᄒ야 프르ᄂ 듯 누르ᄂ니.
아마도 변티 아닐 ᄉ 바회뿐인가 ᄒ노라.

[4] 松 : 절개

더우면 곳 퓌고 치우면 닙 디거늘
솔아 너ᄂ 엇디 눈서리를 모르ᄂ다.
九泉(구천)의 불휘 고ᄃ 줄을 글로 ᄒ야 아노라.

[5] 竹 : 절개

나모도 아닌 거시 플도 아닌 거시
곳기ᄂ 뉘 시기며 속은 어이 뷔연ᄂ다.
뎌러코 四時(사시)에 프르니 그를 됴하ᄒ노라.

[6] 月 : 광명(光明)과 과묵(寡黙)

쟈근 거시 노피 떠서 萬物(만물)을 다 비취니
밤듕의 光明(광명)이 너만ᄒᆞ니 또 잇ᄂᆞ냐.
보고도 말 아니 ᄒᆞ니 내 벋인가 ᄒᆞ노라.

작은 것이 높이 떠서 온 세상 만물을 다 비추니
한밤중에 밝은 것이 너보다 더한 것이 또 있겠느냐?
온 세상 모든 사정을 속속들이 보고도 말을 하지 않으니 나의 벗인가 하노라.

(7) 귓도리 져 귓도리

귓도리 져 귓도리 에엿부다 져 귓도리
어인 귓도리 지ᄂᆞ 둘 새ᄂᆞ 밤의 긴 소ᄅᆡ 쟈른 소ᄅᆡ 節節(절절)이 슬픈 소ᄅᆡ 제 혼자 우러 녜어
紗窓(사창) 여윈 ᄌᆞᆷ을 슬ᄃᆞ리도 ᄭᆡ오ᄂᆞᆫ고야.
두어라 제 비록 微物(미물)이나 無人洞房(무인동방)에 내 ᄯᅳᆺ 알리ᄂᆞ 저 ᄲᅮᆫ인가 ᄒᆞ노라.

>> 핵심정리
① 종류 : 사설시조
② 성격 : 연모가(戀慕歌)
③ 표현 : 의인법, 감정이입, 반복법, 반어법
④ 제재 : 귓도리(귀뚜라미)
⑤ 주제 : 가을 밤 임을 그리는 외롭고 쓸쓸한 여인의 정
⑥ 관련 성어 : 전전반측(輾轉反側), 동병상련(同病相憐)

(8) 나모도 바히돌도 업슨 뫼헤

나모도 바히돌도 업슨 뫼헤 매게 ᄶᅩ친 가토리 안과,
大川(대천) 바다 한가온대 一千石(일천 석) 시른 ᄇᆡ에 노도 일코 닷도 일코 농총도 근코 돛대도
것고 치도 ᄲᅡ지고 ᄇᆞ람 부러 물결 치고 안개 뒤섯겨 ᄌᆞ자진 날에 갈 길은 千里萬里(천리만리)
나믄 듸 四面(사면)이 거머 어득 져믓 天地寂寞(천지적막) 가치노을 ᄯᅥᆺᄂᆞ듸 水賊(수적) 만난
都沙工(도사공)의 안과,
엇그제 님 여흰 내 안히야 엇다가 ᄀᆞ을ᄒᆞ리오.

>> 핵심정리
① 갈래 : 사설시조
② 성격 : 별한가(別恨歌)
③ 표현 : 점층법, 열거법, 비교법, 과장법
④ 어조 : 절망적이고 절박한 여인의 목소리
⑤ 제재 : 까투리와 도사공

⑥ 주제 : 임을 여읜 절망적인 슬픔, 사랑하는 임을 여읜 걷잡을 수 없는 절박한 심정

⑦ 관련 성어 : 설상가상(雪上加霜)

(9) 딕들에 동난지이 사오

> 딕들에 동난지이 사오, 져 쟝스야, 네 황후 긔 무서시라 웨는다, 사쟈.
> 外骨內肉(외골내육) 兩目(양목)이 上天(상천), 前行(전행), 後行(후행), 小(소)아리 八足(팔족)
> 大(대)아리 二足(이족), 淸醬(청장) 으스슥 ㅎ는 동난지이 사오.
> 쟝스야, 하 거복이 웨지 말고 게젓이라 ㅎ렴은.

▶▶ 핵심정리

① 종류 : 사설시조

② 성격 : 해학적, 풍자적, 묘사적

③ 표현 : 대화체, 돈호법

④ 제재 : 동난지이(게젓)

⑤ 주제 : 허장성세(虛張聲勢) 세태 풍자, (양반들의) 현학적 자세 비판

(10) 두터비 푸리롤 물고

> 두터비 푸리롤 물고 두험 우희 치두라 안자,
> 건넌 山(산) 브라보니 白松骨(백송골)이 쩌잇거늘, 가슴이 금즉ㅎ여 풀덕 쮜여 내듯다가 두험
> 아래 잣바지거고.
> 모쳐라, 늘낸 낼싀만졍 에헐질 번ㅎ괘라.

▶▶ 핵심정리

① 종류 : 사설시조, 풍자시

② 성격 : 우의적(寓意的)

③ 제재 : 두꺼비

④ 주제 : 약자에게는 강한 체 뽐내고, 강자 앞에서는 비굴한 양반 계층 풍자

⑤ 관련 성어 : 약육강식(弱肉强食), 허장성세(虛張聲勢)

(11) 창(窓) 내고쟈 창(窓)을 내고쟈

> 창(窓) 내고쟈 창(窓)을 내고쟈 이 내 가슴에 창(窓)을 내고쟈
> 고모장지 셰살장지 들장지 암돌져귀 수돌져귀 빅목걸새 크나큰 쟝도리로 쏭닥 바가 이 내 가
> 슴에 창(窓) 내고쟈
> 잇다감 하 답답홀 제면 여다져 볼가 ㅎ노라

>> **핵심정리**

① 갈래 : 사설시조

② 성격 : 해학적

③ 표현 : 열거법, 반복법, 과장법, 점층법, 불가능한 상황 설정

④ 재재 : 창(窓), 답답한 심회

⑤ 주제 : 마음속에 쌓인 비애와 고통

(12) 붉가버슨 兒孩(아해) ㅣ 들리 : 이정신

> 붉가버슨 兒孩(아해) ㅣ 들리 거믜쥴 테를 들고 기川(천)으로 往來(왕래)ᄒ며,
>
> 붉가숭아 붉가숭아 져리 가면 죽ᄂᆞ니라. 이리 오면 소ᄂᆞ니라. 부로나니 붉가숭이로다.
>
> 아마도 世上(세상) 일이 다 이러ᄒᆞᆫ가 ᄒᆞ노라.

>> **핵심정리**

① 종류 : 사설시조

② 성격 : 풍자가

③ 표현 : 중의법

④ 제재 : 아이들의 놀이, 고추잠자리

⑤ 주제 : 서로 속고 속이는 세상사 풍자, 약육강식(弱肉强食)의 세태 풍자

---

07 가사의 유형과 이해

1 가사의 이해

1. 가사의 개관

(1) 개념

① 경기체가의 붕괴에서 발생한 교술 장르

② 형식상 운문이며, 내용상 수필적 산문(운문과 산문의 중간형식)으로 운문에서 산문으로 넘어가는 과도기적 시형

(2) 형식

① 음보율 : 4음보

② 음수율 : 1구(3·4, 4·4조)

③ 구수나 행수의 제한이 없는 연속체의 장가

④ 정격가사 : 결사의 종구가 시조의 종장(3·5·4·3)과 자수 동일

> 예 아모타, 백년행락(百年行樂)이 이만흔들 엇지ᄒᆞ리. (상춘곡)

✎ **참고**

변격가사 : 결사의 종구가 시조의 종장과 자수 불일치(조선 후기)

(3) **내용** : 자연 친화, 안빈낙도, 연군 등 수필적 성격이 강하다.

(4) **작가** : 양반 사대부 계층의 전유물

2. 조선 전기 가사의 전개 양상

(1) **특징**

① 사대부의 유교적 이념과 삶의 표현에 적합한 장가(長歌) 양식으로, 감군은, 연군, 유유자적하는 강호의 생활을 주로 읊었다.

② 정극인의 「상춘곡」에서 시작하여, 정철에 이르러 절정을 보인다.

> ✏️ **참고**
> 효시 : 정극인의 「상춘곡」. 고려말 나옹화상의 「서왕가」라는 이설도 있다.

③ 조선 전기의 가사는 양반 사대부들에 의해 주도되었는데, 정극인·송순·정철 등이 대표적인 작가들이다. 특히, 정철은 아름다운 우리말을 잘 살리고, 고도의 은유와 상징으로 격조 높은 작품들을 창작하여 가사 문학의 제1인자로 평가되고 있다.

> ✏️ **참고**
> 강호가도의 확립 : 「상춘곡」(정극인) → 「면앙정가」(송순) → 「성산별곡」(정철)

(2) **영향 관계**

① 서정가사 : 「상춘곡」(정극인) → 「면앙정가」(송순) → 「성산별곡」(정철) → 「노계가」(박인로)

② 기행가사 : 「관서별곡」(백광홍) → 「관동별곡」(정철) → 「일동장유가」(김인겸) → 「연행가」(홍순학)

③ 유배가사 : 「만분가」(조위) → 「만언사」(안조환) → 「북천가」(김진형)

④ 내방가사 : 「선반가」(권씨 부인) → 「규원가」(허난설헌) → 「봉선화가」(정일당)

(3) **정철의 가사에 대한 평가**

① 김만중의 「서포만필」

㉠ 左海眞文章只此三篇(좌해진문장지차삼편) : 「속미인곡」, 「사미인곡」, 「관동별곡」

㉡ 중국 초나라 굴원이 쓴 「이소(離騷)」에 빗대어 '동방의 이소'라 극찬

㉢ 가장 뛰어난 작품은 「속미인곡」 : 순수 국어의 아름다움을 가장 잘 살린 작품

② 홍만종의 「순오지」

㉠ 관동별곡 : 악보의 절조

㉡ 사미인곡 : 초(楚)의 「백설곡(白雪曲)」에 비유

㉢ 속미인곡 : 제갈공명의 「출사표」에 비유

3. 조선 전기 작품

작품	연대	작자	내용
「상춘곡」	성종 1 (1470)	정극인	최초의 가사. 자연에 파묻힌 생활 속에서 봄날의 경치를 찬란한 내용으로,『불우헌집』에 실려 있음. 창작은 15세기, 표기는 후손 정효목에 의해 정조(18세기) 때 표기되었음
「만분가」	연산군 4 (1498)	조위	무오사화 때 순천에서 지은 최초의 유배 가사
「면앙정가」	중종 19 (1524)	송순	향리인 담양에 면앙정(俛仰亭)을 짓고 나서, 자연과 정취를 노래함. 「상춘곡」을 계승하고 「성산별곡」에 영향을 주었음
「관서별곡」	명종 11 (1556)	백광홍	최초의 기행 가사. 평안도 지방의 자연 풍물을 두루 돌아보고 그 아름다움을 읊었음. 정철의 「관동별곡」에 영향을 줌
「성산별곡」	명종 15 (1560)	정철	전라남도 담양군 있는 성산의 풍경과, 서하당과 식영정을 중심으로 한 사계절의 변화를 읊으면서 그 누각을 세운 김성원의 풍류를 칭송한 노래로 「송강가사」에 실려 있음. 정철의 처녀작. 「면앙정가」의 영향을 받음
「관동별곡」	선조 13 (1580)	정철	강원도 관찰사로 부임하여 자연을 노래한 기행 가사 「관서별곡」의 영향을 받음
「사미인곡」	선조 18 (1585)	정철	「정과정곡」의 영향을 받음. 충신연주지사. 한 여인이 생이별한 남편을 그리워하는 독백체 형식. 여성적 어조의 작품
「속미인곡」	선조 18 (1585)	정철	「사미인곡」의 속편. 두 여인의 대화체 형식으로 된 충신연주지사. 우리말의 묘미를 최대한 살려내고 있음
「규원가」	선조	허난설헌	여자의 애원을 우아한 필체로 쓴 내방 가사
「낙지가」	중종	이서	담주의 미풍양속과 그 승경을 노래하고 태평성대가 오기를 기원
「선반가」	중종	권씨	농암 이현보를 영접하기 위해 창작. 최초의 내방 가사
「미인별곡」	명종	양사헌	한 여인의 아름다움을 노래
「환산별곡」	명종	이황	벼슬을 버리고 전원에서 유유자적하는 생활을 노래함
「자경별곡」	선조	이이	향풍(鄕風)을 바로잡기 위한 교훈가
「강촌별곡」	선조	차천로	벼슬을 버리고 자연에 묻혀 생활하는 정경
「서호별곡」	선조	허강	한강의 풍치를 노래함

4. 조선 후기 가사의 개관

(1) 전개 양상

① **향유계층의 확대** : 지배층의 권위 실추로 피지배층(평민가사, 내방가사 등)이 참여하여 향유계층은 확대되었으나, 중심계층이 지배층에 머물러 있어 시조처럼 국민문학으로 성장하지는 못했다.

② 주제와 표현 양식의 다변화

③ 형식

　　㉠ 산문화의 경향으로 정격가사에서 변격가사로 변모

　　㉡ 단형가사에서 장편가사로 변모

④ 내용 : 서정가사에서 서사가사로 변모

⑤ 평민의식의 성장과 실학사상의 영향으로 교술양식으로서의 가사문학의 본질(산문성, 객관성, 기록성)을 유감없이 발휘하기는 했으나, 예술적 측면에서는 조선 전기 가사에 비해 다소 떨어진다.

⑥ 잡가(雜歌)의 출현 : 하층 전문소리꾼들에 의해 불린 현실적 유흥의 노래

(2) 유형

① 내방가사(內房歌辭) : 일명 규방가사(閨房歌詞)라고도 한다. 여인들의 섬세한 생활감정과 현모양처의 도리를 표현했다.

　　예 계녀가(誡女歌), 봉선화가 등

② 평민가사 : 서민생활을 주제로 한 것이며, 향토적인 가락으로 노래하기도 하였다. 작자는 대부분 미상이다.

③ 유배가사 : 유배 체험을 기록한 가사이다.

　　예 안조환의 「만언사(萬言詞)」, 김진형의 「북천가(北遷歌)」, 송주석의 「북관곡(北關曲)」, 이수광의 「조천가(朝天歌)」 등

④ 장편 기행가사 : 국내는 물론 중국이나 일본을 다녀와 그 견문을 기록한 가사이다.

　　예 김인겸의 「일동장유가(日東壯遊歌)」, 홍순학의 「연행가(燕行歌)」 등

⑤ 전쟁가사 : 왜적에의 적개심과 평화를 추구하였다.

　　예 박인로의 「태평사(太平詞)」, 「선상탄(船上嘆)」 등

(3) 전·후기 가사의 비교

시대	조선 전기		조선 후기	
성격	서정가사, 관념적		서사 가사, 객관적, 체험의 구체성	
작가	양반의 전유물		양반 중심 + 작가나 향유계층의 확대	
분량	단형가사		장편가사	
형식	정격 가사	음수율 3·4조	변격 가사	음수율 4·4조
		결사 음수율 3·5·4·3 (시조의 종장 음수율과 유사)		결사 음수율 4·4·4·4
내용	연군, 강호한정, 안빈낙도		교훈, 유배, 신세 한탄, 풍자 등	

5. 조선 후기 작품

작품	연대	작가	내용
「고공가 (雇工歌)」	임진왜란 직후	허전	당시 국정의 부패와 무능을 개탄하고, 만조백관을 머슴에 비유하여 부지런하고 검소하기를 권장하는 내용(나랏일을 농사에 빗대어 표현)
「고공답주인가 (雇工答主人歌)」	임진왜란 직후	이원익	허전(許墺)의 「고공가」에 화답하는 형식으로서, 작가가 영의정의 처지에서 당파싸움을 일삼는 신하를 꾸짖고 임금에게 간(諫)하려는 목적으로 지었음
「조천가 (朝天歌)」	선조	이수광	일명 조천록, 조천곡. 전·후 2곡이 있었다고 하나, 가사는 알 수 없음. 유배가사
「태평사 (太平詞)」	선조 31	박인로	전쟁가사. 왜적을 몰아내고 태평세월의 도래를 갈구함으로써 수군을 위로한 작품
「선상탄 (船上嘆)」	선조 38	박인로	전쟁가사. 임진왜란 뒤 왜적을 미워하고 평화를 갈구하는 뜻을 읊은 작품
「사제곡 (莎堤曲)」	광해군 3	박인로	사제의 승경과 이덕형의 소요자적하는 생활을 읊은 것
「누항사 (陋巷詞)」	광해군 3	박인로	이덕형과 교유하면서 지은 가사. 가난하지만 안빈낙도하는 심회와 생활상을 읊은 작품
「독락당 (獨樂堂)」	광해군 11	박인로	옥산서원 독락당을 찾아가, 회재 이언적 선생을 추모하고 그곳의 경치를 노래한 작품
「영남가 (嶺南歌)」	인조 13	박인로	영남 안찰사 이근원의 선정을 백성들이 숭모함을 표현한 작품
「노계가 (蘆溪歌)」	인조 14	박인로	지은이가 만년에 숨어 살던 노계의 경치를 읊은 작품
「북관곡 (北關曲)」	숙종	송주석	작가가 조부인 송시열의 덕원 유배에 따라가 지은 작품, 유배가사
「일동장유가 (日東壯遊歌)」	영조 39	김인겸	지은이가 일본 통신사 조엄의 서기로 갔다가 견문한 바를 노래한 작품, 현전 최장편 기행가사
「만언사 (萬言詞)」	정조	안조환	지은이가 추자도로 귀양 가서 겪은 천신만고의 참상을 노래한 작품, 유배가사
「농가월령가 (農家月令歌)」	헌종	정학유	계절에 따른 농가의 월중 행사와 세시풍속을 월령체 형식으로 교훈적으로 노래함. 조선 시대 농촌의 생활사 및 풍속 연구에 귀중한 자료가 되며, 광해군 때 고상안이 지었다는 설도 있음
「봉선화가」	헌종	정일당 남씨	손톱에 봉선화 물을 들이는 풍습 따위를 여인의 감정과 연관하여 읊은 것으로, 모두 100구로 되어 있음
「북천가 (北遷歌)」	철종 4	김진형	명천에 귀양갔다가 돌아오기까지의 생활과 견문을 쓴 작품. 칠보산의 관풍(觀楓) 놀이, 군산월(君山月)과의 사랑 등 호화스러운 생활 모습은 만언사와 대조적, 유배가사
「연행가 (燕行歌)」	고종 3	홍순학	1886년에 주청사(奏請使) 유후조의 서장관으로 북경에 가서 견문한 바를 읊은 작품, 장편 기행가사

6. 잡가(雜歌)

(1) 특징

① 개념 : 조선 후기 시정(市井)에서 하층 계급의 전문 소리꾼(사계축, 삼패 기생) 등에 의해 불린 현실적 유흥의 노래

② 명칭 : 양반들의 시조와 같은 정가(正歌)에 비해 형식이나 표현, 내용 등이 잡스럽다 하여 '잡가(雜歌)'라 불렀고, 별칭으로는 사설이 길어서 '긴 잡가', 앉아서 부른다 하여 '좌창'이라고도 했다.

③ 영향 : 가사, 시조, 판소리, 민요

④ 작가와 연희자 : 사계축이라는 하층 소리꾼과 삼패 기생들

⑤ 향유 계층 : 평민의 중심이었으나, 일부 양반들도 향유

⑥ 형성 : 18세기 무렵 가사가 정형성을 잃으면서 대중적 혼합 가요의 형태로 발전

⑦ 형식 : 기존 가사의 기본형(4·4조)을 따르나, 파격이 심함

⑧ 내용 : 전체적으로 현실적·향락적·쾌락적 성격이 강함

⑨ 표현

㉠ 서민층의 순수 국어의 사용

㉡ 음성상징어의 사용

㉢ 한자어나 중국 고사의 인용 : 상층문화에 대한 모방 심리

(2) 종류

① 경기 잡가(京畿雜歌) : 서울, 경기 지방. 맑고 깨끗한 느낌

㉠ 휘모리 잡가 : 기법이 사설시조와 유사. 빠른 율동에 따라 말을 계속 열거하는 특징

예 「맹꽁이 타령」, 「바위 타령」 등

㉡ 12잡가 : 순수 서민층의 노래. '긴 잡가'

예 「유산가」, 「적벽가」, 「제비가」, 「소춘향가」, 「집장가」, 「형장가」, 「평양가」, 「선유가」, 「출인가」, 「십장가」, 「방물가」, 「월령가」

② 서도 잡가(西道雜歌) : 황해도, 평안도 일대. 탄식의 느낌을 주는 애절함

예 「수심가」, 「영변가」 등

③ 남도 잡가(南道雜歌) : 전라도 지방. 억양이 분명하고 강함

예 「육자배기」, 「새타령」 등

◢ 2 주요 작품의 감상

1. 상춘곡(賞春曲) : 정극인

>> 핵심정리

① 연대 : 성종 1년(1470)

② 성격 : 주정적, 서정적

③ 종류 : 서정가사, 정격가사, 양반가사

④ 구성 : 서사·본사(춘경·상춘)·결사의 3단 구성

⑤ 주제 : 봄의 완상(玩賞)과 안빈낙도

⑥ 의의

    ㉠ 우리나라 가사 문학의 효시

    ㉡ 산림처사로서의 생활을 다루는 은일 가사의 첫 작품으로 사림파 문학의 계기를 마련한 작품이다.

    ㉢ 호남가단의 강호가도 시풍의 효시

⑦ 영향 관계 : 「상춘곡(常春曲)」(정극인) → 「면앙정가(俛仰亭歌)」(송순) → 「성산별곡(星山別曲)」(정철) → 「누항사(陋巷詞)」(박인로)

⑧ 출전 : 『불우헌집』(정조 10년, 1786년)

[1] 서사(序詞) : 산림에 묻혀 삶[풍류 생활의 기상]

> 紅塵(홍진)에 뭇친 분네 이내 生涯(생애) 엇더흔고. 녯 사룸 風流(풍류)룰 미출가 못 미츨가. 天地間(천지간) 男子(남자) 몸이 날만흔 이 하건마눈, 山林(산림)에 뭇쳐 이셔 至樂(지락)을 므룰 것가. 數間(수간)茅屋(모옥)을 碧溪水(벽계수) 알픽두고, 松竹(송죽) 鬱鬱裏(울울리)에 風月(풍월)主人(주인) 되어셔라.
>
> ---
>
> 세상에 묻혀 사는 분들이여. 이 나의 생활이 어떠한가. 옛 사람들의 운치 있는 생활을 내가 미칠까 못 미칠까? 세상의 남자로 태어난 몸으로서 나만한 사람이 많건마는 왜 그들은 자연에 묻혀 사는 지극한 즐거움을 모르는 것인가? 몇 간쯤 되는 초가집을 맑은 시냇물 앞에 지어 놓고, 소나무와 대나무가 우거진 속에 자연의 주인이 되었구나!

[2] 본사(本詞) 1 : 춘경(春景)에의 몰입(沒入)

> 엊그제 겨을 지나 새봄이 도라오니, 桃花(도화)杏花(행화)눈 夕陽裏(석양리)예 퓌여 잇고, 綠楊芳草(녹양방초)눈 細雨中(세우중)에 프르도다. 칼로 믈아 낸가, 붓으로 그려 낸가. 造化神功(조화신공)이 物物(물물)마다 헌스룹다. 수풀에 우눈 새눈 春氣(춘기)를 못내 계워 소릭마다 嬌態(교태)로다. 物我一體(물아일체)어니, 興(흥)이이 다룰소냐. 柴扉(시비)예 거러 보고, 亭子(정자)애 안자보니 逍遙吟詠(소요음영)ᄒ야, 山日(산일)이 寂寂(적적)흔듸, 閑中眞味(한중진미)를 알 니 업시 호재로다.
>
> ---
>
> 엊그제 겨울이 지나 새봄이 돌아오니, 복숭아꽃과 살구꽃은 저녁 햇빛 속에 피어 있고, 푸른 버들과 아름다운 풀은 가랑비 속에 푸르도다. 칼로 재단해 내었는가? 붓으로 그려 내었는가? 조물주의 신비스러운 솜씨가 사물마다 야단스럽구나! 수풀에서 우는 새는 봄 기운을 끝내 이기지 못하여 소리마다 아양을 떠는 모습이로다. 자연과 내가 한 몸이거니 흥겨움이야 다르겠는가? 사립문 주변을 걷기도 하고 정자에 앉아 보기도 하니, 천천히 거닐며 나직이 시를 읊조려 산 속의 하루가 적적한데, 한가로운 가운데 참된 즐거움을 아는 사람이 없이 혼자로구나.

[3] 결사(結詞) : 안빈낙도의 삶

> 功名(공명)도 날 씌우고, 富貴(부귀)도 날 씌우니. 淸風明月(청풍명월) 外(외)예 엇던 벗이 잇스올고. 簞瓢陋巷(단표누항)에 훗튼 혜음 아니 ᄒᆞ늬. 아모타, 百年行樂(백년행락)이 이만 ᄒᆞᆫ들 엇지ᄒᆞ리.

> 공명도 날 꺼리고, 부귀도 날꺼리니, 청량한 바람과 밝은 달 이외에 어느 벗이 있겠느냐. 청빈한 선비의 살림에 헛된 생각 아니하네. 아무튼 한평생 즐겁게 지내는 일이 이만하면 어떠한가.

2. 면앙정가(俛仰亭歌) : 송순

▶▶ 핵심정리

① 연대 : 중종 19년(1524), 원작의 창작은 16세기, 필사본은 18세기 이후의 표기임
② 성격 : 강호가도(江湖歌道)
③ 종류 : 서정가사, 양반가사, 은일가사
④ 구성 : 기승전결(起承轉結) 79구의 4단 구성
⑤ 제재 : 면앙정과 그 주변의 자연의 승경(勝景)
⑥ 주제 : 대자연 속의 풍류 생활. 아름다운 자연 속에 노니는 풍류 생활
⑦ 의의 : 강호가도를 확립한 노래로, 정극인의 「상춘곡」을 이어받고, 정철의 「성산별곡」에 영향을 줌
⑧ 내용 : 작자가 41세 때 향리(鄕里)인 전남 담양의 제월봉 아래 면앙정을 짓고 그 아름다운 자연 속에 노니는 자신의 풍류 생활을 노래한 것
⑨ 출전 : 『면앙집』 – 원전에는 「면앙정장가」로 되어 있음

[1] 기(起) : 제월봉과 면앙정의 위치와 모습
　　제월봉의 위치와 형세(용) / 면앙정의 모습(청학)

> 无等山(무등산) ᄒᆞᆫ 활기 뫼히 동다히로 버더 이셔, 멀리 ᄢᅦ쳐와 霽月峯(제월봉)이 되여거늘 無邊(무변) 大野(대야)의 므슴 짐쟉ᄒᆞ노라 닐곱 구비 홈ᄃᆡ 움쳐 므득므득 버럿ᄂᆞᆫ 듯, 가온대 구빈ᄂᆞᆫ 굼긔 든 늘근 뇽이 선줌을 굿 ᄭᅢ야 머리를 언쳐시니, 너ᄅᆞ바회 우희 松竹(송죽)을 헤혀고 亭子(정자)를 언쳐시니 구름 ᄐᆞᆫ 靑鶴(청학)이 千里(천 리)를 가리라 두 ᄂᆞ래 버럿ᄂᆞᆫ 듯.

> 무등산 한 지맥이 동쪽으로 뻗어 있어 멀리 떨치고 와 제월봉이 되었거늘 끝없이 넓은 벌판에 무슨 생각을 하느라고, 일곱 굽이가 한 곳에 움츠려 무더기무더기 벌여 놓은 듯하고, 가운데 굽이는 구멍에 든 늙은 용이 선잠을 막 깨어 머리를 얹어 놓은 듯하니 너럭바위 위에 소나무와 대나무를 헤치고 정자를 앉혔으니, 구름을 탄 청학이 천 리를 가려고 두 날개를 벌리고 있는 듯.

[2] 승(承) 2 : 면앙정의 사시(四時) 가경(佳景)

흰 구름 브흰 煙霞(연하) 프로니는 山嵐(산람)이라. 千巖萬壑(천암 만학)을 제 집을 삼아 두고 나명성 들명성 일히도 구는지고. 오르거니 느리거니 長空(장공)의 써나거니 廣野(광야)로 거너거니 프르락 불그락 여트락 디트락 斜陽(사양)과 섯거디어 細雨(세우)조초 쓰리난다. 籃輿(남여)를 빈야 타고 솔 아릭 구븐 길노 오며 가며 흐는 적의 綠楊(녹양)의 우는 黃鶯(황앵) 嬌態(교태) 겨워 흐는고야. 나모새 즈즈지어 綠陰(녹음)이 얼린 적의, 百尺欄干(백척 난간)의 긴 조으름 내여 펴니, 水面涼風(수면 양풍)이야 긋칠 줄 모르는가. 즌 서리 쌔딘 후의 산 빗치 錦繡(금수)로다. 黃雲(황운)은 쏘 엇디 萬頃(만경)의 펴겨 디오. 漁笛(어적)도 흥을 계워 둘를 쓰롸 브니는다. 草木(초목) 다 진 후의 江山(강산)이 미몰커늘, 造物(조물)이 헌스흐야 氷雪(빙설)로 쑤며내니, 瓊宮瑤臺(경궁요대)와 玉海銀山(옥해은산)이 眼底(안저)의 버러셰라. 乾坤(건곤)도 가음열사 간 대마다 경이로다.

흰 구름, 뿌연 안개와 놀, 푸른 것은 산아지랑이로구나. 수많은 바위와 골짜기를 제 집으로 삼아 두고 나면서 들면서 아양도 떠는구나. 날아오르다가, 내려앉다가 공중으로 떠났다가, 넓은 들로 건너갔다가 푸르기도 하고 붉기도 하고, 옅기도 하고 짙기도 하고, 석양과 섞여 가랑비조차 뿌린다. 뚜껑 없는 가마를 재촉해 타고 소나무 아래 굽은 길로 오고 가며 하는 때에, 푸른 버드나무에서 우는 꾀꼬리는 흥에 겨워 아양을 떠는구나. 나무와 억새풀이 우거져 녹음이 짙어진 때에 긴 난간에서 긴 졸음을 내어 펴니, 물 위의 서늘한 바람이야 그칠 줄을 모르는구나. 된서리 걷힌 후에 산빛이 수놓은 비단 물결 같구나. 누렇게 익은 곡식은 또 어찌 넓은 들에 펴져 있는고? 고기잡이를 하며 부르는 피리도 흥을 이기지 못하여 달을 따라 계속 부는가. 초목이 다 떨어진 후에 강산이 묻혀 있거늘, 조물주가 야단스러워 얼음과 눈으로 꾸며 내니, 경궁요대와 옥해은산 같은 설경이 눈 아래 펼쳐져 있구나. 하늘과 땅도 풍성하구나. 가는 곳마다 아름다운 경치로구나.

[4] 결(結) : 호연지기(浩然之氣)와 군은(君恩)

江山風月(강산풍월) 거늘리고 내 百年(백년)을 다 누리면 岳陽樓(악양루) 샹의 李太白(이태백)이 사라오다. 浩蕩情懷(호탕 정회)야 이에서 더홀소냐. 이 몸이 이렁 굼도 亦君恩(역군은)이샷다.

아름다운 자연을 거느리고 내 평생을 다 누리면 악양루 위의 이태백이 살아온들, 넓고 끝없는 정다운 회포는 이보다 더할쏘냐. 이 몸이 이렇게 지내는 것도 역시 임금의 은혜이시로다.

3. 관동별곡(關東別曲) : 정철

▶▶ 핵심정리

① **연대** : 선조 13년(1580), 45세 때
② **사상** : 충의(유교) 및 애민 사상, 신선 사상(도교)

③ 종류 : 양반가사, 정격가사
④ 구성 : 295구의 기행 가사. 3·4조 4음보의 연속체
⑤ 문체 : 가사체, 운문체, 화려체
⑥ 표현 : 적절한 감탄사, 대구법, 생략법 등을 사용한 탄력이 넘치는 문장
　　　　명쾌, 화려하고, 섬세, 우아하며 활달하고 낭만적이어서, 작가의 호방한 기상이 드러남
⑦ 내용
　　㉠ 부임 여정, 금강산 유람, 관동 팔경 유람
　　㉡ 연군지정, 애민 사상을 토로한 서정가사
⑧ 주제 : 금강산, 관동 팔경의 절승에 대한 감탄과 연군지정 및 애민 사상
⑨ 출전 : 『송강가사』 이선본(숙종 16년 1690년)

[1] 서사(序詞) : [起] - (1) 관찰사로의 배임

> 江강湖호애 病병이 깁퍼 竹듁林님의 누엇더니, 關관東동 八팔百빅 里니에 方방面면을 맛디시니, 어와 聖성恩은이야 가디록 罔망極극ᄒ다. 延연秋츄門문 드리드라 慶경會회 南남門문 ᄇ라보며, 下하直직고 믈너나니 玉옥節졀이 알픠 셧다. 平평丘구驛역 믈을 ᄀ라 黑흑水슈로 도라드니, 蟾셤江강은 어듸메오, 雉티岳악이 여긔로다.

> 고치지 못할 정도의 병처럼 자연을 너무도 사랑하여 창평에 은거하여 한가로이 지내는데 800리나 되는 강원도 관찰사의 직분을 맡기시니 아, 임금의 은혜야말로 더욱 더 끝이 없구나. 연추문으로 달려 들어가 경회루의 남문을 바라보면서 임금님께 작별을 고하고 물러나니 벌써 부임 준비가 되었구나. 양주역에서 말을 갈아타고 여주로 돌아 들어가니, 섬강이 어디인가 여기가 원주로구나.

[1] 서사(序詞) : [起] - (2) 관내 순력과 선정의 포부

> 昭쇼陽양江강 ᄂ린 믈이 어드러로 든단 말고. 孤고臣신 去거國국에 白빅髮발도 하도 할샤. 東동州쥐 밤 계오 새와 北븍寬관亭뎡의 올나ᄒ니, 三삼角각山산 第뎨一일峰봉이 ᄒ마면 뵈리로다. 弓궁王왕 大대闕궐 터희 烏오鵲쟉이 지지괴니, 千쳔古고 興흥亡망을 아ᄂ다, 몰ᄋᄂ다. 淮회陽양 녜 일홈이 마초아 ᄀ틀시고. 汲급長댱儒유 風풍彩치를 고텨 아니 볼 게이고.

> 소양강에 흐르는 물은 어디로 흘러가는가? (소양강은 흘러흘러 임금이 계신 한양으로 흐르는구나[→ 연군지정(戀君之情)] 임금과 이별하고 한양을 떠난 외로운 신하는 나라 걱정에 흰 머리만 늘어가는구나.[→ 우국충정(憂國衷情)] 철원에서 밤을 겨우 지새고 북관정에 오르니, 임금이 계신 한양의 삼각산 제일 높은 봉우리가 보일 것만 같구나. [→ 연군지정(戀君之情)] 태봉국 궁예왕의 대궐터에서 지저귀는 무심한 까막까치는 나라의 흥망을 알고 우는가, 모르고 우는가?[역사의 무상감 → 맥수지탄(麥秀之嘆)] 이곳의 지명이 옛날 중국 한 나라의 회양 땅과 마침 같으니, 회양 태수로 선정을 베풀었던 급장유의 풍채를 이곳에서 다시 볼 것인가.[→ 선정포부(善政抱負)]

[2] 본사(本詞) - 1 : 내금강 유람 [承] - (1) 만폭동 폭포의 장관

> 營영中듕이 無무事ᄉᆞ호고 時시節졀이 三삼月월인 제, 花화川쳔 시내길히 楓풍岳악으로 버더 잇다. 行ᄒᆡᆼ裝장을 다 썰티고 石셕逕경의 막대 디퍼, 百ᄇᆡᆨ川쳔洞동 겨틱 두고 萬만瀑폭洞동 드러가니, 銀은 ᄀᆞ튼 무지게, 玉옥 ᄀᆞ튼 龍룡의 초리, 섯돌며 ᄲᅳᆷ는 소리 十십里리의 ᄌᆞ자시니, 들을 제ᄂᆞᆫ 우레러니 보니ᄂᆞᆫ 눈이로다.

> 관내(감영)가 무사하고 호시절 삼월에 화천 시냇길은 풍악(금강산)으로 뻗어 있다. 여장을 간편히 꾸리고 좁은 산길에 지팡이를 짚고, 백천동을 지나서 만폭동 계곡에 들어가니, 무지개처럼 아름답고, 용의 꼬리처럼 고운 폭포가 섞여 떨어지는 웅장한 소리가 십리 밖까지 울려 퍼졌으니, 멀리서 들을 때에는 천둥소리 같더니, 가까이 다가가서 보니 흰 눈처럼 흩날리는구나.

[2] 본사(本詞) - 1 : 내금강 유람 [承] - (2) 금강대의 선학

> 金금剛강臺ᄃᆡ 민 우層층의 仙션鶴학이 삿기 치니, 春츈風풍 玉옥笛뎍聲셩의 첫줌을 ᄭᆡ돗던디, 縞호衣의玄현裳샹이 半반空공의 소소 ᄯᅳ니, 西셔湖호 녯 主쥬人인을 반겨서 넘노ᄂᆞᆫ 듯.

> 금강대 꼭대기 위에 학이 새끼를 치니, 옥피리 소리 같은 봄바람에 선잠을 깨었던지, 흰 저고리, 검은 치마를 입은 듯한 학이 공중에 높이 솟아오르니, 서화의 옛 주인인 임포를 반기는 듯, 나를 반겨서 노는 듯하구나.

[2] 본사(本詞) - 1 : 내금강 유람 [承] - (3) 진혈대에서의 조망

> 小쇼香향爐노 大대香향爐노 눈 아래 구버보고, 正졍陽양寺ᄉᆞ 眞진歇혈臺ᄃᆡ 고텨 올나 안ᄌᆞ마리, 盧녀山산 眞진面면目목이 여긔야 다 뵈ᄂᆞ다. 어와, 造조化화翁옹이 헌ᄉᆞ토 헌ᄉᆞᆯ샤. 늘거든 ᄲᅱ디 마나, 셧거든 솟디 마나. 芙부蓉용을 고잣ᄂᆞᆫ 듯, 白ᄇᆡᆨ玉옥을 믓것ᄂᆞᆫ 듯, 東동溟명을 박ᄎᆞᆫ 듯, 北북極극을 괴왓ᄂᆞᆫ 듯. 놉흘시고 望망高고臺ᄃᆡ, 외로올샤 穴혈望망峰봉이 하늘의 추미러 므ᄉᆞ 일을 ᄉᆞ로리라 千쳔萬만劫겁 디나ᄃᆞ록 구필 줄 모ᄅᆞᆫ다. 어와 너여이고, 너 ᄀᆞ투니 ᄯᅩ 잇ᄂᆞᆫ가.

> 진헐대에 올라 크고 작은 봉우리를 바라보니, 중국의 여산처럼 아름다운 금강산의 참모습이 여기에서 다 보이는 듯하구나. 아아, 조물주의 재주가 야단스럽구나. 금강산의 수많은 봉우리가 나는 듯 뛰는 듯, 우뚝 서있는 듯 솟아오르는 듯하니, 참으로 수려하구나. 연꽃을 꽂아 놓은 듯, 백옥을 묶어 놓은 듯, 동해 바다를 박차고 일어나는 듯, 북극을 바치고 있는 듯하다. 높이 솟은 망고대, 외로워 보이는 혈망봉은 하늘에 치밀어 무슨 일을 아뢰려고 수많은 세월이 지나도록 굽필 줄을 모르느냐? 굳건히 지조를 지키는 이는 망고대, 혈망봉 너로구나. 너처럼 지조를 지키는 것이 또 있겠는가?

[2] 본사(本詞) - 1 : 내금강 유람 [承] - (4) 개심대에서의 조망과 감회

> 開_기心_심臺_디고텨 올나 衆_둥香_향城_성 브라보며, 萬_만二_이千_천峰_봉을 歷_녁歷_녁히 혀여ᄒ니 峰_봉마다 빗쳐 잇고 긋마다 서린 긔운, 묽거든 조티 마나, 조커든 묽디 마나. 뎌 긔운 흐터 내야 人_인傑_걸을 만들고쟈. 形_형容_용도 그지업고 體_톄勢_셰도 하도 할샤. 天_텬地_디 삼기실 제 自_ᄌ然_연이 되연마ᄂ, 이제와 보게 되니 有_유情_졍도 有_유情_졍홀샤. 毗_비盧_로峰_봉 上_샹上_샹頭_두의 올라 보니 긔 뉘신고. 東_동山_산 泰_태山_산이 어ᄂ야 놉돗던고. 魯_노國_국 조븐 줄도 우리는 모르거든, 넙거나 넙은 天_텬下_하 엇찌ᄒ야 젹닷 말고. 어와 뎌 디위를 어이ᄒ면 알 거이고. 오르디 못ᄒ거니 ᄂ려가미 고이홀가.

개심대에 다시 올라 중향성 봉우리를 바라보며, 만 이천 봉을 똑똑히 헤아려 보니, 봉마다 맺혀 있고 끝마다 서린 기운, 맑거든 깨끗하지나, 깨끗하거든 맑지나 마 것이지, 맑고 깨끗한 만 이천 봉의 수려함이여! 저 맑고 깨끗한 기운을 흩어 내어 뛰어난 인재를 만들고 싶구나. 산봉우리의 형상이 다양하기도 하구나. 천지가 창조될 때에 저절로 생성된 것이지만, 이제 와서 보니 조물주의 뜻이 깃들어 있구나. 비로봉 정상에 올라 본 사람이 누구인가? (비로봉 정상에 오르니, '동산에 올라 노나라가 작고, 태산에 올라 천하가 작다'고 한 공자님의 말씀이 생각나는구나.) 동산과 태산 어느 것이 비로봉보다 높단 말인가? 노나라가 좁은 줄도 우리는 모르는데, 넓고도 넓은 천하를 공자는 어찌하여 작다고 했단 말인가? 아! 저 공자의 높고 넓은 정신적 경지를 어찌하면 알 수 있을 것인가? 오르지 못해 내려가는 것이 무엇이 이상할까?

[2] 본사(本詞) - 1 : 내금강 유람 [承] - (5) 화룡소에서의 감회

> 圓_원通_통골 ᄀᄂ 길로 獅_ᄉ子_ᄌ峰_봉을 ᄎ자가니, 그 알픠 너러바회 化_화龍_룡쇠 되여셰라. 千_쳔年_년 老_노龍_룡이 구비구비 서려 이셔, 晝_듀夜_야의 흘녀 내여 滄_창海_히예 니어시니, 風_풍雲_운을 언제 어더 三_삼日_일雨_우를 디련ᄂ다. 陰_음崖_애예 이온 플을 다 살와 내여ᄉ라.

원통골의 좁은 길로 사자봉을 찾아가니, 그 앞의 넓은 바위가 화룡소가 되었구나. 마치 천 년 묵은 늙은 용이 굽이굽이 서려 있는 것 같은 화룡소 물이 밤낮으로 흘러내려 넓은 바다에 이었으니, 비, 구름을 언제 얻어 흡족한 비를 내리려느냐? 그늘진 낭떠러지에 헐벗고 굶주린 백성을 다 살려 내려무나.

[2] 본사(本詞) - 1 : 내금강 유람 [承] - (6) 십이 폭포의 장관

> 磨_마訶_하衍_연 妙_묘吉_길祥_샹 雁_안門_문재 너머 디여, 외나모 써근 ᄃ리 佛_블頂_뎡臺_디 올라ᄒ니, 千_쳔尋_심絶_졀壁_벽을 半_반空_공애 셰여 두고, 銀_은河_하水_슈 한 구비를 촌촌이 버혀 내여, 실ᄀ티 플텨 이셔 뵈ᄀ티 거러시니, 圖_도經_경 열 두 구비, 내 보매는 여러히라. 李_니謫_뎍仙_션 이제 이셔 고텨 의논ᄒ게 되면, 廬_녀山_산이 여긔도곤 낫단 말 못 ᄒ려니.

마하연, 묘길상, 안문재를 넘어 내려가 썩은 외나무다리를 건너 불정대에 오르니, (조물주
가) 천길이나 되는 절벽을 하늘 가운데 세워 두고, 은하수 큰 굽이를 마디마디 잘라내어
실처럼 풀어서 베처럼 걸어 놓았으니, 도경에는 열두 굽이로 그려졌지만, 내가 보기에는
그보다 더 많아 보인다. 이태백이 지금 있어서 다시 의논하게 되면 여산 폭포가 십이 폭포
보다 아름답다는 말은 못 할 것이다.

[3] 본사(本詞) - 2 : 관동 8경 유람 [轉] - (1) 동해로 가는 감회

山산中듕을 미양 보랴, 東동海히로 가쟈스라. 藍남輿여 緩완步보하야 山산映영樓누의 올
나하니, 玲녕瓏농 碧벽溪계와 數수聲성啼데鳥됴는 離니別별을 怨원하는 듯, 旌졍旗긔를
썰티니 五오色식이 넘노는 듯, 鼓고角각을 섯부니 海히雲운이 다 것는 듯. 鳴명沙사길 니
근 물이 醉취仙션을 빗기 시러, 바다홀 겻팃 두고 海히棠당花화로 드러 가니, 白빅鷗구야
느디 마라, 네 버딘 줄 엇디 아는.

내금강 경치만 보겠는가? 이제는 동해 바다로 가자꾸나. 남여를 타고 천천히 걸어서 산영
루에 오르니, 눈부시게 반짝이는 푸른 시냇물과 여러 아름다운 소리로 우는 산새는 나와의
이별을 원망하는 듯하고(감정 이입), 깃발을 휘날리니, 오색 빛깔 넘나들며 노니는 듯하
고, 북과 피리를 섞어 부니 바닷구름이 다 걷히는 것 같구나. 백사장 길에 익숙한 말이
취한 신선을 비스듬히 태우고, 바다를 옆에 끼고 해변의 해당화 핀 꽃밭으로 들어가니,
갈매기야 날지 말아라, 내가 너의 친구인 줄을 어찌 알고 날아가느냐?

[3] 본사(本詞) - 2 : 관동 8경 유람 [轉] - (4) 의상대에서의 일출의 장관과 감회

梨니花화는 불셔 디고 접동새 슬피 울 제, 洛낙山산 東동畔반으로 義의相샹臺디예 올라
안자, 日일出출을 보리라 밤듕만 니러하니, 祥샹雲운이 집픠는 동, 六뉵龍뇽이 바퇴는 동,
바다히 써날 제는 萬만國국이 일위더니, 天텬中듕의 티쓰니 毫호髮발을 헤리로다. 아마도
녈구름 근쳐의 머믈셰라. 詩시仙션은 어듸 가고 咳히唾타만 나맛느니. 天텬地디間간 壯장
한 긔별 즈셔히도 홀셔이고.

배꽃은 벌써 지고 소쩍새가 슬피 울 제, 낙산사 동쪽 언덕길을 따라 의상대에 올라 앉아,
일출을 보려고 한밤중쯤 일어나니, 상서로운 구름이 뭉게뭉게 피어나는 듯, 여섯 마리의
용이 해를 떠받치는 듯, 해가 바다에서 솟아오를 때에는 온 세상이 흔들리는 듯하더니, 하
늘에 치솟아 뜨니 가는 터럭도 셀 수 있을 만큼 밝구나. 행여나 지나가는 구름이 해 근처에
머무를까 근심스럽구나.(간신의 무리가 임금의 총명을 가릴까 두렵다. 이태백의 시구 인용)
이태백은 어디가고 시구만 남았느냐? 천지간 굉장한 소식이 자세히도 표현되었구나.

[3] 본사(本詞) - 2 : 관동 8경 유람 [轉] - (7) 망양정에서의 조망

天텬根근을 못내 보와 望망洋양亭뎡 올은말이, 바다 밧근 하늘이니 하늘 밧근 므서신고.
갓득 노흔 고래, 뉘라셔 놀내관디, 블거니 쏨거니 어즈러이 구는디고. 銀은山산을 것거 내
여 六뉵合합의 느리는 듯, 五오月월 長댱天텬의 白빅雪셜은 므스 일고.

하늘의 끝을 내내 보지 못하여 망양정에 오르니, (수평선 멀리) 바다 밖은 하늘인데, 하늘 밖은 무엇인가? 가뜩이나 성난 고래(파도)를 누가 놀라게 하기에, (물을) 불거니 뿜거니 어지럽게 구는 것인가? 은산(흰 물결)을 꺾어 내어 온 세상에 흩뿌려 내리는 듯, 오월의 드높은 하늘에 백설(흰 포말)은 무슨 일인가?

[4] 결사(結詞) : 結 - (1) 망양정에서의 월출

져근덧 밤이 드러 風풍浪낭이 定뎡ᄒᆞ거ᄂᆞᆯ, 扶부桑상 咫지尺쳑의 明명月월을 기ᄃᆞ리니, 瑞셔光광 千쳔丈댱이 뵈ᄂᆞᆫ 듯 숨ᄂᆞᆫ고야. 珠쥬簾렴을 고텨 것고, 玉옥階계ᄅᆞᆯ 다시 쓸며, 啓계明명星셩 돗도록 곳초 안자 ᄇᆞ라보니, 白ᄇᆡᆨ蓮년花화 ᄒᆞᆫ 가지ᄅᆞᆯ 뉘라셔 보내신고. 일이 됴흔 世세界계 ᄂᆞᆷ대되 다 뵈고져. 流뉴霞하酒쥬 ᄀᆞ득 부어 ᄃᆞᆯᄃᆞ려 무론 말이, 英영雄웅은 어ᄃᆡ 가며, 四ᄉᆞ仙션은 긔 뉘러니, 아ᄆᆞ나 맛나 보아 녯 긔별 뭇쟈 ᄒᆞ니, 仙션山산 東동海ᄒᆡ예 갈 길히 머도 멀샤.

잠깐 사이에 밤이 되어 바람과 파도가 가라앉거늘, 해 뜨는 곳 가까이 (동해 바닷가)에서 밝은 달을 기다리니, 상서로운 달빛이 구름 사이로 보이는 듯 숨는구나. 구슬로 만든 발을 다시 걷고, 섬돌로 만든 층계를 다시 쓸며, 샛별이 돋아 오를 때까지 곧바로 앉아서 밝은 달을 바라보니, 흰 연꽃 같은 달을 누가 보내셨는가? 이렇게 아름다운 세상을 다른 사람 모두에게 다 보이고 싶구나.(온 백성에게 고루고루 은혜를 베풀고 싶다는 선정의 포부) 신선주를 가득 부어 들고 달에게 묻는 말이 '영웅은 어디 갔으며, 사선은 그 누구인가.' 아무나 만나 보아 영웅과 사선의 옛 소식을 묻고자 하니, 선산이 있는 동해로 가는 길이 멀기도 멀구나.

[4] 결사(結詞) : 結 - (2) 꿈속에서 신선과의 인연

松숑根근을 볘여 누어 픗ᄌᆞᆷ을 얼픗 드니, ᄭᅮᆷ애 ᄒᆞᆫ 사ᄅᆞᆷ이 날ᄃᆞ려 닐온 말이, 그ᄃᆡᄅᆞᆯ 내 모ᄅᆞ랴, 上샹界계예 眞진仙션이라. 黃황庭뎡經경 一일字ᄌᆞᄅᆞᆯ 엇디 그릇 닐거 두고, 人인間간의 ᄂᆞᆯ려 와셔 우리ᄅᆞᆯ ᄯᆞᄅᆞᆫ다. 져근덧 가지 마오. 이 술 ᄒᆞᆫ 잔 머거 보오. 北븍斗두星셩 기우려 滄챵海ᄒᆡ水슈 부어 내여, 저 먹고 날 머겨ᄂᆞᆯ 서너 잔 거후로니, 和화風풍이 習습習습ᄒᆞ야 兩냥腋익을 추혀 드니, 九구萬만里리 長댱空공애 져기면 ᄂᆞᆯ리로다. 이 술 가져다가 四ᄉᆞ海ᄒᆡ예 고로 ᄂᆞ화 億억萬만蒼창生ᄉᆡᆼ을 다 醉췩케 ᄆᆡᆼ근 後후의, 그제야 고텨 맛나 ᄯᅩ ᄒᆞᆫ 잔 ᄒᆞ잣고야. 말 디쟈 鶴학을 ᄐᆞ고 九구空공의 올나가니, 空공中듕 玉옥簫쇼 소ᄅᆡ 어제런가 그제런가. 나도 ᄌᆞᆷ을 ᄭᆡ여 바다ᄒᆞᆯ 구버보니, 기픠ᄅᆞᆯ 모ᄅᆞ거니 ᄀᆞᆺ인들 엇디 알리. 明명月월이 千쳔山산 萬만落낙의 아니 비쵠 ᄃᆡ 업다.

소나무 뿌리를 베고 누워 선잠이 얼핏 드니, 꿈속에서 한 사람이 나에게 이르는 말이, "그대를 내가 모르겠느냐? 그대는 하늘나라의 신선이다. 황정경 한 글자를 어찌하여 잘못 읽고 인간 세상에 내려와서 우리를 따르는가? 잠깐만 가지 마오. 이 술 한 잔 마셔 보오." 북두칠성 같은 국자를 기울여 동해 바닷물 같은 술을 부어 내여, 저 한 잔 먹고 나에게도 먹이거늘, 서너 잔 기울이니, 봄바람이 산들산들하여 두 겨드랑이를 추켜올리니, 아득한 하늘을 웬만하면 날 것 같구나. "이 술 가져다가 온 세상에 고루 나누어, 온 백성을 다 취하게 만든 후에(선정의 포부), 다시 만나 또 한 잔 합시다."는 말이 끝나자 신선은 학을 타고 아득한 하늘로 올라가니, 공중에서 들려오는 옥피리가 어제던가 그제던가 어렴풋하구나. 나도 잠을 깨어 바다를 굽어보니, 깊이를 모르는데, 바다 끝인들 어찌 알겠는가? 밝은 달이 온 세상에 아니 비친 곳이 없다.

4. 사미인곡(思美人曲) : 정철

▶▶ **핵심정리**

① **연대** : 선조 18~22년(1585~1589)

② **성격** : 연군지사

③ **종류** : 서정가사

④ **구성** : 3·4조, 4·4조로 된 서정가사. '서사 – 본사 – 결사'의 3단 구성

⑤ **배경** : 정철이 50세 되던 선조 18년(1585)에 사간원의 논척을 받고 관직에서 물러나 그의 고향 전남 창평에 4년간 우거할 때 지은 작품이다.

⑥ **의의**

　　㉠ 「속미인곡」과 더불어 가사 문학의 절정을 이루는 작품이다.

　　㉡ 「정과정」을 원류로 하는 충신연군지사

⑦ **주제** : 연군(戀君)의 정(情)[충신연군지사]

⑧ **출전** : 『송강가사(松江歌辭)』 성주본

[1] 서사(序詞) : 임과의 인연과 이별 후의 그리움

이 몸 삼기실 제 님을 조차 삼기시니, 흔싱 緣연分분이며 하늘 모를 일이런가. 나 흐나 졈어 잇고 님 흐나 날 괴시니, 이 무음 이 스랑 견졸 디 노여 업다. 平평生싱애 願원호요디 흔디 녜쟈 흐얏더니, 늙거야 므스 일로 외오 두고 글이는고. 엇그제 님을 뫼셔 廣광寒한殿뎐의 올낫더니 그 더디 엇디흐야 下하界계예 느려오니, 올 적의 비슨 머리 얼킈연디 三삼年년이라. 燕연脂지粉분 잇니마는 눌 위흐야 고이 홀고. 무음의 믹친 실음 疊텹疊텹이 싸혀 이셔, 짓니니 한숨이오, 디니니 눈믈이라. 人인生싱은 有유限흔흔디 시름도 그지 업다. 無무心심흔 歲셰月월은 믈 흐로듯 흐는고야. 炎염涼냥이 째를 아라 가는 둣 고텨 오니, 듯거니 보거니 늣길 일도 하도 할샤.

이 몸이 태어날 때에 임을 따라 태어나니, 한평생 함께 살아갈 인연이며 이 또한 하늘이 어찌 모를 일이던가? 나는 오직 젊어 있고, 임은 오직 나를 사랑하시니, 이 마음과 사랑을 비할 곳이 전혀 없다. 평생에 원하되 임과 함께 살아가려 하였더니, 늙어서야 무슨 일로 외따로 두고 그리워하는고? 엊그제에는 임을 모시고 광한전에 올라 있었더니, 그 동안에 어찌하여 속세에 내려왔느냐? 내려올 때에 빗은 머리가 헝클어진 지 3년일세. 연지와 분이 있지마는 누구를 위하여 곱게 단장할꼬? 마음에 맺힌 근심이 겹겹으로 쌓여 있어서 짓는 것이 한숨이요, 흐르는 것이 눈물이라. 인생은 한정이 있지만 시름은 끝이 없구나. 무심한 세월은 물 흐르듯 하는구나. 추위와 더위가 계절을 알고 갔다가는 이내 다시 돌아오니, 듣거나 보거나 하는 가운데 느낄 일도 많기도 많구나.

[2] 본사(本詞) - (1) 봄

> 東동風풍이 건듯 부러 積적雪셜을 헤텨 내니, 窓창 밧긔 심근 梅미花화 두세 가지 픠여셰라. 굿득 冷닝淡담흔딩 暗암香향은 므스 일고. 黃황昏혼의 둘이 조차 벼마티 빗최니, 늣기는 듯 반기는 듯, 님이신가 아니신가. 뎌 梅미花화 것거내여 님 겨신 딩 보내오져. 님이 너를 보고 엇더타 너기실고.

> 봄바람이 문득 불어 쌓인 눈을 녹여 내니, 창밖에 심은 매화가 두세 가지 피었구나. 가뜩이나 쌀쌀하고 담담한데, 은은하게 풍겨오는 암향(暗香)은 무슨 일인가? 황혼에 달이 따라와 베갯머리에 비치니, 흐느끼는 듯 반기는 듯, 혹시 임이신가 아니신가? 저 매화를 꺾어 내어 임이 계신 곳에 보내고 싶구나. 임이 매화 너를 보고 어떻다 생각하실까?

[2] 본사(本詞) - (2) 여름

> 곳 디고 새닙 나니 綠녹陰음이 질렷는딩, 羅나韋위 寂적寞막호고 繡슈幕막이 뷔여 잇다. 芙부蓉용을 거더 노코 孔공雀쟉을 둘러 두니, 굿득 시름 한딩 날은 엇디 기돗던고. 鴛원鴦앙錦금 버혀 노코 五오色식線션 플텨 내여, 금자히 견화이셔 님의 옷 지어 내니, 手슈品품은 ᄏ니와 制제度도도 ᄀ줄시고. 珊산瑚호樹슈 지게 우희 白빅玉옥函함의 다마 두고, 님의게 보내오려 님 겨신 딩 ᄇ라보니, 山산인가 구롬인가 머흐도 머흘시고. 千쳔里리 萬만里리 길흘 뉘라셔 츠자 갈고. 니거든 여러 두고 날인가 반기실가.

> 꽃잎이 지고 새잎이 나니 푸른 나무그늘이 짙어졌는데 비단 휘장만 쓸쓸히 걸리고, 수놓은 장막 안은 아무도 없이 비어 있다. 연꽃무늬 방장을 걷어놓고, 공작을 수놓은 병풍을 둘러 두니, 가뜩이나 근심 걱정이 많은데, 날을 어찌 이리 길더냐? 원앙 무늬 비단을 베어 놓고 오색실을 풀어내어 금자로 재어서 임의 옷을 만들어 내니, 솜씨는 말할 것도 없거니와 격식도 갖추었구나. 산호수 지게 위에 백옥함에 담아서 임에게 보내려 임 계신 곳을 바라보니, 산인가 구름인가 잔뜩 가려져 험하기도 험하구나. 천만리 머나먼 길을 누가 찾아갈까? 가거든 임께서 열어 보시고 나를 보신 듯이 반가워하실까?

[2] 본사(本詞) - (3) 가을 : 선정(善政)을 갈망함

> ᄒᄅ밤 서리김의 기러기 우러 녈 제, 危위樓루에 혼자 올나 水슈晶졍簾념 거든말이, 東동山산의 둘이 나고 北북極극의 별이 뵈니, 님이신가 반기니 눈물이 절로 난다. 淸청光광을 쥐여 내여 鳳봉凰황樓누의 븟티고져. 樓누 우희 거러 두고 八팔荒황의 다 비최여, 深심山산 窮궁谷곡 졈낫ᄀ티 밍그쇼셔.

> 하룻밤 사이에 서리 내리는 계절로 바뀌어 기러기가 울며 지나갈 때, 높다란 누각에 혼자 올라서 수정으로 만든 발을 걷으니, 동산에 달이 떠오르고 북극성이 보이니, 임이신가 하여 반가워하니 눈물이 절로 난다. 저 맑은 달빛을 움켜쥐어 임이 계신 궁궐에 부쳐 보내고 싶구나. 임께서는 그것을 누각 위에 걸어두고 온 세상이 다 비추어, 깊은 산골까지도 대낮같이 환하게 만드옵소서.

[2] 본사(本詞) – (4) 겨울 : 임에 대한 그리움

乾건坤곤이 폐식ᄒ야 白빅雪셜이 흔 빗친 제, 사름은ᄏ니와 눌새도 긋쳐 잇다. 瀟쇼湘샹 南남畔반도 치오미 이러커든, 玉옥樓누高고處쳐야 더옥 닐너 므슴하리. 陽양春츈을 부쳐 내여 님 겨신 ᄃᆡ 쏘이고져. 茅모簷쳠 비쵠 ᄒᆡ롤 玉옥樓누의 올리고져. 紅홍裳샹을 니믜츠고 翠취袖슈룰 半반만 거더, 日일暮모 脩슈竹듁의 헴가림도 하도 할샤. 댜룬 히 수이 디여 긴밤을 고초 안자, 靑청燈등 거른 겻ᄐᆡ 鈿뎐恐공候후 노하 두고, 꿈의나 님을 보려 퇵 밧고 비겨시니, 鴦앙衾금도 ᄎ도 ᄎᆞᆯ샤 이 밤은 언제 샐고.

천지가 겨울의 추위에 얼어 생기가 막혀, 흰 눈빛으로 덮여 있을 때에, 사람은 말할 것도 없거니와 날짐승의 자취도 끊겨져 있구나. 소상강 남쪽 둔덕도 추위가 이와 같거늘, 하물며 임 계신 북쪽 대궐이야 더욱 말해 무엇하리? 따뜻함 봄기운을 부치어 내어 임 계신 곳에 쐬게 하고 싶구나. 초가집 처마에 비친 따뜻한 햇볕을 임 계신 궁궐에 올리고 싶구나. 붉은 치마를 여미어 입고 푸른 소매를 반쯤 걷어 올려 저문 해에 긴대나무에 기대어 이런저런 잡념도 많기도 많구나. 짧은 겨울 해가 이내 넘어 가고 긴 밤을 꼿꼿이 앉아, 청사초롱을 걸어둔 옆에 자개로 수놓은 공후를 놓아두고, 꿈에서나 임을 보려고 턱을 바치고 기대어 앉았으니, 원앙 이불이 차기도 차구나. 이 밤은 언제나 샐까?

[3] 결사(結詞) : 임에 대한 변함없는 충성심

ᄒᆞᄅᆞ도 열두 ᄣᅢ 흔 ᄃᆞᆯ도 셜흔 날, 져근덧 싱각 마라 이 시름 닛쟈 ᄒᆞ니, ᄆᆞ음의 ᄆᆡ쳐 이셔 骨골髓슈의 ᄯᅦ텨시니, 扁편鵲쟉이 열히 오나 이 병을 엇디 ᄒᆞ리. 어와 내 병이야 이 님의 타시로다. ᄎᆞᆯ하리 싀여디여 범나븨 되오리라. 곳나모 가지마다 간 ᄃᆡ 죡죡 안니다가, 향므든 ᄂᆞᆯ애로 님의 오시 올므리라. 님이야 날인 줄 모ᄅᆞ셔도 내 님 조ᄎᆞ려 ᄒᆞ노라.

하루도 열 두 때, 한 달도 서른 날, 잠시라도 임 생각을 말아서 이 시름을 잊으려 해도 마음 속에 맺혀 있어 뼈 속까지 사무쳤으니, 편작과 같은 명의가 열 명이 오더라도 이 병을 어찌 고치랴. 아, 내 병이야 모두 임의 탓이로다. 차라리 죽어서 범나비나 되리라. 꽃나무 가지마다 간 데 족족 앉아 다니다가, 향기 묻은 날개로 임의 옷에 옮으리라. 임께서야 나인 줄을 모르셔도 나는 임을 따르려 하노라.

5. 속미인곡(續美人曲) : 정철

▶▶ 핵심정리

① 연대 : 선조 18~22년(1585~1589)
② 성격 : 연군지사
③ 종류 : 서정가사
④ 구성 : 3·4조 내지 4·4조를 기조로 한 대화체(문답 형식)의 서정가사
⑤ 배경 : 「사미인곡」과 같이 정철이 그의 향리인 전남 창평에 우거할 때 지었다.

⑥ 의의

    ㉠ 「사미인곡」과 더불어 가사 문학의 극치를 이룬 작품이다.

    ㉡ 우리말의 구사가 절묘하여 문학성이 높다.

    ㉢ 대화 형식으로 된 작품이다.

    ㉣ 홍만종은 『순오지』에서 공명(孔明)의 「出師表(출사표)」에 비견할 만하다고 하였다.

    ㉤ 김만중은 『서포만필』에서 「관동별곡」, 「전후미인가」 중 「속미인곡」이 가장 뛰어나다고 하였다.

⑦ 주제 : 연군의 정

⑧ 출전 : 『송강가사』

    [1] 서사(序詞) - (1) 甲女의 물음 : 백옥경을 떠난 이유

> 뎨 가는 뎌 각시 본 듯도 한뎌이고. 天上(천상) 白玉京(백옥경)을 엇디하야 離別(이별)하고 해 다 뎌 져믄 날의 눌을 보라 가시난고.
>
> ───────────────────────────
>
> 저기 가는 저 각시 본 듯도 하구나. 임금이 계시는 대궐을 어찌하여 이별하고, 해가 다 저문 날에 누구를 만나러 가시는고?

    [1] 서사(序詞) - (2) 乙女의 대답 : 조물주의 탓(자책과 체념, 자탄)

> 어와 네여이고 내 亽셜 드러 보오. 내 얼굴 이 거동이 님 괴얌즉 한가마는 엇딘디 날 보시고 네로다 녀기실ᄉᆡ 나도 님을 미더 군ᄠᅳᆮ디 전혀 업서 이릭야 교틱야 어ᄌᆞ러이 구돗ᄯᅥᆫ디 반기시는 ᄂᆞᆺ비치 녜와 엇디 다ᄅᆞ신고. 누어 싱각하고 니러 안자 혜여하니 내 몸의 지은 죄 뫼ᄀᆞ티 싸혀시니 하ᄂᆞᆯ히라 원망하며 사ᄅᆞᆷ이라 허믈하랴. 셜워 플텨 혜니 造物(조믈)의 타시로다.
>
> ───────────────────────────
>
> 아, 너로구나. 내 사정 이야기를 들어 보오. 내 얼굴과 이 나의 태도는 임께서 사랑함직 한가마는 어쩐지 나를 보시고 너로구나 하고 특별히 여기시기에 나도 임을 믿어 딴 생각이 전혀 없이, 응석과 아양을 부리며 지나치게 굴었던지 반기시는 낯빛이 옛날과 어찌 다르신고? 누워 생각하고 일어나 앉아 헤아려 보니, 내 몸에 지은 죄가 산같이 쌓였으니, 하늘을 원망하며 사람을 탓하랴. 설워서 여러 가지 일을 풀어 내여 헤아려 보니, 조물주의 탓이로다.

    [2] 본사(本詞) - (1) 甲女의 위로

> 글란 싱각 마오
>
> ───────────────────────────
>
> 그렇게는 생각 마시오.

    [2] 본사(本詞) - (2) 乙女 : 임에 대한 걱정

> 매친 일이 이셔이다. 님을 뫼셔 이셔 님의 일을 내 알거니 믈 ᄀᆞᄐᆞᆫ 얼굴이 편하실 적 몃 날일고. 春寒苦熱(춘한고열)은 엇디하야 디내시며 秋日冬天(추일동천)은 뉘라셔 뫼셧난고. 粥早飯(죽조반) 朝夕(조석) 뫼 녜와 갓티 셰시난가. 기나긴 밤의 잠은 엇디 자시난고.

(마음속에) 맺힌 일이 있습니다. 예전에 임을 뫼셔 임의 일을 내가 알거니와, 물같이 연약한 몸이 편하실 때가 몇 날일꼬? 이른 봄날의 추위와 여름철의 무더위는 어떻게 지내시며, 가을날 겨울날은 누가 모셨는고? 자릿조반과 아침과 저녁 진지는 예전과 같이 잘 잡수시는지? 기나긴 밤에 잠은 어떻게 주무시는가?

[2] 본사(本詞) – (3) 乙女 : 임에 대한 그리움

님다히 消息(쇼식)을 아므려나 아쟈 하니 오날도 거의로다 내일이나 사람 올가. 내 마음 둘 대 업다 어드러로 가쟛 말고. 잡거니 밀거니 놉픈 뫼해 올라가니 구름은ㅋ니와 안개는 므스 일고. 山川(산천)이 어둡거니 日月(일월)을 엇디 보며 咫尺(지쳑)을 모라거든 千里(천리)를 바라보랴. 찰하리 믈가의 가 배 길히나 보쟈 하니 바람이야 물결이야 어둥졍 된뎌이고. 샤공은 어대 가고 뷘 빈만 걸렷나니. 江天(강텬)의 혼자 셔셔 디난 해를 구버보니 님다히 消息(쇼식)이 더욱 아득 한뎌이고.

임 계신 곳의 소식을 어떻게 해서라도 알려고 하니 오늘도 거의 저물었구나. 내일이나 임의 소식을 전해 줄 사람이 올까? 내 마음 둘 곳이 없다. 어디로 가자는 말인가? 나무, 바위 등을 잡기도 하고 밀기도 하면서 높은 산에 올라가니, 구름은 말할 것 없거니와 안개는 무슨 일로 저렇게 끼여 있는고? 산천이 어두운데 일월을 어떻게 바라보며, 눈앞의 가까운 곳도 모르는데, 천리나 되는 먼 곳을 (어떻게) 바라볼 수 있겠는가? 차라리 물가에 가서 뱃길이나 보자 하니, 바람과 물결로 어수선하게 되었구나. 뱃사공은 어디 가고 빈 배만 걸렸는고? 강가에 혼자 서서 지는 해를 굽어보니 임 계신 곳의 소식이 더욱 아득하구나.

[2] 본사(本詞) – (4) 乙女 : 獨守空房(독수공방)의 애달픔

茅簷(모첨) 찬 자리의 밤듕만 도라오니 半壁靑燈(반벽청등)은 눌 위하야 불갓는고. 오르며 느리며 헤쓰며 바니니 져근덧 力盡(녁진)하야 풋줌을 잠간 드니 精誠(졍셩)이 지극하야 꿈의 님을 보니 玉(옥) ᄀᆞ튼 얼굴이 半(반)이나마 늘거셰라. ᄆᆞ음의 머근 말슴 슬카장 숣쟈 하니 눈물이 바라 나니 말인들 어이하며 情(졍)을 못다하야 목이조차 몌여하니 오뎐된 鷄聲(계셩)의 줌은 엇디 끼돗던고.

초가집 찬 잠자리에 한밤중이 돌아오니. 벽 가운데 걸려 있는 등불은 누구를 위하여 밝은고? 산을 오르내리며 강가를 헤매며 시름없이 오락가락하니, 잠깐 사이에 힘이 지쳐 풋잠을 잠깐 드니, 정성이 지극하여 꿈에 잠깐 임을 보니, 옥과 같이 곱던 얼굴이 반 넘어 늙었구나. 마음속에 품은 생각을 실컷 사뢰려고 하였더니, 눈물이 쏟아지니 말인들 어찌하며, 정회도 다 못 풀어 목마저 메니, 방정맞은 닭소리에 잠은 어찌 깨돗던고?

[3] 결사(結詞) – (1) 乙女 : 님에 대한 그리움

어와, 虛事(허ᄉᆞ)로다. 이 님이 어딘 간고. 결의 니러 안자 窓(창)을 열고 ᄇᆞ라보니 어엿븐 그림재 날 조출 ᄲᅡᆫ이로다. 출하리 싀여디여 落月(낙월)이나 되야이셔 님 겨신 窓(창) 안히 번드시 비최리라.

아, 허황한 일이로다. 이 임이 어디 갔는고? 즉시 일어나 앉아 창문을 열고 밖을 바라보니, 가없은 그림자만이 나를 따라 있을 뿐이로다. 차라리 사라져서(죽어서) 지는 달이나 되어서 임이 계신 창문 앞에 환하게 비치리라.

[3] 결사(結詞) – (2) 甲女의 위로 말

각시님 둘이야ᄏ니와 구즌 비나 되쇼셔.

각시님, 달은커녕 궂은비나 되십시오.

6. 규원가(閨怨歌) : 허난설헌

▶▶ 핵심정리

① 연대 : 선조 때로 추정
② 성격 : 원부사(怨夫詞)
③ 종류 : 내방가사
④ 구성 : 서사, 본사, 결사의 3단 구성(혹은, 기 – 승 – 전 – 결의 4단 구성)
⑤ 의의
　㉠ 현전하는 최고(最古)의 내방가사이다.
　㉡ 남존여비의 유교 사회에서의 여성의 한(恨)이 잘 드러나 있다.
⑥ 주제 : 봉건 사회에서의 규방(閨房) 부인의 원정(怨情)
⑦ 출전 : 『고금가곡(古今歌曲)』

[1] 기(起) : 서러운 회포 – (1) 서러운 회포를 적는 감회

엇그제 저멋더니 ᄒ마 어이 다 늘거니. 少年行樂 생각ᄒ니 일러도 속절업다. 늘거야 서론 말슴 ᄒ자니 목이 멘다.

엊그제까지 젊었는데, 어찌 벌써 이렇게 다 늙어 버렸는가? 어릴 때 즐겁게 지냈던 일을 생각하니 말해도 소용이 없구나. 이렇게 늙은 뒤에야 서러운 사연을 말하자니 목이 메인다.

[1] 기(起) – (2) 젊은 시절 회상

父生 母育 辛신苦고ᄒ야 이 내 몸 길러 낼 제 公공後후配배匹필은 못 바라도 君군子자好호逑구 願원ᄒ더니, 三生의 怨원業업이오 月下의 緣연分분ᄋ로, 長장安안遊유俠협 경박자를 ᄭᅮᆷ ᄀᆮ치 만나 잇서, 當時의 用心ᄒ기 살어름 디듸는 듯,

부모님이 나를 낳아 기르시며 몹시 고생하여 이내 몸 길러 낼 때, 높은 벼슬아치의 배필은 바라지 못한다 할지라도 군자의 좋은 짝이 되기를 바랐었는데, 전생에 지은 원망스러운 업보(業報)요 부부의 인연으로 장안의 호탕하면서도 경박한 사람을 꿈같이 만나 당시에 시집살이에 남편 시중 들면서 조심하기를 마치 살얼음을 디디는 듯했다.

[1] 기(起) - (3) 늙고 외로운 신세 자탄

三五 二八 겨오 지나 天然麗質 절로 이니, 이 얼굴 이 態度로 百年期約 ᄒᆞ얏더니, 年光이 홀홀ᄒᆞ고 造物이 多다猜시ᄒᆞ야, 봄바람 가을 믈이 뵈오리 북 지나닷 雪빈花顔 어딘 두고 面目可憎 되거고나. 내 얼골 내 보거니 어느 님이 날 괼소냐. 스스로 慙참愧괴ᄒᆞ니 누구를 怨원望망ᄒᆞ리.

열다섯 살 열여섯 살을 겨우 지나 타고난 아름다운 모습이 저절로 피어나니, 이 얼굴 이 태도로 평생을 약속하였는데 세월이 빨리 지나고 조물주마저 다 시기하여 세월이 베틀의 베올 사이에 북이 지나가듯 빨리 지나가 꽃같이 젊고 아름답던 얼굴 어디 두고 모습이 밉게 도 변했구나. 내 얼굴을 내가 보고 알거니와 어느 임이 이러한 나를 사랑해 주실 것인가? 스스로 부끄러워 하니 누구를 원망하리오?

[2] 승(承) : 임에 대한 원망과 그리움 - (1) 남편의 외도와 무소식

三三五五 冶야游유園원의 새 사람이 나단 말가. 곳 피고 날 저물 제 정처 업시 나가 잇어, 白馬 金금鞭편으로 어딘어딘 머무는고. 遠近을 모르거니 消息이야 더욱 알랴. 인연을 긋쳐 신들 싱각이야 업슬소냐. 얼골을 못 보거든 그립기나 마르려믄, 열 두 째 김고 길샤 설흔 날, 支離ᄒᆞ다.

여러 사람이 떼를 지어 다니는 술집에 새 기생이 나타났다는 말인가? 꽃 피고 날 저물 때 정처 없이 나가서 호사로운 행장을 하고 어디어디 머물러 노는가? 바깥출입이 없어 원근 (遠近) 자리를 모르는데, 임의 소식이야 더욱 알 수 있으랴. 겉으로는 인연을 끊었지만 그 렇다고 임에 대한 생각이야 어찌 없겠는가. 임의 얼굴을 못 보거든 그립지나 말았으면 좋으 련만, 하루 열두 때가 길기도 길구나. 한 달 서른 날이 지루하기만 하다.

[2] 승(承) - (2) 사계절을 지내면서 느끼는 임에 대한 그리움과 애달픈 심정

玉窓에 심근 梅花 몃 번이나 픠여 진고, 겨울 밤 차고 찬 제 자최눈 섯거 치고, 여름날 길고 길제 구즌 비는 므스 일고. 三春花柳 好時節의 景物이 시름업다. 가을 돌 방에 들고 悉실率솔 이 상에 울제, 긴 한숨 디는 눈물 속절 업시 혬만 만타. 아마도 모진 목숨 죽기도 어려울사.

규방 앞에 심은 매화 몇 번이나 피었다 졌는가. 겨울 밤 차고 찬 때 적은 눈 섞어 내리고 여름 낮 길고 긴 때 궂은비는 무슨 일인가. 봄날 꽃 피고 버들잎이 돋아나는 좋은 계절에 아름다운 경치를 보아도 아무 감흥도 일어나지 않는다. 가을 달이 방에 들이 비치고 귀뚜라 미가 침상에서 울 때, 긴 한숨과 떨어뜨리는 눈물에 생각만 헛되이 많다. 이 모진 목숨 죽기 도 어렵구나.

[3] 전(轉) : 외로움을 거문고로 달램

도로혀 풀쳐 혜니 이리 ᄒᆞ여 어리 ᄒᆞ리. 靑燈을 돌라 노코 綠녹綺기琴금 빗기안아, 碧벽蓮 련花화 한 곡조를 시름 조ᄎ 섯거 타니, 瀟소湘상 夜雨의 댓소리 섯도는 듯, 華表 千年의 別鶴이 우는는 듯, 玉手의 타는 手段 녯 소래 잇다마는, 芙부蓉용帳장 寂寞ᄒᆞ니 뉘 귀에 들리소니. 肝간腸장이 九曲 되야 구비구비 쓴쳐서라.

돌이켜 여러 가지 일을 생각하니 이렇게 살아가서 어찌 하겠는가. 등불을 둘러 놓고 푸른 빛깔로 아름답게 꾸민 거문고를 비스듬히 안아 벽련화 한 곡을 시름에 싸여 타니, 소상강 밤비가 댓잎 소리가 섞여 들리는 듯하고, 망주석에 천 년 만에 찾아온 특별한 학이 울고 있는 듯하다. 가냘프고 고운 손으로 타는 솜씨는 옛 가락이 그대로 남아 있다마는 연꽃무늬가 있는 휘장을 친 방안이 텅 비었으니 누구의 귀에 들리겠는가? 구곡간장이 굽이굽이 끊어지는 것 같구나.

[4] 결(結) : 기구한 운명을 한탄하며 임을 기다림

출하리 잠을 드러 쑴의나 보려 ᄒ니, 바람의 디ᄂ 닙과 풀 속에 우는 즘생, ᄆᆞᆺ 일 원수로서 잠조차 ᄁᆡ오ᄂ다. 天上텬상의 牽견牛우織직女녀 銀河水은하수 막혀셔도, 七月칠월 七夕칠셕 一年一度일년일도 失期실긔치 아니거든, 우리님 가신 후ᄂᆞᆫ 弱水약슈 가렷관ᄃᆡ, 오거나 가거나 消息쇼식조차 ᄭ쳣ᄂᆞᆫ고. 欄난干간의 비겨 셔서 님 가신 ᄃᆡ 바라보니, 草露초로ᄂᆞᆫ 맷쳐 잇고 暮모雲운이 디나갈 제 竹林듁림 푸른 고ᄃᆡ 새 소리 더욱 설다. 세상의 서룬 사람 수업다 ᄒ려니와, 薄박命명ᄒᆞᆫ 紅顔홍안이야 날 가ᄐᆞ니 ᄯᅩ 이실가. 아마도 이님의 지위로 살동말동 ᄒᆞ여라.

차라리 잠이 들어 꿈에나 임을 보려 하니 바람이 지는 나뭇잎 소리와 풀 사이에서 우는 벌레 소리는 나와 무슨 원수가 졌기에 나의 잠마저 깨우는고? 하늘의 견우성과 직녀성은 은하수가 막혔어도 칠월 칠석 일 년에 한 번씩 기약을 어기지 않고 만나는데, 우리 임 가신 후는 무슨 장애물이 가리었기에 오고 가는 소식마저 끊어졌는가? 난간에 기대어 서서 임 가신 곳을 바라보니, 풀이슬은 맺혀 있고 저녁 구름이 지나 갈 때, 대수풀 우거진 푸른 곳에는 새 소리가 더욱 섧게 들린다. 세상에는 서러운 사람이 많다고 하지만 기구한 팔자를 가진 여자야 나와 같은 이가 또 있겠는가? 아마도 이 임의 탓으로 살 듯 말 듯 하구나.

기출유형 다잡기

1 고대가요

01 집단적 서사시에서 개인적 서정시로 변모하는 모습을 보여 주는 고구려의 작품은?

① 「해가」   ② 「정읍사」

③ 「공무도하가」   ④ 「황조가」

> **해설** ④ 「황조가」는 고구려 유리왕이 이별의 슬픔을 노래한 작품으로, 이전의 집단적 서사시에서 개인적 서정시로의 변모를 보여 주는 작품이다.
>
> **오답** ① 「해가」 : 신라 성덕왕 때 7언 절구의 고대가요. 순정공이 강릉 태수로 부임하여 가던 길에 동행하던 아내 수로 부인이 해룡에게 납치되자, 한 노인이 근방의 백성들을 불러 모아 이 노래를 부르며 막대기로 땅을 치게 했더니 수로 부인이 풀려났다는 내용
> ② 「정읍사」 : 백제 때의 고대가요. 행상을 나가 늦도록 돌아오지 않는 남편을 걱정하는 아내의 심정을 노래한 것으로, 가사가 전하는 유일한 백제 가요이며, 한글로 기록되어 전하는 가요 가운데 가장 오래된 작품이다.
> ③ 「공무도하가」 : 고조선 때의 고대가요. 현전하는 가장 오래된 노래이다.

02 「구지가」와 「황조가」에 대한 설명으로 바른 것은?

① 「구지가」의 갈래는 시조이고, 「황조가」는 향가이다.

② 「구지가」는 수로왕과, 「황조가」는 동명성왕과 관계가 있다.

③ 「구지가」의 창작시기는 고구려시대이고, 「황조가」는 백제시대이다.

④ 「구지가」는 집단예술적 특징이 있고, 「황조가」는 서정문학의 특징을 지닌다.

> **해설** ④ 「구지가」는 우리나라 최초의 집단적 서사시이며, 「황조가」는 우리나라 최고(最古)의 서정시이다.
>
> **오답** ① 「구지가」와 「황조가」의 갈래는 고대가요이다.
> ② 「구지가」는 수로왕의 강림을 기원한 것이며, 「황조가」는 유리왕이 지은 서정시이다.
> ③ 「구지가」는 연대미상의 고대가요이며, 「황조가」는 고구려시대의 작품이다.

03 다음에서 설명하는 작품은?

> • 『삼국사기』의 「고구려본기」 유리왕조에 4언 4구의 한역시 형태로 실려 전한다.
> • 유리왕이 계비 치희를 잃은 실연의 아픔을 암수가 함께 노니는 꾀꼬리의 정다운 모습과 대비하여 울었다.

정답   01 ④   02 ④   03 ③

① 「해가」   ② 「구지가」

③ 「황조가」   ④ 「공무도하가」

③ 「황조가」는 고구려 2대 유리왕의 작품으로 실연의 아픔을 노래한 4언 4구의 한역가이다.

04 다음 작품에 대한 설명으로 옳은 것은?

> 임아, 물을 건너지 마오.
> 임께서는 끝내 강물을 건너시는군요.
> 드디어 강물에 빠져 죽으시네.
> 아, 임이여! 어찌해야 한단 말입니까.

① 신라의 향가에 속한다.

② 백수광부의 아내가 지었다.

③ 『고려사』에 실려 전해 오고 있다.

④ 물에 빠져 죽은 아내를 한탄하는 내용이다.

② 배경설화에 따라 원작자는 백수광부의 아내이며, 노래를 지은 사람은 여옥이라 보는 것이 통설이다.

① 장르상 향가가 아니라 고대가요이다.
③ 출전은 한치윤의 『해동역사』이다.
④ 물에 빠져 죽은 남편을 애도하는 노래이다.

05 「정읍사」가 지닌 국문학사적 의의에 해당하지 않는 것은?

① 내용이 전하는 유일한 백제의 노래이다.

② 한역되어 전해지는 노래이다.

③ 후렴구와 여음을 제외하면 시조의 원형이 되는 노래이다.

④ '치술령곡'과 관련이 깊은 노래이다.

② 일반적인 고대가요와는 달리 한역가사는 전해지지 않고 구비 전승되다가 훈민정음 창제 이후 국문으로 정착되면서 『악학궤범』에 수록되어 전해지고 있다.

① 「정읍사」는 백제 유일의 현전가요이다.
③ 후렴구와 여음구를 제외하면 3연 6구의 형식으로 시조의 원형을 지닌 노래다.
④ 신라의 부전가요인 「치술령곡」과 마찬가지로 '망부석 설화'를 배경으로 한다.

04 ②   05 ②

06 다음 중 「정읍사」에 대한 설명으로 바르지 않은 것은?

① 가사는 『악학궤범』에 수록되어 있다.
② 누이의 죽음을 애도한 추모시이다.
③ 가사가 전해지는 백제의 유일한 노래이다.
④ 후렴을 빼면 3연 6구체로 이루어져 시조의 형태를 갖추고 있다.

> 해설 ② 누이의 죽음을 애도한 추모시는 「제망매가」이다. 「제망매가」는 월명사(月明師)가 누이의 요절 앞에서 느끼는 슬픔을 비유적으로 잘 표현해 내면서 그 슬픔을 만남에 대한 기약으로 극복하고 있다.

07 「정읍사」와 관련있는 설화가 나타난 현대시는?

① 한용운의 「님의 침묵」　　　　② 김영랑의 「모란이 피기까지는」
③ 이육사의 「광야」　　　　　　 ④ 김소월의 「초혼」

> 해설 「정읍사」는 남편의 무사 귀환을 노래한 백제의 노래로, 배경설화에 망부석의 모티프를 가지고 있는데, 이러한 모티프는 김소월의 「초혼(招魂)」에 이어지고 있다.

08 「황조가」에 대한 설명으로 옳지 않은 것은?

① 신라 유리왕의 이야기가 배경 설화이다.
② 『삼국사기』에 이 노래의 유래와 가사가 전한다.
③ 정답게 날고 있는 꾀꼬리 한 쌍을 보고 지은 것이다.
④ 청춘 남녀가 짝을 찾으며 부르는 노래로 보기도 한다.

> 해설 ① 「황조가」는 기원전 17년에 고구려의 유리왕이 지었다고 전해지는 노래이다. 따라서 '신라'로 표현한 ①은 옳지 않다.

09 다음 두 작품에 대한 설명으로 적절한 것은?

(가) 거북아 거북아
　　　머리를 내어라
　　　내놓지 않으면
　　　구워서 먹으리

　　　　　　　　－「구지가」－

(나) 펄펄 나는 꾀꼬리는
　　　암수 서로 노니는데
　　　외로운 이 내 몸은
　　　뉘와 함께 돌아갈꼬

　　　　　　　　－ 유리왕, 「황조가」－

> 정답 　06 ②　　07 ④　　08 ①　　09 ②

① (가)는 서정적이고, (나)는 주술적이다.

② (가)는 집단적이고, (나)는 개인적이다.

③ (가)에는 확신이, (나)에게는 기대가 나타난다.

④ (가)의 '거북'과 (나)의 '꾀꼬리'는 환상으로의 매개체이다.

> 해설 ①, ② (가)는 집단적 '주술요'이고, (나)는 개인적 '서정시'이다.
> ③ (가)에는 '기대'가, (나)에는 '슬픔과 탄식'이 나타난다.
> ④ (가)의 '거북'은 소망의 대상이고, (나)의 '꾀꼬리'는 화자의 처지와 대조되는 대상이다.

[10~11] 다음 작품을 읽고 물음에 답하시오.

둘하 노피곰 도드샤
어긔야 머리곰 비취오시라.
어긔야 어강됴리
아으 다롱디리
져재 녀러신고요
어긔야 즌 딕룰 드딕욜셰라.
어긔야 어강됴리
어느이다 노코시라
어긔야 내 가논 딕 졈그룰셰라.
어긔야 어강됴리
아으 다롱디리

10 주어진 작품에 대한 설명으로 옳지 않은 것은?

① 현전 유일의 백제 가요이다.　② 『악학궤범』에 기록되어 있다.

③ 궁중 음악으로도 연주되었다.　④ 원문의 가사는 한문으로 되어 있다.

> 해설 이 작품은 「정읍사」로 구전되다가 조선 시대에 이르러 한글로 기록되었다.

11 윗글의 밑줄 친 부분은 무엇을 의미하는가?

① 팔다　② 가다

③ 놀다　④ 오다

> 해설 '녀러신고요'는 '가 계십니까'로 해석된다. '녀다, 니다'는 '가다, 살다'의 의미를 가진 고어이다.

> 정답　10 ④　11 ②

01 다음의 ㉠, ㉡에 들어갈 용어로 알맞은 것은?

> 한자의 음과 훈을 빌려 우리말을 표기하던 방법을 (㉠)(이)라 하며, 그런 방법으로
> 기록한 노래를 (㉡)(이)라고 하는데, 『삼국유사』에 14수, 『균여전』에 11수가 전한다.

① 향찰, 향가 ② 이두, 향찰
③ 한문, 악장 ④ 현토, 삼대목

해설 한자의 음과 훈을 빌려 우리말을 표기하던 방법을 '향찰'이라 하며, 그런 방법으로 기록한 노래를 '향가'라고 하는데, 『삼국유사』에 14수, 『균여전』에 11수가 전한다.

02 우리나라 최초의 4구체 향가는 무엇인가?

①「서동요」 ②「처용가」
③「안민가」 ④「원왕생가」

해설 ①「서동요」: 백제 무왕. 최초의 4구체 향가
오답 ②「처용가」: 처용. 8구체 향가. 신라 향가의 마지막 작품
③「안민가」: 충담사. 10구체 향가. 향가 중 유일한 유교적 정치 이념을 담은 노래
④「원왕생가」: 광덕. 10구체 향가. 달을 서방 정토의 사자(使者)에 비유하여 그곳에 귀의하고자 하는 불심을 노래

03 다음 중「제망매가」에 대한 설명으로 틀린 것은?

① 죽은 누이를 추모하고 있다.
② 조선의 궁중음악으로 사용되었다.
③ 비유와 상징이 두드러지게 나타난다.
④ 향가 중에서 표현기교와 서정성이 가장 뛰어난 작품이다.

해설 ② 조선의 궁중음악으로 사용된 것은 악장이다.「제망매가」는「찬기파랑가」와 함께 향가 중에서 표현기교와 서정성이 가장 뛰어난 작품으로 평가받고 있다.

정답 01 ① 02 ① 03 ②

04 다음 중 「찬기파랑가」에 대한 설명으로 적절하지 않은 것은?

① 대상의 높은 인품을 흠모하여 예찬하고 있지 않다.
② 서정성이 짙은 노래로 고도의 상징적 표현을 사용하고 있다.
③ 「사뇌가(詞腦歌)」라는 명칭이 붙어 「찬기파랑사뇌가」라고도 하였다.
④ 「제망매가」와 함께 표현기교 및 서정성이 매우 뛰어난 작품으로 평가되고 있다.

해설 「찬기파랑가」의 주제는 기파랑의 고매한 인품을 추모하고 예찬하는 것이다.

05 다음 중 「처용가」에 대한 설명으로 적절하지 않은 것은?

① 8구체 향가로 「삼국유사」에 실려 있다.
② 화해와 관용, 포용을 주제로 한 노래이다.
③ 죽음의 시간적 성격을 공간적 성격으로 전환하였다.
④ 지방세력과 중앙관리 사이의 갈등을 표출하고 있다.

해설 「처용가」는 심리적 관점에서 보았을 때 적극적 화해, 관용, 포용의 문학이며, 역사 사실적 관점에서 보았을 때는 지방호족(처용, 인질)과 중앙귀족(역신, 타락자) 간 갈등표현의 문학이다. ③은 「제망매가」에 대한 설명이다.

06 다음에서 (   ) 안에 들어갈 알맞은 말은?

- (㉠)는 「제망매가」를 지은 월명사의 작품으로, 두 개의 해가 나타난 괴변을 없애기 위해 불렀다.
- (㉡)는 배경 설화에 혼인담을 포함하고 있으며, 동요적 성격을 띠고 있다.

	㉠	㉡
①	「혜성가」	「헌화가」
②	「안민가」	「원왕생가」
③	「혜성가」	「안민가」
④	「도솔가」	「서동요」

해설 향가 14수 중 월명사 지은 작품은 「제망매가」, 「도솔가」이다. 「서동요」는 서동과 선화 공주의 혼인담을 다룬 설화와 함께 전해지는 4구체의 노래이다.

정답 04 ①   05 ③   06 ④

07 다음 중 10구체 향가가 아닌 작품은?

① 「안민가」   ② 「처용가」

③ 「찬기파랑가」   ④ 「제망매가」

> **해설** 「처용가」는 8구체 향가이다.

08 다음 설명에 해당하는 작품은?

> • 「찬기파랑가」를 지은 승려가 창작하였다.
> • 향가 중 유일하게 유교적 가르침을 담고 있다.
> • 국가의 구조가 가정의 구조와 다를 바 없음을 비유적으로 말하고 있다.

① 「원가」   ② 「안민가」

③ 「처용가」   ④ 「제망매가」

> **해설** '향가'의 작품과 작가를 이해한다. 「찬기파랑가」를 지은 승려는 '충담사'이다.
> ② 「안민가(安民歌)」: 현전 향가 중 유교적 치국의 이념을 담은 유일한 노래. 신라 경덕왕 24년 (765)에 충담사가 지은 10구체 향가. 나라를 잘 다스리고 백성을 평안하게 하는 바른길을 읊은 것으로, 『삼국유사』에 실려 있다.
>
> **오답** ① 「원가(怨歌)」: 신라 효성왕 때 신충(信忠)이 지은 10구체 향가. 옛정을 저버린 임금을 원망하는 내용으로, 『삼국유사』에 실려 있다. 주술성을 지니고 있다.
> ③ 「처용가(處容歌)」: 현전 신라 향가의 마지막 작품. 신라 헌강왕 때 처용이 지은 8구체 향가. 아내와 동침하던 역신을 물리친 노래로, 『삼국유사』에 실려 있다.
> ④ 「제망매가(祭亡妹歌)」: 신라 경덕왕 때에 월명사가 지은 10구체의 향가. 죽은 누이를 위하여 재(齋)를 올릴 때에 이 노래를 부르자 갑자기 광풍이 일어서 지전(紙錢)이 서쪽을 향하여 날아가 버렸다고 한다. 『삼국유사』에 실려 있다.

09 다음 설명에 해당하는 작품은?

> • 「도솔가」를 지은 승려가 창작하였다.
> • 비유법을 활용하여 삶과 죽음을 표현하였다.
> • 노래를 부르자 기이한 일이 벌어졌다고 한다.

① 「처용가」   ② 「제망매가」

③ 「서동요」   ④ 「모죽지랑가」

해설 ② 「도솔가」와 「제망매가」는 월명사가 지은 향가 작품이다. 월명사가 누이의 제사를 지낼 때 「제망매가」를 지어 부르자 갑자기 광풍이 불어 종이돈이 서쪽(서방정토)으로 날아갔다는 설화가 전해진다.

오답 ① 「처용가」는 처용이 지은 향가로 아내를 범한 역신에 대한 처용의 체념과 관용을 나타낸다.
③ 「서동요」는 서동(백제 무왕)이 선화 공주와 결혼하기 위해 지은 향가로 선화 공주의 행실을 모함하는 내용을 담고 있다.
④ 「모죽지랑가」는 죽지랑의 낭도였던 득오가 죽지랑을 그리워하는 내용을 담고 있다.

10 어떤 사람을 추모하거나 그리워하는 내용을 노래한 것이 아닌 것은?

① 「찬기파랑가」   ② 「모죽지랑가」
③ 「도천수대비가」   ④ 「제망매가」

해설 ③ 신라 경덕왕 때, 희명이 지은 10구체 향가로, 분황사 천수관음 앞에서 이 노래를 불러 눈먼 아들의 눈을 뜨게 하였다는 이야기가 전하는 주술요이다.

오답 ① '기파랑'에 대한 예찬과 추모
② '죽지랑'에 대한 추모
④ 죽은 '누이'에 대한 추모

◢ 3 고려속요

01 고려속요에 해당하는 것은?

① 「관동별곡」   ② 「청산별곡」
③ 「한림별곡」   ④ 「사미인곡」

해설 ② 「청산별곡」: 고려속요. 현실 도피의 비애를 노래한 것으로, 모두 8연으로 되어 있다.

오답 ① 「관동별곡」: 송강 정철. 조선 전기 기행가사. 작자가 강원도 관찰사로 부임하여 관동 팔경을 돌아보면서 선정을 베풀고자 하는 심정을 읊은 것이다.
③ 「한림별곡」: 한림 제유. 고려 시대 최초의 경기체가
④ 「사미인곡」: 송강 정철. 조선 전기 가사. 작자가 관직에서 밀려나 4년 동안 전라남도 창평에서 지내면서 임금에 대한 그리운 정을 간곡하게 읊은 작품이다.

02 다음 중 고려속요의 특성으로 적절하지 않은 것은?

① 삶의 고통과 비애를 기본 정서로 한다.

② 작가가 이르고자 하는 세계는 신·인간·자연의 조화이다.

③ 작가의 내면적 정서는 영원한 것에 대한 그리움이다.

④ 일정한 서사적 구조를 가진 허구적 이야기로 신화·전설·민담이 포함된다.

> **해설** 고려속요의 바탕이 된 정서는 현실, 곧 삶의 고통과 비애이다. 그리고 작가의 내면적 정서는 영원한 것에 대한 그리움이다. 작품의 지향점, 즉 작가가 이르고자 하는 세계는 신·인간 그리고 자연이 조화를 이룬 세상이다.
> ④는 설화에 대한 설명이다. 설화는 일정한 서사적 구조를 가진 허구적 이야기로 한민족 사이에서 입으로 전해져 내려오다가 나중에 문자로 기록된 이야기를 두루 일컫는 말로 신화, 전설, 민담이 포함된다.

03 「쌍화점」에 대한 설명으로 옳지 않은 것은?

① 고려 말 사회의 타락상을 풍자한 작품이다.

② '위 증즐가 대평성대'라는 후렴구가 있다.

③ 갈래는 고려속요이다.

④ 『악장가사』와 『고려사』 악지에 수록되어 있다.

> **해설** 「쌍화점」은 고려속요의 하나로, 고려 말 성(性)윤리를 신랄하게 풍자하고 있는 작품이다(회회아비·승려·왕실·그 짓아비의 타락상 풍자).
> ② 고려가요 「가시리」에 관한 설명이다.

04 다음 고려가요에 대한 설명으로 바르지 못한 것은?

> 살어리 살어리랏다. 청산(靑山)애 살어리랏다.
> 멀위랑 ᄃᆞ래랑 먹고, 청산(靑山)애 살어리랏다.
> 얄리얄리 얄라셩 얄라리 얄라

① 후렴구에서 'ㄹ, ㅇ'의 연속음은 매끄러운 음악적 효과의 명랑한 느낌을 준다.

② 시적 자아는 지금 청산 속에 있다.

③ 구전되다가 조선 초기에 문자로 정착되었다.

④ 자연 속에서 위안을 얻으며 살고 싶은 소망이 담겨 있다.

> **해설** 위 시가는 「청산별곡」으로 고려가요이다. 시적 자아는 지금은 현실의 고통을 받고 있지만, 고통이 없는 자연으로 가서 살고 싶다는 심정을 노래했다.

정답 02 ④ 03 ② 04 ②

05 다음 작품에 대한 설명으로 틀린 것은?

> 호미도 놀히언마르는
> 낟フ티 들 리도 업스니이다.
> 아바님도 어이어신마르는
> 위 덩더둥셩
> 어마님フ티 괴시리 업세라.
> 아소 님하
> 어마님フ티 괴시리 업세라.

① 진솔한 언어로 유교적 효(孝)를 표현했다.
② 비교와 반복을 통해 어머니의 사랑이라는 의미를 강조하였다.
③ 「엇노리」라는 곡조명을 갖고 있다.
④ 시조 형식과 관계 깊은 단어가 들어 있다.

> 해설
>
> | 현대어 풀이 |
> 호미도 날이지마는
> 낫과 같이 잘 들 까닭이 없습니다.
> 아버님도 부모님이시지만
> 위 덩더듕셩
> 어머님과 같이 사랑하실 분이 없도다.
> 아, 임(세인)이시여
> 어머님과 같이 사랑하실 분이 없도다.
>
> ④ 시조의 형식과 관계 깊은 단어는 없다. 다만 '아소 님하'의 감
> 탄사의 흔적은 10구체 낙구와 관련이 있다.

> 오답
> ① 서민들의 진솔하고 소박한 언어로 어머니의 절대적 사랑을 노래하고 있으므로 유교적 효(孝)와
> 관련이 깊다. 「사모곡」은 효심을 노래한 신라의 부전 가요인 「목주가」의 후신이며, 고려속요
> 중 「상저가」와도 주제가 일맥상통한다.
> ② '어마님フ티 괴시리 업세라.'의 반복과 농경 사회의 친숙한 농기구(호미, 낫)에 빗대어 어머니의
> 절대적인 사랑을 노래하고 있다.
> ③ 곡조명은 「엇노리」이다.

고려속요 「가시리」의 후렴구는 무엇인가?

① 아으 동동다리
② 위 두어렁셩 두어렁셩 다롱디리
③ 위 증즐가 태평성대
④ 얄리얄리 얄라셩 얄라리 얄라

> **해설** 「가시리」의 후렴구는 '위 증즐가 태평성대'이다. '아으 동동다리'는 「동동」, '위 두어렁셩 두어렁셩 다롱디리'는 「서경별곡」, '얄리얄리 얄라셩 얄라리 얄라'는 「청산별곡」의 후렴구이다.

07 **작품과 그 핵심 내용이 잘못 짝지어진 것은?**

① 「정석가」 – 임에 대한 사랑이 금석(金石)처럼 굳음을 강조하며 영원한 사랑을 맹세한 노래
② 「정읍사」 – 아내가 행상을 나간 남편을 걱정하여 달에게 높이 떠 남편의 귀갓길을 밝게 비춰 주기를 기원한 노래
③ 「사모곡」 – 임이 없는 현실의 쓸쓸함과 뜻대로 되지 않는 인생살이의 슬픔을 노래한 월령체 가요
④ 「서경별곡」 – 임과의 이별에 대한 원망을 대동강, 뱃사공, 사공의 아내에게 돌리는 내용의 노래

> **해설** 「사모곡」은 아버지보다는 어머니의 사랑이 깊다는 내용을 호미와 낫에 비유하여 표현한 고려가요이다. 임이 없는 현실의 쓸쓸함과 뜻대로 되지 않는 인생살이의 슬픔을 노래한 월령체 가요는 「동동」이다. 「동동」은 임과 이별한 여인의 애절한 정서와 임에 대한 송축의 내용이 각 달의 풍속과 관련되어 잘 나타나 있고, 마지막 연인 12월령에서는 뜻하지 않은 사람에게 시집가게 된 화자의 비련한 처지와 정서가 잘 드러나 있다.

08 **다음 작품의 표현상 특징으로 옳은 것은?**

> 딩아 돌하 當今(당금)에 계샹이다.
> 딩아 돌하 當今(당금)에 계샹이다.
> 先王聖代(선왕셩딕)예 노니ᄋᆞ와지이다.
>
> 삭삭기 셰몰애 별혜 나는
> 삭삭기 셰몰애 별혜 나는
> 구은 밤 닷 되를 심고이다.
> 그 바미 우미 도다 삭나거시아
> 그 바미 우미 도다 삭나거시아
> 유덕(有德)ᄒᆞ신 님믈 여희ᄋᆞ와지이다.

① 불가능한 상황을 통하여 영원한 사랑을 다짐하고 있다.
② 이상향에의 동경을 비유적으로 표현하고 있다.
③ 현실도피적 정서를 직설적으로 드러내고 있다.
④ 이별의 정한을 감정이입에 의해 표현하고 있다.

해설 고려속요 「정석가」이다. 「정석가」는 불가능한 상황을 설정하여 임에 대한 영원한 사랑을 완곡한 어법으로 노래하고 있는 작품이다.

09 다음 중 ㉠, ㉡의 표현상 공통점으로 바른 것은?

㉠ 正月(정월)ㅅ 나릿므른 아으 어져 녹져 ᄒᆞ논ᄃᆡ.
누릿 가온ᄃᆡ 나곤 몸하 ᄒᆞ올로 녈셔.
아으 동동다리.
㉡ 四月(사월) 아니 니저 아으 오실셔 곳고리새여.
므슴다 錄事(녹사)니믄 녯 나를 닛고신뎌.
아으 동동다리.

① 불가능한 상황을 가정하여 표현효과를 높이고 있다.
② 공간의 이동에 따른 시상전개로 화자의 감정을 표현하고 있다.
③ 의인화 기법을 사용하여 화자의 정서를 표출하고 있다.
④ 상황을 대비하여 정서를 효과적으로 드러내고 있다.

해설 ㉠ 정월의 시냇물이 아아 얼려 녹으려 하면서 봄이 다가오는데 세상 가운데 태어나서 이 몸이여 홀로 살아가는구나. [고독 – 홀로 사는 외로움]
㉡ 사월을 잊지 않고 아아 오는구나 꾀꼬리새여, 무엇 때문에 녹사(벼슬 이름)님은 옛날을 잊고 계신가. [애련 – 오지 않는 임에 대한 원망]

10 다음 설명에 해당하는 작품은?

고려속요 중에서 유일한 월령체(달거리) 작품으로, 남녀의 이별을 주제로 계절의 변화에 따라 노래하였다.

① 「동동」　　② 「청산별곡」　　③ 「쌍화점」　　④ 「정석가」

해설 「동동」은 작자·연대 미상의 고려속요로, 고려 시대부터 구전되어 내려오다가 조선 시대에 문자로 정착된 듯하다. 고려속요 중에서 유일한 우리 문학 최초의 월령체(달거리) 작품이다. 남녀의 이별을 주제로 계절의 변화에 따라 새로워지는 임을 여읜 여인의 그리움을 절실히 표현하였다.

정답 09 ④　10 ①

東京 볼긴 ᄃᆞ래
새도록 노니다가
드러 내 자리를 보니
가ᄅᆞ리 네히로새라.
아으 둘흔 내해어니와
둘흔 뉘해어니오
이런저긔 處容 아미옷 보시면
열병대신이아 膾ㅅ가시로다.

11 같은 대상을 칭하는 시어끼리 옳게 짝지어진 것은?

① 뉘 – 열병대신
② 東京 – 가ᄅᆞ리
③ 둘 – 膾ㅅ가시
④ 볼긴 – 자리

> **해설** '뉘'와 '열병대신'은 모두 역신을 지칭하는 시어이다.

> **오답** '동경(東京)'은 서울, 즉 경주를 뜻하는 시어이고, '가ᄅᆞ리'는 가랑이란 의미로 사람의 수를 나타낸다. (가랑이가 넷이므로 두 사람이다) '둘'은 아내를 지칭하고 '膾ㅅ가시'는 횟감이라는 말로 역신에 대한 처용의 분노를 칭하는 말이다.

12 이 작품에 대한 설명으로 옳은 것은?

① 조선 후기까지 무용의 형태로 계승되었다.
② 민속과 관련된 전승은 일찍이 단절되었다.
③ 부족국가 시대로부터의 전통을 계승하였다.
④ 작품의 대부분은 외면보다는 내면 묘사로 구성되어 있다.

> **해설** 이 작품은 고려가요 「처용가」이다. 작자와 연대를 알 수 없는 고려속요이다. 열병대신(전염병)을 쫓기 위한 무가의 성격을 지니고 있으며, 처용과 열병대신, 다른 역할을 맡는 여러 배우가 함께 공연하는 가극의 성격 또한 지니고 있었을 것으로 추정된다. 신라의 향가인 「처용가」는 열병대신을 용서하고 포용하는 결말을 취하고 있지만, 「고려 처용가」는 공포를 심어주고 권능으로 내쫓는다는 점에서 큰 차이가 있다.

> **오답** ② 무속과 관련되어 전해지는 작품이다.
> ④ 향가 「처용가」와 달리 인물들의 외양 묘사, 대사 등이 자세히 드러나고 있다.

정답 11 ① 12 ①

13 다음 고려가요 「동동」에서 지시하는 대상이 나머지 셋과 다른 것은?

> 二月ㅅ 보로매 노피 현 燈ㅅ블 다호라
> 萬人 비취실 즈싀샷다
> 아으 動動다리
> 三月 나며 開훈 滿春 둘욋고지여
> ᄂᆞᆷ 브롤 즈을 디녀 나샷다
> 아으 動動다리
> 四月 아니 니저 오실셔 곳고리새여
> 므슴다 錄事니문 녯 나를 닛고신뎌
> 아으 動動다리

① 燈ㅅ블
② 둘욋곳
③ 錄事님
④ 곳고리새

해설 시어의 비유적 대상을 이해한다.
④ **곳고리새** : 시적 자아가 부러움을 느끼는 대조적인 존재로 임에게 잊힌 슬픔을 배가하고 있다.

오답 나머지는 모두 그리워하는 '임'을 지시하고 있다.
① **燈ㅅ블** : 훌륭한 인격의 소유자. 임의 모습 비유
② **둘욋곳** : 임의 아름다운 자태를 찬양
③ **錄事님** : 고려 시대 벼슬 이름. 시적 자아가 그리워하는 임

> ※ 고려속요, 「동동(動動)」
> 1. 해제 : 현존하는 작품 중 가장 오래된 월령체(月令體) 노래로 전 13연으로 되어 있다. 계절의 변화에 따라 임을 떠나보낸 여인의 애절한 그리움을 효과적으로 표현하고 있다.
> 2. 성격 : 연가(戀歌)적, 민요적, 서정적
> 3. 특징
>   ① 분절체 형식으로 서사인 1연과 본사인 12개 연으로 구성됨
>   ② 영탄법, 직유법, 은유법을 사용함
>   ③ 세시 풍속에 따라 사랑의 감정을 읊음
> 4. 제재 : 달마다 행하는 세시 풍속
> 5. 주제 : 임에 대한 송도(頌禱)와 연모(戀慕)의 정
> 6. 의의 : 현전하는 최고(最古)의 월령체(달거리) 노래
> 7. 연대 : 고려 시대(12~14세기경)
> 8. 출전 : 『악학궤범』

정답 13 ④

14 다음 작품에 대한 설명으로 옳지 않은 것은?

> 호미도 놀히어신 마루는
> 낟ㄱ티 들리도 어쓰새라
> 아바님도 어시어신 마루는
> 위덩더둥셩
> 어마님 ㄱ티 괴시리 어뻬라
> 아소 님하 어마님 ㄱ티
> 괴시리 어뻬라

① 엇노래라고도 한다.
② 어머니의 사랑을 주제로 한다.
③ 일반적으로 고려가요로 분류된다.
④ '아버지의 사랑'을 '낟의 놀'에 비유한다.

해설 | 작품 해석 |
> 호미도 날이지마는
> 낫같이 잘 들리도 없습니다.
> 아버님도 어버이시지마는
> 어머님같이 사랑하실 이가 없습니다.
> 아 님이시여 어머님같이
> 사랑하실 이 없어라.
>
> – 「사모곡」 –

• 갈래 : 고려가요
• 성격 : 예찬적, 유교적
• 주제 : 어머니의 사랑 예찬
• 별칭 : 엇노리 『시용향악보』

위의 작품은 어머니의 사랑을 낫, 아버지의 사랑을 호미로 비유하고 있다.

15 남녀 사이의 애정을 노래한 작품이 아닌 것은?

① 「동동(動動)」
② 「처용가(處容歌)」
③ 「이상곡(履霜曲)」
④ 「서경별곡(西京別曲)」

해설 ② 「처용가(處容歌)」는 통일신라 시기 처용이라는 사람이 역신에게 아내를 빼앗긴 후 지었다고 전해지는 8구체 향가이다. 「처용가」는 대표적인 주술요이자 벽사진경(辟邪進慶)의 노래이다. '벽사진경'은 '사악한 귀신(邪鬼)을 쫓고 경사로운 일을 맞이한다'는 뜻이다.

정답 14 ④ 15 ②

※ 다음 작품을 읽고 물음에 답하시오. (16~17)

正月(정월)ㅅ 나릿므른 아으 어져 녹져 하논대
누릿 가온대 나곤 몸하 하올로 녈셔
아으 動動(동동)다리

二月(이월)ㅅ 보로매 아으 노피 현 燈(등)ㅅ블 다호라
萬人(만인) 비취실 즈시샷다
아으 動動(동동)다리

三月(삼월) 나며 開(개)한 아으 滿春(만춘) 달욋고지여
나매 브롤 즈슬 디녀 나샷다
아으 動動(동동)다리

四月(사월) 아니 니저 아으 오실셔 곳고리 새여
므슴다 錄事(녹사)니만 녯나랄 닛고 신뎌
아으 動動(동동)다리

16 위 글과 같은 장르의 작품은?

① 「상춘곡」
② 「가시리」
③ 「서동요」
④ 「용비어천가」

해설 제시된 작품은 고려속요인 「동동」이다. 이와 같은 장르의 작품은 ② 「가시리」이다.

오답 ① 「상춘곡」 : 가사
③ 「서동요」 : 향가
④ 「용비어천가」 : 악장

17 위 글에 대한 설명으로 옳은 것은?

① 고려 시대 평민들이 부르던 우리말 노래이다.
② 4음보 율격으로 종장 첫 구에 형식적 제약이 있다.
③ 현재 전해지는 작품은 『삼국유사』에 14수, 『균여전』에 11수로 모두 25수이다.
④ 고려 말에 발생하여 조선 초기 사대부 계층에 의해 확고한 문학 양식으로 자리 잡았다.

해설 제시된 작품은 고려속요로 고려 시대 평민들에 의해 불리고 구전되었던 시가작품이다.

오답 ②는 시조, ③은 향가, ④는 가사에 대한 설명이다.

정답 16 ② 17 ①

18 고려가요 작품에 대한 설명으로 옳지 않은 것은?

① 「쌍화점」 – 고려인들의 도덕적인 타락상을 엿볼 수 있는 내용이 담겨 있다.
② 「정과정」 – 행상 나간 남편을 기다리는 고려 여인의 지고지순한 사랑을 엿볼 수 있다.
③ 「만전춘」 – 외로운 여인이 임과 자유로운 사랑을 누리고자 하는 내용을 담고 있다.
④ 「정석가」 – 불가능한 상황을 가정하여 임과 영원히 헤어지지 않고 싶은 마음을 담고
있다.

> 해설 ② 「정과정(鄭瓜亭)」은 고려 의종 때 정서(鄭敍)가 지은 가요로, 유배지 동래(東萊)에서 자신의
> 외로운 심정을 산 두견이에 비유하여 임금을 사모하는 정을 노래한 것으로, 10구체 향가의 잔
> 영을 보여 주는 작품이며, 『악학궤범』에 실려 있다.

◢ 4 경기체가

01 다음 중 경기체가에 관한 설명으로 옳지 않은 것은?

① 최초의 경기체가는 「한림별곡」이다.
② 고려 시대에 발생하여 조선 중기까지 창작되었다.
③ 주로 서민층에 의해 지어지고 불렸다.
④ 경기체가라는 명칭은 매 장의 '위~ 경(景) 긔 엇더ᄒ니잇고'에 따른 것이다.

> 해설 ③ 경기체가의 작자는 대부분 신진 사대부들로, 상류 계층이 향유한 귀족문학이다.
> 오답 ① 「한림별곡」은 고려 고종 때에 한림(翰林)의 학자들이 지은 최초의 경기체가. 무신 집권 하에서
> 문인들의 향락적·유흥적 생활 감정을 읊은 것으로, 시부(詩賦)·서적·명필·명주(名酒)·화
> 훼·누각·추천(鞦韆) 따위를 소재로 하였다.
> ② 경기체가는 무신 정권 치하인 고려 중기에 발생하여 조선 중기까지 이어지다가 가사문학의 등
> 장과 함께 발전적 해체되었다.
> ④ 경기체가라는 명칭은 각 절 끝에 '위 景 긔 엇더ᄒ니잇고' 또는 '경기하여'라는 후렴구에서 유래
> 되었으며, 일명 '경기하여가'라고도 한다.

02 다음 시가에서 노래한 것은?

> 진경서(眞卿書)　비백서(飛白書)　행서초서(行書草書)
> 전주서(篆籀書)　과두서(蝌蚪書)　우서남서(虞書南書)
> 양수필(羊鬚筆)　서수필(鼠鬚筆)　빗기 드러
> 위 딕논 景 긔 엇더ᄒ니 잇고.

① 명필(名筆) ② 서적(書籍)
③ 문인(文人) ④ 명주(名酒)

> **해설** 위 제시문은 고려 시대 경기체가인 「한림별곡」으로, 전 8장으로 구성되어 있는데, 그중 제3장의 내용(글씨)이다. 「한림별곡」은 신흥 사대부들의 학문적 자부심과 의욕적 기개를 찬양한 작품이다.

03 다음 중 「한림별곡」의 국문학사적 가치로 볼 수 없는 것은?

① 귀족계급의 문학 ② 퇴폐적 경향
③ 현전 최고의 경기체가 ④ 조선 시대 신흥 사대부들의 세계관 반영

> **해설** 「한림별곡」은 고려 중엽 이후 조선 초기에 걸쳐 장가형식으로 한림학사들이 합작한 경기체가의 최초 작품으로 무신정권하에서 자신들의 득의에 찬 화려함의 과시와 퇴폐적이며 향락적인 생활 감정을 읊은 노래이다. 그러나 ④는 조선 건국 직후 악장문학에 대한 설명으로 고려의 경기체가 가 악장문학의 형성에 영향을 주었지만, 「한림별곡」에 대한 문제이니 관계가 없다.

04 다음 중 고려 시대의 작품이 아닌 것은?

① 「한림별곡」 ② 「사모곡」
③ 「관동별곡」 ④ 「청산별곡」

> **해설** 「관동별곡」은 조선 시대 정철이 지은 가사이다. 「사모곡」, 「청산별곡」은 고려가요, 「한림별곡」은 경기체가로 고려 시대의 작품이다.

05 경기체가에 대한 설명으로 옳지 않은 것은?

① 고려 중기에 형성되어 고려 말에 소멸되었다.
② 신흥 사대부들을 중심으로 향유된 문학이다.
③ 대표적인 작품으로는 「한림별곡」을 들 수 있다.
④ 각 장은 일반적으로 전대절과 후소절로 나뉜다.

> **해설** ① 경기체가는 무신 정권 치하인 고려 중기에 발생하여 조선 중기까지 이어지다가 가사문학으로 이어지면서 소멸되었다. 마지막 작품은 권호문의 「독락팔곡」이며, 조선 후기 민규의 「충효가」 는 후세의 아류작이다.
>
> **오답** ② 신흥 사대부 계층을 형성한 문인들의 득의에 찬 삶과 향락적 여흥을 나타난다.
> ③ 「한림별곡」은 대표적 작품으로 최초의 경기체가이다.
> ④ 각 장은 4구로 된 전대절(前大節)과 2구로 된 후소절(後小節)로 되어 있다. 또한 3·3·4조 또는 4·4·4조를 기본 음수율로 하며, 음보율은 3음보이다.

정답 03 ④ 04 ③ 05 ①

06 우리나라 최초의 경기체가는?

① 「관동별곡」 ② 「한림별곡」
③ 「죽계별곡」 ④ 「상대별곡」

> **해설** ② 「한림별곡」: 고려 고종 때 한림(翰林)의 여러 유생들이 지은 것으로, 최초의 경기체가 작품으로 알려져 있다. 3음절의 음수율과 3음보의 음보율을 근간으로 하는 별곡체로 되어 있으며, 각 연의 끝이 '경(景) 긔 엇더니잇고(景幾何如)'라는 구(句)로 되어 있어서 경기체가 작품으로 분류된다. 이러한 경기체가의 형식은 안축의 「관동별곡」과 「죽계별곡」 등으로 계승되었고, 권근의 「상대별곡」, 변계량의 「화산별곡」 등 조선 전기까지도 영향을 끼쳤다.

◢ 5 악장

01 악장의 작품명 – 작가 – 내용을 짝지은 것으로 옳지 않은 것은?

① 「월인천강지곡」 – 세종 – 부처의 공덕을 칭송한 장편 서사시
② 「봉황음」 – 정극인 – 조선의 문물과 왕가의 축수를 기원한 노래
③ 「정동방곡」 – 정도전 – 태조의 위화도회군을 찬양한 작품
④ 「용비어천가」 – 정인지 등 – 조선 건국의 정당성과 조선의 무궁한 번영을 송축하며 후세 왕에 대한 권계를 담은 작품

> **해설** ② 「봉황음」은 조선 세종 때 윤회가 지은 별곡체 악장으로, 「처용가」의 곡조에 새로운 가사를 얹어 부른 노래이다.
> 정극인은 가사 문학의 효시인 「상춘곡」의 작가이다.

※ 다음을 읽고 물음에 답하시오. (02~03)

> 불휘 기픈 남ᄀᆞᆫ ᄇᆞᄅᆞ매 아니 뮐씨, 곶 됴코 여름 하ᄂᆞ니.
> ᄉᆡ미 기픈 므른 ᄀᆞ므래 아니 그츨씨, 내히 이러 바ᄅᆞ래 가ᄂᆞ니.

02 위의 내용 중 그 뜻이 틀린 것은?

① 남ᄀᆞᆫ – 木 ② 여름 – 夏
③ 불휘 – 根 ④ 하ᄂᆞ니 – 多

> **해설** ② 여름 – 實, 녀름 – 夏
> 根深之木　風亦不扤　有灼其華　有蕡其實
> 源遠之水　旱亦不竭　流斯爲川　于海必達
> **풀이** 뿌리가 깊은 나무는 바람에 움직이지 아니하므로, 꽃이 좋고 열매가 많으니. 샘이 깊은 물은 가뭄에 그치지 아니하므로, 내가 이루어져 바다에 가느니.

정답 06 ② / 01 ② 02 ②

03 윗글은 「용비어천가」의 일부이다. 이 작품에 대한 설명 중 틀린 것은?

① 조선창업의 대의가 천명에 있음을 강조하였다.
② 육조의 업적과 조선의 영원성을 노래하였다.
③ 전절과 후절이 대구의 형식을 이룬다.
④ 'ᄀᄆᆞ래'는 '홍작에'의 의미이다.

> **해설** ④ ᄀᄆᆞ래 : 가뭄에

04 다음 중 「훈민정음」으로 표기된 최초의 작품은?

① 『석보상절』 ② 「용비어천가」
③ 『월인천강지곡』 ④ 『두시언해』

> **해설** ② 「용비어천가」 : 세종 27년(1445)에 정인지, 안지, 권제 등이 지어 세종 29년(1447)에 간행한 신체의 악장. 훈민정음으로 쓴 최초의 작품. 조선을 세우기까지 목조·익조·도조·환조·태조·태종의 사적(事跡)을 중국 고사(古事)에 비유하여 그 공덕을 기리어 지은 노래. 각 사적의 기술에 앞서 우리말 노래를 먼저 싣고 그에 대한 한역시를 뒤에 붙였다. 125장. 10권 5책
>
> **오답** ① 『석보상절』 : 조선 세종 29년(1447)에 수양 대군이 세종의 명에 따라 소헌 왕후 심씨의 명복을 빌기 위하여 쓴 책
> ③ 『월인천강지곡』 : 조선 세종 31년(1449)에 세종이 석가모니의 공덕을 찬양하여 지은 노래를 실은 책
> ④ 『두시언해』 : 조선 성종 12년(1481)에 의침(義砧), 조위(曺偉) 등이 왕명에 따라 두보의 시(詩)를 분류하여 한글로 풀이한 책. 최초의 번역 시집

※ 다음 작품을 읽고 물음에 답하시오. (5~6)

> 불휘 기픈 남ᄀᆞᆫ ᄇᆞᄅᆞ매 아니 뮐씨 곶 됴코 여름 하ᄂᆞ니
> ᅀᅵ미 기픈 므른 ᄀᆞᄆᆞ래 아니 그츨씨 내히 이러 바ᄅᆞ래 가ᄂᆞ니

05 어휘의 뜻풀이가 옳은 것은?

① 뮐씨 - 미워하므로 ② 여름 - 여름(夏)
③ ᄀᆞᄆᆞ래 - 가뭄에 ④ 바ᄅᆞ래 - 발 아래

> **오답** ① 뮐씨 - 흔들리므로
> ② 여름 → 열매[實], 녀름 → 여름[夏]
> ④ 바ᄅᆞ래 - 바다로

> **정답** 03 ④ 04 ② 05 ③

06 이 작품의 표기에 대한 설명으로 옳지 않은 것은?

① 현대에는 쓰이지 않는 어휘가 있다.

② 현대에는 쓰이지 않는 음운이 있다.

③ 현대의 쓰기 규정과 다르게 쓰인 받침이 있다.

④ '됴코' 등에서 보이듯이 구개음화의 진행이 확인된다.

> **해설** ④ 구개음화는 임진왜란 이후에 나타난 음운변화이다.

> **오답** ① '뮈다'는 '흔들리다'의 뜻으로 현대에는 쓰이지 않는다.
> ② 'ㆍ'는 1933년에 공식적으로 소멸하였다.
> ③ '곶'은 종성부용초성의 원칙에 따라 받침을 표기한 단어이다.

07 다음 내용의 밑줄 친 부분의 실질 형태소의 의미에 해당하는 말은?

> 내히 이러 <u>바르래</u> 가ᄂ니

① 섬	② 바다
③ 강	④ 시냇물

> **해설** '바ᄅㄹ'이 실질 형태소이며, 그 의미는 '바다'이다.

08 조선 초기 악장에 대한 설명으로 옳지 않은 것은?

① 「납씨가」는 이성계의 무공과 덕망을 노래하였다.

② 「용비어천가」는 조선 건국의 정당성을 노래하였다.

③ 「신도가」는 새로운 수도로 정한 서울의 훌륭함을 노래하였다.

④ 「월인천강지곡」은 억불숭유 정책에 따라 유교의 장점을 노래하였다.

> **해설** '악장' 작품의 내용을 이해한다.
> ④ 「**월인천강지곡**」 : 세종. 세종 31년(1449)에 석가모니의 공덕을 찬양하여 지은 신체의 악장 문학

> **오답** ① 「**납씨가**」 : 정도전. 조선 태조 2년(1393)에 태조가 중국 원나라의 나하추를 무찌른 공을 송축한 한시체의 악장문학
> ② 「**용비어천가**」 : 조선 세종 27년(1445)에 정인지, 안지, 권제 등이 지어 세종 29년(1447)에 간행한 신체의 악장문학. 훈민정음으로 쓴 최초의 작품으로 조선 개국의 정당성과 육조의 사적 찬양, 후왕에 대한 권계 등의 내용으로 이루어졌다.
> ③ 「**신도가**」 : 정도전. 새로운 수도인 한양의 형세를 칭찬하고 국운이 길이 빛날 것임과 임금의 덕이 무한함을 찬양한 한시체의 악장문학

> **정답** 06 ④ 07 ② 08 ④

09 다음 설명에 해당하는 시가 장르는?

> • 나라의 공식적인 행사에 쓰이는 노래의 가사를 일컫는 말이다.
> • 조선 초 개국의 정당성을 홍보하거나 왕실을 송축하기 위하여 사용되기도 하였다.
> • 「신도가」, 「감군은」, 「월인천강지곡」 등의 작품이 있다.

① 악장　　　　　　　　　　② 별곡
③ 향가　　　　　　　　　　④ 장가

　해설　조선 초에 발달했던 악장(樂章)에 대한 설명이다. 나라의 제전(祭典)이나 연례(宴禮)와 같은 공식 행사 때 궁중 음악에 맞추어 불렀으며, 주로 조선 왕조의 개국과 번영을 송축하였다.

10 훈민정음 창제 후 최초의 국문시가는?

① 「용비어천가」　　　　　　② 「춘향전」
③ 「구운몽」　　　　　　　　④ 「홍길동전」

　해설　「용비어천가」는 조선왕조의 창업을 기리는 노래로 최초의 국문 시가이다.
　오답　②, ③, ④의 작품은 모두 소설에 해당한다.

◢ 6 시조

01 다음 중 시조의 특징으로 옳지 않은 것은?

① 각 장은 4음보를 기본단위로 한다.
② 종장 초구는 반드시 3자로 엄격히 제한한다.
③ 엇시조와 사설시조는 기본적인 율격에서 벗어난다.
④ 궁궐에서 공식적으로 사용되던 음악의 노랫말들을 통칭하는 용어이다.

　해설　④ 조선 초기 악장 문학에 대한 설명이다.
　오답　① 1수가 3장으로 이루어져 있으며, 각 장은 4음보 2구를 기본 단위로 한다.
　　　② 평시조, 엇시조, 사설시조 모두 종장 첫 3음절은 반드시 지켜야 한다.
　　　③ 엇시조나 사설시조는 평시조의 3장 6구 12음보 45자 내외라는 기본 율격에서 자수가 늘어난다.

　정답　09 ①　10 ①　/　01 ④

02 다음 시조의 작가는 누구인가?

> 이런들 어떠하며 저런들 어떠하리
> 만수산 두렁칡이 얽혀진들 어떠하리
> 우리도 저같이 얽혀서 백년까지 누리리라.

① 이방원   ② 박팽년
③ 정몽주   ④ 성삼문

해설 위 시조는 이방원이 정몽주를 회유하기 위해 지은 「하여가」이다.

03 다음 시조에 드러난 화자의 정서와 가장 가까운 것은?

> 흥망(興亡)이 유수(有數)ᄒ니 만월대(滿月臺)도 추초(秋草) ㅣ 로다.
> 오백 년(五百年) 왕업(王業)이 목적(牧笛)에 부쳐시니
> 석양(夕陽)에 지나는 객(客)이 눈물계워 ᄒ노라.

① 맥수지탄(麥秀之嘆)   ② 만시지탄(晩時之歎)
③ 망양지탄(亡羊之歎)   ④ 비육지탄(髀肉之歎)

해설 원천석이 고려가 멸망한 후 궁궐터인 만월대를 찾아가 고려의 멸망을 슬퍼한 노래다.
　　① 맥수지탄 : 고국의 멸망을 한탄함을 이르는 말. 기자가 은나라가 망한 뒤에도 보리만은 잘 자라
　　는 것을 보고 한탄하였다는 데서 유래한다. ≒ 서리지탄(黍離之歎)

오답 ② 만시지탄 : 시기에 늦어 기회를 놓쳤음을 안타까워하는 탄식 ≒ 후시지탄
　　③ 망양지탄 : 갈림길이 매우 많아 잃어버린 양을 찾을 길이 없음을 탄식한다는 뜻으로, 학문의
　　길이 여러 갈래여서 한 갈래의 진리도 얻기 어려움을 이르는 말
　　④ 비육지탄 : 재능을 발휘할 때를 얻지 못하여 헛되이 세월만 보내는 것을 한탄함을 이르는 말.
　　중국 촉나라 유비가 오랫동안 말을 타고 전쟁터에 나가지 못하여 넓적다리만 살찜을 한탄한
　　데서 유래한다.

04 다음 (   ) 안에 적당한 것은?

> 이화(梨花)에 월백(月白)하고 (   )이 삼경(三更)인 제,
> 일지춘심(一枝春心)을 자규(子規)야 알랴마는,
> 다정(多情)도 병인 양하여 잠 못 들어 하노라.

① 은한   ② 근심
③ 은경   ④ 걱정

정답 02 ① 03 ① 04 ①

해설 제시문은 이조년의 작품으로 「다정가(多情歌)」라고 하기도 한다. 봄밤의 정서가 '이화', '월백', '은한' 등의 백색 이미지와 '자규'가 지니는 고독의 이미지와 연결되어 있다.

05 다음에 제시된 시조의 주제로 옳은 것은?

> 청산에 눈이 오니 봉마다 옥이로다.
> 져 산 푸르기는 봄비에 있거니와
> 엇디타 우리의 백발은 검겨 볼 줄 이시랴.

① 젊어질 수 없음을 탄식　　　　② 임을 여읜 이별의 정한(情恨)

③ 연군지정(戀君之情)　　　　　④ 강호가도(江湖歌道)

해설 다시 젊어질 수 없음을 한탄하는 작자 미상의 시조이다.

06 다음 시조에 드러난 화자의 마음으로 가장 적절한 것은?

> 동지(冬至)ㅅ달 기나긴 밤을 한 허리를 버혀 내어
> 춘풍 니블 아레 서리서리 너헛다가
> 어론님 오신 날 밤이여든 구뷔구뷔 펴리라.

① 임을 따뜻하게 대하려는 마음

② 임을 숨겨 두고 보내지 않겠다는 마음

③ 임이 성공하기를 바라는 마음

④ 임과 오랫동안 사랑하기를 바라는 마음

해설 제시된 시조는 황진이의 시조이다.
　ㄱ 갈래 : 평시조·단시조
　ㄴ 성격 : 감상적·낭만적·연정가
　ㄷ 제재 : 연모의 정
　ㄹ 주제 : 임을 그리는 애타는 심정
　ㅁ 의의 : 임에 대한 간절한 그리움과 기다림의 심정이 잘 나타나 있으며, 일년 가운데 가장 긴 동짓달 밤 시간을 베어둔다는 기발한 착상이 돋보인다. 서정적 자아가 그리는 대상은 화담 서경덕이라 전해진다.

정답　05 ①　06 ④

07 다음 중 망국의 한을 읊은 시조는?

① 오백 년 도읍지를 필마로 도라드니,
　산천은 의구하되 인걸은 간데 없다.
　어즈버 태평연월은 꿈이런가 하노라.

② 마음이 어린 후니 하난 일이 다 어리다.
　만중운산에 어내 님 오리마난,
　지난 닢 부난 바람에 행여 건가 하노라.

③ 어져 내 일이야. 그릴 줄을 모로더냐.
　이시라 하더면 가랴마는 제 구태여
　보내고 그리는 정은 나도 몰라 하노라.

④ 구름이 무심탄 말이 아마도 허랑(虛浪)하다.
　중천(中天)에 떠 이셔 임의로 도니면서,
　구타야 광명한 날빗츨 따라가며 덥나니.

해설 ①은 고려 유신 길재의 시조이다. 망국의 한(恨)을 노래한 회고가로, 고려 왕조의 옛 도읍지를 돌아보며 느끼는 무상감을 나타내고 있다.

오답 ② 서경덕 : 임을 그리워하는 마음
　　 ③ 황진이 : 임을 그리워하는 마음
　　 ④ 이존오 : 간신 신돈의 횡포 풍자

※ 다음의 시조를 읽고 물음에 답하시오. (08~09)

> [가] 우는 거시 벅구기가 프른 거시 버들숩가.
> 　　이어라 이어라
> 　　어촌(漁村) 두어 집이 냇속의 나락들락
> 　　지국총(至匊恩) 지국총(至匊恩) 어사와(於思臥)
> 　　말가한 기픈 소희 온갇 고기 뛰노나다.
> [나] 간밤의 눈갠 후(後)에 경물(景物)이 달랃고야.
> 　　이어라 이어라
> 　　압희는 만경유리(萬頃琉璃) 뒤희는 천첩옥산(千疊玉山)
> 　　지국총 지국총 어사와
> 　　션계(仙界)ㄴ가 불계(佛界)ㄴ가 인간(人間)이 아니로다.

08 위 시조에 대한 설명으로 옳지 않은 것은?

① 춘하추동 사계절을 각각 10수씩 읊은 40수의 연시조이다.

② 이 작품은 속세를 떠나 자연과 벗하며 살아가는 시적 화자의 유유자적한 심경이 잘 나타나 있다.

③ (가)의 밑줄 친 '지국총 지국총 어사와'는 한자음을 빌려 적은 여음구이다.

④ (가)의 밑줄 친 '이어라 이어라'는 아무런 의미가 없다.

> 해설 '이어라 이어라'는 '노를 저어라 노를 저어라'라는 의미의 여음구이다.
> ❤ 어부사시사
> ㉠ 윤선도가 전남 보길도에 은거하면서 지은 노래
> ㉡ 춘하추동 4계절을 각각 10수씩 읊은 40수의 연시조
> ㉢ 주제는 '세상에서 벗어나 아름다운 자연과 한몸이 되어 강호한정(江湖閑情)에 빠짐'이다.

09 위 시조 (나)의 밑줄 친 부분에 해당하는 계절은?

① 봄   ② 여름   ③ 가을   ④ 겨울

> 해설 천첩옥산(天疊玉山)은 '천 겹의 옥으로 만든 산'으로, 눈 덮인 산을 비유한다.

10 다음 밑줄 친 시어 중 성격이 같은 것으로만 묶은 것은?

> ㅂ룸도 쉬여 넘는 고기 구름이라도 쉬여 넘는 고기
> 산진이 수진이 해동청 보릭민도 다 쉬여 넘는 고봉 장성령 고기
> 그 너머 님이 왓다 ᄒ면 나는 아니 ᄒ 번도 쉬여 넘어 가리라

① 고기, 해동청, 장성령, 그   ② 고기, 산진이, 고봉, 장성령
③ 해동청, 고봉, 장성령, 고기   ④ 산진이, 수진이, 해동청, 보릭민

> 해설 ④ '산진이, 수진이, 해동청, 보릭민' 모두 '매'의 종류이다.
> 오답 고봉 장성령 고기 : 임과 나 사이를 가로막는 장애물

11 다음 중 사설시조에 대한 설명이 아닌 것은?

① 유교이념과 충·효·열에 관한 내용이 주를 이룬다.

② 서민들이 주요 작가들이었으며, 현실 비판적인 것과 삶의 애환을 노래한 것이 많다.

③ 서민의식과 산문정신을 바탕으로 평시조 3장체의 기본골격은 유지하면서 발전하였다.

④ 서민들의 생활주변에서 흔히 있는 일상어, 비속어, 재담 등을 사용하였다.

> 정답 08 ④   09 ④   10 ④   11 ①

사설시조는 서민의식과 산문정신을 바탕으로 평시조 3장체의 기본골격은 유지하면서 발전해 자
유정신, 산문정신, 서민정신이 반영되었으며, 서민들이 주축이 되어 창작되었다. 특히 서민들의
생활주변에서 흔히 있는 일상어, 비속어, 재담 등을 사용하였다.
①은 고소설, 시조에 대한 설명이다.

12 다음 글의 내용으로 유추하였을 때 (   ) 안에 알맞은 것은?

> 딕들에 (   )이 사오. 져 쟝스야, 네 황후 긔 무서시라 웨는다, 사쟈.
> 外骨內肉(외골내육), 兩目(양목)이 上天(상천), 前行後行(전행후행), 小(소)아리 八足(팔
> 족) 大(대)아리 二足(이족), 靑醬(청장) 으스슥 흐는 (   )이 사오.

① 새우   ② 가재   ③ 소라   ④ 게

서민적인 감정이 여과 없이 표출되고 있는 이 사설시조는 저잣거리의 장사꾼과 물건을 사려는
사람이 상거래를 하면서 서로 주고받는 이야기를 익살스럽게 표현하고 있다.
괄호에는 '동난지이(= 게젓)가 들어가야 한다.'

13 시조의 작자를 고려할 때 밑줄 친 ㉠이 가리키는 대상은?

> ㉠ <u>수양산</u> 브라보며 이제를 한흐노라.
> 주려 주글진정 채미도 흐는 것가.
> 아모리 추새엣 거신들 긔 뉘 짜헤 낫드니.

① 단종   ② 세조   ③ 주나라   ④ 이방원

'수양산'은 수양대군, 즉 세조를 가리킨다.

14 다음 작품의 주제와 가장 관련 깊은 것은?

> 묏버들 갈히 것거 보내노라 님의손듸
> 자시는 窓 밧긔 심거두고 보소서
> 밤비에 새닙곳나거든 날인가도 너기소서
>
> — 홍랑(洪娘) —

① 권학   ② 애정   ③ 충절   ④ 회고

이별하는 임에게 묏버들 가지를 꺾어 보내니 새 잎이 나면 자신을 본 듯 여겨주기를 부탁하며 자신
을 잊지 말아달라는 간곡한 당부를 담고 있다. 헤어지는 임에 대한 애정을 드러낸 시조이므로 정답
은 ②가 된다.

| 작품 해석 |

<u>산버들 가려 꺾어</u> <u>보내노라 임에게</u>
화자의 분신　　　　　　　도치법

주무시는 창 밖에 심어두고 보소서

밤비에 새 잎이 나거든 <u>나인가 여기소서</u> (현대어 풀이)
　　　　　　　　　나를 잊지 말아 달라는 화자의 당부

• 갈래 : 평시조
• 성격 : 감상적, 애상적, 여성적
• 주제 : 임에게 보내는 사랑

15 ( ) 안에 공통으로 들어갈 인물은?

( )은 김천택과 동시대의 평민 가객으로서 서울 화개동에 노가재를 지어 일세의 가객들과 교류하였다. ( )이 편찬한 『해동가요』에는 자신의 작품 117수가 실려 있다. ( )은 특히 사설시조에 능하였으며, 김천택의 작품에서는 서민 의식을 볼 수 있는 반면 ( )의 작품에서는 사실적인 특징이 있다.

① 정철
② 정극인
③ 김수장
④ 허난설헌

해설 ③ 지문에 나오는 '노가재'는 김수장의 호이며, 『해동가요(海東歌謠)』는 1762년(영조 38년)에 김수장이 엮은 가곡집이다. 이 책에는 고려 말부터 당시까지의 유명씨의 시조 568수(자작 117수 포함)를 앞세우고 뒤에 무명씨의 시조 315수를 보탰다. 시조 사상 둘째로 오래된 시가집이며, 김천택의 『청구영언(靑丘永言)』, 박효관과 안민영의 『가곡원류(歌曲源流)』와 더불어 한국의 3대 시조집이다.

16 다음 시에 대한 설명으로 옳지 않은 것은?

동짓달 기나긴 밤을 한 허리를 베어 내어
춘풍(春風) 이불 아래 서리서리 넣었다가
어른 님 오신 날 밤이어든 굽이굽이 펴리라

① 불행을 극복하려는 의지를 드러낸다.
② 황진이가 창작한 것으로, 기녀 시조에 해당한다.
③ 긴 밤의 허리를 자른다는 기발한 착상이 나타난다.
④ 정치적 현실에 대한 비판적 태도를 우회적으로 표현한다.

정답 15 ③　16 ④

이 시조는 황진이의 작품이다. 임에 대한 간절한 그리움을 두 개의 의태어를 통해 표현한 것이 참으로 기발하다. 즉 '서리서리'는 임을 기다리는 지루한 시간을 줄이고 싶은 마음을, '굽이굽이'는 '임과 오랫동안 함께 지내고 싶은 마음'을 각각 표현한 시어이다. 한편 이 작품에서 '밤'을 '베어 낸다'는 표현은 추상적 시간을 감각화한 놀라운 발상이다.

17 다음 작품과 관련 있는 역사적 사실은?

> 千萬里 머나먼 길해 고운님 여희옵고
> 내마음 둘 데 없어 냇가에 앉아스니
> 저 물도 내 안 같아야 울어 밤길 예놋다

① 임진왜란
② 수양대군의 왕위 찬탈
③ 중종의 조광조 유배
④ 이성계의 조선 건국

조선 전기 세조 때 왕방연이 지은 시조로, 작자가 의금부도사가 되어 강원도 영월로 어린 단종을 유폐시키고 돌아가는 길에, 냇가에 앉아 흐르는 냇물을 바라보며 깊은 죄책감과 어찌할 수 없는 슬픔을 감정이입의 수법을 통해 표현한 작품이다. 따라서 이 노래는 수양대군의 왕위 찬탈 사건인 계유정난과 관련이 깊은 노래인 것이다.

18 시조에 대한 설명으로 적절하지 않은 것은?

① 갑오개혁 이후 신체시와 현대시의 등장과 더불어 소멸된 장르이다.
② 작가층은 군왕부터 무명의 서민에 이르기까지 전 계층에 걸쳐 있다.
③ 사설시조는 생활 주변의 잡다한 것들을 사실적으로 읊은 경우가 많다.
④ 고려 말, 조선 초에는 고려 유신들의 회고가와 충의가가 주를 이루었다.

시조는 고려 말기부터 발달하여 조선을 거쳐 현재까지 지속적으로 창작되고 있는 우리 고유의 정형시이다.

◢ 7 가사

01 다음 중 가사문학을 설명하고 있지 않은 것은?

① 고려 시대에 발달한 문학장르로 주로 퇴폐적 내용을 담고 있으며 현실을 적나라하게 표현하고 있다.
② 현실적이고 교훈적인 이념을 표현하는 데 알맞은 문학장르이다.
③ 안빈낙도하는 군자의 미덕을 자연 속에 묻혀 읊기도 하였으며, 군신 사이의 사군이충을 남녀의 애정에 비유하여 읊어낸 문학장르이다.
④ 홍순학의 「연행가」, 김인겸의 「일동장유가」 등은 기행가사, 김진형의 「북천가」, 송주석의 「북관곡」, 안조환의 「만언사」 등은 유배가사로 유명하다.

해설 ① 고려속요에 대한 설명이다. 가사는 조선 전기에 경기체가의 붕괴 과정에서 발생했다. 최초의 작품은 정극인의 「상춘곡」이며, 고려 말 나옹화상의 「서왕가」는 이설로 알려져 있을 뿐이다.

02 조선 시대 사대부 가사의 효시가 되는 작품으로 가사로서의 형식과 내용을 완벽하게 표현해 낸 가사작품과 작자는?

① 정극인 「상춘곡」　　　　　② 나옹화상 「서왕가」
③ 정철 「사미인곡」　　　　　④ 정철 「관동별곡」

해설 조선 성종 때 정극인의 「상춘곡」은 가사로서의 형식과 내용을 완벽하게 표현했으며, 조선 전기 양반가사의 강호가도(江湖歌道)에 한 획을 그은 작품이다.

03 가사의 작품명 – 작가 – 내용의 연결이 바르지 않은 것은?

① 「상춘곡」 – 정극인 – 봄의 경치를 감상하는 선비의 정서를 노래
② 「면앙정가」 – 송순 – 산수의 경치와 정취를 노래
③ 「북천가」 – 박인로 – 귀양살이에서 얻은 경험과 견문을 노래
④ 「일동장유가」 – 김인겸 – 통신사로 일본을 다녀와서 일본에서의 경험과 느낌을 노래

해설 ③ 「북천가」는 김진형의 작품으로, 함경도 명천에서의 귀양 생활을 노래한 장편 유배가사이다.

04 다음 중 「사미인곡」에 대한 설명으로 옳지 않은 것은?

① 연군의 정을 표현하고 있다.
② 조선 후기에 발생한 서민가사의 하나이다.
③ 음수율은 3 · 4조가 주조를 이루고 전편이 126구로 되어 있다.
④ 임과 이별한 여인의 감정, 행위, 처지 등을 탁월하게 묘사하고 있다.

해설 「사미인곡」은 정철의 대표적인 가사작품으로 조선 전기의 양반가사이다. 여인을 화자로 설정하여 임에 대한 연군의 정을 표현함으로써, 외로운 신하의 처지와 임금을 향한 변함없는 충정의 그 절실함을 더욱 잘 드러내고 있다. 음수율은 3 · 4조가 주조를 이루고 전편이 126구로 되어 있다.

정답　02 ①　03 ③　04 ②

05 다음 작품에서 외로움을 나타내는 것은?

> ㅎ 룻밤 서리김의 기러기 우러 녤 제,
> 危위樓루에 혼자 올나 水슈晶정簾념 거든 마리,
> 東동山산의 둘이 나고 北븍極극의 별이 뵈니,
> 님이신가 반기니 눈믈이 절로 난다.
> 淸청光광을 쥐여내여 鳳봉凰황樓누의 븟티고져.
> 樓누 우히 거러 두고 八팔荒황의 다 비최여,
> 深심山산窮궁谷곡 졈낫て티 밍그쇼셔.

① 기러기   ② 淸청光광
③ 水슈晶정簾념   ④ 鳳봉凰황樓누

> **해설** 위 작품은 정철의 「사미인곡」 중 [추원(秋怨) : 선정을 갈망함] 부분이다.
> ① **기러기** : 울음소리를 통해 작자의 외로움을 표현하고 있다.
>
> > | 현대어 풀이 |
> > 하룻밤 사이의 서리 내릴 무렵에 기러기 울며 날아갈 때,
> > 높다란 누각에 혼자 올라서 수정알로 만든 발을 걷으니,
> > 동산에 달이 떠오르고 북극성이 보이므로,
> > 임이신가 하여 반가워하니 눈물이 절로 난다.
> > 저 맑은 달빛을 일으켜 내어 임이 계신 궁궐에 부쳐 보내고 싶다.
> > 누각 위에 걸어 두고 온 세상을 비추어,
> > 깊은 산골짜기에도 대낮같이 환하게 만드소서.
>
> **오답** ② **淸청光광** : 맑은 빛. 임에게 보내는 작가의 정성
> ③ **水슈晶정簾념** : 수정 구슬을 꿰어서 만든 아름다운 발
> ④ **鳳봉凰황樓누** : 임금이 계신 궁궐을 비유

06 다음 밑줄 친 단어의 의미로 옳은 것은?

> 이 몸 삼기실 제 님을 조차 삼기시니,
> 흔생 緣分(연분)이며 하늘 모를 일이런가.
> 나 ㅎ나 졈어 잇고 님 ㅎ나 날 <u>괴시니</u>
> 이 므음 이 스랑 견졸 듸 노여 업다. 〈후략〉
>
>   − 정철, 「사미인곡」 −

① 그리워하시니   ② 미워하시니
③ 사랑하시니   ④ 안타까워하시니

정답 05 ①   06 ③

해설 | 현대어 풀이 |
이 몸이 태어날 때에 임을 따라 태어나니
한평생을 살아갈 인연이며, 이 또한 하늘이 어찌 모를 일이던가?
나는 오직 젊어 있고, 임은 오직 나를 사랑하시니,
이 마음과 이 사랑을 비교할 곳이 다시 없다.

07 다음 중 기행가사가 아닌 것은?

① 「연행가」   ② 「농가월령가」
③ 「관동별곡」   ④ 「일동장유가」

해설 ② 「농가월령가」는 농가에서 1년 동안 해야 할 농사에 관한 실천사항과 철마다 다가오는 풍속과 지켜야 할 범절을 달에 따라 읊은 월령체(달거리) 가사이다.

오답 ① 「연행가」: 조선 고종 때 홍순학이 지은 장편 가사. 고종 3년(1866) 4월에 주청사 유후조의 서장 관으로 중국 청나라 연경에 갔다가 그해 8월 말에 귀국하기까지의 기행·견문을 적은 작품이다.
③ 「관동별곡」: 정철이 강원도 관찰사로 부임하여 내·외·해금강과 관동팔경(關東八景) 등의 절승(絕勝)을 두루 유람한 후 그 도정(道程)과 산수·풍경·고사(故事)·풍속 및 자신의 소감 등을 읊은 노래로, 조선 시대 가사 가운데서도 대표작으로 손꼽을 만한 작품이다.
④ 「일동장유가」: 조선 영조 때 김인겸이 지은 장편 기행 가사. 영조 39년(1763)에 조엄이 통신사 로 일본에 갔을 때 서기로 따라가 보고 느낀 일본의 문물·제도·풍속 따위를 기록한 것으로, 모두 8,000여 구로 되어 있다.

08 다음 설명 중 옳지 않은 것은?

銀은 구튼 무지게, 玉옥 구튼 龍룡의 초리,
섯돌며 쑴는 소리 十십里리의 조자시니,
들을 제는 우레러니 보니는 눈이로다.

– 정철, 「관동별곡」 중 –

① 시각 인상과 청각 인상을 함께 사용한 복합 감각적 표현이다.
② 자연물에 의탁하여 애끓는 연군지정을 효과적으로 표현했다.
③ 비유법과 대구법을 적절하게 사용하여 자연의 위용을 화려하게 표현했다.
④ 기발한 조어(造語)와 형상적 문체로 금강산 폭포수를 묘사했다.

해설 ② 금강산의 '만폭동 폭포'의 아름다움을 모습을 비유적으로 제시한 것일 뿐, 자연물에 의탁하여 연군의 정을 드러내고 있지는 않다.

오답 ① 복합 감각 : 눈(시각) + 우레(청각)

정답 07 ②   08 ②

③ 비유 : 폭포 = '은 같은 무지개', '옥 같은 용의 꼬리'
　　대구 : '은 같은 무지개'와 '옥 같은 용이 꼬리'
　　　　　'들을 제눈 우레러니'와 '보니는 눈이로다'
④ 만폭동 폭포의 위용과 아름다움 묘사

09 농가에서 일 년 동안 해야 할 농사에 관한 실천 사항과 철마다 다가오는 풍속과 지켜야 할 예의 범절을 달에 따라 읊은 월령체(달거리) 가사는?

① 「동동」　　　　　　　　　　② 「농가월령가」
③ 「논매기 노래」　　　　　　　④ 「면앙정가」

해설 「농가월령가」는 농가의 일 년 행사와 세시풍속을 달에 따라 읊으면서, 철마다 다가오는 풍속과 지켜야 할 예의범절을 때맞추어 하도록 타이른 교훈가사이다. 농촌생활과 관련된 구체적 어휘가 풍부하게 나타난다는 점과, 세시풍속을 기록해 놓은 월령체 가운데 가장 규모가 크고 짜임새가 있다는 점에서 그 가치를 높이 평가할 만하다.

10 다음 중 유배가사에 해당하지 않는 것은?

① 「북천가」　　　　　　　　　② 「북관곡」
③ 「만언사」　　　　　　　　　④ 「누항사」

해설 ④ 「누항사」(이인로) : 조선 전기와 후기 사이의 작품으로 안분지족한 삶을 지향하는 선비의 자세를 노래하고 있다.
　　❂ 유배가사의 대표적인 작품 : 「만분가」(조위), 「북관곡」(송주석), 「만언사」(안조환), 「북천가」(김진형) 등

11 김만중이 「서포만필」을 통하여 송강 정철의 작품을 극찬하였는데, 그가 '동방의 이소(離騷)'라고 한 송강 정철의 대표적인 작품 3가지에 해당하지 않는 것은?

① 「성산별곡」　　　　　　　　② 「사미인곡」
③ 「속미인곡」　　　　　　　　④ 「관동별곡」

해설 「성산별곡」은 정철이 25세 이후에 당쟁으로 정계를 물러나 전남 담양군 창평에 살 때 김성원을 위해 지은 작품이라고 한다. 주인 김성원의 풍류와 기상, 식영정의 자연경관을 4계절 노래하였다.
오답 정철의 가사에 대한 평가 : 김만중의 「서포만필」
　　㉠ 左海眞文章只此三篇(좌해진문장지차삼편) : 「속미인곡」, 「사미인곡」, 「관동별곡」
　　㉡ 중국 초나라 굴원이 쓴 「이소(離騷)」에 빗대어 '동방의 이소'라 극찬
　　㉢ 가장 뛰어난 작품은 「속미인곡」 : 순수 국어의 아름다움을 가장 잘 살린 작품

12 「심청전」의 뺑덕어미나 「흥부전」의 놀부와 같은 심술궂은 행실을 하는 어리석은 여인에 대한 경계와 비판을 담고 있는 조선 후기 대표적 서민가사의 작품은?

① 「용부가」   ② 「덴동어미화전가」
③ 「규원가」   ④ 「우부가」

> 해설   ① 「용부가」는 여성들의 비행(非行)에 대한 비판과 부인의 시집식구 흉보기, 부인의 부도덕한 거동을 전개하며 여자가 지켜야 할 바람직한 태도에 대한 깨우침을 표현하였다.
>
> 오답   ② 「덴동어미화전가」: 조선 후기 규방가사. 경북 순흥 지방의 화전놀이를 소재로 부녀자들의 삶의 모습을 대화체로 읊은 작품으로 '기구한 운명과 시련 속에서도 잃지 않는 삶의 희망'을 주제로 하고 있다.
> ③ 「규원가」: 조선 중기에 허난설헌이 지은 규방가사. 남편의 사랑을 받지 못하고 규방에서 속절없이 눈물과 한숨으로 늙어가는 여인의 애처로운 정한(情恨)을 노래하였다.
> ④ 「우부가」: 조선 후기의 가사. 어리석은 한량 개똥이와 꾐 생원, 꼼 생원 등이 제 분수를 잊어버리고 허랑방탕한 생활을 하다가 끝내 패가망신한다는 내용이다.

13 다음 설명에 해당하는 작품은?

> • 충신연주지사로 평가된다.
> • 조선 전기 양반 사대부의 가사 작품이다.
> • 임을 그리워하는 여성 화자의 독백으로 이루어져 있다.
> • 사계절의 변화에 따라 내용이 달라지는 구조로 되어 있다.

① 「만분가」   ② 「사미인곡」
③ 「화전가」   ④ 「서경별곡」

> 해설   작품의 내용과 특징을 이해한다.
> ② 「사미인곡」: 작가가 당파 싸움으로 관직에서 물러나 고향인 창평에 내려가 있을 때 임금을 향한 충성심을 임을 생각하는 여인의 마음과 견주어 지은 작품으로, 다양한 표현 기법과 절묘한 언어 구사가 돋보이는 가사이다.
> • 주제 : 충신연군지사
> • 작가와 장르 : 조선 전기 양반 사대부(송강 정철)의 가사
> • 어조 : 여성 화자의 독백체
> • 구성 : 사계절의 변화에 따라 임에 대한 정성을 표현하고 있다.
>
> 오답   ① 「만분가」: 조위. 조선 연산군 때 지은 최초의 유배 가사. 무오사화로 전라남도 순천에 유배되었을 때의 생활을 읊은 작품이다.
> ③ 「화전가」: 작가 미상. 조선 후기의 내방가사로 봄날에 여성들이 시집살이의 굴레에서 벗어나 경치 좋은 곳을 찾아 화전놀이를 하며 즐기는 것을 노래한 작품이다.
> ④ 「서경별곡」: 작가 미상. 서경에서 임과 이별하는 여인의 애틋한 심정을 노래한 고려속요로 원문은 『악장가사』에 실려 있다.

정답   12 ①   13 ②

14 가사의 분류와 작품의 연결이 옳지 않은 것은?

① 유배가사 – 박인로의 「누항사」 ② 연군가사 – 정철의 「사미인곡」

③ 규방가사 – 허난설헌의 「규원가」 ④ 기행가사 – 김인겸의 「일동장유가」

해설 ① 「누항사」는 임진왜란이 끝난 후 고향에 내려와 살던 박인로에게 그의 벗인 이덕형이 시골에서의 생활을 물었고 이에 대해 답하기 위해 쓴 조선 후기의 가사이다. 가난한 사대부의 삶이 사실적으로 묘사되어 있으며 '누항에 묻혀 빈이무원을 추구하는 삶'을 주제로 삼고 있다. 이를 통해 유배가사가 아닌, 은일가사임을 확인할 수 있다.

오답 ② 「사미인곡」의 '미인'은 선조로, 임금을 그리워하는 정철의 마음을 여성 화자를 통해 드러내고 있는 연군가사이다.

③ 「규원가」는 봉건 사회 속에서 가정을 돌보지 않는 가장 때문에 고통받는 규방 여인의 한을 표현한 규방가사이다.

④ 「일동장유가」는 김인겸이 1763년에 일본 통신사로 갔을 때 지은 기행가사이다.

15 가사 작품에 대한 설명으로 옳지 않은 것은?

① 「누항사」 – 박인로가 지은 작품으로 가난한 양반의 다짐을 담고 있다.

② 「사미인곡」 – 정철이 지은 작품으로 '미인'은 '임금'을 달리 표현한 말이다.

③ 「상춘곡」 – 정극인이 지은 작품으로 봄날의 즐거움을 노래하고 있다.

④ 「일동장유가」 – 김인겸이 지은 작품으로 청나라를 장쾌하게 유람한 내용을 담고 있다.

해설 ④ 「일동장유가」는 조선 영조 때에, 김인겸이 지은 장편 기행 가사로, 영조 39년(1763)에 조엄이 통신사로 일본에 갔을 때 서기로 따라가 보고 느낀 일본의 문물·제도·풍속 따위를 기록한 것으로, 모두 8,000여 구로 되어 있다.

※ 다음 작품을 읽고 물음에 답하시오. (16~18)

깃 괴여 닉은 술을 葛巾으로 밧타 노코,
곳나모 가지 것거, 수 노코 먹으리라.
和風이 건듯 부러 綠水를 건너오니,
淸香은 잔에 지고, 落紅은 옷새 진다.
樽中이 뷔엿거든 날두려 알외여라.
小童 아휘두려 酒家에 술을 믈어,
얼운은 막대 집고, 아휘는 술을 메고,
㉠微吟緩步ㅎ야 시냇구의 호자 안자,
明沙 ㉡조흔 믈에 잔 시어 부어 들고,
淸流를 굽어보니, 써오느니 桃花ㅣ로다.
武陵이 갓갑도다, 져미이 귄 거인고.

16 ⊙의 의미로 옳은 것은?

① 조금씩 마시며 거닐며 놂
② 미소 지으며 거닐며 즐김
③ 천천히 마시며 유유히 노닒
④ 작은 소리로 읊으며 천천히 거넒

> 해설 '미음완보(微吟緩步)'는 작은(微) 소리로 읊조리며(吟) 느리게(緩) 걷는다(步)는 뜻이다.

17 ⓛ의 현대어로 옳은 것은?

① 깨끗한
② 시원한
③ 차가운
④ 좋은

> 해설 '좋다'는 깨끗하다는 의미이다.
> 오답 '둏다'가 좋다는 의미이다.

18 이 작품에 대한 설명으로 옳지 않은 것은?

① 작자는 정극인이다.
② 은일가사에 속한다.
③ 충신연주지사이다.
④ 4음보 연속체의 가사이다.

> 해설 이 작품은 정극인의 「상춘곡」으로 자연에 은거하여 살며 봄을 예찬하는 가사 문학의 효시에 해당하는 작품이다. 충신연주지사와는 상관없다.
> 오답 '충신연주지사'란 신하가 임금을 그리워하는 내용의 작품으로 대표적으로 정철의 「사미인곡」, 「속미인곡」 등이 있다.

19 가사의 유형에 대한 설명으로 적절하지 않은 것은?

① 종교가사는 일반 대중에 대한 포교를 목적으로 각 종교의 교리를 읊었다.
② 서민가사는 서민 또는 서민 의식을 가진 양반들에 의해 지어졌으며, 서민들의 의식과 생활 감정을 잘 드러내었다.
③ 규방가사는 1894년 갑오개혁 이후부터 1910년 경술국치 이전까지 주로 지어졌으며, 개화와 관련된 내용을 다루었다.
④ 사대부 가사는 강호 생활의 즐거움, 정치적 패배와 회귀 의지, 유교적 이념과 도덕, 명승지와 유적지의 기행 등이 주된 내용이다.

> 해설 규방가사는 내방가사·규중가도·규방문학·규중가사 등으로도 불렸으며, 조선 영조 중엽경부터 '가스' 또는 '두루마리'라는 이름 아래 창작, 전파, 애독되다가 6·25 전쟁 이후 거의 소멸되었다. 주로 영남지방 양반집 부녀자들 사이에서 유행되었다.

정답 16 ④ 17 ① 18 ③ 19 ③

CHAPTER 03 고전산문

01 국문소설의 형성과 전개

1. 고대소설의 개관

(1) 개념

① 설화, 패관문학, 가전체 등을 바탕으로 중국의 전기(傳奇), 화본(話本) 등의 영향을 받아 발생한 서사문학이다.

② 산문문학이며, 허구성을 띤다.

(2) 특징

① **작가** : 한문소설은 대부분 양반으로 분명하지만, 국문소설은 작가 미상이 많다.

② **주제** : 대부분 권선징악(勸善懲惡)

③ **인물**

   ㉠ 재자가인적(才子佳人的) 주인공

   ㉡ 평면적이고 전형적 인물

④ **구성** : 연대기적 구성(일대기적 구성)

⑤ **사건**

   ㉠ 전기적(傳奇的), 비현실적

   ㉡ 우연성의 개입 남발

⑥ **배경** : 대부분 중국 배경

⑦ **결말** : 대부분 행복한 결말

⑧ **문체** : 문어체, 운문체

⑨ **시점** : 전지적 작가 시점

2. 조선 후기 국문소설

(1) 전개 양상

① 임진왜란·병자호란을 전후하여 평민의 자각, 산문 정신, 현실주의의 사고 등의 영향으로 소설이 발전하였다.

② **국문소설의 탄생** : 광해군 때 최초의 국문소설인 「홍길동전」이 나오기 시작하면서 한글소설이 쓰였다.

③ **군담소설(軍談小說)의 성행** : 임진왜란과 병자호란 후 실존 인물과 허구적 영웅들의 활약상을 통해 실제로는 패배했지만 이에 대한 정신적 보상과 민족적 적개심을 불러 일으켜 민족의식을 고취하려고 하였다.

④ 고대소설 융성의 토대 마련 : 숙종 때 김만중의 「구운몽」과 「사씨남정기」가 나오면서 소설의 수준이 한층 격상되었다.

⑤ 고대소설의 융성 : 영·정조 시대에 연암 박지원의 풍자 단편과 많은 평민소설이 나타나 고대소설의 전성기를 이루었다.

(2) 국문소설의 유형

① 사회소설(社會小說) : 사회 제도의 모순을 비판한 소설

작품	연대	작가	내용
「홍길동전 (洪吉童傳)」	광해군	허균	㉠ 최초의 한글 소설 ㉡ 사회소설, 영웅소설 ㉢ 영향 : '지하국 퇴치 설화', 「수호지」, 「삼국지연의」 등 ㉣ 작가의 한문수필 유재론(遺才論), 호민론(豪民論)이 사상적 바탕 ㉤ 주제 : 적서차별(嫡庶差別)의 타파, 탐관오리 응징과 빈민구제, 해외진출사상(이상국 건설) 등 ㉥ 아류작 : 「전우치전」, 「서화담전」
「전우치전」	미상	미상	담양(潭陽)에 실존하였던 전우치를 주인공으로 하고 있으며, 「홍길동전」의 아류작임

📎 참고

채수의 「설공찬전」을 최초의 한글 소설로 주장하는 견해도 있으나, 1996년 발견된 것은 원본 한문소설에 대한 국문 번역본이다.

② 군담소설(軍談小說)

㉠ 역사 군담 : 실존했던 인물이나 실재 사건을 바탕으로 허구화한 소설

작품	연대	작가	내용
「임진록 (壬辰錄)」	임진 왜란 후	미상	왜병을 물리치고 왜왕의 항복을 받고 개선하는 내용. 충무공의 군략(軍略), 서산대사, 사명당의 도술 등이 수록됨
「곽재우전 (郭再佑傳)」	임진 왜란 후	미상	임진왜란 때 홍의장군 곽재우가 의병을 일으켜 왜병을 무찌른 무용담. 「천강 홍의장군」이란 제목으로 출간되었음
「김덕령전 (金德齡傳)」	임진 왜란 후	미상	간신들의 참소로 억울하게 죽은 의병장 김덕령의 생애와 업적을 그림
「임경업전 (林慶業傳)」	병자 호란 후	미상	명나라를 구함과 아울러 병자호란의 치욕을 씻으려고 애쓰다가 원통하게 죽어간 임경업의 무용담으로 전기적 소설(傳記的 小說)에 속함
「박씨전 (朴氏傳)」	병자 호란 후	미상	여성 영웅소설. 박씨 부인이 병자호란 때 도술로 청나라 장수와 공주를 굴복시킨 내용. 병자호란의 치욕을 소설을 통하여 씻고자 하는 작가 의식이 잘 드러남

ⓒ 창작 군담 : 중국을 무대로 가공적 영웅을 허구화한 소설

작품	연대	작가	내용
「유충렬전」	미상	미상	위기에까지 처한 천자를 구하고 나라를 바로 잡아 부귀영화를 누린다는 내용
「조웅전」	미상	미상	위기에 처한 태자를 구출하고 수십만 대군으로 송나라를 구해낸다는 내용
「장국진전」	미상	미상	중국 명나라를 배경으로 하여 장국진의 결혼담과 그 부인의 무용담을 그린 것
「장백전」	미상	미상	원나라 말기를 배경으로 장백과 딸 장소저의 기구한 운명을 다루고 있음
「소대성전」	미상	미상	위기에 처한 천자를 구해 주고는 노왕(魯王)에 제수된 뒤 행복하게 살았다는 내용

③ 설화소설(說話小說) : 구비 전승되어 온 설화를 소재로 한 소설

작품	연대	작가	내용
「심청전 (沈淸傳)」	미상	미상	심청이의 효행을 그림. 유교적 효사상과 불교의 윤회사상. 도덕소설 '연권녀 설화, 효녀지은 설화, 거타지 설화, 인신공양 설화' 등의 근원설화가 있음
「장끼전」	미상	미상	꿩을 의인화하여 인간세계를 풍자함. 풍자소설 별칭 : 「웅치전(雄稚傳)」
「흥부전 (興夫傳)」	미상	미상	형제간의 우애(표면적 주제), 계층 간의 갈등(심층적 주제) '방이설화, 박타는 처녀설화, 동물보은설화' 등의 근원설화가 있음
「왕랑반혼전 (王郎返魂傳)」	미상	미상	불교설화를 소설화한 작품. 왕사궤라는 인물을 통해 불교에의 귀의와 윤회 사상을 강조한 작품

④ 가정소설(家庭小說) : 봉건적인 가정 내의 갈등을 다룬 소설

작품	연대	작가	내용
「사씨남정기 (謝氏南征記)」	숙종	김만중	숙종이 인현왕후를 쫓아냄을 풍자한 것이라고도 함. 요첩(妖妾)과의 환락이나 수신제가에 누(累)가 됨을 풍자한 목적소설이다. 고대수필 『인현왕후전』과 유사함
「창선감의록 (彰善感義錄)」	순조	조성기	한문소설. 효와 우애를 강조한 도덕소설. 한글본도 전함
「장화홍련전 (薔花紅蓮傳)」	미상	미상	계모가 전처의 자식을 학대함으로써 생긴 가정비극을 그린 작품이다. 주제는 권선징악. '아랑각 전설'을 모태로 함
「콩쥐팥쥐전」	미상	미상	착하고 예쁜 콩쥐가 계모와 이복 동생 팥쥐에게 심한 구박을 받으나 감사(監司)와 혼인한다는 내용으로, 권선징악을 주제로 하고 있음

⑤ 풍자소설(諷刺小說) : 시대, 사회, 인물의 결함이나 과오 등을 풍자

작품	연대	작가	내용
「배비장전 (裵裨將傳)」	순조~ 철종?	미상	양반의 위선적인 생활을 풍자한 것으로, 배비장이 제주도에 갔다가 기생 애랑에게 빠져 수모 당한 이야기. 판소리계 소설. '발치설화'와 연관됨
「옹고집전 (雍固執傳)」	미상	미상	옹고집이 중을 학대하다가, 그 중이 만들어낸 가짜 옹고집에게 쫓겨나서 고생 끝에 자기의 잘못을 뉘우쳐 착한 사람이 됨을 그림. 판소리계 소설. '장자못' 설화와 연관됨
「이춘풍전 (李春風傳)」	영조~ 정조	미상	무력한 남편과 거세된 양반을 풍자한 것으로 새로운 여성상을 제시함

⑥ 염정소설(艷情小說) : 남녀 간의 애정 문제를 다룬 소설

작품	연대	작가	내용
「춘향전 (春香傳)」	영조~ 정조	미상	판소리계 소설. 부사(府使)의 아들 이몽룡과 퇴기(退妓)의 딸 성춘향의 신분을 초월한 사랑을 그림. 완판본열녀춘향수절가
「옥단춘전 (玉丹春傳)」	영조~ 정조	미상	「춘향전」의 아류작. 이혈룡과 기생 옥단춘과의 사랑을 그림
「숙향전 (淑香傳)」	영조~ 정조	미상	「춘향전」의 아류작. 숙향이 고생하다가 초왕(楚王)이 되는 이선과 결혼하여 정렬 부인이 된다는 이야기
「숙영낭자전 (淑英娘子傳)」	영조~ 정조	미상	「춘향전」의 아류작. 선비 백선군과 꿈에서 본 숙영과의 사랑을 그림
「운영전 (雲英傳)」	선조	유영	비극적인 정사. 원본은 한문본(궁중을 배경으로 한 고대소설 중에서 유일한 비극적 결말). 일명 '수성궁몽유록', '유영전'이라 함
「구운몽 (九雲夢)」	숙종	김만중	㉠ 몽자류 소설의 효시 ㉡ '조신설화'의 영향을 받음 ㉢ 환몽구조(현실 – 꿈 – 현실), 공간이동(천상 – 지상 – 천상) ㉣ 중심 사상은 불교의 '공(空)' 사상 ㉤ 주제 : 인간의 부귀, 영화, 공명 등이 모두 일장춘몽. 인생무상 ㉥ 창작 동기 : 유배지에서 노모를 위로하기 위함 ㉦ 아류작 : 옥루몽, 옥련몽
「옥루몽 (玉樓夢)」	숙종	남익훈	몽자류 소설. 일부다처제의 내용으로 되어 있음. 「구운몽」의 아류작임
「채봉감별곡 (彩鳳感別曲)」	미상	미상	사실적인 묘사로 조선 말기 부패한 관리들의 추악한 이면을 폭로하고, 진취적인 한 여성이 부모의 명령을 거역하면서까지 사랑을 성취한다는 내용. 「추풍감별곡」이라고 함

판소리계 소설의 현실인식

1. 판소리계 소설의 특징과 현실인식

① 다양한 근원설화를 바탕으로 오랜 기간에 걸쳐 여러 사람의 손을 거치면서 형성된 공동 문학이요 성장 문학이다.

② 일반 고소설이 산문체로 되어 있는 데 반해 판소리계 소설은 사설의 영향이 강하게 남아 있어 대체로 4음보의 율문체로 되어 있다. 특히 일상적인 구어체 문장에서는 반복, 과장, 언어유희, 욕설 등을 사용하여 민중 문학적 특성을 잘 드러낸다.

③ 청중을 염두에 두고 묘사적이고 사실적인 표현을 함으로써 이른바 장면 극대화 현상과 부분의 독자성이란 특징을 가진다.

④ 우리나라의 한 지방을 배경으로 하여 민속, 생활상, 사조 등을 비교적 잘 표현하고 있어 향토 문학으로서의 성격을 가진다.

⑤ 긴장 이완의 서사적 구조로 짜여 있으며 구성의 전개는 극적이고 단일하다.

⑥ 당시의 각 계층을 대표하는 인물들의 성격을 전형적으로 잘 표현함으로써 등장인물을 생동감 있게 창조하고 있다.

⑦ 주제에 있어서 당시에 성장된 민중의식과 체제 저항적인 면을 반영하고 있다.

⑧ 지배계층의 횡포성과 부패성을 폭로하고 그들의 위선적인 생활을 풍자하기 위한 방법으로 해학이 풍부하게 나타나고 있다.

⑨ 서술자의 개입이 두드러진다(편집자적 논평).

⑩ 세련된 한문투의 언어와 평민층의 발랄한 속어 및 재담 등이 섞여 있는 문체의 이중성을 보인다.

⑪ 사건 전개가 주로 현재형으로 진행된다.

2. 판소리계 소설

「흥부전」, 「심청전」, 「별주부전」(토끼전), 「춘향전」, 「변강쇠전(가루지기전)」, 「장끼전」, 「배비장전」, 「옹고집전」, 「숙영낭자전」, 「화용도」

3. 판소리계 소설의 형성과 발달

근원 설화		판소리		판소리계 소설		신소설(이해조가 개작)
㉠ 구토 설화	→	「수궁가」(토별가)	→	「별주부전」	→	「토의 간」
㉡ 방이 설화	→	「흥부가」(박타령)	→	「흥부전」	→	「연의 각」
㉢ 연권녀 설화 (효녀 지은 설화)	→	「심청가」	→	「심청전」	→	「강상련」
㉣ 열녀 설화 신원 설화 암행어사 설화 염정 설화	→	「춘향가」	→	「춘향전」	→	「옥중화」

✏️ 참고

「적벽가」는 중국 소설『삼국지연의』가운데 적벽대전에서 조조가 화용도까지 달아나는 장면을 중심으로 한 판소리로 '화용도'라고도 한다. 이는 소설의 내용을 판소리화한 것이므로 다른 판소리와는 형성과정이 다르다.

4. 주요 작품의 감상

(1) 춘향전

「춘향전」은 고소설 중에서 가장 큰 인기를 얻었던 작품으로서, 기생의 딸 춘향이 신분적인 제약을 벗어나 사랑을 성취하고 인간적인 해방을 이룩한다는 내용이다. 소설 속의 '변학도'는 당시 탐관오리의 전형(典型)을 그대로 보여주고 있으며 소설 속의 등장하는 관리들의 모습도 해학적으로 표현하여 양반계층의 품위를 떨어뜨리는 데 일조하였으며 이름없는 민초(民草)들의 애환이나 하소연을 시원스럽게 표출하고 있기도 한다. 또한 힘없는 백성보다 우위(優位)에 있는 하급관리의 푸념 속에서 나름의 고충(苦衷)을 들을 수 있다. 특히 '방자형 인물'로 신분은 낮지만 인지력이나 상황판단력은 오히려 상층계급보다 높은 것으로 표현하여 당대의 민중들의 현실 속의 불만과 불평을 그러한 인물을 통해 쾌감을 그대로 느낄 수 있다.

(2) 심청전

「심청전」은 효녀 심청이 가난한 심봉사의 딸로 태어나서 일찍 어머니를 여의고, 눈먼 아버지의 보살핌으로 자란 뒤에 아버지를 지성으로 모시고, 공양미 300석을 부처님께 바치면 아버지가 눈을 뜰 수 있다는 말을 듣고, 제물로 자기 몸을 팔아 인당수에 몸을 던진다. 그리고 용궁에 가서 용왕을 만나고 다시 육지로 돌아와 왕과 결혼을 하여 왕비가 된다. 왕비가 된 심청은 자신의 아버지를 만나기 위해 봉사들만 위한 잔치를 열고 아버지를 만나 눈을 뜨게 한다는 내용이다. 「심청전」은 효를 강조한다는 측면에서는 유교적이고, 부처의 신통력을 내세운 점에서는 불교적이며, 용궁과 옥황상제 등이 등장한다는 점에서는 도교적이며, 외래사상의 밑바탕에는 고유의 무속신앙이 자리잡고 있다.

(3) 흥부전(흥보가)

「흥부전」은 옛날 흥부와 놀부가 살고 있었는데 형인 놀부는 심보가 고약해 부모님의 재산을 독차지하고 흥부는 가난하게 산다. 흥부는 어느 날 다리를 다친 제비를 치료해주었는데, 다음 봄에 그 제비가 박씨를 물어다 주어 심었는데 박이 달려 흥부네 가족들이 박을 잘라보니 온갖 금은 보화 등이 나와 큰 부자가 되었다. 이를 보고 놀부도 자신의 집에 사는 제비의 다리를 부러뜨리고 치료를 해주었다. 봄이 되어 그 제비도 놀부에게 박씨를 물어다 주어 심어서 박을 잘라 보니 도깨비, 무서운 장수들이 나와 놀부를 거지로 만들고 혼내준다. 그 소식을 들은 흥부는 자신의 재산을 놀부에게 나누어 주고 놀부는 개과천선하여 새사람이 된다는 내용이다. 「흥부전」은 몽고의 설화인 '박타는 처녀'와 유사하다. 착한 처녀는 '흥부'로 이웃집의 나쁜 처녀는 '놀부'로 표현한 것이 이 설화와 유사하지만 시간이 지나면서 「흥부전」의 등장인물도 우리나라 농촌의 촌부의 모습과 특징이 그대로 표현되었고, 소설 속의 문체적 특징과 우리나라의 토속적인 언어의 표현이 서민의 체취를 느낄 수 있게 외래의 요소는 차츰 소멸되어 갔다.

(4) 토끼전

「토끼전」은 의인법을 사용한 소설로 이미 신라시대의 「화왕계」에서 그 기원을 찾을 수 있다. 기타 많은 동물이 등장하는 우화소설은 막강한 권력과 세(勢)를 과시하는 양반계층에게 직접적인 공격보다는 간접적인 공격이 필요했다. 그래서 현실의 인물은 동물을 의인화하여 비꼬는 풍자적 수법으로 힘없는 백성들의 '한(恨)'을 표출한 것으로 볼 수 있다. 「토끼전」의 표면적 주제는 '어려운 일에 처했을 때는 지혜로 극복하자'이지만 이면적으로 '용왕'은 '지배계층'으로 '토끼'는 '피지배계층'으로 그들의 횡포에 하나밖에 없는 간을 지키는 '민중의 지혜로움'을 나타낸 것이라 할 수 있다.

03 소설 외의 산문문학 – 고대수필

1. 개관

(1) 개념

사회변동에 따른 개인의 체험이나 그 역사적 사실을 기록한 글이다.

(2) 특징

① 임진왜란·병자호란 이후 현실적 사고의 대두와 산문화의 경향으로 발전하였다.
② 처음에는 한문, 나중에는 순 한글로 쓰였다.
③ 조선 후기라 하더라도 국문수필보다 한문수필이 질적·양적으로 뛰어나다.
④ 민간과 궁중에서 함께 쓰였다.
⑤ 궁정수필은 여성 특유의 섬세, 우아한 표현으로 곡진한 정서와 인간미가 넘친다.

2. 종류

(1) 한문수필 : 양반

① 교훈적 내용이나 평론이 주 : 중수필
② '–설(說)'류나 '–론(論)'류가 대부분
③ 고려 시대와 조선 전기의 패관 문학 작품들을 비롯하여 가전체문학 등
④ 조선 후기의 문집들 : 홍만종의 『시화총림』·『순오지』, 김만중의 『서포만필』, 박지원의 『열하일기』 등

(2) 국문수필 : 아녀자 중심

① 조선 후기 봉건적 신분질서가 흔들리고, 현실적 사고와 산문화의 경향 등으로 인해 등장
② 운문적인 어투에서 탈피하려는 경향
③ 궁정수상·일기·기행·내간·의인체·잡필 등 : 경수필
④ 국문 여류수필을 '내간체 수필'이라고도 한다.

3. 주요 작품

분류	작품	작가	연대	내용
궁정 수상	『계축일기 (癸丑日記)』	궁녀	광해군 5 (1613)	광해군이 선조의 계비인 인목대비의 아들 영창대군을 죽이고 대비를 폐하여 서궁에 감금했던 사실을 일기체로 기록
	『한중록 (閑中錄)』	혜경궁 홍씨	정조 20 ~ 순조 4	남편 사도세자의 비극과 궁중의 음모, 당쟁, 자신의 기구한 생애를 회고하여 적은 자서전적 회고록, 『읍혈록(泣血錄)』
	『인현왕후전 (仁顯王后傳)』	궁녀	숙종 ~ 정조	인현왕후의 폐비사건. 숙종과 장희빈의 관계를 그림, 「사씨남정기」는 같은 내용을 비유적으로 소설화한 작품
일기	『산성일기 (山城日記)』	궁녀	인조	병자호란을 중심으로 한 치욕적인 일면을 객관적으로 그린 작품
	「화성일기 (華城日記)」	이의평	정조 19	정조의 능행(陵行)시 화성(수원)에 수행하여 왕대비의 회갑연에 참가했던 것을 일기로 엮은 것
	『의유당일기 (意幽堂日記)』	연안 김씨	순조	순조 29년 함흥 판관에 부임하는 남편 이회찬을 따라가, 그 부근의 명승고적을 찾아다니며 보고 듣고 느낀 바를 적은 글
기행	「북관노정록 (北關路程錄)」	유의양	영조 49	작가가 함경도 종성으로 유배되었을 때의 일을 적은 일기체 기행문
	『무오연행록 (戊午燕行錄)』	서유문	정조 22	서장관으로 중국에 갔다가 그 견문·감상을 자세히 기록한 완전한 산문체 작품
전기	「윤씨행장 (尹氏行狀)」	김만중	숙종 16	김만중이 돌아가신 자기 어머니를 추념하여 생전의 행장(行狀)을 지어 여자 조카들에게 나누어 준 글
제문	「제문(祭文)」	숙종	숙종 46	숙종이 막내 아들 연령군의 죽음을 애통해 하며 그 심회를 적은 글
	「조침문(弔針文)」	유씨	순조 4	자식없는 미망인으로서 바느질로 생계를 이어 오다가, 바늘을 부러뜨려 그 섭섭한 심회를 적은 글
기타	「요로원야화기 (要路院夜話記)」	박두세	숙종 4	당시 선비사회의 병폐를 대화체로 풍자했음
	『어우야담 (於于野談)』	유몽인	광해군	최초의 야사집. 민간의 야담과 설화를 모아 엮음. 해학과 기지가 넘치는 작품
	「규중칠우쟁론기 (閨中七友爭論記)」	미상	미상	의인체. 규중 부인들의 손에서 떨어지지 않는 바늘·실·자·가위·인두·다리미·골무 등의 쟁공(爭功)을 쓴 글

✎ 참고

㉠ 3대 궁정수상 : 「계축일기」, 『인현왕후전』, 『한중록』
㉡ 3대 여류 수필 : 『의유당일기』, 「조침문」, 「규중칠우쟁론기」
㉢ 규중 칠우 : 바늘(세요각시), 자(척부인), 가위(교두각시), 실(청홍흑백각시), 다리미(울낭자), 골무(감토할미), 인두(인화부인)

(1) 동명일기(東溟日記)

▶▶ 작품의 해제

① 작자 : 의유당 김씨

② 연대 : 조선 영조

③ 갈래 : 고전 국문수필, 기행문

④ 성격 : 묘사적, 사실적, 주관적

⑤ 문체 : 묘사, 서사, 대화를 이용한 구체적, 묘사적, 사실적 문체, 산문체

⑥ 구성 : 추보식

    ㉠ 기 : 귀경대에 올라 추위를 참으며 일출을 기다림

    ㉡ 승 : 동틀 무렵의 장관과 일출 여부에 대한 논쟁

    ㉢ 전 : 일출의 장관(회오리밤 - 쟁반 - 수레바퀴)

    ㉣ 결 : 일출을 본 후의 주관적인 감상

⑦ 주제 : 귀경대에서 본 일출의 장관

⑧ 표현

    ㉠ 시간의 흐름에 따른 내용 전개

    ㉡ 순수 우리말과 색채어의 다양한 사용

    ㉢ 주관적 감정 표현이 드러남

    ㉣ 섬세한 사실적 묘사와 비유적 표현 사용 → 직유법을 통한 시각적 이미지 부각, 표현의 참신성 획득

⑨ 의의 : 여성의 섬세한 관찰과 필치가 돋보이는 기행수필로, 우리나라 고전 수필문학의 새로운 경지를 개척함

⑩ 출전 : 『의유당 관북유람일기(意幽堂關北遊覽日記)』

▶▶ 감상의 길라잡이

순 한글 기행수필로, 귀경대의 일출을 구경하기까지의 여정이 사실적으로 묘사되어 있다. 이 작품은 크게 두 부분으로 나눌 수 있는데, 전반부의 일출의 장관에 대한 호기심과 기대, 일출을 기다리는 과정이, 후반부에서는 해돋이 광경을 여성 특유의 세심한 관찰로 사실적으로 표현한 치밀한 필치가 드러나 있다. 이렇듯 사물을 예리하게 관찰하여 그것을 섬세한 필치로 표현한 「동명일기」는 기록 문학이 어떻게 문학성을 띠는가를 잘 보여 주고 있으며 우리 국어 구사력의 뛰어남을 다시 확인할 수 있게 해 준다.

(2) 조침문(弔針文)

▶▶ 작품의 해제

① 작자 : 유씨 부인(俞氏夫人)

② 연대 : 조선 순조(純祖 1800-1834) 때

③ 갈래 : 고전수필, 여류수필

④ 문체 : 내간체, 부분적으로 가사체가 보임

⑤ 성격 : 제문 형식, 고백적
⑥ 표현 : 의인화, 과장법
⑦ 구성 : 3단 구성
　　㉠ 기 : 처음 ~ 영결하노라.
　　㉡ 서 : 연전에 ~ 꽂혔던 자리에 없네.
　　㉢ 결 : 오호 통재라, ~ 끝
⑧ 제재 : 바늘
⑨ 주제 : 부러뜨린 바늘에 대한 애도, 사별(死別)의 슬픔
⑩ 의의 : 『의유당 관북유람일기』, 「규중칠우쟁론기」와 더불어 여류 수필의 백미로 꼽힘

≫ 감상의 길라잡이

일찍이 문벌 좋은 집으로 시집을 갔다가 과부가 된 유씨 부인(俞氏夫人)이 슬하에 자녀가 없이 바느질로 생활을 해 오다가 시삼촌에게 얻은 마지막 바늘을 부러뜨리고는 그 섭섭한 심회를 누를 길이 없어 이 글을 지었다고 한다. 부러진 바늘을 마치 사람이 죽은 것인 양 제문(祭文) 형식으로 지은 일종의 수필로서, 일명 '제침문(祭針文)'이라고도 한다. 특히 이 작품은 『의유당 관북유람일기』, 「규중칠우쟁론기」와 더불어 조선 후기 3대 여류 수필로 꼽힌다.

(3) 규중칠우쟁론기(閨中七友爭論記)

≫ 작품의 해제

① 작가 : 미상(어느 규중 부인)
② 갈래 : 고대 국문수필
③ 성격 : 풍자적, 우화적, 교훈적, 논쟁적
④ 표현 : 의인법, 풍유법
⑤ 문체 : 내간체, 대화체
⑥ 주제 : 직분에 따른 성실한 삶 추구. 자신의 처지를 망각하고 교만하거나 불평, 원망하지 말며 사리에 순응하고 성실해야 함
⑦ 출전 : 『망로각수기(忘老却愁記)』
⑧ 의의 : 「조침문(弔針文)」과 함께 의인화로 된 내간체 고전수필의 쌍벽을 이룬다.

≫ 감상의 길라잡이

규중 부인들이 바느질에 필요한 기구 일곱 가지를 의인화하여 민간 세정(世情)을 풍자한 작품으로, 「조침문(弔針文)」과 함께 의인화된 내간체 수필의 백미(白眉)로 일컬어진다. 자신의 처지를 망각하고 교만하거나 불평, 원망하지 말고 사리에 따라 순응, 성실해야 한다. 즉, 직분에 따라 성실한 삶을 추구해야 한다는 것을 주제로 하고 있는 이 작품은 인간들의 삶의 모습을 익살스럽게 풍자하여 세상 사람들을 일깨우고 있다. 자기 신분에 맞게 살아야 한다는 교훈은 조선 봉건 사회의 윤리이다. 그러나 '신분' 대신 개성의 존중이라는 현대적 해석도 가능하다.

기출유형 다잡기

1 국문소설의 형성과 전개

01 고전소설에 대한 설명으로 옳지 않은 것은?

① 권필의 「주생전」은 비극소설의 새 장을 연 작품이다.

② 국문소설인 허균의 「홍길동전」은 사회소설로서 큰 의미를 지닌다.

③ 임제의 「공방전」은 돈을 의인화하여 돈에 대한 비판적 의식을 드러낸 작품이다.

④ 김시습의 『금오신화』는 우리나라 최초의 한문소설로 조선 전기소설의 전통을 세우며 소설의 시대를 본격적으로 개척하였다.

> 해설 ③ 「공방전」은 임춘의 작품으로, 돈(엽전)을 의인화한 가전체 문학이다.

> 오답 ① **주생전(周生傳)** : 조선 후기 광해군 때 권필이 지은 한문 전기(傳奇)소설. 임진왜란 때 이여송 장군의 서기로 따라온 주생으로부터 작가가 직접 들었다는 것으로, 주생이 배도와 선화 사이에서 벌이는 애정의 삼각 구도와 전란으로 인한 이별과 죽음을 다루고 있으며, 비극소설의 새 장을 열었다는 평가를 받는다.
> ② **홍길동전** : 허균. 최초의 한글 소설. 당시 사회 제도의 결함, 특히 적서 차별을 타파하고 부패한 정치를 개혁하려는 의도로 지은 사회 소설로서 큰 의미를 지닌다.
> ④ **금오신화** : 김시습. 최초의 한문소설. 「만복사저포기」, 「이생규장전」, 「용궁부연록」, 「남염부주지」, 「취유부벽정기」의 5편의 작품이 전한다.

02 「홍길동전」이 지닌 문학사적 의미 중 가장 중요한 것은?

① 한글로 표기된 국문소설이다.

② 행복한 결말로 긍정적 세계관을 드러냈다.

③ 불교설화를 근원설화로 삼았다.

④ 고려 시대의 가사문학을 재생하여 전통을 계승했다.

> 해설 「홍길동전」은 한글로 표기된 국문소설이다. 능력이 뛰어나지만 재상가의 서얼로 태어난 탓에 천대를 받던 홍길동이, 집을 나와 활빈당이라는 집단을 결성하여 관아와 해인사 등을 습격하다가 율도국을 건설한다는 내용이다. 이 소설은 당시 사회제도의 결함, 특히 적서차별(嫡庶差別)을 타파하고 부패한 정치를 개혁하려는 의도로 지은 사회소설이다.

03 다음 중 실학사상과 관계가 있는 작품은?

① 양반전   ② 구운몽

③ 운영전   ④ 흥부전

> 정답 01 ③   02 ①   03 ①

해설 ① 「양반전」의 사상적 배경은 실사구시의 실학사상이다. 연암 박지원의 작품으로, 조선 후기 양반들의 경제적 무능과 허식적인 생활 태도를 폭로하고 비판한 한문소설이다. 작가는 신분질서가 문란해진 조선 후기를 배경으로 해서 무능하고 위선적인 양반에 대한 풍자와 양반의 타락·부패상에 대한 비판을 주제로 하고 있다.

오답 ②, ③은 염정소설, ④는 판소리계 소설이다.

04 유영과 두 사람과의 대화가 주를 이루는 이중의 구조를 띤 액자식 구성의 소설은?

① 「운영전」   ② 「영영전」
③ 「매화전」   ④ 「춘향전」

해설 ① 「운영전」: 유영이란 선비가 안평대군의 궁궐이었던 수성궁에서 놀다가 취몽 중에 궁녀 운영과 그의 애인 김진사를 만나 그들의 비극적 사랑 이야기를 듣는 형식으로 구성된 소설이다.

오답 ② 「영영전(英英傳)」: 조선 시대의 한문소설. 김진사가 회산군의 궁녀 영영과 사랑을 이루어 나가는 과정을 그리고 있다. 작가와 연대는 알 수 없다.
③ 「매화전」: 작자·연대 미상의 국문소설이다. 도술에 능한 김주부의 딸 매화가 간신들의 화를 피해 남장한 채 버려진 뒤, 남자 주인공인 양유와 우여곡절 끝에 인연을 맺고 아버지로 인해 가족들과 함께 임진왜란의 화를 피할 수 있었다는 내용을 담은 애정소설이다.
④ 「춘향전」: 조선 시대의 판소리계 소설. 주인공 성춘향과 이몽룡의 사랑 이야기를 중심으로, 당시 사회적 특권 계급의 횡포를 고발하고 춘향의 정절을 찬양하면서, 천민의 신분 상승 욕구도 나타내었다. 작가와 연대는 알 수 없다.

05 다음 중 전란을 소재로 한 군담계 영웅소설이 아닌 것은?

① 「임진록」   ② 「박씨전」
③ 「숙향전」   ④ 「임경업전」

해설 ③ 「숙향전」은 조선 후기의 염정소설이다. 중국 송나라 때 김전(金銓)이라는 사람의 딸 숙향이 난리 중에 아버지를 잃고 고생하다가 아버지를 만나고, 나중에 초왕(楚王)이 되는 이선(李仙)과 결혼하여 정렬부인이 된다는 이야기이다. 작가와 연대는 알 수 없다.

오답 ① 「임진록」: 임진왜란 배경. 역사군담
② 「박씨전」: 병자호란 배경. 역사군담
④ 「임경업전」: 병자호란 배경. 역사군담

06 다음 내용에 해당하는 작품은?

> • 선계의 성진과 8선녀가 큰 죄를 지어 같이 죄를 지은 여덟 명의 여인으로 환생한다.
> • 양소유는 8선녀를 2처 6첩으로 삼고 부귀와 영화를 마음껏 누린다.
> • 만년에 인생의 무상함을 깨닫고 불도에 입문한다.

정답 04 ① 05 ③ 06 ②

① 박지원 – 「호질」   ② 김만중 – 「구운몽」

③ 남익훈 – 「옥루몽」   ④ 윤계선 – 「달천몽유록」

> **해설** ② 「구운몽」: 김만중. 국문소설. 유배지에서 노모를 위로하기 위해 창작. 육관 대사의 제자인 성진이 양소유로 환생하여 여덟 선녀의 환신인 여덟 여인과 인연을 맺고 입신양명하여 부귀영화를 누리나 깨어 보니 꿈이었다는 내용이다. 인간의 부귀영화가 한낱 꿈에 지나지 않는다는 불교적 인생관을 주제로 하고 있다.

> **오답** ① 「호질」: 박지원의 한문소설. 호랑이를 통하여 도학자의 위선을 신랄하게 꾸짖는 내용이다.
> ③ 「옥루몽」: 남익훈. 구운몽의 아류작. 작가가 남영로라는 설도 있다. 주인공 양창곡이 만국(蠻國)을 토벌한 공으로 연왕으로 책봉되어 두 명의 처와 세 명의 첩을 거느리고 호화로운 생활을 누리다가 하늘로 올라가 선관(仙官)이 되었다는 내용이다.
> ④ 「달천몽유록」: 조선 중기 윤계선의 한문소설. 임진왜란 때 나라를 위하여 전사한 충신들을 추모하여 지은 몽유록계 소설

07 '숙종과 인현왕후, 장희빈'의 삼각관계를 바탕으로 한 작품은?

① 『인현왕후전』   ② 「사씨남정기」

③ 「장희빈전」   ④ 「박씨전」

> **해설** 김만중의 「사씨남정기」는 실제로 당시 궁중의 은밀한 왕의 사생활을 소재로 한 것으로 '숙종과 인현왕후, 장희빈'의 삼각관계를 고발하면서 '정의(正義)의 도(道)'를 '소설'로 극복한 사례라고 할 수 있다.

08 국문소설 작품에 대한 설명으로 적절하지 않은 것은?

① 「임진록」은 역사적 사실과 다르게 임진왜란에서 아군이 승리하는 내용이다.

② 「임경업전」은 병자호란을 배경으로 비운에 스러진 명장의 일생을 작품화한 역사소설이다.

③ 「전우치전」은 외적의 침략으로부터 백성들을 구한 영웅의 일대기를 다룬 군담소설이다.

④ 「홍길동전」은 영웅신화에서 볼 수 있는 '영웅의 일생'이라는 서사 유형을 근간 구조로 하고 있다.

> **해설** 「전우치전」은 백성들을 괴롭히는 탐관오리들을 벌하고 백성들의 억울함을 풀어주는 중종 때의 실재 인물인 전우치를 주인공으로 한 일종의 도술소설이다.

09 조선 시대 작품에 대한 설명으로 옳은 것은?

① 「사씨남정기」는 고진감래와 권선징악의 주제 의식을 구현하였다.

② 「구운몽」은 신분 차이에 따른 비극적 사랑이라는 주제를 담고 있다.

③ 「계축일기」는 시집가는 딸에게 지혜를 일러 주는 계녀서의 전통을 이었다.

④ 박지원의 한문 단편들은 영웅의 일대기라는 고소설의 구조를 전형적으로 보여 준다.

정답   07 ②   08 ③   09 ①

해설 ① 「사씨남정기」는 김만중의 한글소설로 주인공인 본처 사씨가 첩 교씨에 의해 쫓겨나 온갖 고난을 겪다가 결국 악인 교씨를 징벌하는 내용이다.

오답 ② 「구운몽」은 선계의 성진이 팔선녀와 희롱하다 세속적 세계에 대한 욕망을 품게 되어 꿈에 속세로 쫓겨나 양소유로 다시 태어난다. 그리고 팔선녀였던 2처 6첩을 거느리고 부귀영화를 누리지만 인생의 무상을 느낀다. 노승에 의해 꿈에서 깨어난 성진은 세속적 욕망의 허무함을 깨닫고 불도를 이룬다는 내용의 김만중이 쓴 한글소설이다.

③ 「계축일기」는 인목대비 폐비사건이 시작되었던 1613년(계축년, 광해군 5)을 기점으로 하여 일어난 궁중의 비사(秘事)를 인조반정 뒤 대비의 측근 나인 또는 그 밖의 사람이 기록한 수필 형식의 글이다.

④ 박지원의 한문 단편소설들은 주로 현실적인 인물들을 주인공으로 삼아 작가의 비판 의식을 드러낸 작품들이 많다. 대표적인 작품으로 「양반전」, 「호질」, 「허생전」 등이 있다.

10 〈보기〉에서 인정세태를 풍자한 조선 후기 소설을 고른 것은?

보기

ㄱ. 「옹고집전」   ㄴ. 「설공찬전」
ㄷ. 「국선생전」   ㄹ. 「이춘풍전」

① ㄱ, ㄷ   ② ㄱ, ㄹ
③ ㄴ, ㄷ   ④ ㄴ, ㄹ

해설 작품의 내용과 창작 연대를 파악한다. '인정세태(人情世態)'란 '세상 사람들의 인심과 세상의 물정'이란 뜻이다.

ㄱ. **「옹고집전」**: 조선 후기의 판소리계 소설. 부자이면서 인색하고 불효자인 옹고집이 승려의 조화로 가짜 옹고집에게 쫓겨나 갖은 고생을 하면서, 잘못을 뉘우치고 착한 사람이 된다는 내용이다.

ㄹ. **「이춘풍전」**: 조선 후기의 소설. 평양 기생 추월에게 빠져 가산을 탕진한 이춘풍이 평안 감사의 비장으로 변장한 그의 아내에게 골탕을 먹는 내용으로, 당시 양반들의 위선적인 생활과 정치의 부패상을 폭로, 풍자한 작품이다.

오답 ㄴ. **「설공찬전」**: 중종 6년(1511) 무렵 채수(蔡壽)가 지은 고전소설이다. 본래 한문으로 쓰였고 한글로 번역되어 크게 유행했다. 현재 한문본은 전하지 않으며, 국문본은 설공찬의 영혼이 사촌형제 설공침의 몸에 빙의하여, 여러 가지 사건을 일으키다가 저승에 관해 이야기하는 부분까지만 전하고 있다.

ㄷ. **「국선생전」**: 고려 고종 때에 이규보가 지은 가전체 작품. 등장인물의 이름과 지명을 모두 술 또는 누룩에 관련된 한자를 써서 지었으며, 당시의 문란한 사회상을 풍자하였다.

정답 10 ②

11 다음 설명에 해당하는 작가는?

> • 『성수시화』, 『학산초담』 등 한시 비평서를 저술하였다.
> • 성리학의 성정론에 대하여 정이 중요하다는 점을 강조하였다.
> • 소설적 성격이 나타나는 인물 전기를 여럿 창작하였다.
> • 「호민론」, 「유재론」 등을 지어 당대 정치를 비판하였다.

① 허균   ② 정약용
③ 권근   ④ 박지원

해설 문집이나 작품을 통해 작가(허균)를 파악한다.
• 『학산초담(鶴山樵談)』, 『성수시화(惺詩話)』는 한시에 대한 최초의 본격적 시평론으로 꼽힌다.
• 조선 성리학의 '성정론(性情論)'에서 대부분이 "性은 理"라 주장했으나 허균은 "氣論"의 입장에서 '정(情)'을 중시하였다.
• 최초의 국문소설인 「홍길동전」 이외에도 소설적 성격이 나타나는 「남궁선생전」, 「손곡산인전」, 「엄처사전」 등의 인물 전기를 창작하였다.
• 한문수필인 「호민론(豪民論)」, 「유재론(遺才論)」을 통해 당대 정치를 비판하고 정치개혁 사상을 밝혔다.

오답 ② 정약용 : 조선 후기 『경세유표』, 『흠흠신서』, 『목민심서』 등을 저술한 유학자이자 실학자
③ 권근 : 고려 말~조선 초의 문신. 이성계의 새 왕조 창업에 중심적인 역할을 했으며, 개국 후 각종 제도정비에 힘썼다. 하륜 등과 함께 『동국사략』을 편찬했다.
④ 박지원 : 조선 후기 소설, 철학, 천문학, 병학, 농학 등 광범위한 영역에서 활동한 북학의 대표적 학자. 자는 중미, 호는 연암이다. 기행수필인 『열하일기』에는 한문소설인 「호질」·「허생전」이 수록되어 있다.

12 다음 설명에 해당하는 작가는?

> • 국문 시가의 가치와 의의를 인정하였다.
> • 당시 임금의 행실을 풍간하는 소설을 창작하였다.
> • 유배 중에 모친을 위로하고자 소설을 창작하였다.

① 허균   ② 김시습
③ 김만중   ④ 박지원

해설 ③ 서인과 남인 간의 당파 싸움이 한창이던 때 장희빈의 세력에 반발한 김만중은 유배를 가게 되었고, 유배 생활을 하던 김만중은 홀로 남겨진 어머니를 위로하기 위해 한글소설인 「구운몽」을 창작하였다. 또한 인현왕후 폐위 사건을 풍간하는 「사씨남정기」를 집필하였다.

정답 11 ① 12 ③

13 ( ) 안에 들어갈 말로 알맞은 것은?

> ( )은 세태소설이다. 전동흘이 평안도 철산 부사로 재임할 때 처결한 원사(冤死) 사건을 박인수가 1818년에 한문으로 옮겨 적는다고 하였으니, 그 전에 국문본이 이미 있었다. 계모의 악행을 사실처럼 보고하고, 두 주인공의 아버지 배 좌수가 체면에 사로잡혀 무능한 짓만 하는 거동을 인상 깊게 그렸다.

① 「금방울전」   ② 「숙영낭자전」
③ 「옥단춘전」   ④ 「장화홍련전」

해설 ④ 「장화홍련전」은 평안북도 철산 지방에서 있었던 실제 살인 사건을 소재로 한 계모형 가정 비극 소설이다. 배 좌수의 두 딸 장화와 홍련이 후취 허씨에게 모함당하여 자살하게 된다. 새로 부임한 철원 부사 정동우가 억울하게 죽은 두 자매의 원혼을 풀어준다는 이야기이다.

오답 ① 「금방울전」 : 금방울의 탈을 쓴 금령이 남자 주인공을 도와 괴수를 퇴치하고 시련을 극복한 후 혼인하는 내용이다.
② 「숙영낭자전」 : 숙영낭자와 백선군의 사랑과 시련을 다룬 내용이다.
③ 「옥단춘전」 : 이혈룡과 기생 옥단춘의 사랑과 신의를 주제로 한다.

14 여성 영웅소설에 대한 설명으로 옳지 않은 것은?

① 한글소설의 유통에 따라 독자층이 확대되면서 형성된 갈래로 추정된다.
② 영웅의 일대기라는 영웅소설의 기본적 틀을 깨뜨린 갈래로 평가되기도 한다.
③ 혼사 장애가 중심이 된 유형과 입신양명이 중심이 된 유형으로 분류할 수 있다.
④ '고난 – 수학 – 출정 – 입공'의 구조와 '만남 – 헤어짐 – 재회'의 구조가 결합되어 나타난다.

해설 '여성 영웅소설'은 영웅소설에 나타나는 신화의 일대기 구조를 그대로 유지하면서도 19세기에 확대된 여성 독자의 사고와 세계관을 반영하고 있다. 이에 따라 남성의 삶뿐만 아니라 여성의 삶이 작품에서 중요한 의미로 부상하게 된다. 따라서 여성의 능력이 남성보다 우월하게 나타나게 되었으며 남녀의 분리와 결합이 문제되는 혼사 장애의 구조가 확대되고 남녀의 애정이 소설에서 큰 비중을 차지하는 등 여성을 중심으로 하는 사건 전개가 작품의 주된 내용이라 할 수 있다.
참고로 '여성 영웅소설'에서도 그대로 유지되고 있는 '영웅소설'의 서사구조는 다음과 같다.
㉠ 고귀한 혈통을 지니고 태어남. ㉡ 비정상적으로 잉태되거나 출생함. ㉢ 비범한 능력을 지님. ㉣ 어려서 버림을 당해 죽을 고비를 맞음. ㉤ 구출자나 양육자를 만나 구원됨. ㉥ 자라서 위기에 부딪힘. ㉦ 위기를 극복하고 승리자가 됨.

15 다음 중, 애정소설의 범주에 해당하는 것끼리 짝지어진 것은?

① 「운영전」, 「허생전」   ② 「춘향전」, 「허생전」
③ 「옥단춘전」, 「배비장전」   ④ 「숙향전」, 「춘향전」

정답 13 ④   14 ②   15 ④

애정소설의 범주에 들어가는 고대소설에는 「운영전(雲英傳)」, 「구운몽(九雲夢)」, 「옥련몽(玉蓮夢)」, 「옥루몽(玉樓夢)」, 「춘향전(春香傳)」, 「옥단춘전(玉丹春傳)」, 「숙향전(淑香傳)」, 「숙영낭자전(淑英娘子傳)」, 「양산백전(梁山伯傳)」, 「채봉감별곡(彩鳳感別曲)」, 「백학선전(白鶴扇傳)」, 「변강쇠전」 등이 있다.

◢ 2 판소리계 소설의 현실인식

01 다음 중 판소리계 소설에 관한 내용으로 틀린 것은?

① 겉으로 내세운 주제와 내면에 감춘 주제가 서로 다르다.
② 주동인물과 반동인물 사이에 대립·갈등구조가 자리잡고 있다.
③ 등장인물은 사실적이며, 희화화(戲畵化), 과장되지 않았다.
④ 비속어, 속담 등 서민들의 일상생활 용어와 양반들의 고사성어, 한시 등 유식한 용어가 공존한다.

판소리계 소설은 비속어, 속담 등 서민들의 일상생활 용어와 양반들의 고사성어(故事成語), 한시(漢詩) 등 유식한 용어가 공존하며, 등장인물이 대개 희화화(戲畵化)되고, 주동인물과 반동인물 사이에 대립·갈등구조가 자리잡고 있다. 또한 겉으로 내세운 주제와 내면에 감춘 주제가 서로 다르다.

02 백제의 서사문학으로 「춘향전」의 근원설화로 볼 수 있는 것은?

① 「조신몽설화」   ② 「도미처설화」
③ 「설씨녀설화」   ④ 「구토설화」

② 「도미처설화」 : 「춘향전」의 근원설화로 본다. 음탕한 개루왕과 열녀인 도미의 아내 사이에 벌어지는 사건의 전개가 매우 극적이고 소설적이다.

① 「조신몽설화」 : 조신이라는 승려를 주인공으로 한 환몽설화(幻夢說話)이다. 조신이 태수 김흔공(金昕公)의 딸을 사모하여 우여곡절 끝에 함께 살게 되지만, 가난으로 인해 고통받다가 결국 아내의 제안으로 인해 헤어지게 되는 꿈을 꾼다는 내용으로 '현실 – 꿈 – 현실'이라는 형식을 통해 인생무상이라는 주제를 표현하고 있다.
③ 「설씨녀설화」 : 신물교환을 매개로 하는 사랑 이야기이다. 삼국시대 가실과 설씨녀가 고난을 극복하고 결혼하게 되는 이야기로, 반으로 쪼개었던 거울을 맞추어서 두 주인공이 재상봉하게 되는 이야기이다.
④ 「구토설화」 : 토끼와 거북이를 등장시켜 정략과 술수를 암시하는 우화로서, 토끼로 대표되는 평범한 인물의 지혜로운 행동과 거북·용왕으로 대표되는 지배자의 강압과 무능함을 대비해 보여주고 있다.

03 유랑하는 하층민의 문화적 내질을 그대로 담고 있는 것으로서 궁민화되는 하층 유랑민의 삶의 전개를 기본구조로 하고 있는 판소리는 무엇인가?

① 「변강쇠가」　　　　　　　　② 「적벽가」
③ 「수궁가」　　　　　　　　　④ 「흥부가」

> 해설 「변강쇠가」는 궁민화되는 하층 유랑민의 삶의 전개를 기본구조로 하고 있으면서도 유랑하는 하층민의 문화적 내질을 그대로 담고 있는 것으로 공연의 재미를 위하여 그들의 삶을 희극적으로 형상화한 작품이다.

04 다음 중 「배비장전」에 대한 설명으로 틀린 것은?

① 남성의 훼절과 봉욕을 다루고 있는 풍자소설이다.
② 「강릉매화전」, 「옹고집전」 등과 함께 판소리 6마당에 포함된다.
③ 작품의 후반부는 미궤설화와 밀접한 관계가 있다.
④ 애랑은 방자와 공모하여 배비장을 무력화시킨다.

> 해설 신재효가 정리한 판소리 6마당에 「강릉매화전」, 「옹고집전」, 「배비장전」 등은 속하지 않는다.
> ◑ 판소리 6마당
> 「심청가」, 「수궁가」, 「춘향가」, 「흥보가」, 「적벽가」, 「가루지기타령」 등이다.

05 「배비장전」의 근원설화로 볼 수 있는 것은?

① 발치설화, 미궤설화　　　　② 신원설화
③ 발치설화, 열녀설화　　　　④ 도미설화, 미궤설화

> 해설 「배비장전」은 조선 후기 소설. 판소리 「배비장」을 소설화한 것으로, 여색에 빠지지 않겠다고 아내와 약속한 배비장이 제주 목사를 따라 임지로 부임하였다가, 사또의 사주를 받은 기생 애랑의 계교에 넘어가 많은 사람 앞에서 알몸이 되어 망신을 당한다는 내용으로, 작자와 연대는 알 수 없다.
> ① • 발치설화(拔齒說話) : 기생에게 정표로 이를 빼어 주었다가 망신을 당하는 남자의 이야기를 담은 전래 설화
> • 미궤설화(米櫃說話) : 다른 남자의 아내와 간통을 하려던 남자가, 그 여자의 남편이 오자 쌀 뒤주에 숨었다가 결국 사람들 앞에서 큰 망신을 당하게 된다는 내용의 설화
> 오답 ② 신원설화(伸冤說話) : 원한을 품고 죽은 사람의 그 원이나 한을 살아 있는 다른 사람이 풀어 준다는 내용의 설화. 우리나라의 경우 대표적인 설화로 '장화홍련 설화', '아랑 설화'가 있다.
> ③ 열녀설화 : 여자가 남편을 위하여 정절을 지키는 내용의 설화
> ④ 도미설화(都彌說話) : 백제의 평민 도미와 그 아내의 의리와 정절, 이를 시험하려는 개루왕의 계략에 대한 설화. 춘향전의 근원설화

정답 03 ① 04 ② 05 ①

06 다음에서 설명하는 판소리계 소설작품은?

> 효를 강조한다는 측면에서는 유교적이고, 부처의 신통력을 내세운 점에서는 불교적이며, 용궁과 옥황상제 등이 등장한다는 점에서는 도교적이며, 외래사상의 밑바탕에는 고유의 무속신앙이 자리잡고 있다.

① 「심청전」　　　　　　　　　② 「춘향전」
③ 「흥부전」　　　　　　　　　④ 「토끼전」

　해설　「심청전(沈淸傳)」은 유교, 불교, 도교사상이 바탕을 이룬다.

07 판소리계 소설이 아닌 것은?

① 「심청전」　　　　　　　　　② 「토끼전」
③ 「춘향전」　　　　　　　　　④ 「홍길동전」

　해설　④ 「홍길동전」은 허균이 창작한 한글 소설이다.
　오답　① 「심청전」 → 「심청가」
　　　② 「토끼전」 → 「수궁가」
　　　③ 「춘향전」 → 「춘향가」

08 판소리계 소설에 대한 설명으로 적절하지 않은 것은?

① 판소리의 문학적 요소인 사설이 분화되어 소설 양식으로 정착된 문학 양식이다.
② 「춘향전」, 「심청전」, 「흥부전」, 「토끼전」 등의 작품이 있다.
③ 판소리 사설의 영향에서 벗어나 산문적인 특징이 강하게 드러난다.
④ 민중의 다양한 의식이 반영된 이본이 존재한다.

　해설　판소리계 소설은 판소리 사설의 영향을 받았기 때문에 일반적 산문으로 이루어진 다른 소설과 달리 율문(운문)적 성격을 다분히 지니고 있다.

09 「토끼전」의 주제에 대한 설명으로 옳지 않은 것은?

① 우화 소설의 형식을 잘 활용하여 대상을 과감하게 풍자하였다.
② 토끼의 행동은 무엇이든 수단화하는 권력의 횡포를 의미한다.
③ 별주부의 충성을 표면적 주제로 내세웠으나 설득력이 떨어진다.
④ 조선 왕조의 지배 체제가 위기에 처하였다는 현실 인식을 반영한다.

　정답　06 ①　07 ④　08 ③　09 ②

해설 ② 무엇이든 수단화하는 권력의 횡포는 절대군주를 상징하는 '용왕'과 간신배를 상징하는 '별주부' 의 태도이다. 토끼는 이들의 막강한 힘 앞에서 아무것도 가진 것 없는 민중이 살아남는 길은 '지혜'를 갖는 것뿐이라는 주제 의식을 드러내는 존재이다.

◢ 3 소설 외의 산문문학 – 국문수필

01 다음 중 『한중록(閑中錄)』에 대한 설명으로 틀린 것은?

① 『계축일기』, 『인현왕후전』과 함께 3대 궁정수필의 하나이다.
② 숙종과 장희빈과의 관계를 그렸다.
③ 한글로 된 산문문학으로서 국문학사상 귀중한 가치를 가진다.
④ 궁중 귀인의 고상하고도 우아한 표현, 절실하고 간곡한 묘사, 품위 있는 궁중문학의 백 미이다.

해설 ②는 『인현왕후전』에 대한 내용이다.

02 "병자호란의 국치일을 중심으로 사실적이고 객관적으로 그린 국문수필이다. 병자호란과 관련이 있는 소설로는 「박씨전」이 있다."와 관련이 있는 작품은?

① 『계축일기』   ② 『산성일기』
③ 『한중록』   ④ 『인현왕후전』

해설 ② 『산성일기』: 조선 인조. 어느 궁녀가 쓴 일기체 수필. 병자호란 때 인조를 모시고 남한산성으로 피난하면서 생긴 여러 가지 일을 사실적으로 서술하고 있으며, 아울러 인조반정 때의 일까지도 상세하게 기록하고 있다.

오답 ① 『계축일기』: 조선 광해군. 궁녀가 쓴 것으로 추정되는 한글수필. 광해군 5년(1613) 광해군이 어린 아우 영창 대군을 죽이고 영창 대군의 어머니 인목 대비를 서궁에 가두었을 때의 정경을 일기체로 적었다.
③ 『한중록』: 혜경궁 홍씨가 지은 자전적 회고록. 홍씨가 만년에 남편 장헌세자의 일을 중심으로 자기의 일생을 돌아보면서 쓴 기록물로, 『인현왕후전』과 함께 궁중문학의 쌍벽을 이룬다.
④ 『인현왕후전』: 궁중이라는 특수층을 배경으로 하는 궁중문학이자 숙종 당시의 궁중을 배경으로 왕가 일문에서 인현왕후가 겪어야 했던 생애를 소설체로 엮은 작품이다.

정답 **01** ②   **02** ②

03 제시된 내용이 설명하는 것은 무엇인가?

> 척부인아, 그대 아모리 마련을 잘한들 버혀 내지 아니하면 모양 제되 되겠느냐.

① 척부인　　　② 교두각시　　　③ 인화부인　　　④ 세요각시

> **해설** 국문수필 「규중칠우쟁론기」 중 일부이다.
> ② 교두각시(가위) : '버혀 내지(베어 내지, 잘라 내지)'
>
> **오답** ① 척부인 : 자
> ③ 인화부인 : 인두
> ④ 세요각시 : 바늘

04 다음 중 「동명일기(東溟日記)」에 대한 설명으로 틀린 것은?

① 시간의 흐름에 따른 추보식 구성을 이루고 있다.
② 여성적인 섬세한 필치가 돋보이며, 순수한 우리말로 사실적으로 묘사하고 있다.
③ 견문과 그에 대한 감상을 뚜렷하게 드러내고 있다.
④ 섬세한 감각으로 대상을 객관적으로 서술하고 있다.

> **해설** 「동명일기(東溟日記)」는 섬세한 감각으로 대상에 대한 주관적 감정을 드러내고 있다. 여성의 섬세한 관찰과 필치가 돋보이는 기행수필로, 우리나라 고전 수필문학의 새로운 경지를 개척하였다.

05 다음에서 설명하는 작품은 무엇인가?

> 일찍 남편을 잃고 바느질로 소일하며 지내던 양반 가문의 한 부인이 오랫동안 아끼고 애용하던 바늘이 부러지자 바늘을 의인화한 제문을 지음으로써 애통한 심정을 밝힌 글이다.

① 「규중칠우쟁론기」　　　　② 「조침문」
③ 「동명일기」　　　　　　　④ 『계축일기』

> **해설** 「조침문」은 유씨 부인의 작품으로 일찍 과부가 된 작자가 슬하에 자녀도 없이 오직 바느질에 재미를 붙이고 지내다가, 시삼촌께서 주신 바늘 중 마지막 것을 부러뜨리고는 그 섭섭하고 안타까운 심정을 제문형식으로 추도하여 쓴 글이다.

정답　03 ②　04 ④　05 ②

06 작품에 대한 설명으로 옳지 않은 것은?

① 「규중칠우쟁론기」 – 바느질에 쓰이는 일곱 가지 도구를 의인화한 작품이다.
② 『한중록』 – 사도세자의 빈인 혜경궁 홍씨의 자전적인 회고록 형식의 작품이다.
③ 『무오연행록』 – 병자호란 당시 남한산성에서의 일을 기록한 일기체 형식의 작품이다.
④ 「조침문」 – 애지중지하던 바늘이 부러지자 그 서운한 심정을 표현한 제문 형식의 작품이다.

> 해설　③ 『무오연행록(戊午燕行錄)』은 1798년(정조 22) 10월 삼절연공 겸 사은사(三節年貢 兼 謝恩使) 의 서장관으로 청나라 북경(연경)을 다녀온 서유문이 왕복 160여 일간의 행적을 일기로 쓴 기 행문이다. 병자호란 당시 남한산성에서의 일을 기록한 일기체 형식의 작품은 어느 궁녀가 쓴 「산성일기」이다.

07 (　　　) 안에 들어갈 말로 알맞은 것은?

- 『계축일기』는 (　㉠　) 때, 영창 대군 살해 사건과 인목 대비 폐비 사건을 다루었다.
- 『인현왕후전』은 (　㉡　) 때, 인현 왕후를 폐위하고 장 희빈을 맞아들인 궁중 비극을 생생하게 그려 낸 작품이다.
- 『한중록』은 (　㉢　) 때에 남편인 사도세자(장헌세자)를 잃었던 혜경궁 홍씨가 만년 에 자기의 일생을 돌아보면서 쓴 자전적 회고록이다.

	㉠	㉡	㉢		㉠	㉡	㉢
①	연산군	숙종	영조	②	연산군	숙종	고종
③	광해군	숙종	영조	④	광해군	숙종	고종

> 해설　㉠, ㉡, ㉢에는 순서대로 '광해군', '숙종', '영조'가 들어간다.

1 삼국시대

1. 여수장우중문시(與隨將于仲文詩)

神策究天文(신책구천문)	그대의 신기(神奇)한 책략은 하늘의 이치를 다했고
妙算窮地理(묘산궁지리)	오묘한 계획은 땅의 이치를 다했노라.
戰勝功旣高(전승공기고)	전쟁에 이겨서 그 공이 이미 높으니
知足願云止(지족원운지)	만족함을 알고 그만 두기를 바라노라

>> **핵심정리**

① 해제 : 살수 대첩에 앞서 을지문덕이 수나라의 장수 우중문에게 보낸 5언 고시로, 적장에게 항복을 종용하는 전술적 성격을 띠고 있으며, 현전하는 가장 오래된 한시이다.

② 작자 : 을지문덕

③ 갈래 : 한시, 5언 고시

④ 성격 : 풍자적, 반어적

⑤ 특징 : 반어법, 억양법, 대구법을 사용함

⑥ 의의 : 현전하는 우리나라 최고(最古)의 한시

⑦ 연대 : 고구려 26대 영양왕(7세기)

⑧ 제재 : 우중문

⑨ 주제 : 적장 우중문에 대한 야유와 조롱

⑩ 출전 : 『삼국사기』

>> **내용연구**

구분	표면적 의미	내면적 의도
기(1구), 승(2구)	신책(神策), 묘산(妙算) 찬양	그 정도의 계책은 간파하고 있다는 조롱
전(3구)	전쟁에서 승리한 공을 찬양	더 이상 공을 세우지 못할 것이라는 경고
결(4구)	전쟁을 그만 두자는 권유	항복하지 않으면 가만두지 않겠다는 위협

2. 추야우중(秋夜雨中)

秋風唯苦吟(추풍유고음)	가을바람에 괴로이 읊조리나
世路少知音(세로소지음)	세상에 알아주는 이 없네.
窓外三更雨(창외삼경우)	창밖엔 밤 깊도록 비만 내리는데,
燈前萬里心(등전만리심)	등불 앞에 마음은 만 리 밖을 내닫네.

▶▶ 핵심정리

① 해제 : 당나라에서 문장가로 이름을 떨쳤던 최치원이 자신을 알아주지 않는 세상에 대한 고독과 외로움을 표현한 5언 절구의 한시이다.

② 작자 : 최치원

③ 연대 : 통일신라 말(9세기)

④ 갈래 : 5언 절구

⑤ 성격 : 서정적, 애상적

⑥ 표현

　　㉠ 대구의 구조로 이루어졌다.

　　㉡ 화자의 심정을 '객관적 상관물(밤비)'을 통해 형상화하고 있다.

　　㉢ 제목에서 가을과 밤, 비의 조합으로 시의 전체적인 분위기를 조성하고 있다.

⑦ 제재 : 비 내리는 가을 밤

⑧ 주제

　　㉠ 뜻을 펴지 못한 지식인의 고뇌

　　㉡ 고국에 대한 그리움(首丘初心)

⑨ 출전 : 『동문선』 권 19

▶▶ 내용연구

① 기 : 화자가 자신의 외로움을 달래는 수단으로 시를 읊게 되었다는 시적 동기를 밝히고 있다.

② 승 : 자신을 알아주는 이 없는 소외감을 표현하였다.

③ 전 : 점층·심화된 고독과 심회를 비를 통해 형상화하고 있다.

④ 결 : 등불 앞에서 잠 못 이루며 느끼는 고독과 비애, 소외감, 탈출 욕구 등을 절실하게 나타내고 있다.

3. 제가야산독서당(題伽倻山讀書堂)

> 狂奔疊石吼重巒(광분첩석후중만)　첩첩바위 사이를 미친 듯 달려 겹겹 봉우리 울리니,
> 人語難分咫尺間(인어난분지척간)　지척에서 하는 말소리도 분간하기 어렵구나.
> 常恐是非聲到耳(상공시비성도이)　늘 시비(是非)하는 소리가 귀에 들릴세라,
> 故敎流水盡籠山(고교류수진농산)　짐짓 흐르는 물로 온 산을 둘러 버렸다네.

▶▶ 핵심정리

① 해제 : 최치원이 신라 말기의 난세에 절망하여 전국 각지를 유랑하다가 가야산 해인사에 은거할 때 지은 7언 절구의 한시이다. 세상을 멀리하고 산중에 은둔하고 싶은 심경을 노래했다.

② 작자 : 최치원

③ 갈래 : 7언 절구

④ 성격 : 서정적, 상징적

⑤ 표현
  ㉠ 물의 이미지를 사용하여 시상을 전개하고 있다.
  ㉡ 자연의 물소리와 세상의 소리를 대조하여 주제를 형상화하고 있다.
  ㉢ 청각적 이미지를 사용하고 있다.
  ㉣ 대구법(기구 – 결구, 승구 – 전구)을 사용하고 있다.
  ㉤ 선경후정과 4단 구성의 방식을 통해 시상을 전개하고 있다.

⑥ 제재 : 물소리

⑦ 주제
  ㉠ 산중에 은둔하고 싶은 심경
  ㉡ 속세와의 단절 의지

⑧ 연대 : 통일신라 말기(9세기)

⑨ 출전 :『동문선』권 19

▶▶ 내용연구

① 기 : 웅장한 물소리를 표현한 것으로 스스로를 인간 세상과 단절시키고자 하는 작자의 심리가 잘 나타나 있다.

② 승 : 시끄러운 시비 소리가 난무하는 어지러운 세태를 벗어나고자 하는 작자의 내면세계를 엿볼 수 있다.

③ 전 : 작자의 내면세계가 직접적으로 표현되었다.

④ 결 : 물소리는 작자의 내면적 갈등을 함축하고 있는데 스스로를 세상과 격리시켜 고독에 침잠하고자 하는 작자의 심리를 잘 표현하고 있다.

◢ 2 고려 시대

1. 송인(送人)

> 雨歇長堤草色多(우헐장제초색다)   비 갠 긴 언덕엔 풀빛이 푸르른데
> 送君南浦動悲歌(송군남포동비가)   남포에서 임 보내며 슬픈 노래 울먹이네.
> 大同江水何時盡(대동강수하시진)   대동강 물이야 어느 때 마를거나
> 別淚年年添綠波(별루년년첨록파)   해마다 이별 눈물 강물에 더하는 것을.

▶▶ 핵심정리

① 해제 : 우리나라 한시 중 이별가(離別歌)의 백미(白眉)로 평가되는 7언 절구의 한시로, 자연사와 인간사의 대조를 통하여 이별의 정한을 심화·확대하고 있다.

② 작자 : 정지상

③ 갈래 : 7언 절구

④ 성격 : 서정적, 애상적, 감각적, 묘사적

⑤ 특징

     ㉠ 선경후정의 방법으로 시상을 전개하고 있다.

     ㉡ 도치법과 과장법, 설의법을 활용해 이별의 한(恨)을 극대화하고 있다.

     ㉢ 대동강변의 푸르름과 강물의 색조가 아름답게 대비되고 있다.

     ㉣ 자연의 모습과 인간의 모습을 대조함으로써 슬픔의 정서를 부각하고 있다.

     ㉤ 시적인 이미지를 선명하게 제시하고 함축적인 언어를 사용하고 있다.

⑥ 제재 : 임과의 이별

⑦ 주제 : 이별의 정한(情恨)

⑧ 연대 : 고려 인종(12세기)

⑨ 출전 : 『동문선』

▶▶ 내용연구

① 기 : 봄날 비 갠 강변의 푸름과 생동감

② 승 : 임을 보내는 애절한 정한

③ 전 : 유유히 흐르는 대동강 물의 영원성

④ 결 : 이별의 정한과 슬픔의 지속성

2. 사리화(沙里花)

> 黃雀何方來去飛(황작하방래거비) 참새야 어디서 오가며 나느냐
> 一年農事不曾知(일년농사부증지) 일 년 농사는 아랑곳하지 않고,
> 鰥翁獨自耕耘了(환옹독자경운료) 늙은 홀아비 홀로 갈고 맸는데
> 耗盡田中禾黍爲(모진전중화서위) 밭의 벼며 기장을 다 없애다니.

▶▶ 핵심정리

① 해제 : 권력자(탐관오리)들의 농민 수탈과 횡포가 만연했던 당대 민족적 현실을 상징적 표현을 통해 풍자하고 있는 노래이다.
② 작자 : 이제현의 한역
③ 갈래 : 7언 절구
④ 성격 : 현실 고발적, 풍자적, 상징적, 비판적
⑤ 표현
　㉠ 상징법(참새 - 수탈자, 관리. 홀아비 - 농민, 힘없는 백성) ≒ 苛斂誅求(가렴주구)
　㉡ 부당한 현실을 비유적으로 고발하며 원망하는 어조를 취하고 있다.
　㉢ 당시 민족적 현실을 반영하고 있다.
⑥ 주제
　㉠ 권력자들의 농민 수탈에 대한 비판과 고발
　㉡ 가혹한 수탈로 인한 농민의 피폐한 삶
⑦ 출전 : 『익재난고(益齋亂藁)』

▶▶ 내용연구

① 기 : 오가며 나는 참새
② 승 : 농사에 아랑곳 않는 참새
③ 전 : 늙은 홀아비가 가꾼 곡식
④ 결 : 참새에 대한 원망

3. 부벽루(浮壁樓)

> 昨過永明寺(작과영명사) 어제 영명사를 지나다가
> 暫登浮碧樓(잠등부벽루) 잠시 부벽루에 올랐네.
> 城空月一片(성공월일편) 텅 빈 성엔 조각달 떠 있고
> 石老雲千秋(석로운천추) 천 년 구름 아래 바위는 늙었네.
> 麟馬去不返(인마거불반) 기린마는 떠나간 뒤 돌아오지 않으니
> 天孫何處遊(천손하처유) 천손(天孫)은 지금 어느 곳에 노니는가?
> 長嘯倚風磴(장소의풍등) 돌계단에 기대어 길게 휘파람 부노라니
> 山靑江自流(산청강자류) 산은 오늘도 푸르고 강은 절로 흐르네.

>> **핵심정리**

① **해제** : 고려 말 문신이었던 작가가 평양의 부벽루에서 고구려의 영화롭던 지난날을 회상하며 느낀 심회를 노래한 5언 율시의 한시이다. 자연의 의구함과 대비되는 인간 역사의 유한성과 그로 인한 무상감이 잘 드러나 있다.

② **작자** : 이색

③ **갈래** : 5언 율시

④ **성격** : 회고적, 애상적

⑤ **표현**

    ㉠ 인간 역사의 유한함과 자연의 영원함을 대비(대조)시키면서 표현의 효과(쓸쓸한 감회)를 높이고 있다.

    ㉡ 시간의 흐름을 시각적 이미지로 표현하고 있다.

    ㉢ 영화롭던 과거 왕조를 회상하는 애상적 목소리로 노래하고 있다.

⑥ **제재** : 부벽루 주변의 풍경과 감상

⑦ **주제**

    ㉠ 인간 역사의 유한성과 무상감

    ㉡ 지난 역사의 회고와 고려 국운회복의 소망

⑧ **출전** : 『목은집』

>> **내용연구**

① **수련(首聯)** : 여정의 길에 부벽루를 방문

② **함련(頷聯)** : 부벽루에서의 조망

    – 부벽루 주변의 쓸쓸한 자연 풍경 묘사

③ **경련(頸聯)** : 과거에의 회상

    – 동명왕을 회상하고 인생의 무상감 토로(작가의 소망 표출)

④ **미련(尾聯)** : 자연의 의구(依舊)함에 대한 감회

    – 자연의 무심함에 대한 시인의 감회를 읊음으로써 고려 왕조의 쇠퇴에 따른 국운의 위축을 암시

3 조선 시대

1. 무어별(無語別) – 규원(閨怨)

十五越溪女(십오월계녀)	열다섯의 아리따운 아가씨가
羞人無語別(수인무어별)	남부끄러워 말없이 이별했네.
歸來掩重門(귀래엄중문)	돌아와 겹문을 닫아걸고
泣向梨花月(읍향리화월)	배꽃 같은 달을 보며 우네.

핵심정리

① 해제 : 여인이 이별하는 순간을 감각적이고 환상적으로 그린 5언 절구의 한시이다.

② 작자 : 임제

③ 갈래 : 한시, 5언 절구

④ 성격 : 서정적, 애상적, 낭만적

⑤ 특징

   ㉠ 간결하고 담백한 표현으로 절제된 언어의 아름다움을 구사함

   ㉡ 관찰자적 입장에서 객관적으로 시적 상황을 전달함

⑥ 제재 : 이별

⑦ 주제

   ㉠ 이별의 슬픔

   ㉡ 이별한 소녀의 애틋한 마음

⑧ 출전 : 『백호집』

내용연구

① 기 : 어린 나이의 아리따운 아가씨

   → 인물 제시

② 승 : 부끄러워 말도 못 건넨 이별

   → 상황 제시 : 안타까움의 고조

③ 전 : 중문을 닫음

   → 이별의 슬픔을 감추려는 행동

④ 결 : 배꽃 사이 달을 보며 눈물을 흘림

   → 배경과 상황의 제시 : 슬픔의 고조

2. 사청사우(乍晴乍雨)

乍晴還雨雨還晴(사청환우우환청)	잠시 개었다 비 내리고 내리다 다시 개니
天道猶然況世情(천도유연황세정)	하늘의 도도 그러하거늘, 하물며 세상 인정이라.
譽我便是還毁我(예아변시환훼아)	나를 높이다가는 곧 도리어 나를 헐뜯고
逃名却自爲求名(도명각자위구명)	공명을 피하다가는 돌이켜 스스로 공명을 구한다.
花開花謝春何管(화개화사춘하관)	꽃 피고 지는 것을 봄이 어찌 다스릴꼬?
雲去雲來山不爭(운거운래산부쟁)	구름이 오고 구름이 가도 산은 다투지 않음이라.
寄語世人須記認(기어세인수기인)	세상 사람들에게 말하노니, 꼭 새겨두기를,
取歡無處得平生(취환무처득평생)	기쁨을 취하려 한들, 어디서 평생 즐거움을 얻을 것인가를.

▶▶ **핵심정리**

① 작자 : 김시습

② 갈래 : 7언 율시

③ 성격 : 비유적, 경세적

④ 표현

　　㉠ 대구를 통해 주제를 효과적으로 드러내고 있다.

　　㉡ 자연 현상(변화무쌍한 날씨)에 빗대어 인간사를 풍자하고 있다.

　　㉢ 세상 사람을 청자로 설정하여 주제의식을 드러내고 있다.

　　㉣ 욕망을 버리고 순리대로 살 것을 깨우치고 있다.

⑤ 제재 : 변덕스러운 날씨

⑥ 주제 : 변덕스러운 인간 세상에 대한 비판과 순리대로 사는 삶

▶▶ **내용연구**

① 수련(首聯) : 날씨처럼 변덕스런 세상의 이치

② 함련(頷聯) : 변덕스러운 사람들의 모습 ≒ 염량세태(炎涼世態)

③ 경련(頸聯) : 순리에 따르는 자연

④ 미련(尾聯) : 변덕스러운 인심에 대한 경계

3. 빈녀음(貧女吟)

手把金剪刀(수파금전도)	손에 쇠로 된 가위 잡았는데
夜寒十指直(야한십지직)	밤이 추워 열손가락이 곧아졌네.
爲人作嫁衣(위인작가의)	남을 위해 시집갈 때 옷을 만들어 주면서도
年年還獨宿(연년환독숙)	해마다 다시 독수공방하네.

▶▶ **핵심정리**

① 해제 : 전체 4수로 이루어진 연작시 중 두 번째 작품으로, 추운 겨울 밤 남을 위해 밤을 새워 옷을 짓는 여인의 모습을 통해 사회적 불평등을 표현하고 있다.

② 작가 : 허난설헌

③ 갈래 : 5언 절구

④ 성격 : 자조적, 애상적

⑤ 어조 : 독백적 어조

⑥ 제재 : 삯바느질

⑦ 주제 : 가난 때문에 시집 못가는 여인의 한(불평등한 사회 현실 비판)

⑧ 출전 : 『난설헌집(蘭雪軒集)』

▶▶ 내용연구

① 기 : 가위로 옷감을 잘라 옷을 마름

② 승 : 추운 겨울밤에 손끝이 곱아서 입김을 불어가며 바느질하는 여인의 고통스런 삶

③ 전 : 남이 시집갈 때 입는 옷을 만듦

④ 결 : 밤새워 바느질을 하건만 가난 때문에 시집갈 날은 점점 멀어져가는 자신의 불우한 처지를 한탄함

4. 탐진촌요(耽津村謠)

> 棉布新治雪樣鮮(면포신치설양선)　　새로 짜낸 무명이 눈결같이 고왔는데
> 黃頭來博吏房錢(황두래박이방전)　　황두가 와서는 이방 줄 돈이라며 뺏어가네.
> 漏田督稅如星火(누전독세여성화)　　누전 세금 독촉이 성화같이 급하구나,
> 三月中旬道發船(삼월중순도발선)　　삼월 중순 세곡선(稅穀船)이 서울로 떠난다고.

▶▶ 핵심정리

① 해제 : 부패한 조선 후기의 현실을 비판하고 있는 한시로, 관리들에게 수탈당하는 농민의 현실을 사실적으로 묘사하고 있다.

② 작자 : 정약용(鄭若鏞)

③ 갈래 : 칠언 절구(七言絕句)

④ 성격 : 고발적, 비판적, 사실적

⑤ 특징

　㉠ 다양한 표현 방법(직유법, 도치법)과 상징 기법으로 효과를 높임

　㉡ 수탈 계층의 포악성을 고발함

　㉢ 농민의 고통에 대한 안타까움이 드러남

　㉣ 피폐한 농촌 현실을 사실적으로 묘사함

⑥ 제재 : 농민 생활의 고초

⑦ 주제

　㉠ 농촌의 모습과 농민 생활의 고초

　㉡ 탐관오리들의 횡포 고발

⑧ 출전 : 『여유당전서(與猶堂全書)』

▶▶ 내용연구

① 기 : 백성들이 애써 새로 짠 무명을 자랑스러워하고 만족해하는 모습을 형상화했다.

② 승 : 탐관오리에 의해 수탈당하는 힘없는 백성들의 모습을 그렸다. 당시 '황두'라 일컫던 지방의 말단 관리조차 횡포가 극심하였음을 보여 주는 대목이다.

③ 전 : 자신들의 임무를 방만히 하여 장부에 기록된 세금과 일치하지 않자, 그 책임을 백성들에게 모두 전가하는 지방관의 횡포를 고발하고 있다. 세금 매길 근거가 없는 토지를

거짓 보고하여 세금을 앗아가는 지방관의 횡포를 보여 주고 있다.

④ **결** : 조정의 세미를 핑계로 백성들을 착취하는 모습을 그리고 있다. 문장표현은 도치법이 사용되었고, 이러한 내용과 맥이 통하는 고사로 '가정맹어호(苛政猛於虎)'라는 말이 있다.

5. 구우(久雨)

窮居罕人事(궁거한인사)	궁벽하게 사노라니 사람 보기 드물고
恒日廢衣冠(항일폐의관)	항상 의관도 걸치지 않고 있네.
敗屋香娘墜(패옥향낭추)	낡은 집엔 향랑각시 떨어져 기어가고,
荒畦腐婢殘(황휴부비잔)	황폐한 들판엔 팥꽃이 남아 있네.
睡因多病減(수인다병감)	병 많으니 따라서 잠마저 적어지고,
秋賴著書寬(추뢰저서관)	글 짓는 일로써 수심을 달래 보네.
久雨何須苦(구우하수고)	비 오래 온다 해서 어찌 괴로워만 할 것인가
晴時也自歎(청시야자탄)	날 맑아도 또 혼자서 탄식할 것을.

▶▶ 핵심정리

① 작자 : 정약용
② 갈래 : 5언 율시
③ 성격 : 비판적, 우회적
④ 표현
  ㉠ 적절한 소재를 활용하여 궁벽한 처지를 형상화함(비유)
  ㉡ 외부 풍경에 대한 묘사와 주관적 정서의 표현이 적절히 조화를 이룸(선경후정)
⑤ 제재 : 가난
⑥ 주제
  ㉠ 장마철 농촌의 궁핍한 삶
  ㉡ 민생고를 해결하기 위한 제도 개혁을 역설함
  ㉢ 궁벽한 처지에 대한 한탄
⑦ 출전 : 『여유당전서(與猶堂全書)』

▶▶ 내용연구

① 수련(首聯) : 찾아오는 이도 없고 의복도 남루한 모습
  → 벼슬하지 않은 지은이의 처지
② 함련(頷聯) : 집 안에는 노래기가 기어 다니고 들판은 황량한 모습
  → 가난한 생활 모습
③ 경련(頸聯) : 가난하고 힘이 없는 괴로움을 글로 달램
  → 자신의 삶을 한탄함

④ 미련(尾聯) : 생활고는 맑은 날에도 계속된다는 한탄

→ 지식인으로서의 탄식

6. 타맥행(打麥行)

新篘濁酒如湩白(신추탁주여동백)   새로 거른 막걸리 젖빛처럼 뿌옇고
大碗麥飯高一尺(대완맥반고일척)   큰 사발에 보리밥, 높이가 한 자로세.
飯罷取耞登場立(반파취가등장립)   밥 먹자 도리깨 잡고 마당에 나서니
雙肩漆澤飜日赤(쌍견칠택번일적)   검게 탄 두 어깨 햇볕 받아 번쩍이네.
呼邪作聲擧趾齊(호사작성거지제)   옹헤야 소리 내며 발맞추어 두드리니
須臾麥穗都狼藉(수유맥수도랑자)   삽시간에 보리 낟알 온 마당에 가득하네.
雜歌互答聲轉高(잡가호답성전고)   주고받는 노랫가락 점점 높아지는데
但見屋角紛飛麥(단견옥각분비맥)   보이느니 지붕 위에 보리티끌뿐이로다.
觀其氣色樂莫樂(관기기색락막락)   그 기색 살펴보니 즐겁기 짝이 없어
了不以心爲形役(요불이심위형역)   마음이 몸의 노예 되지 않았네.
樂園樂郊不遠有(낙원락교불원유)   낙원이 먼 곳에 있는 게 아닌데
何苦去作風塵客(하고거작풍진객)   무엇하러 벼슬길에 헤매고 있으리요.

▶▶ 핵심정리

① 작자 : 정약용
② 갈래 : 행(한시의 일종), 서정시
③ 성격 : 사실적, 반성적
④ 구성 : '기 – 승 – 전 – 결'의 4단 구성
⑤ 특징
  ㉠ 평민적인 시어로써 농촌의 노동을 사실적이고 현장감 있게 그려 내 조선 후기 한시의 새로운 전형을 보여 주고 있다.
  ㉡ 다산의 중농 사상과 사실주의 시 정신을 잘 나타내고 있다.
  ㉢ 보리타작하는 농민의 모습을 사실적으로 묘사하고 있다.
  ㉣ 선경후정의 방식으로 시상을 전개하고 있다.
⑥ 제재 : 보리타작
⑦ 주제 : 노동의 즐거움과 자신의 삶에 대한 반성

▶▶ 내용연구

① 기(1~4행) : 노동하는 농민의 건강한 삶의 모습
② 승(5~8행) : 보리타작하는 마당의 정경
③ 전(9~10행) : 정신과 육체가 합일된 노동의 기쁨
④ 결(11~12행) : 관직에 몸담은 자신의 삶에 대한 반성

7. 절명시(絕命詩) : 제3수

鳥獸哀鳴海岳嚬(조수애명해악빈)	새와 짐승들도 슬피 울고 바다 또한 찡그리네
槿花世界已沈淪(근화세계이침륜)	무궁화 이 나라가 이젠 망해버렸구나.
秋燈掩卷懷千古(추등엄권회천고)	가을의 등불 아래 책 덮고 지난날을 되새기니
難作人間識字人(난작인간식자인)	글 아는 사람 노릇하기가 어렵구나.

▶▶ 핵심정리

① 해제 : 한문 문학의 마지막 세대의 지식인이 1910년 한일병합 소식을 듣고 비탄에 빠져 쓴 한시이다. 민족이 직면한 현실 앞에서 고뇌하는 지식인의 마음이 나타나 있다.

② 작자 : 황현

③ 갈래 : 7언 절구

④ 성격 : 우국적, 고백적, 저항적, 참여적

⑤ 표현

    ㉠ 나라를 잃은 지식인의 고뇌와 절망의 심정을 고백적 어조로 표현하고 있다.

    ㉡ 활유법, 과장법, 대유법, 의인법, 감정 이입 등의 다양한 시적 기법을 활용하고 있다.

⑥ 제재 : 경술국치(국권의 상실)

⑦ 주제 : 망국의 한과 지식인으로서 처신의 어려움

⑧ 출전 : 『매천집』

▶▶ 내용연구

① 기 : 국권 피탈의 비극성을 자연물에 감정이입하여 표현

    → 국권 피탈의 치욕을 자연물과 새, 짐승을 통해 구체화한 표현(감정이입)

② 승 : 망국의 비애 노래

    → 무궁화는 우리나라를 뜻하는 '대유적' 표현이므로 곧 나라가 망해 버렸음을 의미한다.

③ 전 : 자신의 소임을 생각

    → '등불'과 '책'에서 이 시의 화자가 지식인임을 알 수 있다. 나라가 위기에 처하자, 책을 덮고 자신이 해야 할 일이 무엇인지를 생각하고 있다. 어려운 역사적 현실 속에서의 작자의 고민이 드러난다.

④ 결 : 지식인으로 살아가는 일의 어려움

    → 글 아는 사람은 지식인을 의미하고, '어렵기도 하구나'는 지식인으로서의 책임감을 말함

02 서사한시의 주요 작품 세계

1. 동명왕(東明王)

① 해제 : 민족의식을 고취하고 민족의 자주성을 널리 알리고자 고구려의 건국 시조인 동명왕의 신화를 장편 서사시의 형태로 재창조한 우리나라 최초의 건국 서사시이다. 고려가 위대한 고구려를 계승하고 있다는 자부심이 드러나 있다.

② 작자 : 이규보

③ 갈래 : 장편 영웅 서사시

④ 형식 : 5언 연속체, 전 282구

⑤ 성격 : 서사적, 신화적, 진취적, 교훈적

⑥ 구성 : 영웅의 일대기 구조(서장, 본장, 종장의 3부)

⑦ 특징

    ㉠ 우리나라 최초의 건국 서사시이다.

    ㉡ 중화(中華) 사상에서 벗어나 우리 민족의 우월성을 드높이고 있다.

    ㉢ 북방계 난생(卵生) 설화에 해당하며 천손 하강 모티프를 지니고 있다.

    ㉣ 오랜 역사와 전통을 지닌 민족임을 재인식하려는 주체성이 드러나 있다.

⑧ 제재 : 고구려 건국 신화인 '주몽 신화'

⑨ 주제 : 동명왕의 탄생과 고구려 건국

⑩ 출전 : 『동국이상국집』

2. 노객부원(老客婦怨) : 늙은 나그네 아낙의 원망

≫ 작품이해

① 임진왜란 이후 산문 정신과 현실주의적 사고의 발달로 인간의 삶을 사실적으로 담으려 하였다. 서사한시도 이전의 건국 영웅서사시에서 범인서사시로 바뀌게 된다. 이 시기에 출현한 서사한시들은 대체로 하층 백성과 여성을 주인공으로 하고 있으며, 전쟁 또는 탐관오리에 의한 백성의 참상을 묘사한 것, 남녀의 사랑, 여인의 비극적 생애를 그린 작품들로 분류할 수 있다. [허균의 「노객부원」, 이광사의 「파경합」, 정약용의 「도강고가부사」가 대표작이다.]

② 허균의 「노객부원」은 백성의 고통을 그린 서사한시이다. 이 작품은 임진왜란 중 홀로 과부가 된 여인의 모습을 통해 임진왜란 당시 우리 백성들이 겪은 고통을 대변하고 있다. 이는 미약한 백성의 가슴 아픈 이야기를 전면에 내세워 전란에 적절히 대비하지 못한 조정에 대한 측면적인 비판을 내포하고 있다.

03 한문소설의 주요 작품 세계

1. 조선 전기 한문소설의 개관

(1) 전개 양상

① 한국 고대소설의 효시는 김시습의 「금오신화(金鰲新話)」인데, 이 작품은 민중 사이에서 구전되던 설화, 고려의 패관 문학, 가전(假傳) 등의 서사적 전통 위에 중국의 전기 소설인 「전등신화(剪燈新話)」의 영향을 받아 이루어졌다.

② 전기적 요소를 간직한 한문소설은 고대소설의 출발을 보여 주며, 조선 후기 국문소설의 융성에 토대가 되었다.

(2) 주요 작품

연대	작품	작자	내용
『금오신화』	세조	김시습	• 최초의 한문소설. 전 시대의 설화와 상당한 유사성을 가지나, 소설로서의 요건을 갖추었고 작가의 주제 의식이 분명하다. • 명나라 구우의 「전등신화」의 영향을 받았다. • 단편소설집으로 '만복사저포기, 이생규장전, 취유부벽정기, 남염부주지, 용궁부연록' 등 일부 작품만이 전함
「대관재몽유록」	중종	심의	• 주인공이 꿈 속에서 최치원이 천자가 되고 역대 문인들이 신하가 되어 있는 왕궁에 가서 벼슬하고 결혼까지 해서 행복하게 살았다는 이야기
「화사」	선조	임제	• 국가와 군신을 꽃에 비유하여 치국 흥망의 역사를 기록한 의인체 한문소설. 설총의 「화왕계」의 영향을 받음
「수성지」	선조	임제	• 세상에 대한 불만과 현실에 대한 저주를 그린 의인체 한문소설
「원생몽유록」	선조	임제	• 생육신의 한 사람인 남효온의 처지를 슬퍼하여 쓴 몽유록계 전기소설(傳奇小說) • 세조의 왕위 찬탈을 배경으로 한 정치 권력의 모순을 묘사함

참고 『금오신화』에 포함된 단편소설

① 만복사저포기(萬福寺樗蒲記) : 시공(時空)을 초월한 남녀 간의 사랑 → 명혼소설(冥婚小說)

줄거리

전라도 남원에 양생(梁生)이라는 노총각이 일찍이 부모를 여의고 만복사라는 절에서 외롭게 살고 있었다. 어느 날 그는 법당에 들어가 저포놀이를 해서 자신이 이기면 좋은 배필을 달라고 소원을 빈 다음 내기에서 이기게 되었다. 그 뒤 양상은 외로운 신세를 한탄하며 배필을 얻게 해달라고 축원하는 처녀와 가연을 맺은 뒤 다시 만날 것을 약속하고 헤어졌다. 얼마 뒤 양생은 약속 장소에서 기다리다가 딸의 대상을 치르러 가는 양반집 행차를 만나 자신이 3년 전에 죽은 그 집 딸과 인연을 맺었음을 알게 되었다. 양생은 처녀의 부모가 차려놓은 음식을 혼령과 함께 먹고 난 뒤 홀로 돌아왔다. 어느 날 밤 처녀의 혼령이 나타나 자신은 다른 나라에서 남자로 태어났으니 양생도 불도를 닦아 윤회에서 벗어나라고 한다. 양생은 처녀를 그리워하며 지리산에 들어가 약초를 캐며 혼자 살았다고 한다.

② 이생규장전(李生窺墻傳) : 죽음을 초월한 남녀간의 사랑 → 명혼소설(冥婚小說)

☑ 줄거리

개성에 살던 이생이라는 젊은이가 글공부를 다니다 귀족 집안의 최랑이라는 아름다운 처녀를 발견하고 매혹된 나머지 사랑의 글을 써서 담 너머로 던진다. 그 뒤 그들은 사랑하는 사이가 되었지만 이생 부모의 반대로 시련을 겪게 된다. 최씨 부모와 노력으로 결국 두 사람은 부부가 되고 이생은 과거에 오른다. 그러나 얼마 안 되어 홍건적의 난으로 여인이 도적의 칼에 맞아 죽고 만다. 이생이 깊은 실의에 빠져 있던 어느 날 그 여인이 환신(幻身)하여 이생을 찾아와 두 사람은 다시 행복한 나날을 보낸다. 3년이 지난 날 여인은 자신의 해골을 거두어 장사 지내 줄 것을 부탁하며 이생과 작별한다. 이생은 아내의 말대로 시체를 거두어 장사를 지낸다. 그 후 이생은 아내를 지극히 생각한 나머지 병이 들어 세상을 떠나고 만다.

③ 용궁부연록(龍宮赴宴錄) : 화려한 용궁 체험과 삶의 무상감(자전적 내용)

☑ 줄거리

시문에 능한 한생(韓生)이 용왕이 보낸 사자를 따라 용궁으로 들어간다. 용왕은 한생을 초대한 이유로서, 용왕의 딸의 화촉동방을 꾸밀 가회각(佳會閣)을 새로 지었기로, 그 상량문을 부탁하기 위해서라고 한다. 이에 한생이 상량문을 지어 주자 용왕은 잔치를 벌여 한생을 대접하고, 여러 누각과 보물들을 두루 구경시켜 준다. 한생은 용왕이 주는 명주(明珠) 두 알과 빙초 두 필을 받아 가지고 나오다가 꿈에서 깨어나는데, 그 뒤 세상의 명리를 구하지 않고 자취를 감춘다.

④ 남염부주지(南炎浮洲志) : 선비들이 지녀야 할 정신적 자세와 당대의 현실 비판

☑ 줄거리

경주에 사는 박생(朴生)은 유학(儒學)으로 대성하겠다는 포부를 지니고 열심히 공부하였으나 과거에 실패하였다. 그는 귀신, 무당, 불교 등의 이단에 빠지지 않으려고 유교 경전을 읽고, 세상의 이치는 하나뿐이라는 내용의 철학 논문인 '일리론(一理論)'을 썼다. 어느 날 꿈에 박생은 저승사자에게 인도되어 염부주(염부주)라는 별세계에 이르러 염왕(閻王)과 사상적인 담론을 벌였다. 유교, 불교, 미신, 우주, 정치 등 다방면에 걸친 문답을 통하여 염왕과 의견 일치에 이름으로써, 자신의 지식이 타당한 것임을 재확인하였다. 염왕은 박생의 참된 지식을 칭찬하고 그 능력을 인정하여 왕위를 물려주겠다며 선위문(禪位文)을 내려주고는 세상에 잠시 다녀오라고 하였다. 꿈을 깬 박생은 가사를 정리하고 지내다가 얼마 뒤 병이 들었다. 그는 의원과 무당을 불러 병을 고치지 않고 조용히 죽었다.

⑤ 취유부벽정기(醉遊浮碧亭記) : 기자 조선의 기씨 공주와 사랑(초현실적 세계와의 교환)

☑ 줄거리

송도 부호의 아들 홍생이 평양 대동강에서 뱃놀이를 하다가, 취흥을 이기지 못하여 부벽정에 이르러 고국의 흥망을 탄식하는 시를 읊고 돌아가려고 하는데 좌우에 시녀를 거느린 미인이 나타난다. 그 미인은 기자왕의 딸로서, 부왕이 위만에게 왕위를 빼앗긴 후 정절을 지켜 죽기를 기다리다 불사약을 먹고 수정궁의 상아가 되었다고 말한다. 홍생이 그 선녀와 시를 주고받다가

날이 새자 선녀는 승천하고, 홍생은 선녀를 사모하던 끝에 병에 걸렸는데, 꿈속에서 하늘로 올라오라는 선녀의 계시를 받는다. 그후 홍생은 분향하고 누웠다가 세상을 떠났는데, 몇 달이 지나도 안색(顏色)이 변하지 않았다.

2. 조선 후기 한문소설(漢文小說) : 연암 박지원

작품	연대	작가	비고
「호질(虎叱)」	정조	박지원	유학자들의 위선적 가면을 폭로하고 북학론을 주장하며 의자(醫者)와 무자(巫者)의 반성을 촉구하는 실학사상을 내용으로 함.『열하일기』에 수록, 수절과부의 위선도 비판
「허생전(許生傳)」	정조	박지원	이용후생의 실학사상 반영.『열하일기』에 수록 ㉠ 양반(사대부)의 무능 폭로 ㉡ 경제구조의 취약점 비판 ㉢ 사대부의 허위적 명분론 비판
「양반전(兩班傳)」	정조	박지원	양반 사회의 허례허식 및 그 부패성의 폭로.『방경각외전』에 수록
「광문자전(廣文者傳)」	정조	박지원	걸인인 광문의 정직함과 불평과 슬픔을 그려서 사회의 부패상을 폭로한 작품.『방경각외전』에 수록
「예덕선생전(穢德先生傳)」	정조	박지원	인분(똥)을 나르는 예덕선생을 통해 양반들의 위선을 공박한 작품. 직업 차별의 타파와 천인(賤人)의 성실성 예찬.『방경각외전』에 수록
「마장전(馬駔傳)」	정조	박지원	세상의 거짓된 일면을 말하고 벗을 사귀기 어려움을 강조,『방경각외전』에 수록
「민옹전(閔翁傳)」	정조	박지원	무위도식하는 인간 메뚜기가 더 무섭다는 내용. 민옹의 일화를 중심으로 타락한 사회를 풍자한 작품.『방경각외전』에 수록
「우상전(虞裳傳)」	정조	박지원	학식이 높고 시에 능한 우상이 일본에 간 일과, 조선이 허례에 빠져 있음을 풍자한 작품.『방경각외전』에 수록
「김신선전(金神仙傳)」	정조	박지원	김홍기의 신출귀몰하는 행색을 그리고, 신선이 곡식을 안 먹음은 불우한 선비가 굶주려 산에서 노는 일이라고 풍자함.『방경각외전』에 수록
「열녀함양박씨전(烈女咸陽朴氏傳)」	영조	박지원	남편을 잃고 3년 상을 마친 후 음독자살을 한 박씨 부인의 절의(節義)를 표현한 작품. 과부의 재가 금지를 비판.『연상각선본』에 수록

▶▶ 연암 박지원 소설의 특징

① 사상 : 실사구시(實事求是), 이용후생(利用厚生)의 실학사상을 배경
② 성격 : 풍자소설, 사실주의
③ 내용
  ㉠ 사대주의 사고에서 벗어나 우리나라 현실의 문제점과 개선점을 역설
  ㉡ 위정자들의 무능력과 양반들의 위선적, 허례허식적인 태도를 풍자
  ㉢ 현실 비판의식과 근대적 자각의식을 고취
  ㉣ 소재를 현실생활에서 취하고, 양반사회는 물론, 하류계급의 생활상과 인간성을 표현
④ 문체
  ㉠ 정통 고문체(의고체)에서 벗어나 우리나라 고유의 한문 문체의 수립
    → 문체반정사건에 연루
  ㉡ 간결하고 사실적 문체
⑤ 인물 : 새로운 인물형의 창조(재자가인적 인물에서 벗어나 평범한 인물이나 천대받는 인물들도 주인공으로 등장)

04 기타 산문문학

1. 삼국시대

작품	시대	작자	내용	갈래
「화왕계」	신라 신문왕	설총	꽃을 의인화하여 임금을 풍간. 의인체의 효시이며, 고대 소설 「화사」에 영향을 미침. 소설적인 기록물의 효시. 『삼국사기』에 수록되어 있으며 『동문선』에서 「풍왕서」라는 제목으로 전함	설화
「계원필경」	신라	최치원	현존하는 최고의 개인 문집	문집
「토황소격문」	신라	최치원	당나라 유학 중 황소에게 항복을 권유한 문서	한문
「왕오천축국전」	신라 성덕왕	혜초	구도(求道)를 위해 천축국을 순례한 기행문. 우리나라 최초의 기행문	한문수필
「화랑세기」	신라 성덕왕	김대문	부전(不傳). 설화 문학서	설화
「고승전」	신라 성덕왕	김대문	이름난 고승(高僧)에 대한 전기	전기

2. 패관문학(稗官文學)
(1) 개념
왕의 정치 참고 자료로 삼기 위해 민간에 구전되어 오던 전승설화가 많이 문헌에 채록되었고, 채록되는 과정에서 채록자(採錄者)의 창의가 가미되어 윤색된 것을 패관문학(稗官文學)이라 한다.

✏️ 참고
패관(稗官)이란 중국 한나라 때 임금이 민간의 풍속이나 정사를 살피기 위하여 거리의 소문을 모아 기록시키던 벼슬 이름이다.

(2) 특징
① 항간에 구전되는 이야기를 한문으로 기록하면서 발달하였다.
② 처음에는 설화만을 대상으로 했지만, 나중에는 떠도는 모든 것을 포함하게 되었다.
③ 채록자의 견해가 가미되어 다소 창의성도 드러나지만 공동의 문학이며, 기록문학이다.
④ 장르상 한문 수필이며, 평론적 성격을 띠게 되었다.

(3) 의의
조선 시대 고대 소설 발달의 모태가 되었다.

(4) 작품집

작품집	연대	작가	내용
「수이전(殊異傳)」	문종	박인량	최초의 순수 설화집. 현재 전하지 않고, 연오랑 세오녀, 호원 등 9편이 『삼국유사』, 『해동고승전』에 전함
「백운소설(白雲小說)」	고종	이규보	삼국시대~고려 시대까지의 시인들과 그들의 시에 대하여 논한 책. 일종의 수필집의 성격으로 시화(詩話)·문담(文談)을 기록. '소설'이란 명칭을 최초로 사용한 문헌
「파한집(破閑集)」	고종	이인로	시화(詩話)·문담(文談)·기사(記事)·자작(自作)·고사(故事)·풍물(風物) 등을 기록한 책. 비평 문학의 효시
「보한집(補閑集)」	고종	최자	3권 1책. 이인로의 『파한집』을 보충한 수필체의 시화들을 엮은 책. 아름다운 근체시(近體詩)와 시평(詩評), 거리에 떠도는 이야기, 흥미있는 사실(史實), 부도(浮屠)와 부녀자들의 이야기를 수록한 것으로, 당시의 사회 상황을 살펴보는 데 좋은 참고가 됨
「역옹패설(櫟翁稗說)」	고려 말	이제현	『익재난고』의 권말에 수록됨. 「소악부」에 고려 속요가 한역되어 있음

3. 가전체문학(假傳体文學)

(1) 개념

① 가전(假傳)이란, 어떤 사물을 역사적 인물처럼 의인화하여 그 가계(家系)와 생애(生涯) 및 개인적 성품, 공과(功過)를 기록하는 전기(傳記) 형식의 글을 말한다. 실전(實傳)이라 하지 않고 가전이라 한 것은 '가(假)'가 허구적 성격을 내포하고 있기 때문이다.

② 사물을 의인화해서 열전(列傳) 형식에 의거하여 그 일생을 다룬 전기체의 문학이다.

(2) 특징

① 형성 : 고려 중기 이후 설화를 수집·정리·창작하는 과정에서 의인체의 가전이 출현하게 되었다. 이러한 가전체 문학의 발달은 무신난 이후에 등장한 사대부들의 의식과 밀접히 관련되어 있다. 즉, 객관적 관념론자인 그들이 사물에 대한 관심과 인간생활을 합리적으로 구성하려는 정신을 표현한 것이다.

② 목적 : 계세징인(戒世懲人 : 세상 사람들을 경계하고 징벌함)을 목적으로, 사회를 비판·풍자하고 교훈을 주고자 하는 교술문학이다.

③ 의의

㉠ 창의성이 상당히 가미된 허구적 작품이라는 점에서 소설문학에 한 단계 접근한 문학 양식이며, 설화와 소설의 교량적 구실을 하였다.

㉡ 완전한 소설이 아니기 때문에 한문수필에 포함된다.

㉢ 의인체라 하여 모두 가전체에 포함되는 것은 아니다.

> ✏ **참고**
> • 의인체의 효시 : 설총, 「화왕계」
> • 가전체의 효시 : 임춘, 「국순전」

(3) 작품 : '동문선'에 수록

작품	연대	작가	내용
「국순전」	인종	임춘	• 술을 의인화하여 술이 지닌 매력과 지나쳐서 생겨나는 폐단을 표현함 • 가전체의 효시. 이규보의 「국선생전」에 영향을 줌
「공방전」	인종	임춘	엽전을 의인화하여 탐재(貪財)를 경계함
「국선생전」	고종	이규보	술을 의인화하여 군자(君子)의 처신을 경계함
「청강사자현부전」	고종	이규보	거북을 의인화하여 어진 사람의 행적을 그림
「죽부인전」	공민왕	이곡	대나무를 의인화하여 절개(節槪)를 나타냄
「저생전」	고려 말	이첨	종이를 의인화하여 위정자들에게 올바른 정치를 권유하는 내용
「정시자전」	고려 말	석식영암	지팡이를 의인화하여 인세(人世)의 덕에 관하여 경계함

◁ 1 서정한시의 주요 작품 세계

※ 다음 작품을 읽고 물음에 답하시오. (01~03)

雨歇長堤草色多	비 개인 긴 강둑에는 풀빛이 푸른데,
送君南浦動悲歌	그대를 남포에서 보내며 슬픈 노래 부르네.
大同江水何時盡	( ) 물은 그 언제 다할 것인가,
別淚年年添綠波	이별의 눈물 해마다 푸른 물결에 더하는 것을.

01 위 작품의 작가와 (   ) 안에 들어갈 시어가 바르게 연결된 것은?

① 김부식 – 압록강(鴨綠江)　　② 정지상 – 대동강(大同江)

③ 이색 – 대동강(大同江)　　④ 정극인 – 압록강(鴨綠江)

해설 ② 이 작품은 정지상의 「송인」이며, 괄호 안에 들어갈 시어는 '대동강'이다.

02 위 작품이 해당하는 한시의 유형은?

① 5언 율시　　② 5언 절구

③ 7언 율시　　④ 7언 절구

해설 정지상의 「송인(送人)」은 7언 절구의 한시이다.

03 위 시의 제재가 되는 한자는?

① 別　　② 雨

③ 歌　　④ 草

해설 「송인」은 대동강변에서 임을 보내는 이별의 정한을 담은 노래이다.

정답　01 ②　02 ④　03 ①

※ 다음 작품을 읽고 물음에 답하시오. (04~05)

어제 영명사를 지나다가
잠시 부벽루에 올랐네.
성은 텅 빈 채로 달 한 조각 떠 있고
오래된 조천석 위에 천 년의 구름 흐르네.
기린마는 떠나간 뒤 돌아오지 않는데
천손은 지금 어느 곳에 노니는가?
돌다리에 기대어 휘파람 부노라니
산은 오늘도 푸르고 강은 절로 흐르네.

– 이색, 「부벽루」 –

04 위 시의 설명으로 거리가 먼 것은?

① 선정후경의 시상전개방식을 사용하였다.
② 시간의 흐름을 감각적으로 표현하였다.
③ 시상을 전개해 나가는 시각이 웅대하다.
④ 소재의 특성 면에서 민족문학적 성격이 드러난다.

해설 ① '선정후경'이 아니라, '선경후정'의 시상전개방식을 사용하였다.
주어진 시는 이색의 「浮碧樓(부벽루)」이다. 고구려 전성시대를 그리워하고 아쉬워하면서 동명왕을
막연히 기다리고 있는 과거에 대한 무상감과 회고의 정을 읊고 있다. 또한 새로운 왕조에 적극적으
로 가담하지 못하고 적극적으로 반대하지도 못한 우유부단한 시인의 생각을 잘 나타내고 있다.

05 위 시의 서정적 자아의 심리는?

① 만시지탄(晩時之歎) ② 인생무상(人生無常)
③ 견강부회(牽強附會) ④ 아전인수(我田引水)

해설 시적 자아는 옛 성터에서 지난날의 찬란한 역사를 회고하며 그와 대비되는 현재의 모습에서 인생
무상에 젖어 있다.
② 인생무상 : 인생이 덧없음
오답 ① 만시지탄 : 시기에 늦어 기회를 놓쳤음을 안타까워하는 탄식
③ 견강부회 : 이치에 맞지 않는 말을 억지로 끌어 붙여 자기에게 유리하게 함
④ 아전인수 : 자기 논에 물 대기라는 뜻으로, 자기에게만 이롭게 되도록 생각하거나 행동함을
이르는 말

정답 04 ① 05 ②

※ 다음 작품을 읽고 물음에 답하시오. (06~07)

새로 거른 막걸리 젖빛처럼 뿌옇고
큰 사발에 보리밥, 높기가 한 자로세.
밥 먹자 도리깨 잡고 마당에 나서니
검게 탄 두 어깨 햇볕 받아 번쩍이네.
응헤야 소리 내며 발맞추어 두드리니
삽시간에 보리 낟알 온 마당에 가득하네.
주고받는 노랫가락 점점 높아지는데
보이느니 지붕 위에 보리 티끌뿐이로다.
그 기색 살펴보니 즐겁기 짝이 없어
마음이 몸의 노예 되지 않았네.
낙원이 먼 곳에 있는 게 아닌데
무엇하러 벼슬길에 헤매고 있으리오.

– 정약용, 「보리타작(打麥行)」 –

06 다음 작품에서 화자가 궁극적으로 추구하는 삶의 모습은?

① 농촌에서 노동하는 삶
② 벼슬을 하는 지식인의 삶
③ 육체와 정신이 조화를 이룬 삶
④ 모두가 하나 되는 공동체적인 삶

> **해설** 제시된 작품은 정약용의 「보리타작(打麥行)」이다. 선경후정의 방식을 통해 실생활과 관련된 시어를 사용하여 사실감을 드러내고 있으며, 마지막 부분에서는 화자의 비판적 인식을 드러내고 있다. 작품에서 화자가 궁극적으로 추구하는 삶은 육체와 정신이 조화를 이룬 삶이라 할 수 있다.

07 위 시에서 시적 기능이 다른 시어는?

① 막걸리   ② 보리밥
③ 노랫가락   ④ 낙원

> **해설** 작가 정약용은 농민들의 삶을 '낙원'이라고 생각하고 있다.

정답 06 ③   07 ④

※ 다음 글을 읽고 물음에 답하시오. (08~09)

神策究天文(신책구천문)
妙算窮地理(묘산궁지리)
戰勝功旣高(전승공기고)
知足願云止(지족원운지)

08 위 시에서 화자의 태도는?

① 찬양　　　　　　　　　② 비하
③ 야유　　　　　　　　　④ 자조

해설　수나라 장수 '우중문'을 비꼬는 말투로 야유하고 있다.

09 위 시와 같은 표현방법을 구사하고 있는 것은?

① 내누님같이 생긴 꽃이여
② 얼굴은 못생겼지만 마음은 비단결 같다.
③ 너의 넋은 수녀보다도 외롭구나.
④ 그렇게 가오리다, 님께서 부르시면

해설　③ 비교법
오답　① 직유법, ② 억양법, ④ 도치법

10 다음은 최치원의 「추야우중」이다. 중심 소재로 알맞은 것은?

秋風惟苦吟 / 世路少知音
窓外三更雨 / 燈前萬里心

① 秋　　　　　② 窓　　　　　③ 三更雨　　　　　④ 燈

해설　'가을 밤비'는 고향 생각과 자신의 애틋한 마음을 자극하는 소재이다.

11 고려 시대의 한시 작가가 아닌 인물은?

① 김부식　　　② 이제현　　　③ 이규보　　　④ 서거정

정답　08 ③　09 ③　10 ③　11 ④

해설 ④ 서거정은 『경국대전』, 『동국통감』, 『동국여지승람』의 편찬에 참여한 조선 전기의 문신이며 학자이다.

오답 ① 고려 중기의 유학자. 「결기궁」 등의 작품을 남김.

② 고려 후기 정당 문학, 정승 등을 역임한 관리이며 학자, 문인. 「역옹패설」 뿐 아니라 수많은 한시를 남김.

③ 고려 중기의 대문호. 저서에 『동국이상국집』, 「국선생전」 등이 있음.

12 다음 작품에 대한 설명으로 적절하지 않은 것은?

> 비 갠 긴 둑에는 풀빛이 짙은데
> 그대 보내는 남포엔 슬픈 노래 울리네
> 대동강 물이야 어느 때 마를 건가
> 해마다 이별 눈물 푸른 강물에 더하는 것을
>
> – 정지상, 「송인(送人)」 –

① 도치를 활용하여 시적 긴장과 묘미를 살렸다.

② 인간의 유한함과 자연의 무한함을 대비하였다.

③ 지역색이 드러나는 시어를 사용하여 현장감을 더하였다.

④ 시각적 이미지와 청각적 이미지가 모두 나타나 있다.

해설 ② 이 작품에는 인간의 유한함과 자연의 무한함을 대비한 부분이 없다.

오답 ① 국어 문장의 정상 어순은 '주어 + 목적어 + 부사어 + 서술어'의 순이다.

　• **기구** : 부사어 '비 갠 긴 둑에는'이 주어 '풀빛이' 앞으로 도치되었다.

　• **승구** : 부사어 '그대 보내는 남포엔'이 주어 '슬픈 노래' 앞으로 도치되었다.

　• **결구** : 부사어 '해마다'가 목적어 '이별 눈물' 앞으로 도치되었다.

③ 전구에서 '대동강'이라는 지명이 드러나 있다.

④ '풀빛이 짙은 둑, 푸른 강물' 등에서 시각적 이미지를, '슬픈 노래'에서 청각적 이미지를 확인할 수 있다.

13 다음 내용에 해당하는 작품의 제목과 작자를 옳게 연결한 것은?

> • 우리나라 한문학 최초의 오언시이다.
> • 짐짓 적을 추키는 듯 조롱하는 작법을 사용하였다.
> • 적의 기세를 물리치는 기개를 보여 주었다.

① 「여수장우중문시」 – 최치원　　　② 「여수장우중문시」 – 을지문덕

③ 「추야우중」 – 최치원　　　④ 「추야우중」 – 을지문덕

정답 **12** ② **13** ②

「여수장우중문시」는 고구려 명장 을지문덕이 중국 수나라 장수 우중문(于仲文)에게 지어 보낸 오언 사구(五言四句)의 한시로, 우리나라의 가장 오래된 한시이며,『삼국사기(三國史記)』에 실려 전한다.

오답 「추야우중」은 신라 말기에 최치원(崔致遠)이 지은 오언절구의 한시이다. 비가 오는 가을밤에 자신을 알아 줄 지기(知己)가 없는 외로움을 노래한 작품이다.

2 서사한시의 주요 작품세계

01 다음 내용에 해당하는 작품은?

> • 우리나라 최초의 건국서사시이다.
> • 고려 후기에 이규보가 지었다.
> •『동국이상국집』 제3권에 수록되어 있다.

① 「동명왕편」   ② 『왕오천축국전』

③ 「단군신화」   ④ 「국경의 밤」

해설 「동명왕편」은 고려 후기 이규보가 고구려 건국에 대한 사실을 쓴 우리나라 최초의 건국서사시이다. 우리 민족의 우월성과 역사의 유구함을 강조하였고, 고려의 고구려 계승이라는 정통성 문제를 사실로 받아들여 민족의 자긍심을 높이려는 의도로 지어진 작품이며, 「동국이상국집」에 수록되어 있다.

오답 ②『왕오천축국전』: 신라 성덕왕 26년(727) 혜초. 우리나라 최초의 기행문. 고대 인도의 5국과 인근의 여러 나라를 10년 동안 순례하고 당나라에 돌아와서 그 행적을 적은 글이다.

③「단군신화」: 고조선의 건국신화. 우리 민족의 기원과 관련된 신화로서『삼국유사』,『제왕운기』, 『세종실록지리지』,『동국여지승람』과 같은 여러 책에 실려 전한다.

④「국경의 밤」: 1925년 김동환. 현대 최초의 장편 서사시. 두만강 근처의 한 마을을 배경으로 당시 우리 민족의 고통스러운 삶의 현실과 나라를 잃고 헤매는 유랑민의 삶을 노래하였다.

02 이규보의 「동명왕편」에 대한 설명으로 거리가 먼 것은?

① 중심 무대는 한반도와 만주벌판이다.

② 민족의 자긍심과 우월성을 강조하였다.

③ 외세를 이용한 신라의 통일을 비난하였다.

④ 고려가 고구려를 계승한 사실을 강조하였다.

해설 「동명왕편」은 고려 후기 이규보가 지은 우리나라 최초의 건국서사시로, 민족의 우월성을 강조하면서 나아가 고려가 고구려를 계승하고 있다는 고려인의 자부심을 전하여 민족의 자긍심을 높이려 하였다. 우리 민족의 중심 무대가 한반도와 함께 북방의 만주벌판이었음을 강조하였으며, 신라의 외세를 이용한 통일을 비난하려는 의도는 없었다.

정답   01 ①   02 ③

03 이규보의 「동명왕편」에 대한 설명으로 옳지 않은 것은?

① 우리나라 최초의 건국서사시이다.

② 후대의 영웅소설 및 가문소설의 구조에 큰 영향을 끼쳤다.

③ 대몽항쟁의 일환으로 민족의식을 고취시키기 위해 창작되었다.

④ 환인 – 환웅 – 단군 3대에 걸쳐 나라를 세우는 모습을 기록한 건국영웅 서사시이다.

> 해설   「동명왕편」은 고구려 건국을 기록한 우리나라 최초의 건국서사시로서 우리 민족의 우월성과 역
> 사의 유구함을 강조하고, 민족의 자긍심을 높이려는 의도로 지어진 작품이다. 발단–전개–절정–
> 대단원의 영웅일대기 구조로 동명왕이 어떻게 태어나서 어떤 시련을 거치고, 또 어떤 도움을 받
> 았는지 등을 통해 고구려가 탄생하게 된 과정을 나타내고 있다.
> ④ 「단군신화」에 관한 내용이다.

04 고구려의 건국신화로서 우리나라 최초의 건국서사시라 할 수 있는 작품은 무엇인가?

① 「동명왕편」   ② 『삼국사기』

③ 『삼국유사』   ④ 『수이전』

> 해설   「동명왕편」은 고구려 건국에 대한 사실을 쓴 우리나라 최초의 건국서사시로서 우리 민족의 우월
> 성과 역사의 유구함을 강조했고, 고려의 고구려 계승이라는 정통성 문제를 사실로 받아들여 민족
> 의 자긍심을 높이려는 의도로 지어진 작품이다.

◁ **3** 한문소설의 주요 작품 세계

01 다음 중 「심생전」에 대한 설명으로 틀린 것은?

① 시점은 전지적 작가 시점이다.

② 이 작품은 「이생규장전」 또는 「춘향전」을 연결시켜주는 문학사적 의의를 갖는다.

③ 신분이 다른 두 남녀의 희극적 사랑을 다룬 작품이다.

④ 자유연애사상, 여성의식의 성장, 중인층의 성장 등 조선 후기의 사회상을 함께 엿볼 수
있는 작품이다.

> 해설   「심생전」은 조선 정조 때 이옥이 지은 한문소설로 양반가 자제인 심생과 중인 계층인 소녀 간의
> 신분이 다른 두 남녀의 비극적 사랑을 다룬 작품이다. 자유연애사상, 여성의식의 성장, 신분질서
> 의 동요, 중인층의 성장 등 조선 후기의 사회상을 함께 엿볼 수 있는 작품이다.

정답   **03** ④   **04** ① / **01** ③

02 유학자의 위선과 아첨, 인간의 탐욕스러움을 '호랑이'라는 동물의 입을 빌려 질책하고 있는 박지원의 작품은?

① 「민옹전」　　　　　　　　　　② 「호질」
③ 「양반전」　　　　　　　　　　④ 「허생전」

> **해설** 박지원의 「호질」은 위선적 인물을 대표하는 북곽선생과 동리자를 내세워 당시의 양반계급, 즉 다수 선비들의 부패한 도덕관념을 풍자·비판한 작품이다.
>
> **오답** ① 「민옹전」: 박지원의 한문소설. 실존 인물인 민유신의 전기로, 능력은 있으나 불우하게 일생을 마친 그의 삶을 통해 당시의 세태를 풍자한 작품이다.
> ③ 「양반전」: 박지원의 한문소설. 가난한 양반이 관아에 진 빚을 갚기 위하여 고을 원의 배석 하에 천한 신분의 부자에게 양반 신분을 팔려고 하였으나 양반의 조건이 너무 까다로워 부자가 양반 신분을 사양하였다는 내용이다. 양반 계급의 허위와 부패를 폭로하였으며 실학사상을 고취하였다.
> ④ 「허생전」: 박지원의 한문소설. 허생의 상행위를 통하여 당시 허약한 국가 경제를 비판하고, 양반의 무능과 허위의식을 풍자한 작품으로, 『열하일기』의 「옥갑야화」에 실려 있다.

03 다음 중 「수성지(愁城誌)」에 대한 설명으로 틀린 것은?

① 조선 선조 때 임제(林悌)가 지은 한문 단편소설이다.
② 현실에 대한 불만과 울적한 심회를 의인법을 사용하여 표현한 작품이다.
③ 임춘의 「국순전」, 이규보의 「국선생전」 등에 근원을 두고 있다.
④ 가전문학의 일대기 형식을 벗어나지 못하고 있다.

> **해설** 「수성지(愁城誌)」는 사물을 의인화하는 가전의 수법을 답습하고는 있지만, 심적 세계와 사물의 세계가 공존하고 있다는 점, 가전문학의 일대기 형식을 벗어난 점, 서술자의 평이 없어진 점을 고려하면 가전체가 소설로 발전된 것으로 볼 수 있다.

04 김시습의 『금오신화』에 포함된 작품이 아닌 것은?

① 「이생규장전」　　　　　　　　② 「원생몽유록」
③ 「남염부주지」　　　　　　　　④ 「만복사저포기」

> **해설** 『금오신화』는 한국 전기체 소설의 효시로 「만복사저포기」, 「이생규장전」, 「취유부벽정기」, 「용궁부연록」, 「남염부주지」 등 5편이 수록되어 있다.
> ② 「원생몽유록」은 조선 중기에 임제가 지은 한문소설이다.

정답　02 ②　03 ④　04 ②

05 김시습의 『금오신화』에 나타난 전기(傳奇)소설적 특징은?

① 환상적 내용을 담고 있다.

② 전쟁의 비극성을 강조하고 있다.

③ 영웅의 일생을 소재로 하고 있다.

④ 현실을 우의적으로 표현하고 있다.

> 해설 『금오신화』의 특성
> ㉠ 주인공들이 한결같이 재자가인적(才子佳人的) 인물이라는 점
> ㉡ 문장표현이 한문 문어체로서 사물을 극히 미화시켜 표현한 점
> ㉢ 일상적, 현실적인 것과 거리가 먼 신비로운 내용을 그린 점(환상적인 내용)

06 다음 설명에 해당하는 작품은?

> • 『금오신화』에 수록되어 있다.
> • 인간과 귀신의 사랑을 소재로 삼았다.
> • 홍건적의 난이 배경으로 등장한다.
> • 담장 안을 엿봄으로써 남녀 주인공의 인연이 시작된다.

① 「남염부주지」   ② 「원생몽유록」

③ 「이생규장전」   ④ 「취유부벽정기」

> 해설 작품의 내용을 파악한다.
> ③ **「이생규장전」** : 김시습이 지은 한문 단편소설. 이생이 부모의 허락을 얻어 몰래 만나던 최랑(崔娘)과 혼인을 하지만 홍건적의 무리가 최랑을 죽이는 바람에 현세에서의 사랑을 다하지 못하여 최랑을 지극히 생각하다가 병이 들어 죽는다는 내용이다.

> 오답 ① **「남염부주지」** : 김시습이 지은 한문 단편 소설. 불교를 믿지 않던 박생(朴生)이 꿈속에서 남쪽 염부주에 다녀온 후 크게 깨닫는다는 내용이다.
> ② **「원생몽유록」** : 조선 선조 때 임제가 지은 한문 소설. 원자허(元子虛)라는 인물이 꿈속에서 단종과 사육신을 만나 비분한 마음으로 흥망의 도를 토론하였다는 내용으로 세조의 왕위 찬탈을 소재로 정치권력의 모순을 폭로한 작품이다.
> ④ **「취유부벽정기」** : 조선 초기에 김시습이 지은 한문 단편소설. 송경(松京)에 사는 홍생(洪生)이 취하여 수천 년 전 기자(箕子)의 후손으로 선녀가 된 기씨녀(箕氏女)를 만나 아름다운 사랑을 나누었다는 내용이다.

정답   05 ①   06 ③

07 ( ) 안에 들어갈 말로 알맞은 것은?

> 『금오신화』에 들어 있는 작품은 모두 다섯 편이며 일정한 순서로 배열되어 있다. 처음 두 편인 ( )와/과 「이생규장전」은 죽은 여자와 사랑에 빠진다는 설정에 따라 전개되므로 명혼소설로 부를 수 있다.

① 「남염부주지」　　　　　　　　② 「만복사저포기」
③ 「용궁부연록」　　　　　　　　④ 「취유부벽정기」

해설 ② 『금오신화』는 우리나라 최초의 한문 단편소설집이다. 「만복사저포기」, 「이생규장전」, 「취유부벽정기」, 「용궁부연록」, 「남염부주지」 순으로 실려 있다.

오답 ① 「남염부주지」: 유학자 박생이 꿈속에서 남염부주(염라국)에 가염왕과 사상적인 담론을 벌인다는 내용으로 남녀 간의 사랑이 나타나지 않는다.
③ 「용궁부연록」: 한생이라는 문장가가 꿈속에 용궁으로 초대되어 가서 겪은 일을 내용으로 한다.
④ 「취유부벽정기」: 개성 상인 홍생이 부벽루에서 선녀가 된 기자의 딸과 시를 주고 받는 내용이다.

08 임제가 쓴 전기소설로 생육신인 남효온의 처지를 슬퍼하며 쓴 소설은?

① 「원생몽유록」　　　　　　　　② 「창선감의록」
③ 「심생전」　　　　　　　　　　④ 「최척전」

해설 ① 「원생몽유록」은 조선 선조 때의 몽유록계 작품이다. 원자허(元子虛)라는 인물이 꿈속에서 단종과 사육신을 만나 비분한 마음으로 흥망의 도를 토론하였다는 내용으로 세조의 왕위찬탈을 소재로 정치권력의 모순을 폭로한 작품이다.

오답 ② 「창선감의록」: 조선 숙종 때, 조성기의 국문소설. 명나라가 그 배경으로, 정 부인의 소생인 화진을 형 화춘이 그의 어머니 심 부인과 함께 모해하지만 실패하고, 후에 온갖 고난을 겪던 화진이 나라에 큰 공을 세워 명성을 떨치면서 모두 용서하여 가족이 함께 모여 행복하게 살았다는 내용으로, 부모에 대한 효도와 형제간의 우애를 유교적 도덕관에 입각하여 그린 작품이다.
③ 「심생전」: 조선 정조 때, 이옥의 한문소설. 신분이 다른 두 남녀의 비극적 사랑을 다루고 있다.
④ 「최척전」: 조선 인조 때, 조위한의 한문소설. 임진왜란, 정유재란을 배경한 최초의 피란 소설이며, 일부일처의 건전한 사랑을 내용으로 한 작품으로 소설을 좋지 않게 생각하던 시대에 사대부인 작자의 이름을 분명히 밝힌 특징을 지니고 있다.

09 박지원이 지은 한문 단편소설은?

① 「호질」　　　　　　　　　　　② 「장생전」
③ 「백운소설」　　　　　　　　　④ 「이생규장전」

정답 **07** ② **08** ① **09** ①

해설 ①의 「호질(虎叱)」은 조선 정조 때 박지원이 지은 한문 단편소설이다. 호랑이를 통하여 도학자의 위선을 신랄하게 꾸짖는 내용으로, 『열하일기』에 실려 있다.

오답 ② 「장생전(長生殿)」 : 중국 청나라의 홍승이 지은 장편 희곡이다. 당나라 현종과 양 귀비의 사랑을 그린 작품인데, 50막으로 되어 있으며, 1688년에 발표하였다.
③ 「백운소설(白雲小說)」 : 고려 고종 때의 문인 이규보가 지은 시화(詩話) 및 잡기(雜記)이다. '소설'이라는 명칭을 처음으로 사용하였으나 소설은 아니다.
④ 「이생규장전(李生窺墻傳)」 : 김시습이 지은 전기(傳奇) 소설로, 『금오신화』에 실려 있다.

10 다음에서 설명하는 박지원의 작품은 무엇인가?

위선적 인물을 내세워 당시의 양반계급, 즉 다수 선비들의 부패한 도덕관념을 풍자하여 비판한 작품으로, 끝까지 위선과 허세를 부리는 이중적인 인간임을 고발하고 있다.

① 「양반전」   ② 「허생전」
③ 「예덕선생전」   ④ 「호질」

해설 「호질」은 위선적 인물을 대표하는 북곽과 동리자를 내세워 당시의 양반계급, 즉 다수 선비들의 부패한 도덕관념을 풍자하여 비판한 작품이다.

11 다음 내용과 관련된 연암 박지원의 작품은?

• 북벌론을 비판하였다.
• 중국과의 무역을 장려하였다.
• 흰 옷, 상투 등 복식의 폐지를 주장하였다.
• 현실과 동떨어진 공리공론을 비판하였다.
• 청나라 유학을 통한 선진문명을 받아들일 것을 주장하였다.

① 「호질」   ② 「양반전」
③ 「허생전」   ④ 「광문자전」

해설 박지원의 「허생전(許生傳)」은 중국과의 무역 장려 등 중상주의적 사상과 함께 허위적 북벌론을 배격하면서 이상향을 추구하는 내용을 담고 있어, 당시 사회가 안고 있는 문제점을 사실적으로 잘 지적하고 있다.

정답 10 ④ 11 ③

12 ( ) 안에 들어갈 작품의 제목은?

> 연암 박지원의 한문소설 가운데 ( )은 분(糞)을 수거하는 비천한 생활을 하면서도
> 대인군자 못지않은 의리와 덕행을 겸비한 주인공 엄 행수를 통하여 당시의 양반과 고관
> 대작들의 무위도식하는 행태와 호의호식을 꿈꾸는 허욕을 풍자하였다.

① 「마장전(馬駔傳)」
② 「광문자전(廣文者傳)」
③ 「허생전(許生傳)」
④ 「예덕선생전(穢德先生傳)」

[해설] 지문은 「예덕선생전」에 대한 설명이다.

[오답] ① 「마장전」: 말 거간꾼들의 입을 빌려 친구 사귀기의 어려움을 말하면서, 군자로 행세하던 당시의 문인과 학자들의 친구 사귀는 도리가 위선적이고 극도로 부패하여 말 거간꾼만도 못하다는 것을 풍자한 작품

② 「광문자전」: 거지의 두목인 광문이 약종상(藥種商)의 사환이 되어 오해도 받지만 그의 욕심 없음과 순수한 인간성 때문에 모든 사람과 잘 사귀게 된다는 것을 보여 줌으로써, 상대적으로 양반의 탐욕과 부패함을 은근히 풍자한 작품

③ 「허생전」: 허생의 상행위를 통하여 당시 허약한 국가 경제를 비판하고, 양반의 무능과 허위의식을 풍자한 작품

◢ 4 기타 산문문학

01 다음 중 작가와 그의 한문학 문집이 바르게 연결된 것은?

① 이규보 – 『파한집』
② 박지원 – 「초정집서」
③ 이제현 – 『삼국사기』
④ 김부식 – 『익재난고』

[해설] ② 「초정집서」: 박지원의 한문 수필. 글을 창작함에 있어 창신(創新)만을 추구하는 박제가에게 법고(法故)를 권하고 있다.

[오답] ① 『파한집』: 고려 명종 때, 이인로의 설화집. 비평 문학의 효시. 이름난 유학자들의 시화, 문담, 기사(紀事) 따위와 자기 작품을 수록하고, 풍속·풍물도 함께 실어 고려사 연구에 귀중한 자료가 된다.

③ 『삼국사기』: 고려 인종 때, 김부식의 역사서. 우리나라에서 현존하는 가장 오래된 역사책. 신라, 고구려, 백제 세 나라의 역사를 기전체로 적었다.

④ 『익재난고』: 고려 공민왕 때, 이창로와 이보림이 엮은 이제현의 시문집. 유고(遺稿)가 흩어지고 빠져서 다 모으지 못했으므로 난고(亂藁)라고 한다. 특히 4권에 실린 「소악부」는 고려 시대의 가요를 악부체로 번역한 것으로 국문학상 귀중한 자료이다.

02 다음 중 작가와 작품이 바르게 연결된 것은?

① 이색 – 『역옹패설』 ② 박인량 – 『보한집』
③ 최자 – 『수이전』 ④ 이규보 – 『백운소설』

> **해설** ④ 『백운소설』: 고려 고종 때, 이규보의 시화(詩話) 및 잡기(雜記). 삼국시대부터 저자 당대까지의 시인들과 그들의 시에 대하여 논하였으며, 또한 소설이라는 명칭을 처음으로 사용하였다. 홍만종의 『시화총림』에 28편이 전한다.

> **오답** ① 『역옹패설』: 고려 말 이제현의 수필집. 역사책에 나오지 않은 이문(異聞)・기사(奇事)・인물평・경론・시문・서화 품평 따위를 수록하고, 자신의 시문 약간과 책 끝에 이색의 묘지명을 붙였다. 대부분이 시에 대한 논의로, 일종의 시 비평서라 할 수 있다.
> ② 『보한집』: 고려 고종 때, 최자의 시화집(詩話集). 이인로의 『파한집』을 보충한 수필체의 시화들을 엮은 책으로 시구(詩句), 취미, 사실(史實), 부도(浮屠), 기녀(妓女) 따위에 관한 여러 가지 이야기를 수록하였다.
> ③ 『수이전』: 고려 문종 때, 박인량의 우리나라 최초의 순수 설화집. 편찬자에 대한 논란이 있다. 오늘날은 전하지 않으며, 설화 12편이 『삼국유사』, 『필원잡기』, 『해동고승전』 등에 실려 전한다.

03 다음 설명에 해당하는 서적은?

> • 신라 때의 설화를 모은 책이다.
> • 내용 일부가 『해동고승전』, 『필원잡기』 등에 전한다.
> • 최치원, 박인량, 김척명 등 편찬자에 대하여 논란이 있다.
> • 수록된 작품으로 「심화요탑」, 「수삽석남」 등이 있다.

① 『수이전』 ② 『태평광기』
③ 『삼대목』 ④ 『삼국유사』

> **해설** 문집의 내용과 작가를 이해한다.
> ① 『수이전』: 최초의 순수 설화집
> – 신라 때 구비 전승되던 설화를 채록한 책이다.
> – 원본은 전해지지 않으나 『해동고승전』, 『삼국유사』, 『태평통재』, 『필원잡기』, 『대동운부군옥』 등에 작품 일부가 전해지고 있다.
> – 편찬자에 대한 논란이 있지만 신라 말기 최치원(崔致遠)에 의해 편찬되고 고려 때 박인량(朴寅亮), 김척명(金陟明)에 의해 증보・개작된 것으로 본다.
> – 「수삽석남(首揷石枏)」, 「죽통미녀(竹筒美女)」, 「노옹화구(老翁化狗)」, 「심화요탑(心火遶塔)」 등 12편이 수록되었다.

> **오답** ② 『태평광기』: 북송초인 978년에 이방(李昉) 등이 칙령에 따라 한(漢)에서 북송 초기까지의 소설류를 광범위하게 수집한 책
> ③ 『삼대목』: 신라 선덕여왕 2년(888년) 각간 위홍과 대구화상이 왕명을 받아 편찬한 부전 향가집
> ④ 『삼국유사』: 고려 후기(1281~1283년) 경 승려 보각국사 일연이 고려 시대까지 전승되던 삼국 시대의 여러 역사와 설화를 담아 에 5권 2책으로 저술한 역사책

> **정답** 02 ④ 03 ①

04 ( ) 안에 들어갈 말로 알맞은 것은?

> 우리나라에서 본격적인 문학 비평은 고려 후기에 비로소 나타났으며 이인로의 ( )
> 을 그 예로 들 수 있다. 이것은 시화를 모은 책으로, 시평을 곁들이고 이따금 작가론이나
> 문학 일반론을 보태었다.

① 『보한집』   ② 『백운소설』

③ 『파한집』   ④ 『역옹패설』

> **해설** ③ 『파한집』은 이인로가 고려 명종 때 지은 설화 문학집이다. 이름난 유학자들의 시화, 문담, 품
> 평을 수록하고 풍속, 풍물도 함께 실었다. 이제헌의 『역옹패설』, 최자의 『보한집』과 함께 고려
> 시대 3대 문학비평서 중 하나로 꼽힌다.

> **오답** ① 『보한집』은 최자가 이인로의 『파한집』을 보충하면서 이규보의 문학관을 수용한 비평서이다.
> ② 『백운소설』은 이규보가 조선 시대 『동국이상국집』에서 시화, 잡기 등을 모은 것이다.
> ④ 『역옹패설』은 고려 말기 이제현이 지은 수필집으로 인물평, 경론, 시문 따위를 수록하고 있다.

05 가전체 소설에 대한 설명으로 적절하지 않은 것은?

① 사물을 의인화하여 그 일생을 전(傳)의 형식으로 서술하였다.

② 민간에 떠돌던 이야기에 창의성과 윤색이 가미된 산문문학의 일종이다.

③ 「국순전」은 술을, 「공방전」은 돈을, 「청강사자현부전」은 거북이를 의인화한 작품이다.

④ 주인공의 행적을 통해 사람들을 경계하고 권선(勸善)하기 위한 풍자문학의 성격을 지니
고 있다.

> **해설** 가전체 소설은 구전되던 이야기를 기록한 패관문학과 다르게 고려 사대부들에 의해 창작된 계세
> 징인(戒世懲人)을 목적으로 하는 문학 양식이다.
> ②는 고려 시대 패관문학에 대한 설명이다.

06 가전체 소설의 작품과 소재의 연결이 옳은 것은?

① 「국순전」 – 국화   ② 「공방전」 – 종이

③ 「정시자전」 – 돈   ④ 「청강사자현부전」 – 거북이

> **해설** 고려 가전체 소설의 제목과 의인화한 대상을 파악한다.
> ④ 「청강사자현부전(淸江使者玄夫傳)」: 이규보. 거북이를 의인화하여 안분지족과 처세의 중요
> 성을 강조하였다.

> **오답** ① 「국순전(麴醇傳)」: 임춘. 가전체의 효시로 술을 의인화하여 간사한 벼슬아치를 비판하였다.
> ② 「공방전(孔方傳)」: 임춘. 돈(엽전)을 의인화하여 재물을 탐하는 태도를 경계하였다.
> ③ 「정시자전(丁侍者傳)」: 석식영암. 지팡이를 의인화하여 사람이 도를 알고 행해야 함을 강조
> 하였다.

정답   04 ③   05 ②   06 ④

07 가전(假傳)에 대한 설명 중 옳지 않은 것은?

① 사마천의 『사기열전』의 형식을 모방하였다.

② 고려 중기에 처음 시도되었다.

③ 작품 말미에 서술자의 개입이 드러난다.

④ 임춘의 「국순전」과 이규보의 「국선생전」은 종이를 의인화한 작품이다.

> 해설 「국순전」과 「국선생전」은 술을 의인화한 것이며, 이첨의 「저생전」이 종이를 의인화한 작품이다.

08 다음 가전체 작품 중에서 의인체 대상이 잘못 연결된 것은?

① 「국순전」 – 술   ② 「청강사자현부전」 – 거북

③ 「공방전」 – 벼루   ④ 「정시자전」 – 지팡이

> 해설 ③ 「공방전」 – 엽전을 의인화

09 지팡이를 의인화하여 자신을 깨닫고 도(道)를 지킬 것을 경계하며, 인재를 알아볼 줄 모르는 세태를 풍자한 가전체 문학은?

① 「국순전」   ② 「정시자전」   ③ 「공방전」   ④ 「저생전」

> 해설 ② 「정시자전」 : 석식영암이 지은 가전체 작품으로, 지팡이를 의인화하여 인세(人世)의 덕에 관하여 경계하였다.
>
> 오답 ① 「국순전(麴醇傳)」 : 임춘의 가전체 문학. 술을 의인화하여 당시의 정치 현실을 풍자하고 술로 인한 패가망신을 경계하였다.
> ③ 「공방전(孔方傳)」 : 임춘의 가전체 문학. 엽전을 옥석으로 의인화하여 옥은 빛나고 귀하지만 때때로 어지러운 일에 쓰이고 재물만 탐하는 그릇된 길로 이끌어 가니 경계해야 한다는 내용으로, 처신을 올바르게 할 것을 논하였다.
> ④ 「저생전(楮生傳)」 : 이첨(李詹)이 지은 가전체 소설. 종이를 의인화하여 위정자들에게 올바른 정치를 권유하고 있다.

10 이규보의 「국선생전」에 대한 설명으로 틀린 것은?

① 가전체 작품이다.

② 사물의 부정적인 측면만을 강조하였다.

③ 사람의 일대기 형식으로 쓰되, 마지막엔 작가의 평을 덧붙였다.

④ 열전(列傳)의 형식으로 가상 인물의 일대기를 그렸다.

> 해설 이규보의 「국선생전」은 술을 의인화하여 군자의 처신을 경계하였다. 술은 사람의 마음을 관대하게 하고 근심을 없애 주는 것이라 하여 술의 장점도 나타냈다.

> 정답   07 ④   08 ③   09 ②   10 ②

CHAPTER 05 구비문학

01 구비문학

1. 개념
① 문자가 생기기 이전 시대부터 전승되어 온 문학이다.
② 구비문학도 우리 고유의 문학이다.
③ 설화, 민요, 판소리, 민속극, 속담, 수수께끼 등이 이에 속한다.
④ 현장에서 느낄 수 있는 생생한 생활언어를 엿볼 수 있다.

2. 특징
① 말로 된 문학으로 표정이나 몸짓, 소리로 연희(演戲)된다.
② 단순하며 보편적인 성격을 띤다.
③ 무가(巫歌)는 다른 구비문학과 달리 주술성이 있다.
④ 속담은 그 민족의 지혜와 슬기를 엿볼 수 있다.
⑤ 수수께끼는 말장난으로 그 민족의 문화적, 언어적 환경에 의해 만들어진 것이 많다.

02 설화(說話)의 특징과 갈래

1. 특징
① 일정한 서사적 구조를 가진 허구적 이야기이다.
② 신화, 전설, 민담이 포함된다.
③ 몸짓이나 표정이나 노래가 아닌 보통 '말'로 이루어졌다.
④ 반드시 화자와 청자의 관계에서 화자가 청자의 반응을 의식하면서 구연된다.
⑤ 구전 문학의 형태로 전해 오다가 고려 시대에『수이전』,『삼국유사』,『삼국사기』 등의 문헌에 한역(漢譯)되어 정착되었다.
⑥ 민족 전체의 사상과 정서를 담고 있으며, 민족적 긍지를 심어 준다.
⑦ 무속신앙(巫俗信仰, shamanism), 동물숭배 사상(토테미즘, totemism) 등이 바탕이 된다.
⑧ 고려 시대에 그 맥락이 이어져, 패관문학, 가전체를 발생시키고, 나아가 후대 소설 문학의 근원이 된다.

2. 갈래

(1) **신화(神話)** : 민족신이나 건국신에 대한 신앙 상징으로 신성하고 진실한 것으로 믿는 이야기, 국조 탄생 신화, 개국 신화 등으로 '신이(神異) 탄생 → 신성 결혼 → 등극(즉위) → 사회의 이적(異蹟)'의 구조를 지닌다.

(2) **전설(傳說)** : 신화보다 후대에 생긴 것으로, 역사성과 진실성이 있다고 믿어지는 이야기. 비범한 인물의 위대한 업적이나, 뒷받침할 만한 연기물(緣起物)로써 구체적인 사물(산·바위·하천·나무·동물 등)과 결합되어 전한다.

(3) **민담(民譚)** : 신성하지도 진실하지도 않은, 흥미와 교훈 위주로 꾸며진 이야기. 협의의 설화로, 슬기와 기지, 해학이 들어 있으며, 상상력과 권선징악적 구성 등으로 후대 소설에 큰 영향을 주었다.

구분 \ 갈래	신화	전설	민담
전승자의 태도	신성하다고 믿음 → 신성성	진실하다고 믿음 → 진실성	흥미롭다고 믿음 → 흥미성
시간과 장소	신성한 장소	구체적인 시간과 장소	뚜렷한 시간과 장소가 없음
증거물	포괄적(우주, 국가 등)	개별적(바위, 개울 등)	보편적
주인공과 그 행위	신(神), 초능력 발휘	비범한 인간, 비극적 결말	평범한 인간, 운명 개척
전승 범위	민족적 범위	지역적 범위	세계적 범위
미적 범주	숭고미	비장미	골계미

3. 주요 신화

나라	신화명	내용
고조선	단군신화	㉠ 우리나라 건국신화, 홍익인간 이념제시, 현존 최고의 신화 ㉡ 민족주의적 영웅서사시의 원류 ㉢ 출전 : 삼국유사, 제왕운기, 응제시주, 동국여지승람, 세종실록지리지
고구려	주몽신화	동명왕의 출생에서부터 건국의 성업(聖業)까지를 묘사한 설화
신라	박혁거세신화	나정(蘿井) 근처에서 발견한 알에서 태어나 6村 사람들의 추대로 임금이 됨. 박씨의 시조설화
	석탈해신화	알에서 나와 버려진 뒤 남해왕의 사위가 되고 나중에 임금으로 추대된 석(昔)씨의 시조설화
	김알지신화	시림(始林 : 鷄林)의 나무에 걸렸던 금궤에서 태어났다고 전해지는 경주 김씨의 시조설화
가락국	수로왕신화	알에서 태어난 6명의 아이들 중 가락국의 왕이 된 김해 김씨의 시조설화

4. 근원설화와 후대 소설과의 영향관계

(1) 판소리계 소설

근원설화	판소리 사설	판소리계 소설	개작 신소설
도미 설화	「춘향가」	「춘향전」	「옥중화(獄中花)」
방이 설화	「흥보가」	「흥부전」	「연(燕)의 각(却)」
연권녀 설화	「심청가」	「심청전」	「강상련(江上蓮)」
귀토 설화	「수궁가」	「별주부전」	「토(兎)의 간(肝)」

(2) 기타

구분	작품	아류작
조신설화	「구운몽」(김만중)	「옥루몽」
지하국 대적 퇴치설화	「홍길동전」, 「박씨전」	「전우치전」, 「서화담전」
쟁장 설화(爭長說話)	「두껍전」	
장자못 설화	「옹고집전」	
신데렐라형 설화	「콩쥐팥쥐전」	

---

03 민요의 특징과 갈래

1 민요(民謠)

1. 민요의 개념과 특성

(1) 개념 : 민중들 사이에서 저절로 생겨나서 전해지는 노래

① 민(民) : 민요는 식자층이 아닌 일반 서민 백성이 즐긴 예술인 것이다. 그런 면에서 한시나 시조, 가사 등의 시가 양식과 성격을 달리한다.

② 요(謠) : 민요는 일정한 노랫가락에 실려서 불린다. 그리고 누구에게나 노래 불리기에 적당한 노랫말의 형식을 지녀서 같은 서민 예술인 설화, 민속극 등과 구별된다.

(2) 특성(特性)

① 구전성(口傳性) : 설화와 마찬가지로 민요는 문자에 의한 기록과 무관하게 입에서 입으로 전승된다.

② 서정성(抒情性) : 민요는 대체로 농축된 정서를 직접적으로 표출하는 것이 특징이다.

③ 서민성(庶民性) : 민요는 서민의 일상생활에서 불리는데, 특히 노동과 밀접한 관계를 갖는다. 이러한 민요에는 서민의 생활 감정이 다른 어느 양식보다도 잘 포함되어 있다.

④ **형식미(形式美)** : 민요는 가락에 실려 불리는 것이기 때문에 노래로 불리기에 적합하도록 그 율격이나 형식이 다듬어져 있다. 그 율격(律格)은 일정한 정형성을 띠는 것이 보통이다.

2. 민요의 율격과 형식

(1) **민요의 율격(律格)** : 민요는 노래로 불리기에 적당하도록 그 율격이 다듬어져 있는데, 그 종류는 다양하다.
① **1음보격** : '음해야' 같은 노래. 급격한 느낌을 준다.
② **2음보격** : 대체로 급격한 느낌. '강강술래', '땅다지기 노래' 등이 있다.
③ **3음보격** : 경쾌한 느낌. '아리랑', '한강수타령' 등이 있다.
④ **4음보격** : 장중한 느낌. 매우 폭넓게 나타난다. 이들 여러 형식 중에서 특히 4음절을 중심으로 하는 4음보격의 민요가 대종을 이루고 있다.

(2) **민요의 형식(形式)**
① **분연체(分聯體)** : 연이 나누어지는 방식의 민요이다. 특히 연 사이에 후렴이 개입하는 경우가 많다.
② **연속체(連續體)** : 연이 나누어지지 않는 형식의 민요. 짧은 것에서부터 상당히 긴 것까지 그 종류가 다양하다. 이처럼 민요의 형식과 내용은 매우 다양하다. 삶의 온갖 경험과 다양한 정서가 반영되고 있다. 노동의 고달픔과 보람, 일상생활에서 느끼는 희로애락의 정서, 남녀 간의 사랑, 윤리 의식, 종교적 축원, 동·식물 등 사물의 묘사에서 말놀음에 이르기까지 민요의 내용은 다양하다. 일제 시대에는 아리랑과 같은 저항 정신이 담긴 민요가 불리기도 했다.

3. 민요의 분류

(1) **기능에 따른 분류** : 민요는 그 기능 여하에 따라 기능요(機能謠)와 비기능요(非機能謠)로 나누어진다. 기능요란 노동 등과 같은 일정한 기능에 맞추어 부르는 민요이고, 비기능요는 단지 노래의 즐거움 때문에 부르는 민요이다. 기능요는 다시 그 기능의 종류에 따라 노동요(勞動謠), 의식요(儀式謠), 유희요(遊戲謠) 등으로 나뉜다.
① **노동요** : 일을 하면서 부르는 민요로서 '논매기 노래', '타작노래' 등 농업에 관계되는 것, '해녀 노래'와 같이 어업에 관계되는 것 등의 여러 종류가 있다.
② **의식요** : '지신밟기요' 등의 세시(歲時) 의식에 관계된 노래, '상여 노래' 등 장례 의식에 관계된 노래들을 말한다.
③ **유희요** : 놀이에 박자를 맞추면서 부르는 민요로서, '강강술래', '줄다리기 노래', '널뛰기 노래' 등을 말한다.

(2) **가창 방식에 따른 분류** : 민요는 그 가창 방식에 따라 선후창(先後唱), 교환창(交換唱), 독창(獨唱), 제창(齋唱) 등으로 나뉜다.
① **선후창** : 한 사람이 앞소리를 선창하면 다른 사람들이 후렴을 따라 부르는 방식의 민요. '상여 노래', '강강술래' 등 많은 노래가 여기에 속한다.

② **교환창** : 노랫말을 사람들이 서로 나누어 돌아가면서 부르는 방식의 민요. '모내기 노래'에 흔히 나타난다.

③ **독창(혹은 제창)** : 한 사람(혹은 여러 사람)이 계속 이어 부르는 형태의 민요. 같은 노래가 혼자 또는 여럿에 의해 불릴 수 있다. '베틀요', '시집살이요' 등과 같이 길게 이어져 나가는 노래가 흔히 이 형식을 취한다.

(3) **창자에 따른 분류** : 민요는 창자에 따라 남요(男謠), 부요(婦謠), 동요(童謠)로 나누어진다.

① **남요** : 주로 남자들이 부르는 민요. 남자의 노동과 관계되는 '모심기 노래', '상여 노래' 등이 이에 해당한다.

② **부요** : 여성들이 주로 부르는 노래. '베틀요', '시집살이요', '길쌈요', '강강술래' 같은 것들이 이에 속한다.

③ **동요** : 어린이들이 부르는 노래. '기러기 노래', '잠자리 노래', '나물 노래'와 같은 것들이 이에 속한다.

4. 민요의 역사적 전개

(1) **고대 사회** : 「구지가」와 같은 고대가요, 그리고 '풍요', '서동요'같은 향가가 민요의 성격을 지니고 있다. 백제 노래라고 기록된 '정읍사'도 이 시기 민요의 모습을 보여 준다.

(2) **고려 시대** : 속요(俗謠) 중 「상저가」, 「가시리」, 「청산별곡」 등의 노래가 이 시기 민요의 단면을 보여 준다. 이 시대에는 민요가 궁중에까지 전해져 궁중 악곡의 가사로 쓰이기도 하였다.

(3) **조선 시대** : 현전하는 노래들을 통해 볼 때, 다양한 형식과 가락에 바탕하여 상층의 시가 양식을 흡수하면서 독특한 유행 민요가 형성되었는데 그것을 잡가(雜歌)라고 한다. 「창부타령」, 「새타령」, 「수심가」, 「육자배기」 등의 노래가 있다.

(4) **일제시대** : 서구 문물이 유입되는 가운데도 각종 「아리랑」 등 저항적인 내용의 민요가 널리 불려졌다.

◢ 2 주요 작품의 감상

1. 시집살이 노래

(1) **기(起)** : 형님의 근친

> 형님 온다 형님 온다   분고개로 형님 온다.
> 형님 마중 누가 갈까   형님 동생 내가 가지.
> 형님 형님 사촌 형님   시집살이 어떱뎁까?

(2) **서(敍)** : 고된 시집살이 묘사

> 이애 이애 그 말 마라   시집살이 개집살이.
> 앞밭에는 당추 심고   뒷밭에는 고추 심어

고추 당추 맵다 해도	시집살이 더 맵더라.
둥글둥글 수박 식기	밥 담기도 어렵더라.
도리도리 도리 소반	수저 놓기 더 어렵더라.
오 리 물을 길어다가	십 리 방아 찧어다가
아홉 솥에 불을 때고	열 두 방에 자리 걷고
외나무 다리 어렵대야	시아버니같이 어려우랴?
나뭇잎이 푸르대야	시어머니보다 더 푸르랴?
시아버니 호랑새요	시어머니 꾸중새요
동세 하나 할림새요	시누 하나 뾰족새요
시아지비 뾰중새요	남편 하나 미련새요
자식 하난 우는새요	나 하나만 썩는 샐세.
귀먹어서 삼 년이요	눈 어두워 삼 년이요
말 못해서 삼 년이요	석삼 년을 살고 나니
배꽃 같던 요 내 얼굴	호박꽃이 다 되었네.
삼단 같던 요 내 머리	비사리춤이 다 되었네.
백옥 같던 요 내 손길	오리발이 다 되었네.
열새 무명 반물 치마	눈물 씻기 다 젖었네.
두 폭 붙이 행주치마	콧물 받기 다 젖었네.

(3) 결(結) : 해학적 체념

울었던가 말았던가	베개 머리 소(沼) 이겼네.
그것도 소이라고	거위 한 쌍 오리 한 쌍
쌍쌍이 때 들어오네	

▶▶ 핵심정리

① 갈래 : 민요, 서정 민요, 부요(婦謠)
② 형식 : 4음보 가사체, 대화체, a-a-b-a형의 민요적 표현
③ 성격 : 여성적, 서민적, 부요(婦謠 : 당대 여성들의 보편적 삶의 체험, 혹은 정서의 표현)
④ 구성 : 3단 구성(기, 서, 결)
⑤ 표현
   ㉠ 대화 형식
   ㉡ 일정 음보의 반복에 의한 리듬감 형성
   ㉢ 한을 해학적으로 표현. 「흥보가」에서 절망적 상황을 해학적으로 표현한 것과 유사
   ㉣ 반복과 대구, 과장 등 다양한 표현법 구사
   ㉤ 갈등 대상(며느리 ↔ 시집식구)의 대비를 통한 주제의 표출
   ㉥ 발상과 표현 : 언어유희

⑥ 의의

　　㉠ 전형적인 부요의 하나로 시집살이의 어려움과 한이 절실하게 표현됨

　　㉡ 다양한 언어 표현이 주제와 잘 어울린다.

⑦ 주제 : 시집살이의 한과 체념

⑧ 출전 : 충남 예산 지방 노래 채록

▶▶ **작품감상**

시집살이 노래는 여성들이 부르던 민요, 즉 부요(婦謠)이다. 봉건적 가족 관계 속에서 겪는 서민 여성의 고통과 좌절, 허무와 애환 등 한스러운 삶이 적나라하게 반영된 민요이며, 한국 민요의 정화라 할 만큼 삶의 진솔함과 소박함이 잘 드러나 있다.

여러 시댁 식구와 자기 자신을 새에 비유하고, 자식들을 오리, 거위에 비유해서 해학적으로 표현한 것이 흥미롭다. 이런 다양한 표현은 이 민요가 구전되는 과정에서 자연스럽게 다듬어진 것이다.

2. 초부가(樵夫歌)

(1) 팔자 나쁘게 지게 일을 면하지 못하는 신세

나무하러 가자	이후후후 – 에헤
남 날 적에 나도	나고 나 날 적에 남도 나고
세상 인간 같지 않아	이놈 팔자 무슨 일고
지게 목발 못 면하고	어떤 사람 팔자 좋아
고대광실 높은 집에	사모에 병만 달고
만석록을 누리건만	이런 팔자 어이하리
항상 지게는 못 면하고	남의 집도 못 면하고
죽자 하니 청춘이오	사자 하니 고생이라

나무하러 가자. 남 태어날 때 나도 태어났지만, 세상인간의 팔자가 같지 않아 무슨 팔자로 지게, 목발을 면치 못하고 어떤 사람은 팔자 좋아 고대광실 높은 집에 태어났나. 항상 지게는 못 면하고 남의 집도 못 면하고 죽자하니 청춘이요, 사자하니 고생이라.

(2) 아내도 없고 자식도 없고 땅도 없는 신세

세상사 사라진들
다박머리 자식 있나
사래 긴 밭이 있나
토시짝도 짝이 있고
쳉이 같은 내 팔자야
한탄한들 무엇하나
너도 또한 임을 잃고

너도 또한 임을 잃고
더런 놈의 팔자로다
언제나 면하고 오늘도
어떤 놈이 밥 한 술 줄 놈이 있나
치마 짜른 계집 있나
광 넓은 논이 있나
버선짝도 짝이 있고
털먹신도 짝이 있는데
자탄한들 무엇하리
청천에 저 기럭아
임 찾아서 가는 길가
이놈의 팔자로다
이 짐을 안 지고 가면
자 가자 이후후후 -

세상사에 아내도 자식도 논도 없고, 신발도 짝이 있다 하는데, 짝이 없는 내 팔자 한탄한들 무엇하리, 청천에 저 기러기 너도 또한 임을 잃고 임 찾아서 가는 길인가. 이놈의 팔자는 더럽도다. 언제나 면하고 오늘도 이 짐을 안 지고 가면 어떤 놈이 밥 한 술 줄 놈이 있나.

▶▶ 핵심정리

① 갈래 : 구전민요
② 성격 : 자조적, 비관적, 체념적, 신세 한탄
③ 율격 : 대체로 4음보
④ 특징
   ㉠ 열거와 대구를 사용하여 내용을 확장하고 있다.
   ㉡ 후렴구를 사용하여 리듬감을 살리고 있다.
   ㉢ 객관적 상관물과 감정이입을 사용하여 화자의 처지를 비관하고 있다.
④ 상황의 대조를 통하여 자신의 불행한 처지를 부각하고 있다.
⑤ 주제 : 나무꾼의 고달픈 신세 한탄

▶▶ 작품감상

강원도와 경상도 지방에서 널리 불리던 구전 민요로, 나무꾼들이 지게를 지고 산에 오를 때 지게 목발을 두드리며 장단을 맞추며 부르거나 나무를 하며 부르던 노래이다. 다른 민요에 비해 사설과 가락이 자유롭고 나무꾼들의 심정이 잘 드러나 있다. 아내도 자식도 땅도 없이 고된 노동을 하며 지게질을 면치 못하는 자신의 신세를 한탄하는 내용으로 구성되어 있다. 이후 제시되지 않은 부분에는 자신들의 고생을 모르는 양반들에 대한 원망으로 내용이 이어진다.

3. 아리랑타령

(1) 1연 : 외척의 세도 비판

이씨의 사촌이 되지 말고
민씨의 팔촌이 되려무나.
아리랑 아리랑 아라리요
아리랑 배 띄여라 노다 가세.

조선조 왕족인 이씨의 가까운 친척보다 외척인 민비의 먼 친척이 더 권세가 있음을 풍자한 말이다.
당시 민씨의 세도가 하늘을 찔렀음을 알 수 있다. 후렴구는 이렇게 부정적인 세상이니 배 띄워 놀다
가자는 것으로 보아, 현실 향락적이면서도 다소 체념적인 삶의 태도를 드러낸 것으로 볼 수 있다.

(2) 2연 : 실속 없는 신식 군대 비판

남산 밑에다 장춘단을 짓고
군악대 장단에 받들어총만 한다.
아리랑 아리랑 아라리요
아리랑 배 띄여라 노다 가세.

국토방위에 전념해야 할 신식 군대가 하는 일이라곤 군악대의 연주에 맞추어 경례만 하고 있다는
뜻으로 형식에만 치우친 군대를 비판하고 있다.

(3) 3연 : 현실과 유리된 개화 비판

아리랑 고개다 정거장 짓고
전기차 오기만 기다린다.
아리랑 아리랑 아라리요
아리랑 배 띄여라 노다 가세.

도탄(塗炭)에 빠진 백성들의 삶은 아랑곳하지 않고 정거장을 만들어 전차가 다니게 한다는 뜻으로
민족의 삶과 유리된 개화를 비판하고 있다.

(4) 4연 : 일제의 수탈에 대한 비판

문전의 옥토는 어찌 되고
쪽박의 신세가 웬 말인가.
아리랑 아리랑 아라리요
아리랑 배 띄여라 노다 가세.

일제의 가혹한 경제적 수탈로 피폐해진 민족의 삶을 표현하고 있다.

(5) 5연 : 잘못된 개화에 대한 비판

> 밭은 헐려서 신작로 되고
> 집은 헐려서 정거장 되네
> 아리랑 아리랑 아라리요
> 아리랑 배 띄여라 노다 가세. 〈후략〉
>
> 신작로의 정거장이 만들어져 겉으로 보기엔 세상이 좋아진 것 같지만 그러한 외형적인 화려함이 밭을 헐고 집을 허는 등 민중의 희생을 바탕으로 이루어졌음을 표현하고 있다.

▶▶ 핵심정리

① 갈래 : 신민요, 서정 민요, 구비민요, 제창요
② 운율 : 3음보
③ 형식 : 분절체(총 9연), 후렴구
④ 성격 : 현실 비판적, 풍자적, 적층적, 구비적, 직설적
⑤ 특징
   ㉠ 시간적 순서에 따른 추보식 구성으로 시상을 전개하고 있다.
   ㉡ 후렴구의 반복으로 운율을 살리고 있다.
   ㉢ 대구법, 대유법 등의 표현기법을 통해 현실을 비판하고 있다.
   ㉣ 구비 문학으로서의 적층성이 잘 반영되어 있다.
⑥ 제재 : 민족의 현실(민씨의 세도 정치 및 일본의 수탈)
⑦ 주제 : 위기에 처한 민족의 수난과 개화기 민족 현실에 대한 비판

▶▶ 작품감상

이 노래는 우리 민족에게 가장 폭넓게 불리어지는 대표적인 적층민요로 전 9연으로 되어 있으며, 3음보로 되어 있다. 세련된 시어보다는 일상어를 그대로 옮겨 놓아 내용 자체도 조금도 변용되거나 굴절되지 않고 직선적으로 표출되고 있다. 이와 같이 시어의 생경함에도 이 노래가 무한한 여운과 의미를 함축하고 있는 것은 단 두 행에 표현된 구체적 사실 하나하나가 당시 우리 민족 모두에게 너무도 절박하고 절실했던 체험이었기 때문이다. 이 작품은 직접적인 언어로 표현되어 날카로운 풍자성을 드러내고 있으며, 동일한 곡조의 반복 구조로 민씨 세도 정권 때부터 일제 강점하의 시기 속에서 민족적 수난으로 인한 삶의 파괴와 민중들의 체험을 노래하고 있다.

무가의 특징과 주요 서사무가

1. 무가(巫歌)

(1) 무가의 개념

무가는 무속의식에서 무당이 부르는 노래를 말한다. 무당은 인간세상의 여러 가지 우환과 병고를 신의 힘을 빌려 해결하려는 사람으로서 신과 인간 사이의 중재능력을 사회로부터 인정받은 존재이다. 무가는 무당이 부르는 노래이지만, 무당은 인간의 마음을 신에게 전하기도 하고 신의 의지를 인간에게 전하기도 하기 때문에 누가 하는 말이냐에 따라 신의 언어와 인간의 언어로 나누어진다. 신의 언어는 무당에게 신이 강림해서 말로 하는 '공수'를 말하고, 인간의 언어는 무가의 대부분인 '축원'을 말한다.

(2) 무가의 문학적 특징

① **주술성** : 치병(治病), 점복(占卜), 예언 등을 할 때 이용된다.

② **신성성** : 신을 대상으로 구연(口演)한다.

③ **제한성** : 무당에 의해서만 전승된다.

④ **오락성** : 무가의 구연은 참관하는 사람들에게 흥미로운 구경거리가 된다.

⑤ **율문성** : 전승에 편리하도록 대체로 4음보격의 율문으로 되어 있다.

(3) 무가의 종류

① **서정무가** : 서정무가는 신이나 인간의 주관적 정감을 표현한 무가로서 주로 신과 인간이 서로 어울려 놀면서 부르는 분련체 노래들이 여기에 속한다. 「노랫가락」, 「대감타령」, 「창부타령」 등이 그것이다. 「노랫가락」은 서울 지역에서 행하는 가망, 제석, 산마누라, 군웅, 별상 등의 굿거리에서 부른다. 흔히 신이 하강해 인간의 청원을 들어주기로 약속을 정하고 그 약속을 굳게 다지기 위해서 신과 인간이 어울려서 춤을 추고 노래를 하며 즐겁게 노는 순서가 있는데 여기에서 부르는 것이 「노랫가락」이다. 「대감타령」은 「닐리리야」라고도 하는데 대감굿거리에서 부르는 노래다. 대감신을 청배해 노는 놀이를 '대감놀이'라도 하는데 대감놀이 전체는 굿놀이로서 여기에서 구연되는 무가는 희곡적 성격을 가진다. 「창부타령」은 서울, 경기 등 중부 지역에서 광대의 신을 모시고 노는 굿거리에서 부르는 노래이다.

② **교술무가** : 교술무가는 무의를 진행하는 일정한 기능을 가지고 있다. 교술무가의 언어를 지시기능을 중심으로 다시 나누면 무당이 신에게 하는 언어인 청배, 축원과 신이 인간에게 전하는 말인 공수로 나누어진다. 청배는 신을 굿하는 장소로 내림(來臨)하도록 하는 기능을 가진 무가로 신의 내림을 청하는 방식은 세 가지가 있다. 신의 이름을 부르는 방법, 신이 오고 있는 모습을 묘사하는 방법, 그리고 신의 근본을 풀어내는 방법이다. 공수는 무녀의 몸속으로 내림한 신이 무녀의 입을 통해 의사를 전달하는 말이다. 축원은 굿을 행하는 상황에 따라 그 내용이 달라지기는 하나 대체적으로 통일된 격식이 존재한다.

서두에는 우주의 시원에서부터 인간세상의 역사가 개략적으로 서술되고, 무의를 하는 사람인 기주(祈主)의 생년과 성씨 및 무의를 행하는 시일과 장소 그리고 무의를 하는 이유가 진술된다.

③ **서사무가** : 서사무가는 '본풀이'라고도 하는데 무속 신의 내력을 이야기하고 있다는 점에서 무속신화이고, 악기 반주에 맞추어서 많은 사람에게 재미있는 이야기를 노래로 들려준다는 점에서는 구비서사시라고 할 수 있다. 굿에서 서사무가를 구연하는 형태는 구송창(口誦唱)과 연희창(演戲唱)의 두 가지로 나누어진다. 구송창은 악기 반주를 해 주는 조무(助巫)의 협조가 없이 주무(主巫) 혼자서 북이나 징을 치며 앉아서 단조로운 가락으로 구송하는 형태로서 말과 창의 구분이 없다. 연희창은 조무의 악기 반주에 맞추어 주무는 서서 부채를 들고 무가 내용을 묘사하는 형용을 몸짓으로 표현해 가면서 말과 노래를 번갈아 가며 구연하는 형태를 말한다. 전국적으로 전승되는 서사무가로「바리공주」나「제석본풀이」등을 들 수 있는데「바리공주」는「바리데기」,「칠공주」,「오구풀이」등의 다른 명칭도 있다.「바리공주」가 구연되는 제전은 죽은 사람의 혼령을 저승으로 천도하기 위해 베풀어지는 사령제(死靈祭) 무의이다.「제석본풀이」는「성인노리푸념」(강계),「삼태자놀이」(평양),「셍굿」(함흥),「당금애기」(양평),「시준풀이」(강릉),「제석풀이」(청주),「초공본풀이」(제주) 등 다양한 무가의 명칭이 있다.

④ **희곡무가** : '무극' 또는 '굿놀이'를 채록한 무가를 희곡무가라고 하는데 주요자료는 경기, 서울 지역에「소놀이굿」,「장님놀이」,「사자놀이」,「어둥이놀이」, 동해안 지역에「도리강관원놀이」,「거리굿」,「중잡이놀이」,「범굿」, 황해도 지역에「사또놀이」,「사냥굿」,「도산말명」, 제주도에「세경놀이」,「영감놀이」,「전상놀이」등이 있다. 희곡무가에서는 장면의 전환이 주무의 설명에 따라 관념적으로 이루어지며 작중의 시간과 공간의 변화 역시 관념적으로 처리된다.

2. 주요 서사무가(敍事巫歌)

(1) 바리데기

> 불라국에 오귀 대왕과 길대 부인이 살고 있었다. 부부는 딸만 여섯을 낳았다. 그러던 차에 신령님께 치성(致誠)을 드려 아이를 잉태하지만, 낳고 보니 또 딸이었다. 대왕은 실망하여 아이를 내다 버리라고 명한다. 길대 부인이 그 이름을 '바리데기'라고 짓고 산에 갖다 버리니, 학이 나타나 채 간다.
> 세월이 흐른 뒤, 오귀 대왕은 큰 병에 걸렸는데 백약이 무효였다. 병을 고치려면 서천 서역국에 가서 약수(藥水)를 구해 와야 한다는데, 자식들 모두가 가기를 싫어했고, 모두 갈 사람이 없었다. 그때 부인이 꿈에 계시를 받고 산으로 가서 바리데기를 찾는다. 신령의 도움으로 무사히 지내고 있던 바리데기는 부모와 만나자마자 자청(自請)해서 약수(藥水)를 구하러 길을 떠난다.

바리데기가 우여곡절(迂餘曲折)을 다 겪으며 서천 서역국에 당도하니, 약수를 지키는 동수자가 자기와 결혼해야 약수를 준다고 하였다. 바리데기는 그와 결혼하여 아이 셋을 낳은 다음 비로소 약수와 신비한 꽃을 얻어 불라국으로 돌아온다. 그러나 아버지인 오귀 대왕은 이미 죽어 장례식을 치르고 있었다. 깜짝 놀란 바리데기가 죽은 아버지의 입에 약수를 흘려 넣자 죽었던 대왕이 살아난다. 바리데기는 그 공적으로 죽은 사람을 저승으로 인도하는 오구신이 된다.

※ 내용 정리
① 옛날 국왕 부부가 딸만 계속 일곱을 낳는다.
② 왕은 일곱째로 태어난 딸을 내버린다.
③ 버림받은 딸은 천우신조로 자라난다.
④ 왕은 병이 든다.
⑤ 왕의 병을 고치기 위해서는 신이한 약물이 필요하다.
⑥ 만조백관과 여섯 딸이 모두 약물 구하는 것을 거절한다.
⑦ 버림받은 막내딸이 찾아와 약물을 구하겠다고 떠난다.
⑧ 막내딸은 약물 관리자의 요구로 고된 일을 여러 해 해 주고 그와 혼인하여 아들까지 낳은 뒤 겨우 약물을 얻어 돌아온다.
⑨ 국왕은 이미 죽었으나, 막내딸은 신이한 약물로 아버지를 회생시킨다.
⑩ 그 공으로 막내딸은 저승을 관장하는 신이 된다.

▶▶ 핵심정리

① 작자 : 미상
② 연대 : 미상
③ 배경 : 환상적 세계(구체적인 배경은 없다.)
④ 성격 : 신화적, 서사적, 무속적, 교훈적
⑤ 갈래 : 서사 무가(敍事巫歌), 무속 서사시
⑥ 율격 : 4·4조가 기본 바탕
⑦ 형식 : 구연(口演)을 위한 운문체
⑧ 구조 : 영웅의 설화적 구조('발단 – 전개 – 위기 – 절정 – 결말'의 5단 구성으로 구조화할 수 있다. 그리고 이 구성은 영웅 설화의 '탄생 – 버려짐 – 고난 – 목적 달성 – 신이 됨'의 구조와도 일치한다.
⑨ 모티브 : 부모의 병을 낫게 할 약을 구하기 위해 시련을 겪고 모험을 하는 이야기는 설화나 소설 등에서 자주 사용되는 모티브이다. 이 이야기에는 기아(棄兒), 재생(再生), 효행(孝行) 설화가 혼합되어 있다. 또한 출생에서부터 버림을 받고 시련을 겪는다는 것은 동양에서의 영웅의 일생과도 통한다. 한편 이 이야기는 집안의 위기를 극복함으로써 후에 세상의 구원자가 된 인물의 성취담으로 해석되기도 한다.
⑩ 제재 : 바리공주의 일생

⑪ 주제
　　㉠ 바리데기의 고난과 성취의 일생을 통해 본 무속 신의 내력
　　㉡ 죽은 자를 살려 내려고 하는 인간의 소망. 孝(효)
⑫ 채집지 : 동해안
⑬ 출전 : 경북 영일 지방 무가 / 김복순 구술, 최정여·서대석 채록

≫ 바리데기의 화소(話素) 및 영웅 서사적 구조

화소(話素)	영웅 서사 구조
왕이 아들을 낳으려고 치성을 드리지만 딸 여섯을 낳는다.	고귀한 출생
일곱 번째로 태어난 딸을 산에 버린다.	기아(棄兒 : 버려짐)
왕과 왕비가 모두 병에 걸려 누군가 약물을 구해 와야 한다.	고난의 반복
집에서 기른 여섯 딸들은 모두 약물을 구해 오기를 거절한다.	
왕과 왕비를 찾아온 바리공주는 자신이 약물을 구해 오기로 한다.	
바리 공주는 생명수를 구하려고 저승으로 떠난다.	
바리 공주는 약수를 얻는 과정에서 어려움을 당한다.	
바리 공주가 어려움을 극복하고 약수를 구한다.	목적의 달성
돌아오는 길에 바리 공주는 이미 죽은 부모의 상여를 만난다.	
바리 공주가 구해 온 약수로 죽은 부모를 살린다.	
바리 공주가 드디어 무조(巫祖)의 자리에 오른다.	신(神)이 됨

≫ 상징성

희생	• 딸이라는 이유만으로 부모에게 버림받는 부당한 희생을 당함 • 효를 위해 자기를 희생하고 보통 사람이 할 수 없는 고난을 겪어 냄	당대 여성의 수난을 상징함
구원	• 비참한 운명을 인내로 극복하고 병든 부모를 죽음에서 구원함 • 저승에서 고통 받는 영혼을 천도함	바리공주의 영웅적 대처 → 당대 여성들의 정체성과 소망의 형상화

(2) 제석본풀이(帝釋本풀이)

　　옛날 어느 훌륭한 집안에 고귀한 부부가 있었는데, 아들만 아홉이 있었다. 딸을 갖기를 원한 이들 부부는 결국 딸아이 하나를 낳았다. 그 딸아이의 이름은 당금 아기였는데, 미모와 재질이 뛰어났다. 아이가 처녀가 되었을 때, 어느 날 이 집 가족들은 불가피한 일이 있어 당금 아기만 집에 놔두고 집을 비우게 되었다. 집에 혼자 남은 당금 아기는 그녀의 인물이 뛰어나다는 소문을 듣고 찾아온 스님의 방문을 받게 된다. 중은 당금 아기에게 시주를 청하고, 하룻밤 묵게 해 달라고 청한다. 당금 아기는, 그 날 밤 붉은 구슬 세 개가 자신의 치마폭에 떨어져 안기는

꿈을 꾼다. 스님은 이 꿈이 아들 삼형제를 낳을 꿈이라고 한다. 이를 계기로 당금 아기는 잉태하게 되었고, 당금 아기는 집에서 쫓겨나 뒷산의 바위 굴 속에 갇힌다. 당금 아기는 그 곳에서 학(鶴)의 도움으로 아들 세 쌍둥이를 낳아 잘 길렀다. 아이들이 커 아버지를 찾자 당금 아기는 예전에 스님이 준 박씨를 심어 그것의 줄을 따라 금강산으로 찾아가, 그 곳에서 스님을 만나게 된다. 그 곳에서 당금 아기는 삼신이 되고 아이들은 제석신이 되었다.

▶▶ 핵심정리

① **갈래** : 서사 무가, 구비 서사시, 본풀이
② **성격** : 서사적, 무속적, 신화적, 주술적
③ **형식** : 구연(口演)을 위한 운문체
④ **특징**
    ㉠ 천부지모형(天父地母型). 여성의 수난이 드러나 있다.
    ㉡ 무녀의 구연과 악사의 반주로 진행된다.
    ㉢ 말과 창(唱)으로 이루어졌다.
    ㉣ 신성성과 오락성을 동시에 지닌다.
⑤ **구성**
    ㉠ 발단 : 집에 혼자 남겨진 당금애기에게 스님이 찾아옴
    ㉡ 전개 : 당금애기는 잉태하고 스님은 박씨 하나를 주고 사라짐
    ㉢ 위기 : 오빠들이 당금애기를 죽이려 하다가 어머니의 반대로 당금애기를 바위굴에 가둠
    ㉣ 절정 : 바위굴에서 세 아들을 낳음
    ㉤ 결말 : 당금애기와 세 아들이 스님을 찾아가고 신직을 받음
⑥ **제재** : 당금애기의 일생
⑦ **주제** : 삼신할미의 내력, 당금 아기의 수난과 극복

▶▶ 작품감상

① **'제석본풀이'의 농경 신화적 성격** : '당금애기'는 당금뜰을 관장하는 촌락 공동체의 여신이다. 여성의 몸은 아기를 임신하고 출산한다는 점에서 식물의 씨앗을 품었다가 싹을 트게 하고 자라게 하여 결실을 맺는 대지와 같은 성격을 가진다. 농경이 시작되면서 곡물을 자라게 하는 대지는 아기를 출산하는 여성에 비의되었고, 인간의 출산과 곡물의 생산이 유추되어 생산신신화가 형성되었다.

② **근원회귀 상징으로서의 '제석본풀이'** : '제석본풀이'의 천계는 신이 거주하는 신성공간이고, 지계는 인간의 거주하는 속의 공간이다. 이 두 공간은 평상적으로는 서로 단절되어 있는 별개의 이질적 공간들이나, '제석본풀이'는 성과 속의 단절된 이원화 질서에 대한 파기와 극복을 제시한다.
    내용의 전반부에서는 천신이 하강하여 당금애기와 결합하는 과정을 나타내고 있는

데, 이러한 지상 공간의 신성화는 일시적인 것이며 지속적인 것은 아니다. 신의 승천으로 성과 속의 단절이 다시 상정되는 것이기 때문이다. 그러나 여기서의 단절은 징표를 동반하는데 이 징표로 말미암아 전반부의 상태는 회복이 가능한 근원으로 남는 것이다.

후반부는 인간에 의한 신성의 회귀 과정이다. 여기서는 당금애기가 간접적 죽음을 통해 속의 존재질서를 파기하고, '천계려행'이라는 시련을 거쳐 신성세계에 수용된다. 따라서 후반부의 상태는 소실되었던 전반부의 상태를 회복하는 근원회귀를 상징하는 것이다.

---

05 판소리의 특징과 구성요소

1. 개관

(1) 개념
① 전문 예술가인 광대가 부르는 구비 서사시. '판'은 일정한 원리에 따라 소리를 구성하는 것을 의미한다.
② 전라도 지방의 서사무가(敍事巫歌)에서 파생된 것으로 대개 18세기 초엽, 즉 숙종 말에서 영조 초로 보고 있다. 1754년 영조 30년에 쓰인 「만화본 춘향전(晩華本 春香傳)」이 판소리에 관한 최초의 자료이다.

(2) 특징
① 형태 : 문학과 음악이 결합된 종합예술이다. → 전문 예술가인 광대가 창(운문체)과 아니리(산문체)를 번갈아 가면서 부른다.
② 계층 : 서민의식을 반영하고 민속적이며 풍자적·해학적인 민중예술이다. → 판소리는 원래는 평민들이 향유했으나 후대에는 양반과 서민이 함께 향유한 국민문학으로 성장했다.
③ 주제 : 양반도 향유하는 과정에서 봉건 윤리가 강조되어 표면적 주제는 유교이념이다. 그러나 내면에는 현실 및 양반 풍자의 내용도 스며있다. → 주제의 양면성
④ 내용 : 극적 요소가 많다. 그러나 서사적 요소가 강하고, 서사 문학의 발달과정에서 발생했기 때문에 서사 양식으로 분류된다. 즉, 구비서사시이다.
⑤ 문체 : 노래이기 때문에 주로 운문체이지만 산문체로 결합되었다.
⑥ 언어 : 양반들의 언어와 평민들의 언어가 함께 섞여 언어사용의 계층적 양면성을 보인다.
⑦ 연희자 : 전문적인 소리꾼(광대)
⑧ 표현 : 일상적인 구어체로 반복·과장·욕설·한시 및 고사의 인용이 많다.

⑨ **구성** : 장면중심(부분의 독자성)으로 이루어져 있으며, 적층문학이므로 앞뒤가 맞지 않는 모순을 보인다.

⑩ **형식** : 한 음보의 음절수의 변화가 심하지만, 대체로 4음보격의 운문에 속한다.

2. 전개 과정

(1) 형성기 : 17세기 말~18세기 초(숙종 말~영조 초)

① 최선달, 하한담에 의해 판소리 12마당이 불렸다.

② 판소리 12마당 : 「춘향가」, 「심청가」, 「흥부가」(일명 박흥보가, 박타령), 「수궁가」(일명 토끼타령), 「적벽가」(일명 화용도타령), 「변강쇠타령」(일명 가루지기타령), 「배비장타령」, 「장끼타령」, 「옹고집타령」, 「강릉 매화타령」, 「무숙이타령」, 「숙영낭자타령」

③ 송만재의 「관우희」에서는 '무숙이 → 왈짜, 숙영낭자 → 가짜신선'으로 바뀌었다.

(2) 성행기 : 19세기 중반

① 신재효가 12마당을 6마당으로 개작·정리하였다.

② 판소리 6마당 : 「춘향가」, 「적벽가」, 「심청가」, 「흥부가」(박타령), 「수궁가」(토별가), 「변강쇠타령」(가루지기 타령)

(3) 쇠퇴기 : 20세기 초(신문학기)

① 「변강쇠타령」을 제외한 5마당만 오늘날 전해진다.

② 쇠퇴의 직접적인 원인은 '신파극'의 융성 때문이다.

3. 판소리의 구성

(1) 판소리의 3요소

① **광대** : '창'과 '아니리(이야기 사설)'로 번갈아 판을 짜고, '너름새(발림)'라고 하는 동작이나 몸짓을 한다.

② **고수** : 북치는 사람. 장단을 맞추고 관객과 함께 흥을 돋우기 위해 '추임새'를 한다.

③ **관객** : 판소리 공연을 구경하는 사람을 말한다.

(2) 판소리의 구성요소

① **창(唱)** : 판소리나 잡가 등을 가락에 맞추어 노래를 부르는 것

② **아니리(사설)** : 창이 아닌 말로, 창 도중에 이야기하는 말을 이른다.

③ **발림(너름새)** : 광대가 하는 보조동작이다. 즉, 자기가 부르고 있는 사설이 나타내는 장면을 동작으로 묘사함으로써 관중의 이해를 돕는 구실을 한다.

④ **추임새** : 추임새에는 고수의 추임새와 관중의 추임새가 있다. 광대는 추임새를 할 수 없다.

㉠ **고수의 추임새** : 광대의 구연의욕을 북돋우기 위한 형식적인 탄성으로서 소리의 공백을 메워 주기도 하고 장단으로 치는 박을 대신하기도 한다.

㉡ **관중의 추임새** : 판소리를 들으며 일어나는 감흥을 자연스럽게 발하는 감탄사로서 광대의 소리가 잘 전달되고 흥미가 있다는 청중의 적극적인 반응이다.

(3) 판소리 용어

① 1고수 2명창(광대) : 고수의 중요성을 지칭

② 더질더질 : 판소리 끝부분에 오는 용어

③ 더늠 : 창자마다 갖고 있는 독특한 창법과 사설, 창자의 장기

④ 웅얼조 : 창자의 방백

⑤ 서편제 : 남도 무악권의 판소리

⑥ 시나위 : 남도 무악

⑦ 허두가 : 신재효 작, 본 창을 하기 전 목청 조절용 노래

(4) 판소리 장단

① 진양조 : 가장 느린 곡조. 애연조(哀然調)로 슬프고 무거운 느낌을 준다.

② 중모리 : 중간 빠르기의 곡조로 안정감을 준다.

③ 중중모리 : 중모리보다 약간 빠른 곡조로 흥취를 돋우며, 우아하다.

④ 자진모리 : 빠른 곡조로 섬세하면서 명랑하고 차분한 느낌을 준다.

⑤ 휘모리 : 가장 빠른 곡조로 급박감을 준다.

⑥ 엇모리 : 평조음(平調音)으로 평화스럽고 경쾌하며 이질적인 장단이다.

06 민속극의 특징과 작품 세계

1. 개관

(1) 개념

가장(假裝)한 배우가 대화와 몸짓으로 사건을 말하는 전승 형태를 말하는 것으로, 전통극이라고도 한다.

(2) 특징

① 민속극은 농민이나 사당 등의 서민들에 의해 주도되었으며, 나아가서 서민들을 관중으로 삼았기 때문에 서민들의 언어와 삶의 모습이 생생히 드러나 있다.

② 구전에 의해 전승·세습되고, 평민 계층이 향유하며, 서민 정신, 풍자와 해학의 정신을 나타낸다.

> ✎ 참고 **민속극의 특성**
>
> ㉠ 민중성(민중 의식 투영), ㉡ 풍자성(현실 비판), ㉢ 골계성(해학적 행동과 대사), ㉣ 축제성(인물과 관객의 어울림)

2. 유형

(1) 가면극

① 특성

⊙ 가면극에는 무대장치가 없기 때문에 극중 시간과 공간을 자유롭게 선택·변화시킬 수 있으며, 두 개의 사건을 한 무대에서 보여 줄 수 있다.

⊙ 관중이나 악사는 방관적인 제3자가 아니라, 극에 개입함으로써 극적 환상이 차단되고 현실적 비판이 선명해진다.

⊙ 대사는 말과 노래가 섞여 있고, 무언극(無言劇)처럼 몸짓과 춤이 의미전달의 주요 수단이 되는 부분도 있다.

⊙ 언어는 일상적 구어를 기조로 하고, 때때로 관용적인 한문구를 빌려 쓰며, 신랄한 비어(卑語)와 재담(才談)을 거리낌 없이 구사한다.

⊙ 봉건적 질서에서 벗어나려는 하층민의 욕구가 담겨 있다.

② 종류

⊙ 농촌 탈춤 : 강릉 관노 가면극, 북청 사자놀이, 하회별신굿 탈놀이

⊙ 도시 탈춤

㉮ 산대놀이 : 서울 및 서울 근처의 가면극 → 송파 산대놀이, 양주 별산대

㉯ 탈춤 : 해서(황해도) 일대의 가면극 → 강령 탈춤, 봉산 탈춤, 은율 탈춤

㉰ 오광대(五廣大) : 경남 지방 → 고성, 진주, 통영의 오광대

㉱ 들놀음[야유(野遊)] : 부산 근처에 분포된 가면극 → 동래, 수영 야유

③ 내용 : 양반 계층에 대한 풍자, 승려의 파계에 대한 조소, 처첩 간의 갈등, 서민들의 빈궁상 등 평민들의 저항 의식을 담아 골계미가 넘친다.

(2) 인형극

① 남사당패에 의해 공연된 전통극으로 '꼭두각시놀음, 박첨지놀음, 홍동지놀음, 덜미'라고도 한다.

② 내용상 조선 후기 기존의 도덕이나 권위를 공격하고 비판하였다.

> 🖋 참고 **남사당패(男寺黨牌)**
>
> ① 우리나라에서 예로부터 전래하는 자연 발생적인 떠돌이 예인집단(藝人集團)
> ② 수렵, 유목, 농경의 과정을 거치는 동안 민중 취향의 떠돌이 놀이 집단이 생겨난 것으로 추정되며 1900년대 중반까지 명맥을 이어 옴
> ③ 주로 농어촌 지역이나 도성 부근의 성 밖에서 저녁 후에 연희함
> ④ 마당굿 형식으로 한 마당에서 여섯 가지 놀이를 연속하여 놂
> ⊙ 풍물 : 농악. 꽹과리, 징, 북, 날라리 등의 악기를 동원한 24판 내외
> ⊙ 버나 : 접시돌리기. 대접과 체바퀴, 대야 등을 앵두나무 막대기로 돌리는 뫼, 버나잡이와 소리꾼(어릿광대)사이의 재담과 창이 있음
> ⊙ 살판 : 땅재주. 잡이의 장단에 맞추어 정해진 차례대로 땅재주를 넘는 것
> ⊙ 어름 : 줄타기. 줄 위에서 잡이의 장담에 맞추어 가창(歌唱)

ⓜ 덧뵈기 : 탈놀음. 춤보다는 재담과 동작이 우세하며, 양반과 상놈의 갈등을 상놈의 편에서 저항적으로 풍자함

ⓗ 덜미 : 꼭두각시놀음

(3) 무극(巫劇)

① 무당굿놀이로서 대개 무의(巫儀)의 일부로서 행해진다.

② 주요 특성 : 제의성과 + 연극성

　　🔵 예 동해안 별신굿의 '거리굿'과 '탈굿', 제주도의 무의 중 '세경 놀이', '영감 놀이' 등

(4) 그림자극

① 인형에 빛을 쏘여 생긴 그림자를 막에 비추어서 공연하는 연극

② 주로 사찰에서 불교의 포교를 목적으로 행함.

③ 신문학 초기에 소멸되어 현전하지는 않음

3. 다른 장르와의 비교

(1) 판소리와 탈춤의 비교

① 공통점

ⓐ 평민예술　　　　ⓑ 종합예술　　　　ⓒ 흥행예술

ⓓ 구비문학　　　　ⓔ 골계미 중시　　　ⓕ 언어층위의 다양성

ⓖ 극중 관객의 참여 가능

② 차이점

구분	판소리	탈춤
갈래	서사 양식	극 양식
구성방식	장면적 구성 (부분의 독자성)	옴니버스 구성
향유계층	상·하층 공유(국민문학)	서민 계층
전승범위	전국적	지역적
전승력	강함	약함

(2) 탈춤과 서양 연극의 차이점

서양 연극	분류 기준	가면극(탈춤)
막과 장	구성단위	과장
불가능(유기적 구조)	구성단위의 독립적 상연 여부	가능(옴니버스 구조)

불일치(패쇄성) ㉠ 무대 상연 전제 ㉡ 시간과 공간적 제약이 강함	극중 장소와 공연장소의 일치 여부	거의 일치(개방성) ㉠ 별도의 무대없이도 가능 ㉡ 시간과 공간의 변화가 자유롭다.
불가능 ㉠ 극적 환상이 중시 ㉡ 현실성, 고발성, 참여성 약함	극중 제3자의 개입 여부	가능(축제성) ㉠ 극적 환상이 차단 ㉡ 현실성, 고발성, 참여성 중시
㉠ 비장미, 숭고미 ㉡ 비극 중시(카타르시스)	미의식	㉠ 골계미 ㉡ 희극(풍자, 해학) 중시
기록문학	문학 형태	구비문학
정해진 대사 엄격히 지킴	극중 대사	공연 분위기에 따라 변모

4. 주요 작품

(1) 봉산탈춤

>> **핵심정리**

① **작자** : 미상

② **연대** : 미상(조선 후기로 추정)

③ **갈래** : 가면극, 민속극, 구비 희곡 탈춤(대본), 전통극

④ **성격** : 평민적, 해학적, 풍자적, 탈중세적, 근대 지향적

⑤ **문체** : 대화체, 구어체

⑥ **전승지역** : 황해도 봉산

⑦ **배경**

㉠ 시간적 배경 - 조선 후기로 중세에서 근대로의 이행기

㉡ 사회적 배경 - 봉건질서가 해체될 무렵으로 신분 질서 와해기

㉢ 공간적 배경 - 황해도 봉산 지방

⑧ **공연 주체** : 상인들과 이속 또는 중인 계급

⑨ **표현** : 서민적인 비속어와 양반투의 한자어나 한시구를 동시에 구사하여 언어의 양면성, 대담성, 솔직성 등이 나타나 있고, 말의 성찬으로 인한 자유분방한 열거와 대구, 인용, 반어, 언어유희, 익살, 과장 등이 풍부해 고도의 풍자성이 있음

⑩ **내용** : 대사 부분과 춤추는 부분으로 나뉘어져 있다. 대사 부분은 양반이 말뚝이에 의해 혹은 자신 스스로에 의해 풍자당하는 내용이다. 춤추는 부분은 재담의 내용이 바뀔 때마다 행하는 전환의 의미와 풍자를 하고 난 후에 벌어지는 신명의 의미를 담고 있다.

⑪ **구성** : 7개의 독립된 과장(마당)이 옴니버스식으로 배열된 봉산탈춤의 구성은, 우리 민속극이 다 그러하듯, 현대 연극처럼 첫 과장과 끝 과장이 연속체로 된 드라마가 아니고, 주제별로 몇 개의 드라마가 소위 옴니버스 스타일로 한 테두리 속에 들어

있는 특이한 형태다. 봉산탈춤은 목중, 노장, 양반, 그리고 미얄의 독립된 네 개의 놀이에 사당춤, 사자춤, 원숭이 놀이가 곁들여 7개의 과장으로 전체를 구성하고 있으며, 등장인물들은 희화되어 있고 서민의 삶과 양반에 대한 풍자가 나타나 있다.

⑫ 주제 : 신분적 특권 계급인 양반에 대한 조롱과 풍자

⑬ 의의 : 짙은 해학과 풍자를 통하여 근대적 시민 의식을 표현하고, 대표적인 민속극으로 중요 무형 문화재 17호로 지정됨

▶▶ 내용연구

[제6과장 양반춤]

봉산탈춤의 내용 : 봉산 탈춤은 황해도 육로 교통의 길목인 봉산에서, 주로 상인과 이속 (吏屬)이 중심이 되어 공연했던 우리 고유의 전통 연극이다. 여기에 실린 양반 과장에서는 양반의 거짓된 위엄과 이를 야유, 공격하는 말뚝이의 대립을 통해 양반의 허위와 지배 체제의 모순을 풍자하고 있다.

① 성격 : 평민적, 풍자적, 근대 지향적, 해학적, 탈 중세적

② 특징
  ㉠ 언어의 양면성이 드러남
  ㉡ 자유분방한 열거와 대구를 통한 말의 성찬
  ㉢ 언어유희를 통한 골계미
  ㉣ 해학, 풍자를 통한 근대적 시민 의식 표현

③ 주제 : 양반에 대한 풍자와 조롱

---

01. 발단 : 등장인물의 소개(무대 지시문)

말뚝이 : 벙거지(병졸이나 하인이 쓰던 모자. 털로 두껍게 만듦)를 쓰고 채찍(마부, 벙거지와 함께 신분을 나타내는 용어)을 들었다. 굿거리장단(무당이 굿할 때에 치는 9박자의 장단. 장고로 맞출 때에는 4박자)에 맞추어 양반 3형제를 인도하여 등장

양반 3형제 : 말뚝이 뒤를 따라 굿거리장단에 맞추어 점잔을 피우나, 어색하게 춤을 추며 등장. 양반 3형제 맏이는 샌님(生員-생원님의 준말. 생원이란 일반 사람들이 양반을 이르는 말), 둘째는 서방님(書房-여기서는 관직이 없는 사람을 높여 이르는 말), 끝은 도련님[道令]이다. 샌님과 서방님은 흰 창옷(웃옷의 한 가지 두루마기와 같으나 무가 없음)에 관을 썼다. 도련님은 남색 쾌자(등솔을 길게 째고 소매는 없는 戰服의 한 가지)에 복건(검은 헝겊으로 위는 둥글고 삐죽하게 만들고, 뒤에는 넓고 긴 자락을 늘어지게 대고 양 옆에 끈이 있어 뒤로 돌려 매게 되어 있음)을 썼다. 〈샌님과 서방님은 언청이며(샌님은 언청이 두 줄, 서방님은 한 줄이다.), 부채와 장죽(양반의 신분과 권위를 나타냄)을 가지고 있고, 도련님은 입이 삐뚤어졌고, 부채만 가졌다. 도련님은 일절 대사는 없으며, 형들과 동작을 같이 하면서 형들이

면상을 부채로 때리며 방정맞게 군다.〉(현실적 세계관을 결여하고 있었던 당시의 지배 계층인 양반을 언청이나 입이 비뚤어진 존재로 설정하여, 양반을 희화화하고 또 그들을 모자란 행동이나 하는 존재로 형상화)

02. '양반'의 뜻풀이 재담

말뚝이 : (가운데쯤 나와서) 쉬이(악사들을 향해). (음악과 춤 멈춘다.) 양반 나오신다아! 양반이라고 하니까 노론(老論), 소론(少論)(당파 싸움 풍자), 호조(戶曹), 병조(兵曹), 옥당(玉堂-홍문관)을 다 지내고 삼정승(三政丞), 육판서(六判書)를 다 지낸 퇴로 재상(退老宰相)으로 계신 양반인 줄 아지 마시오, 개잘량(털이 붙어 있는 개 가죽 방석)이라는 '양'자에 개다리소반(양반의 팔자걸음 풍자)이라는 '반'자 쓰는 양반이 나오신단 말이오.[양반에 대한 비하, 풍자- 해학적, 언어유희]

양반들 : 야아, 이놈, 뭐야아!

말뚝이 : 아, 이 양반들, 어찌 듣는지 모르갔소. 노론, 소론, 호조, 병조, 옥당을 다 지내고 삼정승, 육판서 다 지내고 퇴로 재상으로 계신 이 생원네 3형제분이 나오신다고 그리 하였소.[反語]

양반들 : (합창) 〈이 생원이라네.〉[굿거리장단으로 모두 춤을 춘다(장면의 구분, 갈등 해소, 극적인 화해의 동작, 넉살과 신명). 도령은 때때로 형들의 면상을 치며 논다. 끝까지 그런 행동을 한다.]

03. '담배'를 소재로 한 재담

말뚝이 : 쉬이.(반주 그친다.) 여보, 구경하시는 양반들(관객들), 말씀 좀 들어 보시오. (담배를)짤따란 곰방대(신분을 나타냄)로 잡숫지 말고 저 연죽전(煙竹廛-담배를 팔던 가게)으로 가서 돈이 없으면 내게 기별이래도 해서 양칠간죽(洋漆竿竹-빨강, 노랑의 빛깔로 알록달록하게 칠한 담뱃대), 자문죽(自紋竹-아롱진 무늬가 있는 중국산 대나무로 만든 담뱃대)을 한 발 가옷(한 발이 넘는 기다란 담뱃대, 가옷-수를 세고 남는 반분)씩 되는 것을 사다가 육모깍지(육각 모양의 담뱃대) 희자죽(喜子竹-'喜'자가 새겨진 담뱃대) 오동수복(梧桐壽福-백통으로 만든 기구에 '수(壽)', '복(福)' 자를 박은 담뱃대) 연변죽(연변에서 나는 대나무)을 사다가 이리저리 맞추어 가지고 저 재령(載寧) 나무리[平野名] 거이(게) 낚시 걸 듯 죽 걸어 놓고 잡수시오[양반에 대한 희롱].

양반들 : 뭐야아!

말뚝이 : 아, 이 양반들 어찌 듣소. 양반 나오시는데 담배와 훤화(喧譁 : 떠들고 지껄임)를 금하라고 그리하였소[反語].

양반들 : (합창) 〈훤화를 금하였다네.〉 (굿거리장단으로 모두 춤을 춘다.)

04. 양반을 찾으러 다니는 말뚝이의 재담

말뚝이 : 쉬이.(춤과 반주 그친다.) 여보, 악공들 말씀 들어시오(극중 장소와 공연 장소의 일치, 무대와 객석의 경계가 유동적). 오음 육률(五音六律 : '궁상각치우'의 다섯 가지 소리와 6가지 율조) 다 버리고 저 버드나무 홀뚜기(버들피리) 뽑아다 불고 바가지 장단 좀 쳐 주오.

양반들 : 야야, 이놈, 뭐야!

말뚝이 : 아, 이 양반들, 어찌 듣소. 용두 해금(奚琴-현악기), 북, 장고, 피리, 젓때[笛] 한가락도 뽑지 말고 건 건드러지게(멋있고 아름답고 부드럽게) 치라고 그리하였소.[反語]

양반들 : 〈건 건드러지게 치라네.〉 (굿거리장단으로 춤을 춘다.)

　→ '장단'을 소재로 한 재담

생　원 : 쉬이.(춤과 장단 그친다.) 말뚝아.

말뚝이 : 예에.

생　원 : 이놈, 너도 양반을 모시지 않고 어디로 그리 다니느냐?

말뚝이 : 예에, 양반을 찾으려고 찬밥 국 말어 일조식(日早食)하고, 마구간에 들어가 노새 원님(언어유희, 노 생원님)을 끌어다가 등에 솔질을 솰솰 하여 말뚝이님 내가 타고 서양(西洋) 영미(英美), 법덕(法德-프랑스와 독일), 동양 3국 무른 메주 밟듯(거침없이 두루 돌아다님)하고, 동은 여울(물살이 센 곳)이요 서는 구월(구월산)이라, 동여울 서구월 남드리(남들판) 북향산(봉산을 중심으로 사방 안 가본 곳이 없이 다 가보았다), 방방곡곡(坊坊曲曲) 면면촌촌(面面村村)이, 바위 틈틈이 모래 쨈쨈이(사이사이), 참나무 결결이(유사 음운 반복, 열거와 대구, 자유분방한 구사) 다 찾아다녀도 샌님 비뚝(비슷)한 놈(양반의 비하)도 없습디다[양반에 대한 저항 의식].

(2) 꼭두각시놀음 : 제5막 표생원(表生員) 거리

① 부인을 찾는 표생원과 질투하는 돌모리집

표생원 : 어디로 갈까 어디로 갈까, 처음으로 관동 팔경을 구경하면 우리 부인을 만나 볼까, 관서 팔경을 구경하면 우리 부인을 만나 볼까, 전라도라는 곳에 명승지(名勝地)도 있건마는 어느 곳 명승지지(名勝之地)가 좋길래 나를 버리고 우리 부인이 구경 갔나, 아서라 이게 모두 쓸데없는 짓이다. 여담은 절각이라니 돌모루집 얻어 데리고 살면서 우리 부인을 잠시 돌아보지 않은 까닭이로구나. 방방곡곡 다 찾아보았으나 종내 만날 수가 없으니 다만 한숨뿐이로다.

돌모루집 : 여보 영감 별안간에 그게 무슨 말이오. 그까짓 본마누라를 찾으면 무엇한단 말이오. 나는 명산대찰(名山大刹) 구경하러 나선 줄 알았더니 이제 보니까 마누라를 찾아다녔구려. 아이고 속상해 이 팔자가 왜 이렇게 기막힌가.

표생원 : (화를 내며) 요사스런 계집이로군. 대장부가 아무려든 무슨 잔말이냐.

> 돌모루집 : 그렇지 작은집이란 이러기에 서러워. (돌아선다.)
>
> 표생원 : (등을 어루만지며) 여보게 자네가 이다지 노할 줄 알았으면 내가 실수일세.

(2) 표생원과 꼭두각시의 만남

> 표생원 부인 꼭두각시 등장.
>
> 꼭두각시 : (창) 어허 이게 웬일인가. 이 세상에 나와 보니 인간 이별 만사 중에 독수공방이
> 더욱 설워. 인간 만사 마련할 제 이별 빼지 못하였나. 우리 영감 어디 갔노 여보
> 영감 여보 영감 어디로 갔나 어디로 갔나.
>
> 표생원 : 허허 이게 웬 소린가. 날 같은 이 또 있는가. 어디서 마누라 소리가 나는 듯 나는
> 듯하네. 나도 한번 불러 볼까 여보 마누라 여보 마누라.
>
> 꼭두각시 어디서 영감 소리가 나는 듯 나는 듯 여보 영감 여보 영감.
>
> 표생원 : 어디서 마누라 소리가 나는 듯 나는 듯.
> (창) 거기 누가 날 찾나. 날 찾을 이 없건마는 거 누가 날 찾아. 기산영수(箕山潁水)
> 별건곤(別乾坤)에 소부 허유(巢夫許由)가 날 찾나. 채석강(採石江) 명월(明月)하에
> 이적선(李謫仙)이 날 찾나. 상산사호(商山四皓) 늙은이가 바둑 두자고 날 찾나.
>
> 꼭두각시 : 아이고 이게 웬 소린가 (차차차 표생원에게 가까이 오면서) 아이고 이게 웬 소린가
> 거 영감이오.
>
> 표생원 : 거 마누라인가.
>
> 꼭두각시 : 네, 영감이면 내가 해 입힌 옷을 만져 봐야 할 걸이요.
>
> 표생원 : 마누라가 해 입힌 옷이 어떻길래 만져 보고 안단 말이오.
>
> 꼭두각시 : 내가 해 입힌 옷은 영감 양 소매에 불알이 달렸소.
>
> 표생원 : 마누라 음성과 말을 들으니 마누라는 분명한데, 그간 어디를 갔다 언제 왔나.
>
> 꼭두각시 : 영감을 찾으려고 강원도 금강산, 충청도 계룡산, 전라도 지리산, 경상도 태백산,
> 함경도 백두산, 황해도 구월산, 평양 연광정(鍊光亭), 어리빗 사이 어리빗 사이 참
> 빗 사이 참빗 사이 틈틈이 찾아다니고 이제 해남 관머리로 갈 차로 왔다가 영감을
> 만났소.

(3) 표생원이 돌모루집과 꼭두각시를 상면시키려 함

> 표생원 : 허허 도리어 부끄러우며 할 말 없네. 그러나 자네 얼굴에 우툴두툴한 게 뭔가?
>
> 꼭두각시 : 내 얼굴 말이오?
>
> 표생원 : 그래서.
>
> 꼭두각시 : 내 얼굴은 뉘 탓이오? 강원도 가서 영감 찾느라고 깊은 산중에 도토리묵을 먹어서
> 그렇게 되었소.
>
> 표생원 : 뭐 어쩌고 어째여? 산골에서 묵을 먹고 얼굴이 저 조격이 되었으면 나는 함경도
> 백두산에 다녀서 삼수갑산(三水甲山)으로 나올 제 강냉이와 상수리를 통째로 삶
> 아 먹었는데 우툴두툴커녕 내 얼굴엔 네가 나막신을 신고 다녀 봐라. 해고 망측스

러운 년 요사스런 계집도 많다. (사이) 그러나 생각하니 개천에 나도 용은 용이요, 짚으로 만들어도 신주(神主)는 신주라니 돌모루집한테 훈계하여 큰마누라에게 상우레나 시켜 보자, 여보게 돌모루집네. 〈하략〉

▶▶ 핵심정리

① 갈래 : 인형극 대본
② 성격 : 희극적, 풍자적
③ 특징 :
    ㉠ 꼭두각시와 영감의 재회와 갈등이 나타나 있다.
    ㉡ 막과 막 사이에 줄거리 연관성 없다.
    ㉢ 무대 밖의 악사나 관중이 등장인물과 대화한다.
    ㉣ 사투리, 비속어, 언어유희 등 해학적인 표현이 나타나 있다.
    ㉤ 정형화된 무대 장치 없다.
    ㉥ 독립적인 과장들이 옴니버스 구성을 취하고 있다.
    ㉦ 당대의 부조리와 모순을 풍자하고 있다.
④ 구성 : 2마당 8거리(막)
    ㉠ 박첨지 마당
        ㉮ 제1막 – 곡예장 거리 : 박첨지가 유랑하다가 남사당패 놀이판에 끼어든 이야기를 하며 자기소개를 함
        ㉯ 제2막 – 뒷절 거리 : 소무당과 춤을 추며 파계 행위를 하는 상좌승
        ㉰ 제3막 – 최영로의 집 거리 : 홍동지가 이시미로부터 박첨지를 구출함
        ㉱ 제4막 – 동방 노인 거리 : 눈을 감고 등장한 동방 노인의 세상 풍자
        ㉲ 제5막 – 표생원 거리 : 표생원의 처(꼭두각시)와 첩(돌모루집)의 다툼
    ㉡ 평안감사 마당
        ㉮ 제6막 – 꿩 사냥 거리 : 새로 부임한 평안 감사의 꿩 사냥
        ㉯ 제7막 – 평안 감사 상여 거리 : 홍동지가 평안 감사 모친의 상여를 맴
        ㉰ 제8막 – 건사 거리 : 절을 짓고 다시 허물어 버림
⑤ 주제
    ㉠ 남성의 가부장적 횡포 비판
    ㉡ 일부다처제와 가부장제에 대한 풍자

▶▶ 내용이해

제5막은 '표생원(表生員) 거리'다. 표생원이 오랫동안 헤어져 있던 본처 꼭두각시를 만나는데, 첩인 돌머리집을 상면시키자 싸움이 벌어진다. 박첨지는 첩에게만 살림을 후하게 나누어주자, 꼭두각시는 금강산으로 중이 되러 가겠다고 퇴장한다. 이는 일부처첩제(一夫妻妾制)로 인한 가부장적 가족제도의 모순과 서민층의 생활상을 보여준다.

07 속담의 특징과 유형

1. 속담의 개념

한 민족이 오랜 생활 경험을 통해 얻은 지혜를 간명한 표현으로 나타낸 것으로 넓은 의미에서 관용적 표현에 속한다.

2. 속담의 기능

① **설득성** : 속담은 전통적으로 진리로서의 권위를 지니고 있으므로 천만 마디의 긴 설명보다도 훨씬 효과적으로 상대방을 설득하는 무기가 된다.

② **교훈성** : 속담은 사리(事理)를 밝혀 주는 짧은 구절이므로 어른들이 젊은이에게 주는 중요한 교훈이 된다.

③ **생동성** : 속담은 일상적 언어생활의 순간순간에 매우 효과적으로 사용되어 메마른 언어생활을 다채롭고 생동감 있게 만들 수 있다.

3. 속담의 의미 구조

① **의미의 상대성** : 앞서 나오는 명사의 의미 속성과 뒤에 나오는 명사의 의미 속성이 대립하는 구조

  예 '중의 빗'이라는 속담의 표면 의미는 '중이 가지고 있는 빗'이고 문맥적 의미는 '가지고 있어봐야 아무 쓸모가 없는 물건'이다. 이러한 속담은 '구체적 상황 → 추상적 의미'의 과정을 거친 것으로, 의미 속성의 상대성을 보여 준다.

② **의미의 점층성** : 앞서 나오는 명사의 의미 속성이 뒤에 가서 더욱 심화되는 구조

  예 '뛰는 말에 채찍질'이라는 속담에서 뛰는 말은 '속력 1'의 의미를, 채찍질은 더욱 가속화되는 '속력 2'의 심화된 의미를 지닌다.

4. 속담의 요건

① 민중 속에서 생산된 관용적 표현이어야 한다.

② 보편적인 의미를 강조하기 위하여 쓰여야 한다.

③ 일정한 기능을 갖는 세련된 말이어야 한다.

5. 속담의 특징

① 은유나 직유 같은 비유의 형식으로 표현한다.

② 민중의 지혜, 길거리의 철학이 담겨 있다.

③ 인간의 본성이나 심리 등을 날카롭게 제시한다.

④ 선인들의 감정, 사고, 기질 등이 반영되어 있다.

⑤ 표면적 의미와 이면적 의미가 서로 다르지만 속담을 구성하고 있는 단어의 의미를 통해 전체적인 의미를 추정해 낼 수 있도록 되어 있다.

ⓖ 속담은 우회적으로 표현에 효과적이며 시대에 맞게 적절하게 변용되어 사용될 수 있다.

ⓗ 상반되는 의미를 지닌 속담들도 많이 있는데, 그것들은 삶의 다양한 국면을 함께 조명한다는 의미에서 서로 상호 보완적인 관계에 있다.

6. 속담의 유형

① **형태별**

ㄱ 주제만 있는 경우 : 단어형

→ 동네북, 두루춘향, 개팔자, 사면초가, 억지춘향이 등

ㄴ 주제와 보조 부분이 함께 있는 경우 : 문장형

→ 꿀 먹은 벙어리, 단솥에 물 붓기, 고생 끝에 낙이 있다, 달도 차면 기운다 등

ㄷ 나열형 : 중문의 문장

→ 귀에 걸면 귀걸이 코에 걸면 코걸이, 아산이 깨어지나 평택이 무너지나 등

ㄹ 나열형 : 주제와 보조 부분이 있는 것(이어진 문장)

→ 열 길 물속은 알아도 한 치 사람 속은 알지 못한다.

② **주제별**

ㄱ 한자성어와 관련

㉮ 십벌지목(十伐之木) : 열 번 찍어 아니 넘어가는 나무 없다.

㉯ 망양보뢰(亡羊補牢) : 소 잃고 외양간 고친다.

㉰ 당구풍월(堂拘風月) : 서당개 삼년에 풍월을 읊는다.

ㄴ 여자와 관련

㉮ 암탉이 울면 집안이 망한다.

㉯ 여자가 너무 알면 팔자가 세다.

㉰ 여편네 셋이 모이면 접시 구멍 뚫는다.

ㄷ 성적인 표현과 관련

㉮ 문둥이 자지 떼어 먹듯

㉯ 억새에 자지 베었다.

㉰ 십년 과수로 앉았다가 고자 대감을 만났다.

ㄹ 과학적 근거와 관련

㉮ 봄볕에 며느리를 내보내고 가을볕에 딸 내보낸다.

㉯ 제비집 떨어지면 화재 위험

③ **기능별**

ㄱ 교훈형 : 교훈과 경계를 목적으로 하는 격언이나 금언과 유사

㉮ 달도 차면 기운다.

㉯ 기는 놈 위에 나는 놈 있다.

㉰ 바늘 도둑이 소 도둑 된다.

ⓒ 풍자형 : 어떤 행위나 행위자에 대한 비판과 조롱
　　　　㉮ 횃대 밑에서 호랑이 잡는다.
　　　　㉯ 노처녀보고 시집가라 한다.
　　ⓒ 표현형 : 외모나 소리 등을 있는 그대로 절실하게 표현
　　　　㉮ 저녁 굶은 시어미상
　　　　㉯ 게 눈 감추듯
　　　　㉰ 대보름날 개 같다.

08 수수께끼의 특징과 유형

1. 개념

구비문학의 한 장르로 수수께끼는 어떤 사물에 대하여 바로 말하지 않고 빗대어서 말하여 그 사물의 뜻이나 이름을 맞히는 전통놀이이다.

2. 특징

① 구연(口演)에 있어 화자(話者)와 청자(聽者) 쌍방이 참여한다는 점
② 묘사가 극히 단순하다는 점
③ 은유적인 표현이라는 점
④ 고의적인 오도성(誤導性)을 띠고 있다는 점

3. 요건

① 질문과 답변으로 구성된다.
② 겨루기의 형태를 띤다.
③ 오답을 유도할 장치를 있다.

4. 기능

① 말장난을 통한 오락성을 강조한다.
② 은유적 표현을 통한 문학성을 강화한다.
③ 지혜 겨루기를 통한 교육적 효과를 강조한다.

5. 유형

① 시늉에 관한 수수께끼 : 대상의 외형이나 성질, 동작을 묘사하는 수수께끼
　　㉠ 날개 없이 날아가는 것은? [연기]
　　㉡ 먹어도 먹어도 배부르지 않는 것은? [나이]
　　㉢ 엉덩이에 뿔 난 것은? [솥뚜껑]

② 소리에 관한 수수께끼 : 동음이의어를 이용한 수수께끼
   ㉠ 못 사오게 했더니 사온 것은? [못]
   ㉡ 감은 감인데 못 먹는 감은? [영감]
   ㉢ 가위는 가위인데 자를 수 없는 가위는? [팔월 한가위]

③ 문자에 관한 수수께끼 : 한자 문화권에서 발전한 파자(破字) 수수께끼
   ㉠ 나무 둘이 씨름하는 것은? [林]
   ㉡ 계집이 갓 쓴 글자는? [安]
   ㉢ 나무가 옥에 갇혀 있는 자는? [困]

④ 지혜에 관한 수수께끼 : 다른 수수께끼가 비교적 은유적인데 비해, 이것은 비은유적인 수수께끼로 '무엇'에 관한 것이 아니라 '왜', '어떻게', '누구'와 관련된 것이다. 따라서 해답자에게 특별한 지혜와 지식과 논리가 요구되기도 하며, 답항은 엉뚱하거나 엉터리없는 경우도 많다.
   ㉠ 꼽추는 어떻게 자나? [눈감고 잔다]
   ㉡ 나폴레옹은 알프스를 넘으면서 왜 빨간 허리띠를 했나?
     [바지가 흘러내리지 않도록 하려고]
   ㉢ 두 아이가 가는데 웬 노인이 아이들의 나이를 물으니까 한 아이의 대답이 '내가 저 애에게 한 살 주면 갑절이 되고, 저 애가 나에게 한 살 주면 동갑'이라 한다. 각각 아이들의 나이는? [5세와 7세]

◁ 1 설화의 특징과 갈래

01 설화의 3가지 갈래에 포함되지 않는 것은?

① 신화 　　　　② 전설 　　　　③ 민담 　　　　④ 수수께끼

> 해설　설화의 3가지 갈래
> ㉠ 전설 : 지역에서 전해오던 이야기로 증거물이 있다.
> ㉡ 신화 : 고대인의 사유나 표상이 반영된 신성한 이야기이다. 우주의 기원, 신이나 영웅의 사적
> 　　　　(事績), 민족의 태고 때의 역사나 설화 등이 주된 내용이다.
> ㉢ 민담 : 예로부터 민간에 전하여 내려오는 이야기이다.

02 다음은 「조신몽설화」에 대한 설명이다. 내용 중에서 틀린 것은?

① 『삼국사기(三國史記)』에 실려 전한다.

② 꿈을 매개로 하여 사건을 전개해 나간다.

③ 이 설화의 내용을 고사성어(故事成語)로 표현하면 '일장춘몽(一場春夢)'이라고 말할
　수 있다.

④ 이 설화는 나말여초에 생겨난 전기문학(傳奇文學) 형성에 도움을 주었다.

> 해설　① 『삼국유사(三國遺事)』에 실려 전한다.

03 「조신몽설화」의 주제와 관련된 한자성어가 아닌 것은?

① 한단지몽 　　　　　　　　② 남가일몽
③ 호접지몽 　　　　　　　　④ 일장춘몽

> 해설　③ 호접지몽 : 나비가 된 꿈이라는 뜻. 물아일체의 경지. 장자가 꿈에 나비가 되어 즐기는데 나비
> 　　　가 장자인지 장자가 나비인지 분간하지 못했다는 고사에서 온 말이다.
> 오답　① 한단지몽(邯鄲之夢) : 인생과 영화의 덧없음을 이르는 말. 노생이 한단이란 곳에서 여옹의 베
> 　　　개를 빌려 잠을 잤는데, 꿈속에서 80년 동안 부귀영화를 다 누렸으나 깨어 보니 메조로 밥을
> 　　　짓는 동안이었다는 데에서 유래한다.
> 　　　② 남가일몽(南柯一夢) : 꿈과 같이 헛된 한때의 부귀영화를 이르는 말. 중국 당나라의 순우분이
> 　　　술에 취하여 홰나무의 남쪽으로 뻗은 가지 밑에서 잠이 들었는데 괴안국의 부마가 되어 남가군
> 　　　을 다스리며 20년 동안 영화를 누리는 꿈을 꾸었다는 데서 유래한다.
> 　　　④ 일장춘몽(一場春夢) : 한바탕의 봄꿈이라는 뜻으로, 헛된 영화나 덧없는 일을 비유적으로 이르
> 　　　는 말

정답　01 ④　02 ①　03 ③

04 의인체 설화로 간신은 멀리하고 충신을 가까이 해야 한다는 교훈을 담은 작품은?

① 「주몽신화」   ② 「화왕계」

③ 「조신몽설화」   ④ 「구토설화」

> 해설 「화왕계」는 꽃에 빗대어 인간사를 풍자한 우화로 임금은 간신을 멀리하고 충신을 가까이 해야 한다는 교훈을 주고 있는 작품이다. 여기서 설총은 화왕을 빗대어 신문왕(31대)을 비판하고 교훈을 주어 깨닫게 하고 있다.

05 구비문학에 대한 설명으로 적절하지 않은 것은?

① 설화, 민요, 무가, 판소리, 민속극, 속담, 수수께끼 등의 갈래가 있다.

② 문자로 기록되어 전해지는 문학의 대칭어로서, 입에서 입으로 전해지는 문학을 뜻한다.

③ 설화는 민중 교화를 목적으로 사대부 지식인들이 만들어 일반 백성들에게 전파하는 전승 경로를 지니고 있다.

④ 속담은 민간에서 구비 전승되어 왔으며, 그 내용 속에는 경험을 바탕으로 한 교훈이나 풍자가 포함되어 있는 경우가 많다.

> 해설 설화란 한 민족 사이에 구전되어 오는 이야기를 총칭하며, 크게 신화, 전설, 민담으로 나눌 수 있다. 다른 구비문학의 경우처럼 개인의 창작이 아닌 자연적, 집단적으로 발생하며 그 내용은 민족적이고 평민적이다.

06 신화에 대한 설명으로 옳지 않은 것은?

① 신화는 그것을 신성하다고 생각하는 집단의 이야기이다.

② 신화는 전설이나 민담에 비해 그 구조와 성격이 단순하다.

③ 일단 성립되면 행동의 규범이나 당위로 간주되기도 한다.

④ 종교적으로 전파될 때 민족의 한계를 넘어서기도 한다.

> 해설 ② 신화는 신이나 신적 대상, 국가나 민족의 기원을 담아내기 때문에 인간을 대상으로 하는 전설이나 민담에 비해 그 구조와 성격이 복잡한 양상을 띠는 것이 일반적이다.

07 민담의 성격으로 옳지 않은 것은?

① 주인공은 대개 일상적인 인간이다.

② 시간, 공간, 구체적 증거물이 제시된다.

③ 신성성이나 진실성이 문제되지 않는다.

④ 흥미를 위주로 하여 꾸며 낸 이야기이다.

정답   04 ②   05 ③   06 ②   07 ②

해설 설화 중 '신화·전설·민담'의 특징을 이해한다.
② 시간, 공간, 구체적 증거물이 제시하는 것은 '전설'에 비해 '민담'은 뚜렷한 시간과 장소, 그리고 구체적인 증거물이 없다.

오답 ① 신적인 인물의 '신화'나 비범한 인물인 '전설'에 비해 '민담'의 주인공은 일상적인 평범한 인물이다.
③ 신성성을 중시하는 '신화'나 진실성을 강조하는 '전설'에 비해 민담은 '흥미롭다'고 믿으면 된다.
④ '민담'은 흥미를 위주로 하여 꾸며 낸 이야기이다.

2 민요의 특징과 갈래

01 다음 중 민요의 성격을 설명한 것으로 옳지 않은 것은?

① 민요는 입에서 입으로 구전되는 노래이다.
② 민요는 비전문적인 민중의 노래이다. 그러므로 누구나 부를 수 있다.
③ 악기의 반주를 수반하며, 특별한 훈련을 거쳐서 부르는 노래이다.
④ 한 고장의 향토적 색깔을 짙게 담고 있다.

해설 민요는 입에서 입으로 구전되는 노래이며, 비전문적인 민중의 노래로, 한 고장의 향토적 색깔을 짙게 담고 있다. 따라서 특별한 훈련을 거쳐서 부르는 노래는 아니다.

02 다음 중 노동요에 속하지 않는 것은?

① 논매기노래　　　　　　　　　② 해녀노래
③ 줄다리기노래　　　　　　　　④ 타작노래

해설 ③ 유희요 : 놀이에 박자를 맞추면서 부르는 민요(강강술래, 줄다리기노래, 널뛰기노래 등)

오답 ❖ 노동요 : 일을 하면서 부르는 민요. '논매기노래', '타작노래' 등 농업에 관계되는 것, '해녀노래'와 같이 어업에 관계되는 것 등의 여러 종류가 있다.

03 경북 대구지방에서 전해지는 것으로 잠을 의인화하여, 부녀자들의 삶의 애환을 익살과 해학으로 풀어냈던 작품은?

① 시집살이 노래　　　　　　　② 베틀 노래
③ 밀양 아리랑　　　　　　　　④ 잠노래

해설 ④ '잠노래'는 대구지방에서 전해지는 것으로, 옛날 여성들이 쏟아지는 잠을 참고 밤새 바느질을 하며 불렀던 노래이다. 잠을 의인화하여 해학적으로 표현되었다.

오답 ① 시집살이 노래 : 경북 경산지역의 민요로 고된 시집살이에 대한 한탄과 체념을 해학적으로 풀어내고 있다.

정답 　01 ③　02 ③　03 ④

② 베틀 노래 : 강원도 강릉 지역의 노동요로 부녀자들이 베를 짜면서 그 고달픔을 덜기 위해 불렀으며, 베를 짜는 과정과 가족에 대한 사랑을 추보식으로 제시하고 있다.

③ 밀양 아리랑 : 경북 밀양의 통속 민요로 밀양 부사의 외딸인 아랑이 젊은 관노의 요구를 뿌리치다가 억울하게 죽은 것을 슬퍼하여 '아랑아랑'하고 노래를 부른 데서 비롯되었다고 한다. 장단은 세마치이며, 다른 아리랑과는 달리 활기 있고 경쾌한 가락이 특색이다.

04 다음 작품에 대한 설명으로 가장 올바른 것은?

> 모시야 적삼 안섶 안에
> 연적 같은 저 젖 보소.
> 많이 보면 병이 나네.
> 담배씨만큼 보고 가소.

① 모심기를 할 때 부르는 노래이다.　② 갑오농민전쟁 때 부른 노래이다.
③ 시집살이의 어려움을 노래한 것이다.　④ 방아를 찧으면서 부르는 노래이다.

해설 문제에서 제시된 작품은 경상도 상주지방에서 모심기를 할 때 남녀가 서로 편을 갈라서 부르는 모심기노래이다.

05 다음의 민요가 불리던 시기는?

> 이씨의 사촌이 되지 말고
> 민씨의 팔촌이 되려무나.
> (중략)
> 남산 밑에다 장충단 짓고
> 군악대 장단에 받들어총 한다.
>
> － 「아리랑타령」 －

① 조선 전기　　　　　　　② 개화기
③ 해방 직후　　　　　　　④ 한국전쟁 직후

해설 ㉠ 갈래 : 서정민요, 구비민요
ⓛ 형식 : 분절체, 후렴구의 반복법, 대구법, 대유법, 제유법
㉢ 운율 : 3음보
㉣ 성격 : 현실비판적·풍자적·적층적·구비적·직설적
㉤ 제재 : 민씨의 세도정치 및 일본의 수탈(구한말을 배경으로 함)
㉥ 주제 : 개화기 민족 현실에 대한 비판
㉦ 구성 : 추보식(시간적 순서에 따라 전개)

정답 04 ①　05 ②

06 민요의 주요 기능에 해당하지 않는 것은?

① 노동적(勞動的) 기능
② 의식적(儀式的) 기능
③ 계몽적(啓蒙的) 기능
④ 유희적(遊戲的) 기능

> **해설** '민요'의 '기능요'와 '비기능요'에 대한 기능을 이해한다.
> ③ 계몽적(啓蒙的) 기능 : 주로 신문학 초기인 '개화가사'나 '창가' 그리고 '신체시'에 나타나는 기능
> 이다.
>
> **오답피하기**
> ① 노동적(勞動的) 기능 : 일을 하면서 부르는 노래 – 논매기 노래, 타작 노래, 해녀 노래 등
> ② 의식적(儀式的) 기능 : 세시나 장례 때 부르는 노래 – 지신밟기 노래, 상여 노래, 달구질 노래 등
> ④ 유희적(遊戲的) 기능 : 놀이에 박자를 맞추면서 부르는 노래 – 강강술래, 널뛰기 노래, 줄다리
> 기 노래 등
> ※ 비기능요 : 단지 노래의 즐거움을 누리기 위해 부르는 노래 – 정선 아리랑, 밀양 아리랑, 시집살
> 이 노래 등

07 민요의 가창 방식에 대한 설명으로 옳지 않은 것은?

① 독창으로 부르지 않는 것이 원칙이다.
② 교환창은 후렴이 없다는 점에서 선후창과 구분된다.
③ 선후창의 후창자는 선창자에 이어서 후렴을 부른다.
④ 선후창의 선창자는 가사를 선택할 권리를 부여받는다.

> **해설** ① 민요에는 '일인창'도 있다. 일인창은 혼자서 처음부터 끝까지 부르는 노래이다.
>
> **오답** ② 교환창은 선창자와 후창자가 모두 변화 있는 가사를 주고받는 식으로 부르는 창법이다.
> ③, ④ 선후창은 한 사람이 먼저 부르면 후렴 따위를 한 사람 또는 여러 사람이 이어 부르는 방식
> 이다. 선창자는 가사를 선택할 수 있다.

◢ 3 무가의 특징과 주요 서사무가

01 무가에 대한 설명으로 옳지 않은 것은?

① 무가는 전문적 구연자(무당)의 노래이기 때문에 복잡하고 예술성이 풍부하다.
② 청배 무가를 불렀을 때 신이 하강했음은 무당의 공수를 통해 증명된다.
③ 무가의 주요 기능은 주술적인 것이어서 오락적인 기능은 철저히 배제한다.
④ 대표적인 서정 무가로는 「노랫가락」, 「대감타령」, 「창부타령」이 있다.

> **해설** ③ 무의(巫儀) 자체가 민중에게는 큰 구경거리이며 구연은 호기심을 자아낸다.
> ② 공수 : 무녀의 몸속으로 내림한 신이 무녀의 입을 통해 의사를 전달하는 신의 언어

02 '주술성, 신성성, 문학성'을 지닌 장르는?

① 민요   ② 속담
③ 무가   ④ 전설

해설 ③ **무가(巫歌)** : 무속의식에서 무속인이 구연하는 사설이나 노래로 신가라고도 한다. 기복과 치병, 사자 영혼 위로, 신내림 등의 내용으로 구성되며, 언어의 기능적인 측면에서 청배(請拜)·공수·축원·오신(娛神) 등으로 나누어진다.

오답 ㉠ 청배무가 : 신의 내림을 비는 무가로서, 사제자인 무당이 신에게 하는 언어로 되어 있다.
㉡ 공수 : 강림한 신이 인간을 향하여 잘못을 꾸짖거나 재수와 복록 등을 약속하는 것으로서 신이 화자로 되어 있다.
㉢ 축원 : 인간이 신에게 소원을 비는 무가로서 소원의 종류에 따라, 또는 신의 성격에 따라 여러 종류의 무가가 있다. 가정의 주재신에게 가족의 건강과 행운을 비는 '성주축원', 죽은 사람의 영혼이 편안하도록 비는 '망자축원' 등이 대표적인 축원무가이다.
㉣ 오신무가 : 신과 인간이 서로 어울려 화합하며 유대를 강화하려는 목적에서 구연된다. 「노랫가락」·「대감타령」·「창부타령」 등이 여기에 속한다.

03 다음 중 「세경본풀이」에 관한 설명으로 잘못된 것은?

① 한반도 전역에서 전승되는 자료이다.
② 주술성이 있는 무가에 속하는 작품이다.
③ 등장하는 인물로는 자청비, 문도령 등이 있다.
④ '세경'이란 지모(地母) 혹은 곡모(穀母)의 뜻을 지닌 신의 이름으로 해석될 수 있다.

해설 ① 「세경본풀이」는 한반도 전역이 아니라 제주도 굿에서 풍농을 관장하는 신격인 세경의 내력을 풀이할 때 부르는 서사무가이다.

오답 ② 「세경본풀이」는 다양한 계열의 서사적 원천을 활용한, 길고 풍부한 서사를 갖추고 있으면서도 주술성을 지닌 장편 무속 서사시이기도 하다.
③ 「세경본풀이」는 인간 소녀 자청비가 온갖 시련을 이겨내고 천상 세계의 문 도령과 혼인하기에 이르는데, 이에 그치지 않고 스스로 지상에 내려와 농경의 풍요를 담당하는 신격으로 좌정한다는 내용이다.
④ 「세경본풀이」는 풍농의 신화적인 원리, 주체적 여성 문화 영웅의 전형 등을 확인할 수 있으며, 자청비는 천상의 오곡과 메밀 씨앗을 가지고 돌아와 지상의 풍농을 관장하는 신, 즉 세경이 되므로 '세경'은 '지모(地母)' 혹은 '곡모(穀母)'의 뜻을 지닌 신의 이름으로 해석할 수 있다.

04 「바리데기」에 대한 설명으로 적절하지 않은 것은?

① 신화적, 무속적 성격을 띤다.   ② 주제는 효라고 할 수 있다.
③ 영웅 설화적 구조를 가지고 있다.   ④ 농사를 관장하는 신의 내력을 노래한다.

정답 **02** ③ **03** ① **04** ④

해설 바리데기는 일종의 무속신화라고 하는데, 이것은 무(巫)의 기능의 하나인 치병을 바리공주가 시작했다는 데서 비롯한다. 이 무가의 주제는 효(孝)라고 할 수 있는데, 부모의 약을 구하는 과정에서 시련을 겪고 이를 이겨내는 영웅 설화적 구조를 가지고 있다. 농사를 관장하는 신의 내력을 노래한 작품은 「세경본풀이」이다.

05 다음 설명에 해당하는 무가는?

> 옛날에 어느 임금 부부가 딸만 계속 낳아서 일곱이나 되었다. 화가 난 임금은 일곱째로 낳은 딸을 내다 버렸다. 나중에 임금 부부가 병이 들어 죽게 되었는데, 버림받았던 일곱째 딸이 나타나서 갖은 고생을 무릅쓰고 영약을 구해 와서 부모를 회생시킨다. 이후에 일곱째 딸은 무조(巫祖)가 되었다.

① 「당금애기」   ② 「바리공주」
③ 「장자풀이」   ④ 「이공본풀이」

해설 ② 바리공주 설화는 흔히 바리데기 설화라고 하며 서사무가의 하나이다. '바리'라는 이름은 '버리다'에서 차용된 것이다. '바리데기'는 불락국의 일곱 번째 공주로, 태어나자마자 버려지게 된다. 후에 병에 걸린 부모를 구하고 죽은이의 죄를 씻어 극락으로 인도하는 무신이 되었다는 줄거리이다.

오답 ① **「당금애기」** : 제석신이 당금애기와 정을 맺고 떠난 후 당금애기는 세 쌍둥이를 낳게 된다. 후에 아들과 함께 제석신을 찾으러 떠나게 되고 마침내 만나게 되는 줄거리이다.
③ **「장자풀이」** : 죽을 운명에 있는 부자가 저승사자를 후하게 대접하여 수명을 연장한다는 내용이다.
④ **「이공본풀이」** : 서천꽃밭의 주화를 관장하는 꽃 감관의 내력을 풀이하는 제주도 서사 무가이다.

4 판소리의 특징과 구성요소

01 판소리의 형성시기에 대한 설명으로 잘못된 것은?

① 정조 때 판소리 12마당이 신재효에 의해 6마당으로 개작되었다.
② 20세기 이후는 쇠잔기였다.
③ 영조 30년에 쓰인 「만화본 춘향전」이 최초의 자료이다.
④ 임진왜란 직후 형성되기 시작했다.

해설 판소리의 형성기는 조선 숙종 말에서 영조 초(17세기 말~18세기 초)이다.

정답   05 ② / 01 ④

02 판소리의 구성요소에 대한 설명으로 옳지 않은 것은?

① 추임새는 고수와 관객이 흥을 돋우는 소리이다.
② '너름새'는 소리꾼이 하는 보조동작으로 '더늠'이라고도 한다.
③ 창자(唱者) 한 사람과 고수(鼓手) 한 사람이 서사적인 이야기를 노래로 부르는 예술이다.
④ 판소리는 창(노래)과 아니리(말)의 결합으로 이루어진다.

> 해설 ② '너름새'는 창자(唱者)가 하는 보조적인 동작으로 '발림'이라고도 한다. 창자는 자신이 부르는 노래에 부응하는 동작인 너름새 혹은 발림을 취함으로써 관중의 이해를 돕는 구실을 한다. '더늠'은 판소리 명창들에 의하여 노랫말과 소리가 새로이 만들어지거나 다듬어져 이루어진 판소리 대목을 말한다.

03 판소리의 내용을 말, 즉 회화체로 전달하는 것을 무엇이라고 하는가?

① 발림   ② 너름새
③ 추임새   ④ 아니리

> 해설 ④ 아니리 : 판소리에서 창자(唱者)가 소리를 하다가 한 대목에서 다른 대목으로 넘어가기 전에 자유리듬으로 사설을 엮어나가는 행위
> 오답 ① 발림 : 판소리에서 창자가 소리의 가락이나 사설의 극적인 내용에 따라서 손·발·온몸을 움직여 소리나 이야기의 감정을 표현하는 몸짓
> ② 너름새 : 판소리에서 소리하는 사람이 소리의 가락이나 사설의 극적 내용에 따라 몸짓으로 하는 형용동작
> ③ 추임새 : 판소리에서 소리의 중간에 곁들이는 탄성

04 판소리에서 소리하는 사람이 소리의 가락이나 사설의 극적인 내용에 따라 몸짓으로 하는 형용동작을 무엇이라고 하는가?

① 아니리   ② 추임새
③ 너름새   ④ 창

> 해설 ③ 너름새 : 판소리에서 창자가 소리의 가락이나 사설의 극적 내용에 따라서 손·발·온몸을 움직여 소리나 이야기의 감정을 표현하는 몸짓. ≒ 사체, 발림
> 오답 ① 아니리 : 판소리에서 공연자가 창을 하는 중간에 장단이 없이 말로 연기하는 사설
> ② 추임새 : 소리판에서 창자의 소리에 고수 또는 청중이 감탄사를 내면서 흥을 돋우는 것
> ④ 창 : 판소리에서 광대가 부르는 노래. 소리

정답 02 ② 03 ④ 04 ③

05 판소리 장단 중 가장 빠른 가락으로 급박감을 주는 장단은?

① 진양조 　　　　　　　　　② 휘모리

③ 중모리 　　　　　　　　　④ 엇모리

> 해설　② 휘몰이 : 가장 빠른 곡조로 급박감을 준다.

> 오답　① 진양조 : 가장 느린 곡조. 애연조(哀然調)로 슬프고 무거운 느낌을 준다.
> ③ 중모리 : 중간 빠르기의 곡조로 안정감을 준다.
> ④ 엇모리 : 평조음(平調音)으로 평화스럽고 경쾌하며 이질적인 장단이다.

06 판소리에서 소리꾼이 하는 것이 아닌 것은?

① 창 　　　　　　　　　　　② 아니리

③ 추임새 　　　　　　　　　④ 발림

> 해설　추임새는 고수나 관객이 하는 탄성, 흥을 돋우는 소리를 말한다.

07 판소리에 대한 설명으로 옳지 않은 것은?

① 가창은 보통 '허두가'로부터 시작된다.

② 공연에서 말로 하는 부분을 '아니리'라고 한다.

③ 장단 가운데 가장 빠른 것을 '자진모리'라고 한다.

④ 섬진강 서쪽 나주, 보성 등지에서 성행한 소리를 '서편제'라고 한다.

> 해설　③ 가장 빠른 장단은 '휘모리'이다. 장단은 '진양조 – 중모리 – 중중모리 – 자진모리 – 휘모리'의 순서
> 로 점점 빨라진다.

> 오답　① 허두가(虛頭歌) : 판소리의 '단가'를 달리 이르는 말로, 판소리를 시작하기 전에 그 허두에 부르
> 는 소리이다.
> ② 아니리 : 판소리에서, 창을 하는 중간중간에 가락을 붙이지 않고 이야기하듯 엮어 나가는 사설
> 을 말한다.
> ④ •서편제(西便制) : 조선 후기의 명창 박유전(朴裕全)의 법제(法制)를 이어받은 판소리의 한 유
> 파로, 주로 섬진강 서쪽, 곧 보성·광주·나주 등지에서 성하였는데, 음색이 곱고 애절한 것
> 이 특징이다.
> •동편제(東便制) : 조선 영조 때의 명창 송흥록의 법제(法制)를 이어받은 판소리의 한 유파로
> 호남의 동쪽인 운봉·구례·순창·흥덕 등지에서 발달하였으며, 웅건하고 그윽한 우조(羽調)
> 를 바탕으로 하는 것이 특징이다.

정답　05 ② 　06 ③ 　07 ③

08 판소리에 대한 설명으로 옳지 않은 것은?

① 남부 지역의 세습무에서 명창이 많이 배출되었다.

② '판'은 다수가 모여 어떤 일을 벌이는 곳을 뜻한다.

③ 신재효는 판소리 광대를 적극 후원하고 여성 명창도 육성하였다.

④ 식민지 시대에 기생들이 판소리를 배척함으로써 암흑기를 맞았다.

> 해설 '판소리'의 개념과 전개 과정을 이해한다.
> ④ 판소리가 암흑기를 맞이한 것은 구한말로, 원각사(圓覺社)가 생기고 판소리 명창들이 창극(唱劇)을 처음 꾸며 공연한 뒤 창극이 성행하였고, 판소리 명창들이 여기에 휩쓸리게 되면서 판소리가 쇠퇴하는 원인이 되었다.

> 오답 ① 판소리는 전라도 지역의 서사무가에서 파생된 것으로 '동편제'는 송흥록(宋興祿)을 중심으로 송광록(宋光祿)·박만순(朴萬順)·송우룡(宋雨龍)·송만갑(宋萬甲)·유성준(劉聖俊) 등, '서편제'에서는 박유전(朴裕全)을 중심으로 이날치(李捺致)·김채만(金采萬)·정창업(丁昌業)·김창환(金昌煥)·김봉학(金奉鶴) 등의 명창을 배출하였다.
> ② '판'의 일반적 의미는 '상황·장면'과 '여러 사람이 모인 곳'이므로 '판소리'는 '다수의 청중들이 모인 놀이판에서 부르는 노래'라는 의미로 이해된다.
> ③ 신재효(申在孝)는 명창들에게 판소리 이론을 지도하였고, 여섯 마당의 판소리 사설을 다듬어 판소리의 극성기를 주도하였으며, 여성 명창인 진채선, 허금파 등을 육성하였다.

⌐5 민속극의 특징과 작품세계

01 민속극에 대한 설명으로 옳지 않은 것은?

① 인형극은 남사당이라는 유랑극단에 의해 공연되었다.

② 민속극의 공연시간은 해가 지기 전까지이다.

③ 「봉산탈춤」의 양반과장에서 양반을 조롱하는 말뚝이는 하인이다.

④ 각 과장은 대체로 독립되어 있고 극적 갈등은 주로 춤이나 동작을 통해 표출된다.

> 해설 민속극은 해가 지면 시작해서 밤중이나 새벽까지 계속된다. 밤에 횃불은 조명과 같은 효과를 내고 가면의 모습을 다채롭게 하는 구실을 한다.

02 다음 중 연결이 옳지 않은 것은?

① 황해도 – 봉산탈춤

② 함경도 – 가면극놀이

③ 경기도 – 산대놀이

④ 경상도 – 오광대놀이

> 해설 각 지역 가면극의 유형을 이해한다.
> ② 강원도 : 가면극놀이(관노가면극)
> ◐ 함경도 : 북청사자놀음

정답 08 ④ / 01 ② 02 ②

① **황해도** : 강령탈춤, 봉산탈춤, 은율탈춤, 해주탈춤
③ **경기도** : 양주별산대놀이
　　　❤ 서울 : 송파산대놀이
④ **경상도** : 하회별신굿탈놀이, 가산오광대, 통영오광대, 고성오광대, 수영야류, 동래야류
　　　❤ 남사당놀이 : 지역 연고 없이 유랑

03 다음 중 '하회별신굿 탈놀이'에 대한 설명으로 틀린 것은?

① 중요 무형문화재이다.
② 경상북도 안동시 하회마을에서 전승되어 오는 탈놀이이다.
③ 총 8개의 과장으로 구성되어 있다.
④ 우리나라 가면극 전승의 주류를 이루는 산대도감계통극과 같은 유형이다.

해설 우리나라 가면극 전승의 주류를 이루는 산대도감계통극과는 달리 동제에 행하여지던 무의식극적(無意識劇的) 전승이다.

① 우리나라 국가 무형유산으로 지정되었다(1967년 69호).
② 경상북도 안동시 하회마을에서 전승되던 탈놀이의 일종으로, 탈놀이에 사용되는 하회탈로 유명하다.
③ 총 8개의 과장으로 구성되어 공연된다.
　⑦ 제1과장 – 무동마당 : 각시광대가 무동을 타며 꽹과리를 들고 구경꾼들에게 걸립을 하는 마당
　⑥ 제2과장 – 주지마당 : 사자에 해당하는 주지 한 쌍이 등장하는 액풀이 마당
　© 제3마당 – 백정마당 : 백정이 춤을 추다 멍석으로 소를 잡고 소의 불알을 팔며 걸립을 하는 마당
　② 제4마당 – 할미마당 : 할미가 등장하는 가부장제를 풍자하는 마당
　⑩ 제5마당 – 파계승마당 : 부네(기생)와 중이 등장하는 파계승을 풍자하는 마당
　ⓗ 제6마당 – 양반선비마당 : 양반과 선비, 그리고 초랭이(하인)와 그 외의 모든 등장인물들이 등장하는 지배계층을 풍자하는 마당
　ⓢ 제7마당 – 혼례마당 : 선비와 각시가 등장하여 혼례를 치르는 마당
　◎ 제8마당 – 신방마당 : 혼례를 치른 선비와 각시가 신방을 가차리고 첫날밤을 보내는 마당

04 다음 중 꼭두각시놀음에 대한 설명으로 틀린 것은?

① 서민들 사이에서 연희되어 왔던 관계로 비속하고 해학적인 표현이 많이 사용되었다.
② 가부장적 가족제도를 풍자하고 있다.
③ 무대 밖의 악사나 관중이 등장인물과 수시로 대화할 수 있다.
④ 남사당패에 의해 공연된 현전하는 유일한 가면극이다.

해설 ④ 조선 후기 유랑 연예인집단인 남사당패에 의해 공연된 현전하는 유일한 민속인형극이다.

03 ④　**04** ④

05 민속극의 하위 장르가 나머지 셋과 다른 것은?

① 「덜미」

② 「하회별신굿」

③ 「박첨지놀음」

④ 「꼭두각시놀음」

> **해설** ②의 「하회별신굿」은 경상북도 안동시 하회 마을에 전승되어 오는 탈춤(탈놀이)이다.

> **오답** ①의 「덜미」와 ③의 「박첨지놀음」은 ④의 「꼭두각시놀음」의 별칭으로 탈춤이 아니라 인형극이다.
> **참** 덜미 : 남사당놀이의 여섯째 놀이. '꼭두각시놀음'을 말하는데 목덜미를 잡고 논다는 데서 나온 말이다.

06 가면극 「봉산탈춤」에 대한 설명으로 옳지 않은 것은?

① 황해도 봉산 지역에 전래되던 가면극이다.

② 크게 일곱 과장으로 나누어지고, 각 과장의 내용이 유기적으로 연결되었다.

③ 야외에서 야간에 공연되었으므로 모닥불이나 횃불 등으로 공연장소를 밝혔다.

④ 사회적 불평등에서 파생된 현실적인 문제들을 웃음이 가득한 분위기 속에서 비판적으로 다루었다.

> **해설** 「봉산탈춤」은 제1과장 사상좌춤, 제2과장 팔목중춤, 제3과장 사당춤, 제4과장 노장춤, 제5과장 사자춤, 제6과장 양반춤, 제7과장 미얄춤 등 모두 7과장으로 이루어지며, 각 과장의 내용은 독립적이다.

◢ 6 속담의 특징과 유형

01 다음 속담 중 이질적인 것은?

① 개발에 편자

② 개에게 호패

③ 거적문에 돌쩌귀

④ 개밥에 도토리

> **해설** 제격에 맞지 않음을 의미하는 속담으로 '개발에 편자', '돼지목에 진주 목걸이', '가게 기둥에 입춘이라', '돼지 발톱에 봉숭아 들인다', '조리에 옻칠하기' 등이 있다.
> ④ '개밥에 도토리'는 축에 끼지 못하고 따돌림을 당하는 외로운 처지를 두고 이르는 말이다.

> **오답** ① 개 발에 (주석) 편자 : 옷차림이나 지닌 물건 따위가 제격에 맞지 아니하여 어울리지 않음을 비유적으로 이르는 말
> ③ 개에(게) 호패 : 옷차림이나 지닌 물건 따위가 제격에 맞지 아니하여 어울리지 않음을 비유적으로 이르는 말
> ④ 거적문에 (국화) 돌쩌귀 : 제격에 맞지 아니하게 지나친 치장을 함을 비유적으로 이르는 말. = 돼지우리에 주석 자물쇠

> **정답** 05 ②　06 ② / 01 ④

02 다음 속담의 뜻풀이가 바르지 않은 것은?

① 번개가 잦으면 천둥친다. : 나쁜 일을 자주하면 큰일을 저지른다.
② 나중에 난 뿔이 우뚝하다. : 후진이 선배보다 나을 때 쓰는 말
③ 낙수는 떨어진 데 또 떨어진다. : 한 번 들인 습관은 고치기 어렵다는 말
④ 까마귀 날자 배 떨어진다. : 어떤 일의 앞뒤가 잘 맞아 떨어진다.

> 해설 • 까마귀 날자 배 떨어진다. : 공연스레 남에게 의심받을 짓을 하지 말라는 뜻이다.
> • 가는 날이 장날이다. : 어떤 일의 앞뒤가 잘 맞아 떨어진다는 뜻이다.

03 다음의 글을 읽고 지문에 적당한 속담을 고르면?

> 오랜 시간 동안 서서히 탈바꿈하는 '중심'의 교묘한 변신이 우리들의 일상의 얼개를 뒤바꾸고 있음을 망각하고 있다.

① 장수 나자 용마 난다.
② 오동나무 보고 춤을 춘다.
③ 가랑비에 옷 젖는 줄 모른다.
④ 천리 길도 한 걸음부터

> 해설 ③ 아무리 사소한 것이라도 그것이 오랜 시간 거듭되면 무시하지 못할 정도로 크게 됨에 비유하는 속담이다.
> 오답 ① 장수 나자 용마 난다 : 무슨 일이거나 잘 되려면 좋은 기회가 저절로 생김을 이르는 말
> ② 오동나무만 보아도 춤을 춘다 : 오동나무를 보고 오동나무로 만든 거문고를 연상하여 춤을 춘다는 뜻으로, 너무 미리부터 서두름을 비유적으로 이르는 말
> ④ 천 리 길도 한 걸음부터 : 아무리 큰일이라도 그 첫 시작은 작은 일부터 비롯된다.

04 다음 문장과 관련된 속담으로 가장 적절한 것은?

> 그 동네에 있는 레스토랑의 음식은 보기와는 달리 너무 맛이 없었어.

① 볶은 콩에 싹이 날까?
② 보기 좋은 떡이 먹기도 좋다.
③ 빛 좋은 개살구
④ 뚝배기보다 장맛이 좋다.

해설 '보기와는 달리 너무 맛이 없다'는 부분에서 '빛 좋은 개살구'와 연결된다.
③ 빛 좋은 개살구 : 겉보기에는 먹음직스러운 빛깔을 띠고 있지만 맛은 없는 개살구라는 뜻으로, 겉만 그럴듯하고 실속이 없는 경우를 비유적으로 이르는 말
① 볶은 콩에 싹이 날까? : '불에다 볶은 콩은 싹이 날 리가 없다'는 뜻으로, 아주 가망이 없음을 비유적으로 이르는 말
④ 뚝배기보다 장맛이 좋다. : 겉모양은 보잘 것 없으나 내용은 훨씬 훌륭함을 이르는 말

오답 ② 보기 좋은 떡이 먹기도 좋다. : 「1」 내용이 좋으면 겉모양도 반반함을 비유적으로 이르는 말. 「2」 겉모양새를 잘 꾸미는 것도 필요함을 비유적으로 이르는 말

05 연결된 사자성어와 속담의 뜻이 서로 다른 것은?

① 등하불명(燈下不明) – 등잔 밑이 어둡다.
② 동가홍상(同價紅裳) – 같은 값이면 다홍치마
③ 아가사창(我歌査唱) – 내 할 말을 사돈이 한다.
④ 경전하사(鯨戰蝦死) – 싸움 잘하는 놈 매 맞아 죽는다.

해설 ④ 경전하사(鯨戰蝦死) : '고래 싸움에 새우 등 터진다'는 뜻으로, 강한 자끼리 서로 싸우는 통에 아무 상관도 없는 약한 자가 해를 입음을 비유적으로 이르는 말을 뜻한다.

오답 ① 등하불명 : 등잔 밑이 어둡다는 뜻으로, 가까이에 있는 물건이나 사람을 잘 찾지 못함을 이르는 말
② 동가홍상 : 같은 값이면 다홍치마라는 뜻으로, 같은 값이면 좋은 물건을 가짐을 이르는 말
④ 아가사창 : 「1」 내가 부를 노래를 사돈이 부른다는 뜻으로, 자기가 할 말을 상대편에서 먼저 함을 이르는 말. 「2」 꾸짖음이나 나무람을 들어야 할 사람이 도리어 큰소리를 침을 이르는 말

⟁ 7 수수께끼의 특징과 유형

01 다음 중 수수께끼에 대한 설명으로 가장 틀린 것은?

① 수수께끼는 서로 주고받으며 설문과 응답으로 이루어진다.
② 수수께끼는 여타의 다른 구비문학에 비해 고착성이나 정착성이 강하다.
③ 어떤 사물의 의미를 감추어서 청자의 지적 상상력을 개발하기 위하여 의도적으로 애매한 용어를 차용한다.
④ 수수께끼는 어떤 사물에 대하여 직선적으로 표현하지 않고 완곡하게 표현한다.

해설 수수께끼는 여타의 다른 구비문학에 비해 고착성이나 정착성이 약하고, 시대별·연령별로 빠르게 변화하며, 어떤 문제점이나 지역적 특징을 더욱 신속하게 반영하는 속성을 보여준다.

정답 05 ④ / 01 ②

02 다음 중 수수께끼의 특징에 대한 설명으로 틀린 것은?

① 수수께끼는 비유적 표현이다.

② 수수께끼는 묘사가 극히 단순하다.

③ 수수께끼는 다른 구비문학에 비하여 화자와 청자가 다 같이 참여할 수 있다.

④ 수수께끼는 고도의 창작성을 띠고 있다.

> 해설 수수께끼는 고의적 의도성을 띠고 있다. 어떤 사물의 의미를 감추어서 청자의 지적 상상력을 개발하기 위하여 의도적으로 애매한 용어를 차용한다.

03 다음에서 설명하는 것은?

> • 문과 답으로 구성되며, 겨루기의 형태를 띤다.
> • 오답을 유도할 만한 장치를 가지고 있다.

① 속담   ② 격언
③ 수수께끼   ④ 속신어

> 해설 ③ 수수께끼는 비유적 표현이 많고 의도성을 띠고 있기 때문에 서로 주고 받으며 답을 구하는 놀이이다.

PART

03

현대문학

Chapter 01 현대문학의 이해
Chapter 02 현대시
Chapter 03 현대소설
Chapter 04 현대수필
Chapter 05 현대희곡

독학사
1단계 | 국어
Bachelor's Degree Examination for Self-Education

현대문학의 이해

01 현대문학의 범위

1. 문학의 개념

(1) 문학의 특징

① 문학은 언어를 매체로 표현하는 언어예술이다.

→ 문학을 다른 예술(음악, 미술, 무용 등)과 구별 짓는 기준은 '표현매체(언어)'이다.

② 문학은 가치 있는 체험을 함축적으로 표현한다.

→ 문학을 다른 글(비문학)과 구별 짓는 기준은 '형상화'이다.

③ 문학이 추구하는 세계는 허구(虛構)와 개연성의 세계이다.

④ 문학은 작가의 사상과 정서를 표현한다.

⑤ 문학작품은 모든 요소들이 유기적으로 결합된 하나의 독자적 구조물로서 일정한 짜임새를 지닌 조직체이다.

(2) 문학의 구성요소

① 정서(情緒) : 인간의 순화된 모든 감정이며, 독자에게 감동을 주는 요소이다.

→ '보편성, 항구성'을 획득하게 해 주는 요소

② 상상(想像) : 과거의 체험과 이미지를 결합하여 새로운 질서의 세계를 창조한다.

→ '독창성'을 획득하게 해 주는 요소

③ 사상(思想) : 지은이의 중심사상으로 작품 속에 주제가 된다.

→ '사상성, 위대성'을 획득하게 해 주는 요소

④ 형식(形式) : 작품의 구조와 문체를 이루어 문학의 내용을 이루는 요소이다.

→ '예술성'을 획득하게 해 주는 요소

2. 문학의 기원설

(1) 심리학적 기원설 : 심미성(審美性) 강조

문학은 인간의 심리현상으로서 인간심리에 내재된 예술 충동에 의해 문학이 발생한다는 학설

① 모방본능설 : 사람은 사물을 모방하려는 본성과 모방된 것을 보고 기뻐하는 본능이 있어서, 이로부터 예술이 나왔다는 학설

㉠ 플라톤, 「공화국」 : 부정적 측면의 모방론

㉡ 아리스토텔레스, 『시학』 : 긍정적 측면의 모방론

② 흡인본능설 : 남의 관심을 끌기 위한 인간의 욕구에서 문학이 발생했다는 학설

→ 다윈(Darwin)과 같은 진화론자들

③ 유희본능설 : 인간이 가진 '행위 그 자체를 즐기는 유희충동'에서 예술이 나왔다는 설로, 유희본능은 '정력의 과잉'과 '노력의 여력'에 의한 '힘의 과잉'을 놀이로써 풀어내려는 본능이다.

→ 칸트, 쉴러, 스펜서

④ 자기표현본능설 : 자기 자신을 표현하려는 본능에서 문학이 발생했다고 보는 학설

→ 허드슨(W. H. Hudson)

(2) 발생학적 기원설 : 실용성(實用性) 강조

유희설이 생활과 무관한 것이라는 점에서 그것을 비판하는 데서 출발한 이 이론은 실제생활과 관련된 실용성, 노동과정 등을 통하여 예술의 발생기원을 찾는다. 즉, 실용적·공리적 욕구가 먼저 있었고, 심미적 욕구는 그 다음에 생긴 것이다. → 헌(Hirn), 그로세(Grosse) 등

(3) 발라드 댄스(ballad dance)설 : 실용성 + 심미성

문학이 초자연적인 존재에 대한 제천의식에서 행해진 원시종합예술에서 비롯되었다는 학설이다. 원시종합예술에서 행해진 노래의 가사가 문학으로 분화되었다고 보고 있으며, 문학의 기원설 중 가장 설득력 있게 받아들여지고 있다. → 몰튼(R. G. Moulton)

3. 문학의 기능

(1) 교시적 기능(인식적 기능, 지적 기능) → 참여문학론 입장

① 독자에게 삶과 세계에 대한 올바른 인식을 일깨워 주는 교훈적 기능

② 문학의 공리적 효용성을 강조

③ 사상과 내용 강조

④ 대표적 작가 및 작품

㉠ 플라톤 : 시인추방론

㉡ 공자 : 詩三百篇一言而蔽之曰思無邪(시 삼백 편은 한 마디로 말하면, 생각함에 사악함이 없는 것이다.)

㉢ 고대소설(권선징악), 개화기 문학, 이광수의 계몽문학, 1920년대 KAPF(목적문학), 1930년대 농촌계몽소설, 1950~1960년대 현실 참여문학 등

(2) 쾌락적 기능(심미적 기능, 정적 기능) → 순수문학론 입장

① 독자에게 미적·정서적 즐거움을 주는 기능

② 형식과 예술성 강조

③ 대표적 작가 및 작품

㉠ 아리스토텔레스, 『시학』: 카타르시스(Catharsis) = 정화 작용

→ 비극적 예술 체험(불안, 공포, 연민 등)으로 인한 정서의 순화

㉡ 유미주의(예술 지상주의)와 관련

㉢ 1920년대 반계몽적 순수문학, 김동인의 탐미주의 소설(광화사, 광염쏘나타), 1930년대 반계급적 순수문학(시문학파, 구인회), 1960년대 전통 순수시 등

(3) 종합적 기능(참다운 문학의 기능, 절충설)

　① 쾌락적 기능과 교훈적 기능은 양면이 적절히 통합되어야 참다운 감동을 얻을 수 있다는 견해

　② 문학의 당의정설(糖衣錠說) : 교훈설과 쾌락설의 상보적 관계

4. 문학 감상의 관점

(1) 외재적 관점

　① 반영론적(反映論的) 관점 : 작품과 시대 현실과의 관계 중시[= 모방론]

　　㉠ 작품은 현실세계의 반영이다.

　　㉡ 작품이 창작된 당시의 시대 현실의 모습을 중시한다.

　　㉢ 작품에 반영된 세계와 대상세계에 대해 비교·검토한다.

　② 표현론적(表現論的) 관점 : 작품과 작가와의 관계 중시[= 생산론]

　　㉠ 작품은 작가의 체험, 감정, 사상 등을 표현한다.

　　㉡ 작가의 생애나 사상, 정서, 의도 등을 연구한다.

　　㉢ 작가는 현실에서 체험을 얻고 문학의 기능을 발휘시키는 주체이다.

　③ 효용론적(效用論的) 관점 : 작품과 독자와의 관계 중시[= 수용론 = 영향론]

　　㉠ 작품이 독자에게 미치는 효과를 중시한다.

　　㉡ 작품은 독자에게 예술적 감동과 미적 쾌락을 통해 영향을 끼친다.

　　㉢ 독자의 감동은 무엇이며, 독자가 획득한 것은 무엇인가 하는 것을 살핀다.

(2) 내재적 관점

　① 절대주의적(絶對主義的) 관점 : 작품 자체의 의미를 중시[= 존재론 = 구조론 = 객관론]

　　㉠ 작품을 언어 구조의 집합체로 보고, 작가나 시대 현실 등의 언어 외적요소를 배제한다.

　　㉡ 작품의 자립성과 유기성을 인정하여, 작품 자체의 분석에 초점을 둔다.

　　㉢ 작품 속에 나타난 내적 요소(표현 기법, 이미지, 운율, 형식, 문체, 미적 범주, 언어)를 연구한다.

02　현대문학의 갈래와 개념

1. 문학 갈래의 개념

(1) 작품의 객관적 구성요소인 형식, 제재, 내용, 표현양식 등을 기준으로 특질이 있는 무리로 구분, 체계화한 일종의 틀을 말한다.

(2) 문학작품을 그 형성원리 및 존재방식의 공통성과 차이점에 입각하여 분류한 것이다.

　① 유(類)개념 : 시대와 지역을 초월하여 보편적으로 나타나는 상위갈래를 말한다. (기본갈래)

　② 종(種)개념 : 특정시대와 지역에 고유하게 나타나는 하위갈래를 말한다. (변종갈래)

2. 언어의 형태에 따른 갈래

(1) 운문문학 : 리듬을 중시하는 문학형태로, 정서적이고 감성적인 효과를 일으킨다.

(2) 산문문학 : 언어의 전달기능을 중시하는 문학형태이다.

3. 언어의 전달 방식에 따른 갈래

(1) 구비문학(口碑文學) : 입에서 입으로 전승되어 온 문학양식을 말하며, 유동문학(流動文學), 표박문학(漂泊文學), 적층문학(積層文學), 부동문학(浮動文學), 구전문학(口傳文學)이라고 한다.

(2) 기록문학(記錄文學) : 문자로 기록된 문학양식을 말한다. 한국문학사에서는 「구지가(龜旨歌)」나 「황조가(黃鳥歌)」처럼 단지 한자로 번역 기재된 것은 진정한 의미의 기록문학이라 할 수 없고, 본격적 의미의 기록문학은 10구체 향가에서부터이다.

4. 표현 양식에 따른 갈래

(1) 3분법(三分法) : 가장 보편적인 문학의 갈래이다. 아리스토텔레스가 「시학」에서 모방의 양식에 따라 '서정, 서사, 극'으로 분류한 이래 헤겔의 미학에 이르기까지 일반적인 분류

(2) 4분법(四分法) : 서정 양식(시), 서사 양식(소설), 극 양식(희곡), 교술 양식(수필)

① 서정 양식 : 세계의 자아화
　　㉠ 개인의 주관적 정서를 표출
　　㉡ 대부분 독백적 형식으로 표현(1인칭 시점)
　　㉢ 정련된 언어와 풍부한 운율미에 의존한다.

② 서사 양식 : 자아와 세계의 대결
　　㉠ 서술자에 의해 인간의 삶이 일정한 줄거리를 가지고 전개되며, 주로 과거형 시제를 사용한다.
　　㉡ 자아와 세계와의 갈등을 다룬다.
　　㉢ 말하기 수법(서술)이 위주이며, 인물의 내면심리를 직접 제시할 수 있다.

③ 극 양식 : 자아와 세계의 대결
　　㉠ 인간의 행위와 사건을 직접 독자 앞에서 행동화하는 양식이다.
　　㉡ 자아와 세계와의 갈등을 다룬다.
　　㉢ 서술자의 개입이 없다.
　　㉣ 직접 서술이 불가능하며, 인물의 대화와 행동을 직접 제시한다.
　　㉤ 시제는 현재형이다.

④ 교술 양식 : 자아의 세계화
　　㉠ 실제로 존재하는 사물을 서술·전달한다.
　　㉡ 세계가 자아의 주관적 입장에 의해 변형되지 않고 그대로 작품 속에 등장한다.
　　㉢ 작가를 통한 직접적 전달방식을 취한다.
　　㉣ 독자를 어떤 가치관으로 설득하려 한다.

(3) 5분법(五分法) : 시, 소설, 희곡, 수필, 평론

(4) 6분법(六分法) : 시, 소설, 희곡, 수필, 평론, 시나리오

5. 한국문학의 갈래

(1) **상위 갈래** : 서정 양식, 서사 양식, 극 양식, 교술 양식

(2) **하위 갈래**

① **서정 양식** : 서정 민요, 고대가요, 향가, 고려속요, 시조, 잡가, 신체시, 현대시

② **서사 양식** : 서사 민요, 서사 무가, 신화, 전설, 민담, 고대소설, 판소리, 신소설, 현대소설

③ **극 양식** : 가면극, 인형극, 창극, 신파극, 현대극

④ **교술 양식** : 경기체가, 악장, 가사, 창가, 가전체 문학, 몽유록, 서간, 수필, 교술 민요

---

03 한국 현대문학의 흐름

1. 개화기의 문학

(1) **기간**

갑오개혁(1894)부터 1908년 『소년』지에 육당 최남선의 신체시 「해에게서 소년에게」를 발표하기 전까지의 10여 년간

(2) **특성**

① 언문일치 운동이 시작되었다. : 유길준, 『서유견문』(1896)

② 근대 지향의 문학이 싹트고, 개화·계몽과 자주 독립, 애국 등이 문학의 주제로 부각되었다.

③ 개화 가사는 창가를 거쳐 신체시(1908)로 발전하였다.

④ 신소설(新小說)이 태동하였다.

⑤ 신문과 잡지가 창간되어 문학과 국어를 일반 대중에게 보급하였다.

⑥ 고전문학에서 현대문학으로 넘어가는 과도기적 문학이다.

2. 1910년대 문학

(1) **기간**

1908년 『소년』지에서부터 1919년 3·1 운동 이전까지의 문학

(2) **개관**

① **2인 문단 시대** : 최남선과 이광수의 문학 활동이 주축

② **계몽문학 시대** : 서구의 근대 의식과 문화를 적극적으로 수용하고자 하며, 자주 독립 국가를 건설하고자 하는 민족의식을 고취시키는 민족주의적 계몽주의가 주류

③ 운문문학 : 신체시가 쓰였으며(1908~), 1910년대 말에 자유시가 등장

④ 근대소설의 태동 : 이광수의 최초의 근대 장편소설 「무정」(1917)이 등장

⑤ 김억의 주도로 간행된 『태서문예신보』를 통하여 프랑스의 상징시가 소개

(3) 주요 잡지

잡지	발행기간	발행인	주요 사항
『소년(少年)』	1908~1911	최남선	최초의 월간 종합지. 신문학 개척의 선구적 잡지로 「해에게서 소년에게」가 실려 있음
『매일신보』	1910~1938		일제에 항거하던 민족지로 『대한매일신보』를 강제 매수하여 발행. 국・한문 혼용. 이인직의 「모란봉」, 이해조의 「춘외춘」, 이광수의 「무정」・「개척자」 등이 연재
『청춘(靑春)』	1914~1918	최남선	월간 종합지, 최남선의 창작시집 발표. 이광수의 「소년의 비애」, 「방황」 등 단편소설을 발표
『학지광(學之光)』	1914~1930	현상윤, 최팔용	동경 유학생들이 발간한 문예물 중심의 회지
『유심(惟心)』	1918	한용운	불교전문 월간교양지
『태서문예신보(泰西文藝新報)』	1918~1919	장두철	순국문의 최초의 문예주간지, 김억이 주로 활동, 해외 문학 특히 프랑스의 세기말적인 상징시를 소개

3. 1920년대 문학

(1) 기간

1920년대(1919년 순문예 동인지 『창조』 창간 이후부터 1920년대 말까지)의 시기

(2) 시대 배경

① 3・1 운동의 실패 : 3・1 운동의 실패로 우리 민족은 크나큰 정치적 좌절감을 느끼게 되었지만, 다른 한편 이를 계기로 민족해방운동의 새로운 방향을 모색하게 되었다.

② 문화적 회유 정책 : 1910년대의 무단 정치를 일시적으로 철회하고 문화적 회유 정책의 실시로 신문이나 잡지 및 동인지 등이 발간되어 서구 문학의 유입이 활발해졌다.

③ 사회단체의 결성과 계급주의 사상의 등장 : 3・1 운동 후 새로운 민족문학의 발판으로 청년단체, 정치단체, 노동단체 등이 대거 결성되었다. 그리고 1917년 러시아혁명 후 전 세계로 퍼지기 시작한 계급주의 사상이 도입되었다.

(3) 특징

① 동인지 문단 시대 : 『창조』를 비롯한 『백조』, 『폐허』, 『장미촌』 등의 문학 동인지가 속출하면서 전문적인 문인들이 등장하여 문학의 저변이 확대되었다.

② 반계몽주의적 순문학 옹호 : 1910년대의 계몽주의 문학에 대한 반발로 예술로서의 문학의 독자성이 추구되었다.

③ 서구 문예사조의 도입기 : 서구의 문예사조인 낭만주의, 사실주의, 자연주의, 상징주의 등이 한꺼번에 유입되어 우리 문학의 서구화·현대화를 촉진하였다.

④ 언문일치의 완성(= 구어체 문장의 확립) : 김동인, 「약한 자의 슬픔」(1919, 『창조』)

⑤ 계급문학이 대두되고 이에 반발하여 국민문학파가 등장하여 대립적 문학 운동을 전개

⑥ 3·1 운동 직후, 시에는 감상적 낭만주의가 두드러지게 나타났고, 민요시 운동과 시조의 부흥운동이 전개되었으며, 경향시도 쓰였다.

⑦ 소설에서는 주로 사실주의·자연주의 경향을 보였으며, 패배적인 분위기와 인물 묘사가 나타났고, 경향소설도 대두되었다.

(4) 주요 잡지 및 동인지

잡지명	연대	작가	특징
『창조 (創造)』	1919	김동인, 주요한, 전영택	• 최초의 순문예 동인지 • 1910년대 이광수의 관념적 계몽주의를 반대하고 순수문학을 추구 • 소설에서 사실주의, 자연주의를 도입하였고, 시에서는 상징주의, 낭만주의를 추구 • 본격적인 문학동인지 • 김동인에 의해 언문일치의 완성(구어체문장 확립) • 김동인의 「약한 자의 슬픔」, 주요한의 「불놀이」 게재
『개벽 (開闢)』	1920	이돈화, 박영희, 김기진	• 월간교양잡지, 동인지가 아님 • 천도교의 기관지. 신경향파적 성격을 지님
『폐허 (廢墟)』	1920	김억, 염상섭, 남궁벽, 황석우, 오상순	• 문학동인지 – 시 중심의 활동 • 퇴폐주의 성격
『장미촌 (薔薇村)』	1921	황석우, 변영로, 노자영, 박종화, 박영희	• 최초의 시 전문 동인지 • 낭만주의적 자유시 제창 • 『폐허』와 『백조』의 교량적 역할을 하였음
『백조 (白潮)』	1922	박종화, 현진건, 이상화, 나도향, 홍사용, 박영희	• 시에서는 감상적 낭만주의가 주조를 이루었고, 소설에서는 사실주의 경향을 띰 • 낭만주의(병적 감상주의)
『금성 (金星)』	1923	양주동, 유엽, 이장희, 백기만	• 시 동인지 • 상징수법과 낭만주의 풍조
『영대 (靈臺)』	1924	주요한, 김억, 김소월, 김동인, 이광수	• 순문예 동인지, 민족주의적 경향 • 『창조』의 후신
『조선문단 (朝鮮文壇)』	1924	방인근, 이광수	• 동인지의 성격을 탈피하고, 신인추천제를 둔 문예종합지로 민족주의 경향을 띰 • 『개벽』지와 대립된 잡지

『해외문학 (海外文學)』	1927	김진섭, 이헌구, 정인섭, 이하윤	• 외국문학에 대한 최초의 본격적인 번역 소개지 • 해외문학 연구회 기관지
『삼천리 (三千里)』	1929	김동환	월간 교양지, 동인지가 아님
『문예공론 (文藝公論』	1929	양주동, 염상섭	• 문예종합지, 동인지가 아님 • 계급주의와 민족주의를 절충하려는 경향

4. 1930년대 문학

(1) 기간

1930년대 초부터 일제 말기까지로 본격적 현대 문학이 정립되는 시기

(2) 시대 배경

① 사상적, 문화적 통제를 한층 강화하여, 문학에서는 검열 때문에 원만한 작품 활동을 할 수 없었던 시기였다.

② 문학적 활동의 방향은 정치성이나 사회의식을 전혀 드러내지 않거나, 현실 문제를 풍자하는 등의 우회적 방법으로 표현하게 된다.

③ 이 시기 말경에는 회유와 강압에 못 이기거나, 혹은 자발적으로 친일문학이 나타났다.

(3) 특징

① 범사회적 문단 시대(= 유파 중심 시대)

② 목적문학의 퇴조와 순수문학의 지향

　㉠ 일제의 탄압이 가중됨에 따라 카프가 해체되고, 문학의 순수성과 예술성을 지향하는 세력이 문단의 주류를 형성

　㉡ 문학이 역사적 가치의 대상에서 예술적 가치의 대상으로 변모

　㉢ 문학의 소재와 형식이 다양해지며, 문학의 예술적 수준이 향상

③ 주지주의, 초현실주의 등 새로운 서구문학을 수용함으로써 보다 성숙된 문학적 기교를 구사하게 되었다.

④ 시에서는 시문학파, 주지시파, 생명파, 청록파, 전원파, 초현실주의 등 다양한 유파가 나타났으며, 이육사, 윤동주 등은 민족적 지절을 지킨 저항시를 썼다.

⑤ 소설에서는 풍자소설, 역사소설, 심리소설, 브나로드의 영향을 받은 농촌소설 등이 나타났다.

⑥ 현대극의 출발 : 사실주의 희곡이 등장했다.

⑦ 수필문학이 독립된 장르로 정착했다.

(4) 주요 동인지 및 잡지

① 순수문학 추구 동인지 및 잡지

동인지	연대	발행자 및 동인	특징
『시문학 (詩文學)』	1930	김영랑, 박용철, 정지용, 신석정,	순수시 옹호, 계급문학 반대, 유미주의적 경향, 섬세하고 세련된 시어, 시어의 음악성 중시, 1920년대 중반 이후 문단을 주도한 카프파의 계급주의문학을 비판하고, 문학의 예술성을 주장, 카프파의 계급주의 문학이 지나치게 이념을 노출시킨 데 대한 반발로 일어남
『문예월간 (文藝月刊)』	1931	박용철, 이하윤, 정지용	순문예 종합지
『문학(文學)』	1934	박용철	순수문학을 주장한 문예지
『시원(詩苑)』	1935	모윤숙, 노천명, 김광섭, 김상용	순수문학을 추구한 시 전문지

② 주요 동인지 및 잡지

지명 (誌銘)	연대	대표 작가	특징
『삼사문학』	1934	조풍연, 신백수	의식의 흐름 수법을 보인 초현실주의적 경향의 작품들을 다수 발표
『조선문학』	1935	이무영	필진이 주로 프로문학계의 인물인 것으로 보아, 프로문학 잔재 세력의 거점으로 보임
『조광』	1935	김내성, 방응모, 함대훈	• 조선일보 자매지 • 이상의 「날개」, 채만식의 「태평천하」 등을 게재
『시인부락』	1936	서정주, 김동리, 김달진	• 시 전문 동인지. 인간과 생명 자체의 근원성에 대한 집요한 관심을 보임. 또한, 예술지상주의적인 순수문학을 인간주의적인 순수문학으로 심화시킴 • 서정주의 「화사」, 「문둥이」 등이 발표됨
『자오선』	1937	이육사, 김광균, 신석초	모든 경향과 유파를 초월한 시 전문 동인지
『문장 (文章)』	1939	조지훈, 박목월, 박두진	월간 종합 문예지. 범문단적인 작품 발표 및 고전 발굴에 주력. 특히, 신인 추천 제도를 두어 우수한 신인을 발굴

5. 해방공간의 문학

(1) 기간

8·15 해방 이후부터 6·25 전쟁(1950) 이전까지

(2) 특징

① **문학에서의 이념 논쟁** : 8·15 직후부터 이데올로기의 갈등이 일어나, 문단은 우익과 좌익으로 양분되었다.

✏ 참고

중간파(좌우 문학, 절충 문학) : 염상섭

② **문학 논쟁** : 김동석의 '순수문학의 정체'와 김동리의 '독조 문학의 본질'로 시작되었다. 민족문학파의 입장은 당의 문학에 대하여 인간의 문학을, 정치주의 문학에 대하여 순수문학을 지향하는 것이었다. 계급주의 문학의 논자는 임화였고, 염상섭은 양자를 절충하였다.

③ **일제 하의 체험과 귀향 의식** : 해방 후 일제하의 절박한 삶의 체험을 회상하고, 고향을 잃은 자들의 귀향 의식을 표현하려는 주제의식이 나타났다.

6. 1950년대 문학

(1) 시대 배경

1950년대에는 전후의 불안한 정치·사회적인 분위기 속에서 허무주의, 실존주의적인 경향이 대두되었다. 특히 6·25를 계기로 미국과의 관계가 가까워지면서 미국을 중심으로 한 서구문학의 본격적인 유입이 이루어졌다.

(2) 특성

① **전후 문학의 등장** : 전쟁으로 인한 경제적·정신적 피폐상과 인간성 상실의 문제, 분단 현실의 아픔, 절망적인 시대 상황 등을 혁신적인 기법으로 형상화한 작품들이 발표되었다.

✏ 참고 **전후 문학**

세계 제1·2차 대전 후의 문학을 말하는데, 좁은 의미로는 제2차 대전 후의 문학을 특히 '전후 문학'이라 한다. 전후의 비참한 현실, 사회의 부조리, 불안 의식을 형상화하는 데 본질적 특색이 있다. 한국의 전후 문학은 6·25 전쟁 이후에 본격화되고 한국문학의 중요한 제재와 테마가 되었다.

② 현실참여적인 주지시와 전통지향적인 순수시가 대립되었다.

③ 풍자와 역설의 기법과 현실에 대한 지적 인식을 통한 비판정신이 첨예화되었다.

④ 서구의 실존주의 문학을 본격적으로 수용하면서 존재에 대한 형이상학적 통찰 및 휴머니즘의 회복을 강조하였다.

7. 1960년대 문학

(1) 시대 배경

1960년대는 4·19와 5·16이라는 정치적 격동기를 배경으로 전개된다. 이 시기의 문학은 4·19를 통해 진보에의 믿음과 인간이 역사의 창조적 주체라는 인식을 갖게 되어 언어의 탐구에 주력하고 시민의식을 내세우게 되었다. 1960년대 문학의 또 다른 조건으로는 근대화로 인한 도시로의 인구집중과 농촌의 궁핍화 현상을 들 수 있다.

(2) 특징

① **문학의 현실 참여 문제** : 사회 부조리에 대한 비판, 비인간화 현상에 대한 비판, 이에 대한 저항의식을 목적으로 하는 현실 참여적 성격의 문학이 강력하게 대두되었다.

② **민족의 비극과 분단 현실에 대한 심화된 인식** : 6·25의 상흔과 인간의 비참한 삶, 민족의 분단이라는 비극성에 대한 관심의 고조로 이를 사실적으로 증언, 육화(肉化)하려는 모습을 보였다.

③ **사실주의 경향의 문학** : 역사·사회에 대한 주지적 인식을 바탕으로 사실적으로 묘사하였다.

④ **서정과 기교의 문학** : 참여 문학의 강력한 세력에도 불구하고 전통적 서정주의와 독특한 문학적 기교를 추구하여 문학의 예술성을 높였다.

⑤ **1960년대 순수·참여 논쟁** : 문학과 정치·사회 상황과의 관련에 대하여 이형기, 이어령, 유종호가 '순수'를, 김우종, 김병걸 등이 '참여'적 입장을 견지하였다.

01 다음 중 문학에 대한 설명으로 적절하지 않은 것은?

① 문학의 언어는 내포적·함축적이며 암시적이다.
② '문학은 개인의 사상과 감정의 표현'이라는 말은 작가를 강조하는 문학관과 통한다.
③ '즐거움과 교훈을 주는 것이 문학'이라는 말은 독자의 입장에서 본 문학의 정의이다.
④ 문학에서 다루는 대상에는 우주 속에 실제로 존재하는 사물만 포함되고, 심리적·정신적 현상과 이념은 포함되지 않는다.

> 해설 ④ 문학에서 다루는 대상에는 우주 속에 실제로 존재하는 사물뿐만 아니라, 심리적·정신적 현상과 이념도 포함된다.

02 심리학적 기원설에 포함되지 않는 것은?

① 모방본능설   ② 유희본능설
③ 흡입본능설   ④ 발라드 댄스 기원설

> 해설 문학의 기원에 관한 학설
> ㉠ **심리학적 기원설** : 모방본능설, 유희본능설, 흡입본능설, 자기표현본능설
> ㉡ **발생학적 기원설**
> ㉢ **발라드 댄스 기원설**

03 허구로서의 문학을 정당화하는 원리를 아리스토텔레스는 무엇이라고 하였는가?

① 문체   ② 효용성   ③ 개연성   ④ 모방

> 해설 ③ '개연성(蓋然性, plausibility)'은 절대적으로 확실하지 않으나 아마 그럴 것이라고 생각되는 성질을 말한다. 문학에서는 실제로 일어날 법한 일을 다루는, 문학의 보편성을 가리킨다. 아리스토텔레스는 인간은 모방 본능을 가지고 있어 그 개연성 때문에 문학이 생겼다고 했다. 즉, 개연성이 문학의 허구성을 정당화한다고 했다.

> 오답 ① **문체** : 문장의 개성적 특색. 시대, 문장의 종류, 글쓴이에 따라 그 특성이 문장의 전체 또는 부분에 드러난다.
> ② **효용성** : 쓸모나 보람이 있는 성질
> ④ **모방** : 다른 것을 그대로 본떠서 만들거나 옮겨 놓음

> 정답 01 ④   02 ④   03 ③

04 바람직한 문학사 서술에 대한 설명으로 옳지 않은 것은?

① 가치 판단을 배제하고 시간 순서로 나열하는 것이다.
② 문학이면서 동시에 역사가 될 만한 것을 서술하는 것이다.
③ 문학 전반에 대하여 동시적이고 총체적으로 서술하는 것이다.
④ 작품 및 작가를 시대의 올바른 위치에 자리 잡게 하는 것이다.

해설 ① 문학사의 일차적 자료는 문학 작품이다. 그런데 많은 문헌들 중에서 문학을 가려낸다는 것은 쉽지 않다. 따라서 문학 선정 과정에서 선정자의 가치평가가 개입되기 마련이다. 물론 이때의 가치평가는 반드시 이론을 전제로 해야 함은 물론이다.

05 다음 설명에 해당하는 잡지는?

1908년 최남선이 창간한 근대적 형식을 갖춘 한국 최초의 잡지로, 창간호에는 「해에게서 소년에게」가 실려 있다.

① 『소년』　　　　　② 『창조』
③ 『청춘』　　　　　④ 『태양』

해설 『소년(少年)』은 1908년 11월에 최남선이 창간한 우리나라 최초의 종합 월간지이다. 이 잡지는 서양 문물의 소개, 과학 지식의 도입과 계몽주의, 애국 사상의 고취 등에 힘썼으며, 신문학 형성에도 큰 역할을 하였으나, 1911년 5월에 23호를 끝으로 폐간되었다.

오답 ② 『창조』(1919) : 일본 동경에서 김동인·주요한·전영택 등이 창간한 우리나라 최초의 문예 동인지
③ 『청춘』(1914) : 신문관에서 최남선이 청년을 대상으로 창간한 잡지. 최초의 월간 잡지
④ 『태양』(1940) : 서춘. 1940년 1월 1일 창간되어 같은 해 2월 20일 제2호를 내고 폐간된 잡지이다. 당시 모든 잡지의 서두를 장식하던 「皇國臣民の盟詞(황국신민의맹사)」 앞쪽에 '성수무강(聖壽無彊)'이란 기원 아래 일왕 쇼와(昭和) 부부의 어진을 실음으로써 체제 협력의 의지를 노골적으로 드러냈다.

06 1910년대에 창간된 잡지가 아닌 것은?

① 『청춘(靑春)』　　　　　② 『학지광(學之光)』
③ 『백조(白潮)』　　　　　④ 『태서문예신보(泰西文藝新報)』

해설 ③ 『백조』 : 1922년 1월에 창간되어 1923년 5월 통권 3호까지 나온 문예 동인지이다. 홍사용, 박종화, 현진건, 나도향, 이상화, 박영희 등이 동인으로 활약하였으며, 3·1 운동 이후의 세태에 영향을 받아 감상적·퇴폐적·환상적·낭만적 경향을 띠었다.

정답　04 ①　05 ①　06 ③

① **『청춘』** : 1914년 10월에 최남선이 창간한 우리나라 최초의 월간 종합지. 청년을 상대로 한 계몽
지로서 『소년』지가 폐간된 후 그 후신으로 발간한 것으로, 신문학 운동이 일어나던 무렵에 문
학 작품의 발표 및 문예 작품 현상 모집에 의한 창작 의욕의 진작, 해외 문학 번역 소개 등
문학 발전에 큰 구실을 하였다. 1918년 8월까지 통권 15호를 냈다.

② **『학지광』** : 1914년 도쿄(東京) 유학생 학우회에서 창간한 잡지. 처음 편집인 겸 발행인은 최팔
용(崔八鏞)이었으며 논설, 논문, 시, 수필 따위의 다양한 장르의 글을 실었다.

④ **『태서문예신보』** : 1918년에 발간된 우리나라 최초의 순 한글 문예 주간지. 장두철(張斗徹)이
주재하여 주로 외국의 문예사조와 작품을 번역·소개하였으며, 김억이 많은 활동을 하였다.

07 다음은 무엇에 대한 설명인가?

> • 리얼리즘의 실현이야말로 소설의 최고 흥미 요소임을 선언하였다.
> • 당시 일본에서 유학 중이던 김동인, 주요한, 신영택 등 젊은 문학인이 주도하였다.
> • 민족을 계몽하기 위한 문학이 아닌 근대 문예 사상을 받아들인 문학의 동인지로, 1919
>   년 일본 동경에서 발간되었다.

① 『문장』   ② 『창조』
③ 『백조』   ④ 『소년』

『창조』는 1919년 일본 동경에서 김동인·주요한·전영택 등이 창간한 우리나라 최초의 문예 동인
문예 잡지이다. 김동인에 의하여 근대적 소설 문체의 확립이 이루어졌고, 주요한에 의하여 자유시
의 형태를 정립하기 위한 노력이 계속되었다는 점도 중요하게 평가되고 있다.

① 『문장』은 1939년 2월에 창간되어 1941년 4월 통권 25호(1939년 7월 임시 중간호 포함 26호)로
폐간되었다. 편집 겸 발행인에 김연만(金鍊萬), 주간 이태준(李泰俊), 제자(題字)는 김정희(金
正喜) 필적의 집자(集字), 권두화(卷頭畫)·표지화(表紙畫)는 김용준(金溶俊)·길진섭(吉鎭
燮)이 맡았다.

③ 『백조』는 1922년 1월 배재학당과 휘문의숙 출신인 박종화(朴鍾和)·홍사용(洪思容)·나도향
(羅稻香)·박영희(朴英熙) 등이 창간하였다. 『백조』의 문학적 경향을 흔히 낭만주의적인 것으
로 이야기하나, 그것은 시 분야에 국한된 일이고 소설 분야에 있어서는 역시 당시의 유행하는
사조(思潮)인 자연주의적인 성격이 짙다.

④ 『소년』은 최남선 등이 주축이 되어 1908년 11월 1일 창간되어 1911년 5월 1일 통권 23호를 끝으
로 폐간된 잡지로, 주로 청소년을 대상으로 새로운 지식의 보급과 계몽, 강건한 청년 정신의
함양에 주력했다.

08 1930년대에 창간된 문예 동인지로만 묶인 것은?

① 『창조』, 『폐허』   ② 『백조』, 『인문평론』
③ 『청춘』, 『문장』   ④ 『시문학』, 『시인부락』

해설 ④ 『시문학』 – 1930년, 『시인부락』 – 1936년

오답 ① 『창조』 – 1919년(우리나라 최초의 문예 동인지), 『폐허』 – 1920년
② 『백조』 – 1922년, 『인문평론』 – 1939년
③ 『청춘』 – 1914년(최남선이 창간), 『문장』 – 1939년

09 〈보기〉에서 가장 이른 시기와 가장 늦은 시기의 문학사적 사건을 고른 것은?

> 보기
>
> ㄱ. 한용운의 『님의 침묵』이 간행되었다.
> ㄴ. 최남선이 신시 운동을 전개하였다.
> ㄷ. 청록파의 『청록집』이 간행되었다.
> ㄹ. 문예 동인지 『창조』가 간행되었다.

① ㄱ, ㄷ ② ㄱ, ㄹ
③ ㄴ, ㄷ ④ ㄴ, ㄹ

해설 정답 : ③
ㄱ은 1926년, ㄴ은 1908년, ㄷ은 1946년, ㄹ은 1919년이다.

10 〈보기〉에서 가장 이른 시기와 가장 늦은 시기의 문학사적 사건을 고른 것은?

> 보기
>
> ㄱ. 문학 동인지 『폐허』와 『백조』가 창간되었다.
> ㄴ. 애국과 계몽을 위한 「경부철도가」와 같은 노래가 등장하였다.
> ㄷ. 청록파의 『청록집』이 간행되었다.
> ㄹ. 문학의 현실 참여 문제를 둘러싸고 순수·참여 논쟁이 일어났다.

① ㄱ, ㄷ ② ㄱ, ㄹ
③ ㄴ, ㄷ ④ ㄴ, ㄹ

해설 문학사의 시대 배경을 이해한다.
ㄴ. 1900년대 : 「경부철도가」. 1908년 최남선. 창가
ㄱ. 1920년대 : 『폐허』(1920년), 『백조』(1922년)
ㄷ. 해방공간 : 『청록집』(1946년). 자연파의 공동 시집
ㄹ. 1960년대 : 이어령과 김수영의 순수·참여 논쟁

정답 09 ③ 10 ④

11 (   ) 안에 들어갈 문학 단체로 알맞은 것은?

1933년 8월 문단 및 예술계의 작가들이 결성한 문학 친목 단체로, 참가자는 이효석, 이무영, 유치진, 이태준, 김기림, 정지용, 박태원, 이상 등이었다. 이들은 경향주의 문학에 반대하는 순수 예술의 추구를 취지로 약 3~4년간 월 2~3회의 모임과 서너 번의 문학 강연회를 주관하고 『시와 소설』을 발행한다. 이들이 펼친 순수 예술 옹호와 모더니즘 문학의 실험으로 (   )의 존재는 문학사에서 중요하게 평가되고 있다.

① 구인회   ② 해외문학파
③ 문장파   ④ 카프(KAPF)

해설 제시문은 문학 문인 단체인 구인회에 대한 설명이다. 해외문학파와 함께 1930년대를 풍미했던 프롤레타리아 문학에 대항하여 순수문학의 발전에 공헌했다.

오답 ② 해외문학파 : 일제 강점기에 잡지 『해외문학』을 중심으로 외국문학에 대한 이론 및 작품의 번역 및 소개에 힘쓰던 시인들을 말한다.
③ 문장파 : 1939년 창간된 문예지 『문장』을 중심으로, 이태준, 정지용, 이병기 등이 우리 민족의 고전, 언어, 역사, 전통의 계승과 발전을 위해 노력하면서 순수문학을 지향했다.
④ 카프(KAPF) : 조선프롤레타리아예술가동맹, 1925년 8월에 결성된 사회주의 문학단체이다.

정답 11 ①

02 현대시

01 한국 현대시의 특징

1. 시의 특성

① **운율성** : 음악성으로서 리듬이 있는 운율적 언어로 표현

② **사상성**

    ㉠ 의미 있는 내용으로서 시인의 인생관·세계관을 의미한다.

    ㉡ 사상은 직접 드러나지 않고, 정서와 융합하여 나타난다.

③ **정서성**

    ㉠ 주관성으로서의 시인의 순화된 개성적 정서가 바탕이 된다.

    ㉡ 시의 내용은 사상과 정서이지만 주된 요소는 사상이 아니라 정서이다.

④ **압축성** : 가장 짧은 형태의 문학 양식으로 압축과 생략을 통해 시적 의미를 표현한다.

⑤ **영상성** : 시는 사상과 감정을 심상을 사용하여 구체화한다.

⑥ **주관성** : 시는 시인의 내면적 정서의 주관적인 토로이다.

⑦ **자기 목적성** : 시는 다른 목적을 달성하기 위한 도구가 아니라 자체에 목적이 있다.

⑧ **간접적 전달성** : 시적 자아(서정적 자아)라는 대리인을 통해 전달한다.

2. 시의 3대 구성요소

① **음악적 요소** : 운율(리듬) → 순수시(시문학파)

② **회화적 요소** : 심상(이미지) → 주지시(모더니즘파)

③ **의미적 요소** : 주제(사상) → 경향시(예맹파), 참여시

3. 시의 심상(心象)

(1) 심상(image)의 개념

    ① 감각기관에 의해 마음속에 떠오르는 대상에 대한 영상이나 대상을 감각적으로 인식하도록 자극하는 말이다.

    ② 사물의 감각적 형상(形象)

(2) 심상의 제시 방법

    ① **묘사적 심상** : 묘사나 감각적 수식어의 구사, 서술에 의해 제시되는 심상이다.

    ② **비유적 심상** : 보조 관념을 통해 원관념의 속성을 표현하는 심상으로 직유법, 은유법 등 비유법을 사용한다.

    ③ **상징적 심상** : 상징적 표현에 의해 사물의 영상을 드러내는 심상으로, 비유적 심상보다 폭과 깊이가 넓고 깊으며, 대체로 한 편의 작품 속에서 반복적으로 쓰이면서 시가 지니는 분위기를 응집시킨다.

(3) 심상의 종류

① **단일 심상** : 하나의 감각만 사용하는 심상

　㉠ 시각적 심상 : 색채, 명암, 모양, 움직임 등을 시각(눈)을 통하여 마음속에 떠올리도록 표현한 시어나 시구의 심상

　㉡ 청각적 심상 : 청각을 통하여 마음속에 떠올리도록 표현한 시어나 시구의 심상

　㉢ 후각적 심상 : 냄새를 후각(코)을 통하여 마음속에 떠올리도록 표현한 시어나 시구의 심상

　㉣ 미각적 심상 : 맛을 미각(혀)을 통하여 마음속에 떠올리도록 표현한 시어나 시구의 심상

　㉤ 촉각적 심상 : 감촉을 촉각(살갗)을 통하여 마음속에 떠올리도록 표현한 시어나 시구의 심상

② **결합 심상** : 둘 이상의 감각이 결합된 경우

　㉠ 공감각적 심상 : 두 종류 이상의 감각이 결합하여 감각이 전이(轉移)되어 표현된 것

　㉡ 복합 감각적 심상 : 둘 이상의 감각을 병치시키는 것을 말한다. 감각의 전이가 일어나지 않고 두 감각이 독립적으로 존재한다.

4. 시상의 전개 방식

(1) 개념

시인 자신의 사상이나 정서를 일정한 질서에 의해 한 편의 시로 조직해 나가는 것을 말한다.

(2) 유형

① **시간적 흐름** : 시간적 순서에 따른 전개

　㉠ 추보식 구성 : 과거 → 현재 → 미래

　㉡ 역순행식 구성 : 현재 → 과거

② **선경후정(先景後情)** : 사물 또는 풍경을 그리듯이 보여 주고 그 다음에 시적 화자의 정서를 표출하는 방법

③ **기승전결(起承轉結)** : 시상 제시[起] → 시상의 반복 심화[承] → 시적 전환 시도[轉] → 중심 생각 또는 정서의 제시[結]

④ **시선의 이동**

　㉠ 원근법(遠近法) : 먼 곳 → 가까운 곳, 가까운 곳 → 먼 곳

　㉡ 상하법(遠近法) : 위 → 아래, 아래 → 위

⑤ **연상 작용** : 하나의 시어가 주는 이미지를 이와 관련된 다른 관념으로 꼬리를 무는 방식으로 시상을 전개

⑥ **점층적 시상 전개**

⑦ **어조의 변화에 따른 시상 전개**

02 한국 현대시의 흐름

1. 개화기~1910년대

(1) 창가 가사(唱歌歌詞)

① 개념 : 개화기의 전통적 가사 형식(4·4조)이나, 거기에 찬송가나 민요의 영향을 받아들인 형식으로 개화·계몽이라는 새로운 사상을 노래한 시가이다.

② 발생 : 기독교 찬송가나 신교육 기관을 통해서 보급된 서양 음악과 결합하여 형성된 것으로, 1896년 『독립신문』에서 처음 쓰였다.

③ 형식 : 초기(개화가사)에는 3·4조 또는 4·4조, 이후(창가)에는 6·5조, 7·5조, 8·5조 등의 다양한 율조를 취했다(3음보격의 활용).

④ 내용 : 애국·독립 사상의 고취, 신문명의 찬양, 신학문 권장, 정치 및 사회 비판 등

⑤ 주요 발표지 : 『독립신문』, 『소년』, 『청춘』

⑥ 의의 : 개화 가사가 신체시(新體詩)로 넘어가는 교량 구실

(2) 신체시(新體詩)

① 개념 : 1908년 이후에 등장한 새로운 형태의 시로 '신시(新詩)'라고도 한다.

② 형식 : 6·5, 7·5, 8·5조 등의 외형률에서 탈피하여 좀 더 자유시에 접근한 형태

③ 주제 : 개화사상, 신교육 고취, 남녀평등, 자주 독립 등 계몽적 내용

④ 의의 : 전대의 정형시가(창가 가사)에서 현대적 자유시로 넘어가는 교량적 역할

⑤ 주요 발표지 : 『소년』(1908), 『청춘』(1914)

⑥ 최초 : 육당(六堂) 최남선의 「해(海)에게서 소년에게」(1908)

Plus UP! 최남선

> ① 호는 육당(六堂). 개화기의 계몽운동가·사학자·문인·기미독립 선언서 기초자
> ② 1908년 최초의 종합잡지 『소년』 창간, 최초의 신체시 발표
> ③ 아동잡지를 발간 : 『붉은 저고리』(1912), 『아이들 보이』(1913), 『샛별』(1913) 등
> ④ 시조의 부흥운동 주도
> ⑤ 근대적인 수필의 개척(주로 기행수필)
> ⑥ 주요저서
> 　㉠ 최초의 신체시 : 「해에게서 소년에게」(1908)
> 　㉡ 현대 최초 개인 시조집 : 『백팔번뇌』(1926)
> 　㉢ 고시조 편찬집 : 『시조유취』(1928)
> 　㉣ 수필집 : 『심춘순례』(1926), 『백두산 근참기』, 『금강예찬』, 『조선 역사』 등

(3) 서구 자유시의 등장

① 출발 : 신체시를 계승하고 서구의 시를 수용하면서 1918년 무렵부터 현대적 자유시가 등장

② 형식 : 외형률(정형시)의 규칙성에서 탈피하여 내재율(자유시)이 지배하는 형식
③ 작품 : 1918년 『태서문예신보』에 김억의 「봄은 간다」가 발표되고, 1919년 『창조』에 「불놀이」가 등장하는 등 현대적 자유시가 등장한다.

2. 1920년대

(1) 시의 전개

① **자유시의 본격화** : 주요한의 「불놀이」가 발표된 이래 자유시가 본격화된다.
② **낭만적·감상적 경향** : 초기에는 3·1 운동의 실패, 서구의 세기말 사조의 영향 등으로 말미암아 우울한 정서와 감상적인 경향을 중심으로 한 낭만주의 시가 주류를 이루었다. 후반에는 이러한 경향이 극복되고 건강하고 밝은 정서를 회복한 서정시들이 주류를 형성하였다.
③ **전통 지향의 흐름**
　㉠ 민요시 운동 : 김억, 주요한, 김동환, 김소월, 이상화, 홍사용 등에 의해 민요시 운동이 일어났다.
　㉡ 시조 부흥 운동 : 최남선이 주도한 시조 부흥 운동은 카프의 계급주의에 반발하여 민족주의적 경향에 바탕을 두고 전통 시형인 시조를 계승·발전시키고자 한 것이다. 이에는 이병기, 이은상, 정인보 등이 참여하였다. 시조 부흥 운동은 시조의 현대화 작업이다.
④ **경향시의 등장** : 초기의 감상적 낭만주의 시에 대한 반발로 사회주의 이데올로기에 바탕을 둔 현실 인식을 형상화하려는 경향시가 등장하였다. 그러나 이들 경향시는 지나치게 이데올로기를 강조함으로써 시로서는 예술적 형상화가 이루어지지 못했기 때문에 문학적 성과를 거두지 못했다.

(2) 주요 시인의 경향 및 작품

① **김억(金億)**
　㉠ 호는 안서(岸曙). 『폐허(廢墟)』(1921) 동인
　㉡ 초기의 감상적인 시에서 민요시로 전환하였으며, 『태서문예신보』(1918)를 통해 서구적 상징시의 이론 및 작품을 번역 소개하였다.
　㉢ 『오뇌의 무도』(1921) : 현대 최초의 번역 시집. 베를렌, 보들레르의 시를 번역한 것으로서 한국 시단에 퇴폐적·상징적 경향을 낳게 한 촉매제 역할
　㉣ 『해파리의 노래』(1923) : 현대 최초의 개인 창작 시집. 인생과 자연을 7·4조, 4·4조 등의 민요 형식으로 담담하게 노래
　㉤ 오산 학교에서 김소월을 가르쳐 그를 시단에 소개
② **주요한(朱耀翰)**
　㉠ 호는 송아. 『창조(創造)』(1919) 동인
　㉡ 「불놀이」(1919) : 『창조』 1호에 발표. 최초의 자유시

    ⓒ 초기에는 감상적 경향, 후기에는 민요적 경향. 계몽성·교술성을 극복하고 시 자체의
       예술적 미의식을 부여하는 감각적인 시를 선보여 한국 근대 자유시 발전의 계기 마련

    ⓔ 『아름다운 새벽』(1924) : 주요한의 첫 시집

    ⓜ 『3인 시가집(三人詩歌集)』(1929) : 이광수, 김동환 등의 공동 시집

③ 김소월(金素月)

    ㉠ 본명은 '정식(廷湜)'. 『영대』(1924) 동인

    ㉡ 김억의 영향으로 문단에 등단. 민요조의 서정시. 작품의 주조는 '한(恨)'이라고 평가
       된다. 민요 시인, 전통 시인으로 불린다.

    ㉢ 대표작

       ㉮ 시 : 「진달래꽃」(1922), 「산유화」, 「초혼」, 「길」, 「가는 길」, 「금잔디」, 「먼 후일」,
          「못 잊어」, 「엄마야 누나야」, 「접동새」, 「바라건대는 우리에게 우리의 보섭 대일
          땅이 있었더면」 등

       ㉯ 시집 : 『진달래꽃』(1925)

④ 이상화(李相和)

    ㉠ 호는 상화(尙火). 『백조(白潮)』(1922) 동인

    ㉡ 초기 : 감상적, 퇴폐적 경향

    ㉢ 후기 : 'KAPF'(1925) 가담. 항일적, 민족주의적 경향

    ㉣ 대표작 : 「말세(末世)의 희탄」, 「나의 침실로」, 「이중(二重)의 사망」, 「빼앗긴 들에도
       봄은 오는가」(1926, 『새벽』)

    ㉤ 유고 시집 : 『상화와 고월』(1946, 백기만)

⑤ 김동환(金東煥)

    ㉠ 호는 파인(巴人). 종합 잡지 『삼천리(三千里)』 주재

    ㉡ 초기에는 신경향파에 속하였으나, 향토색 짙은 민족 정서를 바탕으로 한 애국적 시를
       많이 지었다. 민요시 운동도 전개하였다.

    ㉢ 대표작 : 「북청 물장수」, 「국경의 밤」(1925) - 현대 최초의 장편 서사시

⑥ 한용운(韓龍雲)

    ㉠ 호는 만해(萬海). 불교 잡지 『유심(惟心)』 간행. 특정 문예 동인으로 활동하지는 않음

    ㉡ 불교적 명상을 통한 자연에의 몰입, 어두운 시대에서도 절망하지 않는 믿음과 종교적
       신념을 역설적 구조와 산문시적으로 표현

    ㉢ 타고르의 영향을 받았으며 연가풍의 서정성이 돋보인다.

    ㉣ 대표작

       ㉮ 시집 : 『님의 침묵』(1926)

       ㉯ 시 : 「알 수 없어요」, 「찬송」, 「나룻배와 행인」, 「당신을 보았습니다」, 「복종」,
          「논개의 애인이 되어 그의 묘에」, 「님의 침묵」 등

       ㉰ 소설 : 「흑풍」, 「후회」, 「박명」

       ㉱ 논설 : 「조선 독립 이유서」, 「조선 불교 유신론」

3. 1930년대

(1) 1930년대 시(詩)의 특성

① 순수 서정시의 등장 : '시문학파'를 중심으로 시어의 조탁과 음악성에 치중하는 경향이 대두되었다.

② 모더니즘 시의 등장 : 시각적 이미지를 중시하며 도시문명의 비판 등 지성을 중시하는 시를 추구하는 시인들이 등장하였다.

③ 반주지적(反主知的) 생명성의 탐구 : 생명의 깊은 고뇌와 삶의 근본문제를 추구하는 시들이 『시인부락』(1936)을 중심으로 시도되어, 시의 새로운 국면으로 나타나게 되었다.

④ 자연과의 친화를 노래 : 『문장』(1939)지를 통하여 등단한 박목월, 박두진, 조지훈 등에 의해 자연과의 친화를 노래하는 시적 경향이 대두되었다.

⑤ 저항과 참회의 시 : 이육사는 일제에 대한 저항과 당당한 대결정신을, 윤동주는 암담한 시대 상황에 대한 철저한 인식의 바탕 위에 식민지 지식인으로서의 고뇌, 끊임없는 자아 성찰을 노래하였다.

(2) 주요 유파

① 시문학파(詩文學派, 순수시파) → 순수시 운동

　㉠ 주요 작가 : 『시문학』(1930) 동인(박용철, 김영랑, 정지용, 정인보, 신석정, 이하윤 등)

　㉡ 형성 배경

　　㉮ 1920년대 중반 이후 프로문학과 민족주의 문학의 대립으로 인한 이념적 문학풍토에 반발하는 경향이 대두되었다.

　　㉯ 박용철, 김영랑의 주도로 『시문학』(1930), 『문예월간』(1931), 『문학』(1934), 『시원』(1935) 등 순수시 잡지가 간행되고, '구인회' 및 '해외문학파'와 같은 순수문학 동인이 결성되었다.

　㉢ 특성

　　㉮ 프로문학의 목적의식, 도식성, 획일성, 조직성에 반대하여 순수문학을 옹호

　　㉯ 언어의 조탁과 시어의 음악성을 중시

　　㉰ 청징하고 섬세한 정서를 순화

　　㉱ 예술지상주의, 유미주의의 경향

　　㉲ 의의 : 순수시 운동에 의하여 우리나라의 현대시가 시의 언어와 형식에서 좀 더 세련된 차원으로 발전되었다.

　　㉳ 한계 : 지나치게 개인의 내면세계에만 편중되어 역사의식을 상실

　㉣ 작가 및 작품 경향

김영랑 (1903~1950)	㉠ 전남 강진 태생, 시인, 독립운동가
	㉡ 본명 김윤식(金允植), 아호 영랑(永郞)
	㉢ 1930년 정지용과 함께 박용철이 주재하던 『시문학』 동인으로 참여. 1935년 『영랑 시집』으로 등단

	㉣ 언어의 조탁을 통해 우리말의 아름다움을 발굴하고 세련된 시형과 율격으로 섬세하고 투명한 감성의 세계를 고운 어조로 표현 : 「돌담에 속삭이는 햇발」, 「모란이 피기까지는」, 「내 마음을 아실 이」 등 ㉤ 일제의 식민통치에 대해 저항의식을 표출하고 민족의식을 고취하는 시 발표 : 「독(毒)을 차고」, 「가야금」, 「달마지」, 「춘향」 등
박용철 **(1904~1938)**	㉠ 전남 광산 태생, 시인, 번역가, 평론가. 아호는 용아 ㉡ 일본 유학 중 시인 김영랑과 교류하며 1930년 『시문학』을 함께 창간해 등단 ㉢ 1931년 『월간문학』, 1934년 『문학』 등을 창간해 순수문학 계열로 활동 ㉣ 삶에 대한 회의를 감상적인 가락으로 표현 : 「떠나가는 배」 ㉤ 극예술연구회 동인. 셰익스피어의 『베니스의 상인』, 입센의 『인형의 집』 등 희곡 번역
정지용 **(1902~1950)**	㉠ 충북 옥천 태생. 아명은 지용(池龍) ㉡ 1926년 『학조』 창간호에 「카페·프란스」를 발표하면서 등단 ㉢ '구인회(1933)' 창립 멤버 ㉣ 절제된 어조와 이미지즘이 특징 ㉤ 청록파(조지훈, 박목월, 박두진)와 윤동주, 그리고 이상은 그가 추천 등단시킴 ㉥ 대표작 : 「향수」, 「고향」, 「유리창」 등

② 주지파(主知派, 모더니즘파) - 모더니즘 시 운동
  ㉠ 주요 작가 : 최재서, 김기림, 김광균, 정지용, 장만영, 이상 등
  ㉡ 형성 배경
    ㉮ 1926년경부터 태동되어 오던 모더니즘 시 운동이 1934년 최재서에 의해 소개된 후 활발하게 전개되었다.
    ㉯ 서구의 신고전주의 철학 및 초현실주의, 다다이즘, 입체파, 미래파, 이미지즘 등 현대적 문예사조의 이념이 본격적으로 수용되었다.
  ㉢ 특징
    ㉮ 기계 문명 및 도시 문명의 황폐성 비판, 이국적 정조(외국의 모더니즘 작품에서는 문명 비판적 성격이 두드러지나, 우리나라에서는 일부 나타나기는 하지만 상대적으로 문명 비판적 성격이 약하다.)
    ㉯ 사물에 대한 지적 인식 중시
    ㉰ 객관적이고 과학적인 시학에 의거한 의도적인 시를 창작
    ㉱ 감각적 시어 및 회화적 심상(이미지)을 중시
  ㉣ 의의 : 반낭만주의적 입장에서 회화적 이미지의 창조라는 '방법의 지각'을 가지려 했다.
  ㉤ 한계 : 사상성의 결여(이미지를 중시한 나머지 인생관과 세계관에 대한 깊은 인식이 없었다.)

ⓑ 작가 및 작품 경향

시인	작품 경향	대표 작품
김기림	주지주의 문학의 이론을 통한 모더니즘 시운동을 전개	「기상도」, 「바다와 나비」
김광균	• 『시인부락』(1936), 『자오선(子午線)』(1937) 동인으로 활동 • 공감각적, 시각적인 언어를 통하여 참신한 이미지를 표현	「외인촌」, 「데생」, 「추일서정」, 「와사등」, 「기항지」, 「설야」
장만영	농촌을 중심으로 한 자연을 소재로 하여 선명한 이미지를 표현	「바다로 가는 여인」, 「달·포도·잎사귀」
김해경 (李箱)	• 구인회에 참여하여 『시와 소설』 편집 • 다다이즘, 초현실주의 경향의 실험적인 작품을 시도	「오감도」, 「거울」

③ 생명파(生命派, 인생파)
　㉠ 주요 작가 : 『시인부락』(1936) 동인(서정주, 김동리), 『생리』(1937) 동인(유치환)
　㉡ 형성 배경
　　㉮ 경향파의 목적의식, 순수시파의 기교주의, 주지시파의 비생명적 메커니즘에 대한 반발
　　㉯ 생명 의식의 고양과 인생의 궁극적 의미의 추구에 주력
　㉢ 특징
　　㉮ 삶의 깊은 고뇌와 본원적 생명력의 탐구정신을 강조
　　㉯ 토속적인 소재와 전통적인 가치의식을 추구
　　㉰ 철학적인 사색으로 시의 내부 공간의 확대
　㉣ 작가 및 작품 경향

시인	작품 경향	대표 작품
서정주 (미당)	• 초기 : 보들레르의 영향으로 인간의 원죄 의식과 근원적 문제인 생명성을 탐구 • 후기 : 불교적 상상력에 뿌리를 둔, 영원성을 희구하는 정신주의와 신비주의적 색채 • 『시인부락』(1936) 동인	「화사」, 「문둥이」, 「자화상」, 「추천사」, 「국화 옆에서」, 「무등을 보며」, 「춘향유문」, 「귀촉도」
유치환 (청마)	• 초기 : 니체의 영향을 받아 의지가 허무에 압도된 낭만적, 상징적 경향의 시를 썼다. • 후기 : 생명탐구의 시 세계. 즉, 삶의 본질을 추구하는 시를 썼다. • 허무의 세계를 극복하려는 강인한 원시 생명적 의지를 시화한 까닭에 '허무와 의지의 시인'으로 불린다.	「깃발」, 「바위」, 「일월」, 「생명의 서」, 「울릉도」

④ 전원시파(田園詩派, 목가시인)

　　㉠ 주요 작가 : 신석정, 김동명, 김상용

　　㉡ 형성 배경

　　　㉮ 1930년대 후반 극심한 일제의 탄압 아래 현실로부터 도피하려는 의식에서 비롯

　　　㉯ 서구 의존적인 시에서 탈피하여 동양적 세계관을 중시하려는 경향이 대두

　　㉢ 특징

　　　㉮ 자연 친화적이며, 관조적인 태도

　　　㉯ 서경적인 묘사를 토대로 한 자족적인 정서를 표현

　　　㉰ 이상향으로서의 전원생활에 대한 동경과 안빈낙도의 세계관

　　㉣ 작가 및 작품 경향

시인	작품 경향	대표 작품
신석정	자연 친화의 목가적 시풍으로 이상향에의 동경을 노래	「슬픈 구도」, 「그 먼 나라를 알으십니까」, 「아직은 촛불을 켤 때가 아닙니다」
김동명	일제의 탄압을 피해 농촌에 묻혀 향수, 비애, 고독을 서정으로 노래	「파초」, 「진주만」, 「내 마음은」
김상용	동양적 관조의 세계를 전원적인 정서로 노래	「남으로 창을 내겠소」

⑤ 청록파(靑鹿派, 자연파)

　　㉠ 주요 작가 : 박목월, 조지훈, 박두진

　　㉡ 형성 배경

　　　㉮ 일제 말 군국주의 통치에 따른 문학적 탄압에 대한 소극적 대응으로 나타났다.

　　　㉯ 물질문명에 대한 거부로서 은둔과 자연관조의 태도로 형성되었다.

　　　㉰ 『문장』(1939)지의 추천으로 등단, 해방 후 공동 시집 『청록집』(1946) 간행

　　㉢ 특징

　　　㉮ 전통적인 서정과 운율로 자연과의 친화를 추구

　　　㉯ 주지시에 대한 반발에서 비인간화된 세계에 대한 반항을 지향

　　　㉰ 향토적 정조와 전통 회귀 정신을 강조

　　　㉱ 작품 경향이나 종교적 성격은 다르나 전통적인 율감으로 한국적(동양적) 자연관을 표출하였다는 공통점을 갖는다.

　　㉣ 작가 및 작품 경향

시인	작품 경향	대표 작품
박두진 (혜산)	기독교적 생명사상에 입각한 자연과의 친화를 노래하였으나, 그의 자연은 목가적인 세계가 아니고, 인간과 사회에 대한 윤리의식이 밑바탕이 되어 종교적 신앙과 일체를 이루었다.	「향현」, 「낙엽송」, 「도봉」, 「설악부」, 「묘지송」, 「해」

| 박영종
(목월) | 향토성이 짙은 토속적인 언어, 정형적인 율격, 간결한 이미지와 섬세한 서정성을 바탕으로 자연과의 친화를 표현했다. | 「나그네」, 「청노루」, 「윤사월」, 「산도화」, 「하관」, 「이별가」 |
| 조동탁
(지훈) | 회고적, 민속적인 제재를 통해 민족적 정서와 전통에 대한 향수 및 불교적 선미(禪味)를 그렸다. | 「봉황수」, 「승무」, 「완화삼」, 「고풍 의상」 |

⑥ 저항과 참회의 시인

　　㉠ 주요 작가 : 이육사, 윤동주

　　㉡ 의의

　　　㉮ 일제 말기의 문학적 공백기에 민족적인 의지와 양심을 지켜 주었다.

　　　㉯ 일제 치하에 한국 저항시의 맥을 형성하고 있다.

　　㉢ 작가 및 작품 경향

시인	작품 경향	대표 작품
이육사 (李陸史)	• 본명은 원록(源綠). 신석초, 김광균 등과 시동인지 『자오선』(1937) 발간 • 현실에 타협하지 않는 강렬한 대결 정신을 지사적・대륙적 풍모로 표현 • 남성적 어조와 격조 높은 시어와 절제된 형식미를 통해 조국 광복을 염원하는 소망과 의지를 잘 형상화 • 유고 시집 : 『육사시집』(1946)	「광야」, 「절정」, 「꽃」, 「교목」, 「청포도」 등
윤동주 (尹東柱)	• 북간도 용정(龍井) 출생 • 연희전문을 거쳐 도일, 도시샤(同志社) 대학 영문과 재학 중 1943년 여름 방학을 맞아 귀국하다 사상범으로 일경에 체포되어, 1945년 2월 후쿠오카(福岡) 형무소에서 옥사 • 내면화된 윤리적 성찰과 고백 • 기독교 영향 : 도덕적 순결성 지향(「서시」), 자기 참회와 반성(「참회록」), 자기희생적 인간애(「십자가」) 등 • 부끄럼의 미학. 식민지 지식인의 정신적・윤리적 고통을 섬세한 서정과 투명한 시심으로 노래 • 유고 시집 : 『하늘과 바람과 별과 시』(1948)	「서시」, 「간」, 「십자가」, 「또 다른 고향」, 「별 헤는 밤」, 「자화상」, 「참회록」, 「쉽게 씌어진 시」 등

⑦ 기타 작가

시인	작품 경향	대표 작품
김현승	인간의 절대 고독, 영혼의 순결성을 노래	「가을의 기도」, 「눈물」, 「가을」, 「절대 고독」
김광섭	고요한 서정과 지적 경향	「해바라기」, 「성북동 비둘기」

노천명	고독 애수의 주정적 경향	「사슴」, 「산호림」, 「별을 쳐다보며」
이용악	식민지 치하의 뿌리 뽑힌 유랑민이 삶을 노래. 짓밟히면서도 일어나는 민중의 끈질 긴 생명력을 다룸. 민족적 사실주의	「낡은 집」, 「오랑캐꽃」, 「전라도 가시 내」, 「분수령」
백석	평안도 지방의 향토적 생활과 민속을 객관 적 태도로서 사실적으로 그림. 식민지 상 황에서 유랑하는 민중의 삶을 다룸. 민족 적 사실주의, '서사적 이야기의 구조'	「여우난 곬족」, 「사슴」, 「가즈랑집」, 「고향」, 「여승」

4. 해방 공간의 문학

(1) 해방의 감격과 역사적 의미에 대한 시적 인식이 보편화되었다.

(2) **유고 시집의 간행** : 이육사의 『육사시집』(1946), 윤동주의 『하늘과 바람과 별과 시』(1948)

(3) **자연파 시인들의 공동시집 간행** : 『청록집』(1946)

(4) **민족주의적 정조** : 우리 민족의 전통적 정서를 계승하고 민족에 대한 애정을 주제로 함

(5) **후반기(後半期) 동인의 등장**

　① 동인 : 김수영, 박인환, 김경린

　② 경향 : 1930년대 중반의 모더니즘 시를 계승하였으며, 도시와 문명을 소재로 하여 시각 적 이미지와 관념의 조화를 시도했다.

　③ 공동시집 : 『새로운 도시와 시민들의 합창』(1948)

5. 1950년대

(1) **전쟁 체험의 시** : 동족상잔의 비극적 체험을 시인의 내면적 인식으로 수용하여 시대에 대한 적극적인 대응방식 모색

　⑩ 유치환 「보병과 더불어」, 구상 「초토의 시」, 조지훈 「다부원에서」 등

(2) **모더니즘 시**

　① **문명 비판** : '후반기' 동인을 중심으로 1930년대 모더니즘 시의 방법과 정신을 계승·발 전시켜 현대 도시문명의 메커니즘과 그 어두운 의식적 단면을 감각적 이미지와 실험적 형태, 이국적 정서를 통해 표현하였다.

　　⑩ 박인환 「목마와 숙녀」, 김규동 「나비와 광장」 등

　② **지적인 내면인식의 시** : 사회현상에 비판적으로 대응하려는 주지적 성향과 형이상학적인 존재 인식을 통해, 전후의 허무의식으로부터 벗어나 새로운 질서를 회복하려는 내면적 의지를 표현하였다.

　　⑩ 송욱 「하여지향」, 김춘수 「꽃」·「꽃을 위한 서시」 등

　③ **현실 인식의 시** : 분단과 사회현실의 인식

　　⑩ 박봉우 「휴전선」, 신경림 「갈대」, 김수영 「눈」·「폭포」 등

(3) 전통적인 순수시

① 휴머니즘적 지향 : 전쟁으로 인한 인간성 상실을 반성하고, 삶의 본질에 대한 사색과 소생의 의지를 안정된 언어로 표현하였다.

　　예 이형기 「비」, 박남수 「새」, 정한모 「가을에」 등

② 고전주의적 지향 : 전통적인 정서와 한(恨)의 가락이 결합되어 전아(典雅)하면서도 정적(靜的)인 깊이를 지닌 순수서정을 표현하였다.

　　예 박재삼 「울음이 타는 가을 강」, 이동주 「강강술래」 등

(4) 주요 작가와 작품 경향

시인	작품 경향	작품
김수영	인간주의에 바탕을 두고 있으면서 1950년대의 사회적 풍토를 풍자적으로 시화(詩化)하였다. 저항정신에 뿌리박은 참여파의 전위적 역할을 함	「달나라의 장난」, 「눈」, 「풀」, 「폭포」, 「병풍」
송욱	풍자와 익살을 통한 현실비판의 정신	「하여지향」, 「장미」
김춘수	말과 존재의 관계를 지적인 이해를 토대로 하여 나타낸 '인식(認識)의 시인', '이미지의 시인', '무의미시' •초기 : 사물의 본질을 탐구하려고 노력함 •후기 : 이미지에 의한 순수시를 추구함	「꽃」, 「꽃을 위한 서시」, 「부다페스트에서의 소녀의 죽음」

6. 1960년대 이후

(1) 전통적 서정주의의 흐름과 그 분화 : 현실 참여주의에 반대하고 시의 예술성과 순수성, 그리고 전통적인 서정성 추구에 몰두하는 경향이 나타났다.

① 전통적 정서 계승

　　예 서정주 「동천」, 김광섭 「성북동 비둘기」, 박재삼 「춘향이 마음」 등

② 예술적 기교를 추구

　　예 김춘수 「처용」, 전봉건 「속의 바다」, 신동집 「모순의 물」 등

(2) 비판적 현실의식의 시 : 4·19 이후 현실의식이 깊어지는 가운데 시를 통한 사회인식과 실천을 중시하였으며, 참여시적 경향이 두드러졌다.

　　예 김수영 「거대한 뿌리」·「풀」, 신동엽 「껍데기는 가라」, 신경림 「농무」 등

(3) 현대시조의 활성화

　　예 김상옥 「사향」·「봉선화」, 이호우 「개화」·「살구꽃 핀 마을」, 정완영 「조국」, 이영도 「낙화」 등

03 한국 현대시의 주요 작품 이해

◢ 1 산유화(山有花) : 김소월

꽃이 피고 지는 자연 현상을 통해 이 세상에 존재하는 모든 사물의 근원적 고독감을 노래하고 있다.

산에는 꽃 피네
꽃이 피네
갈 봄 여름 없이
꽃이 피네
　　　　▶ 자연의 순환과 개화

산에 산에
피는 꽃은
저만치 혼자서 피어 있네
　　　　▶ 고독한 자아의 운명적인 모습

산에서 우는 작은 새요
꽃이 좋아
산에서 사노라네
　　　　▶ 고독을 긍정하는 운명애의 모습

산에는 꽃 지네
꽃이 지네
갈 봄 여름 없이
꽃이 지네
　　　　▶ 자연의 순환과 낙화

1. 특징
　① 1연의 내용이 4연에 반복 변주됨(수미상관)
　② 종결어미 '-네'의 반복을 통해 운율을 형성하면서도, 감정의 절제를 보여 줌
　③ 7 · 5조 3음보와 그 변주로 이루어짐
　④ 고도로 절제된 시어를 구사함

2. 시어의 상징적 의미
　(1) 산 : ① 시의 배경
　　　　　② 꽃이 지고 피는 곳
　　　　　③ 자연의 세계
　(2) 꽃 : ① 산에 저만치 홀로 피어 있는 존재
　　　　　② 피고 지기를 반복하며 순환하는 존재(자연)
　　　　　③ 화자가 동경하는 대상
　(3) 새 : ① 꽃이 좋아 산에서 사는 존재
　　　　　② 화자의 분신이자 외로움을 느끼고 있는 존재
　　　　　③ 자연의 질서에 따라 살아가는 존재

⌐2 님의 침묵 : 한용운

불교의 역설적 진리를 바탕으로 하여 임과의 이별의 슬픔을 극복하고, 그것을 새로운 만남의 희망으로 전환시켜 노래하고 있다.

님은 갔습니다. 아아, 사랑하는 나의 님은 갔습니다.

푸른 산 빛을 깨치고 단풍나무 숲을 향하여 난 작은 길을 걸어서, 차마 떨치고 갔습니다.

황금의 꽃같이 굳고 빛나던 옛 맹세는 차디찬 티끌이 되어서 한숨의 미풍에 날아갔습니다.

날카로운 첫 키스의 추억은 나의 운명의 지침(指針)을 돌려놓고 뒷걸음쳐서 사라졌습니다.

▶ 기(1~4행) : 이별의 상황

나는 향기로운 님의 말소리에 귀먹고 꽃다운 님의 얼굴에 눈멀었습니다.

사랑도 사람의 일이라 만날 때에 미리 떠날 것을 염려하고 경계하지 아니한 것은 아니지만, 이별은 뜻밖의 일이 되고 놀란 가슴은 새로운 슬픔에 터집니다.

▶ 승(5~6행) : 이별 후의 고통과 슬픔

그러나 이별을 쓸데없는 눈물의 원천을 만들고 마는 것은 스스로 사랑을 깨치는 것인 줄 아는 까닭에 걷잡을 수 없는 슬픔의 힘을 옮겨서 새 희망의 정수박이에 들어부었습니다.

우리는 만날 때에 떠날 것을 염려하는 것과 같이 떠날 때에 다시 만날 것을 믿습니다.

▶ 전(7~8행) : 고통과 슬픔을 극복한 새로운 희망

아아 님은 갔지마는 나는 님을 보내지 아니하였습니다.

제 곡조를 못 이기는 사랑의 노래는 님의 침묵을 휩싸고 돕니다.

▶ 결(9~10행) : 임에 대한 영원한 사랑의 다짐

---

① 역설적 표현을 통해 주제를 부각함
② 불교적 비유와 고도의 상징이 돋보임
③ 여성적 어조와 경어체를 사용함
④ 기승전결의 4단 구성
⑤ **푸른 산빛** : 미래에 대한 찬란한 희망을 뜻함. '단풍나무 숲'과 대조를 이룸
⑥ **단풍나무 숲** : '절망, 조락(凋落)'의 의미로, 불교의 '공(空)' 사상과 연결됨
⑦ **옛 맹서** : 영원히 변치 않을 듯한 찬란한 사랑의 약속을 의미함. '차디찬 티끌'과 대조를 이룸

◢ 3 나룻배와 행인 : 한용운

시적 화자인 '나'와 '당신'의 관계를 '나룻배'와 '행인'의 관계로 설정하여, 인내와 희생 그리고 사랑에 대한 숭엄한 의지를 노래하고 있다.

나는 나룻배,
당신은 행인.

▶ 기 : '나'와 당신의 관계

당신은 나를 흙발로 짓밟습니다.
나는 당신을 안고 물을 건너갑니다.
나는 당신을 안으면 깊으나 얕으나 급한 여울이나 건너갑니다.

▶ 승 : 무심한 당신과 '나'의 희생적 자세

만일 당신이 아니 오시면 나는 바람을 쐬고 눈비를 맞으며
밤에서 낮까지 당신을 기다리고 있습니다.
당신은 물만 건너면 나를 돌아보지도 않고 가십니다그려.
그러나 당신이 언제든지 오실 줄만은 알아요.
나는 당신을 기다리면서 날마다 날마다 낡아갑니다.

▶ 전 : '나'의 인고(忍苦)와 기다림

나는 나룻배,
당신은 행인.

▶ 결 : '나'와 당신의 관계

---

1. 특징
   ① 수미 상관식의 구성을 보임
   ② 쉬운 우리말과 경어체를 사용함
   ③ '나룻배'라는 사물을 비유적인 의미로 사용하여 주제를 효과적으로 표현함
   ④ 기승전결의 4단 구성
   ⑤ 나룻배와 행인의 관계를 제재로 하여 참된 사랑의 본질이 희생과 믿음에 있음을 노래하고 있다.

2. 시어의 의미
   ① 나룻배 : 시적 화자, 구도자
   ② 행인 : 중생(衆生). 고통과 번뇌에 빠져 불도나 불제자가 구제하여야 할 대상, 혹은 무지한 민중. 위안과 안식이 필요한 지친 영혼
   ③ 물, 여울 : 고해(苦海). 인생을 넘어야 하는 고통으로 보는 불교적 시각이 반영된 비유임
   ④ 바람, 눈비 : 화자가 '임'을 기다리는 동안 참아 내야 하는 인고(忍苦)의 대상들

◢ 4 유리창 : 정지용

자식을 잃은 아버지의 슬픔과 자식에 대한 그리움을 유리창을 매개로 하여 선명한 감각적 이미지로 그려 내고 있다.

유리(琉璃)에 차고 슬픈 것이 어린거린다.
열없이 붙어 서서 입김을 흐리우니
길들은 양 언 날개를 파다거린다.

▶ 유리창에 어린 영상

지우고 보고 지우고 보아도
새까만 밤이 밀려나가고 밀려와 부딪히고
물 먹은 별이, 반짝, 보석처럼 백힌다.

▶ 창밖의 밤의 영상

밤에 홀로 유리(琉璃)를 닦는 것은
외로운 황홀한 심사이어니,

▶ 밤에 유리를 닦는 이유

고흔 폐혈관(肺血管)이 찢어진 채로
아아, 늬는 산(山)ㅅ새처럼 날러갔구나!

▶ 아이의 안타까운 죽음

1. 특징
   ① 선명하고 감각적인 이미지를 시용함(모더니즘 시)
   ② 감정을 절제하여 표현함
   ③ 모순 어법을 구사하여 시의 함축성을 높임
   ④ **감정의 대위법** : 하나의 감정을 표현하면서 그와는 다른 감정이나 감각을 결합하여, 그 감정에 일방적으로 **빠져드는** 것을 막는 수법
      ㉠ 차고 슬픈 것 : 슬픈 감정이 차가운 감각에 의해 절제
      ㉡ 외로운 황홀한 심사 : 외로움의 감정이 황홀함의 감정에 의해 절제

2. 시어의 상징성
   ① **죽은 자식의 보조관념** : '차고 슬픈 것', '언 날개', '물 먹은 별', '산(山)ㅅ새'
   ② **새까만 밤** : 아버지의 '허탈감과 상실감'

3. '유리창'의 이미지
   ① 안과 밖의 경계
   ② 죽음과 삶의 경계
   ③ 이승과 저승의 경계
   ④ 단절과 소통의 매개체

5 모란이 피기까지는 : 김영랑

모란이 피고 지는 과정을 통해 소망하는 것에 대한 기다림과 그것이 이루어진 후 그 가치와 의미가 퇴색함으로써 생기는 비애를 형상화하고 있다.

모란이 피기까지는
나는 아직 나의 봄을 기다리고 있을 테요.

▶ 모란이 피기를 기다림(현재)

모란이 뚝뚝 떨어져 버린 날,
나는 비로소 봄을 여읜 설움에 잠길 테요.

▶ 모란이 질 때의 슬픔(미래)

오월 어느 날, 그 하루 무덥던 날,
떨어져 누운 꽃잎마저 시들어 버리고는
천지에 뻗쳐 오르던 내 보람 서운케 무너졌느니,
모란이 지고 말면 그뿐, 내 한 해는 다 가고 말아,
삼백 예순 날 하냥 섭섭해 우옵내다.

▶ 모란이 지고 난 후의 슬픔과 절망감(과거의 체험)

모란이 피기까지는
나는 아직 나의 봄을 기다리고 있을테요, 찬란한 슬픔의 봄을.

▶ 모란이 피기를 기다림(현재)

1. 특징
   ① 수미상관식 구성을 통해 주제를 강조하고 있다.
   ② 시의 음악성과 시어의 세련된 표현이 두드러지게 나타난다.
   ③ 역설적 표현(모순 형용)을 사용하고 있다.
   ④ 모란으로 상징되는 소망의 실현에 대한 집념을 보이고 있다.
   ⑤ '봄을 기다림 → 봄의 상실 → 봄을 기다림'이라는 순환 구조를 보이고 있다.
   ⑥ 유미주의적 태도가 드러나 있다.
   ⑦ 소망과 좌절의 과정이 삶 자체임을 깨닫고 소망의 실현에 대한 집념을 버리지 않고 있다.

2. 시어의 의미
   ① 모란 : 화자의 소망, 희망
   ② 봄 : 모란이 피는 계절／소망이 이루어지는 계절
   ③ 보람 : 모란을 보는 기쁨／소망을 이룬 보람
   ④ 삼백예순 날 : 서러운 정감의 깊이
   ⑤ 찬란한 슬픔 : 모란을 보는 기쁨과 지는 슬픔의 동시적 표현

◢ 6 바다와 나비 : 김기림

거대한 '바다'와 연약한 '나비'의 색채 대비를 통해 모더니즘 시의 회화성을 잘 드러내고 있는 시로, 새로운 세계에 대한 동경과 좌절을 형상화하고 있다.

아무도 그에게 수심(水深)을 일러준 일이 없기에
흰나비는 도무지 바다가 무섭지 않다.

▶ 바다의 무서움을 모르는 나비

청(靑)무우 밭인가 해서 내려갔다가는
어린 날개가 물결에 절어서
공주처럼 지쳐서 돌아온다.

▶ 바다에 도달하지 못하고 지쳐 돌아온 나비

삼월달 바다가 꽃이 피지 않아서 서거픈
나비 허리에 새파란 초승달이 시리다.

▶ 냉혹한 현실 속에 지친 나비의 모습

1. 특징
① 감정을 절제한 객관적 태도가 드러난다.
② 색채 대비를 비롯한 시각적 심상이 주로 나타난다.
③ 새로운 세계를 동경했던 시인의 좌절과 냉혹한 현실 인식을, '바다'와 '나비'의 색채 대비를 통해 제시하고 있다.
④ 회화적 심상을 중시하는 모더니즘 시의 특징을 잘 보여 주고 있다.
⑤ 종결어미 '-다'를 통해 대상에 대한 객관적 거리감을 유지하고 있다.
⑥ 감각적 심상을 활용하여 시상을 마무리하여 시적 여운을 남기고 있다.

2. 시어의 상징성
① **흰나비** : 새로운 세계를 열망하는 존재, 낭만적인 꿈을 지닌 순수하고 연약한 존재, 세상 물정을 모르는 순진한 존재
② **바다** : 나비가 이상적인 세계로 착각한 곳, 냉혹한 현실의 세계, 근대 문명의 삭막함
③ **청무우밭** : 나비가 동경하는 세계

3. '바다'와 '나비'의 대조적 이미지
① 바다
  ㉠ 푸른색 이미지, ㉡ 냉혹하고 비정적 현실
② 나비
  ㉠ 흰색 이미지, ㉡ 순진하고 연약한 존재

7 추천사 – 춘향의 말 1 : 서정주

「춘향전」을 모티프로 하여 현실적 괴로움과 인간적 운명의 한계를 벗어난 초월적 세계로의 열망을 형상화하고 있다.

향단아 그넷줄을 밀어라.
머언 바다로
배를 내어 밀듯이
향단아.

▶ 현실로부터 벗어나고자 하는 초월적 의지

이 다소곳이 흔들리는 수양버들나무와
베갯모에 뇌이듯한 풀꽃더미로부터,
자잘한 나비 새끼 꾀꼬리들로부터
아주 내어 밀듯이, 향단아.

▶ 아름다운 현실에 대한 미련

산호(珊瑚)도 섬도 없는 저 하늘로
나를 밀어 올려다오.
채색(彩色)한 구름같이 나를 밀어 올려다오.
이 울렁이는 가슴을 밀어 올려다오!

▶ 이상 세계로의 초월에 대한 열망

서(西)으로 가는 달같이는
나는 아무래도 갈 수가 없다.

▶ 인간의 운명적 한계 인식

바람이 파도를 밀어 올리듯이
그렇게 나를 밀어 올려다오.
향단아.

▶ 인간의 운명적 한계를 자각한 후의 초월적 지향

1. 특징
   ① 고전소설 「춘향전」을 시적 모티프로 하였다.
   ② 통사 구조의 반복을 통해 리듬감을 형성한다.
   ③ 운율과 의미가 유기적 관계를 맺으며 시상이 전개된다.
   ④ 춘향의 말을 통해 현실의 세계를 벗어나고자 하는 열망을 노래하였고, 그네 타는 행위를 지상적 운명의 굴레를 벗어나려는 고뇌의 상징적 표현으로 형상화하였다.

2. 시어 풀이

① 수양버들, 풀꽃더미, 나비, 새끼 꾀꼬리 : 그네가 아래쪽(지상)으로 내려왔을 때 볼 수 있는 자연물로, 아름답고 현세적인 것. 시적 화자에게 애착의 대상이 되는 사물들

② 바다, 하늘 : 현실과 대조적인 세계. 괴로움과 고통이 없는 곳으로, 시적 화자가 현실을 벗어나 도달하고 싶은 초월적 이상 세계

③ 서(西) : 서역국과 같은 곳으로, 불교적 의미의 이상 세계

④ 달 : 아무 구속이 없는 자유로운 속성을 지닌 대상, 화자와 대비되는 존재

◢ 8 깃발 : 유치환

> 유한한 인간이 본능적으로 지향하는 초월적, 이상적인 것에 대한 동경과 염원을 '깃발'이라는 사물에 담아 표현하고 있다.

이것은 소리 없는 아우성
저 푸른 해원을 향하여 흔드는
영원한 노스탤지어의 손수건

▶ 깃발의 역동적인 모습

순정은 물결같이 바람에 나부끼고
오로지 맑고 곧은 이념의 푯대 끝에
애수(哀愁)는 백로처럼 날개를 펴다.

▶ 깃발의 순수한 열정과 애수

아 누구던가
이렇게 슬프고도 애달픈 마음을
깃발, 영원한 이상에 도달할 길 없는 슬픔
맨 처음 공중에 달 줄을 안 그는.

▶ 이상향에 대한 동경과 좌절에서 오는 비애

1. 특징

① 추상적 관념을 구체적 사물에 비유하여 표현하였다.

② 푸른색과 흰색의 색채 대비를 통해 선명한 이미지를 제시하였다.

③ 영원히 이루어질 수 없는 현실을 인식하면서도 이상을 향해 동경의 끈을 놓지 않는 깃발을 통해 인간 존재의 한계성과 모순성을 보여 주고 있다.

④ 역설적 표현과 공감각적 심상을 사용하고 있다.

2. '깃발(이것)'의 보조관념

① 소리 없는 아우성

② 노스텔지어의 손수건

③ 순정 → 물결

④ 애수 → 백로

⑤ 슬프고도 애달픈 마음

◢ 9 서시 : 윤동주

적절한 상징과 시각적 심상을 활용하여 일제 강점기를 살아가는 지식인의 도덕적 순결성에 대한 고뇌와 그것을 극복하려는 의지를 드러내고 있다.

죽는 날까지 하늘을 우러러
한 점 부끄럼이 없기를,
잎새에 이는 바람에도
나는 괴로워했다.   ▶ 부끄러움 없는 삶에 대한 소망(과거)

별을 노래하는 마음으로
모든 죽어 가는 것을 사랑해야지
그리고 나한테 주어진 길을
걸어가야겠다.   ▶ 미래의 삶에 대한 결의(미래)

오늘 밤에도 별이 바람에 스치운다.   ▶ 어두운 현실에 대한 자각(현재)

1. 특징

① 시간의 이동(역순행식)에 따라 시상을 전개하였다.

② 이미지를 대립시켜 시적 상황을 제시하였다.

③ 유고 시집 『하늘과 바람과 별과 시』의 서두에 붙여진 작품이다.

④ 시적 화자는 부끄러움이 없는 순결한 삶을 추구하고 있다.

2. 시어의 상징적 의미

① 하늘 : 윤리적 판단의 절대적 기준

② 별 : 화자가 추구하는 희망, 이상적 삶의 세계. '바람'과 대립되는 이미지

③ 바람

ㄱ 3행의 '바람' : 화자의 내면적 갈등 또는 양심의 가책

ㄴ 9행의 '바람' : 화자가 처한 어두운 현실, 일제 강점하의 시대 상황

④ 길 : 화자가 걸어가야 할 숙명, 운명

⑤ 밤 : 화자가 처한 어두운 현실. 일제 강점하의 시대 상황

⏎ 10 교목(喬木) : 이육사

일제 강점하의 혹독한 시대 상황 속에서 강인한 신념과 의지로 맞서 싸웠던 육사의 치열한 삶의 자세를 '교목'이라는 상징적 사물을 통해 형상화하고 있다.

푸른 하늘에 닿을 듯이
세월에 불타고 우뚝 남아 서서
차라리 봄도 꽃피진 말아라.

▶ 굽힐 수 없는 신념과 의지

낡은 거미집 휘두르고
끝없는 꿈길에 혼자 설레이는
마음은 아예 뉘우침 아니라.

▶ 후회 없는 삶의 결의

검은 그림자 쓸쓸하면,
마침내 호수 속 깊이 거꾸러져
차마 바람도 흔들진 못해라.

▶ 죽음마저 불사하는 단호한 결의

1. 특징
① 강인하고 의지적인 남성적 어조를 사용하였다.
② 부정어로 문장을 종결하여 당시 암담한 일제 강점기 현실에 비굴하게 순응하지 않고 저항하겠다는 굳은 의지를 드러내고 있다.
③ 가혹한 시대를 견디어 내는 굳은 의지를 '교목'이라는 상징적 사물을 통해 구체적으로 형상화하고 있다.
④ 의인법을 통해 시적 주제를 드러내고 있다.
⑤ 정제된 형식미를 통해 시적 안정감을 부여하고 있다.

2. 시어의 상징적 의미
① 교목 : 비바람에도 흔들리지 않는 존재
② 세월 : '불'의 이미지와 결합하여 고통이나 시련의 의미를 지님
③ 낡은 거미집 : 화자가 처한 어렵고 힘든 현실을 의미함
④ 검은 그림자 : 암담한 시대 상황
⑤ 호수 : 물의 원형적 이미지를 지니고 있으며, 이 시에서는 죽음을 상징함
⑥ 바람 : 화자에게 영향을 끼치는 유혹이나 외부의 힘(일제의 탄압)을 의미함

11 꽃덤불 : 신석정

어둡고 고통스러웠던 일제 강점기와 광복 직후의 혼란상을 극복하고, 새롭게 수립해야 할 바람직한 민족 국가의 모습을 꽃덤불로 형상화하고 있다.

태양을 의논하는 거룩한 이야기는
항상 태양을 등진 곳에서만 비롯하였다.

▶ 일제 강점하의 암담한 현실에서 광복을 이야기함

달빛이 흡사 비 오듯 쏟아지는 밤에도
우리는 헐어진 성터를 헤매이면서
언제 참으로 그 언제 우리 하늘에
오롯한 태양을 모시겠느냐고
가슴을 쥐어뜯으며 이야기하며 이야기하며
가슴을 쥐어뜯지 않았느냐?

▶ 조국 광복을 실현하고 싶은 소망

그러는 동안에 영영 잃어 버린 벗도 있다.
그러는 동안에 멀리 떠나 버린 벗도 있다.
그러는 동안에 몸을 팔아 버린 벗도 있다.
그러는 동안에 맘을 팔아 버린 벗도 있다.

▶ 일제 강점하의 비극적 상황

그러는 동안에 드디어 서른여섯 해가 지나갔다.

▶ 조국의 광복

다시 우러러보는 이 하늘에
겨울밤 달이 아직도 차거니
오는 봄엔 분수처럼 쏟아지는 태양을 안고
그 어느 언덕 꽃덤불에 아늑히 안겨보리라.

▶ 새로운 민족 국가 수립에 대한 기대

1. 특징

① 시간의 흐름에 따라 시상을 전개하고 있다.
② 유사한 문장 구조의 반복을 통해 운율을 형성하고 있다.
③ 어둠과 밝음의 대립적 이미지를 활용하여 주제를 형상화하고 있다.
④ 광복 후 일제 강점기의 어둡고 고통스러웠던 과거를 돌이켜 보면서 광복의 기쁨과 완전한 조국 광복에의 희망을 노래하고 있다.

2. 대립적 이미지

① 어둠

ㄱ 밤 : 일제 강점기의 어두운 현실

ㄴ 헐어진 성터 : 잃어버린 조국

ㄷ 겨울밤 : 좌우익의 대립 등으로 혼란스러운 광복 직후의 상황

② 밝음

ㄱ 태양 : 과거 일제 강점하에 바라던 해방

ㄴ 봄 : 모두가 하나가 되는 진정한 광복의 시간

ㄷ 꽃덤불 : 진정한 의미의 광복과 현실적 혼란까지 극복된 밝은 미래

◢12 동물원의 오후 : 조지훈

이 시는 동물원을 배경으로 나라를 잃은 시인의 비애를 대상의 의인화와 주객전도의 기법을 통해 드러내고 있다.

마음 후줄근히 시름에 젖는 날은
동물원으로 간다.
사람으로 더불어 말할 수 없는 슬픔을
짐승에게라도 하소해야지.

▶ 시름과 슬픔을 달래기 위해 찾아가는 동물원

난 너를 구경 오진 않았다
뺨을 부비며 울고 싶은 마음.
혼자서 숨어 앉아 시(詩)를 써도
읽어 줄 사람이 있어야지
쇠창살 앞을 걸어가며
정성스레 써서 모은 시집을 읽는다.

▶ 문학 창작과 감상의 자유조차 박탈당한 암담한 현실

철책 안에 갇힌 것은 나였다
문득 돌아다보면
사방에서 창살 틈으로
이방(異邦)의 짐승들이 들여다본다.
"여기 나라 없는 시인이 있다"고
속삭이는 소리……

▶ 나라 없는 시인을 들여다보는 동물원의 짐승들

무인(無人)한 동물원의 오후 전도된 위치에
통곡과도 같은 낙조(落照)가 물들고 있었다.

▶ 낙조에 물들어 통곡하고 싶은 동물원의 오후

1. 특징

① 현재형 어미를 통해 시상을 현장감 있게 제시하고 있다.

② 하강과 소멸의 이미지를 활용하여 현실 상황에 대한 인식을 드러내고 있다.

③ 의인화된 대상을 통해 망국민의 비애를 부각시키고 있다.

④ 시각적 심상을 청각적 심상에 빗대어 화자의 정서를 드러내고 있다.

⑤ 주객전도를 통해 부정적 상황에 처한 화자의 처지를 강조한다.

⑥ 부정적 현실이 시 창작의 계기로 작용하고 있다.

⑦ 시간적 배경에 화자의 정서를 조응시켜 표현하고 있다.

2. 시어 및 시구 풀이

① **동물원** : 시름과 슬픔을 위로 받을 수 있는 곳

② **너** : 동물원의 짐승을 의인화함, 위로받기 위해 옴

③ **쇠창살** : 억압과 구속을 상징

④ **철책안에 갇힌 것은 나였다** : 동물들과 뒤바뀐 입장으로 억압당하고 있는 현실을 표현

⑤ **이방(異邦)의 짐승들이 들여다본다** : 위로받기 위해 온 동물원이 오히려 자신의 처지를 더욱 확연히 확인하게 되는 공간이 됨

⑥ **무인(無人)한 동물원의 오후 전도(顚倒)된 위치에서**
　　㉠ 철창안의 동물 = 화자 자신
　　㉡ 무인한 동물원 : 비극성이 심화된 공간

◢13 만술아비의 축문 : 박목월

아버지를 추모하면서 쓴 글과 그 글을 읽은 아버지의 답사 형식으로 구성된 작품이다. 이 시는 현세적 삶을 넘어서서 이승과 저승을 오가며 생자와 망자 사이에 오가는 인정을 교감을 다루었다는 데 그 특색이 있다.

아배요 아배요
내 눈이 티눈인 걸
아배도 알지러요.
등잔불도 없는 제사상에
축문이 당한기요.
눌러 눌러
소금에 밥이나마 많이 묵고 가이소.
윤사월 보리고개
아배도 알지러요.
간고등어 한 손이믄

아배 소원 풀어드리련만
저승길 배고플라요
소금에 밥이나마 많이 묵고 묵고 가이소.

> 아버지의 제사상에 올리는 가난한 아들의 축문
>
> (아들의 독백)

여보게 만술 아비
니 정성이 엄첩다.
이승 저승 다 다녀도
인정보다 귀한 것 있을락꼬,
망령(亡靈)도 응감(應感)하여, 되돌아가는 저승길에
니 정성 느껴 느껴 세상에는 굵은 밤이슬이 온다.

> 아들의 정성에 제3자의 평가와 망령의 감동
>
> (제3자의 평가)

1. 특징

① 사투리를 적절히 사용하여 한(恨)을 드러내고 아버지에 대한 끈끈한 정(情)을 보여 준다.

② 1연과 2연의 화자가 다른 인물로 구성되어 있다. 두 명의 화자를 내세워 대화식으로 시상을 전개하고 있다.

③ 경상도 방언의 사용으로 토속적 정감과 인물의 소박한 정서가 잘 드러나 있다.

④ 시구의 반복을 통해 화자의 정서를 부각하고 있다.

2. 시어 및 시구 풀이

① 티눈 : 까막눈, 문맹

② 등잔불도 없는 제사상 : 가난한 처지, 안타까움

③ 소금에 밥이나 많이 묵고 가이소 : 보잘 것 없지만 정성이 담긴 밥, 아들의 정성과 사랑

④ 간고등어 : 아버지가 좋아하시던 음식

⑤ 엄첩다 : 대견하다

⑥ 인정보다 귀한 것 있을락꼬 : 형식보다 정성이 중요

⑦ 굵은 밤이슬 : 중의법(이슬, 아버지의 눈물)

◢ 14 폭포 : 김수영

폭포의 속성을 통해 부조리한 현실과 타협하지 않고 고매한 정신을 지키며 살아가고자 하는 의지를 형상화하고 있다.

폭포는 곧은 절벽을 무서운 기색도 없이 떨어진다.

▶ 두려움 없이 떨어지는 폭포의 모습

규정할 수 없는 물결이
무엇을 향하여 떨어진다는 의미도 없이
계절과 주야를 가리지 않고
고매한 정신처럼 쉴 사이 없이 떨어진다.

▶ 고매한 정신을 지닌 폭포의 속성

금잔화도 인가도 보이지 않는 밤이 되면
폭포는 곧은 소리를 내며 떨어진다.

▶ 곧은 소리를 내는 폭포의 모습

곧은 소리는 소리이다.
곧은 소리는 곧은 소리를 부른다.

▶ 곧은 소리를 이끌어내는 폭포의 선구자적 속성

번개와 같이 떨어지는 물방울은
취할 순간조차 마음에 주지 않고
나타(懶惰)와 안정을 뒤집어 놓은 듯이
높이도 폭도 없이 떨어진다.

▶ 나타와 안정을 거부하는 폭포의 모습

1. 특징

① 시인의 지적 인식과 정신을 자연물에 효과적으로 투영하고 있다.
② 동일한 시어의 반복을 통해 운율을 형성하고 주제를 강조하고 있다.
③ 감각적이고 비유적인 표현을 통해 대상의 이미지를 선명하게 드러내고 있다.
④ 사물이나 현상의 구체성이 추상적 의미로 확대하고 있다.
⑤ 평범한 일상어의 산문적 진술 방식으로 반복을 통한 점층적 효과를 드러내고 있다.

2. 시어의 상징적 의미

① 금잔화 : 소박한 아름다움, 희망
② 인가 : 인간적인 유대, 평화로운 삶
③ 밤 : 부조리한 사회 현실, 부정적 현실
④ 곧은 소리 : 부정적 현실에 대한 비판과 저항의 외침, 정의로운 양심의 소리
⑤ 나타(懶惰)와 안정 : 부정적 현실에 안주하고 타협하는 소시민적 태도

순수를 표상하는 '눈'을 제재로 하여 순수하고 정의로운 삶을 살아가고자 하는 의지를 형상화하고 있다.

눈은 살아 있다.
떨어진 눈은 살아 있다.
마당 위에 떨어진 눈은 살아 있다.

▶ 순수한 생명력을 지닌 눈

기침을 하자.
젊은 시인이여 기침을 하자.
눈 위에 대고 기침을 하자.
눈더러 보라고 마음 놓고 마음 놓고
기침을 하자.

▶ 순수한 생명력 회복의 의지

눈은 살아 있다.
죽음을 잊어버린 영혼과 육체를 위하여
눈은 새벽이 지나도록 살아 있다.

▶ 눈의 강인한 생명력

기침을 하자.
젊은 시인이여 기침을 하자.
눈을 바라보며
밤새도록 고인 가슴의 가래라도
마음껏 뱉자.

▶ 눈의 강인한 생명력

1. 특징
① '눈'과 '가래'의 상징적 의미가 대립 구도를 보여주고 있다.
② 청유형 어미를 반복하여 적극적으로 함께 행동할 것을 권유하고 있다.
③ 동일한 문장의 반복과 변형을 통해 리듬감을 형성하고 있다.
④ 순수한 삶을 지향하는 화자의 소망과 의지를 대립적인 시어의 활용과 시구의 반복을 통해 형상화하고 있다.

2. 시어의 상징적 의미
① 눈 : 순수한 생명력을 지닌 존재, 화자에게 현실에 타협하지 않고 불의에 저항하는 정신을 일깨워 주는 존재

② 기침 : 마음속에 고여 있는 불순한 것들을 쏟아 내는 행위

③ 젊은 시인 : 순수한 영혼을 가진 존재, 부정적인 것과 타협하지 않고 순수와 정의를 지키는 삶을 살고자 하는 존재

④ 가래 : 불순하고 부정적인 것, 부정적이고 부패한 현실에서 생긴 속물근성, 소시민성, 일상에 대한 안주의 태도 등

◢16 껍데기는 가라 : 신동엽

군부 독재 체제의 시대 상황 속에서 부정적인 세력이 물러가고 순수와 열정의 시대가 도래하기를 바라는 소망을 상징적인 시어를 통해 표현하고 있다.

껍데기는 가라
사월(四月)도 알맹이만 남고
껍데기는 가라

▶ 4 · 19 혁명의 순수한 정신 강조

껍데기는 가라
동학년(東學年) 곰나루의 그 아우성만 살고
껍데기는 가라

▶ 동학 혁명의 순수한 정신 강조

그리하여 다시
껍데기는 가라
이곳에선, 두 가슴과 그곳까지 내논
아사달 아사녀가
중립(中立)의 초례청 앞에 서서
부끄럼 빛내며
맞절할지니

▶ 우리 민족의 순수함 강조와 통일의 소망

껍데기는 가라
한라에서 백두까지
향그러운 흙가슴만 남고
그, 모오든 쇠붙이는 가라

▶ 순수의 옹호와 부정한 권력의 거부

1. 특징

① 직설적 표현으로 부정적 인식을 표현하고 있다.

② 반복적 표현과 대조적인 시어의 사용을 통해 주제를 강조하였다.

③ 명령형 어미 '~라'의 반복을 통해 긴장감을 고조시키고 화자의 단호한 의지를 표현하였다.

④ 상징적 시어를 사용하여 주제 의식을 드러내고 있다.

⑤ 동일 이미지를 지닌 시어를 반복함으로써 선명한 인상을 부여하였다.

2. 시어의 상징적 의미

① **껍데기** : 불순한 존재, 불의와 탄압

② **알맹이** : 근본적이고 본질적인 것, 순수한 것

③ **동학년 곰나루** : 동학 농민 운동

④ **아사달, 아사녀** : 남북한(민족)

⑤ **초례청** : 이념을 초월한 화합의 장소

⑥ **맞절** : 남북한의 화해

⑦ **향그러운 흙가슴** : 순수한 민족애

⑧ **쇠붙이** : 무기, 사회 제도적 폭력

△17 농무(農舞) : 신경림

산업화 과정에서 소외된 농촌의 암담한 현실, 이로 인한 농민의 절망감과 울분 등을 농무를 추는 농민들의 모습을 통해 그려 냈다.

징이 울린다 막이 내렸다.
오동나무에 전등이 매어 달린 가설 무대
구경꾼이 돌아가고 난 텅 빈 운동장
우리는 분이 얼룩진 얼굴로
학교 앞 소줏집에 몰려 술을 마신다.
답답하고 고달프게 사는 것이 원통하다.

▶ 공연이 끝난 후 술을 마심

꽹과리를 앞장세워 장거리로 나서면
따라붙어 악을 쓰는 건 쪼무래기들뿐
처녀애들은 기름집담벼락에 붙어 서서
철없이 킬킬대는구나.

▶ 장거리에서의 농악과 서글픔

보름달은 밝아 어떤 녀석은
꺽정이처럼 울부짖고 또 어떤 녀석은
서림이처럼 해해대지만 이까짓
산 구석에 처박혀 발버둥친들 무엇하랴.
비료 값도 안 나오는 농사 따위야
아예 여편네에게나 맡겨두고

▶ 피폐한 농촌 현실에 대한 울분

쇠전을 거쳐 도수장 앞에 와 돌 때
우리는 점점 신명이 난다.
한 다리를 들고 날라리를 불거나.
고갯짓을 하고 어깨를 흔들거나.

▶ 농무를 통해 분노와 한(恨)을 표출함

1. 특징

① 서사적인 시상 전개가 이루어지고 있다.
② 직설적 표현으로 현실 인식을 드러내고 있다.
③ 뿌리 깊은 좌절감과 울분을 농무의 '신명'이라는 역설적 상황을 통해 보여 주고 있는 것이다.
④ 현실적 모순에 저항하는 '임꺽정'을 통해 농민들의 적극적인 저항 의지를 나타내려는 의도도 드러내 준다.

2. 시어의 의미

① 농무 : 농민들의 울분을 역설적으로 드러내는 한풀이. 현실에 대한 비판과 저항의 표출
② 텅 빈 운동장 : 농촌의 현실에서 느끼는 쓸쓸함, 소외감, 허무감
③ 도수장 : 농민들의 분노가 최고조에 이르렀음을 상징하는 공간
④ 신명 : 농민들의 절망과 울분

◢ 18 봄 : 이성부

겨울이 지나면 봄이 오듯, 부조리한 시대가 가고 새 시대가 올 것이라는 신념을 봄을 통해 형상화하고 있다.

기다리지 않아도 오고
기다림마저 잃었을 때에도 너는 온다.

▶ 자연의 섭리인 봄의 도래

어디 뻘밭 구석이거나
썩은 물웅덩이 같은 데를 기웃거리다가
한눈 좀 팔고, 싸움도 한판 하고,
지쳐 나자빠져 있다가
다급한 사연 듣고 달려간 바람이
흔들어 깨우면
눈 부비며 너는 더디게 온다.
더디게 더디게 마침내 올 것이 온다.

▶ 봄이 오기까지의 더딘 과정

너를 보면 눈부셔
일어나 맞이할 수가 없다.
입을 열어 외치지만 소리는 굳어
나는 아무것도 미리 알릴 수가 없다.
가까스로 두 팔을 벌려 껴안아 보는
너, 먼 데서 이기고 돌아온 사람아.

▶ 봄을 맞이하는 감격과 기쁨

1. 특징

① 의인화된 청자에게 말을 건네고 있다. → '봄'을 청자로 설정
② 종결어미의 반복을 통해 대상에 대한 단정적 태도를 드러낸다. → '~다'의 반복
③ 시어의 반복을 통해 시적 의미를 강조하고 있다. → '온다'의 반복
④ 미래의 상황을 현재형으로 표현하고 있다.

2. '봄'의 상징성

① 계절 순환에 따라 겨울 뒤에 반드시 오는 계절
② 간절한 기다림의 대상
③ 현재는 부재 상태에 있지만 언젠가는 회복될 수 있다고 믿는 가치
④ 희망의 이미지
⑤ 현실에 정착되기를 열망하는 민주와 자유

◢19 새 1 : 박남수

'포수'와 '새'의 관계 설정을 통해 자연의 순수성을 파괴하는 인간의 파괴적 본성을 극명하게 보여
주면서, 문명에 대한 날카로운 비판을 던지고 있다.

1
하늘에 깔아 논
바람의 여울터에서나
속삭이듯 서걱이는
나무의 그늘에서나, 새는
노래한다. 그것이 노래인 줄도 모르면서
새는 그것이 사랑인 줄도 모르면서
두 놈이 부리를
서로의 죽지에 파묻고
따스한 체온을 나누어 가진다.

▶ 새의 순수한 노래와 사랑

2
새는 울어
뜻을 만들지 않고,
지어서 교태로
사랑을 가식하지 않는다.

▶ 새의 가식 없는 순수함

3
—포수는 한 덩이 납으로
그 순수를 겨냥하지만,
매양 쏘는 것은
피에 젖은 한 마리 상한 새에 지나지 않는다.

▶ 인간에 의해 파괴되는 새의 순수성

1. 특징
① 감정이 배제되고 이미지로만 제시하였다.
② 인간과 자연의 대립적 이미지를 통해 주제를 형상화하였다(포수 ↔ 새).
③ 이미지적인 면과 함께 인간 존재의 탐구라는 지적인 면이 함께 나타나 있다.

2. 시어의 상징성
① 새 : 의도나 가식이 없는 자연 그대로의 순수성
② 포수 : 자연의 순수성을 파괴하는 비정하고 공격적인 인간 문명의 주체
③ 한덩이 납 : 비정하고 잔혹함의 이미지. 인간의 기계 문명
④ 피에 젖은 한 마리 상한 새 : 인간의 손에 의해 파괴된 자연의 모습

20 슬픔이 기쁨에게 : 정호승

슬픔에 대한 성찰을 통하여 남의 아픔에 무관심한 이기적인 삶의 자세를 반성하는 한편, 소외된 우리 이웃들과 더불어 살아가는 삶의 중요성을 이야기하고 있다.

나는 이제 너에게도 슬픔을 주겠다.
사랑보다 소중한 슬픔을 주겠다.
겨울밤 거리에서 귤 몇 개 놓고
살아온 추위와 떨고 있는 할머니에게
귤값을 깎으면서 기뻐하던 너를 위하여
나는 슬픔의 평등한 얼굴을 보여 주겠다.

▶ 이기적인 '너'에게 전하는 슬픔의 평등함

내가 어둠 속에서 너를 부를 때
단 한 번도 평등하게 웃어 주질 않은
가마니에 덮인 동사자가 다시 얼어 죽을 때
가마니 한 장조차 덮어 주지 않은
무관심한 너의 사랑을 위해
흘릴 줄 모르는 너의 눈물을 위해
나는 이제 너에게도 기다림을 주겠다.
이 세상에 내리던 함박눈을 멈추겠다.

▶ 무관심한 '너'에게 전하는 기다림의 힘

보리밭에 내리던 봄눈들을 데리고
추위 떠는 사람들의 슬픔에게 다녀와서
눈 그친 눈길을 너와 함께 걷겠다.
슬픔의 힘에 대한 이야기를 하며
기다림의 슬픔까지 걸어가겠다.

▶ 새로운 희망의 길을 여는 슬픔의 힘

1. 특징

① 의지적인 어조와 이기적 삶에 대한 비판적 태도를 드러내고 있다.
② '슬픔'을 시적 화자로 설정하여 청자인 '기쁨'에게 말하는 형식을 취하고 있다(의인화).
③ '~겠다'의 반복을 통해 운율감을 형성하고 화자의 의지적인 자세를 효과적으로 나타낸다.
④ 가난과 소외로 인해 힘겹게 살아가는 사람들에 대한 관심과 애정을 촉구하고 있다.

2. 시어의 상징적 의미

① 어둠 : 고통스럽고 소외된 삶
② 가마니 한 장 : 최소한의 관심, 인정
③ 눈물 : 타인에 대한 사랑, 연민, 배려
④ 기다림
    ㉠ 소외된 이웃의 아픔에 공감할 수 있는 시간
    ㉡ 진정한 사랑을 알기 위한 시간
⑤ 함박눈
    ㉠ 가진 자들이 누리던 풍요와 기쁨
    ㉡ 소외된 이들의 삶을 더욱 고통스럽게 하는 존재

21 새들도 세상을 뜨는구나 : 황지우

영화 상영 전 애국가를 들을 때 화면에 비치는 날아가는 새들의 모습과 달리 현실에서부터 벗어나지 못하는 우리의 모습을 대비하여, 암울한 현실에 대한 풍자와 비판을 이끌어 내고 있다.

영화가 시작하기 전에 우리는
일제히 일어나 애국가를 경청한다.

▶ 애국가 경청

삼천리 화려 강산의
을숙도에서 일정한 군(群)을 이루며
갈대숲을 이룩하는 흰 새떼들이
자기들끼리 끼룩거리면서
자기들끼리 낄낄대면서
일렬 이열 삼렬 횡대로 자기들의 세상을
이 세상에서 떼어 메고
이 세상 밖 어디론가 날아간다.

▶ 세상 밖을 향한 자유로운 새들의 비상

우리도 우리들끼리
낄낄대면서
깔쭉대면서
우리의 대열을 이루며
한 세상 떼어 메고
이 세상 밖 어디론가 날아갔으면
하는데 대한 사람 대한으로
길이 보전하세로
각각 자기 자리에 앉는다.
주저 앉는다.

▶ 현실에 대한 이상과 좌절

1. 특징

① 대조적인 상황 설정(새 ↔ 우리)으로 암울한 현실을 상징적으로 형상화하고 있다.
② 현실에 대한 냉소적인 어조를 구사하고 있다.
③ 반어적 표현을 적절히 구사하여 절망적인 상황을 노래하고 있다.
④ 폭압적 현실에 대한 극도의 좌절감을 풍자라는 수법을 통해 보여주고 있다.

2. 시대적 배경 의미

    ① 삼천리 화려 강산 : 더 이상 아름답지 않은 조국. 억압적인 현실 상황에 대한 반어적 표현

    ② 일렬 이열 삼렬 횡대 : 줄을 맞춰 날아가는 새의 모습을 표현한 것으로 획일화를 강요하는 현실의 모습

    ③ 이 세상 밖 : 어두운 현실로부터 벗어나고자 하는 화자가 소망하는 이상 세계

    ④ 주저 앉는다 : 다시 현실로 돌아올 수밖에 없는 좌절감을 표현하고 있다.

01 한국 현대시의 전개에 대한 설명으로 적절하지 않은 것은?

① 1910년대에는 이전의 정형시의 율격에서 벗어난 자유시가 창작되었다.

② 1920년대에는 사회주의 이념을 표방하는 목적성을 띤 계급문학이 등장하였다.

③ 1930년대에는 허무, 병, 꿈 등을 소재로 한 퇴폐적 낭만주의가 성행하였다.

④ 1940년대에는 자연을 소재로 인간적 염원과 가치를 성취하려는 청록파 시인들의 『청록집』이 간행되었다.

> 해설 ③ 퇴폐적 낭만주의는 국권상실과 3·1 운동의 실패, 서구 낭만주의의 영향으로 나타난 1920년대 현대시의 특징이다.

02 다음 설명에 해당하는 시의 시대는?

> • 시문학파, 해외문학파 등의 활동이 두드러졌고, 모더니즘의 영향도 작용하였다.
> • 일제의 강압적 정책으로 인해 문화 활동이 위축되었다.
> • 시는 언어 예술임을 내세워 언어의 조탁에 힘썼다.

① 1920년대   ② 1930년대

③ 1940년대   ④ 1960년대

> 해설 1930년대는 일제가 본격적으로 민족 문화를 탄압하기 시작한 시기였으나 그러한 상황 속에서도 모더니즘 등의 다양한 문학 사조가 나타났다. 그러나 1930년대 말기에는 민족 문화 말살 정책으로 문화 활동이 전반적으로 위축되었다.

03 ( ) 안에 들어갈 유파로 알맞은 것은?

> 세기말 퇴폐적 감상에서 방황하던 백조파, 폐허파의 일부에서 새로운 바람이 불기 시작하였다. 1923년 7월 임정재와 김기진 등에 의하여 제기된 ( ) 문학론은 3·1 운동 이후 사회운동의 사상사적인 한 축을 형성했던 사회주의와 관련하여 등장하였으며, 문학의 사회에 대한 관심을 강력하게 환기시키면서 초창기 한국 근대문학을 계급문학론으로 이행시키는 과도기적인 역할을 담당했다.

① 생명파   ② 시문학파

③ 청록파   ④ 신경향파

> 정답   01 ③   02 ②   03 ④

④ 신경향파에 대한 설명이다.

① **생명파** : 정지용, 김영랑, 박용철 등이 중심이 된 시문학파의 기교주의적이며 감각주의적인 경향에 반대하여, 인간의 정신적·생명적 요소를 중시하는 경향을 추구하는 작가군으로 서정주 등이 중심이 된다.

② **시문학파** : 시 전문지 『시문학(詩文學)』을 중심으로 순수시 운동을 주도하였던 시인들로 박용철, 김영랑, 정인보, 정지용 등이 참여·주도하였다.

③ **청록파** : 1939년 『문장(文章)』 추천으로 등단한 조지훈, 박두진, 박목월을 가리키는 말로 각기 시작법(詩作法)은 다르지만 자연을 바탕으로 인간의 염원과 가치를 성취하기 위한 공통된 주제로 시를 썼다.

04 다음 중 공감각적 표현이 아닌 것은?

① 아름다운 이별
② 분수처럼 흩어지는 푸른 종소리
③ 동해 쪽빛 바람
④ 금빛 게으른 울음을 우는 곳

해설 공감각적 표현 : 원 감각이 다른 감각으로 전이(轉移)되는 현상

① **아름다운 이별** : 역설법

오답 ② **청각의 시각화** : 청각적인 종소리를 표현하기 위하여 시각적 대상물인 분수를 끌어옴
③ **촉각의 시각화** : 바람을 표현하기 위해 쪽빛을 끌어옴
④ **청각의 시각화** : 울음을 표현하기 위해 금빛을 끌어옴

05 시문학파로 「내 마음 아실 이」, 「모란이 피기까지는」을 쓴 시인은?

① 김소월
② 김유정
③ 한용운
④ 김영랑

해설 ④ **김영랑**
㉠ 본명 김윤식(金允植), 아호 영랑(永郎), 『시문학』(1930) 동인, 예술지상주의, 유미주의의 경향
㉡ 대표작 : 「돌담에 속삭이는 햇발」, 「모란이 피기까지는」, 「내 마음을 아실 이」, 「독(毒)을 차고」 등

오답 ① **김소월**
㉠ 본명 정식(廷湜), 『영대』(1924) 동인, 민요시 운동 전개, 민요 시인
㉡ 대표작 : 「진달래꽃」, 「산유화」, 「초혼」, 「먼 후일」, 「엄마야 누나야」, 「접동새」, 「바라건대는 우리에게 우리의 보섭 대일 땅이 있었더면」 등

② **김유정**
㉠ 가명 김나이(金羅伊), 구인회(1933) 회원, 토속적, 향토적, 해학적
㉡ 대표작 : 「소낙비」, 「산골 나그네」, 「금 따는 콩밭」, 「동백꽃」, 「봄봄」, 「만무방」 등

③ **한용운**
㉠ 호는 만해(萬海), 불교 잡지 『유심』(惟心)(1918) 간행, 불교적 명상을 통한 자연에의 몰입, 어두운 시대에서도 절망하지 않는 믿음과 종교적 신념을 역설적 구조와 산문시적으로 표현
㉡ 대표작 : 「님의 침묵」, 「알 수 없어요」, 「찬송」, 「나룻배와 행인」, 「당신을 보았습니다」 등

정답 04 ① 05 ④

06 다음 설명에 해당하는 작가는?

> • 1930년대 전반을 풍미하던 모더니즘에 대한 요소가 작품에 나타난다.
> • 고전적인 선비 의식과 한시의 영향으로 전통적 요소가 작품에 나타난다.
> • 한국 시에 남성적이고 대륙적인 입김을 불어 넣었다. 주요 작품으로는 「절정」, 「광야」, 「꽃」 등이 있다.

① 박두진   ② 이육사
③ 서정주   ④ 조지훈

> 해설 ② **이육사** : 본명은 이원록(1904~1944). 일제 강점기의 민족적 비운을 소재로 삼아 강렬한 저항 의지를 나타내고, 꺼지지 않는 민족정신을 장엄하게 노래한 것이 특징이다.

07 불교의 형이상학적 내용을 여성적 호흡과 리듬으로 형상화함으로써 심오한 사상을 아름다운 시로 표현한 「님의 침묵」의 시인은?

① 김소월   ② 한용운
③ 김영랑   ④ 박목월

> 해설 ② **한용운** : 1920년대 대표적인 시인으로 불교적 명상을 통한 자연에의 몰입과 연가풍의 서정성이 결합된 산문시적 경향의 시를 선보였다.

08 다음 중 '시문학파'에 대한 설명으로 가장 틀린 것은?

① 새로운 한국시의 길을 마련하였다.
② 순수한 서정시에 대한 뚜렷한 의식을 가졌다.
③ 1920년대와 1930년대의 시의 경계선을 뚜렷이 그어 놓았다.
④ 현대적 풍경 속에서 시적 주제를 찾았다.

> 해설 ④는 모더니즘 시에 대한 설명이다. ①, ②, ③은 '시문학파'에 대한 설명이다.

정답   06 ②   07 ②   08 ④

다음 작품의 밑줄 친 부분 중 함축하는 바가 나머지 셋과 다른 것은?

> 유리(琉璃)에 <u>차고 슬픈 것</u>이 어른거린다.
> 열없이 붙어서서 입김을 흐리우니
> 길들은 양 언 날개를 파다거린다.
> 지우고 보고 지우고 보아도
> <u>새까만 밤</u>이 밀려나가고 밀려와 부딪히고,
> <u>물 먹은 별</u>이, 반짝, 보석처럼 백힌다.
> 밤에 홀로 유리를 닦는 것은
> 외로운 황홀한 심사이어니,
>
> 고운 폐혈관(肺血管)이 찢어진 채로
> 아아, 늬는 <u>산(山)ㅅ새</u>처럼 날아갔구나!

① 차고 슬픈 것   ② 새까만 밤
③ 물 먹은 별   ④ 산새

> **해설** 위 작품은 정지용의 「유리창」으로 죽은 아이(자식)를 '차고 슬픈 것', '물 먹은 별', '산새'라는 시어로 표현하고 있다.

10   **다음 설명에 해당하는 작품은?**

> 모더니즘 시 작품은 감정적·정서적이라기보다는 지성적이고 문명적이다. 도시와 문명에 대한 감각적 향수, 문명 비판, 이국적 취향, 언어의 회화적 기법에 대한 관심은 이들 시의 공통된 과제다.

① 김광균의 「추일서정」
② 김영랑의 「모란이 피기까지는」
③ 김동명의 「파초」
④ 임화의 「현해탄」

> **해설** 김광균의 「추일서정」은 황량하고 우울한 가을날의 도시 풍경을 회화적 구도로 제시하고 있지만 사실 시인의 정신적 내면을 의도적으로 드러내고 있다. 회화적이고 비유적인 이미지의 구사가 뛰어나며, 모더니스트로서의 시인의 개성이 잘 드러나고 있는 작품이다.

11 다음 중 청록파에 속하지 않는 시인은?

① 박두진   ② 유치환
③ 조지훈   ④ 박목월

해설 ② **유치환** : 서정주와 함께 '생명파'로 불림

오답 '청록파(자연파)'
ⓐ 『문장』(1939)지에서 정지용의 추천으로 등단
ⓑ 해방 후 공동 시집 『청록집』(1946) 간행
ⓒ 전통적인 서정과 운율로 자연과의 친화를 추구, 향토적 정조와 전통 회귀 정신을 강조
ⓓ 작가 : 박두진, 박목월, 조지훈

12 기독교적인 순결과 자아 성찰을 바탕으로 「십자가」, 「자화상」을 쓴 시인은?

① 서정주   ② 이육사
③ 윤동주   ④ 김영랑

해설 ③ **윤동주** : 기독교적인 순결함으로 암울한 민족적 현실을 극복하려는 자아 성찰의 시 세계를 보여 주었다.

13 모더니즘파 작가가 아닌 시인은?

① 정지용   ② 서정주
③ 김광균   ④ 김기림

해설 서정주는 생명파 시인이다.

14 다음 시와 관련이 없는 것은?

> 날이 흐리고 풀이 눕는다.
> 발목까지
> 발끝까지 눕는다.
> 바람보다 늦게 누워도
> 바람보다 먼저 일어나고
> 바람보다 늦게 울어도
> 바람보다 먼저 웃는다.

정답 11 ② 12 ③ 13 ② 14 ④

① '풀'은 민초나 민중을 의미한다.
② 시어들이 대비를 이루고 있다.
③ 결국은 민중의 강인한 생명력을 노래하고 있다.
④ 김수영은 주로 서정성이 돋보이는 시를 남겼던 시인이다.

해설 이 시는 서정성이 아닌 민중의 강인한 삶의 의지를 노래한 것이다. 이 시는 일종의 참여시에 속하며, 김수영은 대표적인 참여시인이다.

15 다음은 무엇에 대한 설명인가?

> • 개화기 때 유행한 시가 장르로, 서양식 악곡에 얹어져 불리었다.
> • 자주 독립, 애국 사상 등의 내용을 담고 있으며, 각종 산문이나 잡지에 발표되는 등 큰 인기를 끌었다.

① 잡가   ② 산체시
③ 창가   ④ 자유시

해설 ③ 창가라는 명칭은 개항과 함께 한국 사회에 수용된 서구의 악곡에 맞추어 제작된 노래 가사의 뜻을 지닌다. 바꾸어 말하면, 시가 형식으로 창가는 서구의 곡조에 맞추어 지어진 가사 형식에 해당된다. 개항 이후 우리 주변에서는 정부와 민간에 두루 자주 독립과 애국·애족의 기운이 팽배하여 그러한 내용을 담은 노래 가사는 양산될 필요가 있었다. 애국가류나 단체가에 속하는 창가는 이러한 기운에 힘입어 널리 제작되었다.

오답 ① 잡가는 조선 후기에 기존의 가사·시조·민요·판소리 등의 전통 시가 장르를 포용하여 새로운 방향을 모색한 장르로 근본적으로 민요를 바탕으로 형성되었으며, 차츰 정악의 시조나 가곡의 분화에 영향을 받아 가락이 변해왔다.
② 신체시는 우리나라 개화기에 새로운 형태를 가지고 나온 신문학기의 시가이다. 그 내용도 창가나 신소설과 같이 대체로 신문명, 신교육, 자주 독립 등이었다. 형식은 대체로 7·5조의 자수율을 중심으로 이루어진 정형시이다.

16 다음 신체시에 대한 설명으로 옳지 않은 것은?

① 서정성을 노래한 작품이 많다.
② 첫 작품은 최남선의 「해(海)에게서 소년(少年)에게」이다.
③ 창가(唱歌)와 자유시 사이에 나타난 중간 단계의 시가 형태이다.
④ 고시가의 정형성에서 벗어나 시적 형식의 자유로움과 개방성을 지향하였다.

해설 ① 선택지들이 공통적으로 말하고 있는 시는 신체시이다. 그러나 신체시는 서정성보다는 계몽성에 초점을 맞춘 문학이므로 정답은 ①이다.

정답 15 ③ 16 ①

17 다음 작품에 대한 설명으로 옳지 않은 것은?

> 처.........ㄹ썩, 처.........ㄹ썩, 척, 쏴.........아
> 따린다, 부순다, 무너 바린다.
> 태산 같은 높은 뫼, 집채 같은 바윗돌이나.
> 요것이 무어야, 요게 무어야,
> 나의 큰 힘 아나냐, 모르나냐, 호통까지 하면서.
> 따린다, 부순다, 무너 바린다.
> 처.........ㄹ썩, 처.........ㄹ썩, 척, 튜르릉, 콱

① 문학사상 최초의 자유시로 평가받는다.
② 시 속의 '나'는 '해(海)'로서 강한 힘을 지닌 존재다.
③ '따린다, 부순다, 무너 바린다'의 객체는 '낡은 문물'로 볼 수 있다.
④ 젊은이가 강한 기상을 가지고 새로운 세상을 열어 갈 것을 바라고 있다.

해설 작품의 내용과 의의를 이해한다.
  • 최남선, 「해에게서 소년에게」
  ① 「해에게서 소년에게」는 문학사상 최초의 신체시이다. 최초의 자유시는 1919년 『창조』의 창간호에 발표된 주요한의 「불놀이」이다.

오답 ② '나'는 '바다'를 의인화한 것으로 '문명개화'를 이룰 수 있는 강한 힘을 지닌 존재이다.
  ③ '따린다, 부순다, 무너 바린다'는 개화 열망의 의지를 열거법으로 표현한 것으로 주체는 '나(바다)'이지만 객체는 '낡은 문물'이다.
  ④ 웅장하고 힘찬 남성적 어조를 사용하여 '소년의 시대적 각성과 의지'를 표현하고 있다.

18 다음 시를 발표한 작가의 작품은?

> 산에는 꽃 피네.
> 꽃이 피네.
> 갈 봄 여름 없이
> 꽃이 피네.
>
> 산에
> 산에
> 피는 꽃은
> 저만치 혼자서 피어 있네.
>
> 산에서 우는 작은 새요.
> 꽃이 좋아
> 산에서
> 사노라네.
>
> 산에는 꽃 지네.
> 꽃이 지네.
> 갈 봄 여름 없이
> 꽃이 지네.

① 빼앗긴 들에도 봄은 오는가 ② 해에게서 소년에게
③ 모란이 피기까지는 ④ 엄마야 누나야

인용시는 김소월의 「산유화」이다.
　　③ 엄마야 누나야 : 김소월. 『개벽』(1922년)
① 빼앗긴 들에도 봄은 오는가 : 이상화. 『개벽』(1926년)
　　② 해에게서 소년에게 : 최남선. 『소년』(1908년)
　　④ 모란이 피기까지는 : 김영랑. 『문학(文學)』(1934년)

19 다음 설명에 해당하는 인물은?

- 『태서문예신보』에 상징주의 시를 소개하였다.
- 번역 시집인 『오뇌의 무도』를 간행하였다.
- 서구 상징주의 시를 모방한 『해파리의 노래』를 발표하였다.

① 김억　　　　　　　　　　② 박종화
③ 홍사용　　　　　　　　　④ 변영로

작가와 작품을 연결하여 이해한다.
- 『태서문예신보』(1918) : 순국문의 최초의 문예주간지, 김억이 주로 활동, 해외문학 특히 프랑스의 세기말적인 상징시를 소개
- 『오뇌의 무도』(1921) : 김억. 현대 최초의 번역 시집
- 『해파리의 노래』(1923) : 현대 최초의 개인 창작 시집
② 박종화 : ㉮ 시 : 「청자부」, 「흑방비곡」, 「사(死)의 예찬」 / ㉯ 소설 : 「금삼(錦衫)의 피」, 「다정불심」, 「대춘부(待春賦)」, 「세종 대왕」, 「아랑의 정조」, 「홍경래」, 「임진왜란」 등
③ 홍사용 : 「나는 왕이로소이다」
④ 변영로 : 「논개」

20 다음 설명에 해당하는 작가는?

- 한국적인 서정시의 정형을 확립한 대표적인 시인이다.
- 대표적인 작품으로 「접동새」, 「산유화」 등이 있다.
- 흔히 정한(情恨)의 노래라는 이름으로 시의 정서적인 특징이 규정된다.

① 임화　　　　　　　　　　② 이상화
③ 김소월　　　　　　　　　④ 한용운

③ 이별의 정한을 노래함으로써 한국 서정시의 정형을 확립한 작가는 김소월이다. 일제 강점기 이별과 그리움을 주제로 우리 민족의 한과 슬픔을 노래하는 시를 썼고, 주요 작품으로는 「진달래꽃」, 「산유화」, 「엄마야 누나야」, 「접동새」 등이 있다.

오답 ① 임화는 카프를 주도하였다. 「우리 오빠와 화로」 등을 발표했다.

② 이상화는 낭만주의 경향의 시에서 「빼앗긴 들에도 봄은 오는가」라는 경향적 시를 썼다.

④ 한용운은 『님의 침묵』이라는 시집을 출판했다. 불교 사상을 기반으로 하여 부재하면서도 현존하는 역설적인 '님'의 사상을 드러내었다.

21 다음 설명에 해당하는 작가는?

『창조』의 동인으로 등단하여 우리 근대시의 형성 과정에서 선구적 위치에 섰던 시인으로, 『학우』와 『창조』에서 시작 활동을 본격화하였다. 이를테면 『학우』 창간호의 「에튜우드」 시편과 『창조』 창간호의 「불노리」, 「새벽 꿈」, 「하이얀 안개」, 「선물」 등 일련의 시편들은 그의 시사적 위상을 확고히 한 것은 물론, 근대적 자율시 형식을 실험한 공적으로 높이 평가되고 있다.

① 김동환   ② 주요한
③ 최남선   ④ 홍사용

해설 주요한(1900~1979)에 대한 설명이다. 주요한은 시인이자 언론인, 정치가이다. 호는 송아(頌兒)이며, 김동인(金東仁)과 함께 문예지 『창조』를 창간하고 최초의 자유시 「불노리」를 창간호에 발표하였다. 시집에 『아름다운 새벽』, 『복사꽃』 따위가 있다.
그의 대표작인 「불노리」는 우리나라 최초의 근대적 자유시로 식민지 상황에 놓인 한 젊은이가 정서적 불안과 분열을 겪은 뒤에 괴로움을 극복해 나가는 의지를 다지는 내용을 담고 있다. 이 작품에서 '물'과 '불'이라는 두 원형적 이미지는 각각 죽음과 삶, 어둠과 밝음을 상징한다.

22 개화기에서 근대로 이어지는 시 장르의 흐름으로 옳은 것은?

① 신체시 – 자유시 – 창가   ② 신체시 – 창가 – 자유시
③ 창가 – 자유시 – 신체시   ④ 창가 – 신체시 – 자유시

해설 ㉠ 최초의 창작 창가(唱歌)는 1905년 김인식이 작곡한 「학도가(學徒歌)」이다.
㉡ 최초의 신체시(新體詩)는 1908년에 최남선이 지은 「해에게서 소년에게」이다.
㉢ 최초의 자유시는 1919년에 주요한이 지은 「불노리」이다.

23 시대별 한국 현대시에 대한 설명으로 옳지 않은 것은?

① 1920년대 – 김소월은 「진달래꽃」을 통해 민족 고유의 정서를 담아냈다.

② 1920년대 – 이상화는 「빼앗긴 들에도 봄은 오는가」를 통해 투철한 사회의식을 표출하였다.

③ 1930년대 – 김광균은 「와사등」을 통해 음악성에 깊은 관심을 둔 시 세계를 구축하였다.

④ 1930년대 – 김영랑은 「모란이 피기까지는」을 통해 '유미주의'의 일면을 보였다.

정답 21 ② 22 ④ 23 ③

③ 김광균은 온건하고 회화적인 시풍을 나타내 1930년대 모더니즘 계열의 대표적 시인으로 평가된다. 신석초, 서정주 등과 『자오선』, 『시인부락』 따위의 동인지에서 활약하였다. 시집에 『와사등』, 『기항지』, 『황혼가』, 『임진왜란』 등이 있다. 한편, 음악성에 깊은 관심을 둔 시 세계를 구축한 시인은 시문학파의 대표자인 김영랑이다.

24 다음 작품의 ㉠작가, ㉡유파가 바르게 짝지어진 것은?

내 마음을 아실 이
내 혼자 마음 날같이 아실 이
그래도 어디나 계실 것이면,

내 마음에 때때로 어리우는 티끌과
속임 없는 눈물의 간곡한 방울방울,
푸른 밤 고이 맺는 이슬 같은 보람을
보밴 듯 감추었다 내어 드리지.

아, 그립다.
내 혼자 마음 날같이 아실 이
꿈에나 아득히 보이는가.

향 맑은 옥돌에 불이 달아
사랑은 타기도 하오련만
불빛에 연긴 듯 희미론 마음은,
사랑도 모르리, 내 혼자 마음은.

	㉠	㉡		㉠	㉡
①	이상화	백조파	②	유치환	생명파
③	박목월	청록파	④	김영랑	시문학파

작품은 김영랑의 「내 마음을 아실 이」이다. 섬세하게 다듬어진 언어로 서정을 노래하였으며, 순수 서정시의 새로운 경지를 개척하였다. 박용철, 정지용 등과 함께 『시문학』 동인으로 활동하였다.

25 다음 설명에 해당하는 작가가 지은 시는?

> • 1920년대 우리 시단(詩壇)을 대표하는 작가이다.
> • 민요시 계열의 낭만적인 서정시를 많이 남겼다.
> • 우리 민족의 보편적인 정서인 한과 비애를 노래했다.
> • 임의 상실과 부재에 따른 설움과 좌절감을 형상화하는 데 주력하였다.

① 「초혼(招魂)」   ② 「님의 침묵(沈默)」
③ 「모란이 피기까지는」   ④ 「빼앗긴 들에도 봄은 오는가」

> 해설 '김소월'에 대한 설명이다.
>   ① 「초혼(招魂)」 : 김소월
>
> 오답 ② 「님의 침묵(沈默)」 : 한용운
>   ③ 「모란이 피기까지는」 : 김영랑
>   ④ 「빼앗긴 들에도 봄은 오는가」 : 이상화

26 1930년대 시에 대한 설명으로 옳지 않은 것은?

① 서정주, 유치환 등의 청록파 동인이 자연 속에 인간의 심성을 담은 시를 썼다.
② 김기림, 김광균 등이 모더니즘 시운동을 통하여 이미지즘의 감각적 시풍을 주도하였다.
③ 박용철, 김영랑 등의 시문학 동인이 섬세한 언어 감각을 통하여 순수시를 지향하였다.
④ 이육사, 윤동주 등의 저항 시인이 일제 강점기의 암울함에 초극의 정신 자세로 맞섰다.

> 해설 ① 서정주와 유치환은 생명파 시인으로, 서정주는 『시인부락』(1936) 동인이며, 유치환은 『생리』
> (1937) 동인이다. 청록파는 『문장』(1939)을 통해 데뷔했으며, 대표적인 청록파 동인은 박두진,
> 박목월, 조지훈 등의 시인이다.

27 다음 설명에 해당하는 작가는?

> • 모더니즘 문학 단체인 구인회의 회원이다.
> • 복잡한 수식이나 기호를 시에 도입하였다.
> • 「오감도」, 「거울」 등의 작품을 창작하였다.

① 이상   ② 정지용
③ 김기림   ④ 박태원

> 정답   25 ①   26 ①   27 ①

이상(1910~1937)의 본명은 김해경(金海卿)으로, 9인회 동인이며, 시인이자 소설가이다. 그는 초현실주의적이고 실험적인 시와 심리주의적 경향이 짙은 독백체의 소설을 써서 문단의 주목을 받았다. 그의 대표적인 작품에 시 「오감도」, 「거울」, 소설 「날개」, 「종생기(終生記)」, 수필 「권태」 등이 있다.

28 다음 설명에 해당하는 시인의 작품으로 묶인 것은?

- 만주 북간도 명동 출생
- 1945년 일본 후쿠오카 형무소에서 옥사
- 유고 시집 『하늘과 바람과 별과 시』 발간
- 자아의 성찰과 '부끄러움의 미학'을 특징으로 하는 시 세계

① 「절정」, 「광야」 　　　　　　② 「서시」, 「십자가」
③ 「향수」, 「백록담」 　　　　　④ 「화사」, 「자화상」

『하늘과 바람과 별과 시』는 윤동주의 유고 시집이다. 조국의 광복을 바라는 마음을 노래한 「참회록(懺悔錄)」을 비롯하여 31편의 시가 수록되어 있다. 1948년에 간행하였다.
윤동주 작품은 ②이다.

① 이육사의 시
③ 정지용의 시
④ 서정주의 시(참 「자화상」은 윤동주의 시도 있다.)

29 다음 작가의 작품은?

거울속에는소리가없소
저렇게까지조용한세상은참없을것이오

거울속에도내게귀가있소
내말을못알아듣는딱한귀가두개나있소

거울속의나는왼손잡이오
내악수를받을줄모르는악수를모르는왼손잡이오

① 「날개」 　　　　　　　　② 「불놀이」
③ 「성북동 비둘기」 　　　　④ 「빼앗긴 들에도 봄은 오는가」

작품은 이상의 초현실주의 시인 「거울」이다.

| 작품 해석 |

<u>거울속에는소리가없소</u>
단절과 매개의 이중적 속성

저렇게까지조용한세상은참없을것이오

거울속에도 내 게귀가있소
　　　　　내면적 자아

내 말을못알아듣는딱한귀가두개나있소
현실적 자아

거울속의 나 는왼손잡이오

내 악수를받을줄모르는악수를모르는왼손잡이오
두 자아의 화해 시도　　　　　화해가 불가능함. 단절의 심화

- **갈래** : 자유시, 초현실주의시
- **주제** : 자아 분열 양상과 현대인의 불안 심리
- **특징** : 띄어쓰기를 하지 않음으로써 분열된 자의식을 표현함.

① 「날개」는 이상이 『조광』지에 발표한 단편소설이다.

오답 ② 주요한의 작품이다.
③ 김광섭의 작품이다.
④ 이상화의 작품이다.

30 다음 설명에 해당하는 작가는?

그는 시의 언어를 통하여 음악적인 가락의 미가 아닌 공간적인 지형의 미를 창조하였는데, 이와 같은 특징은 「바다」, 「유리창」에 잘 드러나 있다. 또한 그는 개인적, 감정적인 것을 철저히 배제하면서 사물과 현상을 순수 관념으로 포착하여 시로써 표현하고자 하였다. 그의 시에서 절제된 감정과 언어의 균제미는 시집 『백록담』에 이르러서 거의 절정에 이른다.

① 정지용　　　　　　　　② 김현승
③ 김영랑　　　　　　　　④ 김광균

해설 ① 「바다」, 「유리창」 시집으로 『백록담』을 출간한 작가는 정지용이다. 참신한 이미지와 절제된 시어로 표현하였다.

오답 ② 김현승의 대표작은 「눈물」, 「아버지의 마음」, 「가을에는 기도하게 하소서」 등이 있다.
③ 김영랑은 잘 다듬어진 언어로 섬세하고 영롱한 서정을 노래한 시인으로 대표작은 「모란이 피기까지는」, 「독을 차고」 등이 있다.
④ 김광균은 도시적 소재와 감각적 이미지를 즐겨 사용한 모더니즘 작가이다. 대표작으로는 「와사등」, 「외인촌」 등이 있다.

정답 **30 ①**

31 다음 설명에 해당하는 작가는?

> • 신화적 인식을 통해 독특한 토착적 공간 형식을 작품의 구조로 삼았다.
> • 시적 대상은 주로 토착적인 민속과 삶이었다.
> • 시집『사슴』에 포함된「가즈랑집」,「여우난곬족」등은 고향의 토속성을 소재로 하였다.

① 백석   ② 오장환   ③ 윤동주   ④ 이육사

해설   백석(白石)은 1936년 시집『사슴』으로 문단에 데뷔하였으며, 평안도 방언을 즐겨 쓰면서도 모더니즘을 발전적으로 수용한 시들을 발표하였다. 서민들의 삶을 토속적인 언어로 현실감 있게 그려, 우리 민족 공동체의 정서를 드러내는 능력이 탁월하였다. 또, 여행 중에 접한 풍물이나 체험을 표현한 기행 시와 모더니즘 계열의 시를 창작하였다. 작품으로「여승」,「여우난곬족」,「남신의주 유동 박시봉 방」,「모닥불」,「수라」,「나와 나타샤와 흰 당나귀」,「흰 바람벽이 있어」등이 있다.

32 ( ) 안에 들어갈 말로 알맞은 것은?

> 1930년대 말엽은 시대적 상황과 모더니즘의 여파로 말미암아 문학이 건조해지고 형식화된 시기였다. 이때 사회적 불행과 운명적 괴로움을 담아냄으로써 당대 시단의 새바람을 일으킨 시인이 (㉠)와/과 (㉡)이다. 이들은 인간의 문제와 생명의 구경(究竟)을 탐구하는 데에 주력하여 속칭 생명파(生命派)라고 불린다.

     ㉠   ㉡   ㉠   ㉡
① 이상화   김영랑   ② 조지훈   박목월
③ 유치환   서정주   ④ 정지용   한용운

해설   ③ 생명파는 인간의 정신적, 생명적 요소를 중시하는 경향을 추구하였다. 주요 작가로는 유치환, 서정주 등이 있다.

오답   이상화는 초기 낭만주의 경향의 시와 신경향시를 썼다. 김영랑은 시문학파 작가이며 조지훈, 박목월은 청록파, 정지용은 모더니즘파이다. 한용운은 불교 사상을 기반으로 한 작품을 썼다.

33 작가에 대한 설명으로 옳은 것은?

① 이상은「오감도」에서 서정적 자아의 깊은 정감을 섬세한 율조의 언어로 형상화하였다.
② 김광균은「여우난곬족」에서 도시적 감각과 이미지를 바탕으로 지적인 경향을 드러내었다.
③ 백석은「와사등」에서 농촌의 삶의 모습을 소박하고 토속적인 사투리를 통하여 사실적으로 그려 내었다.
④ 임화는「우리 오빠와 화로」에서 노동 일가(一家)의 수난을 '여동생'이 '오빠'에게 쓰는 편지의 형식으로 형상화하였다.

정답   **31** ①   **32** ③   **33** ④

해설 ④ 임화의 「우리 오빠와 화로」에서 '누이동생'은 질화로와 화젓가락이라는 시적 매개를 통해 당대의 열악한 노동현실과 그에 대한 극복의지를 표출하며, 누이동생이 오빠에게 쓰는 편지 형식으로 쓴 시이다.

오답 ① 이상의 「오감도」는 현대인의 불안함과 두려움을 띄어쓰기의 거부, 하나의 문장으로 연결된 시적 텍스트 등의 실험적 기법을 통해 드러내었다.

② 백석의 「여우난곬족」은 명절날의 친척들과 집안 풍경을 그리며 가족 공동체의 유대감을 나타내었다.

③ 김광균의 「와사등」은 도시 문명 속에서 느끼는 현대인의 고독과 비애를 다양한 이미지와 비유적 표현을 통해 나타내었다.

34 다음 작품을 발표 시기에 따라 순서대로 나열한 것은?

> 보기
>
> ㄱ. 김춘수의 「꽃」
> ㄴ. 유치환의 「깃발」
> ㄷ. 주요한의 「불놀이」
> ㄹ. 김지하의 「타는 목마름으로」

① ㄱ → ㄴ → ㄹ → ㄷ
② ㄱ → ㄹ → ㄷ → ㄴ
③ ㄷ → ㄴ → ㄱ → ㄹ
④ ㄷ → ㄹ → ㄴ → ㄱ

해설 현대시의 발표 시기를 시대사와 관련지어 이해한다.
ㄷ. 주요한의 「불놀이」: 1919년 최초의 동인지 『창조』의 창간호에 발표. 현대 최초의 자유시
ㄴ. 유치환의 「깃발」: 1936년 『조선문단』의 종간호에 발표. 서정주와 더불어 '생명파' 작가로 분류
ㄱ. 김춘수의 「꽃」: 1955년 『현대문학』에 발표. 한국전쟁 이후 존재의 본질에 대한 고찰
ㄹ. 김지하의 「타는 목마름으로」: 1975년 발표. 김지하의 시집 『타는 목마름으로』(1982)에 수록. 1960~70년대 민주화 운동

정답 **34** ③

[35~37] 다음 작품을 읽고 물음에 답하시오.

> (가) 여승은 합장하고 절을 했다.
> ㉠가지취의 내음새가 났다.
> 쓸쓸한 낯이 옛날같이 늙었다.
> 나는 불경처럼 서러워졌다.
>
> (나) 평안도의 어느 산 깊은 금점판
> 나는 파리한 여인에게서 옥수수를 샀다.
> 여인은 나 어린 딸아이를 때리며 가을밤같이 차게 울었다.
>
> (다) 섶벌같이 나아간 지아비 기다려 십 년이 갔다.
> 지아비는 돌아오지 않고
> 어린 딸은 ㉡도라지꽃이 좋아 돌무덤으로 갔다.
>
> (라) 산꿩도 섧게 울은 슬픈 날이 있었다.
> 산절의 마당귀에 여인의 머리오리가 눈물방울과 같이 떨어진 날이 있었다.
>
> – 백석, 「여승」 –

35 ㉠에서 볼 수 있는 시적 의미는?

① 애상   ② 빈곤   ③ 소박   ④ 탈속

> 해설 '가지취'란 산나물이란 뜻으로 여승이 된지 오래됨을 뜻한다. 따라서 속세에서 벗어나 살고 있음을 알 수 있다.

36 ㉡에서 볼 수 있는 시적 이미지는?

① 슬픔   ② 깨끗함   ③ 죽음   ④ 아름다움

> 해설 도라지꽃은 흰색 또는 보라색으로 죽음을 암시하는 시어이다.

37 시상의 전개상 가장 이른 시기에 일어난 사건이 나타나 있는 부분은?

① (가)   ② (나)   ③ (다)   ④ (라)

> 해설 가장 먼저 일어난 사건은 '섶벌같이 나아간 지아비'에서 나온 것처럼 남편이 돈을 벌러 집을 나선 사건이다.

정답	35 ④	36 ③	37 ③

CHAPTER 03 현대소설

01 한국 현대소설의 특징

1. 소설의 특징

(1) 소설의 특성

① 서사성 : 소설은 인물·사건·배경 등을 갖추고, 일정한 시간의 흐름에 따라 이야기 (story)가 전개된다.

② 허구성 : 소설은 실제로 있었던 이야기가 아니라, 작가의 상상력에 의하여 창조된 개연 성 있는 허구의 세계이다.

③ 진실성 : 소설은 허구의 세계를 그리지만 진실을 지닌 인생의 표현이다.

④ 모방성 : 소설은 현실을 모방·반영한다.

⑤ 산문성 : 소설은 운문이 아닌 산문으로 쓰여지는 대표적인 산문문학 양식이다.

⑥ 예술성 : 소설은 예술의 한 형식으로서, 그에 상응하는 형식미와 예술적 기교를 갖추어 야 한다.

⑦ 객관성 : 시가 주관적인 문학임에 대하여 소설은 객관적인 문학이다.

(2) 소설의 3요소

① 주제 : 작가가 작품을 통하여 나타내고자 하는 중심적인 의도(작가의 인생관, 세계관)

② 구성

㉠ 주제를 효과적으로 표현하기 위하여 작가가 임의에 의하여 사건이 필연적인 인과관 계로 짜인 구조를 말한다.

㉡ 소설의 예술성을 가능하게 하는 요인 중 핵심적인 역할을 한다.

③ 문체 : 말이 어떤 개성적 특징을 보이며, 어떠한 질서에 따라 어떻게 조직되어 있는가를 일컫는 말로 작자의 개성이 드러난 표현이다.

(3) 구성의 3요소

① 인물 : 작가의 상상에 의해 창조된 사건의 행위자이며 이야기의 주체이다.

② 사건 : 사건은 주제를 향하여 필연적으로 발생하고 전개된다.

③ 배경 : 사건이 발생하고 인물이 활동하는 구체적인 시간과 공간, 상황을 말한다.

2. 소설의 구성(plot)

(1) 구성의 개념

① 주제를 효과적으로 표현하기 위하여 작가가 임의에 의하여 사건이 필연적인 인과 관계 로 짜인 구조를 말한다.

② 소설의 예술성을 가능하게 하는 요인 중 핵심적인 역할을 한다.

(2) 줄거리(story)와 구성(plot)

① 줄거리 : 사건이 일어난 시간적 순서대로 나열하는 것이다.

② 구성 : 작가의 의도에 따라 인과 관계에 의해 사건을 전개하는 것이다.

(3) 이야기의 짜인 틀에 따른 구성

① 피카레스크식 구성 : 독립된 각각의 이야기가 동일한 주제로 엮어지거나, 각각 다른 이 야기에 동일한 주인공이 등장하는 구성이다. 인과 관계에 의하지 않고 산만하고 개별적으로 진행되는 피카레스크 소설에서 유래한 구성 방법이다.

② 옴니버스 구성 : 독립된 짧은 이야기를 묶어 한 편의 이야기를 만드는 구성으로 피카레스크와 유사하나 서로 다른 인물들이 등장한다.

③ 액자식 구성

㉠ 전체적인 큰 이야기 속에 또 다른 이야기가 전개되는 구성이다.

㉡ 외부 이야기(外話, 외부 액자)는 사실성과 진실성을 부여하는 역할을 하며, 내부 이야기(內話, 내부 액자)는 주제 의식을 드러낸다.

㉢ 액자 구성은 거의 '내가 보고 들은 이야기'의 형식을 취하기 때문에 전체적 시점은 1인칭 관찰자 시점이고, 내부 액자의 시점은 전지적 작가 시점으로 시점의 변화가 일어난다.

㉣ 이 방식은 '객관적으로 약간의 거리를 두는 효과'를 나타내기도 한다.

> 예 박지원 「허생전」, 현진건 「고향」, 김동리 「등신불」・「무녀도」, 김동인 「광화사」・「광염쏘나타」・「배따라기」・「붉은 산」, 황순원 「목넘이 마을의 개」, 이청준 「선학동 나그네」・「눈길」, 박완서 「그 여자네 집」, 안국선 「금수회의록」, 김만중 「구운몽」 등

(4) 복선과 암시

① 복선(under plot)

㉠ '암시'가 가질 수 있는 우연성을 배제하고, 사건에 필연성을 부여

㉡ 앞부분에서 인물의 행동이나, 대화, 소재 등을 제시하여 뒷부분의 사건과 필연적으로 연결되도록 하는 기법

㉢ 복선이 없이 일어나는 사건은 당황하기가 쉬우며 작품 전개에 무리도 가져온다.

② 암시 : 구체적인 사건이나 소재가 아니더라도 앞으로 일어날 일을 넌지시 알리거나, 의미를 깨우치도록 하는 요소로 복선에 비해 추상적이고 포괄적인 상태로 나타난다.

3. 소설의 인물

(1) 인물의 개념

① 소설에서 인물이란 외부에서의 관찰의 대상, 즉 작중 인물

② 그 인물의 내적 속성, 즉 인물의 성격이라는 두 속성을 동시에 지닌다.

(2) 인물의 유형

① 역할에 따른 분류(주제의 방향에 따라)

    ⊙ 주동인물 : 작품의 주인공으로 소설의 이야기를 이끌며 주제를 부각시키는 인물, 주동적 역할을 수행하는 긍정적 성격의 인물

    ⓛ 반동인물 : 주인공의 의지, 행위에 대항하여 갈등을 일으키는 인물, 주인공에 대립되는 반대자·적대자·갈등을 일으키는 부정적 성격의 인물

② 성격의 변화 여부에 따른 분류

    ⊙ 평면적 인물(靜的 人物, 2차원적 인물) : 작품 전편을 통하여 성격이 변하지 않는 인물, 환경의 영향을 받지 않는 인물

    ⓛ 입체적 인물(動的 人物, 발전적·3차원적 인물, 원형적 인물) : 사건이 전개되면서 성격의 변화를 보이는 인물

③ 대표성의 여부에 따른 분류

    ⊙ 전형적 인물(유형적 인물) : 특정한 부류나 계층의 인간들을 대표하는 성격의 인물(보편성 획득)

    ⓛ 개성적 인물 : 현대의 인간을 그린 오늘날의 소설에서 많이 보이는 독자적인 성격의 인물을 말한다.

(3) 인물(성격)의 제시 방법

① 직접적 제시(분석적, 해설적, 편집자적, 논평적, 요약적, 설명적)

    ⊙ 작가가 등장인물의 특성이나 성격을 직접적으로 설명·요약·분석·해설하는 방법

    ⓛ '말하기'의 수법 : 서술 중심

    ⓒ 등장인물의 심리를 세밀하게 분석하여 설명해 주고 소설의 속도를 빠르게 해 주는 이점이 있는 반면, 사건의 진행을 방해하며 추상적인 설명으로 흐르기 쉬운 단점이 있다.

    ⓔ 전지적 작가 시점, 고대소설에서 주로 쓰인다.

② 간접적 제시(극적 제시, 장면적 제시, 입체적, 묘사적, 보여주기 유형)

    ⊙ 인물의 성격을 대화와 행동으로 나타내므로 독자 스스로의 판단이 가능하다.

    ⓛ '보여주기'의 수법

    ⓒ 인물의 성격을 생생하게 구체적으로 드러내는 이점이 있지만, 작가의 견해를 나타내기에 불편하여 인물의 제시가 불명확해지기 쉽고, 소설의 속도가 느려지는 단점이 있다.

    ⓔ 작가 관찰자 시점, 현대소설에서 주로 쓰인다.

4. 소설의 시점

(1) 시점(視點)의 개념

① 사건을 바라보는 서술자의 입장이나 각도를 말한다.

② 시점은 소설의 의미 방향을 결정하는 한 요소이다.

(2) 시점의 분류 기준

   ① **서술자의 위치** : 서술자가 등장인물이냐 아니냐에 따라 1인칭 시점과 3인칭 시점이 구분된다.

   ② **서술자의 태도** : 서술자가 인물의 내면 속에 들어가느냐 밖에서 관찰만 하느냐에 따라 주인공 시점과 관찰자 시점이 구분된다.

(3) 시점의 종류

   ① **1인칭 주인공 시점**(1인칭 서술자 시점, 1인칭 주관적 시점)

      ㉠ 주인공이 자기 자신의 이야기를 하는 시점

      ㉡ 주인공의 심리묘사와 내면세계를 그리는 데 유용하다.

      ㉢ 자기 자신의 이야기를 하므로 독자에게 신뢰감을 줄 수 있으나, 객관성 유지가 어렵다.

      ㉣ 서술자(작가)와 작중인물의 거리가 가장 가깝다.

      ㉤ 서간체 소설, 수기체 소설, 사소설(私小說), 심리소설 등에 주로 쓰인다.

   ② **1인칭 관찰자 시점**(1인칭 목격자 시점, 1인칭 객관적 시점)

      ㉠ 주인공이 아닌 '나'가 주인공의 이야기를 관찰하여 서술하는 시점

      ㉡ 인물의 초점은 '나'가 아니라 주인공에게 주어진다.

      ㉢ 화자인 나의 주관성과 주인공의 객관적 세계를 조화시킬 수 있으나, 독자의 폭넓은 관찰과 경험의 기회를 제한하여 화자의 눈에 비친 세계 밖에 다룰 수 없는 단점이 있다.

      ㉣ 주인공의 내면을 숨김으로써 긴장과 경이감을 자아내는 효과를 내는 장점이 있다.

      ㉤ 본격적인 이야기를 하기 위한 서두설명이 따르므로 주도적 시점이라고도 한다.

   ③ **전지적 작가 시점**(파노라마적 시점)

      ㉠ 전지적(全知的)이고 분석적인 작가가 전지전능한 위치에서 서술하는 시점

      ㉡ 모든 인물의 심리 묘사가 가능하다.

      ㉢ 아직 등장하지 않은 인물까지 미리 알 수 있다.

      ㉣ 등장인물의 운명까지 미리 알 수 있다.

      ㉤ 작가의 서술에 융통성을 주나, 지나치게 주관적이고 작가의 목소리가 작품 속에 튀어나와 예술성을 상실할 수도 있다.

      ㉥ 서술자가 모든 것을 다 밝혀 주기 때문에 독자들은 상상하거나 유추하거나 종합할 필요가 전혀 없이 그대로 받아들이기만 하는 단점이 있다.

   ④ **3인칭 관찰자 시점**(작가 관찰자 시점, 3인칭 객관적 시점)

      ㉠ 작가가 외부 관찰자 입장에서 인물의 외적 상황만을 서술하는 시점

      ㉡ 해설이나 평가를 하지 않고, 인물이나 사건을 그대로 제시한다.

      ㉢ 인물의 직접적 제시가 불가능하고 간접적 제시로만 표현한다.

      ㉣ 인물의 내부 심리 묘사가 불가능하다.

　　　ⓜ 서술자가 개입하지 않아 가장 객관적인 시점이다.
　　　ⓗ 서술자와 작중인물의 거리가 가장 멀다.

02 한국 현대소설의 흐름

1. 1900~1910년대

(1) 신소설(新小說)
　　① 개념 : 갑오개혁 이전의 고대소설에 대하여 새로운 내용·형식·문체로 이루어진 소설
　　　　로 1917년 이광수의 「무정」이 발표되기 전까지의 소설을 말한다.
　　② 최초 : 1906년 『만세보』에 연재된 이인직의 「혈의 누」
　　③ 특징 : 근대소설적 요소를 보이나, 고대소설의 요소를 완전히 탈피하지는 못하였다.
　　④ 내용 : 당시의 현실에서 취재하고, 당시의 현실적 인물을 등장시켜 자주 독립, 신교육
　　　　사상, 근대적 문명에 대한 동경, 남녀평등, 자유 결혼, 미신 타파 등 개화사상을 고취
　　⑤ 의의 : 고대소설과 현대소설을 연결하는 교량적 구실
　　⑥ 한계 : 현실에 대한 깊은 인식으로 발전하지 못하고 낙관적인 문명의 꿈을 그리는 것에
　　　　그쳤을 뿐만 아니라, 과도기적 양상으로 인해 권선징악적 요소의 주제를 완전히 탈피하
　　　　지는 못하였다.

(2) 주요 작품
　　① 창작 신소설

작품	연대	작가	내용
「혈의 누 (血의 淚)」	1906	이인직	신교육사상 고취, 자유결혼 주장, 최초의 신소설, 『만세보』에 연재
「귀의성 (鬼의聲)」	1906	이인직	처첩 간의 갈등과 신·구 사상의 갈등을 그린 작품
「치악산 (雉岳山)」	1908	이인직	양반의 부패 폭로, 고부 간의 갈등을 그림, 『만세보』에 연재
「은세계 (銀世界)」	1908	이인직	국민의 권리와 자주독립을 고취한 정치소설, 최초로 원각사에서 상연됨
「모란봉 (牡丹峰)」	1913	이인직	「혈의 누」의 속편. 삼각관계를 그린 애정소설, 『매일신보』 연재 중 미완성
「빈상설 (鬢上雪)」	1908	이해조	소실 때문에 패가망신을 하게 되는 가정비극
「구마검 (驅魔劍)」	1908	이해조	무당의 거짓말을 폭로하여 미신타파를 강조

「자유종 (自由鍾)」	1910	이해조	정치적인 토론소설, 자주독립·여성해방·한자폐지 등을 다룸
「화의혈 (花의血)」	1911	이해조	동학혁명을 전후한 관리들의 부패상 폭로
「추월색 (秋月色)」	1912	최찬식	외국유학 및 애정의 기복을 다룬 소설
「안의성 (雁의聲)」	1912	최찬식	삼각연애를 소재로 자유결혼과 인권옹호를 다룬 소설
「금수회의록 (禽獸會議錄)」	1908	안국선	우화·정치소설. 당국에 의해 압수됨. 동물의 입을 빌려 사회 각층의 의식구조와 사회 부패상을 풍자함

② 개작 신소설 : 판소리계 소설의 개작

신소설	연대	작가	원작품
「옥중화(獄中花)」	1912	이해조	「춘향전(春香傳)」을 개작한 것
「강상련(江上蓮)」	1912	이해조	「심청전(沈淸傳)」을 개작한 것
「연의각(燕의脚)」	1913	이해조	「흥부전(興夫傳)」을 개작한 것
「토의간(兎의肝)」	1916	이해조	「별주부전(鼈主簿傳)」을 개작한 것
「소양정(昭陽亭)」	1912	이해조	「소양정기(昭陽亭記)」를 개작한 것

③ 번안 신소설 : 외국 소설을 빌려와 등장인물, 장소 등을 우리나라 명칭으로 바꾸어, 옮긴 사람의 창의력이 가미되어 원작과는 다른 면모를 지녔다.

작품명	연대	작가	내용
「철세계 (鐵世界)」	1908	이해조	프랑스의 줄 베르느의 『철세계』를 번안한 소설
「설중매 (雪中梅)」	1909	구연학	일본의 스에히로의 「설중매」를 번안한 정치소설. 이인 직이 각색하여 1908년 원각사에서 상연함
「장한몽 (長恨夢)」	1913	조중환	일본의 오자끼의 「곤지기야차(金色夜叉)」를 번안한 애 정소설, 일명 「이수일과 심순애」
「해왕성 (海王星)」	1916	이상협	프랑스의 뒤마의 『몽테크리스토 백작』을 번안한 작품
「애사 (哀史)」	1919	민태원	프랑스의 빅토르 위고의 『레미제라블』을 번안한 작품

④ 역사·전기 신소설

   ㉠ 개념 : 국권과 민족 자주권의 회복, 문명개화를 위한 애국계몽운동의 실제적 필요에서 실재의 역사적 위인을 제재로 한 전기문학이다.

   ㉡ 의의 : 국권을 회복하기 위한 근거를 역사와 위인의 전기에서 끌어온 것으로, 애국계몽운동에 큰 역할을 담당했으며 민족주의적 저항문학으로서 주목할 가치가 있다.

작품	연대	작가	인물 내용
『월남망국사』	1906	현채	양계초의 『월남망국사』를 번역한 국한문본
「애국부인전」	1907	장지연	잔-다르크의 일대기를 다룸
「서사건국지」	1907	박은식 역술	스위스의 빌헬름 텔의 영웅적 투쟁을 다룸
「을지문덕전」	1908	신채호	고구려 을지문덕의 일대기를 다룸
「이순신전」	1908	신채호	이순신의 일대기를 다룸, 『대한매일신보』에 연재
「최도통전」	1910	신채호	최영 장군의 이야기를 다룸, 『대한매일신보』에 연재
「강감찬전」	1907	우기선	고구려 강감찬 장군의 전기

2. 1920년대

(1) 전개 양상

① 소설의 예술성 추구 : 계몽주의 경향을 극복하고, 문학에 있어서의 문학 본래의 순수성을 추구함으로써 문학의 독자적 가치를 확립했다.

② 사실주의·자연주의적 경향 : 식민지의 사회 현실을 사실적으로 묘사하려 하였다.

③ 경향 소설의 등장 : 카프 결성을 일제 식민지 강점하의 암울한 상황에서 삶의 극한에 몰린 빈민들의 방화, 살인 등 파국적 행동을 다루었다. 대표 작품으로는 최서해의 「홍염」, 「탈출기」 등이 있다.

④ 기법의 진전 : 기법상 전대 소설과는 달리, 완전한 언문일치체의 문장 구사, 구성상의 긴밀성, 묘사의 객관성과 치밀성, 결말의 비극성 등이 이루어졌다.

⑤ 현대 단편소설의 기틀 확립

⑥ 동반자(同伴者) 작가의 활동 : 카프(KAPF)에 가담하지는 않았으나 프로 문학에 동조하는 작가들이 나타났다. 이효석은 「행진곡」, 「도시와 유령」 등을, 유진오는 「오월의 구직자」 등을 발표함으로써 이런 경향을 보였고, 채만식도 초기에 동반 작가로 활동하기도 했고, 박화성도 이러한 경향을 띤다.

(2) 주요 소설가의 경향 및 작품

① 김동인(金東仁)

㉠ 호는 금동(琴童). 최초의 동인지 『창조』 발간

㉡ 이광수의 계몽주의에 반발하여 사실주의 문학을 전개

㉢ 계급주의 문학에 반발한 유미주의 문학을 전개

㉣ 사투리와 비속어를 많이 사용하였고, 주로 간결체를 사용

㉤ 언문일치[口語體] 문장의 확립('더라', '이라' 등의 문어체를 탈피)

㉥ 과거 시제의 정착

㉦ 대명사 '그'를 정착[남자(He)와 여자(She)를 구별하지 않고 모두 '그'를 사용]

ⓞ 단일 묘사법 사용 : 작가는 전지전능한 신(神)의 입장에 서서 미리 소재와 주제를 결
　　　　정해 놓고 작중 인물을 인형 놀리듯 조정해야 한다고 주장하였는데, 이를 '인형 조종
　　　　술'이라 한다.
　　　ⓩ 대표작 :「약한 자의 슬픔」(사실주의),「배따라기」(낭만주의, 유미주의),「감자」(자
　　　　연주의),「광염소나타」(유미주의),「광화사」(유미주의),「붉은 산」(민족주의),「발가
　　　　락이 닮았다」(인도주의),「운현궁의 봄」(역사 소설),「대수양」(역사 소설),「젊은 그
　　　　들」(역사 소설)
　② 전영택(田榮澤)
　　　㉠ 호는 늘봄.『창조』동인
　　　㉡ 사실주의적 기법으로 소설을 쓰면서도 환경의 노예로서의 인간의 본능적 본성이나
　　　　추악성보다 따뜻한 인간애를 그린 인도주의적 사실주의의 특징을 보였다.
　　　㉢ 대표작 :「소」,「화수분」,「크리스마스 전야의 풍경」,「천치냐 천재냐」 등
　③ 염상섭(廉想涉)
　　　㉠ 호는 횡보(橫步).『폐허』동인
　　　㉡ 자연주의 문학의 선구자 :「표본실의 청개구리」(1921)
　　　㉢ 사실주의 문학의 확립 : 그의 초기 자연주의는 점차 사실주의 경향으로 바뀌게 되고,
　　　　사실주의 작품은『삼대』가 대표적이다. 이 작품은 본격적인 전형적 인물의 설정, 객
　　　　관성을 띤 사건의 전개, 현실에 대한 체험을 바탕으로 한 점에서 사실주의 경향이
　　　　뚜렷이 나타난다.
　　　㉣ 장편 소설의 기틀 확립 : 작품 속에 나오는 모든 인물들의 심리를 두루 관찰하여 그려
　　　　내는 다원 묘사 방법인 '다원묘사법(복합묘사방법)'을 중시
　　　㉤ 대표작 :「표본실의 청개구리」(최초의 자연주의 소설),「만세전」,『삼대』(사실주의
　　　　완성작),「두 파산」
　④ 현진건(玄鎭健)
　　　㉠ 호는 빙허(憑虛).『백조』동인.『개벽』에「희생화」로 등단
　　　㉡ 치밀한 구성과 객관적인 묘사로 사실주의적 단편소설을 확립. '한국의 모파상'
　　　㉢ 대표작 :「희생화」,「빈처」,「고향」,「운수 좋은 날」,「술 권하는 사회」,「B사감과
　　　　러브레터」,「무영탑」 등
　⑤ 나도향(羅稻香)
　　　㉠ 본명은 경손(慶孫), 필명은 빈(彬).『백조』동인
　　　㉡ 초기 : 애상적이고 감상적
　　　㉢ 후기 : 감상에서 벗어나 냉정하고 객관적인 사실주의 경향을 보임
　　　㉣ 대표작 :「별을 안거든 울지나 말걸」,「환희」,「물레방아」,「뽕」,「벙어리 삼룡이」 등
　⑥ 주요섭(朱耀燮)
　　　㉠ 호는 여심(餘心). 1921년 단편「깨어진 항아리」로 문단에 데뷔

ⓛ 초기(1920년대) : 신경향파. 프로 문학의 특성인 하층 계급의 생활과 그 자연 발생적인 반항을 표현

ⓒ 중기(1930년대) : 인간의 내면세계를 추구한 예술적 향취를 풍기는 자연주의적 경향

ⓔ 말기(8·15 광복 후) : 강렬한 현실 의식을 반영하는 경향

ⓜ 대표작 : 「인력거꾼」, 「살인」, 「사랑손님과 어머니」, 「아네모네의 마담」, 「대한 교수와 모리배(謀利輩)」, 「잡초」 등

⑦ 최서해(崔曙海)

㉠ 본명은 학송(鶴松), 호는 서해(曙海)

ⓛ 1924년 단편 「고국(故國)」이 『조선문단』지에 추천되면서 문단에 데뷔

ⓒ 신경향파의 대표적 작가 : 빈곤의 참상과 체험을 토대로 묘사. 간결하고 직선적인 문체에 힘입어 한층 더 호소력을 지니고 있었으나, 예술적인 형상화가 미흡

ⓔ 카프 발족에 가담하지 않은 것은, 그의 '빈궁 문학'이 어디까지나 목적의식적인 것이 아니라 그의 체험과 생리에서 우러나온 자연 발생적이었음을 보여 줌

ⓜ 대표작 : 「탈출기」, 「기아와 살육」, 「홍염」, 「박돌의 죽음」 등

3. 1930년대

(1) 1930년대 소설의 특성

① 사실적 소설 : 유진오, 이효석, 김유정, 채만식 등이 한층 심화된 사실적 묘사로 일제 치하 지식인의 문제와 농민의 삶을 작품화하였다. 1920년대 소설은 주로 하층민의 문제를 다루고 있는 반면에 1930년대 소설은 지식인의 문제를 다룬 소설이 많다.

② 장편소설 : 장편소설의 창작에 대한 관심이 높아지면서, 깊이 있는 현실 탐구와 사회적 전형의 창조가 이루어졌다. 대표적인 작품으로는 염상섭의 『삼대(三代)』, 심훈의 「상록수」, 채만식의 「탁류」·「태평천하」, 현진건의 「무영탑」, 강정애의 「인간 문제」 등이 있다.

③ 풍자소설 : 채만식에 의해 식민지 현실을 우회적으로 풍자한 소설이 쓰였다.

④ 심리소설 : 지적인 실험소설의 등장. 이상(李箱)의 「날개」는 일제 치하 우리 지식인들의 공포의식과 좌절의식을 가장 잘 작품화한 예이다.

⑤ 농촌소설 : 브나로드 운동의 영향으로 농촌의 삶과 문제를 다룬 작품이 출현했다.

⑥ 역사소설 : 일제의 검열을 피해 민족의식을 우회적으로 고취하려는 의도로 역사소설이 유행했다.

(2) 전개 양상

① 도시 소설 : 도시 공간 배경

㉠ 도시 소설이란 도시성(都市性)이 내포하고 있는 병리적인 제요소와 도시적인 세태를 제시하고 관찰하고자 한 소설

ⓛ 이상의 「날개」, 박태원의 「천변 풍경」·「소설가 구보 씨의 일일」, 채만식의 「레디 메이드 인생」, 이효석의 「장미 병들다」, 유진오의 「김 강사와 T 교수」 등

② 풍자적 기법을 통한 우회적 현실비판 : 채만식
③ 총체적 현실 탐구와 사회적 전형의 창조
④ 농민의 삶에 대한 현실적 인식
  ㉠ 농촌계몽소설(브나로드 운동)
  ㉡ 향토적 농촌소설
  ㉢ 현실 비판적 농촌소설
⑤ 민족의 현실 인식과 민족의식의 고취
⑥ 토속적 세계의 근원적인 탐구

(3) 작가 및 작품 경향
① 심훈
  ㉠ 경향 : 민족주의, 사실주의적인 경향의 농촌계몽소설을 발표
  ㉡ 작품 : 「상록수」, 「영원의 미소」, 「직녀성」
② 채만식
  ㉠ 경향
    ㉮ 동반자 작가
    ㉯ 사회풍자적인 소설을 많이 쓴 풍자소설의 대가
  ㉡ 작품 : 「레디메이드 인생」, 「치숙」, 「탁류」, 「태평천하」
③ 유진오
  ㉠ 경향
    ㉮ 동반자 작가
    ㉯ 지식인의 고뇌와 무력감을 표현
  ㉡ 작품 : 「김 강사와 T교수」, 「창랑정기」
④ 김유정
  ㉠ 경향
    ㉮ 구인회 동인
    ㉯ 농촌의 현실을 해학적으로 표현
  ㉡ 작품 : 「동백꽃」, 「봄봄」, 「소나기」, 「만무방」, 「금 따는 콩밭」
⑤ 이효석
  ㉠ 경향
    ㉮ 동반자 작가, 구인회 동인
    ㉯ 초기 : 동반자 작가로서 경향파적인 성향의 작품을 쓰면서 반도시적 경향을 보이
      고 사회적 모순을 표현함
    ㉰ 후기 : 자연문학과 심미주의 세계로 전환하여 서정적인 작품을 씀
    ㉱ 특징 : 세련된 언어, 풍부한 어휘, 시적 분위기의 형성 등을 통해 산문 세계의 예
      술성을 승화함

ⓛ 작품 : 「메밀꽃 필 무렵」, 「산」, 「돈(豚)」, 「들」

⑥ 김정한
  ㉠ 경향 : 낙동강 일대를 배경으로 하여 일제 강점하의 농촌현실을 사실적으로 표현
  ㉡ 작품 : 「사하촌」, 「모래톱 이야기」

⑦ 이무영
  ㉠ 경향 : 농촌소설, 사실주의적 경향
  ㉡ 작품 : 「제1과 제1장」, 「흙의 노예」

⑧ 박영준
  ㉠ 경향 : 농촌소설, 사실주의적 경향
  ㉡ 작품 : 「모범 경작생」, 「목화씨 뿌릴 때」

⑨ 이상(김해경)
  ㉠ 경향
    ㉮ 구인회 동인
    ㉯ 초현실주의
    ㉰ 심리주의적 내면 묘사 기법인 의식의 흐름 추구
  ㉡ 작품 : 「날개」, 「종생기」, 「봉별기」

⑩ 김동리
  ㉠ 경향
    ㉮ 토속적, 신비주의적, 사실주의적 경향
    ㉯ 무속신앙을 배경으로 작품을 창작했다.
  ㉡ 작품 : 「무녀도」, 「황토기」, 「바위」, 「사반의 십자가」, 「화랑의 후예」

⑪ 황순원
  ㉠ 경향
    ㉮ 삼사문학 동인
    ㉯ 범생명적 휴머니즘 추구
  ㉡ 작품 : 「카인의 후예」, 「학」, 「목넘이 마을의 개」

Plus UP! 구인회

㉠ 1933년에 결성된 순수문학을 지향한 문학 동호회로 '예술파'라고도 불린다.
㉡ 문단 및 예술계 작가인 이종명, 김유영의 발기로 이효석, 이무영, 유치진, 이태준, 조용만, 김기림, 정지용 등 9명이었다.
㉢ 김유영, 이종명, 이효석, 유치진, 조용만이 탈퇴하고 그 대신 박태원, 이상, 박팔양, 김유정, 김환태가 가입하여 언제나 인원수는 9명이었다.
㉣ 이들은 경향주의 문학에 반하여 '순수 예술 추구'를 취지로 하여 약 3~4년 동안 월 2~3회의 모임과 서너 번의 문학 강연회, 그리고 『시와 소설』이라는 기관지를 한 번 발행하였다.

4. 해방 공간(1945~1950)

① **식민지적 삶의 극복** : 일제시대를 반성하고 그 체험을 승화시켜 광복의 의미를 되새기고자 함

　　◉ 채만식의 「논 이야기」・「민족의 죄인」, 김동인의 「반역자」 등

② **귀향 의식과 현실적 삶의 인식** : 해방 직후 삶에 대한 인식을 바탕으로 지식인 문제와 귀향 의식을 묘사하였다.

　　◉ 김동리의 「혈거 부족」, 이무영의 「굉장 소전」 등

③ **남북분단에 대한 대응** : 38도선의 분단 문제와 미・소 양군의 진주와 군정을 그렸다.

　　◉ 염상섭의 「삼팔선」・「이합(離合)」 등

④ **역사소설과 순수소설** : 순수문학적 입장에서 보편적인 삶을 다룬 순수소설과 민족의식을 고취하기 위한 역사소설도 발표되었다.

　　◉ 염상섭의 「임종」・「두 파산」, 박종화의 「홍경래」 등

5. 1950년대

(1) 전후(戰後)의 소설

① 형성배경

　㉠ 6・25 전쟁 체험으로 인한 민족의 비극적 현실을 배경

　㉡ 전후 사회의 혼란된 가치관과 정신적 상처를 배경으로 한다.

② 특징

　㉠ 전후 사회와 현실에 대한 다양한 인식으로 새로운 인간상을 제시

　　◉ 황순원 「카인의 후예」, 장용학 「요한 시집」 등

　㉡ 개인과 사회의 갈등문제를 다루면서 소외된 삶의 문제, 삶의 내부에 자리한 부조리한 현실 인식, 행동을 통한 참여문제를 다루어 참여문학의 전통을 수립하였다.

　　◉ 김성한 「바비도」, 선우휘 「불꽃」 등

　㉢ 인간의 본질적인 삶의 문제를 서정적 필치로 다루었다.

　　◉ 오영수 「갯마을」, 강신재 「절벽」 등

　㉣ 서구의 실존주의 문학의 영향으로 인간의 본질 문제, 인간존재의 해명 등을 다룬 작품들이 등장하였다.

　　◉ 김성한 「오분간」(동시묘사법)

　㉮ 전쟁 체험과 민족현실의 자각

　　ⓐ 전쟁 체험의 작품화

　　　◉ 오상원 「유예」, 선우휘 「불꽃」 등

　　ⓑ 전쟁 속의 삶과 그 방향 : 전장(戰場)의 모습을 직접 묘사하기보다는, 전쟁으로 인한 후방에 있는 사람들의 고통을 표현

　　　◉ 안수길 「제3인간형」, 김동리 「밀다원 시대」, 염상섭 「취우」 등

    ⓓ 전후의 소외된 삶과 실존적 상황인식

        ⓐ 전후 실존적 삶의 현실과 허무의식 : 전쟁의 후유증과 실존철학의 영향으로 뿌리 뽑힌 삶의 무기력함과 그 방황을 새로운 감각으로 표현

            ◉ 이범선의 「오발탄」, 손창섭 「비오는 날」·「잉여인간」 등

        ⓑ 전쟁의 후유증과 그 극복 : 전쟁으로 인한 육체적·정신적 파멸, 현실의 인식과 극복 의지를 형상화하였다.

            ◉ 하근찬 「수난이대」, 황순원 「학」 등

(2) 작가 및 작품 경향

작가	특징	작품
김성한	• 「5분간」에서 동시묘사법의 새로운 기교 사용 • 「바비도」에서 신의 섭리와 세계의 부조리에 대한 저항을 표현 • 인간의 존엄성과 정의구현을 실천하는 행동적·반항적 인간을 주로 표현	「암야행」, 「오분간」, 「바비도」, 「방황」, 「이성계」, 「요하」, 「이마」
손창섭	전후의 음울한 분위기와 소외된 불구적 인간형을 냉소적이고, 사실적인 필치로 표현. 실존주의 영향 받음	「비오는 날」, 「잉여인간」, 「혈서」, 「낙서족」
선우휘	「불꽃」을 발표하여 인간주의 사상을 행동으로 실현하는 주인공을 형상화하여 광복 당시의 분열상의 비극적 국면을 묘사	「불꽃」, 「테러리스트」, 「깃발 없는 기수」, 「노다지」
이범선	절망 속에서 정신적 지주를 잃은 당시의 빈곤상과 삶의 관계를 해명	「오발탄」, 「학마을 사람들」
오영수	농어촌 서민층의 애환을 특질로 한 한국인의 감상성을 크게 부각	「머루」, 「갯마을」
정한숙	민족의 기개를 형상화함	「금당벽화」, 「바다의 왕자」
전광용	「흑산도」에서 토속적 삶에 내재된 가난함을 표현했고, 「꺼삐딴리」에서는 인간의 변절적 순응주의를 비판	「흑산도」, 「꺼삐딴리」
박경리	세속적 삶의 모순을 작품으로 형상화함	「암흑시대」, 「토지」, 「김약국의 딸들」

6. 1960년대 이후

    1950년대의 소설을 계승하면서 이를 보다 심화·발전시키면서, 다양한 현실인식과 인간존재에 대한 해명, 현실 참여적 성격 등을 보였으며, 사실주의적 기법을 폭넓게 수용하였다.

    ① 전쟁의 상흔과 민족의 비극을 조명한 작품

        ◉ 황순원 「나무들 비탈에 서다」, 오상원 「황선 지대」, 강용준 「철조망」 등

    ② 현실 참여주의적 작품

        ◉ 김정한 「모래톱 이야기」·「인간단지」, 손창섭 「부부」·「길」, 이호철 「판문점」·「닳아지는 살들」, 선우휘 「망향」, 전광용 「나신」·「꺼삐딴리」 등

③ 역사에 대한 새로운 인식의 작품

　　예　안수길「북간도」, 김정한「수라도」, 유주현「조선 총독부」, 서기원「혁명」 등

④ 순수 지향의 작품

　　예　김동리「등신불」, 오영수「머루」, 강신재「임진강 민들레」, 김승옥「서울, 1964년 겨울」,
　　　　 이청준「병신과 머저리」, 최인훈「회색인」 등

⑤ 노동자 계층의 뿌리 뽑힌 삶의 현실과 유랑의식을 보인 작품

　　예　황석영「객지」・「삼포 가는 길」, 조세희「난장이가 쏘아 올린 작은 공」

⑥ 민족사의 재인식 : 민중의 삶에 근거한 민족사를 재인식하여 대하(大河) 역사소설을 썼다.

　　예　박경리「토지」, 황석영「장길산」 등

03　한국 현대소설의 주요 작품 이해

◢ 1　혈의 누 : 이인직

> 　　청일 전쟁이 일어나 옥련의 일가족은 뿔뿔이 흩어진다. 어머니는 가족을 찾아 헤매다가 자살을 결심하나 구출되어 집으로 돌아오며, 아버지는 큰 뜻을 품고 미국 유학을 떠난다. 부모를 잃고 헤매던 옥련은 총탄을 맞아 부상을 입지만 일본인 이노우에 소좌의 도움을 받아 치료를 받고 그의 양녀가 된다. 이노우에 소좌가 전사(戰死)하자 양어머니는 옥련을 미워하게 되고, 옥련은 가출한다. 옥련은 자살을 기도하나 실패하고, 우연히 기찻간에서 미국 유학을 떠나는 구완서를 만나 미국으로 건너가 공부를 하게 된다. 옥련의 기구한 과거의 이력과 우수한 학교 성적이 신문에 나는데, 기사를 읽고 깜짝 놀란 아버지 김관일이 옥련을 찾아 부녀가 상봉한다. 옥련은 구완서와 약혼을 하며 귀국하여 우리나라를 문명한 강국으로 만드는 문제와 남녀평등의 사업 등에 대하여 이야기를 나눈다.

▶▶ 핵심정리

1. 갈래 : 신소설, 계몽소설

2. 성격 : 교훈적, 계몽적

3. 표현

　　① 운문투・한문투 탈피

　　② 묘사적 산문체

　　③ 언문일치에 접근 고사・격언 등 인용투 탈피

4. 시점 : 전지적 작가 시점

5. 배경 : 구한말 한국과 일본, 미국 등

6. 연대 : 1906년 7월 22일부터 10월 10일까지 『만세보』에 연재

7. 의의 : 신소설의 효시. 고전소설에서 현대소설로 발전하는 과정의 교량 역할을 함

8. 등장인물

    ① 옥련 : 주인공. 문명주의자(文明主義者)이며 김관일의 딸이다.

    ② 김관일 : 옥련의 아버지로 청일 전쟁을 계기로 부국강병의 뜻을 품는다.

    ③ 구완서 : 부국강병(富國强兵)의 뜻을 품은 유학생이다.

9. 구성

    ① 발단 : 청일 전쟁의 난리로 옥련은 부모와 헤어짐

    ② 전개 : 일본인 군의관의 도움으로 옥련은 구출되어 성장함

    ③ 위기 : 군의관이 전사하자 옥련은 집에서 나와 자살을 기도함

    ④ 절정 : 유학생 구완서를 따라 미국으로 건너감

    ⑤ 결말 : 문명개화한 신학문을 배운 후, 나라를 위해 봉사할 것을 다짐함

10. 주제

    ① 신교육 사상과 개화 의식의 고취

    ② 중국 배척과 친일 의식, 자유 결혼관, 남녀평등 의식 고취

    ③ 신교육 권장과 향학열 고취

2 금수회의록(禽獸會議錄) : 안국선

    흰 구름 아래의 더없이 부드러운 바람결에 잠깐 잠이 들어, 짚신을 신고 대지팡이를 흔들며 유유히 봄길을 나서는데, 발길이 가 닿은 곳은 '금수 회의장'이라는 곳의 현판 앞이다. 그곳에서 '하늘과 땅 사이에 있는 무슨 물건이든지 의견이 있으면 누구든 서슴지 말고 말하고, 듣고 싶으면 회의 내용도 각자 자유롭게 방청하라'라는 알림판을 보고 있는데 길짐승, 날짐승, 벌레, 물고기, 풀, 나무, 돌 등의 행렬에 의해 엉겁결에 밀려들어가 그 회의를 모두 보게 된다.

    이들은 저마다 인간 사회의 갖은 부도덕과 비합리, 모순들을 낱낱이 드러내어 비판하고 인간을 동물의 밑으로 깎아 내린다. 개회사에서 회장은,

    첫째, 사람 된 자의 책임을 의논하여 분명히 할 일.

    둘째, 사람의 행위를 들어서 옳고 그름을 의논할 일.

    셋째, 요즘 세상 사람들 중에서 인간의 자격이 있는 자와 없는 자를 조사할 일.

이라는 세 가지 문제를 토의하여 자신들과 사람과의 관계를 분명히 하고, 사람들이 여전히 악한 행위를 일삼으며 반성하지 않으면 '사람'이라는 이름을 빼앗고, '이등 마귀'라는 이름을 갖게 할 것을 하늘에 아뢰겠다고 강조한다.

    이어 금수들이 하나씩 등장하여 제각기 인간을 비판하고 조소하는 연설을 하고, 회의가 끝나 모두 나간 뒤에 '나'는, 모든 금수에게 이렇게 비판과 비난을 받는 처참한 사람을 어떻게 구할 방법이 없는가를 생각한다. 그러다가 하늘은 아직도 사람을 사랑한다 하니 구원의 길이 있다는 것을 말하며, 인간을 구제할 가느다란 지평을 보여준다.

핵심정리

1. **갈래** : 신소설, 우화소설, 정치소설, 풍자소설

2. **문체** : 산문체, 연설문체

3. **구성** : 몽유록 형식(환몽구조), 액자식 구성

4. **특징**

   ① 동물을 의인화하여 인간의 추악한 면과 사회의 부패상을 풍자

   ② 우리나라 최초의 판매 금지 소설(1909년 언론출판규제법에 의하여 금서 조치)

5. **연대** : 1908년 황성서적업조합(皇城書籍業組合)에서 출간

6. **내용**

   ① 사회자의 서언

   ② 제1석 : 반포지효(反哺之孝) - 까마귀를 통하여 부모에 대한 효도 강조

   ③ 제2석 : 호가호위(狐假虎威) - 여우를 통하여 간사한 행동 경계

   ④ 제3석 : 정와어해(語海井蛙) - 개구리를 통하여 분수를 지킬 줄 모르는 행동 경계

   ⑤ 제4석 : 구밀복검(口蜜腹劍) - 벌을 통하여 정직함 강조

   ⑥ 제5석 : 무장공자(無腸公子) - 게를 통하여 지조와 절개 강조

   ⑦ 제6석 : 영영지극(營營之極) - 파리가 등장하여 형제, 동포 간의 우애 강조

   ⑧ 제7석 : 가정맹어호(苛政猛於虎) - 호랑이를 통하여 포악하지 말 것을 강조

   ⑨ 제8석 : 쌍거쌍래(雙去雙來) - 원앙새를 통하여 부부의 금슬을 강조

7. **시점** : 1인칭 관찰자 시점

8. **주제** : 인간세계의 모순과 비리와 타락성 풍자

3 무정(無情) : 이광수

경성학교 영어교사인 이형식은, 성실하고 한편으로 우유부단한 청년이다. 그가 개화한 기독교인인 김 장로의 딸 선형에게 처음으로 영어를 가르치고 온 날, 뜻밖에도 옛 스승의 딸인 영채가 그를 찾아온다. 어릴 적에 정혼한 사이나 다름없었던 영채에게서 형식은, 스승 박 진사가 억울하게 옥에 갇혔고, 영채는 아버지를 구하기 위해 기생이 되었다는 사연을 듣는다. 영채가 돌아간 후 형식은 영채와 선형을 두고 여러 공상을 하며, 영채의 순결을 의심하면서도 한편으론 그와 결혼하겠다고 결심하기도 한다.

다음날, 형식은 학생들의 규탄 대상이 되어 있는 학감 배명식과 학생들의 대립을 중재하려 하다가, 배명식이 영채를 집요하게 탐내고 있음을 알게 된다. 그를 찾은 형식은 영채가 배명식에게 농락당하고 있는 장면을 목도하고 영채를 구해낸다. 이튿날 영채는 유서를 남기고 떠나 버리고, 놀란 형식이 뒤를 쫓지만, 영채를 찾지는 못한다. 영채가 죽었다고 생각하고 돌아온 형식은 배 학감의 조종에 넘어간 학생들의 조롱에 부딪히자 학교를 그만두고, 김 장로의 중개로 선형과 약혼한다.

한편, 영채는 자살하러 가던 길에 활달한 신여성 병욱을 만나 마음을 바꾸게 된다. 병욱은 영채가 형식을 사모한다는 생각이 구도덕의 환각임을 역설하고 영채를 자신의 집으로 데리고 간다. 병욱의 집에서 나날이 새로운 생활에 눈떠 나간 영채는 결국, 병욱과 함께 유학을 가기로 한다.

형식, 선형과 영채, 병욱은 유학길에 오른 기차 안에서 우연히 만나게 된다. 애정의 갈등을 겪고 있던 이들은, 수해가 난 삼랑진에서 수재민들을 도우면서 그 갈등이 풀려나감을 느낀다. 조선의 어려움을 느끼고 조선을 위해 헌신하겠다고 다짐하는 중에 애정의 갈등은 용해된 것이다. 숙소로 돌아온 이들은 형식의 선도에 따라, 조선 민중을 계몽할 각오를 다지고 각자의 앞날을 설계한다.

▶▶ 핵심정리

1. **갈래** : 장편소설, 계몽소설

2. **성격** : 계몽적, 민족적, 사실적

3. **배경**
   ① **시간적** : 1910년대(일제 강점기 및 근대 초기)
   ② **공간적** : 서울, 평양, 삼랑진 등
   ③ **사상적** : 계몽주의, 민족주의, 기독교 및 유교 사상

4. **특징**
   ① **내용면** : 고전소설과 달리 일상적이고 현실적인 당대인의 삶에서 소재를 취하였다.
   ② **문체면** : 근대화한 현실과 인간의 심리를 세밀한 묘사를 통해 표현하였고, 인물의 대화를 직접 인용하는 구어체 문장을 사용하였다.

5. **시점** : 전지적 작가 시점

6. **등장인물**
   ① **이형식** : 개화기 지식인의 표본. 신문명을 섭렵했고, 새로운 가치관을 지닌 인물이지만 과도기적인 혼란을 보여 주는 인물
   ② **김선형** : 기독교 집안의 개화된 신여성이면서도, 자아의 각성을 보여주지 못하고 피동적인 삶을 영위하는 인물
   ③ **박영채** : 유교 교육을 받은 순종적인 전통적 여인이었지만, 욕망의 성취 대상이 전이되어 전통적인 여성상에서 자아의 각성을 통한 새로운 시대의 여성상으로 다소 변모되는 동적인 인물
   ④ **신우선** : 신문기자로, 적극적 성격의 소유자
   ⑤ **김병욱** : 반봉건적, 진취적인 신여성으로 근대적인 자각을 토대로 확고한 주체의식을 지닌 인물이며, 영채를 개명하게 하는 중개자적 인물

7. **구성**
   ① **발단** : 이형식과 박영채의 재회, 사랑을 고백하는 영채

② 전개 : 기생이 된 영채와 선형 사이에서 방황하는 형식의 심리적 갈등

③ 위기 : 자살을 기도하는 영채, 그녀를 찾으려는 형식

④ 절정 : 형식과 선형의 약혼, 영채, 병욱, 우선 등과 상봉, 수재민 구호, 유학을 떠남

⑤ 결말 : 등장인물들의 근황(에필로그)

8. 의의 : 현대 최초의 장편소설

9. 출전 : 『매일신보』(1917.1~6)에 126회에 걸쳐 연재

10. 주제

① 근대적 시민 사회의 탄생을 겨냥한 민족적 자각과 혁신

② 민족의식의 고취와 자유연애

◢4 감자 : 김동인

> 가난하지만 도덕적인 성품을 지녔던 복녀는 어려운 집안 형편 때문에 80원에 팔려 시집을 가게 된다. 늙은 남편은 게으르고 무능력한 사람이라 결혼 후에도 극도의 가난에 시달리면서 칠성문 밖 빈민굴에서 살게 된다.
>
> 생계를 이어 볼 요량으로 당국에서 벌인 송충이잡이에 나간 복녀는 작업 감독의 눈에 들어 매춘을 하면서 점점 타락하게 된다. 왕 서방네 감자를 훔치러 갔다가 왕 서방과 관계를 맺게 된 후 남편의 도움까지 받으며 왕 서방의 정부(情婦) 노릇을 하던 복녀는 왕 서방이 돈으로 산 어떤 처녀와 결혼한다는 소문을 듣고 강한 질투심에 사로잡히게 된다. 왕 서방이 결혼식을 올리던 날 신방에 뛰어들어 신혼부부에게 낫을 휘두르던 복녀는 오히려 이를 막으려던 왕 서방의 손에 죽고 만다.
>
> 사흘 뒤, 왕 서방과 의사, 복녀 남편의 흥정에 따라 복녀는 뇌일혈로 죽었다는 진단이 내려지고 공동묘지에 묻히게 된다.

▶▶ 핵심정리

1. 갈래 : 단편소설, 순수소설, 사실주의(자연주의) 소설

2. 배경

① 공간적 : 칠성문 밖 빈민굴

② 시간적 : 1920년대 식민지 치하

③ 사상적 : 계급의식, 금권사상, 환경결정론

3. 표현상 특징

① 평안도 사투리와 하층 사회의 비속어 구사

② 장면 중심적인 사건 전개의 집약적 효과

4. 갈등구조

① 복녀와 남편의 갈등

② 복녀와 왕 서방의 갈등

③ 복녀와 환경과의 갈등

5. **시점** : 3인칭 작가 관찰자 시점(부분적인 서술자의 개입이 이루어짐)

6. **등장인물**

① **복녀** : 원래 도덕적 관념을 지닌 정숙한 여성이었으나, 자신을 둘러싼 타락한 현실에 의해 타락하고 파멸해가는 입체적 인물의 전형임

② **남편** : 게으르고 무기력하고 가난한 사람으로 아내를 하나의 상품으로 인식하는 비인간적인 인물

③ **왕 서방** : 중국인 소작인으로 복녀와 정을 통하다가 복녀를 죽이는 비정한 인물. 가진 자의 횡포를 집약적으로 보여 주는 정적 인물

7. **구성**

① **발단** : 온갖 죄악의 소굴인 칠성문 밖 빈민굴의 복녀

② **전개** : 복녀에게 닥쳐온 환경의 변화와 점진적인 타락. '성(性)'에 눈뜸

③ **위기** : 새 장가를 드는 왕 서방에 대한 강한 질투

④ **절정** : 복녀가 왕 서방의 신방에 뛰어드나 도리어 자신의 낫에 살해당함

⑤ **결말** : 복녀의 주검을 둘러싼 비정한 돈 거래

8. **주제**

① 환경으로 인하여 도덕적으로 피폐해가는 인간의 모습

② 비참한 환경이 빚어낸 한 여인의 비극

9. **출전** : 1925년, 『조선문단』

◢ 5 **홍염(紅焰) : 최서해**

> 조선에서 소작인 생활을 하던 문 서방은 가난을 극복하기 위해 간도로 이주하지만, 그곳에서도 역시 혹독한 흉년을 만나 빚만 늘어날 뿐 생활이 나아지지 않는다. 문 서방은 만주인 지주 인가의 소작인 노릇을 했는데, 흉년 때문에 제대로 빚을 갚지 못해 지주 인가에게 딸 용례를 빼앗기고 만다. 딸을 빼앗긴 슬픔에 문 서방의 아내는 병에 걸리게 되고, 죽기 전에 딸을 한 번만이라도 보고 싶어 하지만, 인가는 그것을 허락하지 않는다. 결국 아내는 딸을 보지 못하고 죽는다. 아내가 죽고 그 이튿날 밤 문 서방은 인가의 집을 찾아가 그의 집에 불을 지른 뒤, 억압에서 해방된 듯 시원하게 웃는다. 불길 속에서 인가와 용례를 발견한 문 서방은 준비한 도끼로 인가를 죽인 후, 자신의 딸 용례를 끌어안고 기쁨을 느끼게 된다.

▶▶ 핵심정리

1. **갈래** : 단편소설, 신경향파 소설

2. **특징** : 사실적, 현실 고발적

3. **배경**

   ① **시간적** : 1920년대 일제 식민지 치하

   ② **공간적** : 중국 서간도 빼허(白河), 조선인 이주민 마을

   ③ **사상적** : 사회주의 사상과 계급사상

4. **특징**

   ① 속도감과 강한 인상을 주는 간결체의 문장

   ② 남성적이고 폭력적인 속성

5. **등장인물**

   ① **문 서방** : 가난한 소작농으로 1920년대에 삶의 터전을 잃고 간도로 건너간 이주민을 대표하는 전형적 인물. 딸을 빼앗기고 아내를 잃은 뒤 순박한 성격에서 저항적이며 적극적인 성격으로 변화한다.

   ② **인가** : 소작인들을 학대하고 착취하는 지주의 전형

   ③ **문 서방의 아내** : 애지중지하던 딸을 빼앗기고 병을 얻어 목숨을 잃는 가련한 인물

   ④ **용례** : 문 서방의 외동딸로 문 서방이 인가에게 진 빚을 갚지 못하자 인가에게 붙잡혀 간다.

6. **구성**

   ① **발단** : 소작인 문 서방이 서간도로 이주하여 인가의 소작인이 됨

   ② **전개, 위기** : 소작료 체납으로 인가에게 딸 용례를 빼앗김. 이로 인하여 아내가 죽음

   ③ **절정, 결말** : 문 서방은 인가의 집에 방화를 하고 인가를 죽이게 됨

7. **시점** : 전지적 작가 시점

8. **주제**

   ① 간도에서의 조선인 이주민들의 비참한 삶과 악덕 지주에 대한 그들의 저항

   ② 간도 이민 생활의 곤궁과 지주에 대한 울분과 징계

9. **출전** :『조선문단』(1927)에 발표

6 고향 : 현진건

> '나'는 서울 행 기차간에서 기이한 얼굴의 '그'와 자리를 이웃해서 앉게 된다. 이 좌석에는 각기 다른 국적의 사람들이 앉아 있다. '엄지와 검지 손가락으로 짧게 끊은 꼿꼿한 수염을 비비면서' 마지못해 고개를 까딱거리는 일본인과 '기름진, 뚜우한 얼굴에 수수께끼 같은 웃음을 띤' 중국인 사이에 한국인 '그'와 '내'가 합석하고 있다. 즉, 세 나라 사람이 모이게 된 것이다.
>
> '그'라는 사나이에 대하여 '나'는 처음에 남다른 흥미를 느끼고 바라보다가 이내 싫증을 느껴 애써 그를 외면하려 했지만 그의 딱한 신세타령을 듣게 되자 차차 연민의 정을 느끼게 된다. 마침내 술까지 함께 마시게 되고 '나'는 '그'의 얼굴에서 '조선의 얼굴'을 발견한다. '그'는 정처 없이 유랑하는 실향민이었으며 '나'는 '그'의 유랑의 동기와 내력을 듣게 된다.
>
> 대구 근교의 평화로운 농촌의 농민이었던 '그'는 동양척식 주식회사에 의하여 농토를 빼앗기고, 서간도로 이주 후 비참한 생활 끝에 일본을 거쳐 다시 폐허의 고향에 돌아왔다. 그러나 무덤과 해골을 연상하게 하는 고향에서 '그'는 이십 원에 유곽에 팔려 갔다가 질병과 부채만을 안고 돌아온 옛 애인과 해후했다. 그는 괴로운 심정으로 일자리를 찾아 지금 경성으로 올라가는 중이다. 그는 취흥에 겨워 어릴 때 부르던 아픔의 노래를 읊조린다.

▶▶ 핵심정리

1. 갈래 : 단편소설, 액자소설

2. 성격 : 사실적, 현실 고발적, 저항적

3. 배경
   ① 시간적 : 일제 강점기(1920년대)
   ② 공간적 : 대구 발 서울 행 열차 안

4. 특징
   ① 특별한 흥미를 주는 극적인 사건이나 특징적 인물도 등장하지 않지만, 일제 강점기 하의 조선 농민의 비참한 생활상을 극명하게 보여 주고 있다.
   ② 작가는 '그'라는 인물을 통해 농촌의 황폐화된 모습과 수탈당하는 농민의 생활상을 고발하고 있으며, '그'의 옛 애인을 통해서는 식민지 여성의 수난상을 보여 주면서 일제의 식민 정책에 강한 저항 의식을 드러내고 있다.
   ③ 상징법과 구체적인 외양 묘사, 어조의 변화 등에 의한 점층적인 성격 표출, 대화의 사용에 의한 효과적인 사건 서술, 노래의 제시를 통한 주제의 집약 등의 기법을 사용했다.

5. 구성 : 입체적 구성
   ① 발단 : 서울로 가는 기차 안에서 보게 되는 기이한 옷차림새의 '그'와 일본인, 중국인의 모습
   ② 전개 : '나'와 '그'의 대화. '그'의 사람됨과 대강의 사정

③ **위기** : 농토를 잃고 고향을 떠나 파란 많던 유랑 생활을 하던 때와 황폐해진 고향을 찾았을 때의 이야기

④ **절정** : 옛날 고향에서 혼삿말이 있었으나 유곽으로 팔려 갔다가 늙고 병들어서야 고향을 찾아왔던 한 여인과의 불행한 해후(邂逅) 이야기

⑤ **결말** : 술에 취하여 부르는 민요

6. 등장인물

① 나 : '그'와 우연히 열차에 동승하여 '그'를 관찰하고 '그'의 이야기를 전달하는 화자. 당대 지식인으로 초반에는 애써 당대 현실을 외면하나 '그'의 이야기를 들으며 조선의 현실을 재인식하며 그와 공감대를 형성하게 된다.

② 그 : 외관상 말수가 많고 다소 천박하게 보이는 인물로 이 소설의 주인공. 강점기의 박해 받는 식민지 농민의 전형적 인물로 볼 수 있다. 초반부에서는 현실 수용적인 나약한 인물로 그려지나, 후반부에서는 미약하나마 현실에 대한 비판 의식과 저항성을 보여준다.

③ 그녀 : 농촌의 황폐화로 유곽에 팔려 간 여성으로서, 당대의 한국 여성들의 비참한 삶의 모습을 상징적으로 보여 준다.

7. **시점** : 1인칭 관찰자 시점

8. 주제

① 일제 시대 농민(민중)의 참혹한 생활상의 폭로

② 일제의 수탈로 인한 민족의 비참한 삶

9. **출전** : 1926년 단편집 『조선의 얼굴』에 수록

🔲 7 만세전 : 염상섭

동경 유학생인 '나'는 만세 운동이 일어나기 전 해의 겨울, 아내가 위독하다는 전보를 받는다. 사랑하지도 미워하지도 않는 아내인지라 망설이다 귀향을 하게 된다. 오는 도중에 배 안의 목욕탕에서 조선인 노무자들을 경멸하는 일인들의 이야기를 듣고 나라를 잃은 울분을 느끼게 되며 부산에 도착하여 일본인 형사의 조사를 받을 때는 망국민으로서의 설움을 절감한다. 서울로 가는 기차속에서 궁핍과 고난 속에서 살아가는 조선인의 군상을 목격한다. 서울에 와 보니 현대 의학을 외면한 채 재래식 치료를 받아 아내는 죽게 되었고, 나는 아내의 죽음에 대해 아무런 감정도 느끼지 못한다. 사회고, 집안이고 구더기가 들끓는 공동묘지 같은 답답한 환경, 그는 어서 이곳을 탈출하여 자유인이 되고 싶을 뿐이다. 마침내 그는 동경으로 떠난다.

▶▶ 핵심정리

1. **갈래** : 단편소설, 장회소설(전 9장), 여로형 소설, 사실주의 소설

2. **배경**

　① **시간적** : 3·1 만세 운동이 일어나기 직전인 1918년 겨울

　② **공간적** : 동경, 고베, 교토, 시모노세키, 김천, 서울 등

　③ **사상적** : 봉건 인습의 폐해와 제국주의에 대한 민족주의의 노정

3. **특징**

　① 자조적이고 혐오적인 어조

　② 사실적이고 호흡이 긴 문체

　③ 여로형(원점 회귀) 구조

4. **구성**

　① **발단** : 아내가 위독하다는 전보를 받고 귀국 준비를 함

　② **전개** : 고베, 교토 등지의 술집을 전전하면서 답답한 심회를 드러냄

　③ **위기** : 연락선 안에서 조선인을 멸시하는 일본인에게 분개함

　④ **절정** : 부산 → 김천 → 서울 → 집안, 모두 답답한 분위기로 가득함

　⑤ **결말** : 아내의 죽음, 다시 일본으로 건너감

5. **등장인물**

　① **나(이인화)** : 당대의 현실을 '공동묘지'로 인식하고 지나치게 자학적이고 감상적으로 살아가는 인물이다. 당대 지식인의 전형적인 인물로 정적 인물

　② **정자** : 처음에는 부모와의 불화와 사귀던 남자와의 이별로 가출하여 술집 여급이 되었으나, 마음을 고쳐먹고 집으로 돌아가서 대학에 진학할 결심을 하는 여성으로 동적 인물

　③ **아내** : 전통적인 한국의 여인상을 지닌 인물. 십 년 간의 시집살이와 남편의 무관심 속에서 비극적으로 죽어가는 시대의 희생양

6. **시점** : 1인칭 주인공 시점

7. **주제** : 식민지 조선의 괴로운 삶의 모습과 암담한 현실

8. **출전** : 『신생활』(1922)에 발표되다가, 『시대일보』로 옮겨져 완결됨

◢ 8 　삼대 : 염상섭

> 　사회 변동 속에 재산을 모은 조의관은 벼슬을 사고 족보를 꾸며 양반 행세를 한다. 그는 아들 상훈을 못마땅해 하며 손자 덕기에게 자신의 모든 재산을 물려주려 한다. 방학을 맞아 집에 온 덕기에게 사회주의자인 친구 김병화가 찾아오고, 둘은 독립운동가 이우삼을 후원하는 홍경애를 만난다. 조의관이 위독해지자 그의 어린 첩 수원집과 최 참봉 등이 재산을 노려 조의관을 독살하고, 상속권이 손자 덕기에게 넘어간 것을 안 상훈은 땅문서와 유서를 훔쳐 달아나며, 이우삼과 잡화상을 운영하던 김병화와 홍경애도 독립운동을 후원한 혐의로 연행된다. 안팎으로 시련을 겪게 된 덕기는 할아버지의 공백을 절감하며 자신이 어떻게 조 씨 가문을 경영해 나갈 것인지 망연해한다.

▶▶ 핵심정리

1. **갈래** : 장편소설, 가족사 소설, 사실주의 소설, 장회(章回)소설

2. **배경**

   ① **시간적** : 식민지 시대(1930년 전후)

   ② **공간적** : 식민지 조선, 서울, 조의관의 집(중산층 집안)

3. **문체**

   ① **만연체** : 서울 특유의 말씨와 호흡이 긴 문체. 구어체

   ② **난삽하고 장황한 서술**

4. **특징**

   ① 가족사 소설로 식민지 시대를 사는 삼대의 모습을 나타내고 있다.

   ② 사실주의 특징을 보여 주는 소설이다.

   ③ 행동과 대화를 통한 간접적 제시 방법과 서술자의 논평에 의한 직접적 제시 방법을 거의 동등하게 사용하여 등장인물의 성격을 제시하고 있다.

   ④ 주요 인물을 시점의 주체로 설정하였다(서술자의 개입).

   ⑤ 당대의 풍속과 세대 간의 갈등을 묘사하고 있다.

   ⑥ 중산층의 서울말을 구사하여 현실성을 부여하고 있다.

   ⑦ 전 42장의 회장식 구성과 순행식 구성으로 이루어져 있다.

5. **갈등구조**

   ① **가족 내부의 갈등** : 세대의 가치관 및 재산권을 중심으로 한 삼대의 갈등

   ② **개인과 사회의 갈등(계층 간의 갈등)** : 타락한 부르주아와 급진적 사회주의 이념 사이의 갈등

6. **등장인물**

   ① **조의관** : 구한말 세대(1세대), 유교적, 수구적, 보수적 인물, 조상숭배 정신(족보, 제사), 배금주의자

   ② **조상훈** : 개화기 세대(2세대), 기독교적, 개화적, 과도기적 지식인, 위선자

   ③ **조덕기** : 식민지 시대(3세대), 중도적, 절충적 인물, 근대적 지식인

   ④ **조창훈** : 조상훈의 사촌 형, 조의관에게 돈을 뜯어내는 속물근성의 소유자

   ⑤ **김병화** : 진보적, 현실적 인물, 프롤레타리아 계급

   ⑥ **홍경애** : 조상훈에게 농락당하는 연약한 희생자에서 이념적으로 변신(유일한 입체적 인물)

7. **구성**

   ① **발단** : 유학생 덕기가 방학을 맞아 귀향했다가 친구 병화를 만남

   ② **전개** : 덕기는 조부와 조부의 세 부인을 비롯한 집안의 뒤엉킨 인간관계와 갈등을 목격함

   ③ **위기** : 조부가 병환으로 위독해지고, 이를 틈타서 새 조모 수원집이 모략을 꾸밈

④ 절정 : 조의관이 사망하자 재산 문제 등을 둘러싸고 집안의 갈등이 심화되며, 사회주의
사건과 관련하여 덕기와 주변 사람들이 체포됨

⑤ 결말 : 덕기는 무혐의로 풀려나지만 향후 어떻게 살 것인가를 놓고 생각에 빠짐

8. 시점 : 3인칭 전지적 작가 시점(각 장면에서 주요 인물을 시점의 주체로 삼음)

9. 주제 : 한 가족의 삶을 중심으로 나타나는 세대·계층 간의 갈등 및 현실 대응 방식

10. 출전 : 1947년 을유문화사(乙酉文化社)에서 단행본으로 간행

9 날개 : 이상

> 나는 33번지 유곽에서 아내가 벌어다 주는 돈으로 살아가는 룸펜이다. 아내는 상당한 미인이며
> 나는 아내의 아름다움을 내심 사랑하고 있다. 그러나 그런 아내를 독점하지는 못하고 있으며 기껏
> 해야 아내의 외출 시에 그녀의 방으로 건너와 소지품을 갖고 놀 뿐이다. 또 내객이 있을 때는 모르
> 는 척하고 자거나 밖으로 나가야 하는 것이 나에게는 큰 불만이다. 그러던 중 아내는 자신의 영업
> 에 방해를 받지 않기 위해 수면제를 먹인다. 이를 안 나는 충격을 이기지 못해 백화점 옥상으로
> 올라가 자신의 비참한 생활에서 벗어날 수 있는 상황을 달라고 절규한다. 이는 폐쇄되고 어두운
> 방으로부터의 탈출이요, 전도된 질서로부터의 해방이요, 의지적 인간 회복이다.

▶▶ 핵심정리

1. 갈래 : 단편소설, 심리주의 소설, 초현실주의

2. 배경

① 공간적 : 해가 들지 않는 서울의 33번지 구석방, 거리, 역 대합실, 산, 옥상

② 시간적 : 1930년대 어느 날

③ 사상적 : 다다이즘, 모더니즘

3. 특징

① 자아의 분열상과 의식의 흐름 기법, 지적인 실험 정신에 입각하여 서술하고 있다.

② 독백체에 의한 직접적 서술을 위주로 하고 있다.

③ 일제 치하의 우리 지식인들의 공포 의식과 좌절 의식을 가장 잘 작품화하였다.

④ 억압된 자아의식을 '방'이라는 밀폐된 구조로 표현하고 있다.

⑤ 서두에 도입부가 제시되어 '나'의 역설적 논리가 나타나 있다.

⑥ 주인공 '나'의 자폐적인 세계를 역설적인 독백체로 표현하고 있다.

4. 갈등 : 주인공 내부에서의 일상적 자아와 본래적 자아간의 갈등. 이 두 개의 분열된 자아를
통합하여 완전한 인간으로 통합해가는 것이 이 작품의 결말이다.

5. 등장인물

① 나 : 화자이면서 주인공. 자의식에 사로잡힌 좌절한 지식인의 모습이다. '박제가 되어 버

린 천재'로 표현된 자폐적 성격의 소유자이고, '두 개의 태양'으로 상징되는 이중성격 내
지 자아분열의 징후를 보이는 비일상성의 인물이다.

② **아내** : 물질과 사회적 타협의 표상으로 타락한 현실 속에서 그럭저럭 살아가는 존재이다.

6. **구성** : '나'가 집에서 보고 느낀 의식, 무의식의 상태와 외출해서 느낀 점 등을 순차적으로
나타낸 단순구성

① **첫 번째 외출** : 아내의 사생활 인지

② **두 번째 외출** : 아내와의 관계에 변화가 옴

③ **세 번째 외출** : 폐쇄적인 환경에서 벗어남

④ **네 번째 외출** : 일상성에서 벗어난 삶으로의 이행

⑤ **다섯 번째 외출** : 자발적인 일탈 행동

7. **시점** : 1인칭 주인공 시점

8. **주제** : 식민지 치하 지식인의 분열된 자의식과 극복 의지

9. **출전** : 1936년 9월 『조광(朝光)』에 발표

◢ 10 봄봄 : 김유정

> 내 아내가 될 점순이는 열여섯 살인데도 불구하고 키가 너무 작다. 점순네 데릴사위로 3년 7개월
> 이나 일을 해주었건만 심술 사납고 의뭉한 장인은 점순이의 키가 작다는 이유를 들어 성례시켜 줄
> 생각은 하지도 않았다. 서낭당에 가 치성도 드려 보고 꾀병도 부려 봤지만 도통 반응이 없고 몽둥
> 이질만 한다.
> 어느 날 점순이의 충돌질에 장인과 대판 싸움을 벌였는데 점순이가 갑자기 장인의 역성을 드는
> 바람에 오히려 얻어맞기만 했지만 결국 가을에 성례를 시켜 준다는 약속을 받기에 이른다.

▶▶ 핵심정리

1. **갈래** : 단편소설, 순수소설, 농촌소설

2. **배경**

① **시간적** : 1930년대

② **공간적** : 강원도 농촌 마을(점순이네 집)

3. **특징**

① 아이러니의 구조

② 육감적인 언어의 사용

③ 노골적인 표현과 거칠고 서투른 행동 묘사

④ 해학적이고 토속적인 문장

4. 등장인물

    ① 나(26세) : 작중 화자. 우직하고 순박한 머슴

    ② 장인 : '나'의 장인이 될 사람. 데릴사위라는 미명하에 일만 시키는 잔꾀 많은 주인

    ③ 점순 : 깜찍하고 야무진 성격. '나'와 장인 사이에서 애매한 태도를 취한다.

5. 구성

    ① 발단 : 결혼을 둘러싼 나와 장인 간의 갈등 내용

    ② 전개 : 나와 장인간의 갈등 심화

    ③ 절정 : 나와 장인 사이의 해학적 활극

    ④ 결말 : 갈등의 해소와 나의 순종(절정 속에 삽입)

6. 시점 : 1인칭 주인공 시점

7. 주제

    ① 의뭉스러운 주인과 우직하고 천진스러운 머슴 사이의 해학적 갈등과 그 해결

    ② 농촌 사회의 구조적 모순과 부조리한 현실 풍자

8. 출전 : 1935년 12월 『조광』에 발표

◢11 메밀꽃 필 무렵 : 이효석

> 장돌뱅이고 왼손잡이인 허 생원은 봉평장을 파하고 조 선달을 따라 충줏집에 갔다가, 동이가 충줏집과 놀아나는 것을 보고 뺨을 때려 내쫓고는 마음이 언짢다. 그러나 그날 밤 셋은 대화장을 향해 떠난다. 허 생원은 젊었을 때 메밀꽃이 하얗게 핀 달밤에, 봉평의 성 처녀와 물방앗간에서 이럭저럭 이야기가 되어 밤을 같이한 일이 있다고 이야기한다.
> 동이도 자기는 아버지가 누구인지 모르는데, 어머니가 자기를 낳아 의붓아버지 밑에서 어렵게 자라다가 장돌뱅이로 나섰으며, 어머니의 친정은 봉평이라고 이야기한다. 늙은 허 생원은 냇물을 건너다 미끌어 넘어져 동이의 등에 업혀 물가로 나오게 되는데, 동이로부터 자기의 어머니가 의부와도 갈라져 제천에 살고 있는데, 봉평으로 모셔와야겠다는 이야기를 듣는다. 옷을 말린 허 생원은 대화장을 보고는 제천으로 가자며 동이에게 동행을 청한다. 이때 동이의 채찍이 왼손에 들려 있음을 분명히 본다.

▶▶ 핵심정리

1. 갈래 : 단편소설, 순수소설, 서정소설

2. 배경

    ① 시간적 : 1920년대 어느 여름날 낮에서 밤까지

    ② 공간적 : 자연과 인간의 조화를 의미하는 낭만적 공간(장터, 산길, 달밤, 개울, 메밀꽃 …)

    ③ 사상적 : 반사회적이고 반문명적인 자연 친화사상

3. 특징

    ① 간결한 대화와 사실적인 문체(묘사의 탁월함)

    ② 시처럼 부드러운 서정적 분위기(운문과 산문의 장점을 조화)

    ③ 치밀한 구성(순차적 구성에 여러 개의 삽화 배치)

    ④ 암시와 추리의 기법(왼손잡이를 통해 혈연적 연기관계 암시)

    ⑤ '아버지 찾기'라는 원형을 지닌 작품

4. 등장인물

    ① **허 생원** : 주동인물. 삶의 뿌리가 뽑힌 장돌뱅이. 소박하고 토속적 성격

    ② **조 선달** : 부차적 인물. 허 생원의 동료

    ③ **동이** : 장돌뱅이. 허 생원의 친자(親子)인 것으로 암시되는 외로운 인물

5. 구성

    ① **발단** : 장터에서 전을 거두는 인물들

    ② **전개** : 충줏집에서 일어난 사건, 대화장으로 가는 도중에 들려주는 허 생원의 추억담

    ③ **절정** : 동이의 지나온 삶에 대한 이야기

    ④ **결말** : 동이와 허 생원의 혈육관계 암시

6. 시점 : 전지적 작가 시점

7. 주제 : 떠돌이 삶의 애환 속에 펼쳐지는 인간 본연의 애정

8. 출전 : 1936년 『조광(朝光)』 10월호에 발표

12 수난 이대 : 하근찬

> 삼대 독자 진수가 전장에서 죽지 않고 돌아온다는 사실에 박만도는 즐거운 마음으로 용머리재를 넘어 정거장으로 향하나, 진수가 병원에서 나오는 참이라는 데 대해 불안을 느낀다. 장에서 진수를 위해 고등어를 사 들고 정거장으로 가다가 십이삼 년 전에 징용 가던 일과 비행장 건설 공사 중에 한 팔을 잃은 일을 회상한다. 정거장에서 진수를 기다리던 만도는 한쪽 다리를 잃은 진수가 나타나자 놀란다. 부자는 서먹서먹한 감정으로 대화도 없이 집으로 가다가 만도는 술을 마시고 진수에게 국수를 사 먹인다. 집을 향해 걸어가면서 만도는 절망 상태에 빠져 있는 진수에게 그래도 다 살아갈 수 있다고 위로해 준다. 진수는, 고등어를 들고 소변을 보려고 애쓰는 아버지의 고등어를 받아준다. 외나무다리에서 진수가 어쩔 줄 몰라 하자 만도가 업어서 외나무다리를 건넌다.

▶▶ 핵심정리

1. 갈래 : 단편소설, 가족사 소설, 전후소설

2. 배경

    ① **시간적** : 일제 강점하에서 6·25 직후까지

② 공간적 : ㉠ 현실적 공간 – 전쟁의 상흔이 남아 있는 농촌
㉡ 허구적 공간 – 일제 암흑기의 남양의 어떤 섬과 6・25의 전쟁터
③ **사상적** : 전후의 허무주의, 반제국주의, 반전주의

3. 특징
① 과거와 현재의 교차를 통해 회상 또는 연상의 기법을 적절히 구사하고 있다.
② 사실적 묘사, 토착어의 구사 등을 통해 인물의 성격과 상황, 분위기를 제시하고 있다.
③ 오전에서 오후로의 이동을 통해, 희망에서 절망으로, 상승에서 하강으로의 분위기 변화를 자연스럽게 끌고 가고 있다.

4. 등장인물
① **박만도** : 아버지. 제2차 세계대전으로 인하여 한쪽 팔을 잃음
② **박진수** : 아들. 6・25 전쟁으로 인하여 한쪽 다리를 잃음

5. 구성
① **발단** : 만도는 6・25 전쟁에 나간 아들이 고향에 돌아온다는 통지를 받고 역으로 마중을 나감
② **전개**
㉠ 만도는 일제의 강제 징용에 끌려갔다가 방공호 작업장에서 한 팔을 잃은 자신의 과거를 회상함
㉡ 아들의 귀향을 축하하는 마음에서 도착 시간보다 이르게 나가 장에서 고등어를 삼
③ **위기** : 기차에서 내린 아들이 다리를 하나 잃은 채 목발을 짚고 있는 것을 본 만도는 분노하여 뒤도 안 보고 걸어감
④ **절정** : 외나무다리에서 팔이 없는 아버지가 다리 없는 아들을 업고 건너며 서로를 위로함
⑤ **결말** : 용머리재가 부자를 내려다 봄

6. **시점** : 전지적 작가 시점에 작가 관찰자 시점이 다소 혼용된 형태

7. 주제
① 민족의 수난과 그 극복 의지
② 비극을 통한 인간정신의 고양(휴머니즘)

8. **출전** : 『한국일보』(1957) 신춘문예 당선작

◢13 광장 : 최인훈

이 작품의 주인공 이명준은 전쟁 중에 월북한 거물급 남로당원인 아버지 때문에 경찰서로 끌려서 고초를 겪곤 한다. 또한, 남한의 타락하고 부조리한 상황에 염증을 느낀다. 이로 인해 명준은 사랑하는 '윤애'라는 여인도 버려 둔 채 월북한다. 그러나 북한도 이념과 허위에 가득 찬 곳이라는 것을 깨닫고 환멸을 느낀다. 결국 전장에서 포로가 되어 석방 과정에서 제3국인 중립국을 택하게 되고, 제3국행 배에서 갈매기를 보며 전선에서 만난 애인 은혜와 그 뱃속의 아이를 떠올리며 물속으로 뛰어들어 자살하게 된다. 따라서 이 작품은 민족 분단의 비극을 이념(이데올로기)적인 측면에서 본격적으로 다룬 장편 소설로, 남과 북을 오가면서 진실한 삶의 자리를 찾으려 노력을 기울이는 주인공의 모습을 통해 역사와 민족의 문제, 그리고 인간적 삶의 방향에 대한 문학적 모색을 보여 주고 있다.

▶▶ 핵심정리

1. 갈래 : 중(장)편소설, 사회소설

2. 배경
   ① 시간적 : 8・15 해방에서 6・25 종전 사이 공간
   ② 공간적
      ㉠ 현재 : 인도로 가는 타고르호(號) 선상(船上)
      ㉡ 회상 : 6・25 당시의 남한과 북한

3. 성격 : 회상적, 현실 비판적, 관념적, 추상적

4. 특징
   ① 철학・사회학 용어의 빈번한 사용으로 관념적・철학적 경향을 띠고 있다.
   ② 분단 문제를 최초로 이데올로기의 측면에서 다룬 분단 문학의 대표작이다.
   ③ 부분적으로 의식의 기법을 사용하고 있다.
   ④ 과거 회상의 독백체와 관념적 문체를 사용하고 있다.

5. 등장인물
   ① 이명준 : 주인공. 철학도. 전쟁 포로. 남한과 북한을 오가면서 남한의 나태와 방종, 북한의 부자연스러운 이념적 구속에 환멸을 느끼고 진정한 "광장"을 찾아 중립국으로 가기로 하지만, 결국 삶의 참된 가치의 실현에 의문을 느끼고 배 위에서 바다로 투신자살한다.
   ② 이형도 : 명준의 부친. 월북한 혁명가. 이상적인 혁명가가 아닌 부정적 이미지를 보임. 남로당원으로 월북하여 북한에서 고위 관리를 하고 있지만, 명준에게 이상적 혁명가의 모습을 보이지 못함으로써 역시 회의의 대상이 된다.
   ③ 윤애 : 명준의 남쪽 애인. 명준의 월북 후 명준의 친구 태식과 결혼하여 평범하게 사는 여인

④ 은혜 : 명준의 북쪽 애인. 발레리나. 북한군 간호 장교로 종군하다가 명준의 아이를 가진
   채 전사(戰死). 명준의 삶에 어떤 실마리를 제공할 수 있었던 여인

⑤ 갈매기 : 중요한 소재. 배 위에서 은혜와 그의 딸로 상징됨. 명준 자살의 동기가 된다.

6. **구성**

① 발단 : 월북한 아버지 때문에 고초를 겪다가 명준도 월북함

② 전개 : 북쪽 사회의 부자유와 이념의 허상에 환멸을 느낌

③ 위기 : 인민군으로 종군하다가 포로가 됨

④ 절정 : 포로 석방 때 제3국을 선택함

⑤ 결말 : 타고르호(號)에서 바다로 투신함

7. **시점** : 3인칭 전지적 작가 시점

8. **주제** : 이데올로기의 갈등 속에서 이상적 삶의 방식을 추구하는 인간의 모습

9. **출전** : 『새벽』(1960)

⊿14 삼포 가는 길 : 황석영

공사판을 떠돌아다니는 '영달'은 공사판의 공사가 중단되자 밥값을 떼어먹고 도망쳐 나온다. 어디로 갈까 망설이다가 정씨를 만나 동행이 된다. '정씨'는 교도소에서 목공, 용접 등의 기술을 배우고 출옥하여 영달이처럼 공사판을 떠돌아다니던 노동자인데, 그는 영달이와는 달리 정착을 위해 고향인 삼포로 향하는 길이다.

그들은 감천으로 행선지를 바꾸어 가던 중에 술집에서 도망친 백화를 만난다. 백화는 이제 겨우 스물 두 살이지만 열여덟에 가출해서 수많은 술집을 전전해서인지 삼십이 훨씬 넘은 여자처럼 늙어 보이는 작부였다. 그들은 그녀의 신세가 측은하게 느껴져 동행이 된다.

백화는 영달에게 호감을 느껴 그것을 표현하지만 영달은 무뚝뚝하게 응대한다.

역에 도착하자 백화는 영달에게 자기 고향으로 함께 가자는 제안을 하지만 영달은 이에 응하지 않고 백화에게 차표와 요깃거리를 사준다.

백화가 떠난 후 영달과 정씨는 삼포로 가는 기차를 기다리던 중 삼포에도 공사판이 벌어졌다는 사실을 알게 된다. 영달이는 일자리가 생겨 반가웠지만 정씨는 발걸음이 내키지 않는다. 마음의 정처(定處)를 잃어버렸다는 생각 때문이었다.

≫ 핵심정리

1. 갈래 : 단편소설, 여로형 소설

2. 성격 : 사실주의

3. 배경 : 1970년대, 공사장에서 고향인 강원도 삼포로 가는 여로

4. 특징
    ① '삼포'란 지명
        ㉠ 가공의 지명이며 떠도는 자의 영원한 마음의 고향
        ㉡ 산업화로 고장의 성격이 바뀐 농어촌
    ② 산업화 과정에서 삶의 터전을 상실한 시대의 민중의 전형성을 드러냄

5. 등장인물
    ① **정씨** : 출옥한 후 고향인 삼포(森浦)를 찾아가고 있는 인물. 막노동자. 결말부에서 떠돌이 신세가 됨
    ② **노영달** : 착암기 기술자. 공사판을 찾아 돌아다니는 뜨내기 막노동자. 행동과 말은 거칠지만 따뜻한 인간미를 지닌 인물
    ③ **백화** : 군인 부대가 있는 작은 시골 마을 술집에서 도망친 작부

6. 구성
    ① **발단** : 영달은 공사판 일이 중단되자 밥값을 떼어 먹고 도망치던 중 삼포로 가는 정씨를 만나 동행함
    ② **전개** : 두 사람은 찬샘이라는 마을에 있는 국밥집에 들른다. 월출 방향이 험할 것 같아 감천 방면으로 가던 중 도망친 국밥집 색시 백화를 만나 동행이 된다.
    ③ **절정** : 몸을 녹이기 위해 폐가에 들어간다. 그곳에서 백화는 과거에 자신이 지내온 이야기를 들려주고 영달에게 자기 고향으로 함께 가자는 제안을 하지만 영달은 백화를 떠나보낸다.
    ④ **결말** : 정씨와 영달은 대합실에서 만난 어느 노인에게서 삼포에 대한 소식을 듣게 된다. 삼포에도 공사판이 벌어졌다는 사실을 알게 되자 영달은 일자리가 생겼다고 좋아하지만 정씨는 풀이 죽는다.

7. **시점** : 3인칭 전지적 작가 시점

8. 주제
    ① 급속한 산업화 속에서 고향을 상실하고 떠돌아다니는 뜨내기 인생의 애환
    ② 산업화로 인한 민중들의 궁핍한 삶. 따뜻한 인정과 연대(連帶)의식

9. **출전** : 『신동아』(1973)

기출유형 다잡기

01 다음 중 소설구성의 3요소가 아닌 것은?

① 인물   ② 사건

③ 배경   ④ 대사

> **해설** ㉠ 소설의 3요소 : 주제, 구성, 문체
> ㉡ 소설구성의 3요소 : 인물, 사건, 배경
> ㉢ 소설문체의 3요소 : 서술, 묘사, 대사

02 현대소설에 대한 설명으로 거리가 먼 것은?

① 우리 문학사 최초의 근대 장편소설은 이광수의 「무정」이다.

② 1920년대에는 KAPF를 중심으로 한 이데올로기의 구현에 치중한 작품이 대거 출현했다.

③ 1930년대에는 세태·풍속소설 등 도시적 삶과 현대문명에 대한 소설적 접근이 이루어졌다.

④ 1940년대에는 브나로드 운동의 전개에 따라 「상록수」와 같은 농민소설이 등장하였다.

> **해설** 1930년대에는 브나로드 운동의 영향으로 심훈의 「상록수」, 이무영의 「제1과 제1장」 등 농촌 현실을 다룬 소설이 등장했다.

03 다음 중 전지적 작가 시점으로 옳은 것은?

① 주인공이 자신의 이야기를 하고 있다.

② 서술자가 외부관찰자로서만 이야기를 하고 있다.

③ 부수적 인물이 주인공의 이야기를 하고 있다.

④ 서술자가 인물의 행동과 내면심리까지 이야기를 하고 있다.

> **해설** 전지적(全知的) 작가 시점은 작가가 등장인물의 행동과 태도는 물론 그의 내면세계까지도 분석·설명하며 이야기를 이끌어가는 방식이다.
>
> **오답** ① 1인칭 주인공 시점
> ② 3인칭 관찰자 시점
> ③ 1인칭 관찰자 시점

정답 01 ④   02 ④   03 ④

04 다음 중 신소설 작품과 작가의 연결이 잘못된 것은?

① 「혈의 누」 – 이인직   ② 「금수회의록」 – 안국선

③ 「구마검」 – 이해조   ④ 「추월색」 – 김교제

> 해설   ④ 「추월색」(1912) : 회동서관에서 간행된 최찬식(崔瓚植)의 신소설. 1900년대 초기 개화된 젊은 이들의 애정을 우리나라를 비롯하여 일본·만주·영국까지 확대된 무대 안에 전개시킨 전형적인 애정신소설이다.

> 오답   ① 「혈의 누」(1906) : 이인직. 『만세보』에 연재된 최초의 신소설. 청일전쟁 배경. 친일적 성향
> ② 「금수회의록」(1908) : 안국선. 동물들을 의인화하여 인간사회의 모순과 비리를 풍자한 우화소설. 1909년 언론출판규제법에 의하여 금서 조치. 토론 형식
> ③ 「구마검」(1908) : 이해조. 『제국신문』에 연재. 판소리 '흥보가'와 민속극 '배뱅이굿'의 형식적·내용적 요소 차용. 개화기를 배경으로 미신타파와 관련된 내용

05 다음 중 고전소설을 판소리계 소설로 개작한 것으로 틀린 것은?

① 「춘향전」 → 「옥중화」   ② 「별주부전」 → 「토의 간」

③ 「흥부전」 → 「연의 각」   ④ 「심청전」 → 「소양정」

> 해설   ④ 이해조는 「소양정기」를 「소양정」으로 개작하였다.

06 다음에서 설명하고 있는 작품은?

> 토론소설이라는 표제가 붙어 있는 이 소설은 주제면에 있어 신소설 중에서 가장 정치성을 강하게 드러내고 있는 작품이다.

① 이인직의 「혈의 누」   ② 이해조의 「자유종」

③ 최찬식의 「추월색」   ④ 안국선의 「금수회의록」

> 해설   ② 이해조의 「자유종」은 토론소설이라는 표제가 붙어 있는 소설로, 주제면에 있어 신소설 중에서 가장 정치성을 강하게 드러내고 있는 작품이다.

> 오답   ④ 「금수회의록」(1908) : 안국선. 동물들의 토론형식을 취하고 현실 비판의 정치적 성향은 있으나 '토론소설'이라는 표제가 붙어 있는 소설은 아니다.

정답   **04** ④   **05** ④   **06** ②

07 다음 중 「무정」의 특징으로 옳지 않은 것은?

① 근대의식의 자각, 사회의식의 각성을 드러내고 있다.
② 한국문학사에서 근대소설의 면모를 최초로 보여 주는 작품이다.
③ 조선청년들의 이상과 고뇌를 다루었고, 그들의 미래에 대한 도덕적 책무를 강조한다.
④ 화학자 김성재를 주인공으로 하여 과학 입국의 의지를 보여 준 작품이라 할 수 있다.

해설 ④는 이광수의 「개척자」에 대한 내용이다. 「개척자」는 과학에 의한 입국(立國)을 지향하려는 김성재와 오빠를 도우면서 사랑의 잉태로 자유연애에 의한 삶의 성취를 지향하는 김성순이 인습과 세속으로 뒤얽힌 현실을 초극(超克)하려는 모습을 보여 주는 작품이다.

08 다음 중 1920년대 소설의 특징과 거리가 먼 것은?

① 당대 현실에 대한 관심을 주제화하였다.
② 순수 문예지 중심의 창작이 활성화되었다.
③ 사실적 묘사와 서민층 인물의 형상화가 두드러졌다.
④ 계몽적 인도주의에 입각한 설교문학의 성격을 지녔다.

해설 ④ 1910년대 소설의 특징이다.
1920년대 소설은 계몽적 인도주의 사상에 입각한 설교문학에 대한 극복으로부터 출발하여 사상성보다 예술성에 치중한 문학운동을 전개하였다.

09 다음 설명에 해당하는 작가는?

- 최초의 순수 문예지인 『창조』를 창간하였다.
- 간결하고 개성 있는 문체를 사용하였으며 과거형 시제를 썼다.
- 비속어 및 사투리를 최초로 소설에 도입하였다.
- 대표작으로 「배따라기」, 「발가락이 닮았다」, 「감자」 등이 있다.

① 이광수 ② 김동인
③ 염상섭 ④ 채만식

해설 ② 김동인에 대한 내용이다.

정답 07 ④ 08 ④ 09 ②

10 다음 내용과 관련된 작품은?

> • 하층민의 비극적인 삶을 반어적으로 묘사
> • 김첨지, 설렁탕, 인력거, 아내의 죽음
> • 일제 치하의 암울했던 시대 상황과 궁핍한 현실 비판

① 「무영탑」   ② 「빈처」
③ 「감자」   ④ 「운수 좋은 날」

해설 ④ 「운수 좋은 날」은 인력거꾼으로 큰 벌이를 한 운수 좋은 날이 아니라, 병든 아내가 죽은 비운의 날의 '반어적(Irony) 표현'이다. 즉, 하층민의 삶의 비극성을 반어적으로 표현한 것이다.

오답 ① 「무영탑」(1938) : 현진건의 장편소설. 『동아일보』에 164회로 연재. 아사달, 아사녀, 주만이 주요 등장인물. 1930년대 군국주의의 억압 속에서 민족의 해방이라는 이상을 염원한 작가의 민족의식이 담겨져 있다.
② 「빈처」(1921) : 현진건. 잡지 『개벽』에 발표. 작가를 지망하는 젊은 지식인 K와 그를 둘러싼 속물적 사회 사이의 갈등을, 이해와 순종 속에서도 잠시 속물적 유혹에 끌리는 아내를 축으로 하여 실감나게 그리고 있다. 1920년대 단편소설의 본격적인 출발이라는 문학사적 의의를 지님
③ 「감자」(1925) : 김동인. 사실주의적 기법, 자연주의적 경향. 복녀, 남편, 감독, 왕 서방. 자연주의적인 특징을 보이는 소설로, 인간의 성격이 환경에 의해 결정된다는 환경 결정론을 보여준다. 복녀의 타락과 죽음은 불우한 환경이 빚어낸 비극적인 결과로 그려진다.

11 다음에서 설명하는 작가는?

> 1936년 『조선일보』 신춘문예에 단편 「사하촌」이 당선되어 정식으로 문단에 등단한 후, 식민지 현실의 모순과 농촌 문제, 민중의 항거 등에 대한 작품을 주로 썼다. 민중을 억압하는 유력자들에 대한 비판과 민중의 저항, 행동하는 문학을 추구하였다. 주요 작품으로는 「사하촌」, 「모래톱 이야기」, 「수라도」 등이 있다.

① 박태원   ② 박영준   ③ 김정한   ④ 이무영

해설 ③ 김정한(1908~1996) : 1936년 일제 강점기 농촌의 현실과 친일파 승려들의 잔혹함을 그린 「사하촌」이 『조선일보』에 당선되어 등단했다. 권력에 신음하는 민중의 삶과 부당한 현실을 고발하고, 민중에 대한 연민과 연대의식을 강조한 작품을 주로 썼다.

오답 ① 박태원 : 모더니스트. 호는 구보(仇甫). '구인회(1933)'의 발족 회원. 「소설가 구보 씨의 일일」, 「천변 풍경」 등
② 박영준 : 호는 만우(晩牛). 주로 농촌의 가난을 소재로 하는 농촌소설을 많이 썼다. 「모범경작생」, 「아버지의 꿈」, 「목화씨 뿌릴 때」 등
④ 이무영 : 본명이 용구(龍九). '구인회(1933)'의 발족 회원. '극예술연구회'의 동인. 희곡 「탈출」, 「아버지와 아들」 발표. 농촌 체험소설 「제1과 제1장」, 「흙의 노예」(속편) 등

정답   10 ④   11 ③

12 다음에서 설명하는 작가는?

• 1920년 『개벽』에 단편 「희생화」를 발표하여 문단에 데뷔하였다.
• 대표작으로는 「B사감과 러브레터」, 「운수좋은 날」, 「빈처」 등이 있다.

① 채만식   ② 현진건
③ 염상섭   ④ 나도향

해설 ② 현진건은 1920년 『개벽』에 단편 「희생화」를 발표함으로써 문단에 등단하였고, 「빈처」(1921), 「타락자」(1922) 등을 발표하였다. 대표작으로는 「B사감과 러브레터」, 「운수좋은 날」, 「술 권하는 사회」, 「무영탑」 등이 있다.

13 다음 중 1930년대 소설의 특징에 대한 설명으로 옳지 않은 것은?

① 사상성보다는 예술성에 중심을 둔 문학운동을 전개했다.
② 1930년대의 대표적인 작가로는 채만식, 이효석, 김유정, 이상 등이 있다.
③ 세태소설, 풍자소설, 역사소설 등이 많이 창작되었다.
④ 『문장』, 『인문평론』 등의 지면을 통해서 많은 소설들이 발표되었다.

해설 ①은 1920년대 소설의 특징이다.

14 다음에서 설명하는 내용에 해당하는 작가는?

• 대표적인 작품에는 「만세전」, 『삼대』, 「표본실의 청개구리」 등이 있다.
• 식민지 시대의 전체적 시대상황과 개인의 관계를 당시 서울 중인층의 언어로 묘사하였다.

① 김유정   ② 염상섭
③ 채만식   ④ 이효석

해설 ② 염상섭은 일상적인 언어감각을 소설에 제대로 표현한 작가이다. 특히 그는 당시 서울 중인계급의 말을 풍부하고 능수능란하게 사용하여 식민지 시대의 전체적 상황과 개인의 관계를 훌륭하게 묘사하였다. 대표적인 작품에는 「만세전」, 『삼대』, 「두파산」, 「표본실의 청개구리」 등이 있다.

정답   12 ②   13 ①   14 ②

15 다음은 누구의 어느 작품에 대한 설명인가?

> 전통적인 가치관에 의해 살아가는 구세대들과, 부(富)의 축적으로 인한 신분상승에의 의지
> 들이 적나라하게 파헤쳐지는 한편, 신식문물에의 경도와 의식 없는 생활의 비참한 패배,
> 그리고 새 세대의 주인공으로서 자각을 앞세우면서도 현실적인 장벽 앞에 휘청거릴 수밖에
> 없는 인물들의 행동이 계층 간의 갈등과 더불어 적절히 형상화되고 있음을 볼 수 있다.

① 김동인의 「광화사」   ② 염상섭의 『삼대』
③ 김유정의 「동백꽃」   ④ 이상의 「날개」

> **해설** ② 『삼대(三代)』 : 1931년 염상섭의 장편소설이다. 서울의 이름난 만석꾼 조씨(趙氏) 집안의 할아
> 버지와 아버지, 그리고 아들에 이르는 삼대가 일제 치하에서 몰락해가는 과정을 그리면서 당
> 시의 청년들의 고민을 사실적인 수법으로 묘사한 작품이다.

16 1930년대 브나로드 운동의 전개에 따른 농민문학에 해당하지 않는 작품은?

① 이광수의 「흙」   ② 심훈의 「상록수」
③ 최서해의 「홍염」   ④ 이무영의 「제1과 제1장」

> **해설** ③ 최서해의 「홍염」은 1920년대 서간도 이주민의 비참한 생활과 악독한 지주에 대한 소작인의
> 저항을 그린 소설이다.

17 유진오와 더불어 카프(KAPF) 진영으로부터 동반자 작가라는 호칭을 들은 작가로, 초기
「노령근해」, 「상륙」 등과 같은 경향문학의 성격이 짙은 작품을 창작한 작가는?

① 최서해   ② 이효석   ③ 임화   ④ 김유정

> **해설** ② 이효석(1907~1942)은 초기에는 경향문학의 성격이 짙은 작품 활동을 하였으나, 1930년대 들
> 어 경향문학적 요소를 탈피하고 순수문학을 추구하게 된다.

18 간도에 이주한 조선 농민이 겪는 설움과 가난, 이로 인해 벌어지는 폭력과 살상의 비극을
그린 최서해의 소설은?

① 「탁류」   ② 「홍염」
③ 「고향」   ④ 「만무방」

> **해설** ② 「홍염」은 서간도 조선 이주민의 비참한 생활과 악독한 지주에 대한 소작인의 저항, 일제 식민
> 지 하의 조선인의 비참한 삶과 저항을 그리고 있다.

정답   15 ②   16 ③   17 ②   18 ②

오답 ① 「탁류」: 1937년 채만식의 장편소설. 『조선일보』에 198회 걸쳐 연재. '여인의 일생형'에 속하는 작품으로, 한 여인의 수난사를 줄거리로 하면서 1930년대의 세태와 하층민의 운명을 폭넓게 그리고 있다. 초봉, 군산 미두장 배경. 1930년대 타락한 사람들로 이루어진 사회, 위선과 음모와 살인의 악이 횡행하는 사회의 모습을 보여준다.
③ 「고향」: 1926년 현진건의 단편소설. 1920년대 민족항일기의 시대상을 집약적으로 보여주며, 일제의 식민지 수탈정책을 날카롭게 비판한 작품이다.
④ 「만무방」: 1935년 김유정의 단편소설. 『조선일보』에 연재. 표제의 '만무방'이라는 말은 염치가 없이 막돼먹은 사람이라는 뜻. 일제 강점기 아래에서 농촌의 착취 체제에 내재하는 모순을 겨냥한 작품이다.

19 사투리와 의성어·의태어와 같은 토속적인 용어를 사용하고 농촌의 현실을 비판한 「봄·봄」, 「동백꽃」의 작가는?

① 염상섭　　　　　② 김동인
③ 김유정　　　　　④ 이효석

해설 「봄·봄」, 「동백꽃」의 작가는 김유정이다. 김유정은 향토색이 짙은 농촌을 무대로 하고 있으며, 향토적 서정미가 담겨 있고, 사투리와 의성어·의태어와 같은 토속적 용어의 사용이 빈번하였다.

20 다음 설명에 해당하는 작가는?

• 이광수에 반발하여 문학은 도덕의 가치와 교훈을 구현하는 수단이 아니라 오직 미를 추구할 따름이라고 보았다.
• 문체와 어법을 손질하여 과거형을 '하더라'에서 '했다'로 바꾸고 삼인칭 대명사 '그'를 쓰자고 했다.
• 대표작으로 「약한 자의 슬픔」, 「배따라기」, 「감자」 등이 있다.

① 김동인　　　　　② 나도향
③ 전영택　　　　　④ 현진건

해설 제시된 설명은 김동인에 대한 설명이다.

21 다음 중 작가가 다른 작품 하나를 고르면?

① 「물레방아」　　　② 「치숙」
③ 「태평천하」　　　④ 「레디메이드 인생」

해설 ① 「물레방아」는 나도향의 작품이다.
「치숙」, 「태평천하」, 「레디메이드 인생」 등은 채만식의 작품이다.

정답 19 ③　20 ①　21 ①

22 다음에서 설명하고 있는 작가는 누구인가?

> 부정적 인물을 전면에 내세워 자세히 관찰하나, 사실 작가가 애정을 주는 긍정적 인물은 단편소설 「치숙」(1936)에서와 같이 식민지 사회에 적응하지 못하고 무능하기만 한 지식인 인텔리 계층이다. 오히려 부정적 인물을 겉으로 드러내어 찬양하고, 작가가 마음에 두고 있는 인물은 뒤에 숨겨 놓은 채 비판적으로 그리는 능청스러움과 의뭉스러움이 이 작가가 즐겨 사용하는 풍자적 기법이다.

① 채만식
② 김유정
③ 김동인
④ 염상섭

해설 ① 채만식의 작품기법은 매우 다양한데 특히 풍자적 수법에서 큰 수확을 거두었다. 장편소설로는 「탁류」, 「태평천하」 등이 있다.

23 다음과 관련된 작자와 작품은?

> • '죽음 또는 자살충동'의 유희화(遊戲化)와 나르시시즘이 들어 있다.
> • 주제는 실존적인 나의 모습을 그렸다.
> • '깨어남'과 '잠'의 변증법적 논리가 자리잡고 있다.
> • 여성 모티프를 사용하여 그의 실험성을 엿볼 수 있게 한다.

① 현진건 – 「빈처」
② 이효석 – 「메밀꽃 필 무렵」
③ 이상 – 「날개」
④ 유진오 – 「T강사와 어머니」

해설 ③ 이상의 「날개」에는 에로스적인 것과 타나토스적인 것이 무질서하게 혼용되어 나타나고 있으며, 여성 모티프와 섹스 모티프가 함께 등장하여 그의 실험성을 엿볼 수 있게 한다. '죽음 또는 자살충동'의 유희화(遊戲化)와 나르시시즘이 등장하고, '깨어남'과 '잠'의 변증법적 논리가 자리잡고 있으며, 주제는 실존적 자기 동일성에 대한 확인이라 할 수 있다.

24 다음 설명에 해당하는 작품은?

> • 조선의 현실에 관심이 없던 주인공 '나'(이인화)가 아내가 위독하다는 소식을 듣고 잠시 귀국했다가 돌아가는 여정을 통해 한 지식인이 민족의 현실에 눈떠 가는 과정을 그렸다.
> • 식민지 조선의 총체적 실상을 매우 사실적으로 형상화하고 있으며, 주인공 이인화의 의식 구조를 통해 당시의 민족적 현실을 바라보는 지식인들의 나약하고 무기력한 의식 구조를 잘 보여준다.

정답 22 ① 23 ③ 24 ②

① 「광장」　　　　　　　　② 「만세전」
③ 「무정」　　　　　　　　④ 「인간문제」

해설　염상섭의 「만세전」에 대한 설명이다. 위축된 식민지 조선의 현실을 그리고 있는 작품으로, 당대의 삶을 은유하는 원제인 「묘지」에서 3·1 운동 이전을 나타내는 「만세전」으로 제목을 바꾸었다.

25 다음 작품에 대한 설명으로 적절하지 않은 것은?

> 1976년 작품인 「난쟁이가 쏘아 올린 작은 공」의 등장인물은 다음과 같다.
> • 아버지(난쟁이) : 채권 장사, 수도 파이프 수리공 등으로 한 가족의 생계를 꾸려 나가는 가장, 삶의 절망 끝에 공장 굴뚝 위에서 추락사함
> • 어머니 : 가족을 위해 희생하며 가계를 꾸려 나가기 위해 노력함
> • 영수(큰아들) : 산업화 사회의 최하위 계층인 노동자로 여러 공장을 전전하다가 노동운동에 뛰어들게 됨, 은강그룹 회장의 동생을 죽여 사형 선고를 받음
> • 영호(작은아들) : 형인 영수의 영향을 많이 받은 인물로 형과 함께 은강 전기 회사에서 연마 일을 함
> • 영희(딸) : 팬지꽃의 이미지를 닮은 소녀로 아파트 입주권을 팔게 되자 자신의 순결을 바쳐 입주권과 돈을 훔쳐옴

① 난쟁이 가족의 삶을 통해 노동 현실과 사회의 구조적인 모순을 폭로하고 있다.
② 부도덕한 부유층과 최저 생활도 영위하지 못하고 살아가는 빈민층의 삶을 대립적으로 그리고 있다.
③ 1970년대 급격한 산업화의 물결 속에서 삶의 기반을 빼앗기고 몰락해 가는 도시 빈민들의 삶을 다루고 있다.
④ 작품에 나타난 많은 대립적 관계들은 당시 사회가 계층 간 화해를 가능하게 할 만큼 성숙한 상태였음을 역설적으로 보여 주고 있다.

해설　「난쟁이가 쏘아 올린 작은 공」은 가진 자와 못 가진 자의 대립적 구도를 통해 당시 사회의 모순과 난쟁이로 대표되는 도시 빈민의 삶을 부각했다.

26 다음 성향에 해당하는 작가는?

> 식민지 시대의 현실을 생생하게 보여 주었다. 대표작으로는 「레디메이드 인생」, 「치숙」, 「탁류」, 「태평천하」 등이 있다.

① 염상섭　　　　　　　　② 현진건
③ 채만식　　　　　　　　④ 이효석

정답　25 ④　26 ③

제시문은 채만식에 대한 설명이다.

① **염상섭** : 자연주의 및 사실주의 문학을 작품에 보여준 최초의 소설가. 대표작으로는 「표본실의 청개구리」, 『삼대』가 있다.
② **현진건** : 사실주의를 개척한 근대 단편소설의 선구자. 대표작으로는 「운수 좋은 날」, 「빈처」가 있다.
④ **이효석** : 향토적 정서를 바탕으로 한 순수문학을 추구한 작가로서, 대표작으로는 「메밀꽃 필 무렵」이 있다.

27 하나의 이야기 속에 또 하나의 이야기가 들어 있도록 하는 소설의 구성 방식은?

① 옴니버스 구성   ② 피카레스크 구성
③ 설화적 구성   ④ 액자식 구성

④ 액자식 구성(額子式 構成)은 액자가 어떤 내용을 둘러싸서 그 내용을 꾸며주듯, 외부 이야기가 내부 이야기를 액자처럼 둘러싸고 있도록 이야기를 전개하는 구성 방식이다.
액자식 구성의 시점은 대체로 외부 이야기는 1인칭 시점, 내부 이야기는 3인칭 시점이다. 외부 이야기를 1인칭 시점으로 설정하는 이유는 내부 이야기에 진실성(reality)을 부여하기 위함이다. 한편 내부 이야기를 통해서는 주로 작품 전체의 주제를 드러내게 된다.
액자 구조 기법이 쓰인 소설로는 김동인의 「배따라기」・「광화사」・「붉은 산」・「칼멘」, 김만중의 「구운몽」, 김동리의 「무녀도」・「등신불」・「까치소리」, 박지원의 「옥갑야화(허생전)」・「관내정사(호질)」, 전영택의 「화수분」, 박완서의 「겨울 나들이」・「그 여자네 집」 등이 있다.

28 다음 설명에 해당하는 소설의 요소는?

> 시간들을 한정하고 연속화하는 법칙의 집합, 혹은 이야기를 선택하고 배열하는 원리이다.

① 플롯(plot)   ② 모티프(motif)
③ 스토리(story)   ④ 시점(point of view)

제시된 지문은 소설의 '플롯'에 대한 설명이다. '플롯'은 문학 작품에서 형상화를 위한 여러 요소들을 유기적으로 배열하거나 서술하는 일을 말한다.

② **모티프(motif)** : 소설 작품을 표현하는 동기가 된 작가의 중심 사상
③ **스토리(story)** : 시간의 흐름에 따라 배열한 이야기
④ **시점(視點)** : 소설에서, 이야기를 서술하여 나가는 방식이나 관점

29 다음 설명에 해당하는 작가는?

> • 최초의 근대장편소설로 평가받는 「무정」의 작가이다.
> • 구체어적 문장의 개척자이자 문학론자로서 근대문학 형성에 이바지하였다.
> • 그의 계몽 담론은 당대의 관습과 사고방식을 변화시키는 데에 큰 영향을 미쳤다.
> • 친일, 반민족적 활동은 지울 수 없는 과오로 남았다.

① 김동인   ② 강경애
③ 최서혜   ④ 이광수

해설 1917년에 『매일신보』에 연재되었던 「무정(無情)」은 이광수가 지은 우리나라 최초의 근대 장편 소설로, 민족주의적 이상과 계몽주의적 정열이 잘 나타나 있는 작품이다.

30 다음 문학관을 주장한 사람은?

> • 한문으로 된 옛 문학을 우리 문학에서 배제하였다.
> • 서양의 'literature'를 '문학'이라고 번역하기를 제안하였다.
> • 지(知), 정(情), 의(義)의 조화와 진(眞), 선(善), 미(美)의 균형을 중시하였다.
> • 도덕과 종교의 보조물이 아니라고 하여 문학의 독립성을 강조하였다.

① 최남선   ② 정지용
③ 이광수   ④ 김기림

해설 작가(이광수)의 문학론을 이해한다.
    ③ 「문학이란 하(何)오」: 이광수. 1916년 『매일신보』
       • 열한 번째 항목 : 조선 문학은 조선인이 조선문으로 쓴 것이어야 한다.
       • 첫째 항목 : 문학이라는 용어는 서양의 'Literature'나 'Literatur'에서 나온 것임을 밝힌다.
       • 셋째 항목 : 지·정·의 가운데 '정'을 종속적인 요소로 여기던 지난 시대의 문학관에 맞서 '정'이라는 요소가 지닌 중요성을 강조함으로써 문학의 독립성을 주장한다.

31 〈보기〉에서 개화기 신소설에 해당하는 작품을 고른 것은?

> **보기**
> ㄱ. 이인직의 「혈의 누」   ㄴ. 최인훈의 「광장」
> ㄷ. 이해조의 「자유종」   ㄹ. 장용학의 「요한 시집」

① ㄱ, ㄷ   ② ㄱ, ㄹ
③ ㄴ, ㄷ   ④ ㄴ, ㄹ

정답 29 ④   30 ③   31 ①

해설　신소설의 작가와 작품을 이해한다.
ㄱ. 「혈의 누」(1906) : 이인직. 신교육사상 고취, 자유결혼 주장, 최초의 신소설, 『만세보』에 연재
ㄷ. 「자유종」(1910) : 이해조. 정치적인 토론소설, 자주독립·여성해방·교육제(한자폐지 등)를
다룸

오답　ㄴ. 「광장」(1960) : 최인훈
ㄹ. 「요한시집」(1955) : 장용학

32　이광수와 그의 작품에 대한 설명으로 옳은 것은?

① 젊은 시절에 유럽 유학으로 서구의 근대문학을 익혔다.

② 1917년에 「무정」을 신문 연재하여 근대소설의 새 지평을 열었다.

③ 당대 현실을 사실적으로 묘사한 「붉은 산」, 「광염소나타」 등을 창작하였다.

④ 소외 계층에 대한 관심과 근대문물에 대한 비판 의식이 공존하는 작품세계를 지녔다.

해설　② 이광수의 「무정」은 신소설의 과도기적 성격을 탈피한 최초의 본격적인 현대 장편소설이다. 순
국문체로 126회에 걸쳐 연재되었다.

오답　① 유길준에 대한 설명이다. 유길준은 최초의 국비 유학생으로 미국에서 유학하던 중 정부 지원
이 끊어지게 되자 유럽을 돌아 견문을 넓히게 된다. 유학생활과 유럽탐방기를 담은 책 『서유
견문』을 집필하였다.
③ 김동인에 대한 설명이다. 김동인은 수많은 단편을 발표해 한국 근대단편소설의 양식을 확립하
였다.
④ 현진건에 대한 설명으로 「운수 좋은 날」에서 1920년대의 하층민의 생활상을 사실적으로 나타
내었다.

33　다음 설명에 해당하는 작품은?

식민지 시대 초기의 소설로, 원제인 「묘지」가 위축된 당대의 삶을 은유하듯이 3·1 운동
이전의 사회 현실을 그리고 있다. 일본 동경에서 대학을 다니는 한 조선인 유학생의 귀환
과정을 통화여 3·1 운동 직전의 참담한 한국의 현실을 구체적으로 형상화하는 작품이다.

① 김동인의 「붉은 산」　　　　　② 염상섭의 「만세전」
③ 최서해의 「탈출기」　　　　　④ 현진건의 「술 권하는 사회」

해설　② 3·1 운동 이전의 조선의 현실을 공동 묘지로 묘사하고 있는 작품은 염상섭의 「만세전」이다.

오답　① 송 첨지라는 노인이 소작료를 적게 내자 만주인 지주에게 맞아 죽게 되고 마을의 골칫덩이이
자 망나니인 '삵'이 지주를 찾아가 맞서다 죽게 되는 내용이다.
③ 간도로 이주한 박군이 힘겨운 생활을 이어가다가 사회운동을 하게 되는 내용이다.
④ 암담한 식민지 사회에서 지식인은 술을 마시고 주정꾼이 될 수밖에 없다고, 사회가 술을 권한
다는 풍자적 내용의 소설이다.

정답　32 ②　33 ②

34 작가 염상섭에 대한 설명으로 적절하지 않은 것은?

① 언론인적 감각을 지닌 소설가였다.

② 대표작으로 「표본실의 청개구리」, 『삼대』 등이 있다.

③ 황석우 등과 함께 동인지 『폐허』를 창간하였다.

④ 일제 강점기의 피폐한 농촌을 배경으로 한 작품들을 창작하였다.

> **해설** 염상섭은 김억, 남궁벽, 오상순, 황석우 등과 함께 『폐허』의 창간 동인으로 활동을 시작하였다. 호는 횡보(橫步)이며, 1921년 천도교 기관지인 『개벽』에 단편 「표본실의 청개구리」를 발표하는 등 처음에는 자연주의적 경향을 띠었으나 후에는 사실주의 계열의 작품을 썼다. 대표적인 작품에 「만세전」, 『삼대』, 「임종」, 「두 파산」 등이 있다.
> ④ 1930년대에 농촌을 배경으로 한 소설을 주로 쓴 작가로는 「동백꽃」, 「봄봄」, 「금 따는 콩밭」, 「소낙비」, 「만무방」 등을 쓴 김유정이 있다. 또한 브나로드 운동의 영향으로 농촌계몽소설이 많이 나왔는데, 대표작으로는 이광수의 「흙」, 심훈의 「상록수」, 박영준의 「모범경작생」, 이무영의 「제1과 제1장」, 박화성의 「한귀」, 김정한의 「사하촌」 등이 있다.

35 신소설에 대한 설명으로 옳지 않은 것은?

① 이인직의 「혈의 누」에서 비롯되었다고 본다.

② 고소설과는 완전히 절연된 새로운 양식이다.

③ 개화 사상과 독립 사상의 고취를 주요 테마로 삼았다.

④ 시간의 역전 구조, 구어체의 사용 등 새로운 특징이 발견된다.

> **해설** ② 신소설은 권선징악이라는 주제의 면이나, 등장인물의 비범성, 사건의 우연성 등에서 고소설의 한계를 벗어나지 못하였다.
> **오답** ① 최초의 신소설은 1906년에 『만세보』에 연재되었던 이인직의 「혈(血)의 누(淚)」이다.

36 1930년대의 대표 소설과 그에 대한 설명으로 옳지 않은 것은?

① 최서해, 「탈출기」 – 식민지 사회의 궁핍한 현실을 낭만적으로 그려내고 있다.

② 이상, 「날개」 – 외면적 세계의 모습을 통해 내면적 심리 세계를 투영해 내고 있다.

③ 채만식, 「레디메이드 인생」 – 일제 강점기의 지식인의 비애와 좌절감을 사실적으로 그려 내었다.

④ 박영준, 「모범 경작생」 – 1930년대 농촌을 배경으로 일제의 기만적 농업진흥정책의 실상을 파헤친 소설이다.

> **해설** ① 최서해의 「탈출기(脫出記)」는 주인공이 일제 강점기의 간도(間島)에서 비참한 삶을 살아가는 모습을 '사실적'으로 그린 작품이다. 따라서 '낭만적으로 그려내고 있다'는 표현은 적절하지 않다.

정답	34 ④	35 ②	36 ①

37 ( ) 안에 공통으로 들어갈 말로 알맞은 것은?

> • 채만식의 ( )은/는 염상섭의 『삼대』와 함께 1930년대를 대표하는 가족사 소설
> 로 평가받고 있다. 작가는 윤 직원 영감의 그릇된 인식과 그 일가의 비윤리적이고 반사
> 회적인 삶의 모습을 통해 당대 사회의 모순과 부정적 시대 현실에 영합하여 살아가는
> 인물을 날카롭게 풍자하고 있다.
> •"화적패가 있더냐? 부랑당 같은 수령들이 있더냐? …… 재산이 있대야 도적놈의 것이
> 요, 목숨은 파리 목숨 같던 말세넌 다 지내가고요 ……. 자 부아라. 거리거리 순사요,
> 골골마다 공명헌 정사, 오죽이나 고마운 세상이여? 으응? …… 제 것 지니고 앉어서
> 편안허게 살 태평 세상, 이걸 ( )(이)라구 허는 것이여 ……."
>
> – 채만식, ( ) –

① 「미스터 방」 ② 「민족의 죄인」
③ 「태평천하」 ④ 「레디메이드 인생」

해설 ③ 1938년 잡지 『조광』을 통해 발표된 채만식이 장편소설. 최초의 제목은 「천하태평춘」이었다가
1940년 『삼인장편집』에 수록되었고, 1948년 「태평천하」라고 이름을 바꾸어 출간되었다. 부패
지주의 전형이라 할 수 있는 '윤 직원'과 그의 일가가 몰락하는 모습을 그린 풍자적인 작품이다.

38 박태원의 소설에 대한 설명으로 옳지 않은 것은?

① 그의 작품은 평론가 최재서로부터 '리얼리즘의 확대'로 평가받았다.
② 당대 지식인의 무기력한 자의식에 비치는 일상의 모습을 형상화하였다.
③ 「지주회시」에서 근대사회의 자본주의적 착취 구조를 풍자적으로 그려 내었다.
④ 대표작으로 서울 청계천 변을 중심으로 벌어지는 서민들의 다양한 생활상을 그린 「천변
풍경」이 있다.

해설 ③의 「지주회시」는 1936년 6월 『중앙』에 발표한 이상의 단편소설로 '지주'란 거미를 뜻하고 '시'는
돼지를 뜻한다.

오답 박태원은 이상, 정지용과 더불어 1930년대 모더니즘 문학을 대표하는 작가이다. 대표작으로는
「소설가 구보씨의 일일」과 「천변풍경」이 있다.

39 다음 설명에 해당하는 작품은?

> • 1937년부터 1938년까지 『조선일보』에 연재되었다.
> • 아버지의 뜻에 따라 시집을 간 주인공의 기구한 인생을 다루었다.
> • 금강 어귀 군산의 미두장을 배경으로 삼았다.
> • 이 작가의 다른 작품으로 「태평천하」, 「레디메이드 인생」 등이 있다.

정답 37 ③ 38 ③ 39 ②

① 「무정」 ② 「탁류」

③ 『삼대』 ④ 「토지」

해설 「태평천하」, 「레디메이드 인생」을 토대로 채만식의 작품을 이해한다.
    ② 「탁류」: 채만식
      • 『조선일보』에 1937년 10월 12일부터 이듬해 5월 17일까지 연재
      • 주인공(초봉)의 기구한 인생을 통해 일제 강점기의 혼탁한 세태 속에서 전통적인 인습과 새
        로운 풍속이 서로 부딪히는 과정을 그리고 있다.
      • 일제 강점기 호남평야에서 생산된 미곡을 일본으로 반출하던 금강 어귀 군산의 미두장을 배
        경으로 하고 있다.
      • 「레디메이드 인생」(1934), 「탁류(濁流)」(1937), 「태평천하(太平天下)」(1938), 「치숙(痴叔)」(1938),
        「미스터 방(方)」(1946) 등

오답 ① 「무정」: 이광수. 1917년 『매일신보』에 총 126회 연재. 한국 최초의 근대 장편소설
    ③ 『삼대』: 염상섭. 1931년 『조선일보』에 총 215회 연재. 장편소설
    ④ 「토지」: 박경리. 1969년부터 집필에 들어가 1994년에 전 5부 16권으로 완간한 대하소설

40 다음 설명에 해당하는 작가는?

• 조선총독부의 건축과 기사로 근무하다가 병으로 그만두었다.
• 신문에 연재한 작품이 너무 난해하다는 독자들의 항의를 받았다.
• 1934년에 구인회에 가입하였다.
• 자의식을 드러내는 초현실주의적 작품을 여럿 발표하였다.

① 이상 ② 백석

③ 임화 ④ 심훈

해설 작가(이상)의 생애와 작품의 특징을 이해한다.
    • 본명은 김해경(金海卿). 1929년 조선총독부에서 건축 기사로 복무하다가 1931년 폐결핵 진단을
      받았으며, 병의 악화와 일본인 상사와의 마찰로 1933년 퇴사하였다.
    • 1934년 이태준의 도움으로 『조선중앙일보』에 30편 예정으로 「오감도」를 연재하였으나, 시의
      내용이 난해하다는 독자들의 항의 때문에 결국 15편에서 중지되었다.
    • 1934년 박태원, 김유정 등과 함께 순수 예술 단체인 '구인회'에 가입하였다.
    • 1930년대 모더니즘 계열의 작가로 식민지 지식인의 자의식을 드러내는 「거울」, 「날개」, 「지주
      회시」 등 초현실주의 계열의 작품들을 여럿 발표하였다.

오답 ② 백석: 본명 백기행(白夔行). 오산(五山)고등보통학교 졸업. 일본 유학. 아오야마가쿠인대학
      전문부(영어사범과) 졸업. 1930년 조선일보 신춘문예에 단편소설 「그 모(母)와 아들」이 당선
      등단. 1935년 시 「정주성」을 통해 본격적으로 시단에서 활동을 시작. 1936년 첫 시집 『사슴』
      을 간행. 「남신의주 유동 박시봉방」, 「여우난곬족」 등
    ③ 임화: 본명 임인식(林仁植). 보성고등보통학교를 졸업. 카프(KAPF: 조선프롤레타리아 예술
      가동맹)의 서기장 역임. 경향파 시인. 1929년에 시 「우리 오빠와 화로」, 「네거리의 순이」 등을
      발표

정답 40 ①

④ **심훈** : 본명 심대섭(沈大燮). 경성고등보통학교 3학년 재학 중이던 1919년 3·1 운동에 참여했다는 이유로 검거. 1935년 장편 소설 『상록수』가 동아일보 창간 15주년 기념 공모전에 당선. 1949년 유고 시집 『그 날이 오면』 발간

41 전후의 문단과 소설의 경향에 대한 설명으로 옳지 않은 것은?

① '암흑'의 시대로 불리며, 모국어의 사용이 제한되었다.
② 『문예』, 『문학예술』, 『신천지』 등 게재지가 늘어났다.
③ 휴머니즘에 바탕을 두고 현실과의 화해를 추구하는 작품들도 발표되었다.
④ 부정적 현실에 희생되는 개인의 비극을 보여 줌으로써 현실을 비판하는 작품이 발표되었다.

> 해설 ① 일제치하, 1930~1940년대 전반기의 특징이다.

42 다음 작품에 대한 설명으로 옳지 않은 것은?

① 「독 짓는 늙은이」는 장인 정신을 문제 삼은 작품이다.
② 「별」은 누이에 대한 감정을 동화처럼 섬세한 필치로 그린 작품이다.
③ 「암사지도」는 전쟁 후 젊은이들의 자포자기적 생활 현실을 그린 작품이다.
④ 「카인의 후예」는 토지 개혁이 진행된 북한의 농촌을 배경으로 한 작품이다.

> 해설 ③ 「암사지도(暗射地圖)」는 서기원(徐基源)이 지은 단편소설로, 1950년대 사회를 배경으로 하여 삶의 훼손상이 규범과는 무관하게 나타나는 현실에서 도덕적 논리와 삶의 논리가 어긋난 극심한 갈등을 주제로 다룬 작품이다.

> 오답 ① 「독 짓는 늙은이」 : 1950년 황순원의 단편소설
> ② 「별」 : 1941년 황순원의 단편소설. 9살 난 소년이 주인공인 성장소설
> ④ 「카인의 후예」 : 1953년 황순원의 장편소설. 『문예』에 연재. 광복 직후 북한의 공산정권 치하에서 정치적 시련을 겪던 끝에 자유를 찾아 남하할 것을 결심하게 되는 한 지식인의 삶의 과정을 통해 당시의 이념대립의 격동적 현실을 그린 저자의 대표적인 작품

43 김유정의 소설에 대한 설명으로 옳지 않은 것은?

① 순진하고 어리숙한 인물이 주인공으로 등장하기도 한다.
② 토착적 정서를 해학적으로 형상화하였다는 점에서 특징적이다.
③ 주로 식민지 도시 서민층의 애환과 삶을 내보인다는 점에서 특색이 있다.
④ 대표작으로 소작인의 아들과 마름의 딸 사이의 갈등과 로맨스를 다룬 「동백꽃」이 있다.

> 해설 ③ 소설가 김유정(1908~1937)은 '구인회'에 참가하였으며, 주로 도시가 아니라 농촌의 토속적 인간상을 유머러스한 필치로 그려 내었다. 작품에 「봄봄」, 「동백꽃」, 「산골」, 「소낙비」, 「만무방」, 「금 따는 콩밭」, 「따라지」 등이 있다.

정답　41 ①　42 ③　43 ③

44 다음 설명에 해당하는 작가와 작품은?

> 이 작품에는 전쟁의 아픔과 극복의 모습이 나타나고 있다. 일제 강점기에 징용되었다가 한쪽 팔을 잃은 아버지 박만도와 6·25 전쟁에서 한쪽 다리를 잃은 아들 진수라는 서로 다른 두 피해자를 통하여 전쟁의 아픔을 개인적인 차원에서 극복해 보려는 의지를 드러 내고 있다.

① 최인훈, 「광장」
② 이범선, 「오발탄」
③ 하근찬, 「수난이대」
④ 황순원, 「나무들 비탈에 서다」

> 해설 ③ 「수난이대(受難二代)」는 하근찬이 지은 단편소설이다.
> 일제 강점기에 징용으로 끌려가 한쪽 팔을 잃은 아버지(박만도)와, 6·25 전쟁에 참전하였다 가 한쪽 다리를 잃은 아들(박진수)의 모습을 통하여 우리 민족이 근현대사에서 겪은 고통과 그 극복 의지를 상징적으로 보여 주는 작품이다.

45 다음 설명에 해당하는 작품은?

> • 1959년부터 1967년까지 『사상계』에 연재된 대하소설로 '해방 뒤 십여 년 해의 우리 문 학사에서 가장 뛰어난 작품'이라는 평가와 함께 민족문학의 초석이 될 만한 거작이라는 호평을 받았다.
> • 1870년경부터 1945년 광복까지 약 80년간 이한복 일가의 4대에 걸친 이주민의 가족사 를 통해 조선 농민의 수난과 끈질긴 생명력을 그리고 있다.

① 고원정의 「빙벽」
② 안수길의 「북간도」
③ 조정래의 「아리랑」
④ 박경리의 「토지」

> 해설 지문에 제시한 글은 안수길의 「북간도」에 대한 설명이다. 이 작품은 1959년에 『사상계』에 발표하 기 시작하여 1967년에 완성하였다. 이한복 일가의 4대에 걸친 가족사를 통해 민족의 수난과 항일 투쟁사를 사실적으로 묘사한 이 5부작은 민족문학의 큰 수확으로 평가되고 있다.

46 다음 설명에 해당하는 작가의 작품은?

> • 1962년에 단편 「생명연습」이 『한국일보』 신춘문예에 당선되어 등단하였다.
> • 개인의 감성으로 포착되는 현실의 문제를 감각적인 문체로 치밀하게 묘사하였다.
> • 귀향 모티프를 활용하여 일상의 현실과 그로부터의 일탈을 꿈꾸는 주인공의 내면을 섬 세하게 표현한 소설이 그의 대표작 중 하나이다.

① 「광장」
② 「카인의 후예」
③ 「병신과 머저리」
④ 「서울 1964년 겨울」

> 정답 44 ③   45 ②   46 ④

해설 ④ 설명에 해당하는 작가는 김승옥이다. 김승옥의 작품은 「서울 1964년 겨울」이다.

오답 ① 「광장」: 1960년 『새벽』에 발표된 최인훈의 대표작이다. 6·25 전쟁 이후를 배경으로 남북한의 이념 대립 사이에서 파멸하는 이명준의 이야기이다.
② 「카인의 후예」: 1954년 황순원이 쓴 소설이다. 분단 상황의 비극과 토지 개혁을 둘러싼 인물들 간의 갈등을 그리고 있다.
③ 「병신과 머저리」: 이청준의 단편소설로 1966년 『창작과 비평』에 발표되었다. 한국 전쟁을 겪은 형과 아우의 각기 다른 고민을 대조시켜 나타내었다.

47 다음 설명에 해당하는 작품은?

• 1976년 발표된 중편소설이다.
• 철거민촌에 거주하는 한 가족의 이야기이다.
• 산업화 시대의 빈부, 노사, 계층 갈등이 나타난다.
• 과거의 기억과 현재 사실을 병치하는 기법이 나타난다.

① 「사하촌」   ② 「당신들의 천국」
③ 「난장이가 쏘아올린 작은 공」   ④ 「아홉 켤레의 구두로 남은 사내」

해설 작품과 시대 배경, 기법을 연관 지어 이해한다.
③ 「난장이가 쏘아올린 작은 공」: 조세희
• 1976년 『문학과 지성』 겨울호에 발표된 중편소설이다.
• 철거 위기에 놓인 도시 빈민들이 살아가는 1970년대의 어느 도시 재개발 지역을 배경으로 도시 빈민의 비참한 삶과 좌절을 표현하고 있다.
• 난쟁이 가족은 억눌리고 짓밟힌 계층을 표상한다. 도시로부터 밀려오는 변화의 바람, 도덕적 규범의 불안정성, 사회적인 질서와 소외 등으로 인하여 삶의 기반을 잃게 된다.
• 액자 구성으로 과거와 현재의 시간이 넘나드는 구성과 우화적 기법을 사용했다.

오답피하기
① 「사하촌」: 김정한
• 1936년 『조선일보』 신춘문예 당선작. 단편소설
• 가뭄이라는 자연적 재난과 맞서기에 앞서 가혹한 소작제도 및 일제의 통제에 시달리는 '사하촌' 소작 농민의 상황을 예리하게 묘사한 작품
② 「당신들의 천국」: 이청준
• 1976년 발표된 총 3부의 장편소설
• 소록도의 역사를 소재로 실제 인물을 모델로 창작
• 서술의 시점이 부분마다 다름
④ 「아홉 켤레의 구두로 남은 사내」: 윤흥길
• 1977년 발표된 중편소설
• '광주대단지사건'이라는 사건을 간접적으로 다루었다.
• 경기도 성남 배경
• 대학을 나온 사람이지만 계속해서 주변부로 소외되는 삶을 살아 온 한 남자의 행방불명과 자존심을 그리고 있다.

정답 47 ③

CHAPTER 04 현대수필

01 한국 현대수필의 특징

1. 수필의 본질

(1) 개념

인생과 자연에 대한 체험과 관조(觀照)의 내용을 형식에 구애받지 않고 자유롭게 표현한 교술문학의 한 갈래이다.

> **✎ 참고**
>
> 넓은 의미로는 감상문, 편지문, 일기문, 평론문, 책의 서문, 전기문, 칼럼 등도 수필에 포함된다.

(2) 수필의 특성

① **자유로운 형식의 산문(무형식의 형식)** : 수필은 다른 문학에 비하여 형식이 자유롭다. 그렇다고 형식이 없이 아무렇게나 쓰는 글은 아니다.

② **개성의 문학** : 수필은 형식적 제약이 없이 필자가 자신의 느낌이나 체험을 고백적으로 쓴 글이므로 가장 개성적이다.

③ **제재의 다양성** : 인생이나 사회, 역사, 자연 등 무엇이든지 수필의 제재가 될 수 있다.

④ **유머, 위트, 비평 정신이 드러나는 글**

⑤ **비전문적·개방적인 글** : 수필은 누구나 쓸 수 있다.

⑥ **심미적·철학적인 글** : 인생과 자연의 관조에서 체득한 삶의 의미, 가치 등이 드러나는 글

⑦ **직접적 전달성** : 허구적 대리인을 거치지 않고, 작가가 자신의 생각이나 사상을 직접 전달

⑧ **자기 고백적·독백의 문학** : 글쓴이의 내적 심성(心性)이 드러나는 글이다.

⑨ **인생의 체험과 관조의 문학**

⑩ **대화적 산문** : 독자와의 교감을 중시하는 문학이다.

⑪ **설득의 실용적인 공리성** : 독자를 설득시키는 실용적인 목적으로 사용할 수 있다.

2. 수필의 갈래

(1) 주제의 경중에 따라

① **경수필(미셀러니, 개인적 수필)** : 비형식적 수필. 예술적 가치를 추구하며, 감정·정서로 전개된다. 일정한 주제보다 사색이 주(主)가 되는 서정적 수필의 경향, 몽테뉴적인 수필이다.

② **중수필(에세이, 사회적 수필)** : 형식적 수필. 실용적 가치를 추구하며, 설명과 논리로 전개된다. 지성적·객관적이며 설득력이 강한 비평적인 수필의 경향. 베이컨적 수필이다.

(2) 진술 유형에 따라

① 서정적 수필
- ㉠ 일상생활이나 자연에서 느낀 것을 솔직하게, 주정적(主情的)·주관적으로 표현한 수필
- ㉡ 인간과 자연의 교감에 기초한 사색적 성격을 지닌다.
- ㉢ 표현기교에 유의하여 예술성을 강조한다.
  - 예 이양하 「신록예찬」, 이상 「권태」, 나도향 「그믐달」, 윤오영 「달밤」 등

② 서사적 수필
- ㉠ 인간세계나 자연의 어떤 사건에 대하여, 필자의 주관을 개입시키지 않고 객관적으로 서술한 수필이다.
- ㉡ 내용의 사실성, 현실성, 서술의 정확성이 중요시된다.
- ㉢ 이야기나 사건이 개입되는 수필
- ㉣ 주로 기행수필이 이에 속한다.
  - 예 최남선 「백두산 근참기」·「심춘순례」, 현진건 「불국사 기행」, 정비석 「산정무한」 등

③ 교훈적 수필
- ㉠ 필자의 오랜 체험이나 깊은 사색을 바탕으로 하는 교훈적인 내용을 담은 수필
- ㉡ 인도주의적, 계몽주의적 색채를 띤다.
- ㉢ 내용과 문체가 중후하고, 신념과 삶의 태도 등이 강하게 드러난다.
  - 예 심훈 「대한의 영웅」, 이양하 「나무」, 김진섭 「모송론」, 조지훈 「지조론」 등

④ 희곡적 수필
- ㉠ 필자 자신이나 다른 사람이 체험한 사실을 생각나는 대로 서술하되, 사건의 내용 자체에 다분히 극적인 요소가 있어서 작품의 내용전개가 희곡적으로 전개되는 수필
- ㉡ 극적 사건의 전개가 작품의 내용이며, 문체는 사건전개에 따라 다양하게 변한다.
- ㉢ 사건전개가 유기적·통일적 진행을 이루며, 극적 효과를 위해 현재시제가 흔히 쓰인다.
  - 예 계용묵 「구두」, 피천득 「은전 한 닢」, 이숭녕 「너절하게 죽는구나」 등

(3) 수필의 영역에 포함되는 글

① 기행문 : 여행 중에 접한 견문(見聞)과 느낀 감상(感想)을 여정(旅程)에 따라 적은 글로 서사적인 수필에 해당한다.

② 감상문 : 인간의 삶이나 작품에 대한 감상을 적은 글이다.

③ 일기문 : 날마다 그날그날 겪은 일이나 생각, 느낌 따위를 적는 개인의 기록이다.

④ 서간문 : 상대방에게 보내는 실용문의 일종으로 안부와 용건을 적어 보내는 글이며, 문예문에서는 수필의 범주에 포함시킨다.

⑤ 평론 : 하나의 문학 작품을 해석하고 감상하고 평가하는 일체의 활동을 말한다.

⑥ 전기문 : 실존 인물(사실성)이 등장하면서도 문학성을 지니므로 수필에 포함한다.

02   한국 현대수필의 흐름

1. 1900~1910년대 : 현대수필의 태동기

(1) 형성 배경

① 19세기 후반 이래의 정치, 사회적 격동에 따라 문학인의 의식이 변화되었다.

② 개화기 이래 수입된 서구 문학의 영향을 받았다.

③ 개화기 이래 싹튼 국문에 대한 자각이 일어났다.

④ 신문, 잡지, 동인지 등 발표지가 확대되었다.

(2) 전개 양상

① 시초 : 유길준, 『서유견문』(1896)

　㉠ 국한문 혼용체의 시도(한주국종체)

　㉡ 새로운 세계에 대한 견문을 개화기 특유의 진보적 사상으로 표출

② 『소년』(1908), 『청춘』(1914), 『학지광』(1914), 『태서문예신보』(1918) 등에 수필 문예란이 만들어지고, 1919년 2월 『창조』 제2호에 수필류의 글이 수록되면서 태동하게 되었다.

③ 『소년』에 76편, 『태서문예신보』에 28편, 『청춘』에 180여 편이 발표되었다.

④ 이때 활동한 작가들은 대부분 전문 수필가가 아닌 시인이나 소설가들이었다.

⑤ 의의 : 오늘날에 비하면 장르 의식은 물론 완결미와 개성미를 갖추었다고 볼 수는 없지만 수필문학이 제대로 형성되지 못한 초기 수필의 모습으로 그 나름의 의미를 지니고 있다.

(3) 유형 및 작품

① 기행수필

　㉠ 최남선 : 「반순성기(半巡城記)」(1909), 「평양행」(平壤行)(1909)

　㉡ 한샘 : 「동경 가는 길」(1917)

　㉢ 이광수 : 「남유잡감(南遊雜感)」(1918)

　㉣ 흰뫼 : 「동도의 길」(1919)

② 수상수필

　㉠ 최승구 : 「남조선의 신부」(1914)

　㉡ 전영택 : 「독어록(獨語錄)」(1916)

　㉢ 나혜석 : 「잡감(雜感)」(1917), 「이상적 부인」(1919)

　㉣ 이광수 : 「천재야, 천재야」(1917)

　㉤ 이일 : 「만추(晩秋)의 적막」(1918), 「고독의 비애」(1918)

2. 1920년대 : 현대수필의 정착기

(1) 전개양상

① 수필 장르가 어느 정도 독자성을 확보하기 시작했다.

② 『동광(東光)』(1926), 『조선문단』(1927)에 이르러 수필의 명칭이 통일되었다.

③ 일본으로부터 중개된 서구의 자아의식을 수용하고, 사물과 자아를 응시하는 수상류의 수필이 새로운 문학양식으로 자리 잡기 시작했다.

④ 기행수필과 수상수필의 병립 양상이 나타났다.

⑤ 1920년대는 수상수필과 기행수필이 병존하면서 총 1700여 편의 수필이 발표되는 등 1930년대 본격적인 수필문학으로의 진입을 위한 토대가 되었다.

(2) 유형 및 작품

① 기행수필

    ㉠ 이광수 : 「금강산유기(金剛山遊記)」(1925)

    ㉡ 최남선 : 「심춘순례(尋春巡禮)」(1926), 「백두산참관기(白頭山參觀記)」(1927)

    ㉢ 이병기 : 「낙화암 찾는 길에」(1929)

② 수상수필

    ㉠ 이광수 : 「우덕송(牛德頌)」(1925)

    ㉡ 염상섭 : 「국화(菊花)와 앵화(櫻花)」(1925)

    ㉢ 최학송 : 「그리운 어릴 때」(1925)

3. 1930년대 : 현대수필의 성숙기

(1) 전개양상

① 서구 현대 수필 이론의 도입 : 해외 문학파에 의해 외국의 수필 작품 및 이론이 도입되어 수필의 양상이 보다 다양해졌다.

② 임화는 「수필문학의 재검토」에서 수필의 문학적 본질·성격·위치 등에 대한 객관화를 시도했다. 김기림은 「수필을 위하여」(1933)에서 수필의 문학성과 그 영역을 추구하고, 김광섭은 「수필문학소고(隨筆文學小考)」(1934)에서 수필의 형식과 그 표현에 대한 이론을 모색하였으며, 김진섭은 「수필의 문학적 영역」(1939)에 이르러서 비로소 문학 양식으로서의 수필론이 정립되었다.

③ 수필 문학의 본격화 : 전문적 수필가들이 등장했으며, 기행문적 성격을 벗어난 수필의 독자성을 확보했다.

④ 1935년 『조광(朝光)』이 속간되고, 수필문학 전문지인 『박문(博文)』이 창간되었으며, 『문장(文章)』·『인문평론(人文評論)』 등에 수필 고정란이 설정되어 수필의 발표 무대가 많아졌다.

⑤ 개인적 수필과 사회적 수필의 유형을 형성하게 한다.

(2) 유형 및 작품

① 개인적 수필

ㄱ 이양하 : 「신록예찬」, 「조그마한 기쁨」

ㄴ 이효석 : 「사온일(四溫日)」, 「화초」

ㄷ 피천득 : 「금아문선(琴兒文選)」

ㄹ 노자영 : 「산사일기(山寺日記)」

ㅁ 김유정 : 「그믐달」

ㅂ 이희승 : 「청추수제」

② 사회적 수필

ㄱ 김진섭 : 「인생철학」, 「주부송(主婦頌)」, 「생활인의 철학」

ㄴ 이상 : 「권태」

ㄷ 고유섭 : 「고려청자」

ㄹ 이광수 : 「인생의 향기」

ㅁ 이은상 : 「무상(無常)」

4. 해방 공간 시대 : 현대수필의 침체기

(1) 광복 직후 남북 대립과 민족문학 모색의 혼란 속에서 수필은 새로운 변모를 가져오지 못한 채 침체되었다.

(2) 이미 발표한 수필들을 정리하면서 다수의 수필집이 발표되었다.

① 박종화 : 『청태집(靑苔集)』(1942)

② 이광수 : 『돌베개』(1948)

③ 김진섭 : 『인생예찬』(1947)

④ 이양하 : 『이양하 수필집』(1947)

⑤ 마해송 : 『편편상』(1948), 『속편편상』(1949)

⑥ 현진건 : 『단군성적순례(檀君聖蹟巡禮)』(1948)

5. 1950년대

(1) 전개양상

1950년대는 전쟁에 의한 참혹한 피해와 이에 대한 복구로 이어진다. 전쟁은 무엇보다 생존 자체를 위협했으며, 그 후유증인 물질적, 정신적 폐해는 수필문학은 물론 한국문학 전체를 관통하는 주제 의식으로 남게 된다. 문인들은 이데올로기의 대립으로 분열과 투쟁에 휩싸였으며, 시나 소설 등 한국문학은 전쟁의 상흔이라는 제한된 주제의식으로 더욱 깊은 암흑 속으로 침잠하였다. 그러나 이 시기에도 수필문학은 1940년대 활약했던 김용준, 김소운, 김진섭을 비롯하여, 조경희 등의 활동이 계속되었다.

(2) 작가와 작품

　　① 이희승 : 「벙어리 냉가슴」

　　② 피천득 : 「산호와 진주」

　　③ 조지훈 : 「지조론」

6. 1960년대 이후

(1) 전개양상

　　① 산업사회의 도래와 사회 혼란으로 굴곡의 시대를 거치게 되지만 오히려 이 시기 수필문
　　　학은 오히려 괄목할 만한 성장을 하게 된다.

　　② 전숙희, 김남조, 유안진, 문정희 등 여성 수필가들의 활약이 두드러진다.

　　③ 수필문학의 성장은 시나 소설을 쓰는 작가에서부터 수필을 중점적으로 쓰는 작가까지
　　　많은 작가들이 수필문학에 눈을 돌리게 하였다.

(2) 유형 및 작품

　　① 사회적 수필

　　　㉠ 김형식 : 「영원과 사랑의 내화」

　　　㉡ 김태길 : 「빛이 그리울 때」

　　　㉢ 조연현 : 「문학과 인생」

　　② 개인적 수필

　　　㉠ 한흑구 : 「보리」

　　　㉡ 전숙희 : 「제사」

　　　㉢ 조경희 : 「우화」

　　　㉣ 윤오영 : 「까치」

　　　㉤ 박연구 : 「바보네 가게」

　　　㉥ 윤재천 : 「다리가 예쁜 여자」

03　한국 현대수필의 주요 작품 이해

1. 청춘예찬 : 민태원

> 　　청춘! 이는 듣기만 하여도 가슴이 설레는 말이다. 청춘! 너의 두 손을 가슴에 대고, 물방아 같은
> 심장의 고동을 들어 보라. 청춘의 피는 끓는다. 끓는 피에 뛰노는 심장은 거선(巨船)의 기관(汽罐)
> 같이 힘있다. 이것이다. 인류의 역사를 꾸며 내려온 동력은 바로 이것이다. 이성(理性)은 투명하되
> 얼음과 같으며, 지혜는 날카로우나 갑 속에 든 칼이다. 청춘의 끓는 피가 아니더면, 인간이 얼마나
> 쓸쓸하랴? 얼음에 싸인 만물(萬物)은 죽음이 있을 뿐이다.

그들에게 생명을 불어넣는 것은 따뜻한 봄바람이다. 풀밭에 속잎 나고, 가지에 싹이 트고, 꽃 피고 새 우는 봄날의 천지는 얼마나 기쁘며, 얼마나 아름다우냐? 이것을 얼음 속에서 불러내는 것이 따뜻한 봄바람이다. 인생에 따뜻한 봄바람을 불어 보내는 것은 청춘의 끓는 피다. 청춘의 피가 뜨거운지라, 인간의 동산에는 사랑의 풀이 돋고, 이상(理想)의 꽃이 피고, 희망(希望)의 놀고 뜨고, 열락(悅樂)의 새가 운다.

사랑의 풀이 없으면 인간은 사막이다. 오아시스도 없는 사막이다. 보이는 끝까지 찾아다녀도, 목숨이 있는 때까지 방황하여도, 보이는 것은 거친 모래뿐일 것이다. 이상의 꽃이 없으면, 쓸쓸한 인간에 남는 것은 영락(零落)과 부패(腐敗) 뿐이다. 낙원을 장식하는 천자만홍(千紫萬紅)이 어디 있으며, 인생을 풍부하게 하는 온갖 과실이 어디 있으랴?

▶▶ 핵심정리

1. **갈래** : 수필, 중수필, 서정적 수필

2. **성격** : 예찬적, 설득적, 남성적, 웅변적

3. **문체** : 강건체, 화려체

4. **어조** : 웅변적, 격정적

5. **특징**
   ① 청춘의 특징을 병렬식으로 나열함(병렬식 구성)
   ② 적절한 비유와 함축적 어휘를 사용하여 문체가 화려함
   ③ 호흡이 빠르고 웅변적 어조와 힘찬 문체를 사용
   ④ 영탄법, 설의법 등 다양한 표현 방법을 사용하여 설득력과 호소력을 높임
   ⑤ 박진감과 생동감을 줌

6. **제재** : 청춘

7. **주제** : 청춘에 대한 예찬

2. 신록예찬 : 이양하

봄, 여름, 가을, 겨울, 두루 사시(四時)를 두고 자연이 우리에게 내리는 혜택에는 제한이 없다. 그러나 그 중에도 그 혜택을 풍성히 아낌없이 내리는 시절은 봄과 여름이요, 그 중에도 그 혜택을 가장 아름답게 나타내는 것은 봄, 봄 가운데도 만산(萬山)에 녹엽(綠葉)이 싹트는 이 때일 것이다. 눈을 들어 하늘을 우러러보고 먼 산을 바라보라. 어린애의 웃음같이 깨끗하고 명랑한 5월의 하늘, 나날이 푸르러 가는 이 산 저 산, 나날이 새로운 경이(驚異)를 가져오는 이 언덕 저 언덕, 그리고 하늘을 달리고 녹음을 스쳐 오는 맑고 향기로운 바람 — 우리가 비록 빈한하여 가진 것이 없다 할지라도, 우리는 이러한 때 모든 것을 가진 듯하고, 우리의 마음이 비록 가난하여 바라는 바, 기대하는 바가 없다 할지라도, 하늘을 달리어 녹음을 스쳐 오는 바람은 다음 순간에라도 곧 모든 것을 가져 올 듯하지 아니한가?

오늘도 하늘은 더할 나위 없이 맑고, 우리 연전(延專) 일대를 덮은 신록은 어제보다도 한층 더 깨끗하고 신선하고 생기 있는 듯하다. 나는 오늘도 나의 문법 시간이 끝나자, 큰 무거운 짐이나 벗어 놓은 듯이 옷을 훨훨 떨며, 본관 서쪽 숲 사이에 있는 나의 자리를 찾아 올라간다. 나의 자리래야 솔밭 사이에 있는, 겨우 걸터앉을 만한 조그마한 소나무 그루터기에 지나지 못하지마는, 오고 가는 여러 동료가 나의 자리라고 명명(命名)하여 주고, 또 나 자신도 하룻동안에 가장 기쁜 시간을 이 자리에서 가질 수 있으므로, 시간의 여유가 있을 때마다 나는 한 특권이나 차지하는 듯이, 이 자리를 찾아 올라와 앉아 있기를 좋아한다.

▶▶ 핵심정리

1. 갈래 : 경수필, 서정적 수필

2. 문체 : 우유체, 만연체

3. 성격 : 예찬적, 관조적, 사색적, 낭만적, 서정적, 자연 친화적

4. 특징
   ① 서술과 묘사로 적절히 자연의 아름다움을 표현
   ② 자연을 소재로 하여 자연에 몰입하는 친화적 태도를 보임
   ③ 인간과 자연을 조감하면서 인생을 이야기한 명상적 태도가 보임
   ④ 신록의 아름다움에 빗대어, 인간의 명리를 생각하는 자세를 나무람
   ⑤ 인간의 가치보다는 자연의 가치를 긍정함

5. 제재 : 오월의 신록

6. 주제 : 신록의 아름다움에 대한 예찬

3. 산정무한 : 정비석

복잡한 것은 빛깔만이 아니었다. 산의 용모는 더욱 다기(多岐)하다. 혹은 깎은 듯이 준초(峻峭)하고, 혹은 그린 듯이 온후(溫厚)하고, 혹은 막잡아 빚은 듯이 험상궂고, 혹은 틀에 박은 듯이 단정하고…… 용모, 풍취(風趣)가 형형색색인 품이 이미 범속(凡俗)이 아니다.

산의 품평회를 연다면, 여기서 더 호화로울 수 있을까? 문자 그대로 무궁무진(無窮無盡)이다. 장안사 맞은편 산에 울울창창(鬱鬱蒼蒼) 우거진 것은 모두 잣나무뿐인데, 모두 이등변삼각형으로 가지를 늘어뜨리고 섰는 품이, 한 그루 한 그루의 나무가 흡사히 괴어 놓은 차례탑(茶禮塔) 같다. 부처님은 예불상(禮佛床)만으로는 미흡해서, 이렇게 자연의 진수성찬을 베풀어 놓으신 것일까? 얼른 듣기에 부처님이 무엇을 탐낸다는 것이 천만부당한 말 같지만, 탐내는 그것이 물욕 저편의 존재인 자연이고 보면, 자연을 맘껏 탐낸다는 것이 이미 불심(佛心)이 아니고 무엇이랴.

▶▶ 핵심정리

1. 갈래 : 수필, 경수필, 기행문

2. 문체 : 화려체, 우유체, 만연체

3. 성격 : 낭만적, 기교적, 주정적

4. 구성 : '서두 – 본문'의 2단 구성, 여정에 따른 추보식 구성

5. 특징
   ① 서경과 서정이 조화를 이루고 있다.
   ② 감각적인 언어로 신선하고 섬세하게 표현하였다.
   ③ 은유·직유·열거·대구·대조 등 다양한 표현 기교를 사용하고 있다.

6. 제재 : 금강산의 아름다운 모습

7. 주제 : 금강산의 장관과 금강산 탐승(探勝)의 정취

4. 달밤 : 윤오영

> 내가 잠시 낙향(落鄕)해서 있었을 때 일.
> 어느 날 밤이었다. 달이 몹시 밝았다. 서울서 이사 온 윗마을 김 군을 찾아갔다. 대문은 깊이 잠겨 있고 주위는 고요했다. 나는 밖에서 혼자 머뭇거리다가 대문을 흔들지 않고 그대로 돌아섰다.
> 맞은편 집 사랑 툇마루엔 웬 노인이 한 분 책상다리를 하고 앉아서 달을 보고 있었다. 나는 걸음을 그리로 옮겼다. 그는 내가 가까이 가도 별 관심을 보이지 아니했다.
> "좀 쉬어 가겠습니다."
> 하며 걸터앉았다. 그는 이웃 사람이 아닌 것을 알자,
> "아랫마을서 오셨소?"
> 하고 물었다.
> "네, 달이 하도 밝기에……."
> "음! 참 밝소."
> 허연 수염을 쓰다듬었다. 두 사람은 각각 말이 없었다. 푸른 하늘은 먼 마을에 덮여 있고, 뜰은 달빛에 젖어 있었다. 노인이 방으로 들어가더니, 안으로 통한 문 소리가 나고 얼마 후에 다시 문 소리가 들리더니, 노인은 방에서 상을 들고 나왔다. 소반에는 무청김치 한 그릇, 막걸리 두 사발이 놓여 있었다.
> "마침 잘 됐소, 농주(農酒) 두 사발이 남았더니……."
> 하고 권하며, 스스로 한 사발을 죽 들이켰다. 나는 그런 큰 사발의 술을 먹어 본 적은 일찍이 없었지만 그 노인이 마시는 바람에 따라 마셔 버렸다.

▶▶ 핵심정리

1. 갈래 : 경수필, 서정적 수필

2. 성격 : 회고적, 담화적, 함축적, 소박함

3. 특성

① 정물화에 비길 수 있는 정적 구도

② 압축미 있는 간결체 문장

③ 향토성 짙은 서정성의 부각

④ 생략적 표현과 극도의 압축에 의한 은근한 미적 효과

4. 주제

① 달밤의 정취와 향토적인 아름다운 인정

② 달밤에 우연히 이루어진 아름다운 인간의 인정어린 모습

5. 그믐달 : 나도향

> 나는 그믐달을 몹시 사랑한다.
>
> 그믐달은 요염하여 감히 손을 댈 수도 없고, 말을 붙일 수도 없이 깜찍하게 예쁜 계집 같은 달인 동시에 가슴이 저리고 쓰리도록 가련한 달이다.
>
> 서산 위에 잠깐 나타났다 숨어버리는 초생달은 세상을 후려 삼키려는 독부(毒婦)가 아니면 철모르는 처녀 같은 달이지마는, 그믐달은 세상의 갖은 풍상(風霜)을 다 겪고, 나중에는 그 무슨 원한을 품고서 애처롭게 쓰러지는 원부(怨婦)와 같이 애절하고 애절한 맛이 있다.
>
> 보름의 둥근 달은 모든 영화와 끝없는 숭배를 받는 여왕(女王)과 같은 달이지마는, 그믐달은 애인을 잃고 쫓겨남을 당한 공주와 같은 달이다.
>
> 초생달이나 보름달은 보는 이가 많지마는, 그믐달은 보는 이가 적어 그만큼 외로운 달이다. 객창한등(客窓寒燈)에 정든 임 그리워 잠못 들어 하는 분이나, 못 견디게 쓰린 가슴을 움켜잡은 무슨 한(恨) 있는 사람이 아니면 그 달을 보아 주는 이가 별로 없을 것이다.

▶▶ 핵심정리

1. 갈래 : 경수필, 서정적 수필

2. 성격 : 주관적, 낭만적

3. 특징

① 다양한 비유와 간결한 문체를 사용함

② 그믐달을 초승달, 보름달과 대비하여 특성을 드러냄

③ 달을 여인에 비유하여(의인화) 작가의 심정을 잘 나타냄

4. 제재 : 그믐달

5. 주제 : 그믐달을 사랑하는 마음

6. 무소유 : 법정

> 지난해 여름 장마가 갠 어느 날 봉선사로 운허노사를 뵈러 간 일이 있었다. 한낮이 되자 장마에 갇혔던 햇볕이 눈부시게 쏟아져 내리고 앞 개울물 소리에 어울려 숲속에서는 매미들이 있는 대로 목청을 돋구었다.
>
> 아차! 이때서야 문득 생각이 난 것이다. 난초를 뜰에 내놓은 채 온 것이다. 모처럼 보인 찬란한 햇볕이 돌연 원망스러워졌다. 뜨거운 햇볕에 늘어져 있을 난초잎이 눈에 아른거려 더 지체할 수가 없었다. 허둥지둥 그 길로 돌아 왔다. 아니나 다를까, 잎은 축 늘어져 있었다. 안타까워하며 샘물을 길어다 축여 주고 했더니 겨우 고개를 들었다. 하지만 어딘지 생생한 기운이 빠져나간 것 같았다.
>
> 나는 이때 온몸으로 그리고 마음속으로 절절히 느끼게 되었다. 집착이 괴로움인 것을, 그렇다 나는 난초에게 너무 집념한 것이다. 이 집착에서 벗어나야겠다고 결심했다. 난을 가꾸면서는 산철[승가(僧家)의 유행기(遊行期)]에도 나그네 길을 떠나지 못한 채 꼼짝을 못했다. 밖에 볼 일이 있어 잠시 방을 비울 때면 환기가 되도록 들창문을 조금 열어놓아야 했고, 분(盆)을 내놓은 채 나가다가 뒤미처 생각하고는 되돌아와 들여놓고 나간 적도 한두 번이 아니었다. 그것은 지독한 집착이었다.
>
> 며칠 후, 난초처럼 말이 없는 친구가 놀러 왔기에 선뜻 그의 품에 분을 안겨 주었다. 비로소 나는 얽매임에서 벗어난 것이다. 날아갈 듯 홀가분한 해방감. 3년 가까이 함께 지낸 '유정(有情)'을 떠나 보냈는데도 서운하고 허전함보다 홀가분한 마음이 앞섰다.
>
> 이때부터 나는 하루 한 가지씩 버려야겠다고 스스로 다짐을 했다. 난을 통해 무소유(無所有)의 의미 같은 걸 터득하게 됐다고나 할까.

▶▶ 핵심정리

1. **갈래** : 경수필, 서정적 수필

2. **성격** : 사색적, 교훈적, 체험적

3. **특성**
   ① 고백적인 말하기로 자신의 체험을 서술하고 있다.
   ② 글의 전개 과정에서 철학적 내용을 적절히 배치하고 있다.
   ③ 사색적이고 담담한 태도를 유지하고 있다.
   ④ 역설적인 표현을 통해 진리를 전달하고 있다.

4. **제재** : 난과 관련된 생활 체험

5. **주제** : 진정한 자유와 무소유의 의미

01 다음 중 우리나라 최초의 근대적 수필작품은?

① 『백운소설』　　　　　　　　　② 『서유견문』
③ 「참회록」　　　　　　　　　　④ 『수이전』

> 해설 ② 『서유견문』: 우리나라 최초의 근대적 수필작품이며, 최초로 국한문 혼용체를 사용하였다.
> 오답 ① 『백운소설』: 이규보가 지은 시화(詩話) 및 잡기(雜記)를 모아놓은 시화집으로 소설이라는 명칭을 처음으로 사용하였다.
> ③ 「참회록」: 윤동주의 시(詩)
> ④ 『수이전』: 박인량이 지은 우리나라 최초의 설화집이다.

02 수필문학의 형식상의 특징을 가장 적절하게 나타낸 것은?

① 긴밀한 구조의 형식　　　　　② 무형식의 형식
③ 운율적이고 정서적인 형식　　④ 조직적이고 논리적인 형식

> 해설 수필은 시, 소설, 희곡과는 달리 붓 가는 대로 쓰는 자유로운 산문이므로 특정한 형식적 제한을 받지 않는다. 따라서 수필은 흔히 '무형식의 형식'이라는 말로 설명되기도 한다. 그러나 이 말은 형식을 무시한 채 아무렇게나 써도 된다는 것이 아니고 다양한 형식으로 쓸 수 있다는 뜻이다. 그러므로 수필의 형식상의 특징을 가장 적절하게 나타낸 것은 '무형식의 형식'이다.

03 수필을 작가의 '개성 표현의 글'이라고 한다면 독자가 주로 감상해야 할 초점은 무엇인가?

① 주제　　　　　　　　　　　　② 문체
③ 제재　　　　　　　　　　　　④ 사상

> 해설 ② 작가의 개성이 잘 나타나는 것은 문체이다.
> ❥ 수필의 구성요소
> ㉠ 소재 : 소재에는 제한이 없고 일상생활의 모든 것을 자유롭게 소재로 취할 수 있다.
> ㉡ 구성 : 주제를 효과적으로 드러내기 위해 소재를 적절하게 배열하는 글의 짜임새를 말한다.
> ㉢ 문체 : 수필에서 드러나는 문장상의 개성, 어휘 선택, 문장의 길이와 구조 등에서 드러난다.
> ㉣ 주제 : 글쓴이의 인생관, 가치관이 드러나고 인품의 향기가 느껴진다.

정답	01 ②	02 ②	03 ②

04 다음 수필은 어떤 수필에 속하는가?

> 먹을 만큼 살게 되면 지난날의 가난을 잊어버리는 것이 인지상정(人之常情 – 사람이면 누구나 가지는 인정)인가 보다. 가난은 결코 환영할 것이 못되니, 빨리 잊을수록 좋을 것일지도 모른다. 그러나 가난하고 어려웠던 생활에도 아침 이슬같이 반짝이는 아름다운 회상(回想)이 있다. 여기에 적는 세 쌍의 가난한 부부 이야기는, 이미 지나간 옛날 이야기지만, 내게 언제나 새로운 감동을 안겨다 주는 실화(實話)들이다.

① 희곡적 수필
② 사색적 수필
③ 서정적 수필
④ 담화적 수필

해설 김소운의 수필 「가난한 날의 행복」이다. 이 수필은 이야기의 형식으로 전개하고 있다.
④ **담화적 수필** : 필자의 관점이나 사상을 이야기하는 형식으로 쓴 수필

오답 ① **희곡적 수필** : 필자 자신이나 다른 사람이 체험한 사실을 생각나는 대로 서술하되, 사건의 내용 자체에 다분히 극적인 요소가 있어서 작품의 내용전개가 희곡적으로 전개되는 수필
② **사색적 수필** : 자연이나 종교, 인생 따위와 관련된 심오하고 철학적인 문제를 광범위하게 일반적으로 서술한 이지적 수필
③ **서정적 수필** : 일상생활이나 자연에서 느낀 것을 솔직하게, 주정적(主情的)·주관적으로 표현한 수필

05 다음 중 인생의 철학적 문제, 감상을 다룬 수필은?

① 사색적 수필
② 비평적 수필
③ 담화적 수필
④ 개인적 수필

해설 ① 사색적 수필은 주로 인생과 철학에 대한 글쓴이의 사색과 사념을 중심으로 한 수필이다.

06 다음 글의 이해로 적절하지 않은 것은?

> 나무는 덕(德)을 지녔다. 나무는 주어진 분수에 만족할 줄을 안다. 나무로 태어난 것을 탓하지 아니하고, 왜 여기 놓이고 저기 놓이지 않았는가를 말하지 아니한다. 등성이에 서면 햇살이 따사로울까, 골짜기에 내려서면 물이 좋을까 하여, 새로운 자리를 엿보는 일도 없다. 물과 흙과 태양의 아들로, 물과 흙과 태양이 주는 대로 받고, 후박(厚薄)과 불만족(不滿足)을 말하지 아니한다.
> – 이양하, 「나무」 중에서 –

① 대상에 인격을 부여하고 있다.
② 대상에서 인생의 교훈을 발견하고 있다.
③ 대상의 변화를 감각적으로 묘사하고 있다.
④ 대상을 예찬하는 태도를 취하고 있다.

정답 **04** ④ **05** ① **06** ③

제시문은 이양하의 「나무」라는 수필이다. '나무'라는 대상을 통해 인생의 교훈을 얻는 것으로 '나무'라는 대상을 의인화하여 인격을 부여하고, 이러한 모습을 통해 대상에 대한 예찬하는 태도를 취하고 있다. 그러나 대상의 변화를 감각적으로 묘사한 부분은 없다.

07 다음 글의 (   ) 안에 들어갈 작가와 작품은?

> 기행류가 주류를 이루었던 고수필의 전통이 중국과 일본이라는 한계를 뛰어넘어 서구로 확대되면서 현대적 수필의 모습을 갖추기 시작하였다. 기행류의 혼용체라는 새로운 모습으로 등장한 첫 번째 작품이 (   )이다. 이 작품이 현대수필의 효시라는 점에 대하여는 시비 양론이 있으나, 고수필에서 현대수필로 넘어가는 교량적 구실을 한 점과 기행체의 수필집이라는 점에서 분명한 의미를 지닌다.

① 최남선의 「심춘순례」 ② 이은상의 「탐라기행」
③ 유길준의 「서유견문」 ④ 박승철의 「독일 가는 길에」

해설 '기행류', '서구', '현대수필의 효시', '혼용체' 등의 표현에서 유길준의 「서유견문(西遊見聞)」에 대한 설명임을 알 수 있다. 「서유견문」은 유길준이 서양 견문 후 1889년 완성한 국한문 혼용체의 기행서이다.

오답 ① 최남선, 「심춘순례」(1926) : 조선의 국토를 순례하며 느낀 국토에 대한 사랑을 적은 수필
② 이은상, 「탐라기행」(1937) : 제주도 일주와 한라산 등반을 기록한 글
④ 박승철, 「독일 가는 길에」(1922) : 작가가 독일 유학을 하면서 쓴 글로 주로 유럽의 문화를 소개함

08 현대 수필 작가와 그 대표작의 연결이 옳지 않은 것은?

① 피천득 – 「인연」 ② 윤오영 – 「달밤」
③ 김소운 – 「가난한 날의 행복」 ④ 이양하 – 「방망이 깎던 노인」

해설 현대 수필의 제목과 작가를 이해한다.
④ 「방망이 깎던 노인」 : 윤오영
※ 이양하 : 「나무」, 「신록예찬」, 「페이터의 산문」 등

오답 ① 피천득 : 「인연」, 「은전 한 닢」, 「수필」 등
② 윤오영 : 「달밤」, 「마고자」, 「양잠설」 등
③ 김소운 : 「가난한 날의 행복」, 「목근통신」 등

CHAPTER 05 현대희곡

01 한국 현대희곡의 특징

1. 희곡의 본질

(1) 정의

무대 상연을 전제로 한 연극의 대본으로, 대사와 행동에 의해 표현되는 문학 장르이다.

(2) 희곡의 특성

① 무대 상연의 문학 : 희곡은 원칙적으로 무대 상연을 전제로 한 문학이다. 그러나 단지 읽기 위해서 쓴 희곡도 있는데, 이를 '레제드라마(lesedrama)'라고 한다.

② 행동의 문학 : 무대 위에 인물의 행동으로 표현되는 예술이다.

③ 대사의 문학 : 대화를 표현 형식으로 삼는다.

④ 현재화된 인생 표현 : 사건 진행은 관객에게 현재적 사실로 받아들이게 한다.

⑤ 대립과 갈등의 문학 : 이념의 대립, 의지의 갈등을 본질로 삼는다.

⑥ 가장 직접적이며 객관적 형식의 문학 : 배우가 직접 독자와 대면하는 양식으로 작가는 개입할 수 없고 독자에게 상황을 보여 주기 때문에 가장 객관적인 양식이다.

(3) 희곡의 제약

무대 상연을 전제로 하기 때문에 많은 제약이 있다.

① 근본적 제약(보여주기) : 직접 서술의 불가능

  ㉠ 작가의 직접적인 묘사나 해설이 불가능하다.

  ㉡ 인물의 직접적 제시가 불가능하다.

  ㉢ 내면적인 심리 묘사가 어렵다.

② 공간적 제약 : 무대

  ㉠ 등장인물의 수의 제약

  ㉡ 군중 장면의 불가능

  ㉢ 장면 전환의 제약

③ 시간적 제약

  ㉠ 상연 시간(작품의 길이) : 압축성

  ㉡ 반드시 현재형

> **참고** **고전극의 3일치 : 무대의 제약성 때문에 통일시킨 원칙**
>
> ㉠ 시간의 일치 : 시간은 24시간 이내에 끝내야 한다.
> ㉡ 장소의 일치 : 한 장소에서 사건이 이루어져야 한다.
> ㉢ 행동의 일치 : 사건은 주제를 향하여 통일되어야 한다.

(4) 희곡의 약속

희곡과 독자(관객) 사이에 자연스럽게 승인된 묵계를 말한다. 즉, 희곡(연극)에서 보여 주는 세계는 실제 현실은 아니지만 실제 현실로 인식하는 것이다. 이러한 약속을 '컨벤션 (convention, 인습)'이라고 한다.

① 무대는 극이 전개되는 가공의 장소이지만 진짜 현실로 받아들인다.

② 배우는 실제 인물로 간주한다.

③ 배우의 행동도 실제 행동으로 간주한다.

④ 인물의 방백과 독백도 다른 등장인물은 듣지 못한다고 정한다.

2. 희곡의 구성요소

(1) 내적 구성요소

① **인물** : 개성적이고도 전형적인 인물로 갈등과 의지의 투쟁을 보여 주는 인물

② **행동** : 생략, 압축, 초점화된 행동(갈등과 대립을 일으킴)

(2) 외적 구성요소(희곡의 3요소)

① **해설** : 무대 지시, 희곡의 첫머리에 등장인물, 장소, 무대 등을 설명해 놓은 부분이다.

② **지문** : 대사의 사이에서 인물의 동작, 표정, 심리, 말투, 분위기를 지시하는 부분이다.

③ **대사** : 극의 모든 사건과 인물의 행동, 심리 등이 구체적으로 드러나는 부분으로 대사는 사건의 진행과 인물의 성격을 드러내는 중요한 요소이다.

　　㉠ 독백 : 상대방 없이 혼자서 하는 말로 동기(動機)의 설정, 내적 투쟁의 준비와 결심, 심리 변화, 갈등의 표출에 쓰인다.

　　㉡ 대화 : 두 사람 이상의 등장인물이 서로 주고받는 말로서 구체성, 간결성, 탄력성, 집중성, 극적(劇的)인 특성을 지닌다.

　　㉢ 방백 : 관객에게는 들리지만 무대에서의 상대방 배우에게는 들리지 않는 것으로 약속된 대사이다.

(3) 희곡의 단위

① **막(act)** : 휘장(커튼)을 올리고 내리는 것으로 생기는 구분이다.

② **장(scene)** : 전체 가운데 한 독립된 장면(場面)으로 대화가 합쳐져서 이룩된 단위이다. 인물의 등장과 퇴장, 배경의 전환, 조명이 꺼졌다 켜지는 것으로 구분한다.

3. 희곡의 갈래

(1) 내용에 따른 갈래

① 비극(悲劇)

　　㉠ 인간이 운명, 성격, 상황 등에 의해 패배해 가는 모습을 제시하는 희곡을 말하며 비범한 개인인 주동인물이 투쟁하다가 패배하여 좌절하는 내용이다.

　　㉡ 효과 : 엄숙하고 진지하며 관객에게 연민과 공포를 불러일으켜 감정의 정화(카타르

시스)를 느끼게 한다.

ⓒ 비장미와 숭고미를 그 본질로 한다.

② 희극(喜劇)

ⓐ 인간의 성격이나 행위에 내재하는 우둔함. 비리(非理), 모순과 같은 약점을 묘사하여 골계미(滑稽美)를 나타내는 희곡으로 해피엔딩으로 끝난다.

ⓑ 경쾌하고 흥미 있는 줄거리와 인물을 등장시켜 인간성의 경직함과 사회의 불합리를 웃음으로 풀어가는 극이다. 따라서 인간을 교정하는 효과를 가지고 있는 동시에 웃음을 통해 인간의 심정을 더 한층 건강하게 하는 효과가 있다.

ⓒ 풍자와 해학, 그리고 기지(wit)로 표현되는 비평 정신을 느낄 수 있다. 시대 현실을 비판하는 특성을 지닌다.

③ 희비극 : 비극과 희극의 복합 형태로 대체로 처음에는 비극적으로 전개되나 작품의 전환점에 이르러 희극적인 상태로 전환되는 것이 많다.

(2) 창작 의도에 따른 분류

① 창작 희곡 : 처음부터 무대 상연을 목적으로 창작한 희곡

② 각색 희곡 : 소설, 수기, 시나리오 등을 기초로 각색한 희곡

③ 레제드라마(lesedrama) : 상연되지 않고 읽기만을 위한 독서 희곡으로 연극성을 무시하고 문학성만을 중시한다.

④ 뷔넨드라마(bühnendrama) : 반드시 무대 상연을 전제로 한 희곡

(3) 기타 희곡

① 멜로드라마(melodrama) : 사랑을 주제로 하여 줄거리에 변화가 많고, 호화로운 무대로 관객을 대하는 감상적·통속적인 대중극이다.

② 모노드라마(monodrama) : 한 사람의 배우가 연출하는 극이다.

③ 팬터마임(pantomime) : 대사가 없이 동작만으로 이루어진 극으로 '무언극(無言劇)'

④ 키노드라마(kinodrama) : 영화의 기법을 섞어 사용하는 특수한 연극으로 연극과 영화의 연쇄극이라고 한다.

⑤ 소인극(素人劇) : 전문적인 연극인이 아닌 사람들이 하는 연극이다.

⑥ 사이코드라마(psychodrama) : 극적인 효과보다는 진단이나 치유의 효과를 기대하는 목적극으로 주로 사회적 부적응이나 인격 장애 진단 및 치료에 이용한다.

(4) 사조에 따른 분류

① 고전주의극 : 형식미를 바탕으로 엄격한 통제를 강조한다. 3일치 법칙이 적용된다.

② 낭만주의극 : 형식의 구속에서 탈피하여 자유분방한 정열을 구가하는 연극이다.

③ 사실주의극 : 인생의 단편을 현실 그대로 표현하는 데 주력하는 연극이다.

④ 표현주의극 : 외적인 현실의 단순한 묘사를 거부하고, 작가 스스로 파악한 내적인 현실을 그대로 표현하는 연극으로 내용이 주관적이며 개인적이다.

⑤ 서사극 : 카타르시스(catharsis)를 통한 감정의 정화를 거부하고 관객의 냉철한 관찰을 통해 판단력을 부여하는 것을 목적으로 삼는다.

⑥ 부조리극 : 1950년대 파리를 중심으로 일어난 일련의 연극 운동으로 '반극'이라고도 한다. 인간의 존재를 비합리적인 것으로 보고 인간의 숙명적 고독, 인간 상호 간의 커뮤니케이션의 불가능 등에 초점을 맞추는 연극으로 일정한 대화, 일정한 구성의 거부 등을 그 특징으로 한다.

02 한국 현대희곡의 흐름

1. 1900년대의 희곡문학

(1) **민속극의 쇠퇴** : 19세기에는 민속극인 탈춤이나 꼭두각시놀음(인형극)이 크게 유행하였으나, 일제의 식민 통치가 시작되면서 급속히 쇠퇴하였다.

(2) **창극의 공연** : 창극이란 판소리를 무대 위에서 배역을 나누어 대화창으로 부르는 연극으로, 협률사(1902), 원각사(1908) 등에서 「춘향전」, 「심청가」, 「최명도 타령」 등을 공연하였다.

(3) **신극의 태동** : 신극은 창극과 달리 산문으로 된 대사를 사용한 본격적인 연극으로 근대극에 가까워진 형태이다. 1908년 원각사가 창립되면서 이인직의 「은세계」를 공연하였고, 구연학의 번안 소설인 「설중매」를 연극으로 각색하여 원각사에서 상연하였다. 계몽적인 주제가 많았고 예술성보다는 대중의 흥미에 맞추었다.

2. 1910년대의 희곡문학

(1) 신파극(新派劇) 등장

① **개념** : 1921년에 결성된 신극단체인 극예술협회 이전의 신극을 특히 신파극이라고도 한다. 재래의 형식과 전통을 깨뜨리고 창극의 테두리를 벗어나서 현대의 세상 풍속과 인정, 비화 등을 제재로 하는 통속적 연극을 말한다.

② **공연** : '혁신단'의 「불효천벌」(1911)을 시초로 「육혈포 강도」, 조중환의 번안물 「장한몽」(1913), 이상협의 「눈물」(1914)이 공연되어 큰 인기를 끌었다.

(2) 극단(劇團)

극단명	연대	대표자	공연 작품
혁신단	1911~1921	임성구	「불효천벌」, 「육혈포 강도」, 「장한몽」, 「귀의성」 등
문수성	1912~1916	윤백남	「불여귀」, 「청춘」, 「눈물」 등을 공연
유일단	1912~1916	이기세	「혈의 누」, 「장한몽」, 「불여귀」 등을 공연

✎ 참고

㉮ 최초의 각색 상연작 : 이인직, 「은세계」(1908)

㉯ 최초의 신파극 : 「불효천벌」(1911)

㉰ 최초의 창작 희곡 : 조중환의 「병자(病者) 3인」(1912)

3. 1920년대의 희곡문학

(1) 전개양상

① **근대극의 정착** : 서구의 근대극 양식의 도입으로 신파극을 벗어나 일상적인 대사를 구가하고, 현실적인 인물과 무대를 설정하여 사실주의적 경향을 보인다.

② **본격적인 근대희곡의 출현** : 김우진에 의한 '표현주의' 희곡의 실험

③ **근대적 희곡의 창작**

㉠ 김우진 : 「난파」, 「산돼지」

㉡ 박승희 : 「산 서낭당」

㉢ 윤백남 : 「제야의 종소리」 등

(2) 근대극 단체의 결성

① **극예술협회(1921)**

㉠ 동경 유학생 중심으로 결성(김우진, 조명희, 홍해성, 마해송 등)

㉡ 「김영일의 사(死)」, 「최후의 악수」 등 공연

② **토월회(1922)**

㉠ 동경 유학생이 발기하여 확장된 근대극 단체(박승희, 김기진, 이서구, 윤심덕 등)

㉡ 87회의 최장기 공연 기록을 세움

㉢ 「부활」, 「칼멘」, 「곰」, 「오로라」 등 주로 번역극을 상연

4. 1930년대 희곡문학

(1) 전개양상

① **현대극의 확립** : 해외문학파를 중심으로 '극예술 연구회(1931)'가 결성되고, 본격적 현대극이 공연되면서 민족의식을 고취하기 위한 사실주의 희곡이 성행했다.

② **민족적 현실 반영** : 식민지 상황에서 허덕이는 농민들의 비참한 삶과 사회적 모순을 파헤친 작품들이 주류를 이루었다.

③ **대중적 신파극의 토착화** : 1930년대는 신파극의 전성시대로 정통 신극운동이 어려움을 겪는 반면 대중적 신파극은 전성기를 누리게 된다.

(2) 극예술연구회(1931)

① 해외문학파가 중심이 된 본격적인 현대극 단체

② 사실주의적 경향

③ 창립 동인 : 김진섭, 유치진, 이헌구, 서항석, 윤백남, 이하윤, 함대훈, 홍해성, 정인섭 등

④ 예술과 인생 본위의 기치 아래 초창기의 번역극, 소인극에서 탈피할 것을 주장하고, 창작극, 전문극을 적극 전개하여 연극 발전에 큰 공적을 남겼다.

⑤ 공연 작품

　　㉠ 창립 작품으로 고골리의 「검찰관」을 공연

　　㉡ 유치진 : 「토막(土幕)」(1932), 「소」(1934)

　　㉢ 함세덕 : 「동승(童僧)」(1939)

5. 1940년대 희곡문학

(1) 전개양상

① 암흑기 : 일제의 연극 통재로 일부 작가들은 친일 문학으로 전락한 '연극의 어용화' 시기였다.

② 소극적 저항 : 현실에서 관심을 돌려 역사나 민족, 농촌에서 소재를 구하였다.

(2) 작가와 작품

① 오영진 : 「맹진사댁 경사」(1943)

② 이규환 : 「임자 없는 나룻배」

③ 이기영 : 「인신 교주」

6. 해방공간(1945~1950)의 희곡문학

(1) 전개양상

① 이념의 대립 : 8 · 15 광복 직후 좌 · 우익의 이념 대립이 극심해졌다.

② 민족극의 수립 : 좌익의 경향극(이데올로기 희곡)에 대립하여 민족주의 진영에서는 민족주의의 계몽극을 내세워 맞섰다.

③ 한국적 희곡의 정립 : 정통 사실주의극이 뿌리를 내려갔으며, 전통적인 민속이나 소설 등에 소재의 원천을 두고 그것들의 재창조를 통한 한국적 희곡의 정립을 꾀하였다.

(2) 작가와 작품

① 유치진 : 「조국」(1946), 「자명고」(1947), 「유관순」(1948), 「은하수」(1948)

② 오영진 : 「살아 있는 이중생 각하」(1949)

7. 1950년대의 희곡문학

(1) 전개양상

① 국립극장 설치 : 1950년 4월 29일 민족예술의 발전을 위해 국가에서 설립한 극장으로 유치진이 설립자이다.

② 현실인식과 현실참여의식 중심 : 전쟁이 남긴 상처와 전후의 정치, 사회의 비리를 폭로하고 비판하는 사실주의로 일관하였다.

③ 전쟁의 공포, 이념에 대한 혐오를 형상화한 작품이 발표되었다.

(2) 작가와 작품

 ① 오상원 : 「녹슨 파편」(1953), 「잔상(殘像)」(1956)

 ② 유치진 : 「나도 인간이 되련다」(1953)

 ③ 차범석 : 「불모지」(1957), 「성난 기계」(1959)

 ④ 이근삼 : 「원고지」(1959)

8. 1960년대의 희곡문학

(1) 전개양상

 ① 동인제 극단 활동 : '실험극장'(1960), '민중극장'(1963) 등의 등장과 '드라마센터'의 개관 (1962년), 극작워크숍 운영 등으로 문학 지망생들이 희곡에 관심을 가질 수 있는 기회가 제공되면서 문학의 3대 장르 중 그 발전이 가장 미약하였던 희곡분야는 문학 내외적인 환경 변화로 인해 60년대에 비로소 발전하게 되었다.

 ② 모더니즘 연극의 시작 : 서구의 '부조리극'이 공연됨에 따라 사실주의가 주조로 흐르면서 도 기법면에서도 혁신을 꾀하였다.

 ③ 중견 작가들의 활약 : 50년대에 등단한 오영진, 차범석, 이근삼 등이 활발한 작품활동을 전개하면서 중심적 역할을 하였다.

 ④ 주제의 다변화 : 현대사회 및 정치현실의 모순 비판, 분단문제에 대한 관심 등 다양한 주제의식이 나타났다.

 ⑤ 우리 역사에 대한 재인식 : '탈춤부흥운동'이 전개되었다.

(2) 작가와 작품

 ① 이근삼 : 「대왕은 죽기를 거부했다」(1960), 「국물 있사옵니다」(1966)

 ② 차범석 : 「산불」(1963)

 ③ 천승세 : 「만선」(1964)

 ④ 오태석 : 「환절기」(1968), 「교행」(1969)

9. 1970년대의 희곡문학

(1) 전개양상

 ① 전통의 현대적 수용 : 1960년대 '탈춤부흥운동'을 통하여 재해석된 탈춤의 공연양식을 이 어받아 대학가를 중심으로 창작탈춤의 시도와 함께 마당극 운동이 활발히 전개되었다.

 ② 새로운 연극적 양식의 실험

 ③ 역사적 사실을 소재로 한 작품 발표

 ④ 사회 현실비판 : 유신체제 하의 사회현실을 비판하는 작품들이 창작되었다.

(2) 작가와 작품

 ① 윤대성 : 「망나니」(1969), 「노비문서」(1973)

 ② 최인훈 : 「옛날옛적에 훠어이 훠이」(1976), 「둥둥 낙랑둥」(1978)

③ 이강백 : 「파수꾼」(1974)

④ 차범석 : 「새야 새야 파랑새야」(1975)

⑤ 오태석 : 「춘풍의 처」(1976)

03 한국 현대희곡의 주요 작품 이해

1 산돼지 : 김우진

최원봉이 차혁과 바둑을 둔다. 청년회 간부인 원봉은 자신의 주관으로 연 바자회의 수익금 50원을 써 버리고, 이러한 사실을 덮어 주려는 차혁과 싸운다. 사람들은 원봉을 '산돼지'라 부르고 원봉은 자신의 행동에 대해 정신적 갈등을 일으켜 몽환병에 시달린다. 최 주사의 유언에도 불구하고, 원봉과 정숙, 영순과 차혁이 각각 교제한다. 원봉은 자기를 둘러싸고 있는 비밀(꿈속에서 토벌 병정에 쫓기는 동학군이었던 아버지와 관군에게 쫓기다가 원봉을 낳고 죽은 어머니의 일)을 꿈을 통해 알게 된다. 원봉은 자신에게 지워진 사회 개혁의 사명과 현실과의 괴리로 고민한다. 꿈에서 현실로 돌아오고, 원봉에게 실망해 일본 동경으로 떠났던 원봉의 애인 정숙이 돌아온다. 둘은 서로의 나아갈 방향을 논의하며 갈등을 해소한다.

▶▶ 핵심정리

1. 해제 : 현실 개혁의 사명감과 기존 질서 사이에서 갈등하는 1920년대 한 청년 지식인의 저항 의식을 표현주의 기법으로 그린 희곡이다.

2. 갈래 : 장막극, 표현주의 극

🖐 Plus UP! 표현주의

객관적인 사실보다 사물이나 사건에 의하여 야기되는 주관적인 감정과 반응을 표현하는 데에 중점을 두는 예술 사조

3. 성격 : 실험적, 상징적

4. 배경

① 시간적 : 1920년대

② 공간적 : 서울과 가까운 어느 마을

5. 특징

① 우리나라 최초의 표현주의 극

② 상징적 수법을 사용하여 인물의 심리를 드러냄

6. **제재** : 일제 강점기 지식인의 삶

7. **주제** : 식민지 지식인의 새로운 삶의 방향 모색과 좌절

8. **출전** : 『조선지광』(1926)

◁ **2** 토막(土幕) : 유치진

> 집을 판 돈으로 여비를 만들어 일본으로 돈 벌러 떠나는 삼조가 등장한다. 명서와 처는 일본에 가 있는 아들 명수에게 삼조를 통해 편지를 전하려 했으나 명서가 편지를 다 쓰지 못했으므로 그저 안부의 말과 돈을 보내라는 말만 전하라고 부탁한다. 삼조가 떠나고 경선이 토막 안으로 뛰어 들어온다. 빚을 갚지 못해 경매꾼들이 가산을 차압하는 판에 처를 피해 도망쳐 온 것이다. 그러나 처에게 들켜서 무능한 남편으로 몰림을 당하고 집은 빚쟁이에게 빼앗기게 되지 무작정 가출해 버린다. 이때 구장이 신문을 들고 등장한다. 명수가 체포된 기사가 실려 있다. 해방 운동 중에 체포된 것이다. 명서는 깊은 절망에 빠진다.
>
> 절망과 기대 속에서 시일이 흐른다. 명서와 금녀는 가마니틀을 빼앗겨서 똬리를 팔아 생계를 잇는다. 경선 처는 아들과 함께 명서네 부엌에서 기거하며 구걸을 하며 산다. 명서 처는 신문의 보도를 부정하면서도 찢어 버리지 못할 만큼 불안에 싸여 마침내 그녀는 정신 이상의 상태로 빠져 들어간다.
>
> 한편, 경선 처는 등짐장수가 된 남편과 만나게 되고 이들 일가는 밤중에 고향을 떠난다. 이웃 여자와의 대화에서 금녀가 오빠의 행위에 대한 자부심의 변호 발언을 하게 되고 명서 처는 불안한 정신 상태에서 아들 맞을 준비를 서두른다.
>
> 이때 우편배달부가 등장한다. 그가 가져온 명수의 유골은 그 가족의 혹시나 하던 일말의 기대를 무참히 깨뜨린다.

>> **핵심정리**

1. **갈래** : 희곡, 장막극, 비극, 사실주의 희곡

2. **성격** : 비판적, 현실 고발적, 사실적

3. **배경** :

   ① **시간적** : 1920년대

   ② **공간적** : 어느 빈한한 농촌

4. **특징**

   ① 1920년대 궁핍한 한국 농촌의 현실을 잘 묘사한 사실주의 희곡의 전형이다.

   ② 희극적 인물(경선)을 설정하여 비극의 효과를 높이고 있다.

   ③ 상징적인 배경을 설정하였다.

   ④ 한국 현대 사실주의 희곡의 효시이다.

5. **제재** : 일제 강점기 한국 농촌의 현실과 비참한 삶

6. 주제 : 일제의 악랄한 수탈 속에서 황폐해 가는 조선의 참담한 현실

7. 출전 : 『문예 월간』(1932)

3 살아 있는 이중생 각하 : 오영진

    해방 전부터 친일 행위로 치부를 해온 이중생은 군정기에도 권력에 아부를 하여 부를 유지한다. 고문 변호사인 최 변호사는 재산을 지키는 방법으로 재산을 사위인 송달지에게 상속한다는 유서를 남기고 거짓으로 죽은 척한 다음 사람들이 잊으면 송달지라는 이름으로 행세할 것을 이중생에게 제안한다. 이중생은 송달지를 가까스로 설득하여 재산을 사위에게 상속한다는 유서를 작성하고 자살한 것으로 꾸민 다음 부고를 띄운다. 이중생의 집에 조문객이 몰려들고 송달지가 상주가 되어 장례를 치른다. 국회 특위의 김 의원이 나타나 송달지에게 조사가 마무리되면 재산이 국고로 환수될 가능성이 많은 만큼 차라리 무료 병원을 설립하는 데 재산을 헌납할 것을 권한다. 이에 의사인 송달지는 허락을 하고 관 속에 누워 이야기를 듣고 있던 이중생은 김 의원이 돌아가자 사위를 꾸중한다. 이때 학병으로 끌려가 생사를 알 수 없었던 아들 하식이 돌아오고 아버지를 책망한다. 일을 도와주기 위해 와 있던 아낙에게 귀신 취급을 받은 이중생은 정말로 자살을 한다.

▶▶ 핵심정리

1. 갈래 : 희곡, 장막극, 희극, 사회 풍자극

2. 성격 : 풍자적, 해학적

3. 배경
    ① 시간적 : 광복 직후
    ② 공간적 : 서울 이중생의 집

4. 특징
    ① 인물을 희화화하고 풍자하여 희극미를 지닌다.
    ② 위장과 위장의 실패라는 서사적 구조를 가진다.
    ③ 전체적으로는 표준어를 구사하나 부분적으로 사투리가 쓰인다.
    ④ 부정적 인물과 긍정적 인물 간의 대비를 통해 사건을 전개하고 있다.

5. 제재 : 이중생의 위장 자살

6. 주제
    ① 이기적이고 탐욕스러운 인물에 대한 풍자와 비판
    ② 친일 세력 청산과 새로운 세계에 대한 희구

7. 출전 : 『오영진 전집 1』(1989) / 초연(1949)

4 원고지(原稿紙) : 이근삼

이 작품은 뚜렷한 '줄거리'가 없다. 따라서 특별한 사건의 전개도 없으며, 갈등의 양상도 두드러지지 않는다. 다만, 하나의 '상황'을 보여 줄 뿐이다. 그 상황의 내용은 다음과 같다. 먼저 장녀와 장남이 나와서 가족과 집안일을 소개하고 나면, 아내가 돈 문제로 남편을 추궁한다. 남편은 이내 이성이 마비된 채 정신 착란 증세에 빠진다. 게다가 장녀와 장남은 갖가지 명목의 용돈을 요구한다.

교수는 밤 8시 시계 소리를 듣고 아침인 줄 착각하고 출근하려다가 다시 돌아와 잠을 잔다. 그러나 지옥의 사자 같은 감독관이 나타나 번역 원고 쓰기를 독촉한다. 아내는 번역 원고 한 장이 나올 때마다 이것을 돈으로 환산하여 챙긴다.

교수는 우연히 190칸만 있는 원고지를 발견하고 환상 속에서 젊은 날의 희망과 정열을 상징하는 천사를 만난다. 그러나 이 천사도 교수를 뒤로 한 채 곧 사라져 버린다. 감독관이 또다시 번역하는 일을 독촉한다.

그는 기계적으로 번역을 한다. 심지어는 영자(英字) 신문까지도 번역할 참이다. 교수는 일하다 지쳐 잠이 들고 아침이 된다. 신문에는 어제와 똑같은 사건이 일어나고 있음을 알리고, 교수는 번역하는 일에, 아내는 장녀, 장남에게 용돈을 나누어 주는 일에 쫓기고, 감독관은 계속 번역을 재촉한다.

▶▶ 핵심정리

1. 갈래 : 희극, 부조리극(상황극, 반극), 단막극

2. 성격 : 반사실적, 서사적, 풍자적, 실험적

3. 배경
   ① 시간적 : 현대
   ② 공간적 : 어느 중년 교수의 집

4. 특징
   ① 특별한 사건의 전개나 갈등, 위기가 없이 극중 상황만을 전개한 실험적 기법을 사용하였다.
   ② 무대 장치, 분장, 소도구 등은 물론이고 등장인물의 대사와 동작 모두가 짙은 반어와 풍자 및 희극적 과장의 방법을 사용한다.

5. 제재 : 어느 중년 교수의 일상

6. 주제 : 현대인의 기계적 삶에 대한 비판과 풍자

7. 출전 : 『사상계』(1960)

01 다음 중 희곡의 특성으로 옳은 것은?

① 영화촬영을 목적으로 쓰여진 글, 즉 영화의 대본이다.
② 작품의 길이나 시·공간적 배경 등에 아무런 제한이 없어 자유롭게 쓸 수 있다.
③ 작가나 서술자의 개입이 존재해야 이야기가 진행된다.
④ 극적 효과를 높이기 위해 갈등과 해결, 반전 등 플롯을 소설보다 선명하게 드러낸다.

해설 ① 영화의 대본은 시나리오
② 희곡은 작품의 길이나 시간과 공간의 제한을 받는다.
③ 소설은 작가나 서술자의 개입이 가능하지만, 희곡은 작가나 서술자의 개입이 없다.

02 다음에서 설명하는 용어로 알맞은 것은?

• '혼잣말하다'라는 의미이다.
• 독자(관객)에게 등장인물의 내면을 전달하기 위해 만들어진 연극적 약속이다.
• 등장인물이 무대 위에 혼자 나와 자신의 생각이나 느낌, 의도나 감정상태 등을 관객에게 직접 전달하는 것이다.

① 독백　　　　② 방백　　　　③ 대화　　　　④ 침묵

해설 ① 독백은 '혼잣말하다'라는 의미로, 등장인물이 무대 위에서 상대자 없이 혼자하는 말이다. 배우가 상대역 없이 혼자 말하는 행위 또는 그런 대사로 관객에게 인물의 심리상태를 전달하는 데 효과적이다.
오답 ② 방백은 관객에게는 들리지만 무대 위의 상대방에게는 들리지 않는 것으로 약속하고 하는 말이다.

03 희곡의 3일치의 법칙에 해당하지 않는 것은?

① 시간의 통일　　　　　　　② 장소의 통일
③ 행동의 통일　　　　　　　④ 인물의 통일

해설 희곡의 3일치 법칙
ㄱ **시간의 통일** : 하루를 넘기지 않을 것
ㄴ **장소의 통일** : 한 장소에서 이루어질 것
ㄷ **행동의 통일** : 완결되고 일정한 길이와 행동의 모방일 것

정답　**01** ④　**02** ①　**03** ④

04 다음 중 창극에 대한 설명으로 적절하지 않은 것은?

① 판소리에 바탕을 둔 소리극이다.
② 대본에 따른 연기보다 즉흥성을 더 강조한다.
③ 개화기 이후에 서양극의 영향을 받아 만들어진 공연양식이다.
④ 여러 등장인물이 각각의 배역을 맡는다.

> **해설** 창극은 개화기 이후에 판소리가 서양극의 영향을 받아 새로 만들어진 공연양식으로, 연극처럼 여러 명의 등장인물이 등장하여 각기 배역에 따라 연기를 하면서 판소리를 부르는 연극적 판소리이다. ②는 신파극에 대한 설명이다.

05 다음 중 신파극에 대한 설명으로 가장 틀린 것은?

① 신파극의 본격적인 출발은 임성구의 혁신단이다.
② 1910년대로부터 1930년대까지 유행한 대중적 연극이다.
③ 신파극의 레퍼토리는 대부분 일본 신파극단들이 공연한 군사극, 탐정극, 가정비극, 화류비연극 등이었다.
④ 신파극의 내용은 대중의 근대적 자각과 시민의식의 형성을 촉진시켰다.

> **해설** ④ 신파극의 내용은 당시 실국(失國)의 슬픔에 젖어 있던 대중의 위안물은 되었지만 대중의 근대적 자각과 시민의식의 형성에는 오히려 저해요소가 되었다.

06 다음 중 근대 신극운동과 관련된 단체로 볼 수 없는 것은?

① 원각사   ② 토월회
③ 극예술협회   ④ 극예술연구회

> **해설** ① 원각사(1908년)는 연극상연을 전문으로 한 우리나라 최초의 사설극장이다.
>
> **오답** ② **토월회** : 우리나라의 신극 극단. 1923년에 일본 도쿄 유학생인 박승희·김을한·김기진 등이 중심이 되어 구성한 것으로, 신파극에 대항하여 본격적인 근대극 운동을 펼쳤다.
> ③ **극예술협회** : 1920년에 일본 도쿄에서 문학과 기악 등을 공부하던 유학생들이 조직한 연극 연구 단체. 주로 서양의 고전극과 근대극 작품을 연구·토론하였으며, 1921년에 귀국하여 전국을 순회하며 「김영일(金英一)의 사(死)」, 「최후의 악수」 따위를 공연하는 등 신극사 발전에 크게 공헌하였다. 주요 회원은 김우진, 조명희, 유춘섭 등 10여 명이었다.
> ④ **극예술연구회** : 1931년에 유치진, 서항석, 김진섭 등 해외 문학 연구자들과 홍해성 등의 연극인들이 연구와 신극 수립을 목적으로 결성한 연극 단체. 전기에는 홍해성의 주도로 「검찰관」 따위의 신극을 공연하였으며, 후기에는 유치진과 서항석을 중심으로 「소」, 「춘향전」 따위의 창작극을 공연하였다.

정답 04 ② 05 ④ 06 ①

07 다음 중 극예술연구회에 관한 설명으로 틀린 것은?

① 서구 근대극을 계승한 리얼리즘극을 주로 상연하였고, 「토막」등 창작극을 곁들였다.

② 본격적인 신극단체로 해외문학파 멤버들이 주축이 되어 창립하였다.

③ 기성극계의 정화를 시도하여 강연회, 강습, 비평활동을 확대하였다.

④ 민족운동과 연결되어 연극을 통해 민족의 자주독립을 추구했다.

> **해설** 극예술연구회는 해외문학파를 중심으로 1931년 창단된 본격적인 신극단체로서, 창립단원은 김진섭, 유치진, 이헌구, 윤백남, 홍해성 등 12명이었다. 이들은 본격적인 신극의 수립을 위해 관중을 교도하고 배우를 양성하였으며, 기성극계를 정화하기 위해 강연회, 강습, 비평활동도 확대하였다. 서구 근대극을 그대로 계승한 리얼리즘극을 주로 상연하였다.

08 다음 설명에 해당하는 희곡은?

- 최초의 근대희곡이다.
- 『매일신보』에 연재되었다.
- 1912년에 발표된 조중환의 작품이다.
- 세 부부를 등장시켜 여권신장의 비판적 측면을 소극 형태로 표출하였다.

① 「규한」　　　　　　　　　　② 「은하수」

③ 「토막」　　　　　　　　　　④ 「병자 3인」

> **해설** ① 이광수의 「규한」: 조혼(早婚)이 빚는 폐단과 비극적 양상을 다루고 있다.
>
> **오답** ② 「은하수」: 3막으로 구성된 유치진의 창작 희곡
> ③ 「토막」: 1931년 유치진의 창작 희곡. 1933년 극예술연구회(劇藝術研究會)에서 공연. 작가의 첫 희곡이자 동시에 극예술연구회의 첫 창작극. 사실주의극
> ④ 「병자 3인」: 조중환의 창작 희곡. 우리나라 최초의 지상(紙上) 발표 희곡. 상연된 기록은 없다.

09 '양치기 소년과 이리'라는 우화의 형식을 빌려 1970년대의 정치상황을 풍자하고, 권력의 위선과 허위를 폭로한 작가는?

① 유치진　　　　　　　　　　② 김우진

③ 이강백　　　　　　　　　　④ 차범석

> **해설** 이강백의 「파수꾼」은 1970년대 체제 유지를 위한 안보 정책에 대한 통렬한 풍자극으로, 우화형식을 빌려 당대의 정치상황을 풍자한 희곡이다.

10 다음 중 작가와 작품의 연결이 잘못된 것은?

① 유치진 – 「토막」　　　② 차범석 – 「성난 기계」
③ 오영진 – 「맹진사댁 경사」　　　④ 김우진 – 「소」

해설 「소」는 유치진의 작품이고, 김우진의 작품으로는 「산돼지」가 있다.

11 다음에서 설명하는 희곡 작품은?

> 동학운동을 소재로, 두 인물의 삶의 대비를 통해 역사적 존재로서의 참된 삶을 가치를 구현하고자 하는 내용을 담은 작품이다.

① 차범석의 「새야 새야 파랑새야」　　　② 천승세의 「만선」
③ 이강백의 「파수꾼」　　　④ 이근삼의 「국물있사옵니다」

해설 ① 「새야 새야 파랑새야」: 1975년 차범석의 창작 희곡. 장막극. 동학 혁명 배경. 의견 차이를 보인 기천석과 오세정을 통해 '민족의식의 승화와 정의의 영원한 승리'를 주제로 하고 있다.
오답 ② 「만선」: 1964년 천승세의 창작 희곡. 토속성이 강한 작가가 어촌을 무대로 하여 쓴 희곡으로서 자연과 대결하는 한 어민 가족의 굳건한 의지와 비극적 삶을 그렸다.
③ 「파수꾼」: 이강백의 창작 희곡. 이 작품은 1970년대 군사 정부의 체제 유지를 위한 거짓 안보 정책들을 비판하고 권력의 위선과 허위에 대해 폭로하고 있다. 또한 권위주의에 의해 통치되던 당대 시대 상황을 배경으로 하고 있다.
④ 「국물 있사옵니다」: 1966년 이근삼의 창작 희곡. 현실적 가치질서를 전도시켜 현대 한국 사회가 지니고 있는 허점을 풍자한 소극(笑劇)

12 1910년대의 희곡 작품에 해당하지 않는 것은?

① 이광수의 「규한」　　　② 윤백남의 「국경」
③ 이강백의 「파수꾼」　　　④ 조일재의 「병자삼인」

해설 현대 희곡 작품의 창작 시대를 이해한다.
③ 「파수꾼」: 이강백
• 1970년대 군사 독재 정권을 풍자적으로 비판한 희곡
• 억압적인 정권 아래서도 진실을 추구하고 권력에 맞서 싸우는 것의 중요성을 강조
오답 ① 「규한」: 이광수
• 1917년 『학지광(學之光)』에 발표
• 당시 지식인, 특히 도쿄(東京) 유학생들의 고민을 대변해줌으로써 시대성 반영
• 구식결혼(조혼)의 질곡과 거기에서 벗어나기 위한 자유연애와의 상극에서 오는 고민
② 「국경」: 윤백남
• 1918년 『태서문예신보(泰西文藝新報)』에 발표

정답　10 ④　11 ①　12 ③

- 은행 지배인과 신식 부인과의 갈등을 다룬 단막 희극
- 여권신장으로 대변된 서양문화에 대한 저항과 신구사상의 충돌, 전통윤리와 근대도덕과의 상충·갈등이 희극적으로 묘사
④ 「병자삼인」: 조일재(조중환)
- 1912년 『매일신보』에 연재
- 현대 최초의 창작 희곡으로 평가. 상연되지는 못함
- 여교사·여의사·여교장 등 사회적으로 유능한 세 아내와 이들과 대조되는 무능한 남편 셋이 주요 인물로 등장

13 다음 설명에 해당하는 것은?

- 일본 유학생 출신의 극작가들이 주도하여 1931년에 결성하였다.
- 연극에 대한 일반의 이해를 넓히고 진정한 의미의 우리 신극을 수립하려는 목적으로 창립되었다.
- 초기에는 서구 근대극을 계승한 리얼리즘 연극을 주로 공연하였다.

① 구인회 ② 토월회
③ 극예술연구회 ④ 조선 프롤레타리아 예술 동맹

해설 ③ 〈보기〉는 극예술연구회에 대한 설명이다. 극예술연구회는 「토막」, 「소」와 같은 리얼리즘 연극을 주로 공연하였다. 1931년 7월에 발족하여 1938년 3월 일제에 의해 강제 해산되었다. 창립취지는 '극예술에 대한 일반의 이해를 넓히고 진정한 의미의 신극을 수립'하는 데 있었다. 신파극 위주의 연극 풍토를 개혁하려는 강한 의지를 표방하여 우리나라 신극의 확립 방향을 뚜렷이 하였다.

오답 ① 순수문학을 표방하고 문단의 중견급 작가 9명에 의하여 결성된 문학 동인회이다.
② 1923년에 박승희, 김을한, 김기진 등이 중심이 되어 구성한 것으로, 신파극에 대항한 근대극 운동을 하였다.
④ 1925년 8월에 결성된 경향적 예술단체로 KAPF(카프)라고도 한다.

14 다음 설명에 해당하는 극작가는?

- 1932년 「토막」으로 데뷔하였다.
- 초기 작품에서는 1920~1930년대 극히 어려웠던 농민과 근로자들의 밑바닥 생활을 제재로 삼았다.
- 후기 작품에서는 사실과 낭만의 조화를 추구하며 역사와 애정의 숲속에 은신하고 말았다는 평을 받았다.
- 「소」, 「마의태자」, 「흑룡강」 등의 작품을 남겼다.

정답 13 ③ 14 ③

① 함세덕   ② 이강백
③ 유치진   ④ 김진수

해설 유치환 시인의 형으로도 유명한 유치진은 우리나라의 대표적인 극작가이자 연출가이다. 1905년 통영 출생으로 호는 동랑(東朗)이며, 사실주의 극을 여러 편 썼다.
그는 국립극장장, 동국대학교 교수 등을 역임하였고, 드라마센터 소장으로 후진 양성에도 힘썼다. 대표적인 희곡 작품으로는 「토막(土幕)」, 「버드나무 선 동리의 풍경」, 「소」 등이 있다.

15 다음 설명에 해당하는 작품은?

• 1931년 12월부터 『문예월간(文藝月刊)』에 게재되었으며, 작가의 첫 희곡인 동시에 극예술연구회의 첫 창작극이었다.
• 1920년대의 우리 농촌을 배경으로 최명서와 강경선이라는 등장인물을 통해 일제에 수탈당하여 가난에 허덕이는 소작농의 참상을 그려내었다.

① 유치진의 「토막」   ② 차범석의 「성난 기계」
③ 김우진의 「산돼지」   ④ 이인직의 「은세계」

해설 유치진의 「토막(土幕)」에 대한 설명이다.
이 작품은 '고향에서 살지 못하여 일본으로 건너갔다가 저항운동과 관련하여 일본 경찰에 체포되어 옥사하고 끝내는 백골로 돌아온다'는 명서네 아들의 이야기와, '땅을 빼앗기고 장리쌀 몇 가마 얻어먹은 것을 못 갚아 토막마저 차압당하자, 남부여대(男負女戴)하여 고향을 떠난다'는 경선네의 이야기를 통해 일제에 수탈당하는 조선 민중의 꿈과 좌절을 그린 희곡이다.

16 다음 설명에 해당하는 것은?

이 작품은 삶의 기반을 잃고 고향을 떠나야 하는 농민의 비참한 모습을 사실적으로 그려낸 작품으로, 한국 리얼리즘 희곡의 백미로 평가된다. 고향에 살지 못하여 일본으로 건너갔다가 옥사(獄死)하여 백골로 돌아오는 명서네 아들의 이야기와, 소작농으로 근근이 지내던 중 땅을 빼앗기고 장리쌀 얻어먹은 것을 못 갚아 집마저 차압당하여 고향을 떠나는 경선네의 이야기를 주축으로 진행된다.

① 유치진의 「토막」   ② 차범석의 「불모지」
③ 김우진의 「산돼지」   ④ 이근삼의 「위대한 실종」

정답   15 ①   16 ①

① 〈보기〉는 유치진의 희곡 「토막」에 대한 설명이다. 1920년대의 우리 농촌을 배경으로 최명서와 강경선이라는 빈농들의 집안을 중심으로 벌어지는 이야기이다. 식민지 조선의 삶의 어려움을 농촌 무대로 그렸다는 데에서 작가의 현실감각이 드러난다.

② 전후의 혼란스러운 상황과 당대인들의 현실 인식을 형상화한 희곡. 최 노인 일가가 살고 있는 낡은 기와집이 최신식 고층 건물들과 대비를 이룬다. 이를 통해 전근대적 가치와 근대화가 이루어지고 있는 상황을 상징적으로 보여준다.

③ 식민지 지식인의 새로운 삶의 방향 모색과 좌절을 드러낸 작품이다. 주인공 최원봉은 동학군의 아들로 최주사댁 최영순과 사랑하게 되나 좌절하게 되고 꿈속의 환각을 통해 출생의 비밀을 알아내지만 현실적으로 행동하지 못한다.

④ 지식인의 명예욕과 물욕이 인간 그 자체마저 부정하게 만든다는 내용이다.

17 다음 설명에 해당하는 작가는?

- 1932년에 「토막」으로 데뷔하였다.
- 리얼리즘 희곡의 기초를 다진 것으로 평가된다.
- 일제 강점기 농촌과 빈민촌의 피폐한 현실을 폭로하였다.
- 대표작으로 「버드나무 선 동리의 풍경」, 「빈민가」, 「소」 등이 있다.

① 유치진　　　　　　　　　② 박태원
③ 이효석　　　　　　　　　④ 최서해

현대 희곡 작품과 연관 지어 작가를 이해한다.
① 유치진
- 생명파 시인 유치환의 형
- '극예술연구회(1931)'에서 창작 희곡 「토막」을 통해 1932년 데뷔
- 「토막」은 현대 최초의 사실주의 창작 희곡으로 평가된다.
- 「버드나무 선 동리의 풍경」, 「빈민가」, 「소」 등 일제 강점기 암울했던 농촌 현실을 묘사한 작품들을 발표

② 박태원
- 이상, 정지용 등과 더불어 1930년대 모더니즘 문학을 대표하는 작가
- '구인회'의 동인
- 「천변풍경」, 「소설가 구보 씨의 일일」, 「골목 안」 등
③ 이효석
- 1920년대 '동반자 작가', 1930년대 '구인회'의 동인
- 「도시와 유령」, 「노령근해」, 「메밀꽃 필 무렵」, 「수탉」 등
④ 최서해
- 본명은 최학송(崔鶴松)
- 1920년대 신경향파의 대표 작가. '카프'에는 가담하지 않음
- 「탈출기」, 「홍염」, 「기아와 살육」 등